Original illisible
NF Z 43-120-10

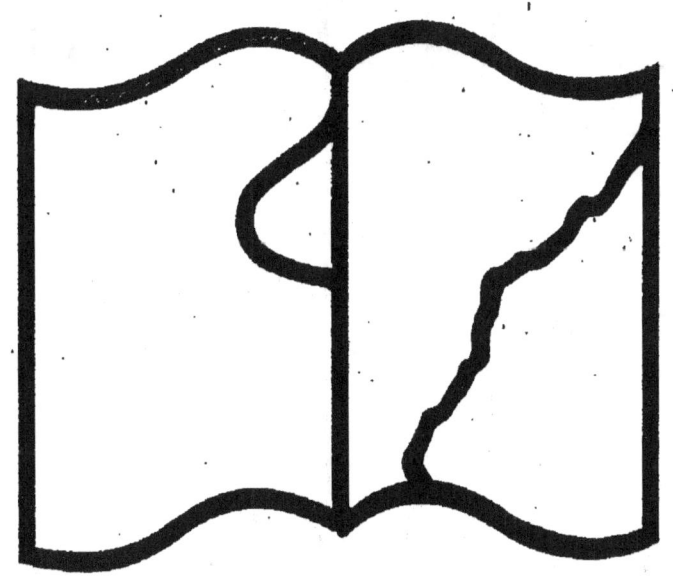

Texte détérioré — reliure défectueuse
NF Z 43-120-11

"VALABLE POUR TOUT OU PARTIE
DU DOCUMENT REPRODUIT".

LE VICTORIAL

ORLÉANS, IMP. DE G. JACOB, CLOITRE SAINT-ÉTIENNE, 4.

LE
VICTORIAL

CHRONIQUE DE
DON PEDRO NIÑO, COMTE DE BUELNA

PAR

GUTIERRE DIAZ DE GAMEZ
SON ALFEREZ
(1379-1449)

TRADUIT DE L'ESPAGNOL D'APRÈS LE MANUSCRIT

Avec une introduction et des notes historiques

PAR

LE COMTE ALBERT DE CIRCOURT ET LE COMTE DE PUYMAIGRE

PARIS
VICTOR PALMÉ, LIBRAIRE ÉDITEUR
RUE DE GRENELLE-SAINT-GERMAIN, 25

1867

il entra au service du futur comte de Buelna, Pedro Niño, qui était, dit-il, à peu près du même âge que lui. Ce dut être, par conséquent, vers l'année 1401, car Pedro Niño était né en 1378 ou 1379. De ce moment il partagea la bonne et la mauvaise fortune de son maître jusqu'à ce que la mort les séparât. Il ne tarda pas à devenir le premier officier de sa maison militaire, son *alferez*, c'est-à-dire à la fois son lieutenant et son porte-drapeau, charge dont il nous explique (page 304) les devoirs; et ces devoirs, requérant la prudence autant que le courage, étaient difficiles à remplir pour un jeune homme. En 1405, au plus tard, il l'exerçait déjà. Il la conserva jusqu'à la fin de sa vie, et il ne paraît pas avoir été richement récompensé des fatigues qu'elle lui imposa. D. Pedro Niño, devenu comte de Buelna, tout occupé de sa renommée qu'il aurait voulu faire voler bien loin, et comptant pour cela sur le livre qu'écrivait alors son fidèle écuyer, n'assigne à Gamez que l'usufruit d'un bien de la valeur de 3,000 maravédis, dans le même testament où il prend des dispositions pour la conservation du *Livre de son histoire* (1). C'était en 1435. Dans

---

yeux par Henri Paye, à Sainte-Marie de Finistère. — Il y avait, à Baeza et à Jaen, des Gamez, originaires de Biscaye, qui avaient été portés en Andalousie par la conquête, sous le roi saint Ferdinand. (*Carta y rosal de nobleza*, par Antonio de BARAHONA.) Rien ne nous autorise à leur rattacher notre auteur. — Guemes est un village des Asturies, situé entre Santander et Santoña. En Galice, dans la Biscaye et dans l'Alava, on trouve des villages du nom de *Gamiz*.

(1) « Que l'on donne audit Gutierre Diaz, pour en jouir durant sa vie, la terre de Domingo Juan dont il jouit aujourd'hui; et si la comtesse veut la prendre pour la rendre à son maître, que l'on donne à Gutierre Diaz les trois mille maravédis que ledit comte a fait payer à Domingo Juan en dédommagement de ladite terre. » (LLAGUNO, p. 225,

le testament que le comte don Pedro Niño dicta en 1453, il n'est plus fait mention de Gamez ; et comme la rédaction du *Victorial* est arrêtée au moment où le comte venait d'accomplir sa soixante-dixième année, c'est-à-dire vers 1449, les deux dates de 1449 et 1453 limitent nécessairement l'intervalle dans lequel le modeste, l'excellent Gutierre Diaz de Gamez acheva sa longue existence d'honneur, de droiture, de dévoûment.

Commencé vraisemblablement en 1431, après que le comte de Buelna eût prit la résolution de ne plus se mêler aux sanglantes luttes des partis et laissa ainsi des loisirs à son alferez, le *Victorial* n'était pas encore terminé l'an 1435. Voici comment s'exprime à son égard le testament du comte, daté de Trigueros, le 14 décembre de cette année : « Je veux que la comtesse conserve pendant sa vie le *Livre de mon histoire* que fait Gutierre Diaz de Gamez, et qu'après la mort de la comtesse, on le dépose à la sacristie de ma ville de Cigales, dans le coffre du trésor de ladite église, et qu'on ne l'en sorte pour le laisser emporter nulle part ; mais à qui voudra y lire j'ordonne qu'il en soit laissé la facilité. » Dans le plan primitif, la chronique du chevalier ne devait être poussée que jusqu'au dernier de ses grands exploits, celui qu'il accomplit sous les murs de Grenade, à la bataille de la Higueruela, le lendemain du jour où il avait été fait comte. Les trois derniers chapitres furent ajoutés successivement, au milieu des ennuis et des chagrins dont se ressent leur rédaction. Heureusement pour Gamez, il n'eut pas à raconter les dernières années de son maître.

extraits des testaments du comte don Pedro Niño.) — Trois mille maravédis formaient la solde annuelle de deux lances entretenues, de deux chevau-légers, de cinq arbalétriers à cheval.

Après avoir écrit ces attendrissantes lignes sur la comtesse Béatriz : — « Le jour qu'elle trépassa, il ne resta pas dans toute l'Espagne une autre fidalga telle ni mieux de sa personne qu'elle ne l'était ; son comte et bon ami demeura bien triste et bien affligé de cette mort, et il le sera toute sa vie, qui passe maintenant soixante et dix ans ; » — il lui en eût trop coûté de dire comment bientôt une autre femme vint remplacer auprès de Pedro Niño la petite-fille des rois qui, non sans grand péril, l'avait préféré à plus d'un prince de sang royal.

Dans le *Victorial*, le comte de Buelna ne vit que le *Livre de son histoire*. On ne saurait guère mettre en doute que, lorsqu'il prit la plume, Gutierre Diaz de Gamez n'eût pour mobile unique d'assurer la mémoire de ce maître qu'il avait si fidèlement servi. Mais quand sa plume marcha, son sujet s'agrandit. Un second but plus haut que le premier vint se placer devant ses yeux. La critique historique, aussi bien que la critique littéraire, doit tenir tout particulièrement compte de cette seconde conception de Gamez, parce que ses vues en furent faussées en même temps que ses idées en furent élargies. Ainsi qu'il l'expose au commencement de son prologue, il prétendit tracer aux chevaliers les règles de leurs devoirs et les leur démontrer dans ce que l'on pourrait appeler un cours héroïque de chevalerie, en leur présentant pour exemple un chevalier qui dût à sa vertu plus qu'à sa fortune de sortir victorieux de toutes ses entreprises. De là le titre qu'il choisit ; de là aussi le caractère constamment doctrinal de son livre, et les nombreuses digressions, et les épisodes que l'éditeur espagnol, obéissant aux exigences de la critique étroite du XVIIIe siècle, a supprimés comme encombrants et ridicules, mais qui pour Gamez étaient ou des moyens d'enseignement, ou des ornements utiles destinés à recommander plus que tout, suivant le goût du temps, la lecture de l'ouvrage, et par là servir la gloire de son maître chéri.

A qui est due cette donnée du chevalier toujours victorieux ? Est-ce Pedro Niño qui l'imposa au compagnon de ses travaux quand celui-ci changea l'épée pour la plume, ou bien est-ce Gamez qui, retournant les rôles des personnages de Cervantes, persuada au comte de Buelna qu'il faisait exception dans les fastes de la guerre et de la chevalerie? Nous serions tentés de reporter le reproche au chevalier plutôt qu'à l'écuyer. Toujours est-il que Pedro Niño parut bien pénétré de ce que Gamez disait de lui, car, dictant lui-même son épitaphe pendant que le brave alferez, transformé en historiographe, rédigeait le récit de ses hauts faits, il s'intitule sur la pierre du tombeau : *toujours victorieux et jamais vaincu, par terre comme par mer, ainsi que son histoire le conte plus longuement* (1).

Pour apprécier la valeur du *Victorial* comme document historique, il faut donc faire une part à la fausseté de la donnée qui a dominé l'auteur dans tout le cours de sa narration. Puisque Pedro Niño devait n'avoir jamais été vaincu, toutes les rencontres auxquelles il se trouva mêlé devaient s'être terminées au moins par son triomphe personnel; et, si l'entreprise n'avait pas réussi, la faute ne devait pas lui en revenir. Il résulte aussi de la même donnée que Pedro Niño doit passer en première ligne toutes les fois que la vraisemblance le comporte, et avoir au moins toujours suggéré la

---

(1) Voyez p. 535.

conduite, qui aurait fait réussir, si on l'avait suivie. En effet, le lecteur ne peut guère s'empêcher de sourire à quelques passages qui lui rappellent involontairement le titre de l'un des ouvrages de notre Brantôme. Mais, cette part faite, il reste des renseignements substantiels que la critique utilise aussi facilement que presque tous les autres témoignages historiques, renseignements donnés dans un style vivant par le témoin le plus modeste, le plus oublieux de lui-même, le plus sincère, à tout prendre, et le moins influencé par les préjugés d'aucune sorte, nationaux ou autres. (1).

Dans sa tendre complaisance pour son seigneur, Gamez apporte cette rare faculté qui permet de juger, sans que la vénération ait à en souffrir, l'objet d'un dévoûment allant jusqu'au culte. A vrai dire, Pedro Niño n'était point le type du chevalier; mais Gamez fut le modèle des écuyers. Le miroir de flatterie qu'il tint devant le comte de Buelna est de ceux où, en s'y regardant bien, l'on découvre l'image de ce qu'on devrait être. Il est aisé de deviner, sous les excuses que certains agencements de la narration sont destinés à faire apparaître, les conseils que l'honnête écuyer donnait à l'ambitieux chevalier, lorsque la soif de s'avancer poussait celui-ci à des actes répréhensibles. En aucune occasion, le sens droit des choses n'abandonne Gamez, pas plus dans les affaires privées les plus délicates que dans les affaires politiques les plus embarrassantes. Une ligne discrète suffit à nous révéler, par exemple, son opinion

---

(1) Pour justifier cette dernière assertion, il nous suffira de renvoyer le lecteur au parallèle des Anglais, des Français et des Castillans, que Gamez trace à la page 532.

sur la conduite du *Capitaine d'Espagne* abandonnant madame l'amirale de France pour tenter de plus hautes aventures ; et dans le conflit si difficile où tant de consciences hésitèrent sur la route à suivre pendant les incessantes discordes du règne de don Juan II, il nous semble entendre à chaque moment Gamez dire à Pedro Niño : « Mettez-vous du bon côté ! — Hâtez-vous d'y revenir ! » La rectitude de son jugement lui montra dès le début ce que le grand historien Ferrant Perez de Guzman, lui aussi l'un des acteurs du drame, comprit seulement à la fin : « Que si, dans ce procès, aucune des parties n'avait le droit complètement pour elle, ceux qui se maintenaient constamment sous la bannière du roi avaient pour eux la raison la plus claire et la mieux légitimée (1). »

Nous avons cru indispensable, même dans l'intérêt de la critique purement historique, de rétablir l'ouvrage de Gamez tel qu'il avait été conçu et composé ; d'y réintégrer ce que Llaguno, évoquant, par une figure plus que hardie, dans le cabinet d'un philosophe du XVIIIe siècle l'homme d'armes du XVe, lui fait biffer volontairement dans son livre. Pour discuter un témoignage, il importe d'abord de bien connaître le témoin : si nous ne nous trompons, les pages inédites du *Victorial* contribueront autant que les autres à faire connaître son auteur, et nous ne craignons pas d'ajouter que, tout en le laissant bien l'homme de son siècle, elles ne nuiront point à son crédit auprès des lecteurs qui sont familiarisés avec les écrits de ses contemporains (2). Elles rendent au livre le caractère

---

(1) *Generaciones y semblanzas*, à l'article de D. Alvaro de Luna.

(2) Outre les passages de peu d'étendue, mais en assez grand nombre, que Llaguno a supprimés sans en prévenir le lecteur, passages

qu'il a voulu avoir principalement, celui d'un traité de chevalerie. On trouverait en Espagne, à la même époque et un demi-siècle plus tard, des traités qui, sous le rapport technique, seraient plus propres à nous instruire sur la chevalerie espagnole, à peu près pareille à la nôtre, du reste ; mais nous n'en connaissons point qui, sous le rapport esthétique, le surpasse en valeur, et nous ne savons aucun ouvrage qui présente d'une manière plus saisissante le contraste, universel alors, entre la théorie et la pratique, le code et ses applications. Hélas ! en Espagne comme partout, Gamez ne l'a point déguisé, la chevalerie ne fut guère qu'un idéal. Plus les temps sont mauvais (il n'y en eut pas en Castille de plus mauvais que les trois premiers quarts du XVe siècle), plus les belles âmes se rejettent vers l'idéal : dans sa modeste

---

qui tous ont une tendance doctrinale, le savant et respectable éditeur a, sous la pression de ses préjugés littéraires, opéré d'une main impitoyable les retranchements suivants : les légendes des quatre princes et celle du roi Rodrigue (pages 13 à 48) ; celle de l'enfant Jésus et du palmier, avec la définition des trois ordres de chevalerie (pages 50 à 54) ; le chapitre des trois degrés de l'amour (pages 131 à 139) ; la légende de Brut d'Angleterre et celle de la duchesse de Guienne (pages 211 à 263) ; l'exemple du chevalier endurant (pages 288 à 294) ; l'anecdote sur Alexandre, servant d'illustration à cette sentence : Bonne fortune fait croître le cœur (pages 343 et 344) ; la description des merveilles de l'Angleterre et la légende du peuplement de la petite Bretagne (pages 413 à 424).

On se demande pourquoi Llaguno, avec cette méthode de critique, a fait grâce aux premières pages du proême, à certaines portions du *castotement* du gouverneur de Pero Niño, à la dispute de l'auteur contre Vent et Fortune, et à la visite d'Alexandre chez les Garamantes. Si le cœur a dans ces endroits-là manqué à l'homme de goût pour faire jouer les ciseaux du philosophe érudit, comment a-t-il pu se décider à couper et rejeter la légende du palmier, celle de la duchesse de Guienne et l'exemple du chevalier endurant ?

situation, l'écuyer dut s'y attacher d'autant plus vivement que les chevaliers s'en écartaient davantage. Il ne viendra jamais de temps si parfait que l'idéal ne conserve son prix. De quelque manière que l'on juge la chevalerie, institution à peine ébauchée et qui ne pouvait se développer sous le régime féodal, parce qu'il y avait entre elle et lui une contrariété de principes, il n'est pas hors de propos aujourd'hui d'en offrir le tableau et d'en rappeler l'esprit. Le peu de cet esprit qui était entré dans les mœurs formait la meilleure part de l'existence de nos aïeux ; ce qui s'en est perpétué jusqu'à nos jours fait, après la religion, le meilleur de nos sentiments, la plus sûre garantie des rapports dans notre société. Les formes ont changé, l'honneur reste ; son code d'autrefois est encore bon à étudier.

Les recommandations que le comte don Pedro Niño avait faites au sujet du *Victorial* ne furent pas religieusement exécutées. Le *Livre de son histoire* ne resta point dans le trésor de l'église de Saint-Jacques à Cigales (pas plus que ne subsista dans cette église, si jamais il y fut élevé, le tombeau qui devait porter l'orgueilleuse inscription : *Toujours victorieux*, et en appeler au témoignage de Gamez) (1) : malgré la défense de le laisser emporter au dehors, le manuscrit original a disparu. De nombreuses copies durent en être prises peu après la mort du comte (2). Mais au XVIII siècle, elles étaient

---

(1) Voyez la note de la page 538 et la préface de Llaguno, page v.

(2) V. LLAGUNO, page IV. — Pellicer (*Informe para la casa de Sarmiento*, page 63), se référant au chapitre XVIII, livre III du *Victorial*, où il est parlé de Garci Fernandez, de Dia Gomez et de Diego Perez Sarmiento, dit que la chronique du comte don Pedro Niño était, de son temps (XVII siècle), en manuscrit dans beaucoup de mains : *corre de mano*.

devenues si rares que Llaguno supposait unique celle dont il se servit pour sa publication.

Voici la description qu'il en donne :

« L'exemplaire que nous avons eu sous les yeux pour faire cette édition appartenait à feu don Augustin de Montiano et Luyando, en son temps directeur perpétuel de l'Académie royale de l'histoire, et nous ne savons d'où il était venu en sa possession. C'est un manuscrit sur vélin de la grandeur de notre papier commun, consistant en 190 feuilles bien écrites dans un caractère semblable à celui des chartes du XVe siècle, mais avec les fautes et les omissions qui sont fréquentes dans presque tous les livres copiés à la main. Le copiste a laissé des places blanches pour les initiales enluminées, et il a orné de vignettes seulement la marge de la première page, en haut de laquelle il a peint un écusson de sept fleurs de lis d'azur en champ d'or, qui sont les armes des Niños, accompagné de la croix et surmonté du chapeau patriarcal, d'où l'on peut inférer qu'il a été exécuté pour quelque prélat appartenant à cette famille, peut-être pour don Fernando Niño, patriarche des Indes, évêque de Ségovie, président du conseil royal, qui mourut l'an 1552. »

Cette copie, malgré sa destination et le soin qu'y apporta le calligraphe, est très-incomplète. Les lacunes qui s'y rencontrent prouvent qu'elle n'avait pas été faite sur l'original. Le copiste devait être peu lettré : il a supprimé ou laissé en blanc à peu près tous les passages ou les mots qui offrent aujourd'hui quelque dif-

---

« Cette chronique, ajoute-t-il, fut écrite l'an 1435, et par son testament le comte ordonne d'en déposer l'original à la sacristie de l'église de Olgales, où il veut être enterré. De là fut tirée la copie que j'ai vue. »

Ce livre a nom LE VICTORIAL.

Il y est traité des quatre princes les plus grands qui aient paru dans le monde, de ce qu'ils furent, et de quelques autres brièvement, pour servir d'exemple aux bons chevaliers et gentilshommes qui veulent pratiquer le métier des armes et l'art de chevalerie; venant ensuite, par concordance, à parler d'un noble chevalier, à laquelle fin j'ai fait ce livre.

Au nom du Très-Haut et Tout-Puissant, Père, Fils et Saint-Esprit, trois
personnes et un seul Dieu véritable, une seule essence, une seule
substance, divine majesté et puissance, commencement sans
commencement, fin sans fin, qui n'est point circonscrit,
mais qui circonscrit tout, créateur, auteur, gouverneur
de toutes les choses visibles et invisibles; et de la
glorieuse sainte Marie toujours Vierge, notre
Dame, notre espérance, notre avocate et
notre guide : comme tout ce qui est
fait pour Dieu est quelque chose
et ce qui n'est point fait pour
lui est nullité et néant,
qu'il soit la source
et le but de ce
mien bref
écrit.

ϙ

PROHÊME.

A l'entrée de tout livre, quatre choses sont à enquérir et examiner : la cause matérielle, la cause efficiente, l'objet formel et l'objet final ; car le lecteur doit chercher et demander qui est l'auteur, de quel sujet il traite, comment il entend le traiter, et à quelle fin, pour quel profit. La cause matérielle est ici l'office et art de la chevalerie ; la cause efficiente est celui qui institua la chevalerie ; l'objet formel est de célébrer les faits d'un bon chevalier ; l'objet final est le profit de l'exemple.

Premièrement je dirai ce que c'est que l'office et l'art de la chevalerie, d'où et par quelle raison la chevalerie a surgi, et quel avantage se proposèrent les hommes en l'instituant, comme aussi de quelle manière se forma l'état des gentilshommes ; car toutes ces choses se sont produites par la dispensation de la puissance divine à laquelle il a plu d'ordonner ainsi le monde qu'il y eût trois états de personnes : celui des orateurs (1), celui des défenseurs, celui des laboureurs, et que chacun fît son métier.

Nous trouvons dans les écrits anciens qu'après le grand déluge, comme le nombre des hommes allait se multipliant, ainsi allaient en s'augmentant parmi eux la mauvaiseté et les tyrannies et les violences que les uns cherchaient à exercer sur les autres. Telle était la génération de ceux qui par grand orgueil entreprirent d'élever la haute tour de Babel. Ils dirent : « Allons, faisons des briques, et les cuisons au feu, et bâtissons une tour dont le sommet nous fasse atteindre les cieux, et acquérons-nous de la renommée. » Mais Dieu vit leur folie, et pour les enlever à ce vain travail il envoya un ange qui se mêla parmi eux, et rendit confus tout ce qu'ils disaient et faisaient, en sorte qu'ils furent obligés d'abandonner leur bâtisse. Ils n'avaient tous qu'un même langage, et l'ange le corrompit et le divisa, parce qu'il le fallait ainsi. Depuis lors, ils furent divisés selon leurs langues et leur manière de vivre, et ils se dispersèrent dans toutes les parties du monde. De là prirent naissance les soixante et douze langues principales, car de langages différents il y en a bien plus sur la terre. Et ici l'auteur dit que nécessairement il convenait que les choses arrivassent de cette

---

(1) *Oradores,* gens d'église, de *orare,* prier.

Cette division, empruntée à la seconde des *Siete Partidas* (titre 21, préambule) du roi Alphonse-le-Sage, et reproduite par le petit-fils de ce roi, D. Juan Manuel, au chapitre XVII de son traité *Du Chevalier et de l'Écuyer,* a été adoptée chez nous par Eustache Deschamps, qui dit que, suivant l'Écriture, trois ordres sont nécessaires dans un État : les chevaliers pour défendre, les prêtres pour prier Dieu, et les laboureurs pour cultiver la terre. (SAINTE-PALAYE, *Mémoires,* II⁰ partie, note 29.)

manière afin que la terre se peuplât entièrement; car si les hommes avaient continué à ne parler qu'une même langue, jamais ils ne se seraient beaucoup écartés les uns des autres, tant qu'enfin ils se seraient dévorés entre eux à cause de leur multitude, puisque l'on voit encore aujourd'hui l'homme rechercher celui qui parle sa langue plus que celui qui parle une langue étrangère. Mais après avoir été séparés, ces peuples ont toujours conservé l'inclination de leurs communs aïeux à bâtir de grands édifices ou élever d'autres grands monuments pour acquérir de la renommée dans le monde.

En ce temps les peuples n'avaient pas encore de rois, mais ils avaient des patriarches. Ils prenaient l'homme le plus considérable, plus ancien et de plus de sens dans leur tribu; par celui-là ils se gouvernaient, et ils l'honoraient comme leur seigneur. Par la culture de la raison que Dieu a départie à l'homme de plus qu'aux autres créatures pour discerner le bien d'avec le mal, ils atteignirent à la connaissance des quatre vertus cardinales, qui sont : Prudence, Justice, Tempérance et Force. Ces vertus sont appelées cardinales, *à cardine,* qui signifie le gond de la porte; car tout ainsi que la porte roule sur le gond tandis qu'il reste fixe en son lieu, de même notre vie humaine doit être régie par les quatre vertus cardinales.

Comment se définissent ces quatre vertus?

Justice est un acte de l'esprit, une décision de la raison qui fait rendre à chacun ce qui lui appartient. *Item,* Justice est accorder à chacun dignité et honneur selon ce qui lui est dû, seigneurie à qui revient seigneurie, tribut à qui revient tribut. *Item,* Justice est l'union en société fraternelle, ne point désirer nuire à son prochain, mais bien le servir; ne prendre à personne son bien, mais le restituer à celui qui y a droit, et aimer Dieu par dessus toutes choses (1).

Prudence est le discernement du bien d'avec le mal, repousser le mal et faire le bien, parce que l'homme doit discerner le bien du mal, s'attraire au bien et fuir le mal. Prudence est donc la distinction entre le bien et le mal, avec le choix de l'un et l'éloignement de l'autre (2).

Force est s'empoigner aux affaires ardues aussi volontiers qu'aux choses faciles, afin de ne point plier sous l'adversité ni s'exalter dans la prospérité. *Item* Force est, dans la prospérité comme dans l'adversité, la soumission (3) sans orgueil, sans désespoir.

Tempérance est la résistance aux mouvements désordonnés (4).

Par la Prudence, les hommes sont arrivés à connaître l'origine des choses et leur fin, c'est-à-dire le point auquel elles doivent aboutir; par elles ils ont découvert le cycle des sept arts libéraux qui sont très-nécessaires à la culture des hommes (5). Ils ont appelé ces arts libéraux, parce que dans l'ancien temps ils ne les enseignaient qu'aux enfants de condition libre; ils ne les montraient ni aux

---

(1) « Justice est telle vertu qui garde humanité et compaignie de communité de vie, si que chascun use en bien des choses communes comme communes, et des particulières comme particulières. » (*Le Guidon des guerres.*)

(2) « Prudence est par laquelle l'homme a congnoissance du bien et du mal, et par laquelle l'homme a grâce à estre amy du bien et ennemy du mal, car Prudence est science par laquelle l'homme a cognoissance des choses qui sont à venir par les choses présentes. » (*L'Ordre de Chevalerie.*)

(3) *Umildad.*

(4) Le manuscrit ajoute, entre parenthèses : (*Acito-adonatio*).

(5) *A las bibiendas de los onbres en este mundo.*

bâtards, ni aux esclaves (1). En un autre sens, ils les appelèrent libéraux parce qu'ils nous livrent les choses nécessaires et nous délivrent des nuisibles. Et dans la Justice, qui est rendre à chacun ce qui lui revient, ils ont trouvé la miséricorde et la pitié, qui s'y rencontrent, afin que Justice ne passe pas à cruauté, et que personne ne fasse à autrui ce qu'il ne voudrait pas qu'il lui fût fait, mais qu'il fasse à son prochain le bien qu'il désire pour lui-même. Dans la Tempérance, ils ont trouvé la continence et l'advertance (2), c'est-à-dire s'abstenir des choses que demande l'appétit, les discerner par l'intelligence, les peser à la balance de l'avarice (3), charger le plateau qui hausse trop, alléger celui qui trop baisse, jusqu'à ce qu'ils soient dans l'équilibre convenable; prendre des choses ce qui est nécessaire et indispensable, et laisser ce qui porterait préjudice, parce que l'appétit entraîne et la nécessité oblige. La Force leur enseigna la fermeté et la constance dans leurs propos; entreprendre et attaquer les grosses besognes; les poursuivre jusqu'à ce qu'elles aient été amenées au point qu'elles exigent; dire la vérité, la pratiquer, la maintenir, et ne pas être inconstant ni mobile dans ses faits. D'entre ceux qui vivaient selon la règle de ces vertus s'élevèrent les nobles hommes qui prirent peine à

---

(1) « Pour ce que nulz, s'il n'était libéral,
  « N'osait aprandre les vij arts libéraux. »
  (Eustache DESCHAMPS.)

(2) *Advertencia*. On trouve encore *advertance* dans quelques dictionnaires, avec cette remarque : « a vieilli; n'a pas été remplacé. »

(3) La *miseria*, l'avarice qui pèse jusqu'au scrupule, ou qui n'admet rien que d'indispensable. Cette expression, qui paraît forcée, rend pourtant d'une manière juste autant que hardie la pensée de l'auteur. Elle avait probablement inquiété l'éditeur espagnol, qui a laissé le mot en blanc, et c'est notre manuscrit qui nous la fournit.

faire les grandes choses dont le bruit est resté après eux dans le monde.

Le premier roi fut institué par Dieu et eut nom Saül. Or, pour former le corps de la noblesse, le peuple de la Loi employa une méthode, et les Gentils (1) en employèrent une autre. Les Gentils cherchèrent une manière de trier les hommes pour la guerre. Ils délibérèrent de cette façon, disant : « Prenons pour combattre ceux qui exercent des arts mécaniques, tels que les tailleurs de pierre, les charpentiers, les forgerons, qui sont accoutumés à frapper de grands coups, pour briser les fortes pierres, fendre les fortes pièces de bois et battre à grande force le fer qui est très-dur jusqu'à ce qu'ils l'aient rendu mou. Lançons-les en avant dans nos batailles : ils frapperont rudement, donneront des coups vigoureux, et par eux nous vaincrons nos ennemis. » Ils firent ainsi, les armèrent bien, les envoyèrent à la bataille ; et les uns suffoquaient dans leurs armures, les autres perdaient leur force par la peur, les autres se mettaient à fuir, de sorte qu'ils déterminaient la défaite des leurs. Alors les patriarches dirent que cet avis avait été mauvais, mais qu'il fallait envoyer les bouchers, qui étaient cruels et habitués à verser sans pitié le sang, qui égorgaient les gros taureaux et les animaux de forte race : « Ceux-là frapperont sans miséricorde et sans crainte, et ils nous vengeront de nos adversaires. » Ils

---

(1) *Los generales*. Ce peut être une faute du copiste ou l'équivalent de *gentiles*, qui est employé dans la phrase suivante. Le peuple de la loi était en effet l'exception, et les gentils le général. Il ne peut s'agir ici des gentilshommes, des *fidalgos*, qui, d'après les *Siete Partidas*, « sont appelés *gentils*, de *gentillesse*, qui signifie noblesse et bonté. » La mention de Saül n'est faite que dans notre manuscrit, et pourrait être une interpolation.

les armèrent bien, et ils les envoyèrent en avant dans les batailles. Mais lorsqu'ils étaient là, le cœur leur manquait, ils se mettaient aussi à fuir; et il ne leur en allait pas comme ils avaient pensé; au contraire ils étaient défaits par cette invention. Mais il en restait d'autres qui se battaient bien et qui n'étaient point des élus. Les patriarches décidèrent alors de placer sur les lieux hauts, quand ils iraient à la bataille, des hommes qui observassent comment la bataille marchait et reconnussent ceux qui combattaient de cœur et de volonté, et frappaient les bons coups, et résistaient à la peur, et ne redoutaient pas la mort, mais qui, au contraire, étaient fermes.

Lorsque la bataille était finie, ils prenaient ceux-là, les mettaient à part, leur faisaient beaucoup de remercîments et leur rendaient de grands honneurs parce qu'ils avaient si bien combattu. Et ils en formèrent une troupe séparée, et leur commandèrent de ne faire d'autre métier que celui-ci : entretenir leurs armes et soigner leurs chevaux, et que là ils missent toute leur étude.

Pour les nourrir ils s'imposaient une contribution; et ils trouvèrent que cette institution était très-efficace et bonne. Les peuples honoraient et aimaient ces hommes de guerre; ils les appelaient *hommes de bien,* ce qui les excitait à s'appliquer à leur métier, et ils devenaient plus habiles à le faire. Quand il advenait que l'un d'eux mourût à la bataille, les peuples en menaient grand deuil et prenaient ses enfants, et les élevaient très-honorablement, et leur donnaient ce qui avait été à leur père, faisant qu'ils usassent du même métier dont leur père avait usé, accordant à eux et à leur mère les priviléges (1) dont leur

---

(1) La *franqueza,* proprement franchise, immunités.

il leur fallait passer par bien des épreuves, fortunes et périls, comme le veut le proverbe : *Repos, délices et honneurs ne hantent pas même demeure,* et que toutes ces choses ils les ont affrontées à la poursuite d'honneur et renommée ;

D'autant que ce livre est composé sur les faits d'armes et de chevalerie, je veux, tandis que j'en suis au prohême, et avant d'entrer dans le traité, faire mention des grands princes qui ont paru dans le monde, spécialement de quatre que je trouve avoir été grands, les plus grands qui fussent dans le monde, chacun en son temps, après quoi je toucherai en la manière susdite (1) de quelques-uns des autres et de quelques-unes des choses qu'ils ont faites en matière d'armes.

Le premier fut le roi Salomon ; le second fut Alexandre le Macédonien ; le troisième fut Nabuchodonosor ; le quatrième Jules César.

Du roi Salomon, qui fut roi de Judée et de Jérusalem, je trouve que de son temps il ne se fit point de conquêtes ni de beaux coups de lance ou d'épée ; mais si grand fut son esprit et si grande sa sagesse (2), et il sut si bien gouverner son fait que, de son temps, il n'y eut dans le monde roi aussi puissant que lui en sujets et en richesses. Sans émouvoir nulle querelle, il maintint son État en paix, repos et justice. Il régna sur les douze tribus d'Israël qui formaient un peuple innombrable ; il tint sous sa domination tout le pays des Philistins. Du fleuve de Babylone à l'Égypte, il y avait douze provinces, dans l'une desquelles

---

(1) C'est-à-dire brièvement, comme il a été dit au titre du livre.

(2) *Sabiduría,* sagesse, dans la vieille acception, qui comprenait à la fois la science et la sagesse.

on comptait quarante cités ; toutes lui obéissaient et lui payaient tribut.

Il monta sur la montagne de Gaucion (1) pour y sacrifier et y faire ses offrandes à Dieu, et Dieu lui apparut de nuit pendant son sommeil, et lui dit : « Demande ce que tu voudras, je te le donnerai. » Il répondit : « Seigneur, tu as fait beaucoup de bien et de grandes grâces à David, mon père, ton serviteur, parce qu'il a marché toujours devant ta face, dans la vérité, dans la justice, et avec un cœur droit envers toi. Les grâces que tu lui as faites ont toujours été pour toi un sujet de complaisance. Tu lui as donné un fils qui régna après lui à sa place, comme il arrive aujourd'hui. Ainsi tu m'as fait régner, moi ton serviteur, à la place de David, mon père. Je suis un jeune garçon et un enfant ignorant qui ne connaît ni ses entrées ni ses issues, ton serviteur que tu as choisi du milieu de ton peuple infini, qui ne peut être ni nombré, ni compté à cause de sa grande multitude. Puisque tel a été ton plaisir, mets-moi la sapience dans le cœur, afin que je puisse juger ce grand peuple qui t'appartient, et discerner entre le bien et le mal. Qui est celui qui pourrait juger ton peuple ? » Et Dieu eut beaucoup de plaisir du discours de Salomon, à cause de ce qu'il avait demandé, et le Seigneur lui adressa cette parole : « Parce que tu n'as pas demandé pour toi une longue vie, ni les richesses, ni de vaincre et tuer tes ennemis, mais que tu as demandé pour toi la sagesse, afin de discerner la justice, voici : il t'est accordé selon tes paroles. Je te donnerai un cœur sage et intelligent, tel qu'avant toi aucun ne t'a été semblable, et qu'après toi aucun autre pareil ne s'élèvera. Et en

---

(1) Lisez *Gabaon*. (*Rois*, I, 3. — *Chroniques*, II, 1.)

surplus de ce que tu as demandé, qu'il te soit accordé richesses et haute fortune, tellement que nul ne te ressemblera de tous les rois qui après toi viendront. Si tu marches dans mes voies et si tu observes mes préceptes, et si tu fais ce qui est commandé, ainsi que ton père a marché, je prolongerai les jours de ta vie. »

Salomon prononça trois mille paraboles, il fit cinq mille cantiques (1); il disserta et voulut être informé sur la nature de tous les arbres, ainsi que voir toutes les plantes, depuis le cèdre qui naît dans le Liban, jusqu'aux petites herbes qui naissent sur les murailles. Il traita, en les distinguant suivant leurs espèces, des bêtes, des oiseaux, des reptiles et des poissons. Et les rois et tous les peuples de la terre venaient pour entendre sa sagesse.

Il établit douze commissaires qui régissaient tous ses domaines, chacun à son tour (2). De plus, il édifia le temple de Jérusalem, qui fut une œuvre grande et merveilleuse, et il l'acheva en l'espace de sept années. Les hommes qui coupaient les bois de cèdre dans le Liban, ceux qui les apportaient, ceux qui les façonnaient et ceux qui travaillaient les pierres pour le temple, lesquelles étaient toutes pierres de grand prix, se montaient au nombre de cent quatre-vingt mille. Ceux-là qui posaient (3) les matériaux n'étaient pas des douze tribus d'Israël, mais ceux qui commandaient aux travailleurs étaient au nombre de trois mille et trois cents, et ceux-ci appartenaient aux tribus. Toutes les colonnes étaient d'airain, et il y en avait

---

(1) *Cinco mil prosas.* Lisez *mille et cinq.* (*Rois,* I, 4.)

(2) *A son tour* n'est pas dans le texte; mais la Bible le donne. (*Rois,* I, 4, 7.)

(3) *Asentaban.* Gamez se sert de cette expression, parce que les matériaux arrivaient tout préparés à Jérusalem. (*Rois,* I, 6, 7.)

quelques-unes d'argent. Tous les piédestaux étaient d'argent et les chapiteaux d'or. Toutes les sculptures et les ornements des murailles étaient en or garni de pierres précieuses. Le pavé (1) et les ustensiles du temple, les vases des maisons saintes et le chandelier à douze branches, et les lampes, tout était d'or. Il y avait au milieu du temple, élevés chacun sur une colonne, deux anges d'or, les ailes étendues et si grandes qu'ils se touchaient l'un l'autre par la pointe de leurs ailes, et qu'avec les autres pointes ils touchaient les deux murailles du temple. Devant l'autel de la couronne étaient les siéges. Le temple avait soixante coudées géométriques de longueur, vingt par le travers en hauteur, et de largeur près des portes il y avait vingt coudées en haut (2). Les tables étaient de cristal et leurs enchâssements d'or chargé de petites pierres de grand prix. Plus grande encore était la splendeur des palais de Salomon; et il fit mettre son trône au parc du Liban, cette œuvre de magnificence.

Salomon prit plusieurs femmes de celles que Dieu lui avait défendues, et il s'adonna beaucoup à la volupté. Il vécut charnellement, et il a dit (3) qu'il avait rassasié ses sens de tout ce qu'ils convoitèrent: les yeux, de regarder belles choses, hommes, femmes, rois, ducs, comtes, chevaliers et autres gens de belle façon, grands bois, gibier, viandes, jardins, vergers, oiseaux, poissons, animaux de toutes espèces, métaux, pierres, objets d'art, mer, navires de tout échantillon, et tout cela en quantité; aussi les

---

(1) *Los enlevados*, probablement pour *enlosados*. Voyez *Rois*, I, 6, 30.

(2) Comparez *Rois*, I, 6, et *Chroniques*, II, 3. On verra quelle difficulté Gamez a tranchée, en donnant d'une manière inintelligible des mesures auxquelles probablement il n'avait rien compris.

(3) *Ecclésiaste*, 2.

oreilles, d'entendre toutes sortes d'instruments, concerts de voix d'hommes et de femmes, chants suaves des oiseaux accordés au bruit des fontaines; également tout ce qui pouvait plaire aux sens de l'odorat, du goût et du toucher. Il eut soixante femmes reines (1), et trois cents concubines. Il s'adonna tellement à elles qu'elles détournaient son cœur, et son cœur devint mauvais contre Dieu. Il se laissa vaincre et subjuguer par elles, le malheureux (2), tant qu'il s'écarta de la voie droite, et méconnut toutes les grâces qui lui avaient été faites, qu'il adora les idoles que ses femmes adoraient, car il avait pris pour femmes des reines et grandes dames qui n'étaient pas de sa loi. Pour l'amour d'elles, il adora Astarten, déesse des Sidoniens; Amos, dieu de Moab; Melotih, dieu des Ammonites (3); pour cela, Dieu suscita contre lui des adversaires, entre autres Jéroboam, et il lui dit : « Parce que ton père a été fidèle(4) et a toujours marché dans mes voies, je ne déchirerai pas le royaume pendant ta vie; mais parce que tu as été mauvais, le royaume sera déchiré entre les mains (5) de ton fils; il n'en restera à ton fils que la seule tribu de Juda, et les onze autres lui seront enlevées. »

Salomon régna quarante ans et mourut décrépit; il avait vieilli de si bonne heure par l'abus des femmes. Notre mère la sainte Église l'a condamné aux peines éternelles, et à cause de cela, quoiqu'elle chante sa sagesse,

---

(1) Le livre des *Rois* (1, 11) dit sept cents femmes princesses.
(2) *El pecado!*
(3) Lisez : *Hasctoreth, Kèmos, Milcom.*
(4) *Fué uno.*
(5) Le manuscrit dit : *De tu mano será partido;* mais c'est probablement une erreur du copiste, et non de l'auteur.

parce qu'elle sait qu'elle lui fut donnée par Dieu, elle ne lui a pas fait l'honneur de tirer de ses livres une leçon pour la chanter, comme elle en a pris aux autres saints prophètes qui furent toujours amis de Dieu. Pourtant, quelques-uns sont d'opinion que, puisqu'à la fin il fut averti par Dieu, il se pourrait qu'il eût fait pénitence, et que la bonté de Dieu n'eût pas laissé périr celui qu'elle avait fait une arche de sainte sagesse, qui, par prophétie, a tant célébré la vierge sainte Marie, et que la Vierge doit intercéder pour lui. Mais contre eux il y a une parole divine qui dit : *Ubi te deuebo* (sic), *ibi te judicabo*.

Le second fut Alexandre le Macédonien, fils du roi Philippe et de la reine Olympias, qui était de Grèce. Il fut donné à élever au grand philosophe Aristote, qui lui enseigna les sept arts, et la philosophie, et la métaphysique, et à juger par la physionomie la nature de tout homme (2). Or, comme Aristote savait bien qu'Alexandre se verrait en de grands travaux et épreuves avant de tirer la Grèce de la sujétion de Darius, dont les Grecs étaient tributaires longtemps avant la naissance d'Alexandre, et que son élève avait grande volonté de la délivrer par force d'armes, il lui donnait enseignements et leçons (3) de la manière suivante :

« (4) Aristote commença en homme qui savait bien

---

(1) Dans ce chapitre, Gamez a suivi le *Poema de Alexandro*, qu'a publié D. Thomas Sanchez.

(2) *A conoscer filosomia è natura de todo honbre.*

(3) Castolement. *Enseñavale è castigàvale.* Le mot propre est resté dans ce dicton : « Qui aime bien châtie bien. »

(4) Ce morceau en vers est extrait du *Poema de Alexandro*, où il occupe dans l'édition de Sanchez les *coplas* 46 à 74. Notre manuscrit fournit des variantes considérables au texte publié par Sanchez, et même

parler. Il dit : « Mon fils, te voici arrivé en bel âge ; applique-toi bien à te conduire en preux, si tu veux achever comme tu as débuté.

« Tu es fils de roi, et tu es bien pourvu de science ; dès ton enfance, tu as montré grande chevalerie, et je te vois diligent à mon gré. Sur tous ceux qui vivent aujourd'hui tu as grande supériorité.

« Avant d'agir, délibère toujours ; parle avec tes vassaux de ce que tu veux faire ; ils te seront plus féaux, si tu le fais ainsi. Sur toutes choses, garde-toi de trop aimer les femmes.

« Une fois que l'homme s'est abandonné à elles, toujours il recule et perd tout son prix ; il peut perdre son âme, car Dieu l'a en horreur, et facilement il peut tomber en grand meschef.

« Ne sois pas ivrogne et ne sois pas glouton. Ne livre aux flatteurs ni ton cœur ni tes oreilles. Sois ferme et sincère dans ta parole. Si tu fais autrement, tu ne vaudras pas un denier.

« Ne remets pas tes affaires aux mains d'un homme de basse condition, car il te sera une mauvaise réserve qui ne te viendra jamais à la rescousse ; à l'étroit besoin, il te faillira comme la mauvaise bride, il te mettra en lieu dont te préserve Dieu.

« Mais, s'il en est un qui s'avance en prouesse, ne pas lui montrer que tu l'aimes serait déloyauté, car la grâce n'est point donnée aux hommes par héritage, mais Dieu la départit suivant sa bienveillance.

à celui que Llaguno a donné dans ses notes. Tout en le suivant, nous avons mis à profit les deux autres versions, et malgré ces secours, nous ne saurions nous flatter d'avoir toujours saisi le sens vrai des passages obscurs, dont plusieurs prêtent à des interprétations très-diverses.

« Qui veut conquérir les royaumes d'autrui, besoin lui est qu'il sache bien frapper de l'épée. Pour deux ennemis ni plus, il ne doit pas tourner le dos, mais pousser en avant, et vaincre ou mourir.

« Mon fils, quand tu auras à ranger tes armées, ne laisse pas les vieux de côté pour ne prendre que les jeunes, car les vieux donnent de fermes conseils qui servent en bataille (1), et une fois sur le terrain, pour rien ils ne lâchent pied.

« A ceux que tu connais pour faire leur devoir, ne leur dis que de le faire : ils te comprendront assez. Promets-leur de bonne grâce tout ce qu'ils te demanderont : il y en aura plus d'un qui ensuite ne le réclamera pas.

« Quand tu seras en vue de ton ennemi, examine ses dispositions le mieux que tu pourras. Une fois ton poste pris, garde-toi de jamais reculer, ou alors reproche aux tiens de se comporter comme des femmes.

« Conduis bien tes batailles, et fais-les aller au pas. Dis à tes hommes que pour rien ils ne se veuillent débander ; fais rentrer dans les rangs celui qui en voudrait sortir, jusqu'à ce que vienne le moment où tu commandes de frapper.

« Les arbalétriers tireront sur ceux qui sont éloignés ; les cavaliers iront choquer ceux qui sont rapprochés ; les escarmoucheurs et les porte-pavois, tu les jetteras en avant de tes lignes.

« A l'aborder, sois toujours en tête ; donne bon signe

---

(1) « C'est dans le fait des armes qu'il est le plus besoin des vieillards, et pour cette raison les anciens faisaient des machines et engins afin d'emmener avec eux dans les armées les vieux qui ne pouvaient plus monter à cheval, et de mettre à profit leur tête et leur expérience. » (*Siete Partidas*, part. II, tit. 19, l. 3.)

de toi à celui que tu rencontreras le premier. Ne fais pas d'algarades et ne sois pas grand hurleur : les coups diront qui est le chevalier.

« Frappe, frappe toujours; qu'ils n'aient point de loisir, pas même celui de tourner les épaules; celui qui dans le combat épargne son ennemi, celui-là, de ses propres mains, prépare sa mort.

« Si, ce qu'à Dieu ne plaise, les tiens étaient vaincus, toi reste sur la place, quand même ils t'abandonnent. Ils se tiendront pour déshonorés lorsqu'ils ne te verront plus, et reviendront à toi, malgré qu'ils en aient.

« Grande alors sera la clameur et chaude la mêlée; que rien ne préserve celui qu'atteindra ton coup. Si bon fut pour les autres le dîner, meilleur pour toi sera le goûter; la honte qui là te fut faite, là te sera bien payée.

« Quand, ce que veuille Dieu, la bataille sera gagnée, que la convoitise de rien prendre pour toi ne te vienne point. Distribue le butin à tes pauvres soldats; tu garderas l'honneur, qui vaut double part. »

Pour autant que ce sont enseignements de chevalerie, j'ai voulu les rapporter ici; et je les ai donnés *rithmicè* (1), parce qu'ils vont ainsi plus droit au cœur (2) qu'ils ne l'eussent fait *prosaïcè* (3).

Alexandre, donc, leva de grandes troupes, fit une belle armée et combattit le roi Nicolas (4); il le vainquit en bataille rangée et le tua. Il n'avait pas encore vingt-deux ans accomplis qu'il alla en guerre contre Darius, roi de

---

(1) *Remicè.*
(2) *A la voluntad.*
(3) *Perzaicè.*
(4) *Niculao.* Il était roi d'Acarnanie, suivant le faux Callisthène, liv. I, ch. XVIII et suivants.

quit les provinces d'alentour; il alla à Babylone, où il fut reçu pour seigneur. Là, on lui apporta les tributs et les présents de tous les pays du monde. Le même jour, il fit planter toutes les tentes dans la campagne, et il monta dans une chaire très-élevée, d'où, à haute voix, il prêcha à tous les peuples la raison de sa *Geste* (1). Tous furent très-satisfaits de lui, et lui baisèrent la main, et lui reconnurent seigneurie. Ensuite, il reçut les tributs en grande gloire et grand triomphe. Ce même jour, Jola, son vassal, lui donna le poison dans une coupe, à l'instigation du comte Antipater. Alexandre se vit mourir. Il partagea ses domaines entre ses compagnons (2) et les nobles qui avaient été élevés avec lui dès son enfance. A Ptolémée, il donna l'Égypte, à Antiochus la Judée, à Parmenion la Perse, à Apollonius (3) Repleta (*sic*) et les terres Nicolaïques, et ainsi de suite aux autres. Il mourut, et ordonna que son corps fût porté en la ville de Corinthe, que l'on appelle aujourd'hui Alexandrie, en honneur de lui.

Alexandre avait vingt-deux ans quand il entreprit ses conquêtes, et il employa douze années à les accomplir.

Le troisième fut Nabuchodonosor, de la race de Darius, roi de Perse et de Babylone. Il alla chercher et combattre Arphaxat, qui était seigneur de cent vingt provinces, et

Où il est parlé du troisième prince, qui Nabuchodonosor, roi de Perse et de Ninive la grande ville et de Babylone.

---

(1) Ce mot que nous avons perdu et que nous ne saurions remplacer ici par aucun autre terme d'une physionomie aussi chevaleresque, n'est pas tellement sorti de notre langue qu'il ne nous soit resté au moins dans une expression proverbiale : « Les faits et gestes. » Nous espérons que le pluriel fera passer le singulier.

(2) *Sus Mozos*, ses jeunes gens.

Et vocavit pueros suos nobiles qui secum erant nutriti a juventute. (*Machabées*, I, 1.)

(3) Cet Apollonius pourrait être le Poros du faux Callisthène, que

qui avait nouvellement bâti la ville d'Ecbatane (1), très-forte, bien peuplée et riche. Il le vainquit, s'empara de ses pays, et il en fut seigneur, ainsi que de la grande ville de Ninive, et de la Médie, et de la Perse, jusques à la Judée. Il conquit la Judée et Jérusalem, emmena prisonniers à Babylone le roi et le peuple, et enleva tous les ustensiles (2), les vases et les portes du temple qu'il détruisit. Il fit faire à son image une grande statue et s'appela Dieu, et ordonna aux peuples d'adorer son image. Il envoya deux grands princes de sa maison, avec de puissantes armées bien approvisionnées, pour lui conquérir des provinces et les mettre sous sa domination. Holopherne fut envoyé contre Béthulie, qu'il assiégea. La famine était si grande dans la ville, qu'une tête d'âne ou de cheval était recherchée pour nourriture et se payait trente deniers d'argent. Alors les habitants délibérèrent et résolurent que, si Dieu, en qui était leur foi, ne leur envoyait pas de secours, le quatrième jour suivant ils rendraient la ville à Holopherne. Il y avait en ce temps à Béthulie une grande dame que l'on appelait Judith. C'était une fort belle personne, et elle craignit de tomber entre les mains de quelque homme de basse condition (3); elle se recommanda à Dieu, prit avec elle une de ses femmes, sortit de la ville et s'en fut vers Holopherne. « Seigneur, lui dit-elle, la ville se rendra d'ici à quatre jours. Or, je suis une dame de grand parage, et je ne voudrais point tomber entre les

---

Valerius appelle Apoctronus, Roxanis Patruus (voyez le *Testament d'Alexandre* dans le faux Callisthène et dans Valerius, son traducteur), ou l'Apollonius des *Machabées*, I, 3.

(1) *Balanis.*
(2) *Guarniciones.*
(3) *Obo miedo de ser castigada de algun byl honbre.*

mains de quelque homme grossier et de basse condition, mais bien appartenir à toi. Reçois-moi donc sous ta garde. » Holopherne répondit : « Pour les nouvelles que tu m'apportes, je t'accueille, toi et tout ce qui est à toi (1). Rentre dans la ville, et sors-en à ta volonté, sans crainte aucune. » Quand ceux de l'armée surent que la ville se rendait à eux, ils firent de grandes réjouissances; et lorsque le festin fut terminé, aussitôt en quittant la table, Holopherne dit : « Vous, Judith, vous dormirez ici avec moi dans mon lit. » — « Seigneur, dit-elle, il me plaît d'obéir à votre commandement; mais laissez-moi d'abord faire ma prière; j'irai ensuite à vous dans votre lit. » Elle s'écarta pour faire sa prière et s'y arrêta un long temps. Lorsqu'elle revint près du lit, elle y trouva Holopherne endormi et bien hors de ses gardes. Elle avança donc la main sous son chevet, y prit son épée, la tira et lui coupa la tête; puis elle la mit sous son manteau et s'en fut vers la ville, avec sa servante, passant au milieu des gardes qui la laissèrent aller, suivant l'ordre qu'ils avaient reçu. Le matin venu, ceux de Béthulie rendirent grâces à Dieu, et mettant la tête au bout d'une lance, ils l'élevèrent sur un créneau, et ils poussèrent de grands cris vers le camp, disant par signes : « Nous avons la tête de votre maître. » Les autres coururent à la tente d'Holopherne; ils le trouvèrent mort et décapité; leur frayeur alors fut si grande qu'ils levèrent le camp et se mirent en fuite. Mais ceux de la ville sortirent sur eux, en firent un grand carnage et pillèrent le camp (2).

(1) *Yo te quiero à ti é à todo lo tuyo.*
(2) Cette curieuse version montre que Gamez avait une Bible incomplète, où manquait le livre de Judith.

Ensuite Nabuchodonosor envoya Sennachérib (1) mettre le siége devant la ville de Vaïs (2). Il la tint assiégée pendant plusieurs jours sans la pouvoir prendre, à cause des prières que faisait Isaïe, le fils du gentilhomme qui la défendait. Et Dieu l'exauça, et en une seule nuit quatre-vingt mille hommes moururent dans leurs lits, et les autres furent mis en fuite et vaincus, non à coups de lances et d'épées, mais par la volonté de Dieu.

Après cela, Nabuchodonosor fit un songe épouvantable (3). Il songea qu'il voyait une image d'homme ou statue, dont la tête était d'or, la poitrine et les bras d'argent, le ventre et les cuisses de cuivre, les jambes et les pieds de fer, sauf une partie des pieds qui était d'argile, et qu'il sortit de la montagne une pierre que n'avait point lancée main d'homme, laquelle donna dans les pieds de la statue et la changea toute en cendres. Cette figure lui fut interprétée par Daniel. Ensuite, Dieu le déposa du commandement, et il erra pendant quinze ans comme une bête des champs, privé de sens et de mémoire, tellement que ses peuples ne le connaissaient plus. Cela lui arriva en punition de ce qu'il avait méconnu Dieu lorsqu'il avait fait faire sa statue et s'était fait appeler Dieu. Au bout de ce temps, Dieu le rétablit dans son sens et dans son royaume, et il confessa le pouvoir de Dieu.

Le quatrième fut Jules César. — La ville que fondèrent Rémus et Romulus, fils de Mars, resta sous le gouvernement et seigneurie de rois jusques à Tarquin, lequel fut

---

(1) *Senecherip.*
(2) Lisez *Lakin.* (*Chronique*, II, 32. — *Rois*, II, XIX, 19.)
(3) DANIEL, 2.
(4) *Celtn.*

mauvais, et à cause de cela mis à mort. Il y avait eu jusqu'à lui vingt-quatre rois, et après lui on n'en voulut plus souffrir à Rome. En leur place, on établit des tribuns, prenant dans chacun des lignages les plus considérables de Rome le plus prud'homme (1) qu'il put fournir; pour cette raison leur fut donné le nom de tribuns (2), et de chaque lignage il y en eut un. Ils furent en tout cent-vingt. Et parce qu'ils étaient vieux, on les appelait *senex*, vieux se disant *senex* en latin. De leur office vint le nom de sénat, et aujourd'hui on emploie seigneur comme titre d'honneur, parce qu'il signifie vieillard, étant dérivé de *senior*. Ils gouvernaient Rome et tout son territoire. Mais comme il y avait contestations et affaires en abondance, aussi parce que, les sénateurs étant nombreux, les différends étaient nombreux entre eux et les avis partagés, ce qui retardait beaucoup l'expédition de ceux qui venaient demander jugement, et qu'il en arrivait à Rome de grands inconvénients, ils résolurent, afin d'abréger les affaires, de choisir deux hommes très-entendus, qui prissent place avec eux sur de hauts siéges dans le chapitre (3), et que ceux-ci tinssent compte de tous les arguments que produisaient les sénateurs, qu'ensuite ils les *dictassent,* et qu'après ils eussent charge de décider et expédier comme il leur semblerait pour le mieux. Ils leur donnèrent le nom de *dictateurs,* et à leur office celui de *dictature* (4).

(1) *El mas sesudo.*
(2) L'auteur veut faire allusion au mot *tribu,* et oublie qu'il ne l'a pas énoncé.
(3) *Capitulo* (de Capitole). Le mot est resté dans la langue ecclésiastique, et nous le conservons ici, parce qu'on le verra plus bas employé bien expressément dans le sens de salle, lieu de réunion, et même de chambre.
(4) *Ditadores, ditado.*

En ce temps, il y avait à Rome Jules César, de l'une des plus grandes maisons romaines. Il était gouverneur (1) d'un temple qu'il avait fait édifier hors de Rome, et où l'on recevait les femmes nobles qui étaient pauvres, les orphelines, dames et demoiselles, qui ne pouvaient pas se marier suivant leur condition. Jules César était un homme de petite fortune (2); mais il avait été trouvé très-vertueux, de grand sens, de grande justice et sincère. Cette charge de dictateur fut donnée à lui et à un autre que l'on appelait Catilina (3), homme de grande famille, très-avisé et fin.

Ils appartenaient à des maisons rivales, mais entre eux il y avait amitié. Un jour, il arriva qu'un des plus nobles jeunes gens de la ville (4), avec d'autres garçons, ne pouvant avoir une jeune fille dont il était amoureux, fille d'une veuve de haute naissance, entra dans sa maison, prit la demoiselle et la viola (5). La mère pleurait, poussait de grands cris et appelait justice. Dans cette rue demeurait le dictateur Catilina (6). Il vint au jeune homme et lui demanda comment il avait été assez osé pour commettre une si méchante action. Il y avait alors à Rome une ordonnance qui, pour un tel fait, condamnait le coupable à donner incontinent une certaine somme déterminée d'argent, afin de marier la fille, sinon à être mis à mort. Le garçon répondit : « Voici tant, que je lui dois d'après

---

(1) *Regidor.*
(2) *De pequeño estado.*
(3) *Catelina.*
(4) *Un gran garçon de la cibdad.*
(5) *Echose con ella por fuerza.*
(6) *Catalin.* C'est le nom qui se retrouve, à partir de cette ligne, dans tout le reste du récit.

la loi de Rome. As-tu autre chose à réclamer de moi? » Et il donna cette somme à la mère. Celle-ci la rejeta avec indignation, et poussant de grands cris, elle pleurait et maudissait Rome, et celui qui exécutait de telles lois, et celui qui avait fait une telle ordonnance. Là-dessus passa Jules, qui venait du temple des Dames, et il apprit le sujet de la dispute. Il dit au garçon : « Comment as-tu osé faire cela? » Le garçon lui répondit : « J'ai déjà payé, et suivant l'ordonnance de Rome, dois-je quelque chose de plus? » La dame s'écria : « Jules, ceux dont tu es sorti ne buvaient pas le sang de leurs amis; mais ils mangeaient le sang de leurs ennemis. » Et Jules comprit bien ce qu'elle voulait lui dire : qu'une injure comme celle-là, qui était une injure de sang, par le sang devait être punie. Il prit le jeune homme et le fit pendre devant la porte de la dame à qui il avait fait violence.

Aussitôt, Jules César fut accusé par devant le sénat d'avoir transgressé la loi de Rome et usé d'une autorité qui ne lui appartenait pas. Mais il répondit qu'il pouvait à bon droit faire ce qu'il avait fait, et il dit aux sénateurs : « Vous savez bien comment, à cause de votre insuffisance, vous nous avez établis, pour faire ce que vous ne pouviez pas faire, et que vos raisons entendues, nous décidions. Vous avez rejeté sur nous votre pouvoir, vous nous l'avez donné, et nous pouvons trancher (1) par dessus vous, mais non pas vous par dessus nous. J'ai vu que cette loi était défectueuse, et je l'ai corrigée. Si Catilina n'a pas agi de même que moi, il mériterait de perdre sa charge. La loi que Rome a faite sur cette matière, moi je la défais, et je la corrige (2) par le pouvoir qui m'est donné. »

---

(1) *Librar sobre vosotros.*
(2) *La deshago è la enmiendo en mejor.*

Les sénateurs virent que Jules avait prononcé droitement et fait bonne justice. Ils se repentirent alors de n'avoir pas fait attention que le pouvoir qu'ils lui avaient délégué s'étendait jusque-là, et en bonne justice ils ne purent le lui enlever. De là en avant, Jules fut tenu pour un homme de grand sens, justice et courage, et la cité lui donnait grande marge pour exercer la justice. Il commença dès lors à prendre autorité et avoir un grand parti, et à être craint des méchants et chéri des bons. Catilina l'était aussi; mais il portait à Jules tant d'envie et souffrait tant de le voir primer, qu'il lui voulait tout le mal possible. Lorsque les sénateurs s'aperçurent de leur rivalité, et que chacun d'eux s'efforçait de l'emporter sur l'autre, ils résolurent de les séparer, afin de prévenir les malheurs qui devaient en résulter pour la cité. Ils firent Jules capitaine de tous les gens de la ville, mettant toutes leurs compagnies sous son commandement, et ils le nommèrent inspecteur (1) et payeur de toute la république. A Catilina, ils donnèrent la même autorité sur les gens de la campagne, et à tous les deux ils firent de grandes recommandations (2).

Catilina sortit donc de Rome pour aller gouverner la campagne. Il se rendit puissant; il avait beaucoup de monde à ses ordres, et Jules, de son côté, prenait grand pied dans la ville. Bientôt, il y eut acquis beaucoup de crédit, car les Romains étaient très-contents de lui, le trouvant juste, vrai, et ferme dans tous ses actes. Poussé par l'envie, la haine et la crainte que lui inspirait Jules, Catilina cherchait continuellement à se fortifier autant qu'il

---

(1) *Veedor.*
(2) *Dieronles grandes cargos.*

le pouvait. Il se mit à piller et vexer les campagnes, de telle sorte que l'on cessa d'obéir à ses ordres. Les plaintes arrivaient contre lui. Rome lui adressait des remontrances, mais il n'en tenait aucun compte. A la fin, on lui envoya dire que, puisqu'il en était ainsi, il eût à sortir du territoire. Alors il se réfugia chez les ennemis des Romains (1) et réunit de grandes forces pour venir à Rome. Comme on ne voulut point l'y laisser entrer, il assiégea la ville, et il la tenait en dures alarmes (2), tuant ou faisant prisonniers tous ceux de la ville qu'il pouvait avoir entre les mains.

Dans cette nécessité, les Romains mandèrent Jules au sénat et lui dirent : « Jules, tu as coûté bien des peines à ta mère pour t'élever et te porter au grand état où tu te trouves aujourd'hui. Tu vois maintenant quelles injures (3) et quel déshonneur elle subit à cause de toi. Une mère qui a un tel fils devrait être honorée et protégée. Ce serait grand dommage qu'elle eût à maudire le lait qu'elle t'a fait sucer et l'éducation qu'elle t'a donnée. Prends de ses biens tout ce qu'il t'en faudra ; sors, et va la défendre. » Jules avait bien prévu que les choses en viendraient à ce point. Il assembla toutes les forces de Rome, mit ordre avec grande précaution à ce qu'il laissait dans la ville, parce qu'une bonne partie de ses ennemis s'y trouvaient ; ensuite il sortit avec beaucoup de monde, attaqua, défit et tua Catilina. Et de ce moment, Jules fut tenu pour beaucoup plus grand qu'auparavant.

(1) Le texte dit : *Y se fuese para los enemigos de Roma*, ce qui est une erreur manifeste du copiste. En lisant : *Y fuése*, on a le sens que nous avons adopté.
(2) *Agajada (aquexada ?)*.
(3) *Onras* (lisez *ontas*) *é verguensas*.

amas on donna le nom d'Ère (1). Comme c'était une chose merveilleuse que d'avoir réuni tant de pièces de monnaie, et aussi d'avoir fait connaître le nombre de ces multitudes qui vivaient soumises à un seul seigneur, à cause aussi de la gloire qui en rejaillit ce jour-là sur cet empereur, on appela ce jour-là celui de l'ère de César (2); et Jules commanda que dorénavant l'on datât, à partir de ce jour, les événements du monde. Cette manière de compter a duré en Castille jusqu'au temps du roi don Juan le Catholique, le mal chanceux, qui fut très-bon chrétien; mais toujours il était battu, lui ou les siens, par ses ennemis; et il semble que Dieu ait permis que cet homme fût éprouvé jusqu'à la mort, afin que sa gloire fût plus grande dans la vie qui doit durer toujours, ainsi qu'il arrive aux saints martyrs de Dieu (3).

Jules César étant donc le maître partout et dans sa plus haute prospérité, car il ne pouvait pas être plus que maître de tout le monde, avait pourtant encore à Rome, parmi ceux qui avaient suivi le parti de Pompée, des ennemis dissimulés, et ceux-ci conspirèrent très-secrètement sa mort. Mais une dame romaine vint à l'apprendre, par n'importe quelle voie. Elle en fut très-affligée; elle n'osait pourtant pas en parler à Jules, à cause de sa si haute grandeur; mais elle lui écrivit une lettre et se posta dans

---

(1) *Era* (*Ærarium*). Cette étymologie est empruntée à Isidore de Séville.

(2) 38 ans avant Jésus-Christ.

(3) L'ère de César fut abolie en Castille par l'ordonnance du roi D. Juan Ier, rendue aux cortès de Ségovie l'an 1383, laquelle ordonna de compter à partir de l'Incarnation de Notre-Seigneur. D. Juan Ier perdit, le 15 août 1385, la célèbre bataille d'Aljubarrota, et cette défaite anéantit les résultats de ses campagnes en Portugal.

un endroit par où il devait passer. Or, le jour qui avait été assigné par les conjurés, le sénat s'assembla et envoya dire à l'empereur de venir bien vite, parce qu'il le fallait ainsi, pour une affaire très-ardue ; et ceux du lignage de Pompée avaient caché dans une salle (1) un certain nombre d'hommes armés, car ils avaient arrangé les choses pour que ce jour-là il n'y eût au chapitre (2) que ceux de leur lignage. Comme Jules, arrivant en grande hâte, passait par une rue, la dame se jeta au-devant de lui et, l'arrêtant par la bride de son cheval, lui dit : « Seigneur, n'allez pas au chapitre avant d'avoir lu cette lettre. » Mais lui pensa que c'était quelque plainte ou pétition ; il la prit, la garda en main et se rendit au chapitre. Dans une antichambre (3) obscure qu'il traversait pour y entrer, des hommes sautèrent au-devant de lui et se mirent à le frapper à grands coups d'épée et de poignard. Lui jeta un coup d'œil tout à l'entour ; il vit qu'il n'avait aucun moyen d'en réchapper ; il ne poussa pas un cri, ne recula ni peu ni point, mais il rassembla ses vêtements, les serra contre son corps, et tomba, étendu par terre, arrangé pour ne pas faire mauvaise contenance au moment de la mort. C'est ainsi qu'on le trouva, drapé dans ses habits, la face couverte, la lettre dans la main, et l'on y vit qu'on lui révélait toute la trahison comme elle lui était préparée. Quelques-uns prétendirent qu'il n'avait pas lu la lettre, d'autres qu'il l'avait lue, mais qu'il avait mieux aimé souffrir la mort que de témoigner de la peur. Tant est-il que tous ceux qui le virent avouèrent que jamais il ne

---

(1) *En un capitulo.*

(2) *Capitulo.* Gamez a pu vouloir également désigner, ici et dans les deux passages suivants, le Sénat ou le Capitole.

(3) *Un enmedio.*

s'était vu mort plus belle, et qu'il avait été beau dans la vie, beau dans la mort (1).

Avant qu'il mourût, Jules César dit un jour à Virgile, qui était alors le plus grand savant (2) qu'il y eût dans ces contrées : « Virgile, je suis très-chagrin de deux choses que je vois dans le monde : la première, que les noms de ceux qui ont fait de grandes actions périssent avec eux ; la seconde, que leurs tombeaux sont détruits par la longue durée du temps et ne se conservent point. Et puisqu'il ne reste de l'homme dans ce monde après sa mort rien autre que ces deux choses-là, je voudrais que du moins il subsistât le nom et le tombeau, et qu'ils durassent toujours au milieu des hommes qui viendront après nous. » Virgile répondit : « Je ferai que ton nom et ta tombe durent dans le monde. »

Dans ce temps, l'année commençait au mois de mars, et en raison de cela, le mois de juillet était appelé *quintil*. César lui ôta ce nom et lui donna le sien, ordonnant que dans tout le monde on l'appelât *juillet*, le mois de Jules (3).

Le roi Salomon, qui fut roi de Judée, fit, par grande science, tailler à Jérusalem une pierre aussi haute qu'une tour, œuvre merveilleuse, avec son piédestal ; et il commanda qu'après sa mort l'on dressât cette pierre, et qu'au-dessus l'on plaçât une pomme d'or où l'on renfer-

---

(1) *Buen bibo é buen muerto.*
(2) *Sabidor.*
(3) « Et Pompeyus issit de la citeit tout rengiers ses gens ; et Julius rengat les siens quant ilh les vist. Là oit une horrible et pesante estour ; mains Pompeyus fut desconfis et s'enfuit. Et astait adont le promier jour de quintel ; se l'appella Julius por cel belle victoire : ch'est li mois de Jule, et encor le nom-ons enssi. » (*Le myreur des histors*, par Jean d'OUTREMEUSE, p. 221. Bruxelles, 1864, f°.)

merait ses os. Quand il fut mort, les Juifs voulurent dresser la pierre et la poser sur son piédestal comme c'était dans l'ordre; [mais jamais ils ne purent y parvenir] et elle restait couchée dans un champ, où elle était merveilleuse chose à voir. Virgile alla à Jérusalem, et demanda aux Juifs de la lui vendre, pour qu'il l'emportât à Rome. Ils lui répondirent, comme par moquerie : « Autant de journées tu feras avec elle d'ici à Rome, autant tu nous paieras chaque jour de douzaines d'écus au coin de l'empereur. » Et il dit qu'il le voulait bien. Les Juifs consentirent le marché, dans la persuasion que jamais il ne pourrait enlever la pierre. Mais Virgile construisit plusieurs engins et grands chars au moyen desquels il la sortit de la ville, après quoi il fit aplanir les chemins par où elle devait passer, et il l'emmena, faisant d'abord en beaucoup de jours petite route, et chaque jour il payait ce qui était convenu; puis, en une seule nuit, il la transporta de là dans Rome, et un matin, on la vit debout au milieu de la place. Elle peut avoir environ vingt brasses; elle est taillée à quatre faces, bien travaillée, lisse, grosse par un bout, et elle va en fuyant vers le haut, toujours de plus en plus mince. Elle repose sur quatre figures d'animaux en airain, et sur un piédestal en une pierre d'un seul morceau, sur laquelle fait saillie un gradin de trois ou quatre marches, prises dans le bloc même. Tout au-dessus, naissant de la pierre et s'attachant à sa pointe, est une grande pomme d'or où se trouvent, dit-on, les ossements de César. Lorsqu'il mourut, ils y furent déposés avec grande pompe (1).

(1) « Et qui de ce ne croira, dampné pas ne sera, » dit en terminant son livre le vieil auteur des *Faicts marveilleux de Virgille* (Paris, Guillaume Nyverd, in-36). — Voir les notes à la fin du volume.

Les Gentils n'avaient pas de religion (1) et ne connaissaient pas Dieu ; ils adoraient les idoles et leur faisaient des sacrifices. Ils ne pensaient pas et ne savaient pas que les âmes, après cette vie, entrent dans la vie éternelle ; tout au contraire, quelques-uns d'entre eux étaient d'opinion que l'âme meurt aussitôt que meurt le corps ; d'autres croyaient que les âmes, lorsqu'elles sortaient d'un corps, entraient dans d'autres corps, naissaient une seconde fois, vivaient une seconde vie pendant un autre âge ; et il y en eut qui, pour cette raison, cachaient sous terre de grandes richesses et plaçaient des signes, de façon à pouvoir retrouver leurs richesses, lorsqu'ils reviendraient dans un autre corps.

Ici l'auteur dit que le roi don Rodrigue, qui fut roi d'Espagne, le dernier des Goths, était chrétien catholique et qu'il sut comme quoi le grand Hercule, qui avait conquis l'Espagne, et qui était de la secte des Gentils et mécréant, avait été instruit par ses astrologues de ce que des nations d'Afrique devaient un jour passer dans l'Espagne, la ruiner et la conquérir tout entière. La ville de Tolède était alors la capitale de l'Espagne, et la plus forte et magnifique cité qui s'y trouvât. Hercule y fit édifier une maison construite en très-grosse maçonnerie de moëllons, partagée en deux nefs, laquelle maison existe encore aujourd'hui (2). Il y mit des portes très-solides, couvertes de fer, et il les ferma avec de fortes serrures, et il défendit qu'aucun roi, de ceux qui viendraient après lui, ne se

Des erreurs dans lesquelles vivaient les gentils, et comment le roi Don Rodrigue fit ouvrir, à Tolède, les portes de la grotte qu'avait fermée Hercule.

---

(1) *Ley.*

(2) « L'édifice qui, à Tolède, portait le nom de *Grotte d'Hercule* est, ainsi que l'ont fait connaître les dernières fouilles, la crypte d'un temple romain, peut-être dédié à Jupiter, puisqu'il était situé au centre de l'*Arx.* » (Note de M. Amador de los Rios.)

permit d'ouvrir ces portes ni d'entrer dans ce palais, sous peine de sa malédiction, enjoignant, au contraire, qu'aussitôt qu'un roi commencerait à régner, il mît aux portes un cadenas ajouté à ceux qu'il y trouverait, sinon qu'il apprît que, du jour où les portes seraient ouvertes, nombre de nations des peuples africains passeraient la mer, et ruineraient toute la terre d'Espagne, et la conquerraient. Cette défense fut toujours observée jusqu'au temps du roi don Rodrigue, qui fut le dernier du très-noble et grand lignage des magnanimes rois Goths. Quant vint à celui-ci de régner, il fut prié d'apposer à son tour des serrures à ces portes, comme avaient fait tous les rois qui avaient été en Espagne avant lui. Le roi Rodrigue savait bien qu'Hercule partageait l'opinion des Gentils et que, dans cette idée de renaître au monde, il devait, puisqu'il avait été riche et puissant, avoir laissé enfermés en cet endroit de grands trésors, que, possible, il avait voulu par ces injonctions et menaces (1) défendre de la convoitise de ceux qui viendraient après lui. Pensant donc y trouver de grandes richesses, le roi don Rodrigue fit ouvrir les portes. Il ne trouva rien de ce qu'il pensait ; mais on dit qu'il trouva dans un recoin un coffre où étaient renfermés trois bocaux ; dans l'un, il y avait une tête de More, dans l'autre une couleuvre et dans l'autre une sauterelle, et, ajoute-t-on, il y était joint un écrit qui disait de bien prendre garde à ne briser aucun de ces bocaux, sinon que de la nature de celui que l'on briserait serait le fléau qui détruirait le pays. Cela, croyez-le, si vous le voulez ; pour moi je ne le veux point croire, parce que telles choses que celles-là la religion ne les permet pas, et la

---

(1) *Aquel temor é premia.*

raison ne les admet pas. Outre que le passage de cette multitude de peuples et la destruction de l'Espagne n'ont point été causés ni amenés par l'effraction de ces portes; mais qui le fit, ce fut la justice de Dieu, à cause des péchés des hommes, comme arrivèrent en leur temps le grand déluge de Thessalie, les plaies d'Égypte et la submersion des sept cités de Jérusalem; toutes ces choses sont venues par la justice de Dieu, à cause des péchés du monde.

Quelques-uns disent aussi que le pays fut perdu par le péché que commit le roi don Rodrigue en prenant la fille du comte Julien. Ce ne fut pas là un aussi énorme péché qu'on veut le prétendre, le roi prendre une fille de son royaume, ni mariée ni fiancée; et même il peut être que le roi ne fût pas non plus lié par mariage, en sorte que le péché était d'une bien plus petite nature. Et d'ailleurs, Dieu ne punit le général que pour un péché universel; or, ce péché individuel avait été commis par un seul, et la punition fut universelle; d'où l'on doit conclure que les péchés que faisaient alors les peuples étaient détestables devant Dieu, et tellement qu'il ne le pouvait supporter, par quoi il fallut qu'il exécutât sa justice. Mais cette couronne fut anéantie dans ce temps, et ceux qui avaient eu volonté d'excuser le comte Julien de la grande trahison qu'il fit [ont mis avant ces raisons pour empêcher qu'il ne fût maudit], comme maudit sera celui qui dira du bien de lui, béni sera celui qui le maudira. Maudit soit-il de Dieu, car maudit il est.

Entre les Gentils, d'autres tenaient que les âmes de ceux qui avaient mené une vie pure et généreuse (1), selon ce que requièrent les vertus cardinales, qui avaient marqué

---

(1) *Bidas limpias è ablivas.*

dans ce monde par leur puissance et par des actions éclatantes et fameuses, étaient transformées en étoiles et prenaient place dans le firmament. A plusieurs d'elles, ils donnaient le nom de Dieu, et ils les adoraient en quelques contrées de la terre (1), comme, par exemple, Mars, dieu des batailles, et Vénus, déesse de l'amour, et ainsi des autres. De fait, ils croyaient que toute la gloire est bornée à ce monde, et ne savaient où chercher la lumière dans les ténèbres ; car, bien qu'ils possédassent les quatre vertus nécessaires pour bien vivre ici-bas, ils n'avaient point connaissance de trois autres vertus qui étaient renfermées dans leurs âmes, Foi, Espérance et Charité, sans lesquelles l'homme ne peut ni se sauver, ni connaître Dieu qui est la vie véritable. Donc, parce qu'ils ne savaient et ne comprenaient pas qu'il y eût une autre gloire, mais ne connaissaient que celle de ce monde, ils cherchaient à ce qu'il restât d'eux grand bruit après leurs jours.

Nous trouvons en écrit de quelques Romains que, pour l'amour de la renommée, non seulement ils livraient de grandes batailles et accomplissaient d'autres grandes choses, mais encore se laissaient tuer ou se tuaient eux-mêmes délibérément, et quittaient cette vie, afin que leur renommée subsistât. Ils mettaient peine à garder leur foi, et afin de ne point montrer de peur ou pour faire paraître que tous ceux de Rome valaient autant ou mieux qu'eux, ils recevaient la mort de leur plein gré. Aussi, tant que les Romains n'eurent en vue que le bien commun, ils dominèrent tout le monde ; quand ensuite ils se livrèrent à l'égoïsme (1) et que chacun ne se soucia plus que de s'avan-

---

(1) *En las climas de la tierra.*
(2) *Se ficieron singulares.*

cer en profits et honneurs, ils perdirent la seigneurie et devinrent esclaves par l'effet de la division. C'est ce qui arrive toujours dans les royaumes, provinces, cités, et même entre les chevaliers : pendant que durent la division et la défiance, leurs ennemis viennent et se vengent d'eux. A cause de cela, notre Sauveur Jésus-Christ a dit : « Tout royaume divisé contre lui-même périra, et maison sur maison y tombera. »

Des Goths nous lisons qu'ils furent une des grandes races de l'Orient, de la race de Got et Magoth, fils de Japhet, fils de Noé; comment ils sortirent de l'île d'Escancie (1), passèrent le grand fleuve du Danube et habitèrent d'abord en Sicie (2); comment ils allèrent ensuite, ravageant les pays, tant qu'ils arrivèrent à Rome et combattirent rudement les Romains, puis vinrent dans la Gothie, qui est en France et Narbonne; enfin, entrèrent en Espagne et s'en firent maîtres, et la convertirent à la foi de Jésus-Christ, car auparavant elle n'était pas chrétienne. Ils nommèrent alors un roi de leur race, et le premier eut nom Adris (3). Leur domination dura trois cents ans, jusqu'au roi don Rodrigue, au temps duquel l'Espagne se perdit. Ces Goths aimaient l'honneur et la réputation; et il ne leur suffisait point que leur renommée restât confiée par écrit aux livres; mais comme ils voyaient que les livres, par beaucoup d'aventures, pouvaient périr, ils faisaient écrire leurs exploits sur les pierres, ainsi que nous en trouvons aujourd'hui qui sont travaillées par grande habileté; même nous trouvons leurs images faites à grands frais, sculptées avec grande

---

(1) Scanie ?
(2) Dacie ?
(3) Alaric ?

THÉODORE.

Le ciel n'en a point fait qui soient dignes de vous ;
Mais je ne puis souffrir que la grandeur romaine
S'abaissant à vos pieds ait part à cette haine,
Et que vous égaliez par vos durs traitements[1] 365
Ces maîtres de la terre aux vulgaires amants.
Quoiqu'une âpre vertu du nom d'amour s'irrite,
Elle trouve sa gloire à céder au mérite ;
Et sa sévérité ne lui fait point de lois
Qu'elle n'aime à briser pour un illustre choix. 370
Voyez ce qu'est Valens, voyez ce qu'est Placide,
Voyez sur quels États l'un et l'autre préside,
Où le père et le fils peuvent un jour régner,
Et cessez d'être aveugle et de le dédaigner.

THÉODORE.

Je ne suis point aveugle, et vois ce qu'est un homme 375
Qu'élèvent la naissance, et la fortune, et Rome :
Je rends ce que je dois à l'éclat de son sang,
J'honore son mérite et respecte son rang ;
Mais vous connoissez mal cette vertu farouche
De vouloir qu'aujourd'hui l'ambition la touche, 380
Et qu'une âme insensible aux plus saintes ardeurs
Cède honteusement à l'éclat des grandeurs.
Si cette fermeté dont elle est ennoblie
Par quelques traits d'amour pouvoit être affoiblie,
Mon cœur, plus incapable encor de vanité, 385
Ne feroit point de choix que dans l'égalité ;
Et rendant aux grandeurs un respect légitime,
J'honorerois Placide, et j'aimerois Didyme.

CLÉOBULE.

Didyme, que sur tous[2] vous semblez dédaigner !

---

1. *Var.* Et que vous égaliez dedans vos sentiments. (1646-56)
2 L'impression de 1682 porte seule *sur tout*. Le vers suivant, où elle donne *sur tous*, comme toutes les autres éditions, prouve que c'est une faute typographique.

THÉODORE.

Didyme, que sur tous je tâche d'éloigner, 390
Et qui verroit bientôt sa flamme couronnée
Si mon âme à mes sens étoit abandonnée,
Et se laissoit conduire à ces impressions
Que forment en naissant les belles passions.
Comme cet avantage est digne qu'on le craigne[1], 395
Plus je penche à l'aimer et plus je le dédaigne,
Et m'arme d'autant plus que mon cœur en secret
Voudroit s'en laisser vaincre, et combat à regret.
Je me fais tant d'effort lorsque je le méprise,
Que par mes propres sens je crains d'être surprise : 400
J'en crains une révolte, et que las d'obéir,
Comme je les trahis, ils ne m'osent trahir.
  Voilà, pour vous montrer mon âme toute nue,
Ce qui m'a fait bannir Didyme de ma vue :
Je crains d'en recevoir quelque coup d'œil fatal, 405
Et chasse un ennemi dont je me défends mal.
Voilà quelle je suis et quelle je veux être;
La raison quelque jour s'en fera mieux connoître :
Nommez-la cependant vertu, caprice, orgueil,
Ce dessein me suivra jusque dans le cercueil. 410

CLÉOBULE.

Il peut vous y pousser si vous n'y prenez garde :
D'un œil envenimé Marcelle vous regarde;
Et se prenant à vous du mauvais traitement
Que sa fille à ses yeux reçoit de votre amant,
Sa jalouse fureur ne peut être assouvie 415
A moins de votre sang, à moins de votre vie;
Ce n'est plus en secret que frémit son courroux[2],
Elle en parle tout haut, elle s'en vante à nous,

---

1. *Var.* Mais comme enfin c'est lui qu'il faut que plus je craigne. (1646-56
2. *Var.* Ce n'est plus en secret qu'éclate son courroux. (1646-56)

Elle en jure les Dieux; et, ce que j'appréhende,
Pour ce triste sujet sans doute elle vous mande. 420
Dans un péril si grand faites un protecteur.

THÉODORE.

Si je suis en péril, Placide en est l'auteur;
L'amour qu'il a pour moi lui seul m'y précipite :
C'est par là qu'on me hait, c'est par là qu'on s'irrite.
On n'en veut qu'à sa flamme, on n'en veut qu'à son choix :
C'est contre lui qu'on arme ou la force ou les lois.
Tous les vœux qu'il m'adresse avancent ma ruine,
Et par une autre main c'est lui qui m'assassine.
Je sais quel est mon crime, et je ne doute pas
Du prétexte qu'aura l'arrêt de mon trépas[1] : 430
Je l'attends sans frayeur; mais de quoi qu'on m'accuse,
S'il portoit à Flavie un cœur que je refuse,
Qui veut finir mes jours les voudroit protéger,
Et par ce changement il feroit tout changer.
Mais mon péril le flatte, et son cœur en espère 435
Ce que jusqu'à présent tous ses[2] soins n'ont pu faire;
Il attend que du mien j'achète son appui :
J'en trouverai[3] peut-être un plus puissant que lui;
Et s'il me faut périr, dites-lui qu'avec joie
Je cours à cette mort où son amour m'envoie, 440
Et que par un exemple assez rare à nommer,
Je périrai pour lui si je ne puis l'aimer.

CLÉOBULE.

Ne vous pas mieux servir d'un amour si fidèle[4],
C'est....

THÉODORE.

Quittons ce discours, je vois venir Marcelle.

1. *Var.* Sur quoi l'on doit fonder l'arrêt de mon trépas. (1646-63)
2. L'édition de 1655 porte *ces*, pour *ses*.
3. L'édition de 1655 donne seule la forme *treuverai*.
4. *Var.* Ne vous pas mieux servir d'un avis si fidèle. (1646-63)

Et pour forcer Placide à vous porter ses vœux,
Rendre cette chrétienne indigne de ses feux.

MARCELLE.

Je ne vous entends point.

VALENS.

Contentez-vous, Madame, 655
Que je vois pleinement les desirs de votre âme,
Que de votre intérêt je veux faire le mien.
Allez, et sur ce point ne demandez plus rien.
Si je m'expliquois mieux, quoique son ennemie,
Vous la garantiriez d'une telle infamie, 660
Et quelque bon succès qu'il en faille espérer,
Votre haute vertu ne pourroit l'endurer.
Agréez ce supplice, et sans que je le nomme,
Sachez qu'assez souvent on le pratique à Rome,
Qu'il est craint des chrétiens, qu'il plaît à l'Empereur[1],
Qu'aux filles de sa sorte il fait le plus d'horreur[2],
Et que ce digne objet de votre juste haine[3]
Voudroit de mille morts racheter cette peine.

MARCELLE.

Soit que vous me vouliez éblouir ou venger,
Jusqu'à l'événement je n'en veux point juger; 670
Je vous en laisse faire. Adieu : disposez d'elle;
Mais gardez d'oublier qu'enfin je suis Marcelle,
Et que si vous trompez un si juste courroux,
Je me saurai bientôt venger d'elle et de vous.

---

1. *Var.* Il est craint des chrétiens, il plaît à l'Empereur. (1646-56)
2. *Var.* Aux filles de sa sorte il fait le plus d'horreur. (1646-54 et 56-64)
   Var. Aux filles de la sorte il fait le plus d'horreur. (1655)
3. *Var.* Et celle qu'aujourd'hui veut perdre votre haine. (1646-56)

SCÈNE VII.

VALENS, PAULIN.

VALENS.

L'impérieuse humeur! vois comme elle me brave, 675
Comme son fier orgueil m'ose traiter d'esclave.

PAULIN.

Seigneur, j'en suis confus, mais vous le méritez :
Au lieu d'y résister, vous vous y soumettez[1].

VALENS.

Ne t'imagine pas que dans le fond de l'âme
Je préfère à mon fils les fureurs d'une femme : 680
L'un m'est plus cher que l'autre, et par ce triste arrêt
Ce n'est que de ce fils que je prends l'intérêt[2].
　Théodore est chrétienne, et ce honteux supplice
Vient moins de ma rigueur que de mon artifice :
Cette haute infamie où je veux la plonger[3] 685
Est moins pour la punir que pour la voir changer.
Je connois les chrétiens : la mort la plus cruelle
Affermit leur constance, et redouble leur zèle[4];
Et sans s'épouvanter de tous nos châtiments,
Ils trouvent des douceurs au milieu des tourments; 690
Mais la pudeur peut tout sur l'esprit d'une fille
Dont la vertu répond à l'illustre famille;
Et j'attends aujourd'hui d'un si puissant effort
Ce que n'obtiendroient pas les frayeurs de la mort.
Après ce grand effet, j'oserai tout pour elle, 695
En dépit de Flavie, en dépit de Marcelle,
Et je n'ai rien à craindre auprès de l'Empereur,

---

1. L'édition de 1646 donne seule la forme *soubmettez*.
2. *Var.* C'est de lui seulement que je prends l'intérêt. (1646-56)
3. *Var.* Cette haute infamie où je veux la plonger. (1646-56)
4. *Var.* Endurcit leur constance, et redouble leur zèle. (1646-56)

48 THÉODORE.

Si ce cœur endurci renonce à son erreur.
Lui-même il me louera d'avoir su l'y réduire¹,
Lui-même il détruira ceux qui m'en voudroient nuire :
J'aurai lieu de braver Marcelle et ses amis ;
Ma vertu me soutient où son crédit m'a mis ;
Mais elle me perdroit, quelque rang que je tienne,
Si j'osois à ses yeux sauver cette chrétienne².
 Va la voir de ma part, et tâche à l'étonner : 705
Dis-lui qu'à tout le peuple on va l'abandonner,
Tranche le mot enfin, que je la prostitue ;
Et quand tu la verras troublée et combattue,
Donne entrée à Placide, et souffre que son feu³
Tâche d'en arracher un favorable aveu. 710
Les larmes d'un amant et l'horreur de sa honte
Pourront fléchir ce cœur qu'aucun péril ne dompte ;
Et lors elle n'a point d'ennemis si puissants
Dont elle ne triomphe avec un peu d'encens ;
Et cette ignominie où je l'ai condamnée 715
Se changera soudain en heureux hyménée.

PAULIN.

Votre prudence est rare, et j'en suivrai les lois.
Daigne le juste ciel seconder votre choix⁴,
Et par une influence un peu moins rigoureuse,
Disposer Théodore à vouloir être heureuse ! 720

---

1. *Var.* Lui-même il me louera d'avoir su la réduire. (1646-56)
2. *Var.* Si j'osois à ses yeux sauver une chrétienne. (1646)
3. *Var.* Donne entrée à Placide, et laisse agir son feu ;
 Mais surtout cache-lui que c'est par mon aveu.
 Les larmes d'un amant et sa honte si proche
 Pourront en sa faveur fendre ce cœur de roche.
 Alors elle n'a point d'ennemis si puissants. (1646-56)
4. *Var.* Veuille le juste ciel seconder votre choix. (1646-56)

FIN DU SECOND ACTE.

En ces extrémités, je vous conjure encore, 935
Non par ce zèle ardent d'un cœur qui vous adore,
Non par ce vain éclat de tant de dignités,
Trop au-dessous du sang des rois dont vous sortez,
Non par ce désespoir où vous poussez ma vie ;
Mais par la sainte horreur que vous fait l'infamie, 940
Par ce Dieu que j'ignore, et pour qui vous vivez[1],
Et par ce même bien que vous lui conservez,
Daignez en éviter la perte irréparable,
Et sous les saints liens d'un nœud si vénérable
Mettez en sûreté ce qu'on va vous ravir. 945
THÉODORE.
Vous n'êtes pas celui dont Dieu s'y veut servir :
Il saura bien sans vous en susciter un autre,
Dont le bras moins puissant, mais plus saint que le vôtre,
Par un zèle plus pur se fera mon appui,
Sans porter ses desirs sur un bien tout à lui.
Mais parlez à Marcelle. 950

SCÈNE IV.

MARCELLE, PLACIDE, THÉODORE, PAULIN, STÉPHANIE.

PLACIDE.
Ah, Dieux, quelle infortune !
Faut-il qu'à tous moments....
MARCELLE.
Je vous suis importune
De mêler ma présence aux secrets des amants,
Qui n'ont jamais besoin de pareils truchements.
PAULIN.
Madame, on m'a forcé de puissance absolue. 955

1. *Var.* Par le Dieu que j'ignore, et pour qui vous vivez. (1646-64)

ACTE III, SCÈNE IV.

MARCELLE, à Paulin.
L'ayant soufferte ainsi, vous l'avez bien voulue :
Ne me répliquez plus, et me la renfermez.

SCÈNE V.

MARCELLE, PLACIDE, STÉPHANIE.

MARCELLE.
Ainsi donc vos desirs en sont toujours charmés,
Et quand un juste arrêt la couvre d'infamie,
Comme de tout l'empire et des Dieux ennemie, 960
Au milieu de sa honte elle plaît à vos yeux,
Et vous fait l'ennemi de l'empire et des Dieux?
Tant les illustres noms d'infâme et de rebelle
Vous semblent précieux à les porter pour elle[1] !
Vous trouvez, je m'assure, en un si digne lieu 965
Cet objet de vos vœux encor digne d'un Dieu ?
J'ai conservé son sang de peur de vous déplaire,
Et pour ne forcer pas votre juste colère
A ce serment conçu par tous les immortels
De venger son trépas jusque sur les autels. 970
Vous vous étiez par là fait une loi si dure,
Que sans moi vous seriez sacrilège ou parjure :
Je vous en ai fait grâce en lui laissant le jour,
Et j'épargne du moins un crime à votre amour.

PLACIDE.
Triomphez-en dans l'âme, et tâchez de paroître 975
Moins insensible aux maux que vous avez fait naître.
En l'état où je suis, c'est une lâcheté
D'insulter aux malheurs où vous m'avez jeté ;
Et l'amertume enfin de cette raillerie

---

1. *Var.* Vous semblent précieux à les porter comme elle ! (1646-60)

Tourneroit aisément ma douleur en furie¹.   980
Si quelque espoir arrête et suspend mon courroux,
Il ne peut être grand, puisqu'il n'est plus qu'en vous,
En vous, que j'ai traitée avec tant d'insolence,
En vous, de qui la haine a tant de violence.
Contre ces malheurs même où vous m'avez jeté,   985
J'espère encore en vous trouver quelque bonté;
Je fais plus, je l'implore, et cette âme si fière
Du haut de son orgueil descend à la prière,
Après tant de mépris s'abaisse pleinement,
Et de votre triomphe achève l'ornement.   990
  Voyez ce qu'aucun dieu n'eût osé vous promettre²,
Ce que jamais mon cœur n'auroit cru se permettre :
Placide suppliant, Placide à vos genoux
Vous doit être, Madame, un spectacle assez doux;
Et c'est par la douceur de ce même spectacle   995
Que mon cœur vous demande un aussi grand miracle.
Arrachez Théodore aux hontes d'un arrêt
Qui mêle avec le sien mon plus cher intérêt.
Toute ingrate, inhumaine, inflexible, chrétienne,
Madame, elle est mon choix, et sa gloire est la mienne;
S'il faut qu'elle subisse une si rude loi,
Toute l'ignominie en rejaillit sur moi;
Et je n'ai pas moins qu'elle à rougir d'un supplice
Qui profane l'autel où j'ai fait sacrifice,
Et de l'illustre objet de mes plus saints desirs   1005
Fait l'infâme rebut des plus sales plaisirs.
S'il vous demeure encor quelque espoir pour Flavie,
Conservez-moi l'honneur pour conserver sa vie³;

---

1. *Var.* Auroit tourné bientôt ma douleur en furie. (1646-56)
2. « Ce beau mouvement de Placide, dit Palissot, paraît avoir été imité avec génie par Voltaire dans la tragédie d'*Oreste* (acte V, scène III), lorsque Électre, pour implorer la grâce de son frère, se courbe un moment devant Égisthe. »
3. *Var.* Conservez-moi l'honneur pour conserver ma vie. (1646-64)

PAULIN.
Je ne vois pas pour vous de grands sujets de joie.
PLACIDE.
Qu'on la bannisse ou non, je la verrai toujours.
PAULIN.
Quel fruit de cette vue espèrent vos amours ?
PLACIDE.
Le temps adoucira cette âme rigoureuse.
PAULIN.
Le temps ne rendra pas la vôtre plus heureuse. 1200
PLACIDE.
Sans doute elle aura peine à me laisser périr.
PAULIN.
Qui le peut espérer devoit la secourir.
PLACIDE.
Marcelle a fait pour moi tout ce que j'ai dû faire.
PAULIN.
Je n'ai donc rien à dire et dois ici me taire.
PLACIDE.
Non, non, il faut parler avec sincérité, 1205
Et louer hautement sa générosité.
PAULIN.
Si vous me l'ordonnez, je louerai donc sa rage,
Mais depuis quand, Seigneur, changez-vous de courage ?
Depuis quand pour vertu prenez-vous la fureur ?
Depuis quand louez-vous ce qui doit faire horreur ? 1210
PLACIDE.
Ah ! je tremble à ces mots que j'ai peine à comprendre.
PAULIN.
Je ne sais pas, Seigneur, ce qu'on vous fait entendre,
Ou quel puissant motif retient votre courroux ;
Mais Théodore enfin n'est plus digne de vous
PLACIDE.
Quoi ? Marcelle en effet ne l'a pas garantie ? 1215

ACTE IV, SCÈNE III.

PAULIN.

A peine d'avec vous, Seigneur, elle est sortie,
Que l'âme toute en feu, les yeux étincelants,
Rapportant elle-même un ordre de Valens,
Avec trente soldats elle a saisi la porte,
Et tirant de ce lieu Théodore à main-forte.... 1220

PLACIDE.

O Dieux! jusqu'à ses pieds j'ai donc pu m'abaisser,
Pour voir trahir des vœux qu'elle a feint d'exaucer,
Et pour en recevoir avec tant d'insolence
De tant de lâcheté la digne récompense !
Mon cœur avoit déjà pressenti ce malheur; 1225
Mais achève, Paulin, d'irriter ma douleur,
Et sans m'entretenir des crimes de Marcelle,
Dis-moi qui je me dois immoler après elle[1],
Et sur quels insolents, après son châtiment,
Doit choir le reste affreux de mon ressentiment. 1230

PAULIN.

Armez-vous donc, Seigneur, d'un peu de patience,
Et forcez vos transports à me prêter silence,
Tandis que le récit d'une injuste[2] rigueur,
Peut-être à chaque mot vous percera le cœur.
 Je ne vous dirai point avec quelle tristesse 1235
A ce honteux supplice a marché la Princesse :
Forcé de la conduire en ces infâmes lieux,
De honte et de dépit j'en détournois les yeux;
Et pour la consoler, ne sachant que lui dire,
Je maudissois tout bas les lois de notre empire, 1240
Et vous étiez le dieu que dans mes déplaisirs[3]

---

1. L'édition de 1655 porte :
   Dis-moi si je me dois immoler après elle,
ce qui n'offre pas un sens raisonnable.
2. Les éditions de 1682 et de 1692 ont *juste*, au lieu de *injuste*.
3. *Var.* Et vous étiez le dieu, dedans mes déplaisirs,
   Qu'en secret pour les rompre invoquoient mes soupirs. (1646-64)

En secret pour les rompre invoquoient mes soupirs.
PLACIDE.
Ah! pour gagner ce temps on charmoit mon courage
D'une fausse promesse, et puis d'un faux message ;
Et j'ai cru dans ces cœurs de la sincérité ! 1245
Ne fais plus de reproche à ma crédulité,
Et poursuis.
PAULIN.
Dans ces lieux à peine on l'a traînée,
Qu'on a vu des soldats la troupe mutinée[1] :
Tous courent à la proie avec avidité,
Tous montrent à l'envi même brutalité. 1250
Je croyois déjà voir de cette ardeur égale
Naître quelque discorde à ces tigres fatale,
Quand Didyme....
PLACIDE.
Ah, le lâche ! ah, le traître !
PAULIN.
Écoutez.
Ce traître a réuni toutes leurs volontés ;
Le front plein d'impudence et l'œil armé d'audace : 1255
« Campagnons, a-t-il dit, on me doit une grâce ;
Depuis plus de dix ans je souffre les mépris
Du plus ingrat objet dont on puisse être épris :
Ce n'est pas de mes feux que je veux récompense,
Mais de tant de rigueurs la première vengeance ; 1260
Après, vous punirez à loisir ses dédains. »
Il leur jette de l'or ensuite à pleines mains ;
Et lors, soit par respect qu'on eût pour sa naissance,
Soit qu'ils eussent marché sous son obéissance,
Soit que son or pour lui fît un si prompt effort, 1265
Ces cœurs en sa faveur tombent soudain d'accord :
Il entre sans obstacle.

1. *Var.* Que je vois des soldats la troupe mutinée. (1656-60)

Alors que Théodore est ta juste conquête,
Et que cette beauté qui me tient sous sa loi[1]
Ne sauroit plus sans crime être à d'autres qu'à toi ?
N'importe ; si ta flamme en est mieux écoutée,
Je dirai seulement que tu l'as méritée ;
Et sans plus regarder ce que j'aurai perdu,
J'aurai devant les yeux ce que tu m'as rendu[2].
De mille déplaisirs qui m'arrachoient la vie
Je n'ai plus que celui de te porter envie ;
Je saurai bien le vaincre et garder pour tes feux
Dans une âme jalouse un esprit généreux.
　　Va donc, heureux rival, rejoindre ta princesse,
Dérobe-toi comme elle aux yeux d'une tigresse :
Tu m'as sauvé l'honneur, j'assurerai tes jours,
Et mourrai, s'il le faut, moi-même à ton secours.

DIDYME.

Seigneur....

PLACIDE.

　　　　Ne me dis rien. Après de tels services,
Je n'ai rien à prétendre, à moins que tu périsses.
Je le sais, je l'ai dit ; mais dans ce triste état
Je te suis redevable, et ne puis être ingrat.

1. *Var.* Et que cette beauté qui me tient sous la loi. (1646)
2. *Var.* J'aurai devant mes yeux ce que tu m'as rendu. (1655)

FIN DU QUATRIÈME ACTE.

ACTE V.

SCÈNE PREMIÈRE.
PAULIN, CLÉOBULE.

PAULIN.
Oui, Valens pour Placide a beaucoup d'indulgence ;
Il est même en secret de son intelligence :
C'étoit par cet arrêt lui qu'il considéroit,
Et je vous ai conté ce qu'il en espéroit.
Mais il hait des chrétiens l'opiniâtre zèle, 1495
Et s'il aime Placide, il redoute Marcelle ;
Il en sait le pouvoir, il en voit la fureur,
Et ne veut pas se perdre auprès de l'Empereur :
Il[1] ne veut pas périr pour conserver Didyme ;
Puisqu'il s'est laissé prendre, il paiera pour son crime.
Valens saura punir son illustre attentat[2]
Par inclination et par raison d'État ;
Et si quelque malheur ramène Théodore[3],
A moins qu'elle renonce à ce Dieu qu'elle adore,
Dût Placide lui-même après elle en mourir, 1505
Par les mêmes motifs il la fera périr[4].
Dans l'âme il est ravi d'ignorer sa retraite,
Il fait des vœux au ciel pour la tenir secrète ;

---

1. L'édition de 1655 porte seule : « *Et* ne veut pas périr.... »
2. *Var.* Et Valens punira son illustre attentat. (1646-56)
3. *Var.* Et si quelque malheur nous rendoit Théodore,
    A moins que renoncer à ce Dieu qu'elle adore. (1646-56)
4. *Var.* Par les mêmes motifs il la feroit périr. (1646-56)

Il craint qu'un indiscret la vienne révéler,
Et n'osera rien plus que de dissimuler. 1510
CLÉOBULE.
Cependant vous savez, pour grand que soit ce crime[1],
Ce qu'a juré Placide en faveur de Didyme.
Piqué contre Marcelle, il cherche à la braver,
Et hasardera tout afin de le sauver.
Il a des amis prêts, il en assemble encore ; 1515
Et si quelque malheur vous rendoit Théodore,
Je prévois des transports en lui si violents,
Que je crains pour Marcelle et même pour Valens.
Mais a-t-il condamné ce généreux coupable?
PAULIN.
Il l'interroge encor, mais en juge implacable[2]. 1520
CLÉOBULE.
Il m'a permis pourtant de l'attendre en ce lieu,
Pour tâcher à le vaincre, ou pour lui dire adieu.
Ah! qu'il dissiperoit un dangereux orage,
S'il vouloit à nos Dieux rendre le moindre hommage!
PAULIN.
Quand de sa folle erreur vous l'auriez diverti, 1525
En vain de ce péril vous le croiriez sorti.
Flavie est aux abois, Théodore échappée
D'un mortel désespoir jusqu'au cœur l'a frappée;
Marcelle n'attend plus que son dernier soupir :
Jugez à quelle rage ira son déplaisir ; 1530
Et si, comme on ne peut s'en prendre qu'à Didyme,
Son époux lui voudra refuser sa victime.
CLÉOBULE.
Ah! Paulin, un chrétien à nos autels réduit
Fait auprès des Césars un trop précieux bruit :

1. *Var*. Cependant vous savez ce qu'a juré Placide;
   C'est un courage fier, et que rien n'intimide. (1646-56)
2. *Var*. Il l'examine encor, mais en juge implacable. (1646-56)

VALENS.

Quel effort généreux veux-tu que Valens fasse,
Lorsque de tous côtés il ne voit que disgrâce?

PAULIN.

Faites voir qu'en ces lieux c'est vous qui gouvernez,
Qu'aucun n'y doit périr si vous ne l'ordonnez,
La Syrie à vos lois est-elle assujettie, 1735
Pour souffrir qu'une femme y soit juge et partie?
Jugez de Théodore.

VALENS.

Et qu'en puis-je ordonner
Qui dans mon triste sort ne serve à me gêner?
Ne la condamner pas, c'est me perdre avec elle,
C'est m'exposer en butte aux fureurs de Marcelle, 1740
Au pouvoir de son frère, au courroux des Césars,
Et pour un vain effort courir mille hasards.
La condamner d'ailleurs, c'est faire un parricide,
C'est de ma propre main assassiner Placide,
C'est lui porter au cœur d'inévitables coups. 1745

PAULIN.

Placide donc, Seigneur, osera plus que vous.
Marcelle a fait armer Lycante et sa cohorte;
Mais sur elle et sur eux il va fondre à main-forte,
Résolu de forcer pour cet objet charmant
Jusqu'à votre palais et votre appartement. 1750
　Prévenez ce désordre, et jugez quel carnage
Produit le désespoir qui s'oppose à la rage,
Et combien des deux parts l'amour et la fureur
Étaleront ici de spectacles d'horreur.

VALENS.

N'importe : laissons faire et Marcelle et Placide : 1755
Que l'amour en furie ou la haine en décide;
Que Théodore en meure ou ne périsse pas[1],

---

1. *Var.* Et soit qu'elle périsse ou ne périsse pas. (1646-56)

J'aurai lieu d'excuser sa vie ou son trépas.
S'il la sauve peut-être on trouvera dans Rome
Plus de cœur que de crime à l'ardeur d'un jeune homme.
Je l'en désavouerai, j'irai l'en accuser,
Les pousser par ma plainte à le favoriser,
A plaindre son malheur en blâmant son audace :
César même pour lui me demandera grâce ;
Et cette illusion de ma sévérité 1765
Augmentera ma gloire et mon autorité.

PAULIN.

Et s'il ne peut sauver cet objet qu'il adore ?
Si Marcelle à ses yeux fait périr Théodore ?

VALENS.

Marcelle aura sans moi commis cet attentat ;
J'en saurai près de lui faire un crime d'État, 1770
A ses ressentiments égaler ma colère,
Lui promettre vengeance et trancher du sévère,
Et n'ayant point de part en cet événement,
L'en consoler en père un peu plus aisément.
Mes soins avec le temps pourront tarir ses larmes. 1775

PAULIN.

Seigneur d'un mal si grand c'est prendre peu d'alarmes.
Placide est violent, et pour la secourir
Il périra lui-même, ou fera tout périr.
Si Marcelle y succombe, appréhendez son frère,
Et si Placide y meurt, les déplaisirs d'un père. 1780
De grâce, prévenez ce funeste hasard.
Mais que vois-je ? peut-être il est déjà trop tard.
Stéphanie entre ici, de pleurs toute trempée.

VALENS.

Théodore à Marcelle est sans doute échappée,
Et l'amour de Placide a bravé son effort. 1785

SCÈNE VIII.

VALENS, PAULIN, STÉPHANIE.

VALENS, à Stéphanie.

Marcelle a donc osé les traîner à la mort
Sans mon su, sans mon ordre ? et son audace extrême....

STÉPHANIE.

Seigneur, pleurez sa perte, elle est morte elle-même.

VALENS.

Elle est morte !

STÉPHANIE.
Elle l'est.

VALENS.
Et Placide a commis....

STÉPHANIE.

Non, ce n'est en effet ni lui ni ses amis ; 1795
Mais s'il n'en est l'auteur, du moins il en est cause.

VALENS.

Ah ! pour moi l'un et l'autre est une même chose ;
Et puisque c'est l'effet de leur inimitié,
Je dois venger sur lui[1] cette chère moitié.
Mais apprends-moi sa mort, du moins si tu l'as vue.

STÉPHANIE.

De l'escalier à peine elle étoit descendue,
Qu'elle aperçoit Placide aux portes du palais,
Suivi d'un gros armé d'amis et de valets ;
Sur les bords du perron soudain elle s'avance,
Et pressant sa fureur qu'accroît cette présence : 1800
« Viens, dit-elle, viens voir l'effet de ton secours ; »
Et sans perdre le temps en de plus longs discours[2],

---

1. Les éditions de 1664-82 ont *pour lui*, au lieu de *sur lui*. L'impression de 1692 donne *sur lui*.

2. *Var.* Et sans perdre de temps en de plus longs discours (a). (1646-63)

(a) Voltaire a adopté cette variante (1764).

ves. » Hæ cum illa dixisset, ad lupanar ducta est : ad quod ingressa, oculos ad cœlum erexit, et ait : « Tu pater domini nostri Jesu Christi me adjuva, ut ab his canibus eripiar. Tu qui Petrum in carcere adjuvisti, eumque ab injuria liberum illinc eduxisti, et me hinc ab injuria incolumem educas, ut omnes videant, meque servam tuam esse cognoscant. »

Turbæ autem illæ eam, ut lupi agnam, circumdantes, certatim studebant pro se quisque ad eam ingredi, et ut canes in feram aliquam, et accipitres in columbam, ita in eam turbæ inhiantes ingredi festinabant. Cæterum neque tunc Christus ipse cessabat, sed cum quemdam ex fratribus præparasset, ad eam illum misit. Quidam enim quemadmodum aliquem ex Dei, voluntate divitem fieri deceret bene religiosissimus frater, qui Dei negotia tractare optime didicerat, et noverat, ille cum e rebus bonis semper aliquid amplius appeteret et sibi comparare studeret, duplicem martyrii coronam sibi conciliavit, et regnum cœlorum hoc modo rapuit. Cum enim militari habitu se induisset, primus ad eam ingressus est, quasi unus ex impudentium et intemperantium hominum numero esset. Ejus igitur hominis novam et peregrinam figuram sancta illa virgo Theodora cum vidisset, fuit perterrita : ea enim res multum injuriæ ac turpitudinis præ se ferebat. Quamobrem ancipiti et dubio animo carceris angulos circumibat, secum cogitans num a Christo ipso relicta esset.

At sanctus Didymus (ita enim vocabatur), ut germanus frater, incipiens eam affari : « Non sum, inquit, id quod vides. Extrinsecus enim lupus videor, intus vero sum ovis mansueta. Ne spectes exteriorem hanc vestem, sed interiorem, et promptum animi affectum consideres. Frater enim sum in aliena figura, contra diabolum sapiens, eorum quidem veste indutus qui sunt illius ministri : ut ita huc ingrediens non agnoscerer (erant enim qui huc venientem speculabantur), et Domini mei pretiosam possessionem, et Dei columbam eam servare possem. Sed age, vestem mutemus : tibi Deus ipse victoriam largitur ; me vero coronat sanctus, et qui sine macula est, agnus ille qui tollit peccata mundi. Exi tu, et ad Dominum ito : ego propter Dominum huc remanebo. Hac mea veste, quam timebas, induaris. Esto tu pro me, ut est ab Apostolo dictum : *Estote ut ego, quoniam et ego ut vos*[1]. » Ille quidem hæc dicebat ; Theodora vero libenter ei obtemperabat. Novit enim ab illo ipso Deo, qui misit in lacum leonum prophetam Abacuc, ut Danieli, qui et ipse propheta erat, cibum impartiret, quique et leonum ora obstruxit, militem illum tunc ad se missum, ut ipsius habitu occultata et illinc erepta servari posset.

---

1. *Épître* de saint Paul *aux Galates*, chapitre IV, verset 12.

Illa igitur virgo militis habitum sumpsit, ocreisque, quibus antea miles uti consueverat, crura sua contexit; cumque reliquæ veste se induisset, capiti galeam imposuit, ejusque armis acceptis, illo ipso quem qui ei adstiterat præcepit ornatu induta, egressa est. Admonita etiam fuit ne quem adspiceret, propter eorum luporum impudentiam atque audaciam, neve aliquem alloqueretur; sed recta ad portam tenderet, et Jesum ipsum viæ ducem sibi proponeret. Et illa quidem illinc egressa, ut columba quædam alas quatiens, atque in cœlum tendens, ex accipitris ore, vel agna e leonum faucibus, evasit. Frater vero ille sedebat, de sorore non amplius sollicitus, et spirituale prandium exspectans, cumque se capitis tegumento induisset, eo in loco sedebat. Erat autem ita coronatus ut si adversarium ipsum vicisset. Intervallo autem temporis, quidam, ex insanientium numero, intemperantiæ servus, ita ut erat impudens, illuc tanquam ad virginem ingredi ausus, cum virum pro virgine offendisset, mente perculsus secum ipse dicebat : « Numquid virgines in viros transfert Jesus iste? Miles ille qui ante me huc ingressus est exiit. Quisnam igitur hic est, qui sedet? Ubinam virgo illa quæ hic inclusa erat? Audivi aliquando a Jesu ipso aquam in vinum conversam; nunc majus quiddam video : virginem enim in virum mutavit. Timeo ne et me in mulierem convertat. » Ille vero cum opportune sororem eripuisset, factum suum non occultavit; sed clara voce : « Non mutavit, inquit, me Dominus, sed et mihi et illi coronam dedit. Quam igitur habebatis, eam non habetis; quique vobis non erat, eum nunc habetis. Virgo illa virgo est, ut antea; miles vero Christi Jesu athleta nunc est. »

Egressus igitur qui fuerat paulo ante ingressus, quod factum erat nunciavit. Id autem judex audiens, jussit eum ante tribunal sisti. Quem præsentem cum vidisset, eum interrogans ait : Quodnam tibi nomen est? — Didymus, inquit ille, ego appellor. » Tunc judex : « Et quisnam tibi suggessit ut istud faceres ac me contemneres? « Cui Didymus : « Deus me misit, ut hoc facerem. — Confitere, inquit judex, antequam tormentis subjiciaris. Ubinam est Theodora illa virgo? » Respondit illi : « Per Christum Dei filium, ubi ea sit nescio. Illud scio ac persuasum habeo quod, cum Dei sit serva, et Deum ipsum satis confessa fuerit, intacta permansit : quam Deus ipse incolumem et a labe puram servavit. Itaque quod factum est, non mihi, sed Deo ipsi tribuo : quoniam secundum fidem ipsius fecit ille Deus, quemadmodum et ipse nosti, si fateri velis.» Tunc ait judex : « Cujusnam sortis homo tu es? — Christianus, inquit Didymus, ego sum, a Christo liber factus. » At judex : « Cruciate istum vehementer duobus modis, propter ejus petulantiam.— Peto, inquit Didymus, ut quod ab imperatoribus tuis jussus es, celeriter expedias. » Cui judex : « Per Deos duplicia tormenta tibi reposita sunt, nisi Diis ipsis sacrifices. Quod si feceris, prius illud facinus tuum audax condonabitur. — Ego, inquit Didymus, re ipsa tibi ostendi me Dei athletam esse : propter finem enim mihi repositum hoc facere aggressus fui, ut et virgo ipsa virgo remaneret, et ego Dei confessionem manifeste profiterer ; nam in Dei fine permanens, tormenta non sentiam : itaque celeriter fac quod videtur; non enim dæmonibus immolo. Nam et si in ignem me tradere volueris, illinc etiam Deus me potest eripere. »

Tunc illi judex : « Tantæ audaciæ causa caput tibi abscindetur ; et quoniam dominorum atque imperatorum nostrorum præceptum contempsisti, reliquiæ tuæ in ignem tradentur. » Ad hæc Didymus : « Benedictus, inquit, Deus et pater domini nostri Jesu Christi, qui consilium meum non despexit, sed et Theodoram ancillam suam integram servavit, et me per duo tormenta coronabit. » Cumque sententiam a judice latam accepisset, securi percussus est. Quo facto, ejus corpus in ignem fuit conjectum. Martyrio autem functus est sanctus Didymus nonis aprilis, regnante in cœlis domino nostro Jesu Christo : quoniam ipsi est gloria cum Patre et sancto Spiritu nunc et semper et in sæcula sæculorum. Amen.

III

MARTYRIUM S. THEODORÆ VIRGINIS,

A S. AMBROSIO SCRIPTUM, LIBRO SECUNDO *DE VIRGINIBUS*[1].

Antiochiæ nuper virgo quædam fuit fugitans publici visus; sed quo magis virorum evitabat aspectum, eo amplius incendebat. Pulchritudo enim audita nec visa plus desideratur, duobus stimulis cupiditatum amoris et cognitionis, dum et nihil occurrit quod minus placeat, et plus putatur esse quod placeat, quod non judex oculus explorat, sed animus amator exoptat. Itaque sancta virgo ne diutius alerentur potiendæ spe cupiditatis, integritatem pudoris pro-

---

1. Voyez ci-dessus, p. 103, note 1. — Nous suivons pour cet extrait de saint Ambroise le texte donné par Surius, qui est évidemment celui que Corneille a eu sous les yeux.

en 1731 dans l'édition de Coste[1], ne permet point d'en douter : « Il (Molière) réussit si mal la première fois qu'il parut à la tragédie d'*Héraclius*, dont il faisoit le principal personnage, qu'on lui jeta des pommes cuites qui se vendoient à la porte, et il fut obligé de quitter. »

La reprise de cette pièce en 1724 donna lieu à une dissertation intitulée : *Lettre aux auteurs du Mercure au sujet de la tragédie d'Héraclius*. Cette lettre, qui est anonyme, mais que les frères Parfait attribuent à l'abbé Pellegrin, a paru en deux parties (février et mars 1724). On y trouve l'extrait de la pièce de Calderon intitulée : *En esta vida todo es verdad y todo mentira* (« en cette vie tout est vérité et tout mensonge »), qui présente des rapports évidents avec l'*Héraclius* de Corneille, et elle se termine par la promesse de l'examen approfondi de la question de priorité entre les deux auteurs. Le numéro du mois de mai contient une nouvelle *Lettre écrite aux auteurs du Mercure sur la tragédie d'Héraclius;* elle est datée du 23 avril 1724 ; on y lit ce qui suit : « L'auteur de la dissertation ne nous tient pas.... la promesse qu'il fait de décider si le sujet de cette tragédie a été bien traité par Calderon avant Corneille ou au contraire, pendant que la manière dont les deux tragédies espagnole et françoise sont traitées, ne laisse aucun lieu de douter que l'un des deux auteurs a pris quelque chose de l'autre.

« Cette question me semble facile à décider, et je suis persuadé que Calderon a fait paroître sa pièce avant celle de Corneille ; que ce dernier doit à l'Espagnol, sinon le plan entier de sa tragédie, au moins l'idée de son sujet ; enfin que Corneille a imité des morceaux entiers de Calderon, lorsqu'il a trouvé lieu de les accommoder à son sujet.

« Ce tissu de puérilités dont la pièce espagnole est remplie (comme notre critique l'a fort bien dit) sont des preuves manifestes de sa priorité en ordre de date. Il n'est pas vraisemblable que Calderon eût défiguré de la sorte un sujet aussi beau, s'il avoit eu devant les yeux l'ouvrage de notre poëte françois. Au contraire, il est naturel que Corneille, frappé des grandes beautés que faisoit naître un sujet susceptible par lui-même du pathétique sublime qui caractérise la tragédie, s'en

1. Tome I, p. 3.

est emparé, l'a purgé de ce merveilleux surnaturel qui révolte l'esprit, a retenu le fonds principal avec les noms de Phocas, d'Héraclius, de Léonce, et de Maurice, a écarté les événements qui tiennent plus du songe que de la réalité, pour en substituer d'autres plus vraisemblables, et former en un mot une idée régulière, sinon en toutes ses parties, au moins dans le plus grand nombre.

« Je trouve, dans l'une et l'autre pièce, des morceaux brillants, absolument semblables. Il paroît impossible même que des pensées si conformes soient venues en même temps à deux auteurs différents, et qu'ils se soient exprimés en des termes si semblables sans que l'un ait vu l'ouvrage de l'autre. Je me contenterai d'en rapporter deux exemples[1].

« Dans la pièce espagnole, c'est Astolphe qui seul a connoissance du destin des deux princes dont la confusion fait le nœud de la pièce. Phocas cherche à les connoître, et pour y parvenir, menace Astolphe de le faire mourir s'il ne lui révèle quel est le véritable fils de Maurice. Astolphe, se moquant de ses vaines menaces, répond :

> *Asi que dura el secreto,*
> *en seguridad mayor,*
> *que los secretos un muerto*
> *es quien los guarda mejor*[2].

« Dans la pièce françoise, Léontine, qui se trouve dans une situation pareille à celle d'Astolphe, dans la scène quatrième du quatrième acte[3], s'exprime ainsi :

> Tandis qu'autour des deux tu perdras ton étude,
> Mon âme jouira de ton inquiétude ;
> Je rirai de ta peine ; ou si tu m'en punis,
> Tu perdras avec moi le secret de ton fils.

« Je ne sais si Calderon n'emporte pas ici le prix pour la

---

1. Il n'y en a pas même deux, car le premier des rapprochements qui vont suivre n'a rien de frappant.
2. « C'est le moyen que le secret demeure plus assuré : un mort est celui qui le garde le mieux. »
3. Vers 1415-1418.

vivacité et l'étendue de l'expression, pendant que Corneille a l'avantage d'avoir placé ces vers plus heureusement dans la bouche de Léontine, qui produit cette pensée d'elle-même, sans y être forcée par les menaces du tyran.

« Venons à un autre morceau : Phocas, outré de l'incertitude où il se trouve pour reconnoître son fils, et piqué au vif de l'empressement des deux princes à se dire fils de Maurice, fait cette exclamation chez Calderon :

> *Ha venturoso Mauricio!*
> *Ha infeliz Focas! Quien viò*
> *que para reynar, no quiera*
> *ser hijo de mi valor,*
> *uno, y que quieran del tuyo*
> *serlo, para morir, dos?*

« La même situation se trouve scène troisième de l'acte quatrième [1] de Corneille, où Phocas dit :

> Hélas! je ne puis voir qui des deux est mon fils.
> . . . .
> O malheureux Phocas! ô trop heureux Maurice!
> Tu recouvres deux fils pour mourir après toi,
> Et je n'en puis trouver pour régner après moi!
> . . . .

« Malgré la beauté des vers de notre poëte, je ne puis m'empêcher de reconnoître encore plus d'élévation et de noblesse dans la pensée, plus de précision dans l'expression de l'étranger [2]. Corneille a paraphrasé Calderon ; d'où je conclus que Calderon a écrit le premier, et que Corneille a travaillé après lui. Je m'imagine que vous penserez de même. Je suis, etc. »

On voit bien par cette lettre qu'il y a du rapport entre l'*Héraclius* de Corneille et celui de Calderon, mais rien n'établit la priorité de ce dernier.

Le P. Tournemine, jésuite français fort au courant des moindres détails de notre histoire littéraire, s'efforça d'éclaircir ce point, et communiqua ses renseignements à Jolly, qui en profita

1. Vers 1631 et suivants.
2. Voyez ci-après, p. 127 et 128, l'appréciation bien différente et bien plus juste que M. Viguier a faite de ce même morceau.

mesure, selon l'occurrence, au public, aux gens de lettres, aux correspondants divers : il est curieux de voir la manière dont il distribue ses renseignements sur l'*Héraclius* de Calderon. Avec Duclos, dans ses communications semi-officielles à l'Académie, il sait imperturbablement la date de cette pièce, *et il la donne* presque comme s'il l'avait vue : c'est qu'il était bien aise de mater ces Messieurs, et qu'avec une date rondement articulée, il a de quoi fermer la bouche à toute l'Académie française sur l'originalité de Corneille, qui y trouvait sans doute quelques défenseurs; en face du public, il affirmera vaguement cette date sans dire de quelle part[1]. Avec le docte Mayans il convient tout net qu'on l'ignore. Comparez les textes de la même époque. Tout serait piquant dans ces citations : le concours de tant de petites faussetés inégalement réparties mériterait un examen détaillé; bornons-nous à quelques lignes : « Je me suis « mis, » dit-il à Duclos, le 23 avril 1762, « je me suis mis à tra-« duire l'*Héraclius* espagnol, *imprimé à Madrid*, en 1643, sous « ce titre : *La Famosa Comedia* EN ESTA VIDA TODO ES VERDAD Y « TODO ES (*sic*) MENTIRA, *fiesta que se representó á sus Magestades* « *en el salon real del*[2] *Palacio*. Le savant qui m'a déterré cette « édition *prodigieusement rare* prétend que *sus Magestades* veut « dire Philippe et Elisabeth, fille de Henri IV, qui aimait passion-« nément la comédie, et qui y menait son grave mari. Elle s'en « repentit, continue-t-il, car Philippe IV devint amoureux d'une « comédienne, et en eut don Juan d'Autriche. *Il devint dévot et* « *n'alla plus au spectacle* après la mort d'Élisabeth. Or Élisa-« beth mourut en 1644, et *mon savant prétend* que la *Famosa* « *Comedia*, jouée en 1640, fut imprimée en 1643; mais *comme* « *mon exemplaire est sans date*, il faut en croire mon savant *sur* « *sa parole*. Le fait est que cette tragédie est à faire mourir de « rire d'un bout à l'autre.... etc. »

« Quelques semaines après (15 juin), Voltaire, se souvenant de ses obligations à don Gregorio Mayans, lui écrit une lettre de remercîments, qui est une perle d'impertinence demi-railleuse, où il dit entre autres choses : « Entre nous, je crois que

1. *Dissertation sur l'Héraclius espagnol.*
2. Il y a *de Palacio*, mais Voltaire croyait peut-être rectifier, faute de savoir cet idiotisme emphatique.

« Corneille a puisé *tout* le sujet d'*Héraclius* dans Calderon.
« Ce Calderon me paraît une tête si chaude (sauf respect), si
« extravagante, et quelquefois *si sublime*, qu'il est impossible
« que ce ne soit pas la nature *pure*. » Plus loin, il ajoute innocemment : « Je crois qu'il suffit de mettre sous les yeux la
« *Famosa Comedia*, pour faire voir que Calderon *ne l'a pas*
« *volée*. » Mais voici le meilleur : « Le point important est de
« savoir en quelle année la *Famosa Comedia* fut jouée devant
« *ambas Magestades. C'est ce que je vous ai demandé, et je vois*
« *qu'il est impossible de le savoir*. »

« Cela est clair : le blanc et le noir ne peuvent s'appliquer plus nettement sur un même fait. Voici maintenant la demi-teinte employée à l'usage du public, dans la *Dissertation sur l'Héraclius espagnol*. Je soupçonnerais que Mayans, passant condamnation dans sa réponse sur l'époque trop réelle de la pièce *imprimée* (1664), ne pouvait pas être mis en avant sur ce point; mais il avait bien pu, à l'aide d'arguments très-puérils, se retrancher sur la possibilité de la pièce *jouée* dès avant 1646. La ressource est chétive, mais Voltaire saura bien en tirer parti.
« *On* ne sait *pas précisément* en quelle année la *Famosa Co-*
« *media*[1] fut *jouée;* mais *on* est *sûr* que ce ne peut être plus tôt
« qu'en 1637, et plus tard qu'en 1640. Elle se trouve citée, *dit-*
« *on*, dans *des romances de* 1641. » Ce *dit-on* est charmant, ainsi que ces romances citant ces représentations.... Mayans aurait cité infailliblement, et Voltaire aurait transcrit la citation décisive; il en aurait parlé à l'Académie, s'il n'y avait pas là une de ces erreurs bénévoles que personne ne viendra contrôler, du moins on l'espère, et dont on se réserve l'excuse à la faveur d'une méprise de détail. Il paraît que Mayans avait répondu en latin, par courtoisie; ses termes de littérature moderne devaient être un peu confus. Mais après cette preuve, qui, si elle était sérieuse, serait péremptoire, autant Voltaire vient de glisser rapidement sur le point décisif, autant il s'étendra sur l'argument le plus futile. Celui-là, il le doit réellement à don Gregorio : il lui demande dans sa lettre la permission de s'en

---

1. Voltaire paraît très-frappé de cet adjectif *famosa*, qui, pendant deux siècles, accompagna indifféremment toutes les comédies espagnoles.

servir, indice de la réserve presque honteuse du critique espagnol, réduit à de pareilles inductions. C'est une phrase d'un éloge de Calderon, composé après sa mort par un prêtre de ses amis ; un de ces éloges qu'on fabriquait pour les approbations de livres, et auprès desquels nos plus mauvaises amplifications de rhétorique sont des modèles de simplicité.

« Ce que j'admire le plus dans ce rare génie, dit le panégy-
« riste de Calderon, c'est qu'*il n'imita personne.* »

« Voyez dans Voltaire le soin avec lequel il développe ce grave argument en faveur de l'*Héraclius* espagnol, et dites si vous croyez qu'il pût en être dupe. Il oublie d'ailleurs de donner au public cette date triomphante de l'impression, 1643, qu'il a donnée à l'Académie selon son bon plaisir, ou sur la foi de *son savant,* quoique son exemplaire soit sans.date. Le public se contentera des romances de 1641....

« Calderon avait laissé bien souvent imprimer ses pièces isolées par des libraires qui les joignaient à d'autres de divers auteurs. Cependant une lettre intéressante qui reste de lui, précisément en tête du volume où son *Héraclius* se présente le premier, nous apprend qu'il voulut défendre, le plus possible en ce temps-là, ses droits de propriété. Il mourut ne laissant que quatre volumes remplis de comédies exclusivement de lui, à douze par volume, selon l'usage, plus un seul tome de ses *Autos sacramentales.* La comédie *En esta vida....* est la première du troisième volume (*tercera parte*) : elle ne figure, que je sache, dans aucun recueil antérieur, et ce volume est daté de 1664. Si l'exemplaire *prodigieusement rare* est sans date, c'est tout simplement parce que ces sortes de livres en Espagne, toujours imprimés sous forme compacte, petit in-4° à deux colonnes, sont disposés de manière à pouvoir être disloqués par tirages partiels, et débités en autant de cahiers qu'ils contiennent de comédies, et que la date figure seulement sur le frontispice général, ainsi que dans les feuilles d'approbations, priviléges, taxes, *erratas* certifiés, etc., valables pour tout le volume. Cet usage économique a devancé nos *livraisons* compactes les plus populaires, et subsiste encore à peu près le même en Espagne. Or la preuve m'est acquise par le développement du titre de Voltaire : *Fiesta que se representó....* que ce fragment de volume envoyé à Voltaire ne provient pas même

cipité ma reconnaissance, quand j'ai considéré qu'autant que je la différerois pour m'en acquitter plus dignement, autant je demeurerois dans les apparences d'une ingratitude inexcusable envers vous. Mais quand même les dernières obligations que je vous ai ne m'auroient pas fait cette glorieuse violence, il faut que je vous avoue ingénument que les intérêts de ma propre réputation m'en imposoient une très-pressante[1] nécessité. Le bonheur de mes ouvrages ne la porte en aucun lieu où elle ne demeure fort douteuse, et où l'on ne se défie avec raison de ce qu'en dit la voix publique, parce qu'aucun d'eux n'y fait connoître l'honneur que j'ai d'être connu de vous. Cependant on sait par toute l'Europe l'accueil favorable que V. Grandeur fait aux gens de lettres; que l'accès auprès de vous est ouvert et libre à tous ceux que les sciences ou les talents de l'esprit élèvent au-dessus du commun; que les caresses dont vous les honorez sont les marques les plus indubitables et les plus solides de ce qu'ils valent; et qu'enfin nos plus belles muses, que feu Mgr le cardinal de Richelieu avoit choisies de sa main pour en composer un corps tout d'esprits, seroient encore inconsolables de sa perte, si elles n'avoient trouvé chez V. Grandeur la même protection qu'elles rencontroient chez Son Éminence. Quelle apparence donc qu'en quelque climat où notre langue puisse avoir entrée, on puisse croire qu'un homme mérite quelque véritable estime, si ses travaux n'y portent les assurances de l'état que vous en faites dans les hommages qu'il vous en doit? Trouvez bon, Monseigneur, que celui-ci, plus heureux que le reste des miens, affranchisse mon nom de la honte de ne vous en avoir point encore rendu, et que pour

---

1. L'édition de 1656 au lieu de *pressante*, donne *puissante*, ce qui est très-vraisemblablement une faute typographique.

ÉPÎTRE.

affermir ce peu de réputation qu'ils m'ont acquis, il tire mes lecteurs d'un doute si légitime, en leur apprenant non-seulement que je ne vous suis pas tout à fait inconnu, mais aussi même que votre bonté ne dédaigne pas de répandre sur moi votre bienveillance et vos grâces : de sorte que quand votre vertu ne me donneroit pas toutes les passions imaginables pour votre service, je serois le plus ingrat de tous les hommes si je n'étois toute ma vie très-véritablement,

  MONSEIGNEUR,
   Votre très-humble, très-obéissant
    et très-fidèle serviteur,

        CORNEILLE.

AU LECTEUR.

VOICI une hardie entreprise sur l'histoire, dont vous ne reconnoîtrez aucune chose dans cette tragédie, que l'ordre de la succession des empereurs Tibère, Maurice, Phocas et Héraclius. J'ai falsifié la naissance de ce dernier; mais ce n'a été qu'en sa faveur, et pour lui en donner une plus illustre, le faisant fils de l'empereur Maurice, bien qu'il ne le fût que d'un préteur d'Afrique de même nom que lui. J'ai prolongé la durée de l'empire de son prédécesseur de douze années, et lui ai donné un fils, quoique l'histoire n'en parle point, mais seulement d'une fille nommée Domitia, qu'il maria à un Priscus ou Crispus[1]. J'ai prolongé de même la vie de l'impératrice Constantine; et comme j'ai fait régner ce tyran vingt ans au lieu de huit, je n'ai fait mourir cette princesse que

---

1. Dans Théophane ce personnage est toujours nommé *Priscus*; dans Zonaras et dans Baronius successivement *Priscus* et *Crispus*.

dans la quinzième année de sa tyrannie, quoiqu'il l'eût sacrifiée à sa sûreté avec ses filles dès la[1] cinquième. Je ne me mettrai pas en peine de justifier cette licence que j'ai prise : l'événement l'a assez justifiée, et les exemples des anciens que j'ai rapportés sur *Rodogune*[2] semblent l'autoriser suffisamment ; mais à parler sans fard, je ne voudrois pas conseiller à personne de la tirer en exemple. C'est beaucoup hasarder, et l'on n'est pas toujours heureux ; et dans un dessein de cette nature, ce qu'un bon succès fait passer pour une ingénieuse hardiesse, un mauvais le fait prendre pour une témérité ridicule.

Baronius, parlant de la mort de l'empereur Maurice, et de celle de ses fils, que Phocas faisoit immoler à sa vue, rapporte une circonstance très-rare, dont j'ai pris l'occasion de former le nœud de cette tragédie, à qui elle sert de fondement[3]. Cette nourrice eut tant de zèle pour ce malheureux prince, qu'elle exposa son propre fils au supplice, au lieu d'un des siens qu'on lui avoit donné à nourrir. Maurice reconnut l'échange, et l'empêcha par une considération pieuse, que cette extermination de toute sa famille étoit un juste jugement de Dieu, auquel il n'eût pas cru satisfaire, s'il eût souffert que le sang d'un autre eût payé pour celui d'un de ses fils. Mais quant à ce qui étoit de la mère, elle avoit surmonté l'affection maternelle en faveur de son prince, et l'on peut dire que son enfant étoit mort pour son regard. Comme j'ai cru que cette action étoit assez généreuse pour mériter une personne plus illustre à la produire, j'ai fait de cette nourrice une gouvernante. J'ai supposé que l'échange avoit eu son effet ; et de cet enfant sauvé par la supposition d'un autre, j'en ai fait Héraclius, le

---

1. Il y a *le* dans toutes les éditions. — 2. Voyez tome VI, p. 416 et 417. — 3. Voyez ci-dessus, p. 122, note 3.

pourroit passer en cinq ou six heures; mais le poëme est si embarrassé qu'il demande une merveilleuse attention. J'ai vu de fort bons esprits, et des personnes des plus qualifiées de la cour, se plaindre de ce que sa représentation fatiguoit autant l'esprit qu'une étude sérieuse. Elle n'a pas laissé de plaire; mais je crois qu'il l'a fallu voir plus d'une fois pour en remporter une entière intelligence.

ÉDITIONS COLLATIONNÉES, ETC.

LISTE DES ÉDITIONS QUI ONT ÉTÉ COLLATIONNÉES POUR LES VARIANTES D'*HÉRACLIUS*.

ÉDITIONS SÉPARÉES.

1646 in-4°. | 1647 in-12.

RECUEILS.

1652 in-12 ; | 1663 in-fol. ;
1654 in-12 ; | 1664 in-8° ;
1655 in-12 ; | 1668 in-12 ;
1656 in-12 ; | 1682 in-12.
1660 in-8° ;

ACTEURS.

PHOCAS, empereur d'Orient[1].

HÉRACLIUS, fils de l'empereur Maurice, cru Martian, fils de Phocas, amant d'Eudoxe[2].

MARTIAN, fils de Phocas, cru Léonce, fils de Léontine, amant de Pulchérie[3].

PULCHÉRIE, fille de l'empereur Maurice, maîtresse de Martian[4].

LÉONTINE, dame de Constantinople, autrefois gouvernante d'Héraclius et de Martian[5].

EUDOXE, fille de Léontine, et maîtresse d'Héraclius[6].

CRISPE, gendre de Phocas.

EXUPÈRE, patricien de Constantinople.

AMYNTAS, ami d'Exupère.

UN PAGE de Léontine[7].

La scène est à Constantinople[8].

---

1. Voyez p. 152 et la note 5.
2. Corneille donne le nom d'Héraclius au fils de Maurice, afin de ne point altérer l'ordre de succession des empereurs. Voyez ci-dessus, p. 151 et 152.
3. L'histoire ne donne point de fils à Phocas, mais seulement une fille, qui épousa Crispus en 607.
4. Aucune des trois filles de Maurice et de Constantine n'a porté le nom de Pulchérie.
5. C'est la nourrice dont Baronius parle sans la nommer (voyez ci-dessus, p. 122, note 3). La femme de Phocas s'appelait Leontia; peut-être est-ce ce nom qui a suggéré à Corneille celui de Léontine.
6. VAR. (édit. de 1647-1656) : fille de Léontine, maîtresse d'Héraclius.
7. Voyez ci-après, p. 180, note 2.
8. Voyez ci-dessus, p. 153, note 3.

PHOCAS.

A ce compte, arrogante, un fantôme nouveau, 235
Qu'un murmure confus fait sortir du tombeau,
Te donne cette audace et cette confiance !
Ce bruit s'est fait déjà digne de ta croyance.
Mais....

PULCHÉRIE.

Je sais qu'il est faux ; pour t'assurer ce rang
Ta rage eut trop de soin de verser tout mon sang ; 240
Mais la soif de ta perte en cette conjoncture
Me fait aimer l'auteur d'une belle imposture.
Au seul nom de Maurice il te fera trembler :
Puisqu'il se dit son fils, il veut lui ressembler ;
Et cette ressemblance où son courage aspire 245
Mérite mieux que toi de gouverner l'empire.
J'irai par mon suffrage affermir cette erreur,
L'avouer pour mon frère et pour mon empereur,
Et dedans son parti jeter tout l'avantage
Du peuple convaincu par mon premier hommage. 250
Toi, si quelque remords te donne un juste effroi,
Sors du trône, et te laisse abuser comme moi :
Prends cette occasion de te faire justice.

PHOCAS.

Oui, je me la ferai bientôt par ton supplice :
Ma bonté ne peut plus arrêter mon devoir ; 255
Ma patience a fait par delà son pouvoir.
Qui se laisse outrager mérite qu'on l'outrage ;
Et l'audace impunie enfle trop un courage.
Tonne, menace, brave, espère en de faux bruits,
Fortifie, affermis ceux qu'ils auront séduits ; 260
Dans ton âme à ton gré change ma destinée ;
Mais choisis pour demain la mort ou l'hyménée.

PULCHÉRIE.

Il n'est pas pour ce choix besoin d'un grand effort

A qui hait l'hyménée et ne craint point la mort[1].

(En ces deux scènes, Héraclius passe pour Martian, et Martian pour Léonce. Héraclius se connoît, mais Martian ne se connoît pas[2].)

SCÈNE III.

PHOCAS, PULCHÉRIE, HÉRACLIUS, CRISPE[3].

PHOCAS, à Pulchérie.
Dis, si tu veux encor, que ton cœur la souhaite, 265
(A Héraclius.)
Approche, Martian, que je te le répète :
Cette ingrate furie, après tant de mépris,
Conspire encor la perte et du père et du fils ;
Elle-même a semé cette erreur populaire
D'un faux Héraclius qu'elle accepte pour frère ; 270
Mais quoi qu'à ces mutins elle puisse imposer,
Demain ils la verront mourir, ou t'épouser.

HÉRACLIUS.
Seigneur....

PHOCAS.
Garde sur toi d'attirer ma colère.

HÉRACLIUS.
Dussé-je mal user de cet amour de père,

---

1. *Var.* A qui hait l'hyménée et ne craint pas la mort. (1647-56)
1. Cette indication n'est dans aucune des éditions antérieures à 1663.
3. *Var.* PHOCAS, PULCHÉRIE, HÉRACLIUS, *cru Martian ;* MARTIAN, *cru Léonce ;* CRISPE (1647-60). Jusqu'à la fin de l'acte, le nom d'HÉRACLIUS est suivi, dans ces éditions, des mots *cru Martian ;* et celui de MARTIAN, des mots *cru Léonce,* non pas seulement en tête de chaque scène, mais toutes les fois que ces noms reviennent dans le dialogue, en tête des couplets. — Voltaire a conservé ces indications, on en a mis d'autres analogues, en tête des scènes, et ailleurs çà et là, et il fait ici, à ce sujet, la remarque que voici : « J'ai cru qu'il serait utile pour le lecteur d'ajouter, dans cette scène et dans les suivantes, aux noms des personnages, les noms sous lesquels ils paraissent, et d'indiquer encore s'ils se connaissent eux-mêmes, ou s'ils ne se connaissent pas, pour lever toute équivoque, et pour mettre le lecteur plus aisément au fait. »

168   HÉRACLIUS.

Étant ce que je suis, je me dois quelque effort   275
Pour vous dire, Seigneur, que c'est vous faire tort,
Et que c'est trop montrer d'injuste défiance
De ne pouvoir régner que par son alliance :
Sans prendre un nouveau droit du nom de son époux,
Ma naissance suffit pour régner après vous.   280
J'ai du cœur, et tiendrois l'empire même infâme,
S'il falloit le tenir de la main d'une femme.

PHOCAS.

Eh bien! elle mourra, tu n'en as pas besoin.

HÉRACLIUS.

De vous-même, Seigneur, daignez mieux prendre soin.
Le peuple aime Maurice : en perdre ce qui reste   285
Nous rendroit ce tumulte au dernier point funeste[1].
Au nom d'Héraclius à demi soulevé,
Vous verriez par sa mort le désordre achevé.
Il vaut mieux la priver du rang qu'elle rejette,
Faire régner une autre[2], et la laisser sujette;   290
Et d'un parti plus bas punissant son orgueil....

PHOCAS.

Quand Maurice peut tout du creux de son cercueil,
A ce fils supposé, dont il me faut défendre,
Tu parles d'ajouter un véritable gendre!

HÉRACLIUS.

Seigneur, j'ai des amis chez qui cette moitié....   295

PHOCAS.

A l'épreuve d'un sceptre il n'est point d'amitié,
Point qui ne s'éblouisse à l'éclat de sa pompe,
Point qu'après son hymen sa haine ne corrompe.
Elle mourra, te dis-je.

PULCHÉRIE.

Ah! ne m'empêchez pas

1. *Var.* Peut rendre ce tumulte au dernier point funeste. (1647-56)
2. L'édition de 1655 porte seule *un autre*, pour *une autre*.

De combattre l'amour et la reconnoissance ;
Le secret est à vous, et je serois ingrat 515
Si sans votre congé j'osois en faire éclat[1],
Puisque, sans votre aveu, toute mon aventure
Passeroit pour un songe ou pour une imposture.
Je dirai plus : l'empire est plus à vous qu'à moi,
Puisqu'à Léonce mort tout entier je le doi : 520
C'est le prix de son sang, c'est pour y satisfaire
Que je rends à la sœur ce que je tiens du frère ;
Non que pour m'acquitter par cette élection
Mon devoir ait forcé mon inclination :
Il présenta mon cœur aux yeux qui le charmèrent, 525
Il prépara mon âme aux feux qu'ils allumèrent ;
Et ces yeux tout divins[2], par un soudain pouvoir,
Achevèrent sur moi l'effet de ce devoir.
Oui, mon cœur, chère Eudoxe, à ce trône n'aspire
Que pour vous voir bientôt maîtresse de l'empire. 530
Je ne me suis voulu jeter dans le hasard
Que par la seule soif de vous en faire part :
C'étoit là tout mon but. Pour éviter l'inceste,
Je n'ai qu'à m'éloigner de ce climat funeste ;
Mais si je me dérobe au rang qui vous est dû, 535
Ce sera par moi seul que vous l'aurez perdu[3] :
Seul je vous ôterai ce que je vous dois rendre.
Disposez des moyens et du temps de le prendre.
Quand vous voudrez régner, faites-m'en possesseur ;
Mais comme enfin j'ai lieu de craindre pour ma sœur,
Tirez-la dans ce jour de ce péril extrême,
Ou demain je ne prends conseil que de moi-même.

1. *Var.* Si sans votre congé j'en osois faire éclat. (1647-56)
2. Il y a *tout*, par un *t*, dans toutes les éditions. Celles de 1668 et de 1682 portent *tout-divins*, avec un trait d'union, comme si l'adverbe et l'adjectif formaient un mot composé.
3. *Var.* Ce sera pour moi seul que vous l'aurez perdu. (1647 in-4°)

ACTE II, SCÈNE II.

LÉONTINE.
Reposez-vous sur moi, Seigneur, de tout son sort,
Et n'en appréhendez ni l'hymen ni la mort.

SCÈNE III.
LÉONTINE, EUDOXE.

LÉONTINE.
Ce n'est plus avec vous qu'il faut que je déguise ; 545
A ne vous rien cacher son amour m'autorise :
Vous saurez les desseins de tout ce que j'ai fait,
Et pourrez me servir à presser leur effet[1].
Notre vrai Martian adore la Princesse :
Animons toutes deux l'amant pour la maîtresse ; 550
Faisons que son amour nous venge de Phocas,
Et de son propre fils arme pour nous le bras.
Si j'ai pris soin de lui, si je l'ai laissé vivre,
Si je perdis Léonce, et ne le fis pas suivre,
Ce fut sur l'espoir seul qu'un jour, pour s'agrandir, 555
A ma pleine vengeance il pourroit s'enhardir.
Je ne l'ai conservé que pour ce parricide

EUDOXE.
Ah ! Madame.

LÉONTINE.
                    Ce mot déjà vous intimide !
C'est à de telles mains qu'il nous faut recourir ;
C'est par là qu'un tyran est digne de périr ; 560
Et le courroux du ciel, pour en purger la terre,
Nous doit un parricide au refus du tonnerre.
C'est à nous qu'il remet de l'y précipiter :
Phocas le commettra s'il le peut éviter ;

---

1. *Var.* Et me pourrez servir à presser leur effet. (1647-56)

Et nous immolerons au sang de votre frère 565
Le père par le fils, ou le fils par le père.
L'ordre est digne de nous; le crime est digne d'eux :
Sauvons Héraclius au péril de tous deux.

EUDOXE.

Je sais qu'un parricide est digne d'un tel père;
Mais faut-il qu'un tel fils soit en péril d'en faire[1] ? 570
Et sachant sa vertu, pouvez-vous justement
Abuser jusque-là de son aveuglement?

LÉONTINE.

Dans le fils d'un tyran l'odieuse naissance
Mérite que l'erreur arrache l'innocence,
Et que de quelque éclat qu'il se soit revêtu, 575
Un crime qu'il ignore en souille la vertu.

PAGE[2].

Exupère, Madame, est là qui vous demande.

LÉONTINE.

Exupère! à ce nom que ma surprise est grande!
Qu'il entre. A quel dessein vient-il parler à moi,
Lui que je ne vois point, qu'à peine je connoi? 580
Dans l'âme il hait Phocas, qui s'immola son père;
Et sa venue ici cache quelque mystère.
Je vous l'ai déjà dit, votre langue nous perd.

SCÈNE IV.

EXUPÈRE, LÉONTINE, EUDOXE.

EXUPÈRE.

Madame, Héraclius vient d'être découvert.

---

1. *Var.* Mais je crois qu'un tel fils est indigne d'en faire,
    Et que tant de vertu mérite aucunement
    Qu'on abuse un peu moins de son aveuglement. (1647-56)
2. Voltaire ouvre ici une nouvelle scène, la scène IV, formée des sept vers

ACTE III.

SCÈNE PREMIÈRE.
MARTIAN[1], PULCHÉRIE.

MARTIAN.

Je veux bien l'avouer, Madame, car mon cœur
A de la peine encore à vous nommer ma sœur,
Quand malgré ma fortune à vos pieds abaissée, 775
J'osai jusques à vous élever ma pensée,
Plus plein d'étonnement que de timidité,
J'interrogeois ce cœur sur sa témérité ;
Et dans ses mouvements, pour secrète réponse,
Je sentois quelque chose au-dessus de Léonce, 780
Dont, malgré ma raison, l'impérieux effort
Emportoit mes desirs au delà de mon sort.

PULCHÉRIE.

Moi-même assez souvent j'ai senti dans mon âme
Ma naissance en secret me reprocher ma flamme.
Mais quoi ? l'impératrice à qui je dois le jour 785
Avoit innocemment fait naître cet amour :
J'approchois de quinze ans, alors qu'empoisonnée[2]
Pour avoir contredit mon indigne hyménée,
Elle mêla ces mots à ses derniers soupirs[3] :

---

1. Ici encore, et toutes les fois que le nom de MARTIAN revient dans cette scène et dans la suivante, il est suivi, dans les éditions de 1647-60, des mots *croyant être Héraclius*.
2. *Var.* Je touchois à quinze ans, alors qu'empoisonnée. (1647-56)
3. *Var.* Cette pauvre princesse, en rendant les abois ;

« Le tyran veut surprendre ou forcer vos desirs,   790
Ma fille, et sa fureur à son fils vous destine ;
Mais prenez un époux des mains de Léontine ;
Elle garde un trésor qui vous sera bien cher. »
Cet ordre en sa faveur me sut si bien toucher,
Qu'au lieu de la haïr d'avoir livré mon frère,   795
J'en tins le bruit pour faux, elle me devint chère ;
Et confondant ces mots de trésor et d'époux,
Je crus les bien entendre, expliquant tout de vous.
   J'opposois de la sorte à ma fière naissance
Les favorables lois de mon obéissance ;   800
Et je m'imputois même à trop de vanité
De trouver entre nous quelque inégalité.
La race de Léonce étant patricienne,
L'éclat de vos vertus l'égaloit à la mienne ;
Et je me laissois dire en mes douces erreurs :   805
« C'est de pareils héros qu'on fait les empereurs ;
Tu peux bien sans rougir aimer un grand courage
A qui le monde entier peut rendre un juste hommage. »
J'écoutois sans dédain ce qui m'autorisoit :
L'amour pensoit le dire, et le sang le disoit ;   810
Et de ma passion la flatteuse imposture
S'emparoit dans mon cœur des droits de la nature.

MARTIAN.

Ah! ma sœur, puisqu'enfin mon destin éclairci
Veut que je m'accoutume à vous nommer ainsi,
Qu'aisément l'amitié jusqu'à l'amour nous mène !   815
C'est un penchant si doux qu'on y tombe sans peine ;
Mais quand il faut changer l'amour en amitié,
Que l'âme qui s'y force est digne de pitié !
Et qu'on doit plaindre un cœur qui n'osant s'en défendre,
Se laisse déchirer avant que de se rendre !   820

    « Ma fille (un grand soupir arrêta là sa voix),
  Le tyran, me dit-elle, à son fils vous destine. (1647-56)

Ainsi donc la nature à l'espoir le plus doux
Fait succéder l'horreur, et l'horreur d'être à vous!
Ce que je suis m'arrache à ce que j'aimois d'être!
Ah! s'il m'étoit permis de ne me pas connoître,
Qu'un si charmant abus seroit à préférer 825
A l'âpre vérité qui vient de m'éclairer[1]!

PULCHÉRIE.

J'eus pour vous trop d'amour pour ignorer ses forces;
Je sais quelle amertume aigrit de tels divorces;
Et la haine à mon gré les fait plus doucement
Que quand il faut aimer, mais aimer autrement. 830
J'ai senti comme vous une douleur bien vive
En brisant les beaux fers qui me tenoient captive;
Mais j'en condamnerois le plus doux souvenir,
S'il avoit à mon cœur coûté plus d'un soupir.
Ce grand coup m'a surprise et ne m'a point troublée;
Mon âme l'a reçu sans en être accablée;
Et comme tous mes feux n'avoient rien que de saint,
L'honneur les alluma, le devoir les éteint.
Je ne vois plus d'amant où je rencontre un frère;
L'un ne peut me toucher, ni l'autre me déplaire[2]; 840
Et je tiendrai toujours mon bonheur infini,
Si les miens sont vengés, et le tyran puni.

Vous que va sur le trône élever la naissance,
Régnez sur votre cœur avant que sur Byzance;
Et domptant comme moi ce dangereux mutin, 845
Commencez à répondre à ce noble destin.

MARTIAN.

Ah! vous fûtes toujours l'illustre Pulchérie[3],
En fille d'empereur dès le berceau nourrie;

---

1. *Var.* A l'âpre vérité qui me vient d'éclairer! (1647-56)
2. *Var.* L'un ne me peut toucher, ni l'autre me déplaire. (1647-64)
3. *Var.* Vous, qui fûtes toujours l'illustre Pulchérie. (1647-56)

N'attende encor ce prince, et n'ait quelque raison
De courir en aveugle à qui prendra son nom.   1070
PHOCAS.
Donc, pour ôter tout doute à cette populace,
Nous envoirons sa tête au milieu de la place.
EXUPÈRE.
Mais si vous la coupez dedans votre palais,
Ces obstinés mutins ne le croiront jamais;
Et sans que pas un d'eux à son erreur renonce,   1075
Ils diront qu'on impute un faux nom à Léonce,
Qu'on en fait un fantôme afin de les tromper,
Prêts à suivre toujours qui voudra l'usurper.
PHOCAS.
Lors nous leur ferons voir ce billet de Maurice.
EXUPÈRE.
Ils le tiendront pour faux, et pour un artifice.   1080
Seigneur, après vingt ans vous espérez en vain
Que ce peuple ait des yeux pour connoître sa main.
Si vous voulez calmer toute cette tempête,
Il faut en pleine place abattre cette tête.
Et qu'il die[1], en mourant, à ce peuple confus :   1085
« Peuple, n'en doute point, je suis Héraclius. »
PHOCAS.
Il le faut, je l'avoue; et déjà je destine[2]
A ce même échafaud l'infâme Léontine.
Mais si ces insolents l'arrachent de nos mains?
EXUPÈRE.
Qui l'osera, Seigneur?
PHOCAS.
     Ce peuple que je crains[3].   1090

---

1. L'édition de 1692 a changé *die* en *dise*.
2. *Var.* Je vois bien qu'il le faut, et déjà je destine,
 L'immolant en public, d'y joindre Léontine. (1647-64)
3.   Ce peuple que tu crains. (1660-68)

ACTE III, SCÈNE IV.

EXUPÈRE.

Ah! souvenez-vous mieux des désordres qu'enfante
Dans un peuple sans chef la première épouvante.
Le seul bruit de ce prince au palais arrêté
Dispersera soudain chacun de son côté ;
Les plus audacieux craindront votre justice,   1095
Et le reste en tremblant ira voir son supplice.
Mais ne leur donnez pas, tardant trop à punir,
Le temps de se remettre et de se réunir :
Envoyez des soldats à chaque coin des rues ;
Saisissez l'Hippodrome avec ses avenues ;   1100
Dans tous les lieux publics rendez-vous le plus fort.
Pour nous, qu'un tel indice intéresse à sa mort,
De peur que d'autres mains ne se laissent séduire,
Jusques à l'échafaud laissez-nous le conduire[1].
Nous aurons trop d'amis pour en venir à bout ;   1105
J'en réponds sur ma tête, et j'aurai l'œil à tout.

PHOCAS.

C'en est trop, Exupère : allez, je m'abandonne
Aux fidèles conseils que votre ardeur me donne.
C'est l'unique moyen de dompter nos mutins,
Et d'éteindre à jamais ces troubles intestins.   1110
Je vais, sans différer, pour cette grande affaire
Donner à tous mes chefs un ordre nécessaire.
Vous, pour répondre aux soins que vous m'avez promis,
Allez de votre part assembler vos amis,
Et croyez qu'après moi, jusqu'à ce que j'expire,   1115
Ils seront, eux et vous, les maîtres de l'empire.

---

1. *Var.* Jusques à l'échafaud laissez-le-nous conduire. (1647-56)

SCÈNE V.

EXUPÈRE, AMYNTAS.

EXUPÈRE.

Nous sommes en faveur; ami, tout est à nous :
L'heur de notre destin va faire des jaloux.

AMYNTAS.

Quelque allégresse ici que vous fassiez paroître,
Trouvez-vous doux les noms de perfide et de traître ?

EXUPÈRE.

Je sais qu'aux généreux ils doivent faire horreur :
Ils m'ont frappé l'oreille, ils m'ont blessé le cœur;
Mais bientôt par l'effet que nous devons attendre,
Nous serons en état de ne les plus entendre.
Allons : pour un moment qu'il faut les endurer[1],   1125
Ne fuyons pas les biens qu'ils nous font espérer.

1. *Var.* Allons : pour un moment qu'il les faut endurer (1647-56)

FIN DU TROISIÈME ACTE.

Ce n'est que pour mourir que je te le demande.
Reprends ce triste jour que tu m'as racheté, 1325
Ou rends-moi cet honneur que tu m'as presque ôté.

MARTIAN.

Pourquoi, de mon tyran volontaire victime,
Précipiter vos jours pour me noircir d'un crime[1]?
Prince, qui que je sois, j'ai conspiré sa mort,
Et nos noms au dessein donnent un divers sort : 1330
Dedans Héraclius il a gloire solide,
Et dedans Martian il devient parricide.
Puisqu'il faut que je meure illustre ou criminel,
Couvert ou de louange ou d'opprobre éternel,
Ne souillez point ma mort, et ne veuillez pas faire 1335
Du vengeur de l'empire un assassin d'un père.

HÉRACLIUS.

Mon nom seul est coupable, et sans plus disputer,
Pour te faire innocent tu n'as qu'à le quitter;
Il conspira lui seul, tu n'en es point complice.
Ce n'est qu'Héraclius qu'on envoie au supplice : 1340
Sois son fils, tu vivras.

MARTIAN.

Si je l'avois été,
Seigneur, ce traître en vain m'auroit sollicité;
Et lorsque contre vous il m'a fait entreprendre[2],
La nature en secret auroit su m'en défendre.

HÉRACLIUS.

Apprends donc qu'en secret mon cœur t'a prévenu. 1345
J'ai voulu conspirer, mais on m'a retenu;
Et dedans mon péril Léontine timide....

MARTIAN.

N'a pu voir Martian commettre un parricide.

---

1. *Var.* Vous faire malheureux pour me noircir d'un crime ? (1647-56)
2. *Var.* Et lorsque contre un père il m'eût fait entreprendre. (1647-56)

ACTE IV, SCÈNE III.

HÉRACLIUS.

Toi, que de Pulchérie elle a fait amoureux,
Juge sous les deux noms ton dessein et tes feux. 1350
Elle a rendu pour toi l'un et l'autre funeste,
Martian parricide, Héraclius inceste,
Et n'eût pas eu pour moi d'horreur d'un grand forfait,
Puisque dans ta personne elle en pressoit l'effet.
Mais elle m'empêchoit de hasarder ma tête[1], 1355
Espérant par ton bras me livrer ma conquête.
Ce favorable aveu dont elle t'a séduit
T'exposoit aux périls pour m'en donner le fruit;
Et c'étoit ton succès qu'attendoit sa prudence,
Pour découvrir au peuple ou cacher ma naissance. 1360

PHOCAS.

Hélas! je ne puis voir qui des deux est mon fils;
Et je vois que tous deux ils sont mes ennemis.
En ce piteux état quel conseil dois-je suivre?
J'ai craint un ennemi, mon bonheur me le livre;
Je sais que de mes mains il ne se peut sauver, 1365
Je sais que je le vois, et ne puis le trouver[2].
La nature tremblante, incertaine, étonnée,
D'un nuage confus couvre sa destinée :
L'assassin sous cette ombre échappe à ma rigueur,
Et présent à mes yeux, il se cache en mon cœur. 1370
Martian! A ce nom aucun ne veut répondre,
Et l'amour paternel ne sert qu'à me confondre.
Trop d'un Héraclius en mes mains est remis;
Je tiens mon ennemi, mais je n'ai plus de fils.
Que veux-tu donc, nature, et que prétends-tu faire?
Si je n'ai plus de fils, puis-je encore être père?

---

1. *Var*, Mais pourquoi hasarder? pourquoi rien entreprendre,
Quand d'une heureuse erreur je devrois tout attendre?
C'étoit là sa raison; tout ce qui t'a séduit. (1647-56)
2. *Var*. Je sais que je le vois, et ne le puis trouver. (1647-56)

216 HÉRACLIUS.

De quoi parle à mon cœur ton murmure imparfait?
Ne me dis rien du tout, ou parle tout à fait[1].
Qui que ce soit des deux que mon sang ait fait naître,
Ou laisse-moi le perdre, ou fais-le moi connoître.   1380
   O toi, qui que tu sois, enfant dénaturé,
Et trop digne du sort que tu t'es procuré,
Mon trône est-il pour toi plus honteux qu'un supplice?
O malheureux Phocas! ô trop heureux Maurice!
Tu recouvres deux fils pour mourir après toi,   1385
Et je n'en puis trouver pour régner après moi!
Qu'aux honneurs de ta mort je dois porter envie,
Puisque mon propre fils les préfère à sa vie!

SCÈNE IV.

PHOCAS, HÉRACLIUS, MARTIAN[2], CRISPE, EXUPÈRE, LÉONTINE.

CRISPE, à Phocas.

Seigneur, ma diligence enfin a réussi :
J'ai trouvé Léontine, et je l'amène ici.   1390

PHOCAS, à Léontine.

Approche, malheureuse.

---

1. « Ces deux beaux vers de cette admirable tirade ont été imités par Pascal, et c'est la meilleure de ses pensées. » (*Voltaire.*) — Voltaire a sans doute en vue la pensée de Pascal (II° partie, article VII) où se trouve ce passage : « Si je voyois partout les marques d'un Créateur, je reposerois en paix dans la foi ; mais voyant trop pour nier, et trop peu pour m'assurer, je suis dans un état à plaindre, et où j'ai souhaité cent fois que si un Dieu soutient la nature, elle le marquât sans équivoque ; et que si les marques qu'elle en donne sont trompeuses, elle les supprimât tout à fait ; qu'elle dît tout ou rien, afin que je visse quel parti je dois suivre. » Nous citons le texte des anciennes éditions, celui que Voltaire a eu sous les yeux ; il ne diffère au reste de celui de MM. Faugère et Havet (p. 189) que par une très-légère variante.

2. *Var.* MARTIAN, *croyant être Héraclius.* (1647-60)

Dans cette grandeur d'âme un vrai prince affermi 1605
Est sensible aux malheurs même d'un ennemi :
La haine qu'il lui doit ne sauroit le défendre [1],
Quand il s'en voit aimé, de s'en laisser surprendre,
Et trouve assez souvent son devoir arrêté
Par l'effort naturel de sa propre bonté. 1610
Cette digne vertu de l'âme la mieux née,
Madame, ne doit pas souiller ma destinée.
Je doute; et si ce doute a quelque crime en soi,
C'est assez m'en punir que douter comme moi;
Et mon cœur, qui sans cesse en sa faveur se flatte, 1615
Cherche qui le soutienne, et non pas qui l'abatte :
Il demande secours pour mes sens étonnés,
Et non le coup mortel dont vous m'assassinez.

PULCHÉRIE.

L'œil le mieux éclairé sur de telles matières
Peut prendre de faux jours pour de vives lumières; 1620
Et comme notre sexe ose assez promptement
Suivre l'impression d'un premier mouvement,
Peut-être qu'en faveur de ma première idée
Ma haine pour Phocas m'a trop persuadée.
Son amour est pour vous un poison dangereux; 1625
Et quoique la pitié montre un cœur généreux,
Celle qu'on a pour lui de ce rang dégénère.
Vous le devez haïr, et fût-il votre père :
Si ce titre est douteux, son crime ne l'est pas.
Qu'il vous offre sa grâce, ou vous livre au trépas, 1630
Il n'est pas moins tyran quand il vous favorise,
Puisque c'est ce cœur même alors qu'il tyrannise,
Et que votre devoir, par là mieux combattu,
Prince, met en péril jusqu'à votre vertu.

1. *Var.* Quelque haine qu'il doive, il ne se peut défendre,
    Quand il se voit aimé, d'aimer et de le rendre. (1647-56)

Doutez, mais haïssez; et quoi qu'il exécute, 1635
Je douterai d'un nom qu'un autre vous dispute.
En douter lorsqu'en moi vous cherchez quelque appui,
Si c'est trop peu pour vous, c'est assez contre lui.
L'un de vous est mon frère, et l'autre y peut prétendre :
Entre tant de vertus mon choix se peut méprendre;
Mais je ne puis faillir, dans votre sort douteux,
A chérir l'un et l'autre, et vous plaindre tous deux.
J'espère encor pourtant : on murmure, on menace;
Un tumulte, dit-on, s'élève dans la place;
Exupère est allé fondre sur ces mutins; 1645
Et peut-être de là dépendent nos destins.
Mais Phocas entre.

SCÈNE III.

PHOCAS, HÉRACLIUS, MARTIAN[1], PULCHÉRIE, Gardes.

PHOCAS.

Eh bien! se rendra-t-il, Madame?

PULCHÉRIE.

Quelque effort que je fasse à lire dans son âme,
Je n'en vois que l'effet que je m'étois promis :
Je trouve trop d'un frère, et vous trop peu d'un fils.

PHOCAS.

Ainsi le ciel vous veut enrichir de ma perte.

PULCHÉRIE.

Il tient en ma faveur leur naissance couverte :
Ce frère qu'il me rend seroit déjà perdu,
Si dedans votre sang il ne l'eût confondu.

---

1. *Var.* MARTIAN, *croyant être Héraclius.* (1647-60) — Ces éditions ont même variante partout, jusqu'à la fin de la pièce, excepté au dernier couplet que dit Martian.

228 HÉRACLIUS.

PHOCAS, à Pulchérie.

Cette confusion peut perdre l'un et l'autre. 1655
En faveur de mon sang je ferai grâce au vôtre ;
Mais je veux le connoître, et ce n'est qu'à ce prix
Qu'en lui donnant la vie il me rendra mon fils.

(A Héraclius.)

Pour la dernière fois, ingrat, je t'en conjure ;
Car enfin c'est vers toi que penche la nature ; 1660
Et je n'ai point pour lui ces doux empressements
Qui d'un cœur paternel font les vrais mouvements.
Ce cœur s'attache à toi par d'invincibles charmes.
En crois-tu mes soupirs ? en croiras-tu mes larmes ?
Songe avec quel amour mes soins t'ont élevé, 1665
Avec quelle valeur son bras t'a conservé ;
Tu nous dois à tous deux.

HÉRACLIUS.

Et pour reconnoissance
Je vous rends votre fils, je lui rends sa naissance.

PHOCAS.

Tu me l'ôtes, cruel, et le laisses mourir.

HÉRACLIUS.

Je meurs pour vous le rendre, et pour le secourir. 1670

PHOCAS.

C'est me l'ôter assez que ne vouloir plus l'être.

HÉRACLIUS.

C'est vous le rendre assez que le faire connoître.

PHOCAS.

C'est me l'ôter assez que me le supposer.

HÉRACLIUS.

C'est vous le rendre assez pour vous désabuser.

PHOCAS.

Laisse-moi mon erreur, puisqu'elle m'est si chère. 1675
Je t'adopte pour fils, accepte-moi pour père :
Fais vivre Héraclius sous l'un ou l'autre sort ;

Ne laissent discerner que « Vive Héraclius ! »
Nous saisissons la porte, et les gardes se rendent. 1855
Mêmes cris aussitôt de tous côtés s'entendent;
Et de tant de soldats qui lui servoient d'appui,
Phocas, après sa mort, n'en a pas un pour lui.
PULCHÉRIE.
Quel chemin Exupère a pris pour sa ruine !
AMYNTAS.
Le voici qui s'avance avecque Léontine. 1860

SCÈNE VII.
HÉRACLIUS, MARTIAN, LÉONTINE, PULCHÉRIE, EUDOXE, EXUPÈRE, AMYNTAS, troupe.

HÉRACLIUS, à Léontine.
Est-il donc vrai, Madame ? et changeons-nous de sort ?
Amyntas nous fait-il un fidèle rapport ?
LÉONTINE.
Seigneur, un tel succès à peine est concevable;
Et d'un si grand dessein la conduite admirable....
HÉRACLIUS, à Exupère.
Perfide généreux, hâte-toi d'embrasser 1865
Deux princes impuissants à te récompenser.
EXUPÈRE, à Héraclius.
Seigneur, il me faut grâce ou de l'un ou de l'autre :
J'ai répandu son sang, si j'ai vengé le vôtre.
MARTIAN.
Qui que ce soit des deux, il doit se consoler
De la mort d'un tyran qui vouloit l'immoler : 1870
Je ne sais quoi pourtant dans mon cœur en murmure.

---

1. Au mot TROUPE. Thomas Corneille (1692) et Voltaire (1764) ont substitué GARDES.

####### HÉRACLIUS.

Peut-être en vous par là s'explique la nature ;
Mais, Prince, votre sort n'en sera pas moins doux :
Si l'empire est à moi, Pulchérie est à vous.
Puisque le père est mort, le fils est digne d'elle. 1875
(A Léontine.)
Terminez donc, Madame, enfin notre querelle.
####### LÉONTINE.
Mon témoignage seul peut-il en décider ?
####### MARTIAN.
Quelle autre sûreté pourrions-nous demander ?
####### LÉONTINE.
Je vous puis être encor suspecte d'artifice.
Non, ne m'en croyez pas : croyez l'Impératrice. 1880
(A Pulchérie, lui donnant un billet.)
Vous connoissez sa main, Madame ; et c'est à vous
Que je remets le sort d'un frère et d'un époux.
Voyez ce qu'en mourant me laissa votre mère.
####### PULCHÉRIE.
J'en baise en soupirant le sacré caractère.
####### LÉONTINE.
Apprenez d'elle enfin quel sang vous a produits, 1885
Princes.
####### HÉRACLIUS, à Eudoxe.
Qui que je sois, c'est à vous que je suis.

####### BILLET DE CONSTANTINE[1].
####### PULCHÉRIE lit.
Parmi tant de malheurs mon bonheur est étrange :
Après avoir donné son fils au lieu du mien,
Léontine à mes yeux, par un second échange,
Donne encore à Phocas mon fils au lieu du sien. 1890

---

1. Ce titre manque dans les éditions de 1647-60, et dans celle de Voltaire (1764).

Vous qui pourrez douter d'un si rare service,
Sachez qu'elle a deux fois trompé notre tyran :
Celui qu'on croit Léonce est le vrai Martian,
Et le faux Martian est vrai fils de Maurice.
CONSTANTINE.

PULCHÉRIE, à Héraclius.

Ah! vous êtes mon frère!
HÉRACLIUS, à Pulchérie.

      Et c'est heureusement   1895
Que le trouble éclairci vous rend à votre amant.
LÉONTINE, à Héraclius.

Vous en saviez assez pour éviter l'inceste,
Et non pas pour vous rendre un tel secret funeste.
(A Martian.)

Mais pardonnez, Seigneur, à mon zèle parfait
Ce que j'ai voulu faire, et ce qu'un autre a fait.   1900
MARTIAN.

Je ne m'oppose point à la commune joie;
Mais souffrez des soupirs que la nature envoie.
Quoique jamais Phocas n'ait mérité d'amour,
Un fils ne peut moins rendre à qui l'a mis au jour :
Ce n'est pas tout d'un coup qu'à ce titre on renonce.
HÉRACLIUS.

Donc, pour mieux l'oublier, soyez encor Léonce :
Sous ce nom glorieux aimez ses ennemis,
Et meure du tyran jusqu'au nom de son fils!
(A Eudoxe.)

Vous, Madame, acceptez et ma main et l'empire
En échange d'un cœur pour qui le mien soupire.   1910
EUDOXE, à Héraclius.

Seigneur, vous agissez en prince généreux.
HÉRACLIUS, à Exupère et Amyntas.

Et vous dont la vertu me rend ce trouble heureux,
Attendant les effets de ma reconnoissance,

Ceux qui formaient d'ordinaire le public des théâtres, loin, dit l'orateur des comédiens,

>.... de nous venir voir,
> S'efforçoient de tout leur pouvoir
> A repousser avec furie
> Les ennemis de leur patrie;
> Nous-même, comme citoyens,
> Y mettions aussi tous nos soins,
> Et d'une généreuse audace
> Leur donnions une belle chasse.
> . . . .
> . . . .
> Nous représentions sur la scène
> Des combats sans beaucoup de peine,
> Ni sans bien courir de hasard;
> Mais maintenant, soit tôt, soit tard,
> Il nous faut[1] jouer de l'escrime
> Tout de bon, sans beaucoup de frime :
> Témoin du côté des Marets,
> Alors que ces beaux marmousets
> Vouloient forcer nos barricades,
> On leur envoya des nazardes
> Pires que celles que chez nous
> Nous envoyaient quelques filous.
> Tu le sais bien, mon camarade,
> Cher Jodelet, quelle incartade
> On a fait à toi et aux tiens,
> Ainsi que moi comédiens.

Ce n'est pas la seule pièce de ce temps qui nous montre Jodelet, le Cliton du *Menteur*[2], déployant dans ces troubles une vaillance dont il n'avait pas eu occasion de donner l'idée sur le théâtre; il s'était fait, à ce qu'il paraît, le capitaine des comédiens :

> Il n'est pas jusqu'à Jodelet
> Qui n'ait en main le pistolet,
> Ayant adjoint à sa cabale

1. Il y a *font* dans le texte, mais il est impossible d'imaginer à quel point ces pièces sont défigurées par des fautes d'impression. Quatre vers plus haut, on lit : *sur la Seine*, au lieu de · *sur la scène*.
2. Voyez tome VI, p. 123-125.

NOTICE. 251

> Les gens de la troupe royale;
> Si bien qu'eux tous, jusqu'aux portiers,
> Ont cuirasse et sont cavaliers,
> Témoignant bien mieux leur courage
> En personne qu'en personnage[1].

Enfin le 18 août le Roi revint à Paris; une tranquillité momentanée s'établit, les théâtres se rouvrirent :

> Quand Sa Majesté retourna,
> Aussitôt disparut le trouble.
> . . . .
> Le marchand est à sa boutique,
> Le procureur à sa pratique,
> Les hommes de robe au Palais,
> Les comédiens au Marais[2].

Deux mois à peine après la rentrée du Roi, le 12 d'octobre 1649, Corneille obtint un privilége de cinq années pour le *Dessein d'Andromède*, c'est-à-dire le libretto de la pièce promise depuis si longtemps.

Ces *desseins* étaient rédigés par les auteurs pour faciliter l'intelligence de leurs ouvrages; on les vendait sans doute au théâtre, et même, lorsque la représentation avait lieu à la cour ou chez quelque riche particulier, on les donnait aux personnages de distinction. La première entrée du divertissement qui suit le *Bourgeois gentilhomme* nous fait assister à une distribution de ce genre; un des personnages s'écrie :

> De tout ceci franc et net
> Je suis mal satisfait,
> Et cela sans doute est laid,
> Que notre fille,
> Si bien faite et si gentille,
> De tant d'amoureux l'objet,
> N'ait pas à son souhait
> Un livre de ballet
> Pour lire le sujet.

---

[1]. *Lettre à M. le cardinal burlesque. Choix de Mazarinades*, tome I, p. 300.
[2]. *Le courrier burlesque de la guerre de Paris. Ibidem*, tome II, p. 167.

On peut voir du reste à la fin du *Dessein d'Andromède*[1], signalé par nous à l'attention des curieux en 1861[2], et publié pour la première fois dans la présente édition, les motifs qui ont porté Corneille à faire paraître cet opuscule, aujourd'hui si rare.

Nous trouvons enfin le compte rendu de la pièce dans un Extraordinaire de la *Gazette* de 1650 ; mais cette analyse fort étendue, que nous reproduisons plus loin[3], n'indique pas le jour de la première représentation. Toutefois, comme elle est datée du 18 février, que Renaudot y dit qu'il a assisté à ce spectacle « il y a trois jours, » qu'il parle de personnes qui ont vu jouer l'ouvrage dix ou douze fois[4], et qu'il ajoute : « Leurs Majestés en ayant eu le plaisir peu auparavant cet heureux voyage de Normandie, d'où nous les attendons de jour à autre, leur bonté l'a voulu communiquer à ses peuples[5], » et comme enfin nous voyons par un autre numéro de la *Gazette*[6] que le Roi était parti de Paris le 1er février, il paraît certain qu'*Andromède* a été jouée pour la première fois dans le courant de janvier 1650. C'est, comme nous l'avons raconté[7], pendant ce voyage du Roi en Normandie que Corneille fut nommé procureur des états de cette province, en remplacement du sieur Baudry, créature du duc de Longueville. Le 22 février, la cour revint à Paris[8], et s'empressa de retourner le 26 applaudir *Andromède*. Dubuisson Aubenay le remarque dans son *Journal* en février 1650 : « Samedi, 26e.... Le soir, Leurs Majestés vont voir la comédie d'*Andromède*, jouée avec machines très-belles dans la salle du Petit-Bourbon. »

On a cru longtemps que Boesset, nommé à tort Boissette par Voltaire[9], était l'auteur de la musique d'*Andromède*. C'est

---

1. Voyez ci-après, p. 277 et 278.
2. *De la langue de Corneille*, p. 46 et 47.
3. Voyez ci-après, p. 279-290.
4. Voyez ci-après, p. 280 et 281.
5. Voyez ci-après, p. 290.
6. Année 1650, p. 184.
7. Voyez la *Biographie de Corneille*, en tête du tome I.
8. *Gazette*, année 1650, p. 308.
9. *Note* sur la scène III de l'acte Ier, édition de 1764, p. 38.

SCÈNE IV.

Persée, demeuré seul avec la Reine et ses filles, lui témoigne sa passion pour Andromède, et ses déplaisirs de la voir si près d'être possédée par un autre. Il lui avoue qu'il est de haute naissance, et même au-dessus de Phinée, sans se déclarer toutefois. La Reine tâche à le consoler, et s'étant retirés ensemble, l'acte finit.

ACTE II.

....[1] Du milieu d'une de ces allées

SCÈNE I.

Andromède sort toute enjouée et ravie des bonnes nouvelles que Phinée lui vient d'apporter. Attendant qu'il la revienne voir, elle demande aux nymphes qui l'accompagnent qui d'entre elles oblige cet illustre inconnu (c'est Persée dont elle entend parler) à demeurer si longtemps dans la cour de son père. Elle en montre dès lors une si haute estime, qu'elle avoue même que si son cœur n'eût point été donné avant sa venue, elle eût eu peine à le défendre des mérites de ce cavalier. Comme toutes ses nymphes l'assurent qu'il n'a fait aucune offre de service à pas une d'elles, elle se persuade que quelqu'une en fait la fine,

---

1. Après les mots : « de plus de mille pas ; » voyez ci-après, p. 335.

DESSEIN. 263

et qu'infailliblement ce héros est amoureux. Elle dit qu'elle le remarque assez par les inquiétudes qui paroissent dans son discours quand il l'entretient, qu'il rêve, qu'il s'égare, qu'il soupire à tous moments. Elle en diroit davantage si ce discours n'étoit interrompu par une voix qui chante derrière un de ces arbres. Cette princesse la reconnoît incontinent pour celle d'un page de Phinée. On lui fait silence, et il poursuit à faire entendre la passion qu'a son maître pour Andromède, et son impatience de la posséder, qu'il explique en ces termes :

Quelle est lente cette journée[1]....

SCÈNE II.

Phinée se montre avec le même page qui vient de chanter pour lui; et après les premières civilités, Andromède lui fait rendre le change de sa galanterie par une de ses filles, qui lui témoigne par ces paroles que son amour pour ce prince n'est pas moindre que celui qu'il a pour elle :

Phinée est plus aimé qu'Andromède n'est belle[2]....

Cet air chanté, le page de Phinée et cette nymphe font un dialogue en musique sur le bonheur de ces deux amants, dont chaque couplet a pour refrain l'oracle que Vénus a prononcé en leur faveur, chanté par les deux voix unies, et répété par le chœur entier de la musique, en cette forme :

LE PAGE.
Heureux amant!
LA NYMPHE.
Heureuse amante[3]!...

1. Voyez p. 338. — 2. Voyez p. 339. — 3. Voyez p. 340.

SCÈNE III.

La joie de ces amants est troublée par une fâcheuse nouvelle que Timante leur apporte, que le sort est tombé sur Andromède. Phinée d'abord n'en veut rien croire; mais après que ce funeste messager l'a assuré que le Roi va bientôt venir pour livrer lui-même cette précieuse victime aux ministres des Dieux, il proteste qu'il ne le souffrira jamais, et s'emporte avec beaucoup de violence. Andromède montre assez de résolution, accompagnée toutefois de beaucoup de déplaisir de se voir séparée d'un amant si cher, dans le même temps que l'oracle de Vénus lui avoit fait espérer d'être unie avec lui par un illustre hyménée.

SCENE IV.

Le Roi entre, suivi de Persée.

Cette princesse lui témoigne beaucoup de générosité : dans sa douleur, elle lui avoue qu'il est juste que la cause des malheurs les fasse finir, et que tout son regret est que la tranquillité publique dont il va jouir lui a coûté d'autre sang que le sien, et qu'elle n'a pas été la seule que le ciel ait choisie pour rendre le calme à ses États par sa mort. Le Roi l'exhorte à obéir aux Dieux avec courage. Phinée s'y oppose; et plus le Roi lui représente la nécessité de céder aux arrêts du ciel, plus il s'emporte dans les impiétés et dans les blasphèmes. Il passe jusques à protester qu'il ne connoît ni rois ni Dieux qu'Andromède, et quoiqu'il entende rouler le tonnerre, il défie ces mêmes Dieux de le lancer sur lui. Cependant

d'un jour ou deux, il ne doute point qu'ensuite il n'ait assez de pouvoir pour le rompre tout à fait. Il ne quitte pas toutefois la résolution de se venger sur son rival, s'il ne peut rien obtenir d'Andromède, et dans cette pensée il congédie Ammon à la vue de la Reine et de cette princesse, et l'envoie tenir ses amis tous prêts pour en venir aux extrémités, s'il en est besoin.

SCÈNE II.

Il fait de nouvelles submissions à ce cher objet, et en est d'autant plus maltraité qu'elles sont deux à le mépriser. Il mourra content, pourvu qu'Andromède lui veuille dire seulement qu'elle change forcée, et qu'il y a plus d'obéissance que d'amour en son changement; mais il perd temps, et cette foible satisfaction lui est refusée. La Reine surtout l'outrage avec excès, en lui reprochant qu'il a renoncé lâchement au pouvoir qu'Andromède lui avoit donné dans son cœur, et qu'il a mieux aimé sortir de la place que de la défendre; mais ce reproche l'irrite bien moins que l'estime qu'elle fait de Persée. Ce nom seul rejette la fureur dans son âme : il s'oppose violemment à ce qu'elle dit de son mérite, et ravale autant qu'il peut sa victoire, qu'il ne sauroit croire glorieuse, puisqu'elle étoit sans péril pour lui, et que ce cheval ailé le mettoit hors des atteintes de ce monstre. La Reine lui réplique que les Dieux n'auroient pas manqué de le favoriser d'un pareil secours, s'ils avoient vu en lui autant de vertu qu'en ce héros. Andromède prend la parole, et proteste à ce malheureux qu'elle veut oublier la victoire de son rival, et le péril dont il l'a garantie, pour ne juger de l'un et de l'autre que par ce qui s'est passé depuis le combat. Elle fait voir la différence de leur mérite par celle qui se rencontre entre les respects extraordinaires de ce héros victorieux et les violences de Phinée, qui veut l'obtenir malgré les Dieux, malgré ses parents, et malgré elle. Elle passe ensuite à de nouveaux dédains, par lesquels elle achève de mettre au désespoir ce furieux, qui se retire en menaçant, et fait place au Roi qui sort du temple.

SCÈNE III.

Le Roi et la Reine s'entre-rendent compte de leurs sacrifices, dont ils n'ont rapporté que des présages heureux et des auspices favorables.

SCÈNE IV.

Aglante, une des filles de la Reine, trouble leur joie en leur apprenant que Persée a été environné par les amis de son rival, comme il sortoit du temple de Junon, et que ceux qui l'accompagnoient se sont incontinent rendus, à la réserve de deux ou trois, sur qui Phinée a crié main basse en arrivant. Le Roi tâche à remettre l'esprit de ces princesses par cette considération, que les Dieux ne laissent point leur ouvrage imparfait, et qu'ils feront encore un miracle pour ce héros. Il leur parle en vain jusqu'à ce que

SCÈNE V.

Phorbas arrive, et leur apporte une autre nouvelle, qui les réjouit. Il leur dit que ce héros, prêt à succomber sous le nombre, s'est enfin servi de sa monstrueuse tête de Méduse, dont la vue a aussitôt converti en pierre tous ces assassins.

SCÈNE VI.

Persée le suit, et à peine a-t-il ouvert la bouche pour demander pardon au Roi de la perte d'un prince de son sang, à laquelle il a été forcé par sa violence, que ce monarque ne peut souffrir cette submission, et l'assure que cet attentat l'avoit dégradé du rang que sa naissance lui donnoit. Loin de se fâcher de son malheur, il ne témoigne que joie de sa punition, et convie ce héros avec ces princesses à venir dans ce temple achever leur bonheur par un mariage si desiré; mais sitôt qu'ils se présentent pour y entrer, les portes se ferment d'elles-mêmes; et comme ils sont étonnés de ce nouveau prodige,

SCÈNE VII.

Mercure descend au milieu de l'air, pour leur dire que ce n'est qu'une marque d'un bonheur plus grand, qu'ils vont apprendre de Jupiter même, et regagne aussitôt le ciel avec la même vitesse qu'il étoit descendu. Après quoi le chœur de la musique redouble ses vœux par cet hymne, qu'il adresse à ce Dieu, qu'ils attendent tous avec impatience :

Maître des Dieux, hâte-toi de paroître [1]...

SCÈNE VIII.

Jupiter demeure au milieu de l'air, d'où il apprend à ces princes et à leurs peuples que la terre n'est pas digne des noces de son fils, et que cet honneur appartient au ciel, où ils doivent servir de nouvelles constellations.

1. Voyez p. 394.

son père, aux mêmes vents de détacher son Andromède et la reporter au lieu où ils l'avoient prise : ce qui s'exécute avec une si prompte obéissance, qu'on la voit enlever et remporter par l'air presque aussitôt que l'ordre en est donné de cet amant victorieux, qui la suit avec autant de vitesse sur son cheval ailé, caracolant dans les nues, afin de faire voir au peuple que notre machiniste n'est pas comme ce peintre d'Horace qui ne savoit peindre qu'un cyprès[1], mais qu'il sait donner les mouvements en telle sorte qu'il lui plaît.

Si la cour d'Éthiopie est contente, les Néréides ne le sont pas. Elles sortent de la mer pour demander raison à Neptune de l'affront que leur vient de faire le fils de Jupiter en tuant leur monstre. Neptune sort aussi des eaux, armé de son trident et monté sur un char en forme de coquille, tiré par des chevaux marins, accompagné de ses tritons sonnant de leurs conques, dont le bruit est redoublé par l'écho des rochers, et leur en promet la vengeance. Ces paroles ne sont pas encore achevées que lui, cette grande étendue de mer, ces rochers et les Néréides disparoissent, et font douter si on les a véritablement vus ou si toute l'assistance avec la scène a été transportée ailleurs comme en ce théâtre versatil de Néron ; paroissant aux spectateurs, au lieu de ces précédents objets, un superbe et délicieux palais qui fait l'entrée du quatrième acte.

L'architecture y est dispensée avec tant d'art, qu'on ne feroit aucune difficulté de lui donner l'avantage sur les plus pompeux édifices, s'il se pouvoit aussi bien construire d'une manière plus solide.

On découvre d'abord une vaste cour dont le frontispice et les ailes sont enrichis de figures de marbre blanc, égalant ou surpassant en hauteur les naturelles, et de tout ce qu'a de plus beau cet art majestueux, inventé pour l'ornement des États et porter aux siècles à venir les monuments de leur gloire.

Dans son fond paroissent trois grands portiques, au travers desquels se découvrent les appartements de ce magnifique palais jusques à en discerner les dorures et les tableaux ; et c'est dans cette cour que Persée vient découvrir son amour à sa chère Andromède, avec tant de respect et de si bonne grâce, que ceux qui ne l'auroient point vu conquérir cette beauté par son généreux exploit, se rendroient partisans de son humble requête ; car il semble, à l'entendre et à voir ses submissions[2], qu'il doive la vie à sa conquête, et que l'affection de cette princesse lui soit plutôt une grâce qu'une

---

1. *. . . . . Et fortasse cupressum*
Scis simulare; quid hoc si fractis enatat exspes
Navibus, ære dato qui pingitur ?......
(*Art poétique*, vers 19.)

2. Il y a *summissions* dans le texte de Renaudot.

récompense du service qu'il lui vient de rendre; à quoi cette princesse répond en termes si bien choisis qu'elle ne trahit ni son sentiment de l'amour qu'elle lui porte, ni le respect dû à ses parents : de sorte que leur colloque est l'un des plus parfaits modèles des discours qu'un serviteur passionné, mais discret, et qu'une fille amoureuse, mais sage, puissent tenir l'un avec l'autre.

Persée, sortant donc très-content, va faire sa demande au Roi et à la Reine ; tandis que le malheureux Phinée, sachant l'heureux succès du combat de son rival, et se persuadant aisément ce que la Renommée lui annonce de l'amour que porte ce victorieux héros à une si rare beauté, se vient éclaircir de la crainte qu'il a que la passion naissante de ce nouvel amoureux ne soit préférée à ses anciennes flammes, autorisées et rendues légitimes par un contrat solennel.

Mais il a bientôt appris par les gestes et les discours d'Andromède sa résolution de lui préférer cet[1] héros qui lui avoit sauvé la vie ; ce qui ayant porté Phinée à reprocher à son amante sa légèreté, elle s'en défend sur le peu de courage qu'il avoit témoigné dans le péril duquel Persée l'a garantie, et se retire pour se délivrer de ses importunités : mépris et retraite qui redoublant le déplaisir de cet infortuné prince, le jettent en un désespoir qui le porte à former des desseins sur la vie de Persée et de toute la famille royale ; et bien que ses confidents lui en remontrent le danger et l'impossibilité, non-seulement pour la valeur de son antagoniste, mais aussi pour l'assistance visible des Dieux, qui l'ayant muni de la tête de Méduse, son autre conquête, lui avoient donné le pouvoir de convertir en pierre tous ceux à l'aspect desquels il opposeroit cette tête, sa passion ne laisse pas de le flatter d'un faux espoir d'en venir à bout, implorant à cette fin contre la protection de Jupiter l'assistance de la jalouse Junon, qui paroît du haut des nues sur son arc-en-ciel, dans son char tiré par des paons, qui est à la vérité l'unique machine de cet acte, mais l'une des plus dignes d'admiration ; car, lui ayant fait faire plusieurs tours en l'air, à droite et à gauche, en avant et en arrière, au lieu que les machines ordinaires sont assez empêchées à une seule différence de lieu de ces mouvements, après avoir assuré Phinée de son secours, elle disparoît, le laissant ruminer sur son funeste dessein.

Persée fait au Roi et à la Reine sa demande, qu'il obtient de leur justice avec force caresses ; et dans ces ravissements, tandis qu'on fait les préparatifs des noces de cet heureux couple d'amants, chacun se dispose à se rendre les divinités propices. Le Roi va sacrifier

---

1. L'*h* de *héros* n'est aspirée ni ici, ni dans la page suivante (dernier paragraphe).

à Jupiter afin qu'il approuve cette alliance; la Reine en va faire autant pour apaiser les Néréides; et Persée sacrifie aussi à Junon pour apaiser sa haine.

Encore que nous ayons accoutumé d'être moins émus des objets qui se présentent à nous plus d'une fois, tant extraordinaires puissent-ils être, et que tous les actes ayant été ouverts par un changement de scène, si est-ce que leur diversité ayant toujours de nouveaux agréments, je ne vous puis taire que celui-ci qui ferme l'acte quatrième et ouvre le dernier, au lieu de trouver l'esprit des spectateurs apprivoisé à ces changements, ne le ravit pas moins que tous les précédents.

Ce superbe palais que vous venez de voir ne paroît plus : il fait place à un temple majestueux, bâti à l'imitation de ces édifices à la construction desquels l'antiquité païenne employoit des siècles et des dépenses prodigieuses en l'honneur de ses faux dieux. Le porche de ce temple est environné de puissantes colonnes de jaspe dont les soubassements sont enrichis de lames de cuivre gravées de diverses figures et caractères, et les chapiteaux à la corinthienne rehaussés des images de plusieurs dieux et déesses; son corps est un grand dôme fait à la mode du Panthéon de Rome, dont la couverture est aussi de jaspe revêtu de lames de bronze. On y entre par trois portes d'argent massif, à l'ouverture desquelles on voit le dedans du temple plus beau et plus riche que le dehors, et un lointain qui représente la ville.

Dans ce porche paroît Phinée, qu'un reste d'espoir oblige, avant que de se perdre, à faire une dernière tentative auprès de sa maîtresse; et la voyant avec la Reine qui vient en ce temple, se jette à ses pieds, et emploie inutilement toutes les fleurs du bien dire que lui dicte sa passion; car ne se voyant payé que du mépris et irrité par la mémoire du temps passé, auquel son amour étoit récompensé d'une affection mutuelle, il ne consulte plus que sa colère et va essayer si la force lui succédera mieux que les prières.

Le Roi vient d'un autre côté, pour accompagner sa fille au temple, où se doit rendre Persée, afin d'achever ce mariage. Il n'y est pas plutôt arrivé qu'on l'avertit que Phinée, assisté d'un grand nombre d'hommes armés, s'est jeté sur Persée pour l'assassiner, et que cet héros est en un éminent danger de sa vie. Mais cette triste nouvelle est aussitôt suivie d'une autre qui les tire de peine, que cette troupe séditieuse et son chef ont été transformés en pierre par la vertu de la tête de Médus entée dans le bouclier de Persée, lequel arrive en même temps, et s'excuse au Roi de la mort de son rival.

Mais se trouvant plus touché du salut de sa fille que de la perte de Phinée, il prend ce vainqueur par la main et le mène au temple,

seins, et qu'il a eu des inventions admirables pour les faire agir à propos : de sorte que s'il m'est dû quelque gloire pour avoir introduit cette Vénus dans le premier acte, qui fait le nœud de cette tragédie par l'oracle ingénieux qu'elle prononce, il lui en est dû bien davantage pour l'avoir fait venir de si loin, et descendre au milieu de l'air dans cette magnifique étoile, avec tant d'art et de pompe qu'elle remplit tout le monde d'étonnement et d'admiration. Il en faut dire autant des autres que j'ai introduites, et dont il a inventé l'exécution, qui en a rendu le spectacle si merveilleux qu'il sera malaisé d'en faire un plus beau de cette nature. Pour moi, je confesse ingénument que, quelque effort d'imagination que j'aye fait depuis, je n'ai pu découvrir encore un sujet capable de tant d'ornements extérieurs, et où les machines pussent être distribuées avec tant de justesse; je n'en désespère pas toutefois, et peut-être que le temps en fera éclater quelqu'un assez brillant et assez heureux pour me faire dédire de ce que j'avance. En attendant, recevez celui-ci comme le plus achevé qui aye encore paru sur nos théâtres; et souffrez que la beauté de la représentation supplée au manque des beaux vers, que vous n'y trouverez pas en si grande quantité que dans *Cinna* ou dans *Rodogune*, parce que mon principal but ici a été de satisfaire la vue par l'éclat et la diversité du spectacle, et non pas de toucher l'esprit par la force du raisonnement, ou le cœur par la délicatesse des passions. Ce n'est pas que j'en aye fui ou négligé aucunes occasions; mais il s'en est rencontré si peu, que j'aime mieux avouer que cette pièce n'est que pour les yeux.

EXAMEN.

Le sujet de cette pièce est si connu par ce qu'en dit Ovide au 4. et 5. livre de ses *Métamorphoses*, qu'il n'est point besoin d'en importuner le lecteur. Je me contenterai de lui rendre compte de ce que j'y ai changé, tant par la liberté de l'art, que par la nécessité de l'ordre du théâtre, et pour donner plus d'éclat à sa représentation.

En premier lieu, j'ai cru plus à propos de faire Cassiope vaine de la beauté de sa fille que de la sienne propre, d'autant qu'il est fort extraordinaire qu'une femme dont la fille est en âge d'être mariée ait encore d'assez beaux restes pour s'en vanter si hautement, et qu'il n'est pas vraisemblable que cet orgueil de Cassiope pour elle-même eût attendu si tard à éclater, vu que c'est dans la jeunesse que la beauté est plus parfaite, et que le jugement étant moins formé donne plus de lieu[1] à des vanités de cette nature, et non pas alors que cette même beauté commence d'être sur le retour, et que l'âge a mûri l'esprit de la personne qui s'en seroit enorgueillie en un autre temps.

Ensuite, j'ai supposé que l'oracle d'Ammon n'avoit pas condamné précisément Andromède à être dévorée par le monstre, mais qu'il avoit ordonné seulement qu'on lui exposât tous les mois une fille, qu'on jetât le sort pour voir celle qui lui devoit être livrée ; et que cet ordre ayant déjà été exécuté cinq fois, on étoit au jour qu'il le falloit suivre pour la sixième, qui par là devient un jour illustre, remarquable, et attendu non-seulement par

---

1. Cette ligne et la précédente sont les seules où ce deuxième paragraphe de l'*Examen* diffère du troisième de l'*Argument* : voyez plus haut, p. 294.

tous les acteurs de la tragédie, mais par tous les sujets d'un roi[1].

J'ai introduit Persée comme un chevalier errant qui s'est arrêté depuis un mois dans la cour de Céphée, et non pas comme se rencontrant par hasard dans le temps qu'Andromède est attachée au rocher. Je lui ai donné de l'amour pour elle, qu'il n'ose découvrir, parce qu'il la voit promise à Phinée, mais qu'il nourrit toutefois d'un peu d'espoir, parce qu'il voit son mariage différé jusqu'à la fin[2] des malheurs publics. Je l'ai fait plus généreux qu'il n'est dans Ovide, où il n'entreprend la délivrance de cette princesse qu'après que ses parents l'ont assuré qu'elle l'épouseroit sitôt qu'il l'auroit délivrée. J'ai changé aussi la qualité de Phinée, que j'ai fait seulement neveu du Roi, dont Ovide le nomme frère, le mariage de deux cousins me semblant plus supportable dans nos façons de vivre que celui de l'oncle et de la nièce, qui eût paru un peu plus étrange à mes auditeurs.

Les peintres, qui cherchent à faire voir[3] leur art dans les nudités, ne manquent jamais à nous représenter An-

[1]. Ce dernier membre de phrase : « qui par là, etc., » n'est pas dans l'*Argument*. Dans ce qui précède, Corneille n'a fait qu'un seul changement : « qu'on jetât le sort, » pour « qu'on tirât au sort. »
[2]. Ce paragraphe comparé à celui qui lui correspond dans l'*Argument* ne nous offre que deux légères variantes : « jusqu'à la fin, » pour « jusques à la fin; » et à la dernière ligne, « qui eût paru, » pour « qui eût pu sembler. »
[3]. Dans ce paragraphe encore il n'y a que deux variantes : ici « faire voir, » pour « faire paroître; » et huit lignes plus bas : « extraordinaire, merveilleuse, » pour « extraordinaire et merveilleuse. » Thomas Corneille, dans l'édition de 1692, a rétabli *et* entre les deux adjectifs. — Les deux alinéas suivants ne diffèrent pas non plus des parties de l'*Argument* auxquelles ils correspondent, sinon tout à la fin du second, où le dernier membre de phrase a été supprimé, et la conjonction *et* ajoutée. — Les trois paragraphes qui suivent, à partir de : « Je sais bien qu'un rapport, etc., » sont propres à l'*Examen*.

ces[1] sont moins vers que les alexandrins, parce que parmi notre langage commun il se coule plus de ces vers inégaux, les uns courts, les autres longs, avec des rimes croisées et éloignées les unes des autres, que de ceux dont la mesure est toujours égale, et les rimes toujours mariées. Si nous nous en rapportons à nos poëtes grecs, ils ne se sont pas tellement arrêtés aux ïambiques, qu'ils ne se soient servis d'anapestiques, de trochaïques, et d'hexamètres même, quand il l'ont jugé à propos. Sénèque en a fait autant qu'eux; et les Espagnols, ses compatriotes, changent aussi souvent de genre de vers que de scène. Mais l'usage de France est autre, à ce qu'on prétend, et ne souffre que les alexandrins à tenir lieu de prose. Sur quoi je ne puis m'empêcher de demander qui sont les maîtres de cet usage, et qui peut l'établir sur le théâtre, que ceux qui l'ont occupé avec gloire depuis trente ans, dont pas un ne s'est défendu de mêler des stances dans quelques-uns des poëmes qu'ils y ont donnés; je ne dis pas dans tous, car il ne s'en offre pas d'occasions en tous, et elles n'ont pas bonne grâce à exprimer tout : la colère, la fureur, la menace, et tels autres mouvements violents, ne leur sont pas propres; mais les déplaisirs, les irrésolutions, les inquiétudes, les douces rêveries, et généralement tout ce qui peut souffrir à un acteur de prendre haleine, et de penser à ce qu'il doit dire où résoudre, s'accommode merveilleusement avec leurs cadences inégales, et avec les pauses qu'elles font faire à la fin de chaque couplet. La surprise agréable que fait à l'oreille ce changement de cadence imprévu, rappelle puissamment les attentions

γὰρ λεκτικὸν τῶν μέτρων τὸ ἰαμβεῖόν ἐστι, σημεῖον δὲ τούτου· πλεῖστα γὰρ ἰαμβεῖα λέγομεν ἐν τῇ διαλέκτῳ τῇ πρὸς ἀλλήλους. (*Poétique*, chapitre IV.)

1. L'édition de 1692 a changé *de stances* en *des stances*.

égarées; mais il faut éviter le trop d'affectation. C'est par là que les stances du *Cid* sont inexcusables et les mots de *peine* et *Chimène*[1], qui font la dernière rime de chaque strophe, marquent un jeu du côté du poëte, qui n'a rien de naturel du côté de l'acteur. Pour s'en écarter moins, il seroit bon de ne régler point toutes les strophes sur la même mesure, ni sur les mêmes croisures de rimes, ni sur le même nombre de vers. Leur inégalité en ces trois articles approcheroit davantage du discours ordinaire, et sentiroit l'emportement et les élans d'un esprit qui n'a que sa passion pour guide, et non pas la régularité d'un auteur qui les arrondit sur le même tour. J'y ai hasardé celles de la paix dans le prologue de *la Toison d'or*, et tout le dialogue de celui de cette pièce[2], qui ne m'a pas mal réussi. Dans tout ce que je fais dire aux Dieux dans les machines, on trouvera le même ordre ou le même désordre. Mais je ne pourrois approuver qu'un acteur, touché fortement de ce qui lui vient d'arriver dans la tragédie, se donnât la patience de faire des stances, ou prît soin d'en faire faire par un autre, et de les apprendre par cœur, pour exprimer son déplaisir devant les spectateurs. Ce sentiment étudié ne les toucheroit pas beaucoup, parce que cette étude marqueroit un esprit tranquille et un effort de mémoire plutôt qu'un effet de passion; outre que ce ne seroit plus le sentiment présent de la personne qui parleroit, mais tout au plus celui qu'elle auroit eu en composant ces vers, et qui seroit assez ralenti par cet effort de mémoire, pour faire que l'état de son âme ne répondît plus à ce qu'elle prononceroit. L'auditeur ne s'y laisseroit pas émouvoir, et le verroit trop prémédité pour le croire véritable; du

---

1. Voyez tome III, p. 121-124.
2. Voyez ci-après, p. 315-319.

moins c'est l'opinion de Perse[1], avec lequel je finis cette remarque :

*Nec nocte paratum
Plorabit, qui me volet incurvasse querela*[2].

1. VAR. (édit. de 1660 et de 1663) : c'est l'opinion d'Horace.
2. Satire I, vers 90 et 91. — « Et qui voudra me fléchir par sa plainte, ne versera pas des larmes étudiées pendant la nuit. »

« Telle, dis-je, Vénus sortit du sein de l'onde,
Et promit à ses yeux la conquête du monde, 135
Quand elle eut consulté sur leur éclat nouveau
Les miroirs vagabonds de son flottant berceau. »
  A ce fameux spectacle on vit les Néréides
Lever leurs moites fronts de leurs palais liquides,
Et pour nouvelle pompe à ces nobles ébats 140
A l'envi de la Terre étaler leurs appas.
Elles virent ma fille; et leurs regards à peine
Rencontrèrent les siens sur cette humide plaine,
Que par des traits plus forts se sentant effacer,
Éblouis et confus je les vis s'abaisser, 145
Examiner les leurs, et sur tous leurs visages
En chercher d'assez vifs pour braver nos rivages.
Je les vis se choisir jusqu'à cinq et six fois,
Et rougir aussitôt nous comparant leur choix;
Et cette vanité qu'en toutes les familles 150
On voit si naturelle aux mères pour leurs filles,
Leur cria par ma bouche : En est-il parmi vous,
O nymphes! qui ne cède à des attraits si doux?
Et pourrez-vous nier, vous autres immortelles[1],
Qu'entre nous la nature en forme de plus belles? » 155
Je m'emportois sans doute, et c'en étoit trop dit :
Je les vis s'en cacher de honte et de dépit;
J'en vis dedans leurs yeux les vives étincelles :
L'onde qui les reçut s'en irrita pour elles[2];
J'en vis enfler la vague, et la mer en courroux 160
Rouler à gros bouillons ses flots jusques à nous.
  « C'eût été peu des flots : la soudaine tempête,

---

1. *Var.* Et nierez-vous encor, vous autres immortelles. (1651-56)
2. « Ce vers est comme le précurseur de celui de Racine (*Phèdre*, acte V, scène VI) :
  Le flot qui l'apporta recule épouvanté. »
                    (*Voltaire.*)

Qui trouble notre joie et dissipe la fête,
Enfante en moins d'une heure et pousse sur nos bords
Un monstre contre nous armé de mille morts.   165
Nous fuyons, mais en vain; il suit, il brise, il tue;
Chaque victime est morte aussitôt qu'abattue.
Nous ne voyons qu'horreur, que sang de toutes parts;
Son haleine est poison, et poison ses regards :
Il ravage, il désole et nos champs et nos villes[1],   170
Et contre sa fureur il n'est aucuns asiles.
  Après beaucoup d'efforts et de vœux superflus,
Ayant souffert beaucoup, et craignant encor plus,
Nous courons à l'oracle en de telles alarmes;
Et voici ce qu'Ammon répondit à nos larmes :   175
  « Pour apaiser Neptune, exposez tous les mois
Au monstre qui le venge une fille à son choix,
Jusqu'à ce que le calme à l'orage succède;
      Le sort vous montrera
         Celle qu'il agréera :   180
Différez cependant les noces d'Andromède. »
  Comme dans un grand mal un moindre semble doux,
Nous prenons pour faveur ce reste de courroux.
Le monstre disparu nous rend un peu de joie :
On ne le voit qu'aux jours qu'on lui livre sa proie.   185
Mais ce remède enfin n'est qu'un amusement :
Si l'on souffre un peu moins, on craint également;
Et toutes nous tremblons devant une infortune
Qui toutes nous menace avant qu'en frapper une.
La peur s'en renouvelle au bout de chaque mois;   190
J'en ai cru de frayeur déjà mourir cinq fois.
Déjà nous avons vu cinq beautés dévorées,
Mais des beautés, hélas! dignes d'être adorées,

---

1. *Var.* Il rompt, il force tout, et sa fureur, qui vole,
Nos villes et nos champs de jour en jour désole. (1651-56)

Et de qui tous les traits, pleins d'un céleste feu,
Ne cédoient qu'à ma fille, et lui cédoient bien peu : 195
Comme si choisissant de plus belle en plus belle,
Le sort par ces degrés tâchoit d'approcher d'elle,
Et que pour élever ses traits jusques à nous,
Il essayât sa force et mesurât ses coups.
   Rien n'a pu jusqu'ici toucher ce dieu barbare ; 200
Et le sixième choix aujourd'hui se prépare :
On le va faire au temple ; et je sens malgré moi
Des mouvements secrets redoubler mon effroi.
Je fis hier à Vénus offrir un sacrifice,
Qui jamais à mes vœux ne parut si propice ; 205
Et toutefois mon cœur, à force de trembler,
Semble prévoir le coup qui le doit accabler.
   Vous donc, qui connoissez et mon crime et sa peine,
Dites-moi s'il a pu mériter tant de haine,
Et si le ciel devoit tant de sévérité 210
Aux premiers mouvements d'un peu de vanité.

PERSÉE.

Oui, Madame, il est juste ; et j'avouerai moi-même
Qu'en le blâmant tantôt j'ai commis un blasphème.
Mais vous ne voyez pas, dans votre aveuglement,
Quel grand crime il punit d'un si grand châtiment. 215
   Les nymphes de la mer ne lui sont pas si chères
Qu'il veuille s'abaisser à suivre leurs colères ;
Et quand votre mépris en fit comparaison,
Il voyoit mieux que vous que vous aviez raison.
Il venge, et c'est de là que votre mal procède, 220
L'injustice rendue aux beautés d'Andromède.
Sous les lois d'un mortel votre choix l'asservit !
Cette injure est sensible aux Dieux qu'elle ravit,
Aux Dieux qu'elle captive ; et ces rivaux célestes
S'opposent à des nœuds à sa gloire funestes, 225
En sauvent les appas qui les ont éblouis,

Si vous m'aviez connu sans m'avoir préféré.
C'est trop perdre de temps, courons à votre joie,
Courons à ce bonheur que le ciel vous envoie ;
J'en veux être témoin, afin que mon tourment
Puisse par ce poison finir plus promptement. 445

CASSIOPE.

Le temps vous fera voir pour souverain remède
Le peu que vous perdez en perdant Andromède ;
Et les Dieux, dont pour nous vous voyez la bonté,
Vous rendront bientôt plus qu'ils ne vous ont ôté.

PERSÉE.

Ni le temps ni les Dieux ne feront ce miracle. 450
Mais allons : à votre heur je ne mets point d'obstacle,
Reine ; c'est l'affoiblir que de le retarder ;
Et les Dieux ont parlé, c'est à moi de céder.

FIN DU PREMIER ACTE.

ACTE II.

DÉCORATION DU SECOND ACTE.

Cette place publique s'évanouit [1] en un instant pour faire place à un jardin délicieux ; et ces grands palais sont changés en autant de vases de marbre blanc, qui portent alternativement, les uns des statues d'où sortent [2] autant de jets d'eau, les autres des myrtes, des jasmins et d'autres arbres de cette nature. De chaque côté se détache un rang d'orangers dans de pareils vases, qui viennent former un admirable berceau jusqu'au milieu du théâtre, et le séparent ainsi en trois allées, que l'artifice ingénieux de la perspective fait paroître longues de plus de mille pas. C'est là qu'on voit Andromède avec ses nymphes, qui cueillent des fleurs, et en composent une guirlande dont cette princesse veut couronner Phinée, pour le récompenser, par cette galanterie, de la bonne nouvelle qu'il lui vient d'apporter.

SCÈNE PREMIÈRE.

ANDROMÈDE, CHŒUR DE NYMPHES [3].

ANDROMÈDE.

Nymphes, notre guirlande est encor mal ornée ;
Et devant qu'il soit peu nous reverrons Phinée, 455
Que de ma propre main j'en voulois couronner
Pour les heureux avis qu'il vient de me donner.

---

1. VAR. (édit. de 1651-1660) : Cette place publique, dont la Reine et Persée viennent de sortir, s'évanouit....

2. VAR. (Dessein) : Cette ville, qui faisoit le théâtre de l'autre acte, devient en un moment un jardin délicieux ; et ces grands palais sont changés en autant de vases, qui rangés des deux côtés de la scène, portent alternativement, les uns des statues de pierre d'où sortent

3. *Var.* CHŒUR DES NYMPHES. (1656)

Toutefois la faveur ne seroit pas bien grande,
Et mon cœur après tout vaut bien une guirlande.
Dans l'état où le ciel nous a mis aujourd'hui, 460
C'est l'unique présent qui soit digne de lui.
  Quittez, Nymphes, quittez ces peines inutiles;
L'augure déplairoit de tant de fleurs stériles :
Il faut à notre hymen des présages plus doux.
Dites-moi cependant laquelle d'entre vous.... 465
Mais il faut me le dire, et sans faire les fines.

AGLANTE.

Quoi? Madame.

ANDROMÈDE.

            A tes yeux je vois que tu devines.
Dis-moi donc d'entre vous laquelle a retenu
En ces lieux jusqu'ici cet illustre inconnu;
Car enfin ce n'est point sans un peu de mystère 470
Qu'un tel héros s'attache à la cour de mon père :
Quelque chaîne l'arrête et le force à tarder.
Qu'on ne perde point temps à s'entre-regarder :
Parlez, et d'un seul mot éclaircissez mes doutes.
Aucune ne répond, et vous rougissez toutes! 475
Quoi? toutes, l'aimez-vous? Un si parfait amant
Vous a-t-il su charmer toutes également?
Il n'en faut point rougir, il est digne qu'on l'aime :
Si je n'aimois ailleurs, peut-être que moi-même,
Oui, peut-être, à le voir si bien fait, si bien né, 480
Il auroit eu mon cœur, s'il n'eût été donné.
Mais j'aime trop Phinée, et le change est un crime.

AGLANTE.

Ce héros vaut beaucoup, puisqu'il a votre estime;
Mais il sait ce qu'il vaut, et n'a jusqu'à ce jour
A pas une de nous daigné montrer d'amour. 485

ANDROMÈDE.

Que dis-tu?

SCÈNE IV.

CÉPHÉE, PHINÉE, ANDROMÈDE, PERSÉE, TIMANTE, chœur de Nymphes, suite du Roi et de Phinée.

CÉPHÉE.

Ma fille, si tu sais les nouvelles funestes
De ce dernier effort des colères célestes,
Si tu sais de ton sort l'impitoyable cours, 680
Qui fait le plus cruel du plus beau de nos jours,
Épargne ma douleur, juges-en par sa cause,
Et va sans me forcer à te dire autre chose.

ANDROMÈDE.

Seigneur, je vous l'avoue, il est bien rigoureux[1]
De tout perdre au moment qu'on se doit croire heureux;
Et le coup qui surprend un espoir légitime
Porte plus d'une mort au cœur de la victime.
Mais enfin il est juste, et je le dois bénir :
La cause des malheurs les doit faire finir.
Le ciel, qui se repent sitôt de ses caresses, 690
Verra plus de constance en moi qu'en ses promesses :
Heureuse, si mes jours un peu précipités
Satisfont à ces Dieux pour moi seule irrités,
Si je suis la dernière à leur courroux offerte,
Si le salut public peut naître de ma perte! 695
Malheureuse pourtant de ce qu'un si grand bien[2]
Vous a déjà coûté d'autre sang que le mien,
Et que je ne suis pas la première et l'unique
Qui rende à votre État la sûreté publique!

PHINÉE.

Quoi? vous vous obstinez encore à me trahir? 700

---

1. *Var.* Seigneur, je vous l'avoue, il est bien douloureux. (1651-56)
2. *Var.* Malheureuse pourtant qu'un si précieux bien. (1651-56)

ANDROMÈDE.
Je vous plains, je me plains, mais je dois obéir.
PHINÉE.
Honteuse obéissance à qui votre amour cède !
CÉPHÉE.
Obéissance illustre, et digne d'Andromède !
Son nom comblé par là d'un immortel honneur....
PHINÉE.
Je l'empêcherai bien, ce funeste bonheur.   705
Andromède est à moi, vous me l'avez donnée ;
Le ciel pour notre hymen a pris cette journée ;
Vénus l'a commandé : qui me la peut ôter ?
Le sort auprès des Dieux se doit-il écouter ?
Ah ! si j'en vois ici les infâmes ministres   710
S'apprêter aux effets de ses ordres sinistres....
CÉPHÉE.
Apprenez que le sort n'agit que sous les Dieux,
Et souffrez comme moi le bonheur de ces lieux.
Votre perte n'est rien au prix de ma misère :
Vous n'êtes qu'amoureux, Phinée, et je suis père[1].   715
Il est d'autres objets dignes de votre foi[2] ;
Mais il n'est point ailleurs d'autres filles pour moi[3].
Songez donc mieux qu'un père à ces affreux ravages
Que partout de ce monstre épandirent les rages ;
Et n'en rappelez pas l'épouvantable horreur,   720
Pour trop croire et trop suivre une aveugle fureur.
PHINÉE.
Que de nouveau ce monstre entré dessus vos terres
Fasse à tous vos sujets d'impitoyables guerres,
Le sang de tout un peuple est trop bien employé

---

1. *Var.* Si vous êtes amant, Phinée, je suis père. (1651, 54 et 56)
   Var. Si vous êtes amant, Phinée, je suis le père. (1655)
2. Voyez tome III, p. 162, note 4.
3. *Var.* Mais il n'est point ailleurs d'autres fille pour moi. (1651-56)

Quand celui de ses rois en peut être payé ; 725
Et je ne connois point d'autre perte publique
Que celle où vous condamne un sort si tyrannique.
CÉPHÉE.
Craignez ces mêmes Dieux qui président au sort.
PHINÉE. [cord.
Qu'entre eux-mêmes ces Dieux se montrent donc d'ac-
Quelle crainte après tout me pourroit y résoudre ? 730
S'ils m'ôtent Andromède, ont-ils quelque autre foudre ?
Il n'est plus de respect qui puisse rien sur moi ;
Andromède est mon sort, et mes Dieux, et mon roi ;
Punissez un impie, et perdez un rebelle ;
Satisfaites le sort en m'exposant pour elle : 735
J'y cours; mais autrement je jure ses beaux yeux,
Et mes uniques rois, et mes uniques Dieux[1]....

(Ici le tonnerre commence à rouler avec un si grand bruit, et accompagné d'éclairs redoublés avec tant de promptitude, que cette feinte donne de l'épouvante aussi bien que de l'admiration, tant elle approche du naturel. On voit cependant descendre Éole avec huit vents, dont quatre sont à ses deux côtés, en sorte toutefois que les deux plus proches sont portés sur le même nuage que lui, et les deux plus éloignés sont comme volants en l'air tout contre ce même nuage. Les quatre autres paroissent deux à deux au milieu de l'air sur les ailes du théâtre, deux à la main gauche et deux à la droite : ce qui n'empêche pas Phinée de continuer ses blasphèmes.)

1. Comparez *Polyeucte*, acte IV, scène v, vers 1329 et 1330.

Supplante ton rival par une illustre audace ;
Viens à droit de conquête en occuper la place : 915
Andromède est à toi si tu l'oses gagner¹.
   Quoi? lâches, le péril vous la fait dédaigner!
Il éteint en tous deux ces flammes sans secondes!
Allons, mon désespoir, jusqu'au milieu des ondes
Faire servir l'effort de nos bras impuissants 920
D'exemple et de reproche à leurs feux languissants ;
Faisons ce que tous deux devroient faire avec joie ;
Détournons sa fureur dessus une autre proie :
Heureuse si mon sang la pouvoit assouvir!
Allons. Mais qui m'arrête? Ah! c'est mal me servir. 925
   (On voit ici Persée descendre du haut des nues.)

SCÈNE III.

ANDROMÈDE, attachée au rocher; PERSÉE, en l'air, sur le cheval Pégase ; CASSIOPE, TIMANTE, ET LE CHOEUR, sur le rivage.

TIMANTE, montrant Persée à Cassiope, et l'empêchant de se jeter à la mer.

Courez-vous à la mort quand on vole à votre aide?
Voyez par quels chemins on secourt Andromède ;
Quel héros, ou quel dieu sur ce cheval ailé....

CASSIOPE.

Ah! c'est cet inconnu par mes cris appelé,
C'est lui-même, Seigneur, que mon âme étonnée.... 930

PERSÉE, en l'air, sur le Pégase².

Reine, voyez par là si je vaux bien Phinée,

---

1. Dans les éditions de 1651 et de 1655, l'orthographe du mot est *gaigner*.
2. *Var.* PERSÉE, *en l'air.* (1651-60) — Thomas Corneille, dans l'édition de 1692, a supprimé l'article devant *Pégase*.

ACTE III, SCÈNE III.

Si j'étois moins que lui digne de votre choix,
Et si le sang des Dieux cède à celui des rois.
CASSIOPE.
Rien n'égale, Seigneur, un amour si fidèle[1] ;
Combattez donc pour vous en combattant pour elle : 935
Vous ne trouverez point de sentiments ingrats.
PERSÉE, à Andromède.
Adorable princesse, avouez-en mon bras.
CHOEUR DE MUSIQUE, cependant que Persée combat le monstre.
Courage, enfant des Dieux! elle est votre conquête ;
    Et jamais amant ni guerrier
      Ne vit ceindre sa tête 940
D'un si beau myrte ou d'un si beau laurier.
UNE VOIX seule.
Andromède est le prix qui suit votre victoire :
    Combattez, combattez ;
    Et vos plaisirs et votre gloire
Rendront jaloux les Dieux dont vous sortez. 945
LE CHOEUR répète.
Courage, enfant des Dieux! elle est votre conquête[3] ;
    Et jamais amant ni guerrier
      Ne vit ceindre sa tête
D'un si beau myrte ou d'un si beau laurier[4].
TIMANTE, à la Reine.
Voyez de quel effet notre attente est suivie, 950

---

1. *Var.* Rien n'égale, Seigneur, une amour si fidèle. (1651-56)
2. *Var.* CHOEUR. *Il chante cependant que* (*a*).... (1663, en marge.)
3. Les éditions de 1651 (in-12)-1660 ne répètent que les premiers mots de la strophe, en y ajoutant *etc.* ;

Courage, enfant des Dieux ! etc.

4. L'édition de 1651 in-4° donne seule ici, après le vers 949, la strophe que voici, à la suite de laquelle est répétée la strophe du chœur :

UNE VOIX *seule*.

    La défaite du monstre, à tout autre invincible,

(*a*) L'édition de 1692 a corrigé *cependant que* en *pendant que*.

360   ANDROMÈDE.

Madame : elle est sauvée, et le monstre est sans vie.
          PERSÉE, ayant tué le monstre.
Rendez grâces au dieu qui m'en a fait vainqueur[1].
          CASSIOPE.
O ciel! que ne vous puis-je assez ouvrir mon cœur!
L'oracle de Vénus enfin s'est fait entendre :
Voilà ce dernier choix qui nous devoit tout rendre;   955
Et vous êtes, Seigneur, l'incomparable époux
Par qui le sang des Dieux se doit joindre avec nous[2].
  Ne pense plus, ma fille, à ton ingrat Phinée :
C'est à ce grand héros que le sort t'a donnée;
C'est pour lui que le ciel te destine aujourd'hui;   960
Il est digne de toi, rends-toi digne de lui.
          PERSÉE.
Il faut la mériter par mille autres services;
Un peu d'espoir suffit pour de tels sacrifices.
Princesse, cependant quittez ces tristes lieux[3],
Pour rendre à votre cour tout l'éclat de vos yeux.   965
Ces vents, ces mêmes vents qui vous ont enlevée,
Vont rendre de tout point ma victoire achevée :
L'ordre que leur prescrit mon père Jupiter
Jusqu'en votre palais les force à vous porter,
Les force à vous remettre où tantôt leur surprise[4].... 970
          ANDROMÈDE.
D'une frayeur mortelle à peine encor remise,

Se réservoit pour vous,
Et quoiqu'on la tienne impossible,
Vous pouvez tout sous un espoir si doux.
LE CHOEUR <i>répète :</i>
Courage, enfant des Dieux! etc.

1. *Var.* Rendez grâce à l'amour qui m'en a fait vainqueur. (1651, 54 et 56)
   Var. Rendez grâce à l'amour qui m'en fait le vainqueur. (1655)
2. *Var.* Par qui le sang des Dieux doit se joindre avec nous. (1651-64)
3. Ce vers et le suivant ont été omis par erreur dans l'édition de 1682.
4. *Var.* Les force à vous remettre où l'on vous a vu prise. (1651-46)

L'impétuosité d'un si prompt changement. [mes¹,
Comme pour vous Phinée eut toujours quelques char-
Peut-être il ne lui faut qu'un soupir et deux larmes
Pour dissiper un peu de cette avidité
Qui d'un si gros torrent suit la rapidité². 1165
Deux amants que sépare une légère offense
Rentrent d'un seul coup d'œil en pleine intelligence³.
Vous reverrez en lui ce qui le fit aimer,
Les mêmes qualités qu'il vous plut estimer....

ANDROMÈDE.

Et j'y verrai de plus cette âme lâche et basse 1170
Jusqu'à m'abandonner à toute ma disgrâce;
Cet ingrat trop aimé qui n'osa me sauver,
Qui me voyant périr, voulut se conserver,
Et crut s'être acquitté devant ce que nous sommes,
En querellant les Dieux et menaçant les hommes⁴. 1175
S'il eût.... Mais le voici : voyons si ses discours
Rompront de ce torrent ou grossiront le cours.

SCÈNE III.

ANDROMÈDE, PHINÉE, AMMON, CHOEUR DE NYMPHES, SUITE DE PHINÉE.

PHINÉE.

Sur un bruit qui m'étonne, et que je ne puis croire,
Madame, mon amour, jaloux de votre gloire,
Vient savoir s'il est vrai que vous soyez d'accord, 1180
Par un change honteux, de l'arrêt de ma mort.
Je ne suis point surpris que le Roi, que la Reine⁵,

1. *Var.* Comme pour vous Phinée eut jadis quelques charmes. (1651-60)
2. *Var.* Qui d'un torrent si gros suit la rapidité. (1651-56)
3. *Var.* Reprennent aisément leur vieille intelligence. (1651-64)
4. *Var.* En blasphémant les Dieux et menaçant les hommes. (1651-56)
5. *Var.* Non que je sois surpris que le Roi, que la Reine. (1651-60)

ACTE IV, SCÈNE III.

Suivent les mouvements d'une foiblesse humaine :
Tout ce qui me surprend, ce sont vos volontés.
On vous donne à Persée, et vous y consentez ! 1185
Et toute votre foi demeure sans défense,
Alors que de mon bien on fait sa récompense !

ANDROMÈDE.

Oui, j'y consens, Phinée, et j'y dois consentir;
Et quel que soit ce bien qu'il a su garantir,
Sans vous faire injustice on en fait son salaire, 1190
Quand il a fait pour moi ce que vous deviez faire.
De quel front osez-vous me nommer votre bien[1],
Vous qu'on a vu tantôt n'y prétendre plus rien?
Quoi? vous consentirez qu'un monstre me dévore,
Et ce monstre étant mort je suis à vous encore! 1195
Quand je sors de péril vous revenez à moi!
Vous avez de l'amour, et je vous dois ma foi!
C'étoit de sa fureur qu'il me falloit défendre,
Si vous vouliez garder quelque droit d'y prétendre :
Ce demi-dieu n'a fait quoi que vous prétendiez, 1200
Que m'arracher au monstre à qui vous me cédiez.
Quittez donc cette vaine et téméraire idée;
Ne me demandez plus, quand vous m'avez cédée.
Ce doit être pour vous même chose aujourd'hui,
Ou de me voir au monstre, ou de me voir à lui. 1205

PHINÉE.

Qu'ai-je oublié pour vous de ce que j'ai pu faire?
N'ai-je pas des Dieux même attiré la colère?
Lorsque je vis Éole armé pour m'en punir,
Fut-il en mon pouvoir de vous mieux retenir?
N'eurent-ils pas besoin d'un éclat de tonnerre, 1210
Ses ministres ailés, pour me jeter par terre?

---

1. *Var.* Mais quel droit avez-vous de nommer vôtre un bien
 Où votre peu de cœur ne prétendoit plus rien ?
 Quoi ? vous pouvez souffrir qu'un monstre me dévore. (1651-56)

Et voyant mes efforts avorter sans effets,
Quels pleurs n'ai-je versés, et quels vœux n'ai-je faits?
ANDROMÈDE.
Vous avez donc pour moi daigné verser des larmes,
Lorsque pour me défendre un autre a pris les armes!
Et dedans mon péril vos sentiments ingrats
S'amusoient à des vœux quand il falloit des bras!
PHINÉE.
Que pouvois-je de plus, ayant vu pour Nérée
De vingt amants armés la troupe dévorée?
Devois-je encor promettre un succès à ma main,   1220
Qu'on voyoit au-dessus de tout l'effort humain?
Devois-je me flatter de l'espoir d'un miracle?
ANDROMÈDE.
Vous deviez l'espérer sur la foi d'un oracle :
Le ciel l'avoit promis par un arrêt si doux!
Il l'a fait par un autre, et l'auroit fait par vous.   1225
 Mais quand vous auriez cru votre perte assurée,
Du moins ces vingt amants dévorés pour Nérée
Vous laissoient un exemple et noble et glorieux,
Si vous n'eussiez pas craint de périr à mes yeux.
Ils voyoient de leur mort la même certitude;   1230
Mais avec plus d'amour et moins d'ingratitude,
Tous voulurent mourir pour leur objet mourant.
Que leur amour du vôtre étoit bien différent!
L'effort de leur courage a produit vos alarmes,
Vous a réduit aux vœux, vous a réduit aux larmes; 1235
Et quoique plus heureuse en un semblable sort,
Je voix d'un œil jaloux la gloire de sa mort.
Elle avoit vingt amants qui voulurent la suivre,
Et je n'en avois qu'un, qui m'a voulu survivre.
Encor ces vingt amants, qui vous ont alarmé,   1240
N'étoient pas tous aimés, et vous étiez aimé :
Ils n'avoient la plupart qu'une foible espérance,

PHINÉE.

N'en cherchons les douceurs, ami, que les dernières.
Rarement un amant les peut goûter entières ;
Et quand de sa vengeance elles sont tout le fruit,
Ce sont fausses douceurs que l'amertume suit.
La mort de son rival, les pleurs de son ingrate,
Ont bien je ne sais quoi qui dans l'abord le flatte ; 1440
Mais de ce cher objet s'en voyant plus haï,
Plus il s'en est flatté, plus il s'en croit trahi.
Sous d'éternels regrets son âme est abattue,
Et sa propre vengeance incessamment le tue.
    Ce n'est pas que je veuille enfin la négliger : 1445
Si je ne puis fléchir, je cours à me venger ;
Mais souffre à mon amour, mais souffre à ma foiblesse
Encore un peu d'effort auprès de ma princesse.
Un amant véritable espère jusqu'au bout,
Tant qu'il voit un moment qui peut lui rendre tout.
L'inconstante, peut-être encor toute étonnée,
N'étoit pas bien à soi quand elle s'est donnée ;
Et la reconnoissance a fait plus que l'amour
En faveur d'une main qui lui rendoit le jour.
Au sortir du péril, pâle encore et tremblante,   1455
L'image de la mort devant les yeux[1] errante,
Elle a cru tout devoir à son libérateur ;
Mais souvent le devoir ne donne pas le cœur ;
Il agit rarement sans un peu d'imposture,
Et fait peu de présents dont ce cœur ne murmure. 1460
Peut-être, ami, peut-être après ce grand effroi
Son amour en secret aura parlé pour moi :
Les traits mal effacés de tant d'heureux services,
Les douceurs d'un beau feu qui furent ses délices,

---

1. L'édition de 1692 a corrigé ici *les yeux* en *ses yeux*, et un peu plus loin, au vers 1478, *mes désespoirs* en *mon désespoir*.

D'un regret amoureux touchant son souvenir, 1465
Auront en ma faveur surpris quelque soupir,
Qui s'échappant d'un cœur qu'elle force à ma perte,
M'en aura pu laisser la porte encore ouverte.
Ah! si ce triste hymen se pouvoit éloigner!
AMMON.
Quoi? vous voulez encor vous faire dédaigner? 1470
Sous ce honteux espoir votre fureur se dompte?
PHINÉE.
Que veux-tu? ne sois point le témoin de ma honte :
Andromède revient; va trouver nos amis,
Va préparer leurs bras à ce qu'ils m'ont promis.
Ou mes nouveaux respects fléchiront l'inhumaine, 1475
Ou ses nouveaux mépris animeront ma haine;
Et tu verras mes feux, changés en juste horreur,
Armer mes désespoirs, et hâter ma fureur.
AMMON.
Je vous plains; mais enfin j'obéis, et vous laisse.

SCÈNE II.
CASSIOPE, ANDROMÈDE, PHINÉE,
suite de la Reine.

PHINÉE.
Une seconde fois, adorable princesse, 1480
Malgré de vos rigueurs l'impérieuse loi....
ANDROMÈDE.
Quoi? vous voyez la Reine, et vous parlez à moi!
PHINÉE.
C'est de vous seule aussi que j'ai droit de me plaindre :
Je serois trop heureux de la voir vous contraindre,
Et n'accuserois plus votre infidélité, 1485
Si vous vous excusiez sur son autorité.

Au nom de cette amour autrefois si puissante,
Aidez un peu la mienne à vous faire innocente :
Dites-moi que votre âme à regret obéit,
Qu'un rigoureux devoir malgré vous me trahit ; 1490
Donnez-moi lieu de dire : « Elle-même elle en pleure,
Elle change forcée, et son cœur me demeure ; »
Et soudain, de la Reine embrassant les genoux,
Vous m'y verrez mourir sans me plaindre de vous.
Mais que lui puis-je, hélas! demander pour remède,
Quand la main qui me tue est celle d'Andromède,
Et que son cœur léger ne court au changement
Qu'avec la vanité d'y courir justement?

CASSIOPE.

Et quel droit sur ce cœur pouvoit garder Phinée,
Quand Persée a trouvé la place abandonnée, 1500
Et n'a fait autre chose, en prenant son parti,
Que s'emparer d'un lieu dont vous étiez sorti[1]?
Mais sorti, le dirai-je, et pourrez-vous l'entendre?
Oui, sorti lâchement, de peur de le défendre[2].
Ainsi nous n'avons fait que le récompenser 1505
D'un bien où votre bras venoit de renoncer,
Que vous cédiez au monstre, à lui-même, à tout autre[3] :
Si c'est une injustice, examinons la vôtre.

La voyant exposée aux rigueurs de son sort,
Vous vous étiez déjà consolé de sa mort ; 1510
Et quand par un héros le ciel l'a garantie,
Vous ne vous pouvez plus consoler de sa vie[4].

1. *Var.* Que s'emparer d'un lieu dont vous étiez sorti? (1651-56)
2. *Var.* Oui, sorti lâchement de peur de la défendre. (1655)
3. *Quam tibi non Perseus, verum si quæris, ademit;*
. . . .
Sed quæ visceribus veniebat bellua ponti
Exsaturanda meis....
(Ovide, *Métamorphoses*, livre V, vers 16-19.)
4. *Scilicet haud satis est quod, te spectante, revincta est,*

Que Jupiter mon père
Tient pour mon digne frère,
Ne craignez plus du sort la jalouse rigueur.
　　　Ces portes du temple fermées, 1725
　　　Dont vos âmes sont alarmées,
Vous marquent des faveurs où tout le ciel consent :
Tous les Dieux sont d'accord de ce bonheur suprême ;
　　　Et leur monarque tout-puissant
　　　Vous le vient apprendre lui-même. 1730
　　　(Mercure revole en haut après avoir parlé.)
　　　　　　CASSIOPE.
Redoublons donc nos vœux, redoublons nos ferveurs,
Pour mériter du ciel ces nouvelles faveurs.
　　　　　CHOEUR DE MUSIQUE[1].
Maître des Dieux, hâte-toi de paroître,
Et de verser sur ton sang et nos rois
　　　Les grâces que garde ton choix 1735
　　　A ceux que tu fais naître[2].

Fais choir sur eux de nouvelles couronnes,
Et fais-nous voir, par un heur accompli,
　　　Qu'ils ont tous dignement rempli
　　　Le rang que tu leur donnes. 1740

(Tandis qu'on chante, Jupiter descend du ciel dans un trône tout
éclatant d'or et de lumières, enfermé dans un nuage qui l'environne.
A ses deux côtés, deux autres nuages apportent jusqu'à terre Junon
et Neptune, apaisés par les sacrifices des amants; ils se déploient en
rond autour de celui de Jupiter, et occupant toute la face du théâtre,
ils font le plus agréable spectacle de toute cette représentation[3].)

1. *Var.* CHOEUR. *Il chante.* (1663, en marge.)
2. *Var.*　　　Pour ceux que tu fais naître. (Dessein)
3. *Var. Par les sacrifices de nos amants, et se déployant en demi-rond autour de celui de Jupiter, font le plus agréable spectacle de toute cette représentation, et occupent toute la face du théâtre.* (Dessein et 1651-60) — L'édition de 1651 donne en outre ici la phrase suivante : « *Jupiter demeure au milieu*

SCÈNE VIII.

JUPITER, JUNON, NEPTUNE, CÉPHÉE, CASSIOPE,
ANDROMÈDE, PERSÉE, PHORBAS, AGLANTE,
<small>SUITE DU ROI ET DE LA REINE.</small>

<small>JUPITER, dans son trône au milieu de l'air.</small>
Des noces de mon fils la terre n'est pas digne,
    La gloire en appartient aux cieux,
    Et c'est là ce bonheur insigne
Qu'en vous fermant mon temple ont annoncé les Dieux.
Roi, Reine, et vous amants, venez sans jalousie   1745
    Vivre à jamais en ce brillant séjour,
    Où le nectar et l'ambrosie
Vous seront comme à nous prodigués chaque jour;
    Et quand la nuit aura tendu ses voiles,
    Vos corps semés de nouvelles étoiles,   1750
    Du haut du ciel éclairant aux mortels,
    Leur apprendront qu'il vous faut des autels.

<small>JUNON, à Persée.</small>
Junon même y consent, et votre sacrifice
A calmé les fureurs de son esprit jaloux.

<small>NEPTUNE, à Cassiope.</small>
    Neptune n'est pas moins propice,   1755
    Et vos encens désarment son courroux.

<small>JUNON.</small>
    Venez, héros, et vous Céphée,
    Prendre là-haut vos places de ma main.

<small>NEPTUNE.</small>
    Reines, venez; que ma haine étouffée
Vous conduise elle-même à cet heur souverain.   1760

<small>de l'air, d'où il parle à ces princes, » sans préjudice du jeu de scène du commencement de la scène VIII.</small>

PERSÉE.

Accablés et surpris d'une faveur si grande[1]....

JUNON.

Arrêtez là votre remercîment :
L'obéissance est le seul compliment
Qu'agrée un Dieu quand il commande.

(Sitôt que Junon a dit ces vers, elle fait prendre place au Roi et à Persée auprès d'elle. Neptune fait le même honneur à la Reine et à la princesse Andromède; et tous ensemble remontent dans le ciel qui les attend, cependant[2] que le peuple, pour acclamation publique, chante ces vers qui viennent d'être prononcés par Jupiter.)

CHOEUR.

Allez, amants, allez sans jalousie   1765
Vivre à jamais en ce brillant séjour,
Où le nectar et l'ambrosie
Vous seront comme aux Dieux prodigués chaque jour ;
Et quand la nuit aura tendu ses voiles,
Vos corps semés de nouvelles étoiles,   1770
Du haut du ciel éclairant aux mortels,
Leur apprendront qu'il vous faut des autels.

1. *Var.* Accablés et confus d'une faveur si grande.... (1651)
2. Ici encore l'édition de 1692 a corrigé *cependant que* en *pendant que*.

FIN DU CINQUIÈME ET DERNIER ACTE.

grandes têtes, et c'est sans doute pourquoi jusqu'à présent la tragédie s'y est arrêtée. Elle a besoin de son appui pour les événements qu'elle traite ; et comme ils n'ont de l'éclat que parce qu'ils sont hors de la vraisemblance ordinaire, ils ne seroient pas croyables sans son autorité, qui agit avec empire et semble commander de croire ce qu'elle veut persuader. Mais je ne comprends point ce qui lui défend de descendre plus bas, quand il s'y rencontre des actions qui méritent qu'elle prenne soin de les imiter ; et je ne puis croire que l'hospitalité violée en la personne des filles de Scédase[1], qui n'étoit qu'un paysan de Leuctres, soit moins digne d'elle que l'assassinat d'Agamemnon par sa femme, ou la vengeance de cette mort par Oreste sur sa propre mère : quitte pour chausser le cothurne un peu plus bas :

Et tragicus plerumque dolet sermone pedestri[2].

Je dirai plus, Monsieur : la tragédie doit exciter de la pitié et de la crainte[3], et cela est de ses parties essentielles, puisqu'il entre dans sa définition[4]. Or s'il est vrai que ce dernier sentiment ne s'excite en nous par sa représentation que quand nous voyons souffrir nos semblables[5], et que leurs infortunes nous en font appréhender de pareilles, n'est-il pas vrai aussi qu'il y pourroit être excité plus fortement par la vue des malheurs arrivés aux personnes de notre condition, à qui nous ressemblons tout à fait, que par l'image de ceux qui font trébucher de leurs trônes les plus grands monarques, avec qui nous n'avons aucun rapport qu'en tant que nous sommes susceptibles des passions qui les ont jetés dans

1. Voyez tome I, p. 55, note 1.
2. Horace, *Art poétique*, vers 95. — 3. Voyez tome I, p. 52.
4. Var. (édit. de 1650 in-8°) : puisqu'il entre dans la définition.
5. Voyez tome I, p. 53.

ce précipice : ce qui ne se rencontre pas toujours? Que si vous trouvez quelque apparence en ce raisonnement, et ne désapprouvez pas qu'on puisse faire une tragédie entre des personnes médiocres, quand leurs infortunes ne sont pas au-dessous de sa dignité, permettez-moi de conclure, *a simili*, que nous pouvons faire une comédie entre des personnes illustres, quand nous nous en proposons quelque aventure qui ne s'élève point au-dessus de sa portée. Et certes, après avoir lu dans Aristote que la tragédie est une imitation des actions[1], et non pas des hommes, je pense avoir quelque droit de dire la même chose de la comédie, et de prendre pour maxime que c'est par la seule considération des actions, sans aucun égard aux personnages, qu'on doit déterminer de quelle espèce est un poëme dramatique. Voilà, Monsieur, bien du discours, dont il n'étoit pas besoin[2] pour vous attirer à mon parti, et gagner votre suffrage en faveur du titre que j'ai donné à *Don Sanche*. Vous savez mieux que moi tout ce que je vous dis; mais comme j'en fais confidence au public, j'ai cru que vous ne vous offenseriez pas que je vous fisse souvenir des choses dont je lui dois quelque lumière. Je continuerai donc, s'il vous plaît, et lui dirai que *Don Sanche* est une véritable comédie, quoique tous les acteurs y soient ou rois ou grands d'Espagne, puisqu'on n'y voit naître aucun péril par qui nous puissions être portés à la pitié ou à la crainte. Notre aventurier Carlos n'y court aucune risque[3]. Deux de ses rivaux sont trop jaloux de leur rang pour se commettre avec lui, et trop généreux pour lui dresser quelque supercherie. Le mépris qu'ils en font, sur l'incerti-

1. Ἔστιν οὖν τραγῳδία μίμησις πράξεως. (*Poétique*, chapitre vi.)
2. Var. (édit. de 1650 in-8°) : dont il n'est pas besoin.
3. Var. (édit. de 1650 in-8°) : aucun risque. — Le mot *risque* était alors des deux genres.

tude de son origine, ne détruit point en eux l'estime de sa valeur, et se change en respect sitôt qu'ils le peuvent soupçonner d'être ce qu'il est véritablement, quoiqu'il ne le sache pas. Le troisième lie la partie avec lui, mais elle est incontinent rompue par la Reine ; et quand même elle s'achèveroit par la perte de sa vie, la mort d'un ennemi par un ennemi n'a rien de pitoyable ni de terrible, et par conséquent rien de tragique. Il a de grands déplaisirs, et qui semblent vouloir quelque pitié de nous, lorsqu'il dit lui-même à une de ses maîtresses :

> Je plaindrois un amant qui souffriroit mes peines[1] ;

mais nous ne voyons autre chose dans les comédies que des amants qui vont mourir, s'ils ne possèdent ce qu'ils aiment, et de semblables douleurs ne préparant aucun effet tragique, on ne peut dire qu'elles aillent au-dessus de la comédie. Il tombe dans l'unique malheur qu'il appréhende : il est découvert pour fils d'un pêcheur ; mais en cet état même, il n'a garde de nous demander notre pitié, puisqu'il s'offense de celle de ses rivaux. Ce n'est point un héros à la mode d'Euripide, qui les habilloit de lambeaux pour mendier les larmes des spectateurs : celui-ci soutient sa disgrâce avec tant de fermeté, qu'il nous imprime plus d'admiration de son grand courage, que de compassion de son infortune. Nous la craignons pour lui avant qu'elle arrive, mais cette crainte n'a sa source que dans l'intérêt que nous prenons d'ordinaire à ce qui touche le premier acteur, et se peut ranger *inter communia utriusque dramatis*, aussi bien que la reconnoissance qui fait le dénouement de cette pièce. La crainte tragique ne devance pas le malheur du héros, elle le suit ; elle n'est pas pour lui, elle est pour nous ; et se produisant par une

1. Acte II, scène IV, vers 701.

ACTEURS.

D.[1] ISABELLE, reine de Castille.
D. LÉONOR, reine d'Aragon.
D. ELVIRE, princesse d'Aragon.
BLANCHE, dame d'honneur de la reine de Castille.
CARLOS, cavalier[2] inconnu, qui se trouve être D. Sanche, roi d'Aragon.
D. RAYMOND DE MONCADE, favori du défunt roi d'Aragon.
D. LOPE DE GUSMAN,
D. MANRIQUE DE LARE, } grands de Castille.
D. ALVAR DE LUNE,

La scène est à Valladolid.

1. Voyez ci-dessus, p. 411, note 1.
2. L'édition de 1692 donne *chevalier*, au lieu de *cavalier*.

DON SANCHE D'ARAGON.

COMÉDIE HÉROIQUE.

ACTE I.

SCÈNE PREMIÈRE.
D. LÉONOR, D. ELVIRE.

D. LÉONOR.
Après tant de malheurs, enfin le ciel propice
S'est résolu, ma fille, à nous faire justice :
Notre Aragon, pour nous presque tout révolté,
Enlève à nos tyrans[1] ce qu'ils nous ont ôté,
Brise les fers honteux de leurs injustes chaînes, 5
Se remet sous nos lois, et reconnoît ses reines ;
Et par ses députés, qu'aujourd'hui l'on attend,
Rend d'un si long exil le retour éclatant.
   Comme nous, la Castille attend cette journée
Qui lui doit de sa reine assurer l'hyménée : 10
Nous l'allons voir ici faire choix d'un époux.
Que ne puis-je, ma fille, en dire autant de vous !
Nous allons en des lieux sur qui vingt ans d'absence
Nous laissent une foible et douteuse puissance :
Le trouble règne encore où vous devez régner ; 15

---

1. L'édition de 1682 porte par erreur : « en nos tyrans. »

Le peuple vous rappelle, et peut vous dédaigner,
Si vous ne lui portez, au retour de Castille,
Que l'avis d'une mère et le nom d'une fille.
D'un mari valeureux les ordres et le bras
Sauroient bien mieux que nous assurer vos États, 20
Et par des actions nobles, grandes et belles,
Dissiper les mutins, et dompter les rebelles.
Vous ne pouvez manquer d'amants dignes de vous[1];
On aime votre sceptre, on vous aime; et sur tous,
Du comte don Alvar la vertu non commune 25
Vous aima dans l'exil et durant l'infortune.
Qui vous aima sans sceptre et se fit votre appui,
Quand vous le recouvrez, est bien digne de lui.

D. ELVIRE.

Ce comte est généreux, et me l'a fait paroître;
Aussi le ciel pour moi l'a voulu reconnoître; 30
Puisque les Castillans l'ont mis entre les trois
Dont à leur grande reine ils demandent le choix;
Et comme ses rivaux lui cèdent en mérite,
Un espoir à présent plus doux le sollicite;
Il régnera sans nous. Mais, Madame, après tout, 35
Savez-vous à quel choix l'Aragon se résout,
Et quels troubles nouveaux j'y puis faire renaître,
S'il voit que je lui mène un étranger pour maître?
Montons, de grâce, au trône; et de là beaucoup mieux
Sur le choix d'un époux nous baisserons les yeux. 40

D. LÉONOR.

Vous les abaissez trop; une secrète flamme
A déjà malgré moi fait ce choix dans votre âme :
De l'inconnu Carlos l'éclatante valeur
Aux mérites du comte a fermé votre cœur.
Tout est illustre en lui, moi-même je l'avoue; 45

---

1. *Var.* Et vous ne manquez pas d'amants dignes de vous. (1650-56)

Don Manrique, est-ce assez pour faire seoir Carlos?
Vous reste-t-il encor quelque scrupule en l'âme? 265
(D. Manrique et D. Lope se lèvent, et Carlos se sied.)

D. MANRIQUE.

Achevez, achevez; faites-le roi, Madame :
Par ces marques d'honneur l'élever jusqu'à nous,
C'est moins nous l'égaler que l'approcher de vous.
Ce préambule adroit n'étoit pas sans mystère;
Et ces nouveaux serments qu'il nous a fallu faire 270
Montroient bien dans votre âme un tel choix préparé.
Enfin vous le pouvez, et nous l'avons juré.
Je suis prêt d'obéir; et loin d'y contredire,
Je laisse entre ses mains et vous et votre empire.
Je sors avant ce choix, non que j'en sois jaloux, 275
Mais de peur que mon front n'en rougisse pour vous.

D. ISABELLE.

Arrêtez, insolent : votre reine pardonne
Ce qu'une indigne crainte imprudemment soupçonne;
Et pour la démentir, veut bien vous assurer
Qu'au choix de ses États elle veut demeurer[1]; 280
Que vous tenez encor même rang dans son âme;
Qu'elle prend vos transports pour un excès de flamme,
Et qu'au lieu d'en punir le zèle injurieux,
Sur un crime d'amour elle ferme les yeux.

D. MANRIQUE.

Madame, excusez donc si quelque antipathie.... 285

D. ISABELLE.

Ne faites point ici de fausse modestie :
J'ai trop vu votre orgueil pour le justifier,
Et sais bien les moyens de vous humilier.
   Soit que j'aime Carlos, soit que par simple estime
Je rende à ses vertus un honneur légitime, 290

---

1. L'édition de 1655 porte : « qu'aux choix, » au pluriel.

Vous devez respecter, quels que soient mes desseins,
Ou le choix de mon cœur, ou l'œuvre de mes mains.
Je l'ai fait votre égal; et quoiqu'on s'en mutine,
Sachez qu'à plus encor ma faveur le destine.
Je veux qu'aujourd'hui même il puisse plus que moi :
J'en ai fait un marquis, je veux qu'il fasse un roi.
S'il a tant de valeur que vous-mêmes le dites,
Il sait quelle est la vôtre, et connoît vos mérites,
Et jugera de vous avec plus de raison
Que moi, qui n'en connois que la race et le nom. 300
Marquis, prenez ma bague, et la donnez pour marque
Au plus digne des trois, que j'en fasse un monarque.
Je vous laisse y penser tout ce reste du jour.
   Rivaux, ambitieux, faites-lui votre cour[1] :
Qui me rapportera l'anneau que je lui donne 305
Recevra sur-le-champ ma main et ma couronne[2].
Allons, reines, allons, et laissons-les juger
De quel côté l'amour avoit su m'engager.

---

1. Molière paraît s'être rappelé cette scène en écrivant la première du troisième acte des *Amants magnifiques* :

« ARISTIONE. Vous savez que je suis engagée de parole à ne rien prononcer là-dessus; et, parmi ces deux princes, votre inclination ne peut point se tromper et faire un choix qui soit mauvais.

ÉRIPHILE. Pour ne point violenter votre parole ni mon scrupule, agréez, Madame, un moyen que j'ose proposer.

ARISTIONE. Quoi, ma fille ?

ÉRIPHILE. Que Sostrate décide de cette préférence....

. . . .

IPHICRATE. C'est-à-dire, Madame, qu'il nous faut faire notre cour à Sostrate?

. . . .

SOSTRATE. Pourquoi me tant presser là-dessus? Peut-être ai-je, Seigneur, quelque intérêt secret qui s'oppose aux prétentions de votre amour. Peut-être ai-je un ami qui brûle, sans oser le dire, d'une flamme respectueuse pour les charmes divins dont vous êtes épris....

IPHICRATE. Vous auriez bien la mine, Sostrate, d'être vous-même cet ami dont vous prenez les intérêts. »

2. *Var.* Recevra sur-le-champ ma main et la couronne. (1660 in-4° et in-8°

SCÈNE IV.

D. MANRIQUE, D. LOPE, D. ALVAR, CARLOS.

D. LOPE.

Eh bien ! seigneur marquis, nous direz-vous, de grâce[1],
Ce que, pour vous gagner, il est besoin qu'on fasse ?
Vous êtes notre juge, il faut vous adoucir.

CARLOS.

Vous y pourriez peut-être assez mal réussir.
Quittez ces contre-temps de froide raillerie.

D. MANRIQUE.

Il n'en est pas saison, quand il faut qu'on vous prie.

CARLOS.

Ne raillons, ni prions, et demeurons amis. 315
Je sais ce que la Reine en mes mains a remis ;
J'en userai fort bien : vous n'avez rien à craindre,
Et pas un de vous trois n'aura lieu de se plaindre.
   Je n'entreprendrai point de juger entre vous
Qui mérite le mieux le nom de son époux : 320
Je serois téméraire, et m'en sens incapable ;
Et peut-être quelqu'un m'en tiendroit récusable.
Je m'en récuse donc, afin de vous donner
Un juge que sans honte on ne peut soupçonner ;
Ce sera votre épée et votre bras lui-même. 325
Comtes, de cet anneau dépend le diadème :
Il vaut bien un combat ; vous avez tous du cœur,
Et je le garde....

D. LOPE.

A qui, Carlos ?

---

1. *Var.* Eh bien ! seigneur marquis, qu'est-il besoin qu'on fasse
Pour avoir quelque part en votre bonne grâce ? (1650-56)

Je le veux éclaircir, et vous mieux éclairer,
Afin de vous apprendre à me considérer.
 Je ne le cèle point; j'aime, Carlos, oui, j'aime; 565
Mais l'amour de l'État, plus fort que de moi-même,
Cherche, au lieu de l'objet le plus doux à mes yeux,
Le plus digne héros de régner en ces lieux;
Et craignant que mes feux osassent me séduire,
J'ai voulu m'en remettre à vous pour m'en instruire. 570
Mais je crois qu'il suffit que cet objet d'amour
Perde le trône et moi sans perdre encor le jour;
Et mon cœur qu'on lui vole en souffre assez d'alarmes,
Sans que sa mort pour moi me demande des larmes.

CARLOS.

Ah! si le ciel tantôt me daignoit inspirer 575
En quel heureux amant je vous dois révérer,
Que par une facile et soudaine victoire....

D. ISABELLE.

Ne pensez qu'à défendre et vous et votre gloire[1].
Quel qu'il soit, les respects qui l'auroient épargné
Lui donneroient un prix qu'il auroit mal gagné; 580
Et céder à mes feux plutôt qu'à son mérite
Ne seroit que me rendre au juge que j'évite.
 Je n'abuserai point du pouvoir absolu,
Pour défendre un combat entre vous résolu;
Je blesserois par là l'honneur de tous les quatre: 585
Les lois vous l'ont permis, je vous verrai combattre;
C'est à moi, comme reine, à nommer le vainqueur.
Dites-moi, cependant, qui montre plus de cœur?
Qui des trois le premier éprouve la fortune?

CARLOS.

Don Alvar.

---

1. *Var.* Ne songez qu'à défendre et vous et votre gloire. (1650 in-4° et in-8°)

D. ISABELLE.
Don Alvar!
CARLOS.
Oui, don Alvar de Lune.
D. ISABELLE.
On dit qu'il aime ailleurs.
CARLOS.
On le dit; mais enfin[1]
Lui seul jusqu'ici tente un si noble destin.
D. ISABELLE.
Je devine à peu près quel intérêt l'engage;
Et nous verrons demain quel sera son courage.
CARLOS.
Vous ne m'avez donné que ce jour pour ce choix.
D. ISABELLE.
J'aime mieux au lieu d'un vous en accorder trois.
CARLOS.
Madame, son cartel marque cette journée.
D. ISABELLE.
C'est peu que son cartel, si je ne l'ai donnée;
Qu'on le fasse venir pour la voir différer.
Je vais pour vos combats faire tout préparer.
Adieu : souvenez-vous surtout de ma défense;
Et vous aurez demain l'honneur de ma présence.

SCÈNE III.

CARLOS.

Consens-tu qu'on diffère, honneur? le consens-tu?
Cet ordre n'a-t-il rien qui souille ma vertu?

---

1. *Var.*   Peut-être a-t-il changé;
Mais du moins jusqu'ici lui seul s'est engagé. (1650-56)

444 DON SANCHE.

N'ai-je point à rougir de cette déférence 605
Que¹ d'un combat illustre achète la licence?
Tu murmures, ce semble? Achève; explique-toi.
La Reine a-t-elle droit de te faire la loi?
Tu n'es point son sujet, l'Aragon m'a vu naître².
O ciel! je m'en souviens, et j'ose encor paroître! 610
Et je puis, sous les noms de comte et de marquis,
D'un malheureux pêcheur reconnoître le fils!
  Honteuse obscurité, qui seule me fais craindre!
Injurieux destin, qui seul me rends à plaindre!
Plus on m'en fait sortir, plus je crains d'y rentrer, 615
Et crois ne t'avoir fui que pour te rencontrer.
Ton cruel souvenir sans fin me persécute;
Du rang où l'on m'élève il me montre la chute.
Lasse-toi désormais de me faire trembler;
Je parle à mon honneur, ne viens point le troubler³. 620
Laisse-le sans remords m'approcher des couronnes,
Et ne viens point m'ôter plus que tu ne me donnes.
Je n'ai plus rien à toi : la guerre a consumé
Tout cet indigne sang dont tu m'avois formé;
J'ai quitté jusqu'au nom que je tiens de ta haine, 625
Et ne puis.... Mais voici ma véritable reine.

SCÈNE IV.

D. ELVIRE, CARLOS.

D. ELVIRE.

Ah! Carlos, car j'ai peine à vous nommer marquis,
Non qu'un titre si beau ne vous soit bien acquis,
Non qu'avecque justice il ne vous appartienne,

---

1. L'édition de 1655 porte *qui*, pour *que*.
2. *Var.* Tu n'es point son sujet, l'Aragon t'a vu naître. (1655)
3. *Var.* Je parle à mon honneur, ne le viens point troubler. (1650-56)

D. ALVAR.
On pourra vous guérir de cette impatience. 850
D. LOPE.
De grâce, faites donc que ce soit promptement.

SCÈNE III.

D. ISABELLE, D. MANRIQUE, D. ALVAR, D. LOPE.

D. ISABELLE.
Laissez-moi, don Alvar, leur parler un moment :
Je n'entreprendrai rien à votre préjudice ;
Et mon dessein ne va qu'à vous faire justice,
Qu'à vous favoriser plus que vous ne voulez. 855
D. ALVAR.
Je ne sais qu'obéir alors que vous parlez.

SCÈNE IV.

D. ISABELLE, D. MANRIQUE, D. LOPE.

D. ISABELLE.
Comtes, je ne veux plus donner lieu qu'on murmure
Que choisir par autrui c'est me faire une injure ;
Et puisque de ma main le choix sera plus beau,
Je veux choisir moi-même, et reprendre l'anneau. 860
Je ferai plus pour vous : des trois qu'on me propose,
J'en exclus don Alvar ; vous en savez la cause :
Je ne veux point gêner un cœur plein d'autres feux,
Et vous ôte un rival pour le rendre à ses vœux.
Qui n'aime que par force aime qu'on le néglige ; 865
Et mon refus du moins autant que vous l'oblige.
 Vous êtes donc les seuls que je veux regarder ;

ACTE III, SCÈNE IV.

Mais avant qu'à choisir j'ose me hasarder[1],
Je voudrois voir en vous quelque preuve certaine
Qu'en moi c'est moi qu'on aime, et non l'éclat de reine.
L'amour n'est, ce dit-on, qu'une union d'esprits;
Et je tiendrois des deux celui-là mieux épris
Qui favoriseroit ce que je favorise,
Et ne mépriseroit que ce que je méprise,
Qui prendroit en m'aimant même cœur, mêmes yeux :
Si vous ne m'entendez, je vais m'expliquer mieux[2].
 Aux vertus de Carlos j'ai paru libérale :
Je voudrois en tous deux voir une estime égale,
Qu'il trouvât même honneur, même justice en vous,
Car ne présumez pas que je prenne un époux   880
Pour m'exposer moi-même à ce honteux outrage
Qu'un roi fait de ma main détruise mon ouvrage;
N'y pensez l'un ni l'autre, à moins qu'un digne effet
Suive de votre part ce que pour lui j'ai fait,
Et que par cet aveu je demeure assurée   885
Que tout ce qui m'a plu doit être de durée.

D. MANRIQUE.

Toujours Carlos, Madame ! et toujours son bonheur
Fait dépendre de lui le nôtre et votre cœur!
Mais puisque c'est par là qu'il faut enfin vous plaire,
Vous-même apprenez-nous ce que nous pouvons faire.
 Nous l'estimons tous deux un des braves guerriers
A qui jamais la guerre ait donné des lauriers;
Notre liberté même est due à sa vaillance;
Et quoiqu'il ait tantôt montré quelque insolence,
Dont nous a dû piquer l'honneur de notre rang,   895
Vous avez suppléé l'obscurité du sang.
Ce qu'il vous plaît qu'il soit, il est digne de l'être.

---

1. *Var.* Mais avant qu'à choisir je m'ose hasarder. (1650-56)
2. *Var.* Si vous ne m'entendez, je m'expliquerai mieux. (1650-56)

456   DON SANCHE.

Nous lui devons beaucoup, et l'allions reconnoître,
L'honorer en soldat, et lui faire du bien ;
Mais après vos faveurs nous ne pouvons plus rien : 900
Qui pouvoit pour Carlos ne peut rien pour un comte[1] ;
Il n'est rien en nos mains qu'il en reçût sans honte ;
Et vous avez pris soin de le payer pour nous.

D. ISABELLE.

Il en est en vos mains, des présents assez doux,
Qui purgeroient vos noms de toute ingratitude ;   905
Et mon âme pour lui de toute inquiétude ;
Il en est dont sans honte il seroit possesseur :
En un mot, vous avez l'un et l'autre une sœur ;
Et je veux que le roi qu'il me plaira de faire
En recevant ma main, le fasse son beau-frère ;   910
Et que par cet hymen son destin affermi
Ne puisse en mon époux trouver son ennemi.

   Ce n'est pas, après tout, que j'en craigne la haine ;
Je sais qu'en cet État je serai toujours reine,
Et qu'un tel roi jamais, quel que soit son projet,   915
Ne sera sous ce nom que mon premier sujet ;
Mais je ne me plais pas à contraindre personne,
Et moins que tous un cœur à qui le mien se donne.
Répondez donc tous deux : n'y consentez-vous pas ?

D. MANRIQUE.

Oui, Madame, aux plus longs et plus cruels trépas, 920
Plutôt qu'à voir jamais de pareils hyménées
Ternir en un moment l'éclat de mille années.
Ne cherchez point par là cette union d'esprits :
Votre sceptre, Madame, est trop cher à ce prix ;
Et jamais....

D. ISABELLE.

      Ainsi donc vous me faites connoître   925

---

1. *Var.* Qui pouvoit pour Carlos ne peut plus pour un comte. (1650-64)

Mais jugez-en tous deux et me daignez apprendre[1]
Ce qu'avecque raison mon cœur en doit attendre.
    Les troubles d'Aragon vous sont assez connus ;
Je vous en ai souvent tous deux entretenus,
Et ne vous redis point quelles longues misères   1125
Chassèrent don Fernand du trône de ses pères.
Il y voyoit déjà monter ses ennemis,
Ce prince malheureux, quand j'accouchai d'un fils :
On le nomma don Sanche ; et pour cacher sa vie
Aux barbares fureurs du traître don Garcie,   1130
A peine eus-je loisir de lui dire un adieu,
Qu'il le fit enlever sans me dire en quel lieu ;
Et je n'en pus jamais savoir que quelques marques,
Pour reconnoître un jour le sang de nos monarques.
Trop inutiles soins contre un si mauvais sort !   1135
Lui-même au bout d'un an m'apprit qu'il étoit mort.
Quatre ans après il meurt et me laisse une fille
Dont je vins par son ordre accoucher en Castille.
Il me souvient toujours de ses derniers propos ;
Il mourut dans mes bras avec ces tristes mots :   1140
« Je meurs, et je vous laisse en un sort déplorable :
Le ciel vous puisse un jour être plus favorable !
Don Raymond a pour vous des secrets importants,
Et vous les apprendra quand il en sera temps :
Fuyez dans la Castille. » A ces mots il expire,   1145
Et jamais don Raymond ne me voulut rien dire.
Je partis sans lumière en ces obscurités :
Mais le voyant venir avec ces députés,
Et que c'est par leurs gens que ce grand bruit éclate
(Voyez qu'en sa faveur aisément on se flatte !),   1150
J'ai cru que du secret le temps étoit venu,
Et que don Sanche étoit ce mystère inconnu ;

---

1. *Var.* Mais jugez-en vous-même, et me daignez apprendre. (1650-60)

Qu'il l'amenoit ici reconnoître sa mère¹.
Hélas! que c'est en vain que mon amour l'espère!
A ma confusion ce bruit s'est éclairci;   1155
Bien loin de l'amener, ils le cherchent ici :
Voyez quelle apparence, et si cette province
A jamais su le nom de ce malheureux prince.

D. LOPE.

Si vous croyez au nom, vous croirez son trépas,
Et qu'on cherche don Sanche où don Sanche n'est pas;
Mais si vous en voulez croire la voix publique,
Et que notre pensée avec elle s'explique,
Ou le ciel pour jamais a repris ce héros,
Ou cet illustre prince est le vaillant Carlos.
Nous le dirons tous deux, quoique suspects d'envie,
C'est un miracle pur que le cours de sa vie.
Cette haute vertu qui charme tant d'esprits,
Cette fière valeur qui brave nos mépris,
Ce port majestueux, qui tout inconnu même,
A plus d'accès que nous auprès du diadème;   1170
Deux reines qu'à l'envi nous voyons l'estimer,
Et qui peut-être ont peine à ne le pas aimer;
Ce prompt consentement d'un peuple qui l'adore :
Madame, après cela j'ose le dire encore²,
Ou le ciel pour jamais a repris ce héros,   1175
Ou cet illustre prince est le vaillant Carlos.
Nous avons méprisé sa naissance inconnue;
Mais à ce peu de jour nous recouvrons la vue,
Et verrions à regret qu'il fallût aujourd'hui
Céder notre espérance à tout autre qu'à lui.   1180

D. LÉONOR.

Il en a le mérite et non pas la naissance;

---

1. *Var.* Qu'il l'amenoit ici reconnoître une mère. (1650-60)
2. *Var.* Madame, après cela j'ose vous dire encore. (1650-56)

Et lui-même il en donne assez de connoissance,
Abandonnant la Reine à choisir parmi vous
Un roi pour la Castille, et pour elle un époux.

D. MANRIQUE.

Et ne voyez-vous pas que sa valeur s'apprête 1185
A faire sur tous trois cette illustre conquête ?
Oubliez-vous déjà qu'il a dit à vos yeux
Qu'il ne veut rien devoir au nom de ses aïeux ?
Son grand cœur se dérobe à ce haut avantage,
Pour devoir sa grandeur entière à son courage ; 1190
Dans une cour si belle et si pleine d'appas,
Avez-vous remarqué qu'il aime en lieu plus bas ?

D. LÉONOR.

Le voici : nous saurons ce que lui-même en pense.

SCÈNE II.

D. LÉONOR, CARLOS, D. MANRIQUE, D. LOPE.

CARLOS.

Madame, sauvez-moi d'un honneur qui m'offense :
Un peuple opiniâtre à m'arracher mon nom 1195
Veut que je sois don Sanche, et prince d'Aragon.
Puisque par sa présence il faut que ce bruit meure,
Dois-je être, en l'attendant, le fantôme d'une heure ?
Ou si c'est une erreur qui lui promet ce roi,
Souffrez-vous qu'elle abuse et de vous et de moi ? 1200

D. LÉONOR.

Quoi que vous présumiez de la voix populaire,
Par de secrets rayons le ciel souvent l'éclaire :
Vous apprendrez par là du moins les vœux de tous,
Et quelle opinion les peuples ont de vous.

ACTE V.

SCÈNE PREMIÈRE.
D. ALVAR, D. ELVIRE.

D. ALVAR.

Enfin, après un sort à mes vœux si contraire,
Je dois bénir le ciel qui vous renvoie un frère ;
Puisque de notre reine il doit être l'époux,
Cette heureuse union me laisse tout à vous.
Je me vois affranchi d'un honneur tyrannique,   1465
D'un joug que m'imposoit cette faveur publique,
D'un choix qui me forçoit à vouloir être roi :
Je n'ai plus de combat à faire contre moi,
Plus à craindre le prix d'une triste victoire ;
Et l'infidélité que vous faisoit ma gloire   1470
Consent que mon amour, de ses lois dégagé,
Vous rende un inconstant qui n'a jamais changé.

D. ELVIRE.

Vous êtes généreux, mais votre impatience
Sur un bruit incertain prend trop de confiance ;
Et cette prompte ardeur de rentrer dans mes fers   1475
Me console trop tôt d'un trône que je perds.
Ma perte n'est encor qu'une rumeur confuse
Qui du nom de Carlos, malgré Carlos, abuse ;
Et vous ne savez pas, à vous en bien parler,
Par quelle offre et quels vœux on m'en peut consoler.
Plus que vous ne pensez la couronne m'est chère ;

Je perds plus qu'on ne croit, si Carlos est mon frère.
Attendez les effets que produiront ces bruits ;
Attendez que je sache au vrai ce que je suis,
Si le ciel m'ôte ou laisse enfin le diadème, 1485
S'il vous faut m'obtenir d'un frère ou de moi-même,
Si par l'ordre d'autrui je vous dois écouter,
Ou si j'ai seulement mon cœur à consulter.

D. ALVAR.

Ah ! ce n'est qu'à ce cœur que le mien vous demande,
Madame, c'est lui seul que je veux qui m'entende ; 1490
Et mon propre bonheur m'accableroit d'ennui,
Si je n'étois à vous que par l'ordre d'autrui.
Pourrois-je de ce frère implorer la puissance,
Pour ne vous obtenir que par obéissance,
Et par un lâche abus de son autorité, 1495
M'élever en tyran sur votre volonté ?

D. ELVIRE.

Avec peu de raison vous craignez qu'il arrive
Qu'il ait des sentiments que mon âme ne suive :
Le digne sang des rois n'a point d'yeux que leurs yeux,
Et leurs premiers sujets obéissent le mieux. 1500
Mais vous êtes étrange avec vos déférences,
Dont les submissions cherchent des assurances,
Vous ne craignez d'agir contre ce que je veux,
Que pour tirer de moi que j'accepte vos vœux,
Et vous obstineriez dans ce respect extrême 1505
Jusques à me forcer à dire : « Je vous aime. »
Ce mot est un peu rude à prononcer pour nous ;
Souffrez qu'à m'expliquer j'en trouve de plus doux.
Je vous dirai beaucoup, sans pourtant rien vous dire.
  Je sais depuis quel temps vous aimez donne Elvire ;
Je sais ce que je dois, je sais ce que je puis ;
Mais, encore une fois, sachons ce que je suis ;
Et si vous n'aspirez qu'au bonheur de me plaire,

Tâchez d'approfondir ce dangereux mystère.
Carlos a tant de lieu de vous considérer, 1515
Que s'il devient mon roi, vous devez espérer[1].

D. ALVAR.

Madame....

D. ELVIRE.

En ma faveur, donnez-vous cette peine,
Et me laissez, de grâce, entretenir la Reine.

D. ALVAR.

J'obéis avec joie, et ferai mon pouvoir
A vous dire bientôt ce qui s'en peut savoir. 1520

SCÈNE II.

D. LÉONOR, D. ELVIRE.

D. LÉONOR.

Don Alvar me fuit-il?

D. ELVIRE.

Madame, à ma prière,
Il va dans tous ces bruits chercher quelque lumière.
J'ai craint, en vous voyant, un secours pour ses feux,
Et de défendre mal mon cœur contre vous deux.

D. LÉONOR.

Ne pourra-t-on jamais gagner votre courage? 1525

D. ELVIRE.

Il peut tout obtenir, ayant votre suffrage.

D. LÉONOR.

Je lui puis donc enfin promettre votre foi?

D. ELVIRE.

Oui, si vous lui gagnez celui du nouveau roi.

---

1. *Var.* Que s'il devient mon roi, vous pouvez espérer. (1650-56)

D. LÉONOR.

J'ai bien sujet de l'être en recevant ce don,
Madame : j'en saurai si mon fils vit ou non[1] ; 1720
Et c'est où le feu Roi, déguisant sa naissance,
D'un sort si précieux mit la reconnoissance.
Disons ce qu'il enferme avant que de l'ouvrir.
Ah! Sanche, si par là je puis le découvrir[2],
Vous pouvez être sûr d'un entier avantage 1725
Dans les lieux dont le ciel a fait notre partage ;
Et qu'après ce trésor que vous m'aurez rendu,
Vous recevrez le prix qui vous en sera dû[3].
Mais à ce doux transport c'est déjà trop permettre.
Trouvons notre bonheur avant que d'en promettre. 1730
   Ce présent donc enferme un tissu de cheveux
Que reçut don Fernand pour arrhes de mes vœux,
Son portrait et le mien, deux pierres les plus rares
Que forme le soleil sous les climats barbares,
Et pour un témoignage encore plus certain, 1735
Un billet que lui-même écrivit de sa main.

UN GARDE.

Madame, don Raymond vous demande audience.

D. LÉONOR.

Qu'il entre. Pardonnez à mon impatience,
Si l'ardeur de le voir et de l'entretenir
Avant votre congé l'ose faire venir. 1740

D. ISABELLE.

Vous pouvez commander dans toute la Castille,
Et je ne vous vois plus qu'avec des yeux de fille.

---

1. *Var.* Madame : j'y saurai si mon fils vit ou non. (1655)
2. *Var.* Ah! Sanche, si par là je le puis découvrir,
    Vous pouvez être sûr que vous et votre père
    Aurez dans l'Aragon une puissance entière. (1650-56)
3. *Var.* Il n'est aucun espoir qui vous soit défendu. (1650-56)

SCÈNE VII.

D. ISABELLE, D. LÉONOR, D. ELVIRE, CARLOS, D. MANRIQUE, D. LOPE, D. ALVAR, BLANCHE, D. RAYMOND.

D. LÉONOR.

Laissez là, don Raymond, la mort de nos tyrans,
Et rendez seulement don Sanche à ses parents.
Vit-il? peut-il braver nos fières destinées?   1745

D. RAYMOND.

Sortant d'une prison de plus de six années,
Je l'ai cherché, Madame, où pour les mieux braver,
Par l'ordre du feu Roi je le fis élever,
Avec tant de secret, que même un second père,
Qui l'estime son fils, ignore ce mystère.   1750
Ainsi qu'en votre cour Sanche y fut son vrai nom,
Et l'on n'en retrancha que cet illustre don.
Là j'ai su qu'à seize ans son généreux courage
S'indigna des emplois de son faux parentage;
Qu'impatient déjà d'être si mal tombé,   1755
A sa fausse bassesse il s'étoit dérobé;
Que déguisant son nom et cachant sa famille,
Il avoit fait merveille aux guerres de Castille,
D'où quelque sien voisin, depuis peu de retour,
L'avoit vu plein de gloire, et fort bien en la cour[1];   1760
Que du bruit de son nom elle étoit toute pleine,
Qu'il étoit connu même et chéri de la Reine:
Si bien que ce pêcheur, d'aise tout transporté,
Avoit couru chercher ce fils si fort vanté.

D. LÉONOR.

Don Raymond, si vos yeux pouvoient le reconnoître....

---

1. *Var.* L'avoit vu plein de gloire et fort bien dans la cour. (1650-63)
— L'édition de 1692 porte *à la cour.*

D. RAYMOND.

Oui, je le vois, Madame. Ah! Seigneur, ah! mon maître!
D. LOPE.

Nous l'avions bien jugé : grand prince, rendez-vous;
La vérité paroît; cédez aux vœux de tous.
D. LÉONOR.

Don Sanche, voulez-vous être seul incrédule ?
CARLOS.

Je crains encor du sort un revers ridicule. 1770
Mais, Madame, voyez si le billet du Roi
Accorde à don Raymond ce qu'il vous dit de moi.

D. LÉONOR *ouvre l'écrin, et en tire un billet qu'elle lit.*

Pour tromper un tyran je vous trompe vous-même.
Vous reverrez ce fils que je vous fais pleurer :
Cette erreur lui peut rendre un jour le diadème; 1775
Et je vous l'ai caché pour le mieux assurer.

Si ma feinte vers vous passe pour criminelle,
Pardonnez-moi les maux qu'elle vous fait souffrir,
De crainte que les soins de l'amour maternelle
Par leurs empressements le fissent découvrir. 1780

Nugne, un pauvre pêcheur, s'en croit être le père;
Sa femme en son absence accouchant d'un fils mort,
Elle reçut le vôtre, et sut si bien se taire,
Que le père et le fils en ignorent le sort.

Elle-même l'ignore; et d'un si grand échange 1785
Elle sait seulement qu'il n'est pas de son sang,
Et croit que ce présent par un miracle étrange,
Doit un jour par vos mains lui rendre son vrai rang.

A ces marques, un jour, daignez le reconnoître;
Et puisse l'Aragon, retournant sous vos lois, 1790
Apprendre ainsi que vous, de moi qui l'ai vu naître,
Que Sanche, fils de Nugne, est le sang de ses rois[1] *!*

D. FERNAND D'ARAGON.

1. L'édition de 1692 a changé *ses rois* en *nos rois*.

battue par la politique, et n'oppose à ses artifices qu'une prudence généreuse, qui marche à visage découvert, qui prévoit le péril sans s'émouvoir, et ne veut point d'autre appui que celui de sa vertu, et de l'amour qu'elle imprime dans les cœurs de tous les peuples. L'histoire qui m'a prêté de quoi la faire paroître en ce haut degré est tirée de Justin; et voici comme il la raconte à la fin de son trente-quatrième livre[1] :

« En même temps Prusias, roi de Bithynie, prit dessein de faire assassiner son fils Nicomède, pour avancer ses autres fils, qu'il avoit eus d'une autre femme, et qu'il faisoit élever à Rome; mais ce dessein fut découvert à ce jeune prince par ceux même qui l'avoient entrepris; ils firent plus, ils l'exhortèrent à rendre la pareille à un père si cruel, et faire retomber sur sa tête les embûches qu'il lui avoit préparées, et n'eurent pas grande peine à le persuader. Sitôt donc qu'il fut entré dans le royaume de son père, qui l'avoit appelé auprès de lui, il fut proclamé roi; et Prusias, chassé du trône, et délaissé même de ses domestiques, quelque soin qu'il prît à se cacher, fut enfin tué par ce fils[2], et perdit la vie par un crime

---

1. « Eodem fere tempore Prusias, rex Bithyniæ, consilium cepit interficiendi Nicomedis filii, dum consulere studet minoribus filiis, quos ex noverca ejus susceperat et Romæ habebat; sed res adolescenti ab his qui facinus susceperant proditur; hortatique sunt « ut cru-« delitate patris provocatus, occupet insidias, et in auctorem retorqueat « scelus; » nec difficilis persuasio fuit. Igitur, quum accitus in patris regnum venisset, statim rex appellatur. Prusias, regno spoliatus a filio, privatusque redditus, etiam a servis deseritur. Quum in latebris ageret, non minori scelere, quam filium occidi jusserat, a filio interficitur. » (Lib. XXXIV, cap. iv.) — Appien (de la guerre de Mithridate, chapitres ii-vii) et Diodore de Sicile (fragments des livres XXX et XXXII) racontent aussi les mêmes faits, et insistent sur les honteuses flatteries que Prusias adressait aux puissants de Rome.

2. Var. (édit. de 1651 in-12-1656) : par l'ordre de son fils.

aussi grand que celui qu'il avoit commis en donnant les ordres de l'assassiner[1]. »

J'ai ôté de ma scène l'horreur d'une catastrophe si barbare, et n'ai donné ni au père ni au fils aucun dessein de parricide. J'ai fait ce dernier amoureux de Laodice, afin que l'union d'une couronne voisine donnât plus d'ombrage aux Romains, et leur fît prendre plus de soin d'y mettre un obstacle de leur part. J'ai approché de cette histoire celle de la mort d'Annibal, qui arriva un peu auparavant chez ce même roi, et dont le nom n'est pas un petit ornement à mon ouvrage. J'en ai fait Nicomède disciple, pour lui prêter plus de valeur et plus de fierté contre les Romains ; et prenant l'occasion de l'ambassade où Flaminius fut envoyé par eux vers ce roi, leur allié, pour demander qu'on remît entre leurs mains ce vieil ennemi de leur grandeur, je l'ai chargé d'une commission secrète de traverser ce mariage, qui leur devoit donner de la jalousie. J'ai fait que pour gagner l'esprit de la Reine, qui, suivant l'ordinaire des secondes femmes, avoit tout pouvoir sur celui de son vieux mari, il lui ramène un de ses fils, que mon auteur m'apprend avoir été nourris à Rome. Cela fait deux effets ; car d'un côté, il obtient la perte d'Annibal par le moyen de cette mère ambitieuse ; et de l'autre, il oppose à Nicomède un rival appuyé de toute la faveur des Romains, jaloux de sa gloire et de sa grandeur naissante.

Les assassins qui découvrirent à ce prince les sanglants desseins de son père m'ont donné jour à d'autres artifices pour le faire tomber dans les embûches que sa belle-mère lui avoit préparées ; et pour la fin, je l'ai réduite en sorte que tous mes personnages y agissent avec

---

1. Var. (édit de 1651 in-12-1656) : qu'il avoit commis en le voulant faire assassiner.

générosité, et que les uns rendant ce qu'ils doivent à la vertu, et les autres demeurant dans la fermeté de leur devoir, laissent un exemple assez illustre, et une conclusion assez agréable.

La représentation n'en a point déplu ; et comme ce ne sont pas les moindres vers qui soient partis de ma main, j'ai sujet d'espérer que la lecture n'ôtera rien à cet ouvrage de la réputation qu'il s'est acquise jusqu'ici, et ne le fera point juger indigne de suivre ceux qui l'ont précédé. Mon principal but a été de peindre la politique des Romains au dehors, et comme ils agissoient impérieusement avec les rois leurs alliés ; leurs maximes pour les empêcher de s'accroître, et les soins qu'ils prenoient de traverser leur grandeur, quand elle commençoit à leur devenir suspecte à force de s'augmenter et de se rendre considérable par de nouvelles conquêtes. C'est le caractère que j'ai donné à leur république en la personne de son ambassadeur Flaminius, qui rencontre un prince intrépide, qui voit sa perte assurée sans s'ébranler, et brave l'orgueilleuse masse de leur puissance, lors même qu'il en est accablé. Ce héros de ma façon sort un peu des règles de la tragédie, en ce qu'il ne cherche point à faire pitié par l'excès de ses malheurs ; mais le succès a montré que la fermeté des grands cœurs, qui n'excite que de l'admiration dans l'âme du spectateur, est quelquefois aussi agréable que la compassion que notre art nous commande de mendier pour leurs misères. Il est bon de hasarder un peu, et ne s'attacher pas toujours si servilement à ses préceptes, ne fût-ce que pour pratiquer celui de notre Horace :

Et mihi res, non me rebus, submittere conor[1] ;

---

1. Ire épître du Ier livre, vers 19. — Il y a *subjungere*, au lieu de *submittere*, dans Horace. — Nous avons vu déjà Corneille considérer

N'a droit de l'en dédire, et me choisir un roi.
Par son ordre et le mien, la reine d'Arménie
Est due à l'héritier du roi de Bithynie,
Et ne prendra jamais un cœur assez abjet   65
Pour se laisser réduire à l'hymen d'un sujet.
Mettez-vous en repos.

NICOMÈDE.

Et le puis-je, Madame,
Vous voyant exposée aux fureurs d'une femme,
Qui pouvant tout ici, se croira tout permis
Pour se mettre en état de voir régner son fils[1]?   70
Il n'est rien de si saint qu'elle ne fasse enfreindre.
Qui livroit Annibal pourra bien vous contraindre,
Et saura vous garder même fidélité[2]
Qu'elle a gardée aux droits de l'hospitalité.

LAODICE.

Mais ceux de la nature ont-ils un privilége   75
Qui vous assure d'elle après ce sacrilége?
Seigneur, votre retour, loin de rompre ses coups[3],
Vous expose vous-même, et m'expose après vous.
Comme il est fait sans ordre, il passera pour crime ;
Et vous serez bientôt la première victime[4]   80
Que la mère et le fils, ne pouvant m'ébranler,
Pour m'ôter mon appui se voudront immoler.
Si j'ai besoin de vous de peur qu'on me contraigne[5],
J'ai besoin que le Roi, qu'elle-même vous craigne.
Retournez à l'armée, et pour me protéger   85

---

1. *Var.* Au moindre jour ouvert de voir régner son fils? (1651-56)
2. *Var.* Et n'aura pas pour vous plus de fidélité
Que de respect aux droits de l'hospitalité.
LAOD. Et ceux de la nature ont-ils un privilége. (1651-56)
3. *Var.* Non, non, votre retour, loin de rompre ses coups. (1651-56)
4. *Var.* Et vous serez, Seigneur, la première victime. (1651-56)
5. *Var.* Mais j'ai besoin de vous de peur qu'on me contraigne :
Oui, Seigneur, il est vrai, j'ai besoin qu'on vous craigne. (1651-56)

Montrez cent mille bras tout prêts à me venger.
Parlez la force en main, et hors de leur atteinte :
S'ils vous tiennent ici, tout est pour eux sans crainte;
Et ne vous flattez point ni sur votre grand cœur,
Ni sur l'éclat d'un nom cent et cent fois vainqueur; 90
Quelque haute valeur que puisse être la vôtre,
Vous n'avez en ces lieux que deux bras comme un autre;
Et fussiez-vous du monde et l'amour et l'effroi,
Quiconque entre au palais porte sa tête au Roi.
Je vous le dis encor, retournez à l'armée; 95
Ne montrez à la cour que votre renommée;
Assurez votre sort pour assurer le mien;
Faites que l'on vous craigne, et je ne craindrai rien.

NICOMÈDE.

Retourner à l'armée! ah! sachez que la Reine[1]
La sème d'assassins achetés par sa haine. 100
Deux s'y sont découverts, que j'amène avec moi
Afin de la convaincre et détromper le Roi.
Quoiqu'il soit son époux, il est encor mon père;
Et quand il forcera la nature à se taire,
Trois sceptres à son trône attachés par mon bras 105
Parleront au lieu d'elle, et ne se tairont pas.
Que si notre fortune à ma perte animée
La prépare à la cour aussi bien qu'à l'armée,
Dans ce péril égal qui me suit en tous lieux
M'envierez-vous l'honneur de mourir à vos yeux? 110

LAODICE.

Non, je ne vous dis plus désormais que je tremble,
Mais que, s'il faut périr, nous périrons ensemble.
Armons-nous de courage, et nous ferons trembler
Ceux dont les lâchetés pensent nous accabler.
Le peuple ici vous aime, et hait ces cœurs infâmes; 115

---

1. *Var.* Retourner à l'armée! ah! Madame, et la Reine. (1651-56)

Et c'est être bien fort que régner sur tant d'âmes.
Mais votre frère Attale adresse ici ses pas.
NICOMÈDE.
Il ne m'a jamais vu; ne me découvrez pas.

SCÈNE II[1].

LAODICE, NICOMÈDE, ATTALE.

ATTALE.
Quoi? Madame, toujours un front inexorable?
Ne pourrai-je surprendre un regard favorable, 120
Un regard désarmé de toutes ces rigueurs [2],
Et tel qu'il est enfin quand il gagne les cœurs?
LAODICE.
Si ce front est mal propre à m'acquérir le vôtre,
Quand j'en aurai dessein, j'en saurai prendre un autre.
ATTALE.
Vous ne l'acquerrez point, puisqu'il est tout à vous. 125
LAODICE.
Je n'ai donc pas besoin d'un visage plus doux.
ATTALE.
Conservez-le, de grâce, après l'avoir su prendre.
LAODICE.
C'est un bien mal acquis que j'aime mieux vous rendre.

---

1. « L'arrivée d'Attale, qui interrompt assez cavalièrement l'entretien de Laodice avec Nicomède pour parler de son amour à cette princesse devant un homme qu'il n'a jamais vu et qu'il prend ensuite pour un valet; cette action, dis-je, n'est ni vraisemblable ni décente : n'est-elle pas d'autant plus extraordinaire que Corneille se montre toujours très-sévère sur les bienséances théâtrales? Ce qui m'étonne le plus, c'est qu'aucun critique n'ait remarqué cette faute, que j'estime incorrigible, à moins que Nicomède, dès le commencement de la scène, ne s'éloigne un peu vers le fond du théâtre, et n'y revienne que par degrés, lorsqu'il s'agit de discuter ses intérêts personnels. » (Lekain, *Observations sur la tragédie de* Nicomède, *Mémoires*, p. 110.) — Ce jeu de scène, à la vérité indispensable, se devine facilement et pouvait être indiqué avec plus de simplicité.

2. *Var.* Un regard désarmé de tant d'âpres rigueurs. (1651-56)

Ce fils donc, qu'a pressé la soif de sa vengeance,
S'est aisément rendu de mon intelligence :
L'espoir d'en voir l'objet entre ses mains remis
A pratiqué par lui le retour de mon fils;
Par lui j'ai jeté Rome en haute jalousie   315
De ce que Nicomède a conquis dans l'Asie,
Et de voir Laodice unir tous ses États,
Par l'hymen de ce prince, à ceux de Prusias :
Si bien que le sénat prenant un juste ombrage
D'un empire si grand sous un si grand courage,   320
Il s'en est fait nommer lui-même ambassadeur,
Pour rompre cet hymen et borner sa grandeur.
Et voilà le seul point où Rome s'intéresse[1].

CLÉONE.

Attale à ce dessein entreprend sa maîtresse[2] !
Mais que n'agissoit Rome avant que le retour   325
De cet amant si cher affermît son amour !

ARSINOÉ.

Irriter un vainqueur en tête d'une armée
Prête à suivre en tous lieux sa colère allumée,
C'étoit trop hasarder; et j'ai cru pour le mieux
Qu'il falloit de son fort l'attirer en ces lieux. 330
Métrobate l'a fait, par des terreurs paniques,
Feignant de lui trahir mes ordres tyranniques,
Et pour l'assassiner se disant suborné,

qu'elle ne l'est. Elle pouvait se rendre l'instrument des desseins de Rome afin d'en profiter pour elle-même et pour son fils. Mais qu'elle eût pu influer sur la politique du sénat et l'émouvoir à son gré, c'est une illusion à laquelle on ne se prêtera pas, pour peu qu'on connaisse l'antiquité. » — Nous n'avons pu résister au désir de citer textuellement cette excellente note, tirée de l'édition de *Nicomède* donnée par M. Naudet, et il nous est encore arrivé quelques autres fois de céder à des tentations semblables.

1. L'édition de 1692 a ainsi modifié ce vers :
    Et voilà le scrupule où Rome s'intéresse.
2. *Var.* C'est pourquoi donc Attale entreprend sa maîtresse ! (1651-56)

Il l'a, grâces aux Dieux, doucement amené[1].
Il vient s'en plaindre au Roi, lui demander justice; 335
Et sa plainte le jette au bord du précipice.
Sans prendre aucun souci de m'en justifier,
Je saurai m'en servir à me fortifier.
Tantôt en le voyant j'ai fait de l'effrayée[2],
J'ai changé de couleur, je me suis écriée : 340
Il a cru me surprendre, et l'a cru bien en vain,
Puisque son retour même est l'œuvre de ma main.

CLÉONE.

Mais quoi que Rome fasse et qu'Attale prétende,
Le moyen qu'à ses vœux Laodice se rende?

ARSINOÉ.

Et je n'engage aussi mon fils en cet amour 345
Qu'à dessein d'éblouir le Roi, Rome et la cour.
  Je n'en veux pas, Cléone, au sceptre d'Arménie :
Je cherche à m'assurer celui de Bithynie;
Et si ce diadème une fois est à nous[3],
Que cette reine après se choisisse un époux. 350
Je ne la vais presser que pour la voir rebelle,
Que pour aigrir les cœurs de son amant et d'elle.
Le Roi, que le Romain poussera vivement,
De peur d'offenser Rome agira chaudement,
Et ce prince, piqué d'une juste colère, 355
S'emportera sans doute, et bravera son père.
S'il est prompt et bouillant, le Roi ne l'est pas moins ;
Et comme à l'échauffer j'appliquerai mes soins,
Pour peu qu'à de tels coups cet amant soit sensible,
Mon entreprise est sûre, et sa perte infaillible. 360
   Voilà mon cœur ouvert, et tout ce qu'il prétend.

---

1. *Var.* Il me l'a, grâce aux Dieux, doucement amené. (1651-56)
2. « Les comédiens ont corrigé : *j'ai feint d'être effrayée.* » (*Voltaire.*)
3. *Var.* Et si ce diadème une fois est pour nous. (1651-56)

Mais dans mon cabinet Flaminius m'attend :
Allons, et garde bien le secret de la Reine[1].

CLÉONE.

Vous me connoissez trop pour vous en mettre en peine.

1. Dans l'édition de 1692 : « de ta reine. »

FIN DU PREMIER ACTE.

D'estimer beaucoup Rome, et ne la craindre point.
On me croit son disciple, et je le tiens à gloire¹;
Et quand Flaminius attaque sa mémoire,   580
Il doit savoir qu'un jour il me fera raison
D'avoir réduit mon maître au secours du poison,
Et n'oublier jamais qu'autrefois ce grand homme
Commença par son père à triompher de Rome².

FLAMINIUS.

Ah! cest trop m'outrager!

NICOMÈDE.

       N'outragez plus les morts³.

PRUSIAS.

Et vous, ne cherchez point à former de discords :
Parlez, et nettement, sur ce qu'il me propose.

NICOMÈDE.

Eh bien! s'il est besoin de répondre autre chose,
Attale doit régner, Rome l'a résolu;
Et puisqu'elle a partout un pouvoir absolu,   590
C'est aux rois d'obéir alors qu'elle commande.
 Attale a le cœur grand, l'esprit grande, l'âme grande,
Et toutes les grandeurs dont se fait un grand roi⁴;

---

1. *Var.* Je fus son écolier, et je le tiens à gloire. (1651-56)
2. Voyez ci-dessus, p. 525, note 1. — « Il n'est pas encore dans l'exactitude historique que ce soit par un Flaminius qu'Annibal ait commencé à triompher de Rome. La journée de Trasimène avait été précédée par les batailles du Tésin et de la Trébie. » (*Palissot.*)
3. *Var.*   N'offensez plus les morts. (1651)
4. « Ces deux vers sont du nombre de ceux que les comédiens avaient corrigés. » (*Voltaire.*) — Lekain, dont les *Observations* sont postérieures au commentaire de Voltaire qu'il cite, met ici : « Et toutes les vertus.... » C'était là probablement la correction déjà pratiquée par les comédiens, car dans un autre endroit il adopte un changement (voyez ci-dessus, p. 527, note 2) signalé par Voltaire comme provenant d'eux. Ce passage n'avait rien du reste qui choquât les contemporains, et Mlle de Scudéry l'avait trouvé si fort à son gré qu'elle l'avait imité. En effet, dans le *Grand Cyrus,* au tome X (p. 1354), dont l'achevé d'imprimer porte la date du 13 septembre 1653, Cyrus répond à la cruelle Thomiris, qui essaye une dernière fois de le détacher de Mandane :

Mais c'est trop que d'en croire un Romain sur sa foi.
Par quelque grand effet voyons s'il en est digne,   595
S'il a cette vertu, cette valeur insigne :
Donnez-lui votre armée, et voyons ces grands coups ;
Qu'il en fasse pour lui ce que j'ai fait pour vous ;
Qu'il règne avec éclat sur sa propre conquête,
Et que de sa victoire il couronne sa tête.   600
Je lui prête mon bras, et veux dès maintenant,
S'il daigne s'en servir, être son lieutenant.
L'exemple des Romains m'autorise à le faire :
Le fameux Scipion le fut bien de son frère ;
Et lorsqu'Antiochus fut par eux détrôné,   605
Sous les lois du plus jeune on vit marcher l'aîné.
Les bords de l'Hellespont, ceux de la mer Égée,
Les restes de l'Asie à nos côtés rangée,
Offrent une matière à son ambition....

FLAMINIUS.

Rome prend tout ce reste en sa protection ;   610
Et vous n'y pouvez plus étendre vos conquêtes,
Sans attirer sur vous d'effroyables tempêtes.

NICOMÈDE.

J'ignore sur ce point les volontés du Roi ;
Mais peut-être qu'un jour je dépendrai de moi,
En nous verrons alors l'effet de ces menaces.   615
  Vous pouvez cependant faire munir ces places,
Préparer un obstacle à mes nouveaux desseins,
Disposer de bonne heure un secours de Romains ;
Et si Flaminius en est le capitaine,
Nous pourrons lui trouver un lac de Trasimène.   620

« Vous avez une grande beauté, un grand esprit, un grand cœur et mille grandes qualités, qui font que toute mon ennemie que vous êtes, j'ai encore de l'estime pour vous. » Je dois ce curieux rapprochement à M. Gandar, professeur suppléant d'éloquence française à la Faculté des lettres de Paris, qui m'a ainsi plus d'une fois fait part du fruit de ses lectures.

PRUSIAS.

Prince, vous abusez trop tôt de ma bonté[1] :
Le rang d'ambassadeur doit être respecté ;
Et l'honneur souverain qu'ici je vous défère....

NICOMÈDE.

Ou laissez-moi parler, Sire, ou faites-moi taire[2].
Je ne sais pas répondre autrement pour un roi   625
A qui dessus son trône on veut faire la loi.

PRUSIAS.

Vous m'offensez moi-même en parlant de la sorte[3],
Et vous devez dompter l'ardeur qui vous emporte.

NICOMÈDE.

Quoi ? je verrai, Seigneur, qu'on borne vos États,
Qu'au milieu de ma course on m'arrête le bras,   630
Que de vous menacer on a même l'audace,
Et je ne rendrai point menace pour menace !
Et je remercierai qui me dit hautement
Qu'il ne m'est plus permis de vaincre impunément !

PRUSIAS, à Flaminius.

Seigneur, vous pardonnez aux chaleurs de son âge ;   635
Le temps et la raison pourront le rendre sage.

NICOMÈDE.

La raison et le temps m'ouvrent assez les yeux,
Et l'âge ne fera que me les ouvrir mieux.
  Si j'avois jusqu'ici vécu comme ce frère,
Avec une vertu qui fût imaginaire   640
(Car je l'appelle ainsi quand elle est sans effets ;
Et l'admiration de tant d'hommes parfaits
Dont il a vu dans Rome éclater le mérite,

---

1. *Var.* Prince, vous abusez enfin de ma bonté. (1651-56)
2. L'édition de 1692 a ainsi modifié ce vers :

    Ou laissez-moi parler, ou bien faites-moi taire.

Voyez le vers 366, et la note qui s'y rapporte.
3. *Var.* Vous m'offensez. NICOM. Autant que Rome vous honore.
  PRUS. Quoi ? vous continuez à m'offenser encore ! (1651-56)

Le Roi n'est qu'une idée, et n'a de son pouvoir
Que ce que par pitié vous lui laissez avoir.   870
Quoi? même vous allez jusques à faire grâce!
Après cela, Madame, excusez mon audace;
Souffrez que Rome enfin vous parle par ma voix :
Recevoir ambassade est encor de vos droits;
Ou si ce nom vous choque ailleurs qu'en Arménie,   875
Comme simple Romain souffrez que je vous die
Qu'être allié de Rome, et s'en faire un appui,
C'est l'unique moyen de régner aujourd'hui;
Que c'est par là qu'on tient ses voisins en contrainte,
Ses peuples en repos, ses ennemis en crainte;   880
Qu'un prince est dans son trône à jamais affermi
Quand il est honoré du nom de son ami;
Qu'Attale avec ce titre est plus roi, plus monarque
Que tous ceux dont le front ose en porter la marque;
Et qu'enfin....

LAODICE.

Il suffit; je vois bien ce que c'est :   885
Tous les rois ne sont rois qu'autant comme il vous plaît;
Mais si de leurs États Rome à son gré dispose,
Certes pour son Attale elle fait peu de chose;
Et qui tient en sa main tant de quoi lui donner
A mendier pour lui devroit moins s'obstiner.   890
Pour un prince si cher sa réserve m'étonne[1];
Que ne me l'offre-t-elle avec une couronne?
C'est trop m'importuner en faveur d'un sujet,
Moi qui tiendrois un roi pour un indigne objet,
S'il venoit par votre ordre, et si votre alliance   895
Souilloit entre ses mains la suprême puissance.
Ce sont des sentiments que je ne puis trahir :
Je ne veux point de rois qui sachent obéir;

---

1. *Var.* Si son intention pour ce prince est si bonne. (1651-56)

Et puisque vous voyez mon âme toute entière,
Seigneur, ne perdez plus menace ni prière.   900
FLAMINIUS.
Puis-je ne pas vous plaindre en cet aveuglement?
Madame, encore un coup, pensez-y mûrement :
Songez mieux ce qu'est Rome et ce qu'elle peut faire;
Et si vous vous aimez, craignez de lui déplaire.
Carthage étant détruite, Antiochus défait,   905
Rien de nos volontés ne peut troubler l'effet :
Tout fléchit sur la terre, et tout tremble sur l'onde;
Et Rome est aujourd'hui la maîtresse du monde.
LAODICE.
La maîtresse du monde! Ah! vous me feriez peur,
S'il ne s'en falloit pas l'Arménie et mon cœur,   910
Si le grand Annibal n'avoit qui lui succède,
S'il ne revivoit pas au prince Nicomède,
Et s'il n'avoit laissé dans de si dignes mains
L'infaillible secret de vaincre les Romains.
Un si vaillant disciple aura bien le courage   915
D'en mettre jusqu'au bout les leçons en usage :
L'Asie en fait l'épreuve, où trois sceptres conquis
Font voir en quelle école il en a tant appris.
Ce sont des coups d'essai, mais si grands que peut-être
Le Capitole a droit d'en craindre un coup de maître[1],   920
Et qu'il ne puisse un jour....
FLAMINIUS.
                     Ce jour est encor loin,
Madame, et quelques-uns vous diront, au besoin,
Quels dieux du haut en bas renversent les profanes,
Et que même au sortir de Trébie et de Cannes,

---

1. « *Coup d'essai, coup de maître*, figure employée dans *le Cid* (acte II, scène II, vers 410), et qu'il ne faudrait pas imiter souvent. » (*Voltaire*.)

    Mes pareils à deux fois ne se font point connoître,
    Et pour leurs coups d'essai veulent des coups de maître.

Son ombre épouvanta votre grand Annibal. 925
Mais le voici, ce bras à Rome si fatal[1].

SCÈNE III.
NICOMÈDE, LAODICE, FLAMINIUS.

NICOMÈDE.
Ou Rome à ses agents donne un pouvoir bien large,
Ou vous êtes bien long à faire votre charge.
FLAMINIUS.
Je sais quel est mon ordre, et si j'en sors ou non,
C'est à d'autres qu'à vous que j'en rendrai raison. 930
NICOMÈDE.
Allez-y donc, de grâce, et laissez à ma flamme
Le bonheur à son tour d'entretenir Madame :
Vous avez dans son cœur fait de si grands progrès,
Et vos discours pour elle ont de si grands attraits,
Que sans de grands efforts je n'y pourrai détruire 935
Ce que votre harangue y vouloit introduire.
FLAMINIUS.
Les malheurs où la plonge une indigne amitié
Me faisoient lui donner un conseil par pitié.
NICOMÈDE.
Lui donner de la sorte un conseil charitable,
C'est être ambassadeur et tendre et pitoyable. 940
  Vous a-t-il conseillé beaucoup de lâchetés,
Madame?
FLAMINIUS.
  Ah! c'en est trop; et vous vous emportez.

---

1. « N'y aurait-il pas ici une réminiscence détournée de ces vers de Silius Italicus (livre XI, vers 345 et 346) :
    Cannas et Trebiam ante oculos Trasymenaque busta,
    Et Pauli stare ingentem miraberis umbram? »
            (*Note de M. Naudet.*)

ACTE IV.

SCÈNE PREMIERE.
PRUSIAS, ARSINOÉ[1], ARASPE.

PRUSIAS.
Faites venir le Prince, Araspe.
(Araspe rentre.)
　　　　　　　　　　Et vous, Madame,
Retenez des soupirs dont vous me percez l'âme.
Quel besoin d'accabler mon cœur de vos douleurs, 1125
Quand vous y pouvez tout sans le secours des pleurs?
Quel besoin que ces pleurs prennent votre défense?
Douté-je de son crime ou de votre innocence?
Et reconnoissez-vous que tout ce qu'il m'a dit
Par quelque impression ébranle mon esprit?　　1130
ARSINOÉ.
Ah! Seigneur, est-il rien qui répare l'injure
Que fait à l'innocence un moment d'imposture?
Et peut-on voir mensonge assez tôt avorté
Pour rendre à la vertu toute sa pureté?
Il en reste toujours quelque indigne mémoire　　1135
Qui porte une souillure à la plus haute gloire.
Combien en votre cour est-il de médisants?
Combien le Prince a-t-il d'aveugles partisans,
Qui sachant une fois qu'on m'a calomniée,

---

1. « Arsinoé joue précisément le rôle de la femme du malade imaginaire, et Prusias celui du malade qui croit sa femme. » (*Voltaire*.)

ACTE VI, SCÈNE I.

Croiront que votre amour m'a seul justifiée ? 1140
Et si la moindre tache en demeure à mon nom[1],
Si le moindre du peuple en conserve un soupçon,
Suis-je digne de vous, et de telles alarmes
Touchent-elles trop peu pour mériter mes larmes ?

PRUSIAS.

Ah ! c'est trop de scrupule, et trop mal présumer 1145
D'un mari qui vous aime et qui vous doit aimer.
La gloire est plus solide après la calomnie,
Et brille d'autant mieux qu'elle s'en vit ternie.
Mais voici Nicomède, et je veux qu'aujourd'hui....

SCÈNE II.

PRUSIAS, ARSINOÉ, NICOMÈDE, ARASPE, Gardes,

ARSINOÉ.

Grâce, grâce, Seigneur, à notre unique appui ! 1150
Grâce à tant de lauriers en sa main si fertiles !
Grâce à ce conquérant, à ce preneur de villes !
Grâce....

NICOMÈDE.

De quoi, Madame ? est-ce d'avoir conquis
Trois sceptres, que ma perte expose à votre fils ?
D'avoir porté si loin vos armes dans l'Asie, 1155
Que même votre Rome en a pris jalousie ?
D'avoir trop soutenu la majesté des rois ?
Trop rempli[2] votre cour du bruit de mes exploits ?
Trop du grand Annibal pratiqué les maximes ?

---

[1]. *Var.* Que si la moindre tache en demeure à mon nom. (1651-56)
[2]. Les éditions de 1654 et de 1656 portent : « Tout rempli, » pour « Trop rempli. »

564   NICOMÈDE.

S'il faut grâce pour moi, choisissez de mes crimes :   1160
Les voilà tous, Madame; et si vous y joignez
D'avoir cru des méchants par quelque autre gagnés,
D'avoir une âme ouverte, une franchise entière,
Qui dans leur artifice a manqué de lumière,
C'est gloire et non pas crime à qui ne voit le jour   1165
Qu'au milieu d'une armée et loin de votre cour,
Qui n'a que la vertu de son intelligence[1],
Et vivant sans remords marche sans défiance.

ARSINOÉ.

Je m'en dédis, Seigneur : il n'est point criminel.
S'il m'a voulu noircir d'un opprobre éternel,   1170
Il n'a fait qu'obéir à la haine ordinaire
Qu'imprime à ses pareils le nom de belle-mère.
De cette aversion son cœur préoccupé
M'impute tous les traits dont il se sent frappé.
Que son maître Annibal, malgré la foi publique,   1175
S'abandonne aux fureurs d'une terreur panique;
Que ce vieillard confie et gloire et liberté
Plutôt au désespoir qu'à l'hospitalité :
Ces terreurs, ces fureurs sont de mon artifice.
Quelque appas[2] que lui-même il trouve en Laodice,   1180
C'est moi qui fais qu'Attale a des yeux comme lui;
C'est moi qui force Rome à lui servir d'appui ;
De cette seule main part tout ce qui le blesse;
Et pour venger ce maître et sauver sa maîtresse,
S'il a tâché, Seigneur, de m'éloigner de vous,   1185
Tout est trop excusable en un amant jaloux.
Ce foible et vain effort ne touche point mon âme.
Je sais que tout mon crime est d'être votre femme;

1. *Var.* Qui ne sait qu'aller droit, ne craint que le tonnerre,
   Et n'a jamais appris que les ruses de guerre. (1651-56)
2. Voyez tome I, p. 148, note 3, et le *Lexique*.

FLAMINIUS.
Ne rendra pas son cœur à vos vœux moins rebelle.
ATTALE.
Seigneur, l'occasion fait un cœur différent :
D'ailleurs, c'est l'ordre exprès de son père mourant;
Et par son propre aveu la reine d'Arménie
Est due à l'héritier du roi de Bithynie.
FLAMINIUS.
Ce n'est pas loi pour elle; et reine comme elle est,
Cet ordre, à bien parler, n'est que ce qu'il lui plaît[1].
Aimeroit-elle en vous l'éclat d'un diadème[2]   1415
Qu'on vous donne aux dépens d'un grand prince qu'elle
En vous qui la privez d'un si cher protecteur?   [aime?
En vous qui de sa chute êtes l'unique auteur?
ATTALE.
Ce prince hors d'ici, Seigneur, que fera-t-elle?
Qui contre Rome et nous soutiendra sa querelle?   1420
Car j'ose me promettre encor votre secours.
FLAMINIUS.
Les choses quelquefois prennent un autre cours;
Pour ne vous point flatter, je n'en veux pas répondre.
ATTALE.
Ce seroit bien, Seigneur, de tout point me confondre,
Et je serois moins roi qu'un objet de pitié,   1425
Si le bandeau royal m'ôtoit votre amitié.
Mais je m'alarme trop, et Rome est plus égale :
N'en avez-vous pas l'ordre?
FLAMINIUS.
                    Oui, pour le prince Attale,
Pour un homme en son sein nourri dès le berceau;
Mais pour le roi de Pont il faut ordre nouveau[3].   1430

1. *Var.* Cet ordre, cet aveu, n'est que ce qu'il lui plaît. (1651-56)
2. *Var.* D'ailleurs, aimeroit-elle en vous un diadème. (1651-64)
3. *Var.* Mais pour le roi de Pont il faut ordre nouveau. (1651 et 52 A.)

ATTALE.

Il faut ordre nouveau ! Quoi ? se pourroit-il faire[1]
Qu'à l'œuvre de ses mains Rome devînt contraire?
Que ma grandeur naissante y fît quelques jaloux?

FLAMINIUS.

Que présumez-vous, Prince? et que me dites-vous ?

ATTALE.

Vous-même dites-moi comme il faut que j'explique   1435
Cette inégalité de votre république.

FLAMINIUS.

Je vais vous l'expliquer, et veux bien vous guérir
D'une erreur dangereuse où vous semblez courir.
   Rome, qui vous servoit auprès de Laodice,
Pour vous donner son trône eût fait une injustice :   1440
Son amitié pour vous lui faisoit cette loi ;
Mais par d'autres moyens elle vous a fait roi ;
Et le soin de sa gloire à présent la dispense
De se porter pour vous à cette violence.
Laissez donc cette reine en pleine liberté,   1445
Et tournez vos desirs de quelque autre côté.
Rome de votre hymen prendra soin elle-même.

ATTALE.

Mais s'il arrive enfin que Laodice m'aime?

FLAMINIUS.

Ce seroit mettre encor Rome dans le hasard
Que l'on crût artifice ou force de sa part :   1450
Cet hymen jetteroit une ombre sur sa gloire.
Prince, n'y pensez plus, si vous m'en pouvez croire ;
Ou si de mes conseils vous faites peu d'état,
N'y pensez plus du moins sans l'aveu du sénat.

ATTALE.

A voir quelle froideur à tant d'amour succède,
Rome ne m'aime pas : elle hait Nicomède ;

---

1. *Var.* Il faut ordre nouveau ! Se pourroit-il bien faire (1651-56)

Et lorsqu'à mes desirs elle a feint d'applaudir,
Elle a voulu le perdre et non pas m'agrandir.

FLAMINIUS.

Pour ne vous faire pas de réponse trop rude[1]
Sur ce beau coup d'essai de votre ingratitude, 1460
Suivez votre caprice, offensez vos amis :
Vous êtes souverain, et tout vous est permis ;
Mais puisqu'enfin ce jour vous doit faire connoître
Que Rome vous a fait ce que vous allez être,
Que perdant son appui vous ne serez plus rien, 1465
Que le Roi vous l'a dit, souvenez-vous-en bien.

SCÈNE VI.

ATTALE.

Attale, étoit-ce ainsi que régnoient tes ancêtres ?
Veux-tu le nom de roi pour avoir tant de maîtres ?
Ah ! ce titre à ce prix déjà m'est importun :
S'il nous en faut avoir, du moins n'en ayons qu'un. 1470
Le ciel nous l'a donné trop grand, trop magnanime,
Pour souffrir qu'aux Romains il serve de victime.
Montrons-leur hautement que nous avons des yeux,
Et d'un si rude joug affranchissons ces lieux[2].
Puisqu'à leurs intérêts tout ce qu'ils font s'applique,
Que leur vaine amitié cède à leur politique,
Soyons à notre tour de leur grandeur jaloux,
Et comme ils font pour eux faisons aussi pour nous.

1. *Var.* Pour ne vous faire pas des réponses trop rudes
Sur ces beaux coups d'essai de nos ingratitudes. (1651-56)
2. *Var.* Pour les connoître mal j'ai trop vécu chez eux.
A leurs seuls intérêts tout ce qu'ils font s'applique,
Toute leur amitié cède à leur politique. (1651-56)
Var. Et d'un si pesant joug affranchissons ces lieux. (1660-64)

FIN DU QUATRIÈME ACTE.

ARSINOÉ.

Peut-on voir un orgueil à votre orgueil égal?
Vous, par qui seule ici tout ce désordre arrive;
Vous, qui dans ce palais vous voyez ma captive;
Vous, qui me répondrez¹ au prix de votre sang   1685
De tout ce qu'un tel crime attente sur mon rang,
Vous me parlez encore avec la même audace
Que si j'avois besoin de vous demander grâce!

LAODICE.

Vous obstiner, Madame, à me parler ainsi,
C'est ne vouloir pas voir que je commande ici,   1690
Que quand il me plaira, vous serez ma victime.
Et ne m'imputez point ce grand désordre à crime:
Votre peuple est coupable, et dans tous vos sujets
Ces cris séditieux sont autant de forfaits;
Mais pour moi, qui suis reine, et qui dans nos querelles,
Pour triompher de vous, vous ai fait ces rebelles,
Par le droit de la guerre il fut toujours permis
D'allumer la révolte entre ses ennemis:
M'enlever mon époux, c'est vous faire la mienne.

ARSINOÉ.

Je la suis donc, Madame; et quoi qu'il en avienne²,   1700
Si ce peuple une fois enfonce le palais,
C'est fait de votre vie, et je vous le promets.

LAODICE.

Vous tiendrez mal parole, ou bientôt sur ma tombe
Tout le sang de vos rois servira d'hécatombe³.
Mais avez-vous encor parmi votre maison   1705
Quelque autre Métrobate, ou quelque autre Zénon?

---

1. L'édition de 1682 porte: « Vous, qui me répondez, » au présent. Nous n'avons pas hésité à maintenir le futur, qui est la leçon de toutes les autres éditions, y compris celle de 1692.
2. Dans les éditions antérieures à 1663: *advienne*.
3. *Var.* Vous verrez une illustre et royale hécatombe. (1651-56)

N'appréhendez-vous point que tous vos domestiques[1]
Ne soient déjà gagnés par mes sourdes pratiques?
En savez-vous quelqu'un si prêt à se trahir,
Si las de voir le jour, que de vous obéir ? 1710
 Je ne veux point régner sur votre Bithynie :
Ouvrez-moi seulement les chemins d'Arménie ;
Et pour voir tout d'un coup vos malheurs terminés,
Rendez-moi cet époux qu'en vain vous retenez.

ARSINOÉ.

Sur le chemin de Rome il vous faut l'aller prendre ; 1715
Flaminius l'y mène, et pourra vous le rendre :
Mais hâtez-vous, de grâce, et faites bien ramer,
Car déjà sa galère a pris le large en mer.

LAODICE.

Ah ! si je le croyois !...

ARSINOÉ.

     N'en doutez point, Madame.

LAODICE.

Fuyez donc les fureurs qui saisissent mon âme : 1720
Après le coup fatal de cette indignité,
Je n'ai plus ni respect ni générosité.
 Mais plutôt demeurez pour me servir d'otage,
Jusqu'à ce que ma main de ses fers le dégage.
J'irai jusque dans Rome en briser les liens, 1725
Avec tous vos sujets, avecque tous les miens ;
Aussi bien Annibal nommoit une folie
De présumer la vaincre ailleurs qu'en Italie[2].
Je veux qu'elle me voie au cœur de ses États
Soutenir ma fureur d'un million de bras ; 1730

---

 1. *Var.* Et ne craignez-vous point que mes sourdes pratiques
  Ne vous aient enlevé jusqu'à vos domestiques? (1651-56)
 2. Comparez le discours de Mithridate, dans la pièce de Racine qui porte ce nom (acte III, scène 1) :

   Annibal l'a prédit, croyons-en ce grand homme
   Jamais on ne vaincra les Romains que dans Rome.

Et sous mon désespoir rangeant sa tyrannie....
ARSINOÉ.
Vous voulez donc enfin régner en Bithynie?
Et dans cette fureur qui vous trouble aujourd'hui,
Le Roi pourra souffrir que vous régniez pour lui?
LAODICE.
J'y régnerai, Madame, et sans lui faire injure. 1735
Puisque le Roi veut bien n'être roi qu'en peinture,
Que lui doit importer qui donne ici la loi,
Et qui règne pour lui des Romains ou de moi?
Mais un second otage entre mes mains se jette.

SCÈNE VII.

ARSINOÉ, LAODICE, ATTALE, CLÉONE.

ARSINOÉ.
Attale, avez-vous su comme ils ont fait retraite? 1740
ATTALE.
Ah! Madame.
ARSINOÉ.
    Parlez.
ATTALE.
        Tous les Dieux irrités
Dans les derniers malheurs nous ont précipités.
Le Prince est échappé.
LAODICE.
        Ne craignez plus, Madame:
La générosité déjà rentre en mon âme.
ARSINOÉ.
Attale, prenez-vous plaisir à m'alarmer? 1745
ATTALE.
Ne vous flattez point tant que de le présumer.
Le malheureux Araspe, avec sa foible escorte,

www.ingramcontent.com/pod-product-compliance
Lightning Source LLC
Chambersburg PA
CBHW060306230426
43663CB00009B/1606

HISTORY OF THE MANCHESTER REGIMENT
First and Second Battalions
1922 - 1948

By

LIEUT.-COMMANDER A. C. BELL, R.N. (retd.)
F.R.Hist.S.

The Naval & Military Press Ltd

Published by

The Naval & Military Press Ltd
Unit 10 Ridgewood Industrial Park,
Uckfield, East Sussex,
TN22 5QE England

Tel: +44 (0) 1825 749494
Fax: +44 (0) 1825 765701

www.naval-military-press.com
www.military-genealogy.com
www.militarymaproom.com

In reprinting in facsimile from the original, any imperfections are inevitably reproduced and the quality may fall short of modern type and cartographic standards.

FOREWORD

by MAJOR-GENERAL E. B. COSTIN, D.S.O.
Colonel of the Regiment

VOLUMES I and II of the *History of the Manchester Regiment* cover the period from the formation of the 63rd Foot in 1758 up to the year 1922. In the succeeding thirty years much has happened to the Regiment, including a second world war, and it was felt that if advantage was to be taken of the personal experiences of those who took part in the war, a third volume must be added to our Regimental History.

Accordingly, at a meeting of the Regimental Central Committee held in London in 1947, it was decided to form a History Committee and to invite Brigadier Tom Churchill to take the chair.

It was not long before Brigadier Churchill produced the gratifying news that Commander A. C. Bell, R.N. (retd.), an officer who had spent many years of his life in historical research and study, had volunteered to undertake the stupendous task of compiling the history of the two regular battalions in the war, while Brigadier Churchill undertook to deal with the period from 1922 to the outbreak of war, and the few after-war years up to the amalgamation of the two battalions in 1948.

The Regiment are deeply conscious of the debt they owe to Commander Bell for the years of difficult, and at times frustrating, research which he has carried out, and for the interesting and valuable account which has resulted; to Brigadier Churchill for Chapters VI and XI, for the general control and direction, and for the editing of the whole work; to Major Thompson for Chapter I; and to all those who have helped in its compilation. Also to that staunch friend, Mr. Donald Sherratt, our publisher, who, like his father before him, is always so ready to help the Regiment, we offer our grateful thanks.

AUTHOR'S PREFACE

I WAS much associated with Brigadier T. B. L. Churchill during the early part of the war, and in May 1947 he wrote to ask me whether I would be willing to write the history of his regiment from the date where the late Colonel Wylie's history ends to armistice. The regimental committee which was superintending the preparation of the history repeated this invitation soon after.

I accepted with some diffidence: it is true that I had been engaged in historical research for many years; naval and diplomatic history had nevertheless always been my subjects, and, although nobody can study naval war without reading a lot of military history, I had never investigated a military operation, or a military campaign from original documents. Actually, I have found that the difference between naval and military history is not as great as is commonly imagined; the principles under which every operation of war is conducted are identical, and the foundations upon which naval and military histories are erected are identical also: to discover what actually occurred, in so far as it can be discovered; to examine every source of information; and to record what has been ascertained in an orderly manner. I admit that the finished structures of naval and military histories look different; they are, none the less, composed of the same materials.

This, however, needs a certain amount of qualification. I adhere to my statement that a historian who has worked upon the records of one service need not fear to turn to the records of another, but the statement is only true for so long as the historian is investigating operations of war. Now a regimental history contains more than a record of the regiment's operations in the field, some chapters must be devoted to its domestic history, and I admit, freely, that these are best compiled by a regimental officer. Chapter I has therefore

PREFACE

been written by Major Peile Thompson, while Brigadier Churchill has written Chapter XI and part of Chapter VI.

My first sources of information have been the battalion diaries; the diaries of the brigades with which the regiment operated; and the diaries of the divisions that those brigades composed. No satisfactory account of an operation in the field could ever be prepared unless these sources are minutely examined; for they are the molecular parts of military history. These sources are, however, by no means the only ones; for the regiment possesses a valuable collection of its own. Major R. King-Clark assembled a number of original documents upon the Burma campaign, and digested them into an admirable unpublished volume which can be studied in the regimental library, Captain B. W. R. Baker and the officers of D Company, 2nd Battalion, collected records of the operations in the railway corridor, which added enormously to the information that was to be obtained from purely official sources. Captain J. M. T. Churchill's diary of the Dunkerque campaign proved to be of the highest value; and Lieutenant-Colonel H. B. D. Crozier's diary of the operations in 1944 and 1945 was a most useful guide to the official records and a commentary upon what they contained. The footnotes to Chapters IV and V will show how many obscure and doubtful points were cleared up by Lieutenant W. A. Coulston's notes, and how much the narrative owes to him. Also Major Walker was good enough to let me read his own personal reminiscences of the campaign in France, Holland, and Germany, and I am greatly indebted to him.

Over and above this, officers' recollections are a source that every historian must diligently examine, and in this connection I must mention the names of Colonel E. F. Woolsey, Major King-Clark, Captain Baker, and Captain Talbot, with gratitude.

Moreover, these private records and personal recollections become the historian's only source of information when the official records have been lost or destroyed, and this is what

PREFACE

happened in the Malayan campaign. Also, when a battalion is captured, it loses not merely its records but its identity also; for the captor treats his prisoners as a mass of men, whom he groups, divides, and subdivides at will. If official records were our only source of information for the 1st Battalion's service in Malaya and its subsequent captivity, it is doubtful whether a coherent account of what the battalion performed could ever have been prepared. A student of the campaign could discover what had occurred, in a general way, by reading General Percival's dispatch, but that would be all. For, when I began work upon that part of this history, I asked for the diaries of a large number of the units and formations that had been engulfed in the catastrophe of Singapore, and in practically every case I was told that none had survived. The regiment may thus well be proud of those stout-hearted men who kept a private record of the 1st Battalion's service on Singapore island: it is the material from which Chapter II has been compiled, and, had it not existed, I doubt whether the chapter could have been written at all.

The battalion's captivity is, of course, a baffling subject. In the narrative that describes it, in so far as any description is possible, I have explained what a shaft of light Major C. H. R. Hyde's diary throws upon this dark corner of the battalion's history: when that beam is turned off, the darkness is dark indeed.

Another peculiar difficulty besets the historian of a machine-gun battalion. In modern war, machine-gun battalions are broken up, and their companies are dispersed through the brigades of the division to which the machine-gun battalion has been allotted; as a consequence, it never fights as a united family, which a pure infantry battalion can claim to do, and from this it follows, more or less inevitably, that a machine-gun regiment's history lacks the intimate note that can be detected in some regimental histories. My own personal solution of the difficulty has been to follow the fortunes of the brigades to which the companies of the

TRANSFERRED TO SHORNCLIFFE

Malaher won the Individual Revolver Championship, and teams from the battalion won the Machine-Gun Competition, the Platoon Match, the Company Match, the Officers, W.O.s and Sergeants Match, and the Sergeants Mess Competition, and were second in the only two remaining competitions. They also won the Rhine Army Championship Shield for the third year in succession. This shield now stands in the 1st Battalion Officers' Mess.

September was devoted to brigade, inter-brigade and divisional training. During one period the battalion took part in a Brigade Test March, covering $37\frac{1}{2}$ miles in 18 hours; only one man fell out.

On November 1 the battalion was inspected by Lieutenant-General Sir William Thwaites, K.C.B., K.C.M.G., Commander-in-Chief the British Army of the Rhine. On the conclusion of the parade the Commander-in-Chief congratulated all ranks of the battalion on the manner in which they had conducted themselves during the two years they had been in Konigstein.

On November 8 the battalion entrained for Ostend for their new home in Moore Barracks, Shorncliffe. The Commander-in-Chief and Colonel Commandant 2nd Rhine Army Brigade bade farewell to the battalion at Hochst station.

The following farewell order was received by the battalion:

FAREWELL ORDER
by
Colonel Commandant H. K. Bethell, C.B., C.M.G., C.V.O., D.S.O., Commanding 2nd Rhine Brigade—British Army of the Rhine
to
Officers, Warrant Officers, Non-Commissioned Officers and Men, 1st Battalion the Manchester Regiment.

In choosing this method of bidding you farewell I felt, in view of the many calls on your time in connection with your move to Shorncliffe, that it would be the one most acceptable to you under the circumstances. I cannot, however, let you go, without telling you how much I appreciate the great effort that all ranks have made whilst on the Rhine.

I remember when you arrived in Cologne three years ago, your then Colonel (Brevet Colonel W. K. Evans, C.M.G., D.S.O.), whom I knew well and had served alongside in the War, telling me all your difficulties.

Since the War, a nasty time in Ireland, followed by four years broken up into detachments in the Channel Isles, had prevented you from ever being on a ceremonial parade as a battalion; but he said "I will guarantee that the battalion will put its back wholeheartedly into its work, and given a chance will be as good as any and will satisfy you".

Well you have done this and more than this, and you can all be justly proud of the results.

At Weapon Training you have made a name for yourself unsurpassed in the annals of the Rhine Army. You have had your share of success in sport, being pre-eminent at Tug-of-War and Boxing. In the latter sport this year you have swept the board conclusively.

As for your work in the field—what we exist for—when confronted with any tasks calling for endurance, cheerfulness, and a high standard of training, you have never failed to justify my confidence in your ability to "see it through", in that spirit of loyal co-operation which I knew I could expect of you.

For all this I congratulate and thank you. It has been a peculiar pleasure to have you in my brigade, for during the War both the brigade and division that I commanded were largely composed of Lancashire men, and I know that no finer natural fighting material exists.

I look to you with complete confidence, when the time comes for you to leave the 4th Division, to leave behind you there the same reputation for efficiency, discipline, and sport that you leave behind you on the Rhine. I can pay you no higher compliment.

Good-bye and good luck.

Wiesbaden.
November 7, 1927.

(*Signed*) KEPPEL BETHELL.
Colonel-Commandant.
2nd Rhine Brigade.

In March 1928 orders were received to reorganize the battalion into a Headquarters Wing, which included an Anti-Tank Section, a Vickers Machine-Gun Company and three Rifle Companies. Two months later the newly formed Machine-Gun Company, under the command of Captain A. W. U. Moore, proceeded to Larkhill Camp, Salisbury

SMALL ARMS COMPETITIONS

Plain, to take part in the 10th Infantry Brigade concentration. In July the battalion showed its superiority in small arms training by winning all team events and all except one individual event at the Shorncliffe Garrison Rifle Meeting.

Battalion, brigade and divisional training was carried out at Colchester, at the conclusion of which they returned to Shorncliffe.

During this year 2nd Lieutenants E. F. Woolsey, W. J. Douglass, and K. R. F. Black joined the battalion on first appointment, whilst Lieutenant D. B. Malaher resigned his commission. Lieutenant G. E. C. Rossall transferred to the Royal Army Service Corps and 2nd Lieutenant G. K. Jackson died as a result of injuries received in a motor-cycle accident.

On February 4, 1929, Lieutenant-Colonel C. C. Stapledon, having completed his period in command, retired and Lieutenant-Colonel B. C. Freyberg, V.C., C.M.G., D.S.O., was posted from the Grenadier Guards to command.

On June 8 the battalion trooped the colour on the stadium ground; the Brigade Commander, Brigadier F. H. Stapleton, took the salute. In the same month Bandsman Smethurst won the Rifle Brigade Cup for Young Soldiers at Bisley and Lieutenant C. L. Archdale was runner-up in the Army Rifle Championship.

The following entry appears in the Regimental Digest of Service:

> His Majesty the King has been graciously pleased to become Colonel-in-Chief of The Manchester Regiment. This signal honour is doubly welcome as His Majesty will be gazetted to the Regiment on 21st December, the fifteenth anniversary of the battle of Givenchy.

2nd Lieutenants L. Cromwell and G. D. E. B. Harvey joined the battalion during this year, and Major A. E. O'Meara and Captain H. Wood retired.

For the remainder of the year the battalion was actively engaged in the various sporting activities afforded by the garrison. At the Shorncliffe Garrison rifle meeting, they again won all events except the Lewis Gun Cup. In August brigade

THE WESTERN DESERT FORCE WITHDRAWN

On February 27 General Sir Cyril Deverell, C.I.G.S. designate, inspected the mobile force. The battalion by this time was quite proficient in drilling in their vehicles to flag signals made from the Commanding Officer's car. Unfortunately, on the day of the inspection a small sandstorm blew up which made it almost impossible to see the signals; however, Sir Cyril expressed himself satisfied with what he saw.

By March the tense situation had died down and on the 27th the battalion returned to Haig Camp, Moascar, where things had been much improved since December the year before. Messes, dining-halls, offices, and stores were hutted, and electric light had been installed in the men's tents. At the end of April the first families rejoined the battalion from England and were accommodated in flats in Ismailia.

In May a general strike was threatened in Palestine, so the battalion sent ten M.T. drivers and nineteen men with railway experience to stand by in case they were needed.

On July 20 the following letter was received from Major-General G. W. Howard, Commanding 5 Division in Mersa Matruh, on the final breaking up of the mobile force:

Now that the Western Desert Force has done its job, and is being broken up, I hasten to write and thank you and all your ranks for the magnificent way in which you have all played up throughout the emergency. Although, fortunately, you have not been called upon to do anything more than withstand hardships, these have been very definite and unpleasant, the dust storms and flies, particularly, being most trying. The cheerful way in which you have all borne these conditions is most creditable. Moreover the small amount of crime which there has been is eloquent testimony of the excellent spirit pervading your unit.

I shall be glad if you will convey to all ranks my high appreciation of their behaviour, and say how proud I feel to have had you under my command.

(*Signed*) G. W. HOWARD.

On October 30, due to a minor revolution in Baghdad, the battalion was placed at twelve hours notice to fly to Iraq. All ranks were confined to camp and hurried preparations were made for emplaning should it be necessary. The crisis lasted until November 2 when the battalion was stood down, and on November 7 A Company took over the detachment duties at Port Said.

On November 27 the battalion moved from Haig Camp and took over the barracks in Nelson Lines from the 1st Battalion the Royal Scots Fusiliers.

Christmas was celebrated in style in the new barracks, but this comfort was not allowed to last for long, for on December 28, leaving only a small rear party behind, the battalion marched to Fayid on the Bitter Lakes for company and battalion training, and it was not until January 25, 1937, that it returned to Moascar. The battalion again marched to Fayid on February 18 for brigade training, returning on March 6.

On March 13 Lieutenant-Colonel B. G. Atkin, D.S.O., O.B.E., M.C., relinquished his command of the battalion and his place was taken by Lieutenant-Colonel N. Clowes, D.S.O., M.C.

On April 14 B Company left to take over detachment duties in Cyprus. During this month the battalion boxing team won the Egyptian Command Inter-Unit Boxing Competition, beating the 2nd Battalion the Royal Northumberland Fusiliers in the finals.

In April the battalion rifle team won the Egypt, Palestine and Sudan Rifle Trophy. This was the first time any British Army unit had won this trophy.

May 9 to 15 was put aside as coronation week in honour of the coronation of His Majesty King George VI and Queen Elizabeth. A ceremonial parade was held on the landing ground of the R.A.F. station, Ismalia, on May 12, and at the end of the week the battalion football team won the Coronation Football Cup against military and civil teams.

On May 23 the following officers and other ranks were presented with the Coronation Medal by Brigadier W. T. Brooks, Commander, Canal Brigade: Lieutenant-Colonel N. Clowes, D.S.O., M.C.; Lieutenant (Q.M.) H. O'Brien; R.S.M. J. Currie; R.Q.M.S. F. H. R. Hand; Pte. D. Kinsella.

On May 24 notification was received to the effect that the

reorganization of the battalion on a machine-gun basis would take place, probably in October 1937, and that the training of the battalion in that role was to commence forthwith. The battalion was made up to its full war establishment of machine-guns (thirty-six) during May, in addition to twenty-seven D.P. guns. All Lewis guns with the exception of four for A.A. purposes were withdrawn, except in the case of B Company at Cyprus, which retained its Lewis guns. It was decided, in view of the time likely to elapse before any anti-tank gun equipment became available, to train all four companies of the battalion in the first instance as machine-gun companies. Briefly the year's training programme up to December 31, 1937, embraced the following:

April–July.—Training of C Company personnel as first-year machine-gunners.

July–November.—Training of A Company personnel as first-year machine-gunners.

The training of B Company (Cyprus) as first-year machine gunners proceeded throughout the period May–December. D (Support) Company, being already trained as first-year machine-gunners, carried out training as second-year gunners.

Special classes were formed for the training of the large numbers of additional M.T. drivers and range-takers required on reorganization.

In addition, personnel of H.Q. wing and employed personnel of companies who could not be released in order to complete the full training as first-year machine-gunners, underwent a modified course of instruction in the machine-gun, including practice on the thirty-yards range.

The programme included also instruction in the rifle (including a modified course), revolver, Lewis gun for the A.A. platoon, anti-gas, and signals.

On August 1 a ceremonial church parade was held in connection with the unveiling of the 1st Battalion the Manchester Regiment window in St. George's Church, Moascar.

Lieutenant J. A. Hallmark carried the King's Colour, and Lieutenant R. King-Clark the Regimental Colour.

SHAAB VILLAGE DESTROYED

Shaab, arriving at 0830 hrs., and put out picquets on the high ground, overlooking the village. Under instructions of the A.D.C. Nazareth, the Royal Engineers, Haifa, proceeded to demolish certain houses of the village.

At 1315 hrs. one platoon of the battalion, under the Adjutant, left Old Trafford Camp, to take up a position at Pt. 123 (169257), to cover the withdrawal of B Company. After this party debussed on the main road, just to the north of Pt. 123, they were heavily fired on from the high ground, about Pt. 242, on the north of the road. The men lined the north edge of the road and Regimental Sergeant-Major Currie manned the machine-gun in one of the trucks. He was forced to move the machine-gun from this truck to another, with a drain-pipe mounting, as he could not get sufficient elevation on the tripod mounting on the sandbags. He was mortally wounded whilst firing the gun. A truck was sent back to Old Trafford Camp with this information, arriving at 1415 hrs. An XX call was immediately sent out, and a party was hastily put together and left the camp at 1422 hrs., strength approximately 80 rifles. At the same time A Company was also ordered to the scene of the action.

Meanwhile B Company had heard heavy firing from the direction of Acre–Safad road, which appeared to come from the direction of Al Birwa, or on the east of it. As the demolition of the village was practically complete, O.C. B Company after consultation with the A.D.C., who stated that he was satisfied that sufficient demolition had been carried out, proceeded to the Acre–Safad road.

I arrived on the leading truck, and found Pt. 242 being occupied by our own troops, and found Major G. L. Usher wounded. I went to the cutting (171257), in order to cut off the enemy's retreat; when I got there, I found him retiring towards Hugr Al Hamam. We debussed at the cutting and followed up the enemy, who went in the direction of Julis and Yirka.

On arrival of B Company, they were up the high ground, or immediately north and east of kilo 246, which was at that time held by the enemy. Stops of machine-guns in trucks, and police armoured cars were sent further up the road towards Majdal Kurum.

When B Company reached the high ground to the north, the enemy had retired, and were out of touch. Meanwhile air action was taking place against the retiring enemy. O.C. B Company ordered his right platoon to search the wadi, north of the escarpment, where there had been bombing. After advancing

200 yards, this platoon suffered three casualties from enemy rifle fire. B Company reserve platoon was ordered round to the left to clear this area. This platoon found a bandit, whom they killed, and the right platoon, resuming its advance, found another bandit, whom they killed. After clearing the high ground to the north of the wadi, both platoons withdrew to the south side of the wadi to take up battle outposts.

At about 1445 hrs., a party under Captain W. A. Venour debussed at the cutting and went straight up the hill, towards a sangar which was occupied by the enemy. This party reached the top of the hill, and fired at the enemy going down the wadi. Two sections were sent down the hill and found two dead bodies, from which they took the rifles and ammunition. This party returned to the top of the hill.

At about 1735 hrs., a band of approximate strength of 50 men opened fire from the high ground to the south of kilo 246. An XX call was sent out, and they were also engaged with mortar fire. Captain Venour's party then came down the hill to protect the transport at the cutting.

Meanwhile A Company, who were on the high ground at Pt. 242, and to the west observed the enemy movement referred to above, and sent one platoon in trucks to the high ground east of Pt. 123, and engaged the enemy with machine-gun and rifle fire. This party of enemy remained in position till dark. I think this band came from the direction of Shaab. A Company observed that the main enemy withdrawal was towards Julis and Yirka.

D Company arrived at Majd Al Kurum at 1700 hrs., two platoons were sent on Pt. 346, to hit enemy on the south of the road in the back.

[*Note*: The battalion ran out of Red Very Lights, and could not indicate except by Ground Strip Code, the position of the enemy.]

We then took up battle outposts on the high ground north of kilo 246 to Pt. 242, two platoons D Company in the area of the high ground south-west of Majd Al Kurum.

On August 19 D Company was ordered to move at first light via Acre and Kafr Ysif to search Julis and Yirka respectively, and then proceeded south-west to the main Acre–Safad road, searching for dead or wounded enemy. The search was completed without incident.

The following numbers of bodies, arms, and ammunition were recovered: (*a*) bodies, 7; (*b*) rifles, 5 (all Mausers, with

PATROLLING AND WATCHING

the exception of one Enfield); small arms ammunition, 176 rounds of ·303; pistols, 1 Webley and Scott (automatic), 1 Para Bellum (automatic).

The following are the casualties sustained by the battalion: 3 killed in action; 1 officer and 5 other ranks wounded.

On August 23 the following message was received from Brigadier J. F. Evetts, commanding 16th Brigade:

> At the end of a very strenuous week I wish to say how much I appreciate the tremendous efforts which have been made by all ranks to restore order.
> I know well what powers of endurance are required to come to grips with the enemy, particularly at this time of the year, and there is no doubt that he has suffered some severe setbacks as the result of our operations.
> The cheerful willing way in which all ranks set about their tasks proves that your morale is high and that you are prepared to carry on under all circumstances.
> It is this spirit—such a priceless asset to any commander—which wins battles, and as long as it exists, none of us need have fear as to the efficiency of the British Army.
> In thanking you for your splendid work I join with you in deeply regretting the loss of some of our gallant comrades.

During this period the activities of the battalion were even more varied than during the initial months. In addition to maintaining static posts, the battalion was called upon to provide mobile columns to carry out numerous village searches, to succour the police on the not infrequent occasions on which they were ambushed, to escort police dogs, to supervise road construction, and finally to provide an astounding number of escorts, guards, picquets. Mention must also be made here of the Special Night Squads formed by Major Wingate, and to which Lieutenant R. King-Clark, one sergeant, and 10 other ranks were loaned. The activity of these squads was to ambush gangs at night and very well they did it. Lieutenant King-Clark received the Military Cross for gallantry whilst employed with the S.N.S.

The tour of the battalion in Palestine was completed on September 25 when it was relieved by 1st Battalion the Essex

A WAITING PERIOD

Brigade) under command of Brigadier A. C. Paris, consisting of 2nd Battalion The Argyll and Sutherland Highlanders, 5/2 Punjabs, and 4/19 Hyderabad, with ancillary troops. There were also A.A. Defences under the command of Brigadier A. W. G. Wildey, and two Coast Defence Regiments under command of Brigadier A. D. Curtis, as well as some Fortress Troops.

The mobilization of a foreign service battalion was comparatively simple as it was always kept up to strength in men and had its mobilization equipment in a special store within its own barracks. In Singapore, however, three days were allowed, as all units had to draw accommodation stores and tentage for semi-deployment camps and additional fortress armaments consisting of machine-guns, Lyon lights, anti-tank rifles, from Ordnance. The quantities of extra weapons and equipment were determined by the number of pillboxes and support posts in each sector. As very little army transport was available, reliance had to be placed on requisitioned Chinese transport, and it was estimated this would take about twenty-four hours to collect.

In spite of the amount of equipment that the battalion had to draw and the amount of requisitioned transport that failed to turn up, mobilization went smoothly and by four o'clock on the afternoon of the third day the whole battalion had settled in to their semi-deployment camps. The weather was most unpleasant; the monsoon had broken, and as most of the camps were on hard clay in rubber estates they were hardly better than lakes. Little work could be done on the beach defences as most of the front of East sector was private property, and no law had been passed allowing defences to be constructed on private land. However, manning exercises were carried out and the machine-gun platoon of 2/17 Dogras was included in them as it was placed under the command of D Company in Changi sub-sector. On September 9 all troops were ordered back to barracks and shortly afterwards all mobilization equipment was handed in.

From then to the end of the year the battalion carried

out intensive training interspersed with digging R.D.L.s. Due to the lack of transport any training above company level was an impossibility; in fact there was a special scale of transport laid down for beach defence troops, consequently the battalion had to make do with some twelve 15-cwt. trucks and one 3-ton lorry. The only break in the monotony was the providing of a Guard of Honour for His Highness the Regent of Johore, at Fort Canning on September 28.

The year 1940 was one of tremendous tension for the battalion. The news of Dunkerque was received with anxiety and finally with thankfulness that so many troops had been saved. Later in the year, when the news of the bombing of Manchester and the destruction of the Regimental Chapel was received, there was considerable depression, especially as a large number of men had lost relatives and friends in the bombing. All ranks felt acutely that they were a regular battalion and should therefore be more actively employed. In spite of this morale was high and remained so until the end.

Early in the year a decision was made to send to Australia the colours and silver of the battalion for safe keeping. The responsibility of keeping safe the treasures of the battalion was willingly undertaken by the affiliated Australian regiment, The Adelaide Rifles. No gratitude would be excessive for the splendid way this regiment looked after the battalion's property and finally returned it to England at the end of the war.

On January 20, Lieutenant T. B. Mangnall, 2nd Lieutenants P. L. Gaisman, F. W. H. Jackson, and G. H. Isherwood, and twenty other ranks of the 2/9th Battalion joined the battalion from England.

On February 28, in honour of the anniversary of the relief of Ladysmith, the Regimental Colour was trooped for the last time before being sent to Australia. His Excellency The General Officer Commanding Malaya Command, Major-General L. V. Bond, C.B., took the salute. The order on parade was:

FIRST BATTALION, SINGAPORE, FEBRUARY 1940

Front row (left to right): Lieutenant P. Thompson, Captain R. H. H. Stewart, Major P. J. McKevitt, M.C., Lieutenant-Colonel E. B. Holmes, M.C., Major G. D. Cooper, Captain W. T. Douglass, Captain M. P. E. Evans.

Middle row: Major F. G. R. Brittorous, M.C., Lieutenant R. V. Howell, 2/Lieutenant R. V. Edwards, Lieutenant J. A. Hallmark, 2/Lieutenant J. L. L. Perez, Lieutenant E. J. C. Spanton, 2/Lieutenant P. L. Gaisman, Lieutenant J. T. H. Gunning, Lieutenant J. R. V. Brewster, 2/Lieutenant C. G. C. Holmyard.

Back row: Lieutenant F. W. H. Jackson, Lieutenant (QM) T. Quinn, M.M., Lieutenant T. B. Mangnall, Lieutenant R. E. W. Cole, 2/Lieutenant J. A. Gardner, 2/Lieutenant G. H. Isherwood, 2/Lieutenant N. K. Evans.

THE DEFENCES REVIEWED

of veteran Private Kinsella. Hockey was yet another sport at which the battalion excelled, H.Q. Company in particular always playing first-class hockey in the Small Unit Competitions. Shortly prior to the outbreak of war in the Far East, the battalion cricket team defeated the 2nd Battalion The Gordon Highlanders in the final of the Command K.O. Competition. Although not achieving any notable soccer or rugger successes, the standard in the battalion was quite good. Quite a number of officers and men were selected to play for Army teams in all branches of sport, and did much to enhance the reputation of the battalion. Interest in sport was particularly keen, and games were always attended by large numbers of spectators. Every effort was made in those days to encourage as many men as possible to take an active part in sport, and, as a result, the general physique and bearing of the men of the battalion reached a very high standard.

Inter-company competitions and intense partisanship also did much to bring out that team spirit so essential in combatant troops.

Early in February 1941, the whole defences of the island were reviewed with the object of relieving more troops for a mobile reserve. At first it was decided that the battalion should take over Geylang sector from 1 S.S.U.F., but this was changed almost immediately and orders were received to take over West sector and Labrador sub-sector from 2nd Loyals in addition to East sector. By February 19, however, this order was also cancelled and B Company was allotted to the island of Blakang Mati whilst our East sector, Powder sub-sector, was divided equally between A and C Companies and absorbed in Siglap and Ayer Gemuruh sub-sectors.

In this month, too, the battalion was called upon to do parent battalion to Brigade H.Q. and a battalion of a Brigade of Australian Imperial Forces which were en route for Singapore. On February 12, two officers and sixteen other ranks moved to Port Dickson, where they erected camps and drew up all the stores, which was much appreciated by the Australians when they arrived. At this time also, Major P. J. McKevitt and Lieutenant R. E. W. Cole embarked for the United Kingdom.

Whilst all these things were going on, working parties were continually out on East sector preparing the defences. The plan was for the whole front to be covered with two double apron fences with an inverted triple dannert wire fence in between, and behind the wire there was a more or less continuous line of tank obstacles. This obstruction consisted of three lines of buried coconut stumps, whose outer ends were about two and a half feet above the ground and inclined at an angle of about seventy degrees above the horizontal. The stumps in each line were staggered with those in the next line.

As has been said, the coastline was low and shelving; and from this it followed that landing parties would approach it in boats of light draft. It was, therefore, a matter of extreme importance to erect an obstacle that would check the advance of the hostile landing craft and keep them under a continuous fire from the beach posts. This was no easy thing to do. The main tidal wave that is raised by the attraction of the sun and moon is broken up into a series of derived waves by the islands and land masses of the Malay Archipelago, and the rise and fall of the night tide off Singapore is considerably greater than the rise and fall of the day one. As the obstacles had to be placed at least at extreme low water, it was necessary that they should be all assembled and made ready during daylight and put up during the dark hours with the aid of Lyon lights.

The anti-boat obstacle consisted of a series of triangular or pyramidal bamboo structures with lateral bracings, and a complete facing of barbed wire. Each pyramid was built up on shore, floated out on a falling tide, and dug in about one hundred yards below the high-water mark. When completed, the obstacle was a barrier which would have stopped any kind of landing craft for a considerable time. Only three miles of the battalion's nine-mile front were, however, covered by the obstacle when the island was invaded. The whole sector was defended by 104 Vickers machine-guns.

During the months which followed, the face of Malaya was rapidly changing; reinforcements were arriving steadily from home, India, and Australia, and by the end of October, two Indian divisions and part of an Australian division were present in Malaya in addition to the normal fortress and garrison troops who had also been reinforced.

During November, Japanese transports were moving into the southern Pacific in such numbers that the United States President asked the Japanese for an explanation, in a note that was handed to a special Japanese delegation which had recently arrived in Washington (November 26). The Washington authorities then considered the whole position so dangerous that Admiral Stark, of the Navy Department, sent a war warning to all American commanders in the Pacific on the following day.

On November 29, the British garrison in Malaya received two code messages ordering complete preparedness. All officers were recalled, officers and men carried arms on all occasions, all motor transport was escorted, and guards were placed upon powder magazines and vulnerable points. The arrangements for rounding up enemy aliens and suspected persons were rapidly executed.

The Japanese envoys were still in Washington, and were ostensibly negotiating; but the American authorities were not deceived and were evidently warning us; for on November 30, the garrison received another code message, and all units were sent to their semi-deployment camps. The fixed defences were, by then, at their war stations.

The long tension ended on December 7, for at seven o'clock in the morning of that day a carrier-borne force of Japanese aircraft attacked the United States fleet at Pearl Harbour and sank or damaged nineteen of the warships that were there assembled. During the night following upon this attack, Japanese forces landed at Kota Bahru, on the east coast of Malaya, and at Singora.

THE JAPANESE LANDINGS

held this northern position, and enormous quantities of food were found in the store sheds of the naval base and requisitioned.

The Japanese shelling of the naval base became increasingly severe during the week before the island was invaded. An observation balloon, which had been visible for some time, was brought closer to the island, and heavy mortar fire was brought to bear upon any guns whose positions had been detected by the flashes. On the night of February 7/8, B Company was relieved by a machine-gun company of the 9th Northumberland Fusiliers, and was attached to a special force that was being formed for strengthening the defence of the north-east side. An oil farm on the Kranji river was raided and bombed on the night when B Company was relieved, and as the blazing tanks illuminated earth and sky, the relief was difficult to conceal and was executed under a heavy bombardment. It seemed, at the time, as though the Japanese were going to cross on the north-eastern side.

During the first week of the siege, the companies in the southern sectors were but little disturbed, except on February 4, when Telok Paku camp, on Changi, was dive-bombed. D Company were at dinner when the attack was delivered; two sergeants were killed, eight N.C.O.s and privates wounded.

During the night of February 8/9, the enemy crossed the Straits of Johore and attacked the western and north-western shores of the island on a wide front, from the Buloh river on the north, to the Bertih creek on the west. The 5th and 18th Japanese divisions were allotted to the attack and a very large number of landing craft were collected for the purpose. The first waves of a storm troop formation were carried over in armoured craft, and these were followed by ordinary, but specially built, landing craft; 13,000 men were, indeed, carried across and put ashore during the night.

The attack fell upon the sector that was being held by the 22nd Australian Brigade. At many points, particularly at the mouth of the Bertih, the Japanese were beaten off; but at the northern end of the front, between the Sungei Buloh and the

Murai, the Japanese secured a good foothold. For in this part of the sector the cable communications were much severed by the preliminary bombardments: Very light signals were difficult to operate owing to the plantations and the forest, and W/T communications between front and rear were not good. As a consequence the artillery did not open fire until some time after the Japanese made their first landings.

February 9. During the hours of darkness the enemy rapidly enlarged his bridgehead, and pressed hard towards Ama Keng village—a hamlet that lies between the upper waters of the Kranji and the Bertih streams; and the commander of the 22nd Australian Brigade, seeing that the enemy had separated the 2/18th from the 2/19th Battalion, ordered all troops to fall back to their battalion perimeters. It was exceedingly difficult for troops to break away from an enemy with whom they were closely engaged, and to make their way through plantations and forest to a given rendezvous in the middle of the night, and only one of the three battalions did so successfully. The other two were, for the time being, dispersed and stragglers from each were found as far away as Singapore town. By daylight on the 9th, the Japanese had carried Ama Keng village and were pushing towards Tengah aerodrome.

The Japanese advance was so rapid, and their numbers appeared to be so great, that the immediate danger was that the troops in the southern sector would be isolated and overwhelmed. To forestall this, General Percival ordered a general withdrawal to the fortified position between the Kranji and the Jurong rivers, and thus distributed his forces:

The 22nd Australian Brigade was brought into the line: the 44th Brigade (southern area) was brought back from its positions along the Jurong to a position on the left of the fortified line: the 12th Indian Brigade was moved into the northern end of the fortified line and was placed under the commander of the western area; the 27th Australian Brigade was to continue to hold the Causeway and the position to the east of Kranji; the 6/15th Brigade, which was in 3rd Corps reserve, was ordered to a central part of the Bukit Timah road.

A large number of dumps and store depots had been established along the Bukit Timah road; and there was a large ammunition magazine near Kranji. The commander of the western area was therefore directed to keep the enemy off the road at all costs. Supposing, however, that the enemy's advance in the Bukit Timah sector obliged further withdrawals from other parts of the island, General Percival decided that what might be called the vital or essential perimeter, which was to be held at all costs, was to include Singapore town, the Kallang position, Bukit Timah, and the McRitchie and Peirce reservoirs.

Tengah aerodrome was lost during the 9th; and in the afternoon the enemy's artillery opened up on the positions that were occupied by the 27th Australian Brigade, between the Causeway and the Kranji creek. Just after dusk, the enemy crossed the straits and attacked: at many points they were beaten off; but by midnight, they had established a good bridgehead, to the west of the Causeway, from which they could not be expelled.

February 10. The commander of the 27th Brigade withdrew his troops during the night to a hill that lies about three miles to the south of the Causeway. This left the 11th Division's left flank wide open, and the enemy at once pressed into the gap and occupied a hill near the southern end of the gap. The divisional commander then ordered up the 8th Brigade from divisional reserve, and the heights overlooking the Causeway were recovered.

We have seen that General Percival ordered the 6/15th and 44th Brigades into the western area, when the direction of the Japanese thrust was ascertained. General Gordon Bennett stationed the 6/15th Brigade in a position about four miles west of Bukit Timah and ordered the 44th to prolong the line to the left. There was found to be a gap between the 12th Brigade on the extreme right of the line, and the

before dark, Lieutenant Branston led a patrol through the Malay settlement, and found that the enemy had been there and gone off to Batak quarry. During the night he experienced sniping from the same settlement. Our artillery put down concentrations in the same area, and the enemy replied with mortar and artillery fire.

On B Company's left, about 300 of the enemy began to move across D Company's front at 16.00 hours. They appeared to be making for the junction of the MacPherson–Paya Lebar roads. Sergeant Cookson engaged one bus load with a V.M.G. and an anti-tank rifle and put the vehicle out of action, but the Japanese succeeded in getting to within forty yards of our posts, owing to the undergrowth and the wide frontage.

They infiltrated through the centre and shot up the rear of our posts, while their main frontal attack overran four posts of numbers 13 and 14 Platoons. Number 15 was not attacked. Lieutenant Sully's and Lieutenant Low's platoons then withdrew to company headquarters, where a small defensive screen was thrown out.

Lieutenant Sully carried out a spirited counter-attack with these platoons on the village near the MacPherson road, and drove out about a platoon of the enemy. The time was now about 17.00 hours. Unfortunately, the Japanese kept on infiltrating into another area, as soon as one was clear. One company F.M.S.V.F. was ordered to counter-attack the centre, but they only got half-way to their objective.

The positions were thus held, but it seemed certain that the enemy would renew their attacks on the following day. Colonel James drew back D Company to a position on the Paya Lebar road, and filled up the gap on their right (but only partially) with a company of the F.M.S.V.F.

The whole position was, however, fast becoming desperate; for early in the day the municipal water engineer reported that the water supply might conceivably last for two days and nights, but that it would more probably be exhausted in twenty-four hours. The pumps were, it is true, still working, but so many pipes and mains were burst that half the water was being lost: all municipal labourers had disappeared, and no repairs could even be attempted. Nevertheless, General Percival did not consider that the water situation, though undoubtedly serious, had yet rendered the further defence of Singapore impossible, and he so informed the Governor and the Colonial Secretary. General Wavell, who was told of the desperate straits to which the town and the garrison were reduced, sent back the stern reply: "In all places where sufficiency of water for troops exists they must go on fighting." [3]

It is not possible to follow the fluctuations of the struggle during the night of February 14 and the morning of the 15th with any particularity. During the dark hours the enemy infiltrated all sectors of the 18th Division front and secured a footing on Mount Pleasant: on the left, the units of the 1st Malaya Brigade were forced back still further in the Alexandra depots area. It is, however, impossible to say what positions were held at noon or in the early afternoon of the 15th; for all parts of the line were fluctuating from hour to hour, and the records of these fluctuations have for the most part been destroyed.

Thanks, however, to the industry of some officers of the battalion, and to their pride in their unit, a singularly exact and careful account of some of the enemy's movements in the eastern section has survived. This was not the most important sector; indeed, it is not likely that what there occurred influenced what happened elsewhere. Still the record is of exceptional interest: it can be likened to one of those unbroken, undamaged ornaments that archæologists sometimes find amidst the ruins and rubble of an ancient city.

February 15. The front of the position to which B Company of the Manchesters had been withdrawn on the previous day, faced north-east. In the immediate front there was a large quarry, called the Batak quarry; behind the quarry was some rising ground. A light railway ran from the quarry to the eastern end of the town. To the north of this track were a mass of workmen's huts called the Malay

---

[3] General Percival's dispatch, para. 569.

settlement. The posts in the company's right flank were just opposite to the settlement, and were very near to it. Thereafter, the company's front (which was very long) ran northwestwards through a district that was intersected by drains and covered with plantations.

A detachment from the 3rd Indian Cavalry reconnoitred this part of the front during the night, and reported that the Japanese were holding the heights behind the quarry in strength, but the enemy evidently came into the Malay settlement during the dark hours, for at daybreak the company's right-hand posts were under continuous fire from snipers. Soon afterwards a heavy automatic was brought into action against them. Lieutenant Branston, who was in charge at this part of the line, transmitted a message to the artillery through C Company, and the Japanese positions were heavily shelled. Soon afterwards, however, Lieutenant Branston learned that several posts on his left had been overrun, and that six machine-guns were lost. There was now a gap of 1,500 yards, between the right-hand posts of D Company and B Company's left, and Colonel James, who received the news through Captain Gunning, the company commander, sent forward detachments from the 9th Coastal R.A. and the 2/17th Dogras to fill it. Lieutenant Branston's withdrawal, and the loss of the central and left wing posts, had brought the front back to the neighbourhood of Geylang village, and Perseverance estate was now abandoned: its western edge ran along the southern part of the new front. The reinforcements from the 9th Coastal R.A. were put into that part of the line that ran between Geylang village and the railway track—the Dogras never arrived. It was now early in the afternoon, the fighting line was out of the open country, for the eastern suburbs of Singapore were to the south of the new positions.

D Company was naturally affected by this retirement; from the early hours, heavy firing was heard on B Company's front, but it was not until 11.30 hours that Major Stewart was told that the overrunning of B Company's posts had

of one of these barrack blocks was approximately 100 men. They were now required to house 1,600 to 1,700. Several hundreds slept on the flat roofs. ...

The officers and the men soon showed that they would spare neither ingenuity nor labour to make their quarters habitable. Temporary kitchens were put up in half of the barrack square, the other half was dug up to make latrines. Meals were cooked and served, and (presumably) the Japanese machine-gun guards, who were everywhere, reported that the prisoners were battling with their discomforts. After two days, however, the Japanese authorities, angered by this cheerful resistance, announced that the 3,000 patients in Roberts hospital would be moved, no matter what their condition might be, and would be herded in with the other prisoners. The senior officers then consulted together and advised the men to sign, as they realized that the Japanese would certainly do what they threatened, and take a fearful vengeance upon the sick, many of whom were grievously ill. When the men thus signed the declaration the Japanese ordered all to return to Changi: the next two months passed without incident.

By this time, there were fewer prisoners in Changi; for the Japanese had all the while been establishing new camps in or near Singapore, in order to establish a reservoir of labour for the work that they were there undertaking. By the winter of 1942 these new camps were named: Kranji, MacArthur, Happy Valley, River Valley, Kampong Tanjong (a branch of Happy Valley), Sime Road, Serangoon Road. Happy Valley was the largest of these establishments and was, indeed, the principal prisoner-of-war camp in Singapore.

Meanwhile, Changi camp became much depleted by the drafts that were thus taken from it, and the prisoners who remained were brought into what was called the Selarang part.

Manchester men were probably imprisoned at most of these new camps: at present, we only have detailed records of the party that was sent to Kampong Tanjong. This camp stood on a strip of muddy alluvial ground between the Kalang river and the sea. It was thus on the eastern outskirts of Singapore, and most of the houses in it were native shops and dwelling places of the poorer sort. Many of them had, moreover, been damaged by bombs that were intended for the Kalang airport nearby. The party who were ordered to this camp was detached to it from Changi in July 1942, and Major Hyde thus describes their arrival:

> The party moved off at 10.45 hours and went direct to Kampong Tanjong, where they debussed, and were billeted in Chinese houses of indescribable filth. No latrine accommodation, weak water pressure. Two taps to each house. No electric light. Every latrine and corner contained human excreta irrespective of whether the bucket was in position or not. No municipal services working. Street drains completely blocked. Spent day cleaning area.

About 1,300 men were billeted in this place, and, as can be imagined, their lot was harder than that of the men at Changi. They were brought nearer to Singapore in order that their labour might be used on reclamation work that was being done on the Kalang, for the Japanese decided that the projects that the British public works department had originally planned, should be proceeded with. The work was hard, and the men were often employed for hours in the mud of the tidal river, and as their camp was overcrowded and ill equipped, it was not easy to secure alleviations for them. There was no canteen, and, although the municipal officers of Singapore did what they could to secure the prisoners a proper water supply, the men at Kampong Tanjong always lived in circumstances of great hardship. The Japanese freely admitted this, for on October 9, about two and a half months after the party had been brought from Changi, a visiting officer from the I.J.A. agreed that it was hardly to be expected that men who were without boots or proper clothes, who were living in the abandoned huts of poor Asiatics, and who were ravaged with sickness, should keep their self-respect.

JAPANESE ADMINISTRATION

Details of these hardships have been rather sparingly recorded. The camp sick list was always high, and one gets the impression that the men were tired, listless, and depressed.

The records from this camp are, nevertheless, very interesting, for they are a curiously exact and circumstantial record of normal Japanese administration. It does not appear that the Japanese officers, or the N.C.O.s at Kampong Tanjong, were ferocious or cruel. Prisoners' faces were slapped, men were obliged to work in mud and water, it is true, but protests were, at least, listened to, and in some cases apologies were given. It must also be admitted, to the credit of the Japanese camp authorities, that they did not dismiss complaints about stealing (many of the Japanese guards were very thievish), and that they ordered stolen goods to be returned, and saw to it that their orders were carried out.

But he who reads the records that have survived from this camp, cannot fail to get a curious impression of Japanese military administration. The Kampong Tanjong authorities appear to have been without authority to decide anything; they were mere agent supervisors of a programme of work, and were so powerless, or so timid, that they withheld their consent from the simplest proposals. As soon as the Bishop of Singapore was able, he visited the prisoners, appointed Major Hyde lay reader for Sunday services, and promised to come again as soon as he could. The number of times permission was refused for this innocent and harmless visit is simply inconceivable, and it was not until October 11, two and a half months after the party first arrived from Changi, that a church service could be held.

In at least one case, this division of authority debarred the Japanese from enforcing reforms that they themselves thought necessary. On November 3 Major Hyde made the following entry about the visit of a Japanese officer:

> He inspected the billet, told me the place was filthy, gave me a long lecture about salutation, and stressed the point that we must pay more attention to the health, welfare and education of the men—complained about windows being shut—it had been

will be enough to say that the casualty lists rose to the figure at which they stand because none of the prisoners of war on the Thailand railway were ever properly housed or fed; that the Japanese never allotted a grain of medicine, or a bandage, or a blanket to the victims of their cruelty; and that they adhered to their practice of aggravating the sufferings of the sick and dying by depriving them of the small rations of food that they allowed them when they were well enough to work. If Europeans who were well housed and fed had been employed on railway construction in a tropical country, the sick-list would have been a long one. In such conditions as prevailed, the sick-list and the death-list were virtually the same thing. Dysentry and malaria were succeeded by cholera, and jungle sores by blood poisoning and septicaemia. Forty-three officers and 960 N.C.O.s and men of the Manchesters were in Singapore in December 1941, and of these only about 460 came home. The mere arithmetic of the business is bad enough, but it is only half the story,[6] for it must be remembered that those who died endured all that cholera and other diseases can inflict in hardships and discomforts that are not inflicted on the worst criminals in an English jail.

It is well remembered; for distinguished Japanese visitors to England are still advised to avoid towns and institutions where old soldiers of the Singapore army are likely to be working. Conversely, many British officers of the captivity are spoken of with great affection by the men to whom they displayed so high a standard of courage and endurance; and Colonel Holmes stands high among those who are remembered with honour.

The explanation that the Japanese authorities circulated, when all was over, that they were as much victims of circumstances as the prisoners, and that the order to build the railway had been issued by men who would brook no excuse, does not hold water, for the evidence is overwhelming that

---

[6] For the full analysed casualty lists see *Manchester Regiment Gazette* Special Number, "Malaya, Thailand and Burma," p. 30.

the Japanese barbarities were systematic and that they were independent of time and place: as we have seen, the prisoners who were taken away to Formosa in the transport *Hofoku Maru* fared no better than the prisoners in Thailand. Nor must it be forgotten that barbarity to prisoners is not the only bad spot upon the Japanese army's record. Colour-Sergeant Newton was in Alexandra hospital when the Japanese were approaching Singapore, and the withdrawals of January 12 and 13 left the hospital within the Japanese lines. Japanese soldiers butchered the patients as they lay in their bed—what is more, butchered them systematically, ward by ward. When the soldiers had passed on (they appear to have been assault or shock troops), officers entered the hospitals and belaboured with sticks and bludgeons those sick men whom the soldiers had overlooked.

Moreover, the conduct of the few Japanese whose standards approximated to our own, is proof that Japanese officers had sufficient authority to treat their prisoners humanely, and that they suffered nothing if they did so, for Major Hyde's diary is explicit that Captain Wakabayashi was disgusted at what he found, when he was sent to supervise the work of F and H groups, that he manfully endeavoured to alleviate the sufferings that his fellow countrymen had inflicted, and that he largely succeeded. What one Japanese officer of no very high rank could do, others could have done also.

And finally, when the end came, and the Japanese learned that the men whom they had so misused were representatives of a victorious and not of a beaten people, their behaviour was beyond all description cowardly, for they then tried to ingratiate themselves with those who had so recently been their prisoners with bowings and prostrations that would have been sickening in a dependant. A Japanese general who was in large measure responsible for what had occurred (he was the chief administrator of all prisoners of war in Thailand), outdid all others in this exhibition of baseness; for he assured the British authorities that he intended to inquire into the conduct of his subordinates and to punish the guilty ones with the greatest severity—if this be Japanese pride and Japanese *bushido,* then let all decent men detest them.

One should not, however, leave this painful subject without issuing a word of warning against the sweeping denunciations of the whole Japanese people which became current when these cruelties were known, and which are still widely accepted. It has not always been a Japanese habit to misuse a beaten enemy, far from it. The Japanese treatment of their Russian prisoners in the first Manchurian war was so good that it was quoted in every book of international law as an example that every nation might imitate. The Japanese admiral to whom the Chinese admiral at Wei-hai-wei surrendered in the first Chino-Japanese war, treated his enemy as an honoured guest; and after the Chinese admiral committed suicide, Japanese warships bore his body to China and delivered it to his family with punctilious respect. When the Russian government brought General Stoessel before a court martial for surrendering the fortress of Port Arthur, General Nogi begged most earnestly that he might be allowed to attend the court and to give evidence on behalf of his old enemy. Examples of the same kind could be multiplied.

Japanese conduct has changed, therefore, and changed for the worse, and it was curious that Japanese who admit that this is so attribute it to European and American influences. They say that the present generation of Japanese were so impressed and intimidated by the competitive spirit of European society that it became a virtue among young Japanese to disregard the courteous, generous custom of their fathers and grandfathers, and to cultivate a harshness and indifference that were not part of the old Japanese spirit. If this is the proper explanation, it can be understood that young Japanese officers would be very representative of the new ruthless rules of conduct. Even among these, however, there were some who preferred the old to the new doctrines.

FIRST BATTALION OFFICERS, SHARSTED COURT, JUNE 1944

Front row (left to right): Captain (QM) C. T. A. Basham, Captain J. P. Pardoe, Major G. L. Northcote, Major G. A. Tod, Major H. B. D. Crozier, Lieutenant-Colonel C. H. P. Harington, M.C., Captain L. Marsh, Major E. F. Woolsey, Major C. B. Walker, Captain N. J. Clapham, Rev. D. V. Jones.

Middle row (left to right): Captain D. C. L. Nolda, Captain J. E. W. Waddington, Lieutenant J. Dobson, Lieutenant J. Thorpe, Captain E. Harrison, Lieutenant L. A. Sneddon, Captain J. Paynter, Captain W. A. Coulston, Captain S. C. M. Dobbs, Captain A. W. R. Pring, Captain G. R. Abbs, Captain C. A. Simpson, Lieutenant H. Barnwell, Lieutenant L. Barron.

Back row (left to right): Lieutenant F. S. Mayes, Lieutenant R. W. Brown, Lieutenant E. C. Smith, R.A.M.C., Lieutenant G. W. H. L. Gibson, Lieutenant J. L. Drake, Lieutenant J. R. Weaver, Lieutenant J. H. S. Green, Lieutenant K. L. Oliver, Lieutenant A. J. Thomas, Lieutenant H. Tongue, Captain J. De Gaye, Lieutenant P. D. Rees.

TRAINING IN KENT

battalion headquarters were moved to Horkisley Park, near Nayland in Essex (August); to Hollingbourne in Kent (September); and to Maidstone (October), where the rest of the winter was spent. When the headquarters was at Maidstone, A Group was at Gravesend, B Group was at Woodchurch, and C Group was at Sharsted Court near Sittingbourne. As a divisional support battalion is a larger unit than an infantry battalion, the numerical strength of the 1st Battalion at the close of the year was 1,117 officers and men.

The battalion remained at Maidstone until March 1944, when it was moved to Sharsted Court. Shortly afterwards Lieutenant-Colonel C. H. P. Harington, M.C. (Cheshires) succeeded Lieutenant-Colonel Hoseason as commanding officer. Simultaneously the constitution of the battalion was again altered and it was made into an ordinary machine-gun battalion. These successive changes were damaging to the battalion's training and readiness for battle; for each time an alteration was made equipment, armament, weapon training, were all changed and, what was worse, a large part of the experience that had been so painfully acquired during the field exercises of the previous two years was wasted. As a result of this last change the strength of the battalion was reduced to thirty-five officers and 700 N.C.O.s and men. The three machine-gun companies were exercised with their brigades during April, when they were engaged in a long exercise in the country to the north of Eastbourne.

The battalion was still at Sharsted Court when the American and British armies landed in Normandy (June 6, 1944). The repeated changes in organization had never allowed the officers and men to reach the state of efficiency which they would have attained if they had done their long training as a machine-gun battalion. "Each change," wrote Major Crozier, who was afterwards commanding officer, "required a scrapping of everything and starting again upon a completely new basis". Yet notwithstanding all this the battalion was a fine fighting unit: three years training had welded the officers and men together and had united them to a

MECHANICAL SCIENCE AND ATTACKING POWER

flame throwers, mine-exploding tanks, and explosive tubes, which were collectively called the "funnies", could not be supplied to every brigade or formation that was ordered to assault a fortified position, with the consequence that, as often as not, the attacking groups had to devise substitutes for them. Minefields can be gapped by infantry, who detect the mines with their bayonets, or with a specially made prodding instrument, or with a Polish mine detector; and this was very frequently done by night by the light of the moon or with the help of an artificial moonlight which can, nowadays, be produced by searchlights.[6] On other occasions, the whole assault was made by night, and with the same aids. Every contrivance is, however, a particular application of the same guiding principle, that no assault could be successful if it repeated the cardinal error of the previous war, when masses of unprotected men were expected to crawl or scramble across a bullet-swept glacis in the hope that the residue that reached the objective would be strong enough to carry it.

If, then, the subject is studied in an abstract, general way, it gives this result: that the dreadful, murderous deadlock of the 1914 war did not repeat itself because mechanical science had devised a means of reducing the initial losses of an assault; but it should now be added that the ordinary serving officers who led their men through so many positions that should have been impassable (and whose opinion is on that account authoritative) do not consider that this is the real explanation of the British Army's succession of victories. According to them the training and spirit of the British Army is the reason why the Siegfried Line and its outposts in Belgium and Holland were swept away, and why our troops crossed the Rhine, and entered the plains of northern Germany unbeaten and unbeatable. These officers consider that mechanization and everything that the word implies is only a secondary, or derivative, explanation of our victories in northern France, and the Low Countries; indeed, some

---
[6] Called "Monty's moonlight".

officers would even assert that there has been no revolution in military science; that the balance between offensive and defensive power has not been tipped one way; and that if in 1944 the British Army had been ordered to defend the positions that it was ordered to carry no enemy would have passed them.

It would be difficult to endorse this opinion unreservedly; great weight should nevertheless be attached to it, for it serves as a reminder that no military problem will be correctly appreciated unless the fighting man's stores of experience are freely drawn upon, and unless training and fighting spirit are recognized, from the beginning, to be the pivots upon which all turns.

Serving officers also believe that our victories were largely, but not wholly, attributable to the enemy's bad generalship, and to the Anglo-American domination of the air. The mistakes of the German generals will be dealt with in the narrative that follows; our supremacy in the air and its consequences are difficult to assess because air power is a baffling and evasive subject which has been hidden behind a dense smoke screen of bragging and exaggerations. There is, however, this hard kernel of fact to the subject, which is that the fighting officer and his men were convinced that our domination of the air gave the ground forces advantages that the enemy did not enjoy, and that this conviction (no matter whether it is scientifically sound or not) was a stimulant to the fighting spirit upon which all depended.

Allied air superiority [writes Major Woolsey] forced the Germans to carry out all movement connected with the front by night. To do so by day was to court disaster. We, on the other hand, could move as and where we chose. . . . I think that things would have been most difficult for us if the Germans had used their artillery as we used ours, i.e. concentrated; if they could have counter-attacked with armour as often as we reached our objectives, if we could only have moved by night; and if the bridges in our rear were continually being blown.

The sum of the whole matter is, therefore, this: Inasmuch

THE BATTALION IN THE FRONT ZONE

as the operations that are about to be described could not conceivably have been brought to a successful issue twenty-five years before, so it is not too sweeping to assert that there had been a revolution in military science in the interval. This revolution is not, however, in itself an explanation of the astounding victories that are about to be described.

* * * * *

After being established, temporarily, at Secqueville the battalion headquarters was re-formed into the tactical and battle headquarters and was established at Cheux. The 53rd Division was ordered to relieve the 15th (8 Corps) which had been landed with the first wave of the invasion troops, and the companies were thus distributed:

- A Company, which was attached to 71 Brigade was at Cheux.
- B Company, which was attached to 158 Brigade, was in some open village fields about two miles south-east of Cheux.
- C Company, which was attached to 160 Brigade, was near B Company and a little to the east of it.
- D, the mortar company, was on the western side of some spinneys that line the road between Cheux and Granville-sur-Odon.

The German positions on this part of the 53rd Division front ran through Brettevillette and Granville; the first task given to the mortar company was, indeed, to shell Brettevillette and Boyers. The battalion had in fact been placed in what might be called a forward part of the forward area: Major Crozier's first impression of the machine-gun positions was that they were " very short range and sticky " (July 1).

The officers and men were, indeed, rather painfully impressed by the grim, strained expressions of the men of the Middlesex Regiment, whom they relieved. While the relief was being carried out the Germans shelled the whole area

THE GERMANS COUNTER-ATTACK

Seeing, therefore, that the German generals (it is doubtful to whom the miscalculation should be attributed) had concentrated the flower of their forces against the British 2nd Army and had assembled a mere miscellany against the Americans, General Eisenhower decided upon the following conduct:

> In the east [he writes], we had been unable to break out towards the Seine and the enemy's concentration of his main power in the Caen sector had prevented us from securing the ground that we so badly needed in that sector. Our plans were sufficiently flexible that we could take advantage of the enemy's reaction by directing that the American forces should smash out of the lodgement area in the west while the British and Canadians kept the Germans occupied in the east. Incessant pressure by the second army was therefore continued by Field-Marshal Montgomery during July.[10]

The Germans, however, made a desperate effort to forestall the pressure during the first days of July. The fighting for the crossings of the Odon had been exceptionally severe, and, although the bridgeheads that were seized during the first part of the advance were held, the 8th Corps were obliged to withdraw from some of the positions that had been carried. On June 28, the 11th Armoured Division was forced out of Esquay, into which it had originally penetrated, and on the following day Gavrus was lost. Being encouraged by these local successes, the Germans attacked the salient that had been formed by the British Army's latest advance with all the forces that could be assembled against it (July 1). The 1, 2, 9, 10, and 12 Panzer Divisions made repeated but rather unco-ordinated attacks against our positions, but they failed to dislodge the troops of 8 and 30 Corps from any essential point. When the Germans drew off, 8 Corps still held its gains on the Rauray spur and the Odon bridgeheads were still in our hands.

It was encouraging that this great counter-attack failed so signally. The task allotted to the British Army of containing

[10] See R.S.C., p. 41.

the German forces opposite Caen until the Americans were ready to crush the western section of the German line was nevertheless extremely arduous, because it was so drawn out. General Bradley considered that he would only be able to make a decisive thrust after his troops had reached the road between Perriers and Saint-Lo: and this starting point was not to be reached easily or quickly. For the preliminary advances of the American forces had to be made over country that was marshy and difficult in some places, and blind in all, as the American positions were in the thickest part of the *bocage*, where the orchards, spinneys, hedges, and *chemins creux* gave the Germans exceptional opportunities for fighting a defensive battle. Apart from all this, the weather continued to be very foul, and this made it impossible for the air forces to assist the operations on the ground. This was the general posture of affairs when the 12 Corps and its component formations were landed in Normandy.

General Eisenhower decided that the Germans would best be held in the east if Caen were severely attacked, and Field-Marshal Montgomery was actually preparing for this when 12 Corps was being put ashore. Two of its three divisions (the 43rd and 59th) were in consequence placed under other corps commanders for the time being, while the 53rd was ordered to occupy a defensive position to the north of the *grande route* between Caen and Villers Bocage; and, as we have seen, it was this order that brought the Manchesters into the forward area round Cheux.

* * * * *

The principal feature in the country where the battalion was about to operate is a line of hills which run north-westward from Argentan in two parallel ridges. The northern ridge ends near Caumont; the southern one, which is the higher, is terminated by the western coastline of the Cotentin peninsula between Coutances and Avranches. Elsewhere the country is flat. The sources of the rivers that so influenced the operations of the British and American armies—the Vire, the Orne, the Odon, the Dives—and their tributaries are all in this cluster of hills; and the river courses run roughly north and south, save only where a sharp feature forces them to turn aside. After the rivers have left the hills they enter so flat a country that the river water overflows its banks during the rainy seasons of the year, and forms large marshes on either side of the stream proper. These marshes are biggest in the middle and lower course of the Vire and at the mouth of the Dives, where they are major obstacles.

The feature which, however, exerted more influence over operations than the hills, the rivers, and the marshes, is a feature that is common to the whole country; the *Bocage*. In the dictionaries the English equivalent to *bocage* is given as spinney or grove of trees, which is, indeed, the literal meaning of the word. When the Norman peasant speaks of *le bocage*, however, he means a type of country which he consciously or unconsciously contrasts with the wide corn-bearing plains of central France, where few features interrupt the view, for the *bocage* of the Cotentin and the Calvados is one of the blindest countries in northern Europe. The tillage districts are divided into countless small fields, which are partitioned by high turf walls and hedges; the tillage is surrounded by orchards and spinneys, and the whole country is intersected by a vast network of small roads, which are lined by trees and thickets and by *chemins creux* or lanes, which meander from orchard to orchard and from farm to farm between embankments of walls and hedges.

Seven days after the German counter-attack against the Odon bridgeheads had been beaten off, General Montgomery launched a great attack against Caen. It was a direct, frontal attack against the German positions to the north of the town; on the right the 3rd Canadian Division, which had been taken temporarily from 12 Corps, attacked the positions round Bijude and Sainte-Conteste; while on the left the 3rd British Division forced the enemy out of the country to the

A HEAVY RAID

is with this movement that we are here more particularly concerned.

When the army was regrouped for this operation the 53rd Division held practically the whole front between the Odon about Gavrus, and the Orne near Maltot: 158 Brigade was on the left, 160 in the centre, and 71 on the right. The division was thus in a very special sense a pivotal division, and no spectacular advance was expected of it. Its principal duty during the advance of the two corps farther west was to test and probe the enemy's front, and an attack that was delivered during the night of August 2 was the biggest of the operations that were at this time undertaken.

The high wooded summit of Mont Pinçon, falls away towards Caen in a succession of hills that become more naked and flatter as the confluence of the Orne and the Odon is approached. The point selected for the heavy raid was on the lower slopes of one of the last heights of the Mont Pinçon massif. The feature that immediately commanded the raided area is merely called Point 112, and was just the top of a very gentle slope which is covered with small tillage fields and a few trees. The centre of the raided area was where a fairly big sideroad meets the *grande route* between Caen and Evrecy. The enemy held the place with three strong machine-gun posts, and his artillery and mortars on the summit above the place and in the orchards to the south of Maltot could be ranged upon the approaches to it, if it were attacked.

The actual assault was entrusted to the 4th Royal Welch Fusiliers, with 3-inch mortar platoons from the 6th and 7th Royal Welch Fusiliers co-operating. The special supporting formations were:

Every available company of the Manchesters.
153 Regiment R.A.C.
129 Special Anti-tank Battery.
3-inch Mortar platoons from the troops of the 160th Brigade.
116 Light A.A. Regiment.

The task given to the machine-gunners of the battalion was to keep the raided area under fire for the first half-hour, and then to lift on to some selected targets in the rear of the enemy's position. The mortar company was to keep a number of enemy posts to the east of the raided area under fire for as long as the raid lasted (seventy-seven minutes in all); and by so doing to deceive the enemy into thinking that the main thrust was to be made towards Feuguerolles.

This was the first occasion since the campaign began when the whole battalion was employed, at one time, and on a single operation and one could wish that a few more details had survived. The brigade diary makes only two entries: one, at half-past six in the morning, "Raid Triangle completely successful"; then a few hours later, "Congratulatory letter from 53 Division on raid Triangle." The battalion record states with its usual Spartan brevity: "M.M.G. and mortar companies harassing shoots along the divisional front: gave support to 4 R.W.F. during raid Triangle." On the morning after this raid was completed the patrols on the fronts of 71 and 158 Brigades reported strong indications that the Germans were withdrawing. The early morning patrol parties from 71 Brigade were satisfied that the enemy had thinned down his posts near Brettevillette, and later in the forenoon two spies who had been placed in Noyers reported that the Germans had practically left the town. The patrols from the other two brigades did not, on this day, confirm this first report; but on the day following, the indications were so general and so strong that they left no room for doubt. The dawn patrols on 71 Brigade front reported that the German posts between Evrecy and Esquay were very lightly held; a couple of hours later a deserter came into our lines and stated that the Germans were withdrawing. In the early afternoon Brigadier Blomfield ordered his three battalions to move forward. By nightfall they occupied the high ground between Brettevillette and Noireau and their advance was not disputed at any point.

The patrols from 160 Brigade made similar discoveries;

and in the early part of the afternoon the front was pushed forward to Avenay and to the hill summit that overlooked the area that had been so severely raided two nights before: the brigade headquarters were moved up to Baron. On the left of the line 158 Brigade's patrols reported that Feuguerolles was weakly held: it was occupied early in the afternoon and the brigade headquarters came forward to Eterville. Back at battalion headquarters Major Crozier noted in his diary: "Things are starting to move at last. The Americans have broken through. It looks as though we might be moving soon." On the next day he made the entry, "The Boche pulled out of our front today."

The contribution that the battalion made to these patrols was substantial: 338,000 rounds of machine-gun ammunition and 5,700 4.2-inch mortar bombs were fired during the night August 3/4.[17].

A great victory was in fact declaring itself on this stubbornly contested part of the battle front. At the western end of the line the U.S. VIII Corps had utterly overwhelmed and crushed the German formations in front of it and was at the gates of Brittany, with the crossings of the rivers Selune and See secured. Further east, in spite of a tremendous resistance, the spearheads of the U.S. VII, XIX and V Corps were on the line Fougeres–Mortain–Forêt de Saint-Sever. East of the Americans, the 30 and 8 British Corps had passed the *grande route* between Vire and Caen (Le Beny Bocage was carried on August 1 and Aunay on August 2), and were beginning to force the western slopes of Mont Pinçon. As Field-Marshal Montgomery put it, "The enemy had not been able to re-form his left flank." Moreover, a tremendous blow was about to fall in another part of the battle front; for the Canadians, east of the Orne, were making a first test of the German defences round Tilly la Campagne and La Hogue.

* * * * *

[17] Information supplied by Lieutenant Coulston, the I.O. of the battalion.

armoured car from the Recce Regiment in order to get through to them."

Meanwhile, however, 160 Brigade reported that the Germans had made a substantial withdrawal from the country between the Orne and the Lower Laise; for their patrols had ascertained that the villages of Huttray and Fresnil le Puceux were quite clear (August 9). It is rather puzzling that 160 Brigade was not at once ordered to secure the crossing at Amaye, and to clear the great belt of forest between Bretteville-le-Rabet and Grimbosq. The brigade was, on the contrary, ordered to concentrate at Vacognes, to the west of Sainte-Honorine-du-Fay, and to collaborate in a revised plan for an advance on Falaise.

Since August 6, therefore, General Ross had been ordered to assist 59 Division's advance to the Orne, in a series of instructions that differed in details, but not in principle. On August 10, however, he was told that his division would, henceforward, have no responsibility west of the Orne, and that it was to press on for Falaise with all possible speed. The plan of crossing by the Thury bridgehead was abandoned, and the bridgehead further to the north was to be used.

The crossing was known as the Grimbosq bridgehead in the war diaries of the three brigades: actually it is a bridge between the little village of Goupillerez on the left bank, and the hamlet of Bagotiere, on the right. 158 Brigade led the advance (early a.m. August 11) with the Royals acting as a reconnaissance screen: B Company of the Manchesters was operating with the Brigade.[26] At 10.50 hours the Royals reported that the village of Fresney-le-Vieux, on the southern edge of the Forêt de Cinglais, was clear; and the 7th Royal Welch Fusiliers advanced to occupy it. B Company supported the attack after a very difficult advance through woods that were still partially held by the enemy. When the Welshmen approached the village, however, they found that it was fairly strongly held and were driven back after attempting to carry it. Meanwhile, however, enemy

---

[26] 158 Brigade was temporarily under command of 59 Division.

opposition had asserted itself farther south. For the Germans were now found to be in the village of Bois Halbut, where the east- and west-going sideroad to Falaise crosses the *grande route* from Bretteville-le-Rabet. It was decided to attack these two points in succession, and to begin with Fresney. The 1/5th Welch assaulted Fresney at 11.00 hours on the following day (August 12); and the 1st East Lancashires attacked Bois Halbut at noon. B Company was engaged at both places and the Germans firmly stood their ground and fought it out: Bois Halbut was cleared at 17.30 hours and Fresney an hour later. The way was now open for an advance to the Laise by at least two good sideroads. The advance eastwards was assisted by the presence of the Canadians in the villages to the west of the Laise; for their patrols had been pushed out as far as Barbery the day before.[27]

Meanwhile, 71 Brigade crossed the Orne (early a.m. August 12) with the 1st Highland Light Infantry leading. The brigade's orders were to pass through the positions that were being held by 158 Brigade and to press on eastwards with all possible speed. As we have seen, Major Crozier, with the bulk of D and A Companies, was attached to 71 Brigade. The state of affairs in the other parts of the battle zone was that the Germans were withdrawing from the Mortain pocket, after four days of fruitless endeavour to recapture Avranches; that the Canadians had cleared Bretteville-le-Rabet, and were approaching the valley of the Laison. The enemy retreat from Mortain was the movement that was of the most importance to the brigades that were now advancing between the Orne and the Laise; for the inference to be drawn from it was that the *grandes routes* to the west of Falaise would soon be crowded with enemy troops.

The main road between Falaise and Thury Harcourt is about two miles to the south of Bois Halbut, and as it was to be expected that some of the German formations which had resisted so stoutly round Thury would be retreating along it, 71 Brigade were ordered to seize two commanding

[27] *From Normandy to the Baltic*, p. 101.

THE FIGHT FOR THE CROSSROADS

points upon it. The attack was to be made silently by night. The necessary preparations could not be completed in time, and the advance was made after daybreak. Nevertheless the 1st Oxford and Buckinghamshires reached the point assigned to them by 06.20 hours. The actual position was a large crossroad, where the Thury–Harcourt road cuts the north- and south-going road from Bretteville-le-Rabet. The place was very lightly held when the men from the Oxford and Buckinghamshires first seized it. The enemy did not, however, leave the crossroad in our hands without a struggle; it was thick and misty when the Oxford and Buckinghamshires first occupied the point; and as soon as the sun had cleared away the morning mist the Germans counterattacked with four tanks and drove the forward company off the crossroads for the time being.

The Highland Light Infantry had further to go than the Oxford and Buckinghamshires, for they were ordered to occupy a piece of high ground that commanded the road beyond Meslay. They approached this point along a northand south-going sideroad from the village of Acqueville, and were resisted by parties of Germans who had posted themselves in the woods to the south of it. By the early afternoon the Highlanders were near their objective but were still not on it.

The Officer Commanding at the crossroads reported, when his men were driven from it, that he was confident that he would recover it, and he proved to be right, for just after 17.00 hours it was carried by a counter-attack. At about the same time the Highlanders reached the high ground above the road. The mortar and the machine-gun companies assisted at both these engagements, and were controlled from Acqueville, where the tactical headquarters of the battalion was set up during the course of the day.

When these two points were firmly held (late afternoon) orders were given to the other battalion in the brigade (4th Royal Welch Fusiliers) to pass through the Oxford and Buckinghamshires and seize a piece of high ground near the

THE NEXT MOVES

On September 1, General Eisenhower established his headquarters in France, and became responsible for all operations in western Europe. Thereafter Field-Marshal Montgomery was the commander of the 21st Army Group only. General Eisenhower's plan of operations was that the German armies should be fought and beaten to the west of the Siegfried defences; that the defences themselves should then be breached on the northern and southern sides of the Ruhr, and that Germany should be simultaneously invaded by the British Army advancing east and north-east from the Arnhem–Nijmegen–Eindhoven area, and by American forces operating down the valley of the Moselle. The particular tasks that the 21st Army Group was expected to perform by way of contribution to the general plan were: to reduce Le Havre and Dieppe and open both harbours as soon as possible; to clear the port of Antwerp, and to make it usable as a supply base for the northern armies; to secure the canal lines between Antwerp and Arnhem—the Albert, the Meuse Escaut, the Turnhout, and the Wilhelmina—to secure the crossings of the Maas, the Waal, and the Neder Rhine at Grave, Nijmegen and Arnhem; and to watch the western exits of the Ruhr in collaboration with the 1st U.S. Army.

The greatest of these tasks was that of securing the canal and river lines between Antwerp and Arnhem; for it could only be accomplished by carrying Arnhem, Nijmegen, and Eindhoven, and securing them against any attempts that the Germans might make to recover them. Arnhem is forty-six and Nijmegen thirty-seven miles to the north of the Meuse-Schelde canal, and neither place was likely to be captured by a mere *coup de main*; for soon after our troops arrived in Brussels and Antwerp the indications were strong that the Germans were rallying and that they would thenceforward resist us with their old courage and fighting spirit.

By September 14, however, the preliminaries to the operation had been completed; for the Germans had been driven beyond the Meuse-Schelde canal (which was to serve as a

THE MANCHESTER REGIMENT

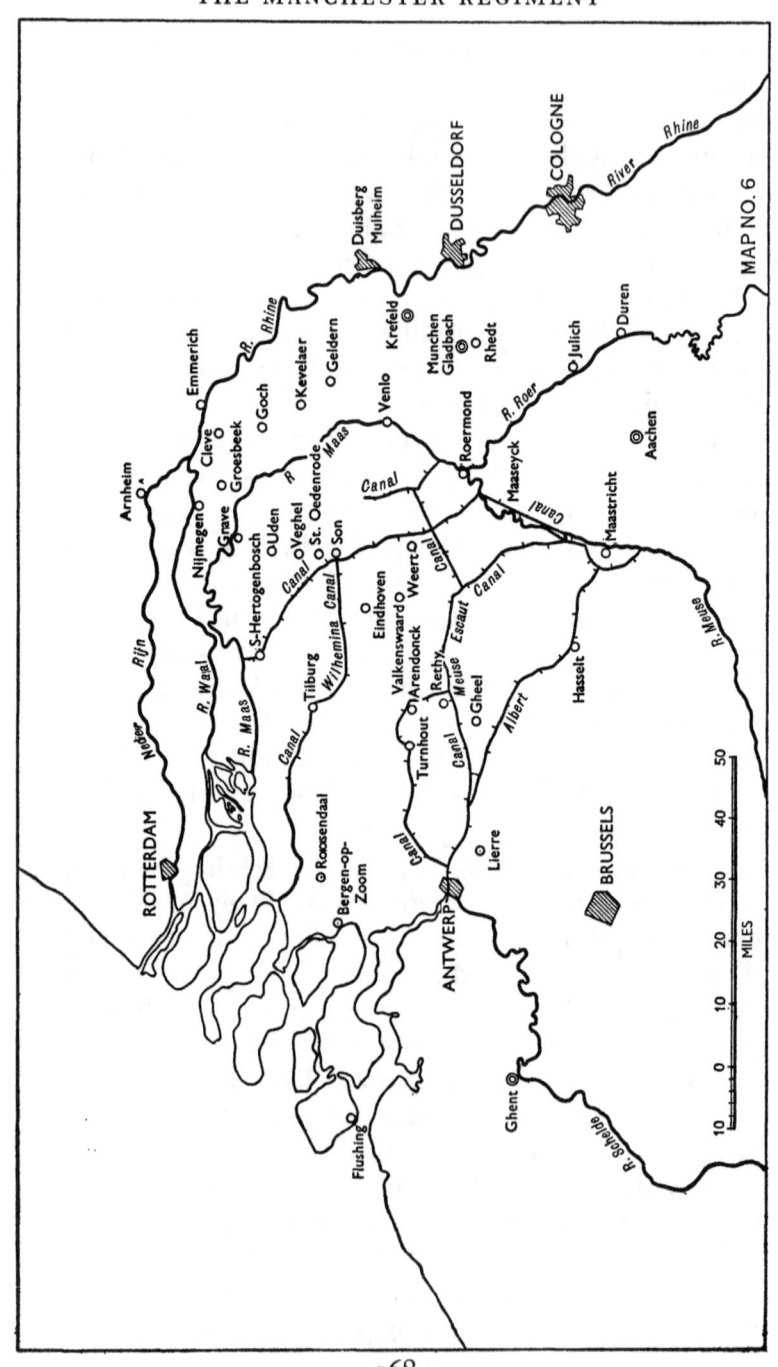

MAP NO. 6

THE GERMAN POSITIONS

starting line) and our troops and the enemy's were thus distributed.

30 Corps held the line of the Meuse-Schelde canal between Gheel and the de Groot bridge which had been carried by the Irish Guards on the night of September 10.

12 Corps prolonged the line from Gheel to Antwerp, and the Canadian Army was responsible for all operations in the Schelde estuary and to the west and south-west of Antwerp. The western approach to our main line of communications was now secure; for Le Rouers was carried on September 1, Le Havre on September 10, and the German garrisons in Dieppe and Boulogne were closely invested. The fighting to the south of the Meuse-Schelde canal had, however, confirmed the impression that the Germans were rallying, for the villages of Gheel, Beeringen, and Vlasmer had only been carried after a succession of bitter struggles.

As far as could be discovered, three German divisions—136, 719 and 176—had withdrawn to the north of the Meuse-Schelde canal; and these formations were strengthened by 224 Panzer Company, elements from 347 Division, and by some paratroop battle groups. To the west of Antwerp, on the southern side of the Schelde estuary, were 64 and 59 Divisions round Dixmude; 712 Division near Roulers, and 70 Division near Ghent.[31] As the time was not far distant when the mouth of the Schelde would be occupied and patrolled by our naval forces, the position of the German forces between Ghent and Dixmude was in the last degree precarious. Large numbers of men were, indeed, known to be crossing the Schelde by night and finding a temporary refuge in the northern side. It must, however, be added, that at this date (September 10–14) the position and strength of the German forces in northern Belgium and Holland were not accurately ascertained. "Information of enemy formations likely to be involved in Market Garden[32] was unfortunately far from clear," writes the historian of the 2nd Army's

[31] See *2nd Army Operations*, Vol. I, Appendix K to Chapter 3.
[32] "Market Garden"—code word for the Arnhem operation.

THE NIJMEGEN BRIDGEHEAD

The battalion went with the division; on October 3 battalion headquarters was near Saint-Oedenrode; on the 6th it was near Cassel, south of Grave; on the 7th it was at Bessen in the very centre of the Nijmegen area. About this Major Crozier made the following significant entry in his diary: " Crossed the Waal and took over the Nijmegen bridgehead. We have an American airborne regiment in our centre. Grand chaps. Much air activity. This is a bad, unhealthy place. The Boche is trying everything to cut the bridges behind us. He is using shellfire, bombing, and even submarines."

In point of fact, the whole division did not go into the Nijmegen bridgehead as 158 Brigade remained at Saint-Oedenrode and C Company stayed with them. The distribution in the bridgehead area was that B Company was stationed with 160 Brigade near Bessen which was the left of the position; A Company and 71 Brigade were a couple of miles farther east, towards Bemmel; the 508 U.S. Parachute Regiment was between the two. Headquarters were to the west of the Arnhem–Nijmegen railway near Costenhout. Later this was slightly altered by stationing a platoon of A Company south of the Waal, where it was better placed for engaging the enemy on 71 Brigade's front.[37] Service in the Nijmegen bridgehead was trying.

> Life was difficult and dangerous up there [says the regimental *Gazette*]. Most of the ground was overlooked by the enemy occupying the high ground round Arnhem, and consequently he could carry out observed fire on any movement seen, or on likely targets such as villages or crossroads. No movement was permitted in some of the forward positions, consequently food, ammunition, etc., had to be carried up after dark. . . . B Company were employed to a great extent by the Americans, who asked us to put down fire covering their patrols. They were extremely pleased with this form of support; for although they have heavy machine-guns themselves, they only use them for direct fire, at close range. One got the feeling of some Higher Being looking after the interest of the battalion. The very forward section of 8 platoon, B Company, right up the F.D.L.s,

[37] Lieutenant Coulston's notes.

where they couldn't move by daylight, actually said they were so comfortable that they preferred to remain there rather than be pulled out of the line. The shell which exploded at the entrance to the cellar of the reserve section of 8 platoon nearly put out the lantern. Thirteen medium shells straddled B Company's headquarters early one morning; but there was not a single hit. The shelling of the battalion headquarters which riddled many vehicles but hit no one, and finally the running of the gauntlet across the bridge at Nijmegen by all our B echelon vehicles every day and yet not a single casualty, all went to show that the battalion's guardian angel was not wasting his time.[38]

On another occasion the technical adjutant was crossing the bridge with a small column of vehicles when a shell struck the girders and fell on the roadway in front of the column: it did not explode.

This heavy and continuous shelling of the Nijmegen bridgehead was complementary to some severe fighting on the eastern side of the corridor where 8 Corps opened an operation against Venlo and Horn on October 12. The Germans fought this attack to a standstill, and on October 20, 8 Corps were on the defensive. "The attack had come to this somewhat abrupt end," writes the 2nd Army's historian, "because it had become apparent that the port of Antwerp must be opened as soon as possible, and that no great offensive operation could be attempted until this was done."[39]

The need for a new and nearer supply harbour was the more pressing in that the Allied Commander-in-Chief had just decided upon a plan of operations in which it fell to the 21st Army Group to clear the western face of the Ruhr, and to operate northwards towards the Zuider Zee. As operations of much smaller compass had just been stopped because Antwerp was still unusable, the recent conference of Allied Commanders emphasized, if emphasis were needed, how urgent it was to open new lines of supply for the armies in Holland and Belgium.

[38] *Manchester Regiment Gazette,* Vol. XII, No. 2, p. 85.
[39] *2nd Army Operations,* Vol. I, p. 253; and Montgomery, p. 150.

D COMPANY'S MORTARS IN ACTION AT S'HERTOGENBOSCH, OCTOBER 1944

THE BURGHERS' HOSPITALITY

officers and men received the hospitality of the good burghers, every newspaper in the town was printed in English—not even the advertisements on the back page were excepted from this extraordinary testimony of welcome.[43]

* * * * *

While 12 Corps was closing in on s'Hertogenbosch the Canadian Army had made such progress on the western flank that Walcheren was isolated from the mainland: forces had indeed been put across the narrow causeway between the island and the mainland. The entire mouth of the Schelde was, moreover, itself becoming very isolated in that Breskens was captured and the 4th Canadian Armoured Division was closing in on Bergen-op-Zoom and 49 Division was not far from Rosendaal.[43a]

The campaign was, however, still fluctuating; for while the 53rd, the 7th Armoured, and the 51st Divisions were closing in on s'Hertogenbosch the enemy high command, judging rightly that troops had been taken from the eastern side of the corridor, concentrated the 15 Panzer Grenadier and 9 Panzer Divisions round Venlo and attacked the Allied positions between Liesel, Meijel, and Nederweert. The enemy's attack fell heavily upon the U.S. 7th Armoured Division, and it was decided that a redistribution of the available forces would be necessary if the threat was to be parried. The 53rd and 15th Divisions were therefore moved across the Nijmegen corridor during the last days of October: 53 Division occupied a line of positions to the south of Weert; 15 was stationed near Meijel, which the enemy had recently captured. After the area was thus reinforced the U.S. troops counter-attacked and made some progress to the south of Meijel; but the weather was now exceptionally bad, the roads were fast becoming causeways across great expanses of mud and slime, and a kind of lull set in after November 5.

[43] Colonel Crozier kept a copy of one of these newspapers. It is entitled *Provincial Noordbrabantsch Dagblad. Special Edition for English Visitors.*
[43a] See Map No. 10, p. 196.

The battalion moved with the division; headquarters was in the forest village of Neerglabeek on October 31, and at Beek on the day following. This little village stands at the northern end of the Maastricht canal near the place where it crosses the Molenbeek. The battalion was, however, dispersed over a fairly large area. A Company was near the Wessem canal, south of Hunsel village; B Company was farther east, towards the canal; C Company was to the south of Weert; D Company was near Swartbroek. In order to maintain communications between the companies and headquarters, the signals officer established a relay station, which proved to be the only means of communication save by D.R.[44] These positions were not, however, occupied without loss; for on the first night C Company was located by a German patrol who attacked 10 Platoon in its position near Ell, and only drew off after they had killed the platoon commander (Lieutenant Bromley Davenport), captured Sergeant Guess, and wounded eleven men:

"It is not easy to compete with a Boche patrol when he knows the ground and you have never seen it in daylight," says the regimental *Gazette*. It seemed to some of the officers as though there was likely to be a return to static warfare: "Nothing happening," wrote Major Crozier on November 6. "It looks as if there will be long periods of inactivity this winter; the problem is going to be how to keep the men interested and stop boredom and consequent drop in morale. I have started working out several schemes."

Those who were anticipating a lull were soon undeceived: for a new and embracing plan of operations had been decided upon. On October 31 a conference was held at General Bradley's headquarters at which the American general represented that he was now responsible for a front of 250 miles; and that he would not be able to assemble as many divisions for the thrust on Cologne as he had hoped. The 82nd and 101st U.S. Airborne Divisions together with the 7th Armoured and 104th Infantry Divisions were, there-

[44] Lieutenant Coulston's notes.

THE MEUSE SALIENT

fore, to be restored to American command, and the 21st Army Group was to take over part of the American line as far as Geilenkirchen. Thereafter Field-Marshal Montgomery was to expel the enemy from their salient on the western side of the Meuse.

In order to comply with the decisions thus taken and to prepare for the thrust towards the Maas, 30 Corps was taken out of the Nijmegen bridgehead and was posted between Maaseyck and Geilenkirchen; 12 Corps was in the centre of the line and followed the Wessen and Noorer canals as far as Meijel; the 2nd Canadian Corps was in the Nijmegen bridgehead, and the 1st Corps was responsible for everything between the bridgehead and the sea.[45]

When this redistribution was completed 12 Corps was composed of 53, 51, and 49 Divisions and 7 Armoured Division: the front that was held started in the north at Maashees on the Maas and ran south-west to the railway crossing of the Canal de Deurne; it then followed the Canal de Deurne to the enemy's salient round Meijel, after which it followed the Noorer and the Wessem canals as far as Wessem, where the 30 Corps section began. The 53rd Division with which we are more particularly concerned, lay along the Wessem canal. The battalion headquarters was near Molenbeersel; A Company was in the open country between Ell and Hunsel; B Company was near Hunsel; C Company was near Kinroy; D Company was near Ophoven (November 12).

* * * * *

The operations for expelling the enemy from the western side of the Maas were executed by 8 and 12 Corps: 8 Corps was responsible for breaking the German positions between Oostrum and the Noorer canals and was to force the enemy back upon Venlo; 12 Corps was to force the Wessem canal, to operate north-eastwards across the Zig canal and, after crossing it, to press on towards Blerick and Venlo. The part

[45] *From Normandy to the Baltic*, p. 171.

Antwerp area, because the whole strategical board was being reset.

In order to give as much force as possible to the operation of the 9th U.S. Army towards Aachen and to the operations of the 1st Army towards the dams of the Roer and of the 3rd Army in the Moselle valley, General Eisenhower had agreed that the front between Monschau and Echternach should be lightly held by only four divisions: and on realizing that this was so, General von Rundstedt made arrangements for taking advantage of it. In deciding at what moment he should strike, the German Commander-in-Chief may or may not have been influenced by whatever his intelligence staff had discovered of Field-Marshal Montgomery's latest decision to transfer large forces to the Nijmegen area and to force the German positions in the Reichswald forest. This transfer of forces to the north had indeed begun when the German onslaught fell upon the American line.

On December 16 the forward troops in the Eifel district were reporting attacks by tanks, and General Eisenhower, who was conferring with General Bradley when the first reports came in, realized that something serious was impending. During the course of the day the forward troops of the 1st U.S. Army captured a document which left no doubt that the enemy had embarked on a great operation. It was signed by General von Rundstedt and ran:

> Soldiers of the Fatherland. The hour has struck. Strong armies are advancing. Every man must do his duty and make super-human efforts for Fatherland and Fuehrer.

The German Commander-in-Chief had in fact assembled a force of fourteen infantry and ten armoured divisions, which he had grouped into three armies: the 5th Panzer, the 6th Panzer and the 7th; and after completing his preparations so secretly that the Allied intelligence staffs got no indications of them, had struck with tremendous force against the weak part of the Allied line. The 6th Panzer army operated to the north of Saint-Vith; the 5th Panzer army was on its left with a left-hand boundary near Bastogne; the 7th army operated on the left of the 5th Panzer. The thrust was directed towards the Meuse between Liège and Namur.

Having seized Liège [writes General Eisenhower], which was our key maintenance and communication centre, feeding 12 Army Group from the north, the enemy hoped to drive rapidly and with as much strength as possible to Antwerp, our great port of supply. Seizing or destroying this, he would have made our supply position untenable, and would at the same time have split the British armies together with the U.S. 9 armies in the north from the American and French forces in the south.[52]

On December 19 a conference of corps commanders was assembled at the 2nd Army's headquarters at Neerpelt, and the position, as far as it had been ascertained, was thus reported: The American positions round Bastogne had been completely over-run; and to the south of Bastogne there was another gap which extended as far as Arlon. The American positions on the northern side of this great rent ran roughly through Werbemont, Stavelot, Malmèdy, Waimes, and Krinkel; on the southern side of the gap American formations were firmly established at Neufchateau, Arlon, and Echternach. Inside the gap American formations had formed defended perimeters and were fighting on at Bastogne (101 Airborne Division and units from 10 Armoured Division), at Longvilly, east of Bastogne (units from 9 Armoured Division) round Saint-Vith (7 Armoured Division) and south and south-east of Saint-Vith (elements of 106 Division). The way to the Meuse was, in fact, wide open; but as the places where the Americans were holding out were all important road centres the German line of advance was still blocked at its most important points.

The German general had not merely made a rent in the American positions: he had severed the chain of command; for the two armies that the German thrust had separated had

[52] R.S.C., p. 23.

THE BRITISH ARMY'S NEW POSITION

been in the same Army Group. In order to restore coherence to the system of control General Eisenhower placed the 1st and 9th American Armies under Field-Marshal Montgomery and made him responsible for all Allied forces on the northern side of the gap.

The British Commander-in-Chief therefore distributed his forces in the following manner: 30 Corps was constituted into a general reserve and the following formations were placed under the orders of the corps commander: Guards Armoured Division; 43 Division; 51 (H) Division; 53 (W) Division; 33 Armoured Brigade; 34 Tank Brigade.

The task assigned to it was to deploy in a lay-back position, north of the river Maas, and to sweep down against any enemy forces that crossed the Maas in strength. No attempt was to be made to hold the river line itself. A reconnaissance screen was, however, to be established between Namur and Vise. In order to effect this: 53 Division and 33 Armoured Brigade were to defend the line of the Dyle between Ottignies and Louvain; 43 Division was to deploy in the area Hasselt–Bilsen–Tongres and was to be prepared to attack in a south-westerly direction; the Guards Division was to deploy in the area Diest–Saint-Trond–Tirlemont, was to station a reconnaissance screen along the Maas from Huy to Charleroi, and was to be ready to attack in a south-westerly direction; 51 Division was to occupy the area Louvain–Aerschot, and was to be prepared to take over the defence of the river Dyle between Louvain and Weert-Saint-Georges from 53 Division.

The effect of these orders was, in the words of the 2nd Army's historian, "To assemble an impressive force between Louvain and Maastricht."[53]

By December 21, 53 Division, with which we are henceforward more particularly concerned, had carried out its orders. The 160th Brigade was south of Louvain; 158 Brigade was round Wavre; and 71 Brigade was near Genappe. The 33rd Armoured Brigade was south-east of Brussels. The 29th

[53] Vol. I, p. 300.

STIFF RESISTANCE

D Company of the 7th Royal Welch Fusiliers who were quite overwhelmed; but the two companies on D Company's right were also severely attacked, and as the overrunning of D Company made a rent in the front, the whole battalion drew back and took up a new position to the south-east of Marche. To the left of the 7th Royal Welch Fusiliers the 1/5th Welch were attacked with tanks, and they also had to withdraw for a quarter of a mile or more. It had been intended that 71 Brigade should renew their attack on the right side of the divisional front on the day following (January 6), but it was now decided that no forward movement could be attempted until the ground from which the two battalions had been driven had been recovered. As a preliminary, General Ross thus redistributed his forces. The 6th Royal Welch Fusiliers (160 Brigade) were placed under the command of 71 Brigade and were sent to the right-hand sector of the front between Marche and Marloie; the 4th Welch (160 Brigade) were placed under 158 Brigade, and were sent to Menil. The 53rd Recce Regiment, which had been sent to the division, was kept in reserve at Bourdon on the main road between Marche and Hotton.

On the following day (January 6) it was decided that the 4th Royal Welch Fusiliers should recover the lost ground and that their advance should coincide with an attack by 71 Brigade in the right-hand sector: the day was spent preparing for the new move, and as the weather was bitterly cold and the night frosts extremely severe, cases of exhaustion were numerous. The 1/5th Welch suffered most, for the position that they held was particularly exposed. It was noticed, however, that the Germans did not try to follow up their success of the previous day, and reports came in from the VII U.S. Corps on the left that the German resistance was growing weaker. The enemy's difficulties were greater than ours.

At 09.00 hours on January 7 the 4th Royal Welch Fusiliers went forward, they were supported by B Company from the battalion, who laid down an intense harassing fire upon targets that had been located by the forward companies. For some reason that we cannot appreciate, the Germans were in no state to resist, and half an hour after the 4th Royal Welch Fusiliers had started they were on their objective: by noon they were on the high ground overlooking Grimblemont.

The 1st East Lancashires now went through against Grimblemont; simultaneously the 1st Oxford and Buckinghamshires and the 1st Highland Light Infantry (71 Brigade) moved forward on the right to capture a rounded knoll to the south of Marche which overlooked the main road to Laroche. A Company and two platoons from D supported 71 Brigade's advance. Both these attacks were stoutly resisted; but both went through. The 1st East Lancashires suffered severely, for the enemy fought for every yard of ground; but in the early afternoon two companies were in the village of Grimblemont, and the enemy's counter-attacks did not dislodge them. On the right, 71 Brigade's attack was equally successful and the coveted hill summit was in our hands by nightfall. The forward companies were ordered to stand upon the ground that they had captured.[59]

The contribution that the battalion gave to the final attacks in this stubbornly disputed action has just been described. The part that the battalion played in the opening attacks is not so easily set out in writing. The companies were under orders to consolidate the positions that had been carried and to break up counter-attacks; and it is unfortunate that these counter-attacks—notably the one on Grimblemont—have not been very well reported in the battalion diary; certain it is that A Company was very closely engaged at that place. Following up the infantry in that ice-bound country was moreover arduous enough; on

---

[59] Lieutenant Coulston gives the following additional details about the battalion's employment: "I believe that Lieutenant Weaver's platoon did a long carry to bring guns into position in support of this attack, and was able to give excellent cover to the 1st East Lancashires." And further (January 4/5): "Tactical H.Q. at Molreux on extreme left with 158 Brigade, C Company and two platoons D Company gave active support to this attack."

THE DIVISION WITHDRAWN

January 4, C Company was obliged to abandon its vehicles and to carry its guns and equipment up two miles of snow-covered slopes.

While the final attack against Grimblemont was being prepared, orders were received that 51 (H) Division was to relieve 53 Division: and as soon as the attack was delivered the relief was carried out. The 71st Brigade remained in the forward area for a few days longer, but by January 19 the whole division was regrouped round Eindhoven and was being specially trained for a major operation that was then contemplated. The battalion accompanied the division and headquarters was set up at Stiphout, near Helmond: the divisional headquarters was at Nunen, near by. At Stiphout everything that could be regarded as preparation for the coming battle was taken in hand. Vehicles and weapons were so well overhauled that hardly a bolt was left untested; and 300 Everest packs were flown out from England in case the guns and ammunition had to be carried over the difficult country where the battalion was about to fight.

The battle in the Ardennes was, indeed, turning against the Germans when the division was drawn out of the forward area; for the troops of the VII U.S. Corps were already across the Laroche–Vielsahm road, and the fighting during the following week only confirmed what had for some days been suspected—that the Germans had attempted more than they could accomplish. As soon as the relief was completed 51 Division advanced up the valley of the Ourthe against weakening opposition. On January 9, Hodister and Warizy were carried, and on January 11 the leading brigade in the division reached Laroche. On the right of 51 Division the 6th Airborne Division, which had been put into the forward area just before 53 Division was withdrawn, reached Saint-Hubert. The Germans were, in fact, withdrawing under the pressure that the U.S. Armies were now exerting; for on January 16 the 1st and 3rd Armies joined hands at Houffalise; and a week later the Americans were in Saint-Vith. The U.S. battle front then differed but little from the

ASSEMBLING FOR THE ASSAULT

areas of the Reich and to capture the Ruhr district. You know what that would mean in the face of the temporary loss of Silesia. The Wehrmacht would be without arms and the home front would be without coal.[4]

No matter what the superiority in men and guns may be, attacking a strongly defended area that is held by a brave and well-informed enemy, and what is more, attacking it in weather so foul that all military movements may, from time to time, be brought to a standstill, is a dangerous adventure.

* * * * *

The movement to the assembly area was carried out as late as was compatible with proper preparation, and the formations that were sent forward last only reached their battle positions on February 7. When the deployment was completed:

The 3rd Canadian Division was round Erkelon, and was under orders to clear the enemy out of the country between the Rhine and the Cleve–Xanten road, and by so doing to protect the left flank of the divisions to the south.

The 2nd Canadian Division was round Beek and was under orders to operate towards Wyler, Kranenburg, and Cleve.

The 15th (S) Division was to the north of Groesbeek and was under orders to carry the Siegfried defences to the north of the Reichswald forest and to operate towards Udem.

The 53rd (W) Division was in the woods to the west of Groesbeek and was under orders to force the defences of the Reichswald forest.

The 51st (H) Division was between Groesbeek and the river Maas and was under orders to advance along the right bank of the river.

The 43rd Division was in reserve and was under orders to make ready, when instructions were given, to pass through the 51st Division and to capture Goch.

The Guards Armoured Division was to move forward

---

[4] See *Account of 2nd Army's Operations,* Vol. 11, p. 320.

behind 43 Division and to operate on the axis Udem, Hammerbruch, Wesel.

The 2nd R.C.R. was to be ready to operate under the order of 30 Corps or of the 43rd Division.

The assembly area of 53 Division, with which we shall, henceforward, be particularly concerned was this: 71 Brigade was in the woods east of Bergendal; 58 Brigade was at the Maas-Waal canal near Malden: 160 Brigade was in the woods near Bergendal; divisional headquarters was near Moelenhock.

The battalion was deployed on the edge of the woodlands that lie to the west of Groesbeek: the gun positions were astride of the railway track between Cleve and Nijmegen.

This great deployment was disguised by every stratagem that could possibly deceive, or mislead, an observer: even formation badges were removed from uniforms and vehicles; and the enemy do not appear to have detected the movement. Moreover, when indications were at last reported by the forward troops in the Reichswald, the German commanders appreciated them wrongly. For when General Wiebig, who commanded in that area, was told that a great mass of motor traffic was moving behind the British front during the dark hours, he answered that we should never undertake a great operation while the roads and the countryside were in the state that they were then in. He therefore disregarded the reports that an attack was imminent, and did not reinforce the troops in the forward line.

The operation was introduced by a bombardment in which every available missile thrower participated: for five hours guns of all calibres, anti-tank guns, machine-guns, mortars, and rocket batteries poured their fire upon targets that had been located beforehand by aerial photos.[5]

---

[5] Lieutenant Coulston has kindly supplied the following additional details about the battalion's part in this bombardment. Under command battalion for this initial bombardment were: one squadron of tanks, a battery of 17-pounder anti-tank guns, and three troops of 40 mm. Bofors guns. Ammunition for these pieces created a problem, as the Canadians could not deliver. However, Captain Paynter and his divisional R.A.S.C. managed between them.

THE BOMBARDMENT

The battalion sent down 697,00 rounds of small-arms ammunition, and at no time during the bombardment was more than one gun away from the firing line. Not many Germans in the bombarded areas were killed outright, but equipment and stores dumps literally melted away; telephone communications were so destroyed that every formation and unit in the forward zone was isolated; no counter-battery work could be attempted; and, which was perhaps most serious, the troops that were subjected to the bombardment were stupefied and depressed. Prisoners stated later that when the bombardment stopped and our troops were seen to be advancing, it seemed as though it would be quite useless to resist an onslaught so overwhelmingly powerful.[6]

At half past ten the 4th Royal Welch Fusiliers (71 Brigade) moved forward, and at noon they had reached the eastern outskirts of the forest. The Highland Light Infantry and the Oxford and Buckinghamshires now passed right through the Royal Welch Fusiliers, stormed the anti-tank ditch in front of them, and entered the forest. On this day the enemy did not resist the advance at all strenuously, and at the end of the day's fighting, our intelligence officers only located three battalions of the 84th Division on the Reichswald part of the battlefront.

It had been intended that 160 Brigade should continue the attack during the afternoon; but the movement of so many men and vehicles over ground and roads that were soft and in a bad state when the operation began, had made the approaches to the forest very difficult and the tracks within it even worse; this delayed the brigade's move forward. Nevertheless, the East Lancashires[7] and the 6th Royal Welch Fusiliers started off at midnight in a downpour of rain; and despite the dreadful difficulties of advancing through a muddy forest in the pitch darkness, they made themselves masters of the next line of trenches. The 158th Brigade could

---
[6] 53 Division War Diary Intelligence Summary.
[7] Placed under command of 160 Brigade, February 8.

LIEUTENANT-COLONEL CROZIER IN HIS SCOUT CAR NEAR GOCH, FEBRUARY 1945

MACHINE-GUN CARRIERS OF 'A' COMPANY MOVING INTO ACTION FOR THE ATTACK ON WEEZE, MARCH 1945

night Major Woolsey watched these trails of fire rising from the earth and descending into the woodlands that the Germans were holding. When the attack went in, it was successful, and the enemy were expelled from their positions in the river loop. C Company was now operating with 71 Brigade; the battalion headquarters, A, B, and D Companies were moved to the eastern side of the town.

March 1–3. Weeze was duly pinched out by the converging movements of 158 and 71 Brigades. On the morning of March 2 patrols from the Highland Light Infantry walked along the anti-tank ditch and drew no fire. Weeze had been evacuated during the night; and the Germans were now abandoning the whole country between the Rhine and the Maas. To the battalion, the evacuation of Weeze was a great relief. During the night of the 28th, all guns and mortars had been engaged and D Company had put down 1,000 phosphorous bombs upon the town. As a consequence, and owing to the terrible congestion on the roads, ammunition was so short that B and D Companies had been brought out of the forward area, when the news came in that Weeze was no longer held. The German position was, indeed, fast becoming extremely dangerous; for the American 9th Army had been advancing very rapidly for the last five days. On February 23 the Roer had so far subsided that the American army commander decided that he could move; and the whole army, three corps strong, surged forward across seven heavy and a number of light assault bridges. The Germans had no force comparable to the American, and by March 3, when Weeze was occupied, the United States Army was approaching the Rhine between Neuss and Krefeld.

March 4–7. The advance into the country to the south of Weeze was not resisted; Kevelaer was occupied on the 4th, and the battalion headquarters was established in the town. The enemy were at this time preparing to make a stand round Issum, and A and D Companies were sent forward to support 71 Brigade, which was under orders to carry the place. The operation was actually in progress when the 53rd

part of the action, as the southern approaches to the town are in an open, unwooded country where machine-guns can be effectively used. Three bridges over the Aa connect the northern and southern parts of the town, and by good fortune only one of them was blown; the second was merely cratered and blocked; the railway bridge was damaged. The Monmouths and the Royal Welch Fusiliers now forced their way across the cratered bridge and entered the northern part of the town. The enemy fought on stubbornly and the advance was several times held up by mines. Nevertheless, by nightfall Bocholt was firmly held, and 158 Brigade had reached the line of the Aa to the west of the town. Orders were now given that 71 Brigade should continue the advance towards Aalten and Winterswijk.

When Bocholt was thus carried, our troops had been advancing at an even greater speed in other parts of the battle zone. The U.S. troops to the south of the Lippe had cleared the great industrial town of Gladbach, north of the Lippe; the 6th Armoured Brigade had cleared Dorsten, Haltern, and Dulmen, while the leading troops of 30 Corps were past Anholt and Isselburgh. "It was now apparent that a break-through had started," writes the historian of the 2nd Army; and the Commander-in-chief issued a general instruction that the 21st Army Group was to "Exploit the present situation rapidly and drive hard for the line of the River Elbe so as to gain quick possession of the plains of northern Germany."[18]

A week after the Rhine was first crossed, eight infantry divisions, two airborne divisions, and four independent armoured brigades had, therefore, been carried over the river and the order for the last decisive thrust was being circulated among them.

* * * * *

The speed of our advance into Germany is, henceforward, more significant than the actions that were occasionally

---

[18] *Account of 2nd Army's Operations.* Vol. II, p. 359.

fought; for it was this daily penetration into towns and districts where the Germans might have rallied, if they had been allowed, that registers a victory to which history offers but few parallels. Between April 1 and 10 the battalion headquarters was established in the following places:

Date	Position of H.Q.	Distance from previous H.Q.
March 31	Winterswijk (Holland)	16 miles
April 1	Vreden	5 miles
April 2	Alstatte	12 miles
April 3	Ochtrup	8 miles
April 5	Emsdetten	19 miles
April 7	Westkappenlen	17 miles
April 8	Sulingen	68 miles
April 9	Hoya	18 miles
April 10	Rethem	11 miles

The total advance was, therefore, 74 miles in ten days.

The north German plain, through which the division was moving, is representative of the laborious, peaceful Germany that poets and philosophers have often celebrated. The country is, indeed, very flat and wooded and is intersected by innumerable streams which flow sluggishly towards the north; large expanses of moor are frequent; for the soil is not rich, although it has been intensely cultivated. It was, moreover, a peculiar irony that the British Army should have been pouring into a part of Germany that has not been visited by war for many centuries, for if anybody examines the maps of the north German plain he will only rarely find the crossed swords that mark the site of an old battlefield. The symbol occurs frequently enough in other parts, for Germany's frontiers have been established more by war than by negotiation.

It is not, therefore, surprising that the diaries contain more entries of bridges that are found undestroyed, and of delays due to mines, road blocks, and craters, than of organized resistance. Neverthless, it should be added, to the honour of the Germans, that wherever they could resist they did so.

THE GERMANS FIGHT ON

At Gronau, two battalions were deployed before the town was captured, and C Company was engaged.

At Ochtrup a battalion and a squadron of tanks were deployed, and C and D Compaies were severely engaged.

At Ibbenburen, 71 Brigade deployed two battalions, and A and D Companies were engaged. The divisional war diary states that the town was not strongly defended: those in the forward area thought differently, for Lieutenant-Colonel Crozier's diary runs, "Opposition very tough. There is an officer-cadet school at Ibbenburen and they are fighting as a battalion." The 71st Brigade diary is even more illuminating:

Neither battalion (1/H.L.I. and 4 R.W.F.) had much difficulty in getting its objectives on the railway to the north of the town, although there were some fierce small-scale battles, and some of the furious fighting spirit which we had been led to expect from this type of enemy troops, who, incidentally, presented a most curious order of battle. Apart from a regiment of officer-cadets, there was a battalion of potential N.C.O.s straight from a course in Hanover, and about two battalions of a supply O.C.T.U. All these people had fought extremely hard against our predecessors (155 Brigade of 52 (L) Division), without any heavy weapons and with an ammunition shortage; but either they were tired, or the attack was too overwhelming and the town fell.

The entry is a good illustration of the state of north Germany: the country was defenceless: but the small groups of armed men, whom some chance of war had deposited in the small country towns, still did their duty. These parties were, moreover, able to put up not merely a desperate resistance, but an extremely skilful one as well; for they were trained soldiers fighting in a country where they had often enough been living for months past.

The officer-cadets and the N.C.O.s under training were, however, no match for the experienced battalions that were pitted against them, and as the diarist states, the town fell and the division surged on.

GERMAN RESISTANCE WEAKENS

document that was captured during the day's fighting contained good testimony to the part that the machine-gunners were now playing; for it contained orders that a unit was to cross the river at Barnstedt that night, and that it should at all costs eliminate the machine-guns that were doing so much damage.

After the leading troops had cleared that part of the road that was covered from the woods, they made a good advance; for the East Lancashires were in Nedenaverbergen, the 1/5th Welch were beyond Armsen and the 7th Royal Welch Fusiliers were near Hohenaverbergen at the end of the day. The 4th Welch remained on the west side of the river, but they pushed out their patrols towards Verden and saw to it that no enemy parties reconnoitred in that part.

The continuous pressure was, however, now beginning to break down the enemy's resistance in the part of the battlefield where it had been stiffest; for during the day a Class 40 bridge was completed at Rethem; the 4th Armoured Brigade passed over it and nearly reached Eilstorf, which lies about three miles beyond the crossroad area that the Germans had so stoutly defended.

April 15–17. It was now decided that the foothold that had been secured on the eastern bank would be used to best advantage if Verden were captured. The 158th and 160th Brigades were therefore ordered to get astride the Verden–Vesselhovede road and to attack the city from the east. The 4th Armoured Brigade was to cover the right flank of the movement. The battalion headquarters was brought over to the east bank and was established at Nedenaverbergen. The machine-gun companies were ordered to protect the flanks of the brigades during their northerly advance.

The 158th Brigade moved on the left; 160 Brigade on the right; and by the evening of the 16th the main road that runs east from Verden was in our hands and the city was isolated; the East Lancashires were in Kirchlintein; the 1/5th Welch were across the road that enters Verden from the south-east; 160 Brigade were on the northern side of the road between Kirchlintein and Kukenmoor; the 4th Armoured Brigade were round Brunsbroeck. The 71st Brigade which had been on the western bank the night before had been brought up to Kirchlintein, and was assembling behind 158th Brigade; for it was now decided that it should deliver the attack on Verden.

The long pursuit and the hard fighting had sadly drained the division's strength, for on this day (April 16) Lieutenant-Colonel Crozier entered in his diary, " 158 and 160 Brigades are just played out: some battalions are less than 200 strong and they are very tired." The infantry were equally exhausted and depleted. On April 15 two platoons of C Company were asked to act as a guard detachment on a bridge at Weitzmuhlen as the Welch literally could not find the men for the duty.

It was the battalion's privilege to make a substantial contribution to what proved to be the division's last big action. All companies engaged targets to the south of Verden for an hour before the leading battalions attacked: A and D Companies opened fire from the left bank; B and C from the right. At 01.30 hours the Oxford and Buckinghamshires went forward, and reached the eastern approaches to the town: the Highland Light Infantry then passed through them and secured the southern part of the town: the 4th Royal Welch Fusiliers completed the business, and during the afternoon 52 (L) Division started to build a bridge over the Aller. The way to the east was now wide open. The battalion headquarters was moved south and established at Stemmen: "The first place I have found in Germany with electric light and running water," wrote the commanding officer.

* * * * *

The battalion, and indeed the division, now became very split up: 71 Brigade and A Company were put under command of the Guards Armoured Division and were sent north to capture Bremen: 160 Brigade and B Company were ordered to press westwards towards Hamburg with 7 Armoured Division; only 158 Brigade remained under divisional command. The country between Vesselhovede and Verden was not indeed completely cleared for several days; for small parties of Germans still held out in the woods and spinneys and fought desperately on.[21] The courage and discipline of the Marine Division who had defended the line of the Aller must indeed have been quite exceptional. It was during these last struggles that Sergeant Abbott and Captain Donald Pleasse were decorated for their exceptional courage in one of the dangerous unexpected episodes which were then so often occurring behind the leading infantry.

A small party of Germans, who had concealed themselves in the woods successfully ambushed a British officer and ten gunners, and captured the two 25-pounder guns that they had with them. Sergeant Abbott and Captain Pleasse were not far off when the ambush was carried out, and they sighted the Germans almost as soon as they moved towards the sounds of the fighting. Although greatly outnumbered they at once attacked the enemy, and to such good effect that every one of them was killed and the 25-pounders were recaptured.

These last operations in the great conflict were indeed as exacting as any other, for after Verden was captured the officers and men of D Company were so exhausted that the commanding officer felt obliged to ask the divisional commander for permission to bring them back for a rest. The practice of using the whole mortar company to support each forward brigade in turn had justified itself by its results; but if it had been continued for much longer, accidents would almost certainly have resulted; when the commanding officer asked that the company should be withdrawn the officers

---

[21] Lieutenant Coulston adds: "April 19/20, 2 pls. D Company, operating with 158 Brigade (still under 53 Div.) had a busy time rushing hither and thither doing shoots against enemy parties, who were being winkled out in the Jeddingen area."

SERVICE IN BURMA

Honour under Captain C. D. Moorhead, M.C., for the departure of Sir Spencer Harcourt Butler, the retiring Governor, and the arrival of Sir Charles Innes, his successor, while the rest of the battalion lined the streets of Rangoon.

Lieutenant-Colonel Heelis had already received a letter from Sir Harcourt Butler, of which the following is an extract:

I wish to thank you, your officers, and all ranks for the kindness and courtesy which you have always shown to me since I have been here. As you marched off from church yesterday I felt very sad that I should not see you again in Burma. I can only say, like many others, I have found you a very fine regiment, and that I say goodbye with the deepest regrets. With all good wishes for the future to you all.

This was the last ceremonial parade the battalion was to perform in public in Rangoon, for orders had already been received for its move up-country to Maymyo in relief of the 2nd Battalion the Cameron Highlanders, who were to take the Manchesters' place in Rangoon. Advance parties left the battalion by rail in the first week in January, and the main body, consisting of Battalion Headquarters, Headquarters Wing, and B and D Companies embarked on the Burma government steamer *Irrawaddy* for a fifteen-day voyage up the River Irrawaddy to Mandalay, whence the battalion was to move by rail to Maymyo.

During the regiment's stay in Rangoon Captain S. K. Pembroke relieved Captain E. B. Holmes, M.C., as adjutant, and Captain K. S. Torrance, having completed the staff college course at Quetta was appointed Brigade Major of the 16th Indian Infantry brigade at Ahmednagar. Captain C. D. Moorhead joined the battalion. R.S.M. F. Snow, D.C.M., was appointed Lieutenant and Quartermaster in relief of Captain and Quartermaster D. A. Carter, who reverted to the half-pay list. 2nd Lieutenants G. Frampton, N. I. Mackenzie, J. M. T. F. Churchill, E. F. Gale, R. W. Palk, L. Trevor, A. Provan, A. H. Thompson, and T. B. L. Churchill joined the battalion on first appointment to the regiment. Major A. G. M. Hardingham died while second-in-command of the battalion at Rangoon in October 1926. Lieutenant S. H. Holley, M.C., embarked for the United Kingdom in November 1926, on retirement.

The voyage up the river to Mandalay was a unique experience for the battalion. It had been decided upon for political reasons as it was known that there were signs of unrest in the villages on the lower Irrawaddy due partly, it was understood, to a recent failure of the rice crop; and it was decided to use the battalion's move as an opportunity to organize "flag marches" in the various villages on the banks of the river.

Lashed alongside the river steamer was a double-decked raft known as a "flat", and on this travelled one company, while two companies were accommodated on the upper and lower decks of the steamer respectively. The meat ration was carried "on the hoof" on the lower deck of the flat. Each morning the steamer set off at 6 a.m. in the swirling muddy current, an unwieldy barque which the skipper nevertheless handled with great skill. The Irrawaddy is one of the most difficult rivers in the world to navigate due to the numerous and changing sandbanks in its course, and once or twice the battalion did go aground; but the steamer was always refloated without mishap in a remarkably short space of time.

In the evenings the steamer moored at a village pier to enable the troops to go ashore to play games, while two bullocks were slaughtered to provide fresh meat. The river was often unsafe for swimming, but when this was not the case, the men bathed. At about 7 p.m. in the evening the steamer pulled out into the stream and anchored in order to obtain a breeze during the night and to avoid sandflies, mosquitoes, and bandits.

At Henzada, Myanjaung, Prome, Allanmyo, Magwe, Yenangyaung, Pakokku, and Myingyan route marches were carried out, the band and drums accompanying the battalion on the line of march on the dusty cart-tracks. No one who was with the battalion on this river voyage is likely to forget the wonderful watery sunsets over the rich green paddy fields which border the Irrawaddy.

The battalion arrived in Maymyo on January 26, 1928. A permanent detachment of one company was found in Mandalay, which was changed over every five months. Maymyo was a hill-station and the headquarters of Burma Independent District. It possessed a delightful climate and the surrounding countryside consisted of rolling jungle-covered hills. A fine artificial lake had been constructed, as well as many playing fields and polo grounds. Every sport could be enjoyed and the men found it far more healthy than Rangoon. The open country offered far better opportunities for field training and there was an excellent twelve-target 500-yard range within easy distance of barracks.

In February the battalion marched out to camp at Ye-Tha-Lauk-Kon near Wetwin, some fifteen miles distant, and spent fifteen days under canvas. Local Burmese villagers soon arranged an irrigation system in the camp, consisting of conduits made of split bamboos, and they also made tables and chairs from the same wood by dexterously cutting and splitting the stems with their large dahs or jungle knives, four feet long but handled by the natives as if they were pen-knives. The Signal and Machine-Gun Groups remained in camp after the battalion returned to the cantonment.

In April the regiment took part in the Burma District Rifle Meeting, at which it swept the board and received a laudatory memorandum from the District Commander. Six challenge cups were won, and Lieutenant and Quartermaster F. Snow, D.C.M., was singled out for special praise for his victories in the Burma Individual Challenge Cup, and the Burma Individual Revolver Challenge Cup.

The detachment in Mandalay, which lies in the plain of the Irrawaddy, was accommodated at the foot of Mandalay Hill and outside the old moated and walled fort which contained the wooden Palace of King Thebaw. The climate was hot and damp and the troops were generally glad to rejoin

THE BATTALION SPLIT UP

monster which guards all Burmese temples) acquired with part of the prize-money awarded for capturing Saya San.

A Company, under Captain H. R. C. Green, after a month in Shwebo, where they lived in the ancient barracks which had been occupied by British troops in 1905 and had been empty since 1918, moved to Thayetmyo on the Irrawaddy, some 250 miles south of Mandalay. Here they were in the centre of the disturbed area, and platoons operated incessantly on foot from Thayetmyo itself, or on foot from a temporary base, or by river launch; in the latter case the patrol was based on the launch and visited and searched riverine villages within a radius of fifteen miles up and down stream from Thayetmyo.

B Company remained in Meiktila until October, when it moved to Minbu and Tawngdwingyi, the former place being on the Irrawaddy, some sixty miles north of Thayetmyo, and the latter being inland and sixty-five miles south-west of Meiktila. Company H.Q. and two platoons were at Minbu, and the other two platoons at Tawngdwingyi.

The two platoons of C Company which were originally stationed on the railway at Toungoo, under Lieutenant W. A. Venour, were brought in to rejoin the company in Mandalay at the beginning of August; and in October, Battalion Headquarters, H.Q. Wing, and C and D Companies left Mandalay for Meiktila, where B Company had recently been stationed. But early in November, C Company, under Major K. S. Torrance, left Meiktila for Paukkaung, twenty-five miles east of Prome, and established a platoon detachment under Lieutenant T. B. L. Churchill at Hmattaing, some thirty miles across country to the south.

The operations upon which C Company were now about to be engaged were called the valley campaign, for their theatre was in a great valley of which the principal characteristics were these. The town of Prome stands on the left bank of the Irrawaddy in latitude 18° 50′ N.[3] There are

---

[3] See Survey of India, Sheet No. 85, N/1 and 5, 5,000 to 8,450, and Sheet No. 85, N/9 and 13, 5,300 to 8,450.

chains of low hills (400 to 500 feet) on the northern and southern sides of it, but to the east and north-east of the place there is a great alluvial plain, which is about twenty miles long. The native town of Paukkaung stands at the eastern end of the valley. Beyond it there is a great tangle of hills covered with thick forest, and these hills are the western spurs of a mountain range, whose crest line runs roughly parallel to the Irrawaddy valley, and is about fifty miles from it. A large number of rivers and torrents debouch from the mountains into the lower land to the west of them. Two of them, which are rather larger and more powerful than the others, flow into the valley that is here being described, their beds join about seven miles to the west of Paukkaung, after which they run in a single river and join the Irrawaddy at Prome. They are called the North and the South Nawin Chaung, and although other streams traverse the valley (notably the Lawtaw Chaung on its southern side) the Nawin Chaung, whether it be flowing on one or on two beds, is the greatest natural feature of the whole area. The valley of the Nawin Chaung is fertile and is covered with villages and hamlets. In the western part near Prome, the villages are so thick that the map shows sixteen names along seven miles of river. Further upstream towards Paukkaung, the villages are not quite so closely clustered, but wherever there is a loop in the river, one hamlet succeeds another, for the soil in those loops is exceptionally rich.

Although the villages are most thickly assembled along the Nawin Chaung, they are thickly scattered all over the valley and along the secondary streams that flow into the main stream. It is only when the riverbeds enter the hills and mountains that the villages are rarer, for the river valleys then become narrower and narrower, until they are little but gorges and gullies. The dense forest then covers each side of the gorge, through which the torrent runs, and as the land that can be tilled becomes scarcer, so the villages become more isolated. Nevertheless, there are a few mountain settlements on the edges of the torrents, and they served as

C COMPANY ZONE OF OPERATIONS

assembly and starting points for some of the Burmese gangs. It would have been fruitless to pursue them into these distant fastnesses, which were reached by mere paths and were surrounded by dense jungle.

The lower valley is traversed by one good road which was designed and built in European fashion. It runs parallel to the bed of the Nawin Chaung, and is about five miles from it. This road connects three of the principal settlements of the valley—Prome, Paungdale, and Paukkaung. The villages in the district are connected by numberless roads and tracks; they can be used by mounted men, but they are ill made, and are only intended for bullock carts that carry the produce of the farms from the fields to the village store sheds. Nevertheless they suffice for carrying news rapidly from village to village and from one farm to another.

The valley and its approaches were divided into two military areas, called the right and the left sectors. The exact boundaries of each need not here be described as they can only be followed upon large and detailed maps, but the main principle of the division was this: The whole of the Nawin Chaung valley, and a considerable area of the rising country on its northern side was put into the right sector; the main road being between Prome and Paukkaung was included in it. The left sector covered the higher land to the north of the valley. The right sector (with which we are here principally concerned) was divided into sub-areas. The country round Paukkaung, at the eastern end of the Nawin Chaung valley, was the easternmost of these areas. To the west of it, the valley between Paukkaung and Prome was divided into four more sub-areas (Paungdale, Wettigen, Hlwazin, and Kyaukpintha).

C Company of the Manchesters held the eastern sub-area round Paukkaung; platoon posts—of which a more particular account will be given later—were established at Hmattaing (12 Platoon, Lieutenant T. B. L. Churchill) and at Nga Kuaing (11 Platoon, 2nd Lieutenant N. C. Robertson-Glasgow). The other sub-areas in the sector were occupied by platoons serving with British regiments in India at the time. This fine old soldier, who had had an outstanding record with the Poona Horse in the Great War, was, on the departture of the battalion, to take his Indian platoon to Bangalore to join the 2nd Battalion the South Staffordshire Regiment. The officers of the Manchesters, shortly before he was due to leave, invited him to tea with them in their mess and presented him with a silver cigarette box, suitably inscribed. The Commanding Officer, Lieutenant-Colonel E. L. Musson, inspected the Indian platoon on parade before it left the battalion on September 30, and the band and drums played it to the station.

The regiment was relieved in Secunderabad by the Royal West Kent Regiment, and it left by train in three parties for Bombay en route for Khartoum, Sudan, on October 11, 1932.

During the battalion's time in Secunderabad, 2nd Lieutenants G. D. E. B. Harvey, L. Cromwell, and N. C. Robertson-Glasgow joined on first posting. Lieutenant R. W. Palk resigned his commission on May 5, 1932, and 2nd Lieutenant L. Cromwell transferred to the R.A.S.C. in the same year.

The battalion embarked on the trooper *Nevasa* at Bombay and arrived at Port Sudan on October 21 after an uneventful voyage. The new station, although referred to as "Khartoum", in fact consisted of a headquarters at Khartoum and no less than three outstations or detachments each of a company's strength. The detachment farthest from headquarters was Cyprus, for which B Company was destined, and Major C. S. Tuely and his company accordingly remained on board the *Nevasa* for the voyage to Suez, whence they continued their journey to Cyprus independently.

A Company was destined for Gebeit, a station in the Red Sea hills on the railway from Port Sudan to Khartoum, and C Company were to find the detachment at Atbara, the railway junction on the Khartoum–Wadi-Haifa railway where the branch line runs off to Port Sudan.

All except B Company entrained at Port Sudan, A Company detraining at Gebeit and C Company at Atbara. Headquarters with H.Q. Wing and D/M.G. Company arrived at Khartoum North Station at 7.30 a.m. on October 23, 1932, and were met by Major-General S. S. Butler, commanding the British Troops in Khartoum and also the Sudan Defence Force, and also by the C.O. and officers of the Royal Ulster Rifles, whose barracks were situated at Khartoum South, across the Nile. Their band and bugles kindly played the Manchesters to their barracks.

Khartoum was to be only a one-year station before the battalion returned to the United Kingdom, so that many of the officers and men found it a little difficult to feel at home and to settle down with another move in prospect in so short a time: and the fact that the battalion was so split up was an added disadvantage. But in spite of this the companies learnt to like the Sudan with its very dry heat and waterless desert infringing so near to the barracks: those at Khartoum had the amenities of a town including cinemas and Greek-owned shops; Atbara possessed a large railway population who were very keen on sport and fielded some good cricket and football sides; while Gebeit, though far more isolated a station than any of the others, was much cooler in view of its altitude in the Red Sea hills. B Company in Cyprus had, of course, all the advantages of a Mediterranean island.

In December the *London Gazette* announced the following awards for distinguished service in the field during the military operations in Burma 1931–32:

O.B.E. (Military Division): Brevet-Major K. S. Torrance, M.C.[4a]
M.B.E. (Military Division): Lieutenant A. J. Morris.
M.C.: Lieutenant T. B. L. Churchill.
M.M.: Sergeant S. Middleton.
Mentioned in Dispatches: Major K. S. Torrance, M.C., Lieutenant T. B. L. Churchill, Sergeant S. Middleton, Sergeant W. Walker.

[4a] When the battalion left Burma, Major Torrance was appointed to the staff of Headquarters, Burma District, and to everyone's regret this outstanding officer was not destined to serve regimentally again.

REGIMENTAL BADGE CONSTRUCTED BY 'A' COMPANY, AT GEBEIT, RED SEA HILLS, 1933

H.M. KING GEORGE V, COLONEL-IN-CHIEF OF THE MANCHESTER REGIMENT ABOUT TO INSPECT THE GUARD OF HONOUR UNDER THE COMMAND OF CAPTAIN C. H. KEITLEY, M.B.E., MANCHESTER, JULY 1934

respectful sympathy and devotion to Her Majesty and the Royal family.
>
> Colonel Dorling,
> Colonel, the Manchester Regiment.

The following reply was received the same day:

> Colonel Dorling,
>   The Manchester Regiment.
> Please convey my heartfelt thanks to all ranks for their message of sympathy in the sad loss of their Colonel-in-Chief.
>
> Mary.

Twenty other ranks under the command of Captain F. A. Levis took part in the funeral procession in London on January 28, marching in that part of the procession reserved for representatives of the regiments of which King George V had been Colonel-in-Chief.

In the summer of 1936 the battalion received a letter from the Burgomaster of the town of Mons intimating that his townsfolk would very much appreciate some souvenir of the battalion, to be displayed in their museum in connexion with the Battle of Mons. The battalion responded to this invitation and sent through the embassy in Brussels a big drum which had been carried by the battalion in France and Flanders, and a collection of buttons, cap badges, and collar badges. The Commanding Officer received the following letter in reply:

> Ville de Mons,
> Mons, le 14 Mai, 1936.
>
> Monsieur le Lieutenant-Colonel,
>
> Nous avons l'honneur d'accuser reception de la grosse caisse superbement décorée, ainsi que des insignes du 2ᵉ bataillon du Manchester Regiment, que vous avez eu l'extrême aimabilité de nous adresser.
>
> Ces souvenirs, destinés à perpétuer la mémoire des officiers et soldats de cette unité, tombés au cours de la bataille de Mons des 23—24 Aôut 1914, ont été exposés dans la section britannique de notre musée de guerre, avec ceux de la 14ᵉ brigade de la 5ᵉ division, commandée alors par le Général Sir Charles Fergusson.

GENERAL MOBILIZATION

and reservists, and machine-gun instruction continued, interspersed with tests of gas masks in the gas chamber and passive air defence exercises. The P.M.C. commenced to make lists of mess silver and furniture for storage, and set about the construction of boxes to hold company officers' mess equipment, since officers would have to mess by companies on service. On August 25, mobilization schemes were issued by Battalion Orderly Room to companies so that company commanders would be familiar with their tasks. An intensive programme of "hardening" the men, including marching, physical training and musketry, was instituted and all key officers were ordered to be on the telephone at all times. The men were ordered to dig shelters for married families, and all companies had to find large working parties in barracks erecting blast-proof walls and shelters.

At this time lists were received of personnel who would have to be sent away on mobilization to fill special appointments and company commanders found that many of their best warrant officers and N.C.O.s were earmarked for these jobs. Major Green was ordered to proceed to take up his mobilization appointment as Camp Commandant of 2 Corps. Amendments to the mobilization scheme were issued from time to time and special instructions were received as to the painting of vehicles and the markings to be used as identification signs.

At 9 p.m. on August 31 it was announced on the wireless that the Government had decided to complete the mobilization of the Navy, to call up officers and men of the Regular Army Reserve and Supplementary Reserve, and to evacuate children and invalids from the main danger areas such as London and Manchester. By the following midday the barracks were full of officers reporting for appointments at Base and Lines of Communication Headquarters and for which the battalion had been designated in the mobilization scheme as "Parent Unit". The messing and accommodation of these officers presented a problem. At 4.30 p.m. on September 1, Lieutenant-Colonel Moore called a C.O.'s conference at the Orderly Room and announced that the order to mobilize had been received.

The mobilization scheme was put into operation at once, and for the next seven days there was intense activity in the barracks; all vehicles were parked in orderly rows on the square so as to make the garages available for units which were forming on mobilization; the Colours, the stands of The British Musqueteers and Queen's German Regimental Colours, and the Drum-Major's Staff were sent off to the Depot with a conducting party; the mess silver and furniture were boxed and crated and sent off for safe custody to Lloyds Bank;[5] and many officers and warrant and non-commissioned officers left the regiment to take up their mobilization appointments. At the same time the Divisional Commander, General H. C. Lloyd (who had succeeded General Maitland Wilson) ordered that as great a measure of dispersion as possible should be achieved, and each company detached at least one full platoon to billets some ten to fifteen miles distant from barracks. Wise as this precaution was, it did not facilitate the administration of companies at such a time.

War was declared at 11 a.m. on September 3.

On September 6, there was an air-raid alarm in the early morning, but no bombers came over. The President of the Mess Committee arranged for the officers to be photographed in a group outside the officers' mess, to conform to the practice which had been instituted in August 1914. On the 7th, the King visited the troops at Aldershot and the regiment lined certain of the roads in the vicinity of the barracks and cheered him as he drove past in a semi-open motor-car with General Sir John Dill, the Commander-in-Chief. On the 8th, the Colonel of the Regiment, Colonel

[5] The regiment is glad to be able to record its gratitude to Major Owen Hughes of the Hong Kong Volunteer Defence Corps for his assistance at this time. This officer reported to the regiment for a training attachment shortly before mobilization was ordered. Realizing how busy everyone was, he volunteered for any tasks that would help the regiment, and kindly undertook the work of conducting and depositing all the mess silver and furniture with Lloyds Bank at Cheam, Surrey.

THE BATTALION LANDS IN FRANCE

F. H. Dorling, visited the battalion and said good-bye to company commanders. By now mobilization was complete, and the C.O. inspected each company in its marching-out kit. An officer from the Machine-Gun School at Netheravon lectured to officers and W.O.s and N.C.O.s on the new streamlined ammunition which was to be issued at a later date, and gave out verbally the new range tables that were to be used, while officers copied them down into notebooks. He stated that the ammunition would probably be issued before the new tables and sights.

On the morning of September 19, the battalion transport left by road for the port of embarkation, under the command of the Battalion Transport Officer, Captain K. R. F. Black, and accompanied by Captains G. W. Ham, J. M. T. Churchill, and 2nd Lieutenant J. Keitley. Lieutenant Ross, R.A.O.C., also accompanied this party. All ranks were confined to barracks from midday, September 21, and at 6 a.m. on the 22nd, the battalion paraded on the barrack square in marching order, wearing greatcoats, packs, and haversacks, and marched off under the C.O.'s command to Farnborough station. After an hour's wait at the station, the men entrained and proceeded to Southampton where they embarked on the s.s. *Biarritz*.

Early in the morning of September 23, the *Biarritz* reached Cherbourg and the troops at once disembarked. Colonel A. W. U. Moore commanded the battalion; Major Axworthy was the adjutant; Captain T. B. L. Churchill, M.C., was the commanding officer of A Company,[6] Major E. M. Hickey of B Company, Captain G. Frampton of C Company, Captain E. F. Woolsey of D Company, and Lieutenant C. K. Mott of Headquarters Company. Lieutenant H. O'Brien was the quartermaster. In all twenty officers and 547 W.O.s, N.C.O.s and privates landed in France.

---

[6] Captain T. B. L. Churchill was appointed to the Intelligence Staff G.H.Q. soon after the battalion arrived in France. The Captain Churchill whose name so frequently appears hereafter was his brother, Captain J. M. T. F. Churchill of D Company.

A HARD WINTER

in the front line would not agree with this. According to their recollection, the defensive positions were not as strong or as complete as they should have been when active operations began. The ground had been frozen so hard during the long bitter winter that, for months on end, it had been impossible to work upon the forward defence line; and, when the thaw set in, the mud and slush impeded the work as much as the frost had done before. Many officers noticed another reason why the defence position did not make the advance that was hoped for. For nearly six months on end the men, who were living in barns, outhouses, and sheds, were hardly ever dry and warm; when they were, it was only for a few hours at a time. The men did not, by any means, lose heart, or become sullen, but they did become heavy and dull, and working on field fortifications in cold, wet, and windy weather is not one of those stimulants that rouse men who have become torpid and indifferent. The work was, in consequence, often done slowly and mechanically, and it did not progress as well as it would have done in happier circumstances.

The Allied governments have not, up to now, published the information that they collected about the German war plan. It may be taken for certain, however, that the evidence that the Germans intended to invade Belgium and Holland was very strong; for the Franco-British war plan started from the assumption that the Germans would advance through Belgium, and elaborate arrangements had been made to meet them on Belgian soil long before the German armies actually moved.

Any plan for meeting the emergency had, of necessity, to be adjusted to the plans that the Belgian general staff had themselves devised, and this was difficult to do because the Belgians, fearing to compromise themselves with the Germans, had communicated very little, and had refused to be party to any collaborative planning. It was, however, known in a general way that the Belgian army was to give battle on an outer defence line that followed the Albert Canal to Fort Eben Emael, below Maastricht, and after that

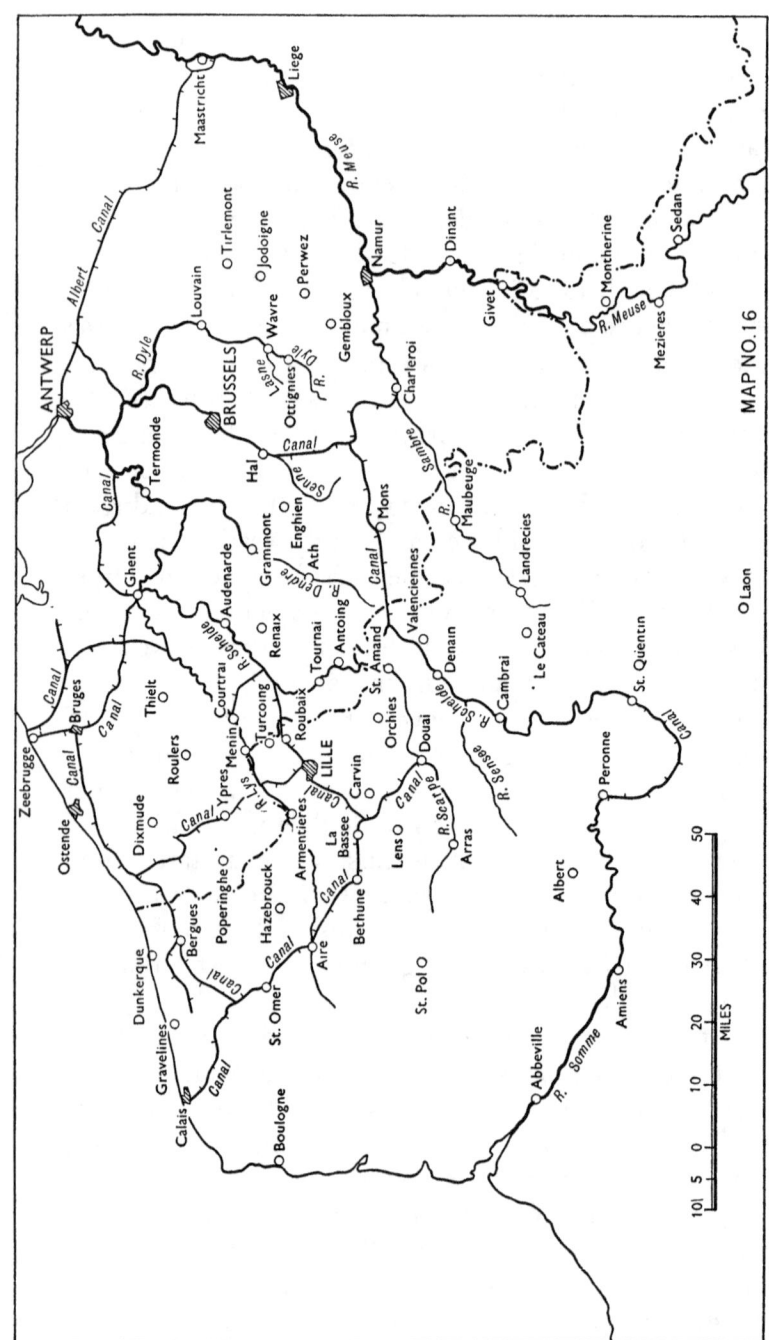

followed the Meuse to Liege and Namur. If the Germans penetrated or compromised this line, the Belgian army was to fall back on what was known as the national redoubt. The position ran through a series of field fortifications between Namur and Wavre; from Wavre to Louvain it followed the Dyle; from Louvain it ran along a line of obstacles to Antwerp.

After long discussions, in which an alternative plan of advancing to the Schelde and no farther was also considered, the French staff decided that, if time allowed, the Anglo-French army should advance to that section of the Belgian national redoubt which lay between Namur and Louvain, and that it should there give battle to the advancing Germans. In this plan, which was executed almost without modification, the Franco-British Army was thus distributed. The 1st French Army, under General Blanchard, was on the right, and was to hold what was known as the Gembloux Gap—a position between Namur and Wavre, with a rough, unfinished anti-tank obstacle in front of it. The British Expeditionary Force was then to occupy the line of the Dyle between Wavre and Louvain with two corps: the 1st on the right; the 2nd on the left. The 7th French Army was to be on the left of the British, but only in a general sense; for its area of operations was Antwerp–Ghent, and its duty was to support the Belgians north of Louvain. This army did not, therefore, continue the line that was held by the British Expeditionary Force; and it was arranged (although rather roughly) that the Belgian army should join up with the English left at Louvain, and should prolong the defence line towards Antwerp.

In March 1940, however, the British Expeditionary Force had been strengthened by an additional corps—the 3rd. This corps was not to occupy a sector of the front, and two of its divisions—the 42nd and the 44th—were to be stationed round Tournai, and to the south of Audenarde, where they were "to organize bridgehead positions pending orders for a further advance." The other division of this corps—the 51st

position could not be said to be threatened for so long as Antwerp was held. Nevertheless, it was bad news.

On the other parts of the Allied front the Belgians were compelled to retire from their advanced positions on the Albert canal and were coming back into the national redoubt. The forward movements of the British divisions were now well advanced; and Lord Gort expected that they would be completed on the following day, as indeed they were. From other parts of the front the news was very bad, for it was now known that the Germans had virtually defeated the 2nd and 9th French Armies.

> The position was going from bad to worse [writes General Gamelin]. On each side of the Dinant the Germans had forced the passages of the river on a front of fifteen kilometres, and they were debouching on the left bank. They were attacking at Givet and had got possession of the Monthermé bend. To the south of Sedan they had seized the Bois de Marfé and the neighbouring heights. They had, indeed, so enlarged their bridgeheads that they had reached the River Bar. The Meuse was also forced at Flize.[5]

In the northern part of the Ardennes the Germans had secured a wide debouching zone on the heights of the western bank. As the French High Command had been confident that their armies would fight the enemy to a standstill on the positions that had now crumbled, the reports that were received on this day were the reports of a disaster.

It should be added, in bare justice to the British Commander-in-Chief, that the disaster very strongly confirmed the misgivings that he had always entertained about advancing as far as the Dyle. When the Germans defeated the 9th French Army, the forward divisions of the British Expeditionary Force were certainly in their positions, but the reserve divisions were still moving forward. The German armies, therefore, struck a blow that decided the entire campaign before the British Army was completely deployed; and

[5] General Gamelin: *Les armées françaises de 1940*, p. 337.

one must presume that the deployment of the French 1st and 7th Armies was no further advanced than ours.

It was precisely because he feared lest something of this kind might occur, if the advance to the Dyle were adhered to, that the Commander-in-Chief had always mistrusted the Dyle plan, and would have preferred that the Allied armies should have advanced to the Schelde and no farther.

The Escaut plan [he writes] was by far the simpler of the two: it involved sending armoured-car reconnaissances to the River Dendre, to be relieved by divisional cavalry who were later, if necessary, to fight a delaying action backwards, towards the Escaut: demolitions were provided for on both rivers. . . . The Dyle plan, on the other hand, involved an advance of some sixty miles, carried out at a time when every moment was of value, over roads not previously reconnoitred, perhaps crowded with refugees moving counter to the Allied armies. Much, too, depended upon the resistance which the Belgians and perhaps the Dutch would be able to offer the enemy, who at such a time would certainly be making every effort to pierce the line of the Meuse and the Albert Canal.

If the circumstances are considered in which the Allied plan was decided, it will at once be seen that it was quite inevitable that the French view should prevail. If the whole matter is dispassionately reviewed, however, it must be admitted that on this particular point, whether it was better to give battle on the Schelde or the Dyle, our military judgment was sounder than the French.

May 15. The whole forward movement of the British Expeditionary Force was on this day completed, and the British Army now occupied the following positions. The 48th Division was in the forward area and was in 1 Corps reserve: the 4th Division was in 2 Corps reserve behind 2 Corps. Behind the forward area the 5th Division was on the Senne and was under the orders of the Commander-in-Chief; and the 50th (Motor) Division was in G.H.Q. reserve upon the river Dendre. The 42nd and 44th Division (3 Corps) were on the Schelde between Tournai and Audenarde.

THE STRUGGLE ON THE DYLE

The British Commander-in-Chief set up his command posts at Lennick-Saint-Quentin, six miles west of Brussels.

The Germans had also completed their advance to the Dyle; for, in the early hours of the morning, enemy artillery opened fire all along the 6th Brigade front. C Company was severely engaged: the headquarters at Ottenburg were shelled, and in the front line the posts of 9 and 10 Platoons were under heavy fire. As daylight came up, the enemy aircraft flew all over the British positions, and bombed and machine-gunned them. The attack proper was launched in the first part of the afternoon, when the Germans endeavoured to overrun a line of strongposts near the station and the bridge at Gastuche; 9 and 10 Platoons were in the very centre of the struggle and their guns were in action all the afternoon at every variety of target, infantrymen approaching their position and motor transport on the road behind the German front. At times the Germans had approached so close that the machine-gunners picked out officers who were directing and encouraging their men. The fight continued all day, and every piece of ground was contested with the utmost bitterness. Down the river, on the left of the brigade's front, the Germans were held, but near the bridge at Gastuche they crossed and established themselves in the Château de Laurensart, on the left bank. This part of the line was held by companies of the Durham Light Infantry, and the Royal Welch Fusiliers, and the reserve company of the Durhams at once counter-attacked. They drove the enemy out of the approaches to the château, and forced them off the railway embankment, but did not wholly expel them from the lost positions; for the Germans still held a pill-box and the main buildings of the château when the afternoon was drawing in. During this obstinate, bitter struggle, the infantrymen and the machine-gunners were much encouraged by the strength and accuracy of our artillery fire.

No essential position was lost, and the brigade commander rearranged his forward line and made ready to renew the

THE POSITION ON THE DENDRE

glance that it was a strong one. Between Les deux Acren and the southern outskirts of the Grammont, the river bed of the Dendre has been made into a canal, and on either side of it there is a ribbon of dykes and ditches. Just below Les deux Acren, the little stream of La Marcq enters the Dendre, between two borders of drains and dykes. North of La Marcq there is a line of hills on the eastern side of the Dendre. This position was held by the 4th Brigade, with whom D Company was operating, and the gunners saw, without being instructed by their officers, that they would find many good targets when the enemy began to scramble across the dykes and ditches of the river valley. The 5th Brigade's position between Les deux Acren and Lessines was equally strong, and B Company took up positions round Ghoy, from which the water line was well covered. A and C Companies were in reserve behind Ghoy. D Company was in position on the river by 1 p.m., and was in touch with the enemy five hours later. Captain Woolsey and Captain Churchill visited the platoon positions during the afternoon, partly by motor-cycle and partly on foot, Captain Churchill carrying a bren-gun for protection. Company Headquarters was moved to a house in Everbecq. The C.O. visited the company towards the evening, and said that the position must be held to the last man. Shelling and rifle fire increased during the night.

It is uncertain what information about the enemy's movements was at this time collected at headquarters, but what was then common knowledge sufficed to show that the British Army was in great peril. To the south of them, German columns had secured the crossings of the Sambre and were moving westward through Landrecies. Farther south, another German column was reported to be in Laon. It seems fairly well established, moreover, that the French high command (either through vanity or because their machinery for receiving and transmitting information was then hardly working) were only communicating a few selected facts to Lord Gort, who states that at this time he knew only "That a gap of at least twenty miles existed south of the Forêt de Mormal, in which there appeared to be no organized resistance whatever."[7]

The French seem, however, to have hoped that the northern and southern armies could be reunited on a line of positions that would run from Peronne along the Canal du Nord and thence to Douai and the Schelde; for General Georges, the Commander-in-Chief for the north-eastern front, now ordered that positions should be prepared and occupied on that line. Three British divisions were available for the purpose: the 12th, 23rd and 46th. They had been dispatched to France to work in the rear areas and on the lines of communications; they were composed of eight battalions only; and their artillery, signals and administrative units were mere tokens. The 23rd Division was equipped with some artillery from ordnance reserves and occupied the Canal du Nord between Ruyaulcourt and Arleux. The 12th Division was divided between Peronne and Abbeville, and a mixed force of units and details who were collected locally were ordered to prepare a defensive position round Arras.[8] Judging, however, that if the British flank were threatened it would be by forces advancing across the Schelde at Valenciennes and Denain, Lord Gort placed the 127th Brigade (42 Division, 3 Corps), the 1st Army Tank Brigade (G.H.Q. reserve), and a field artillery regiment under the command of Major General Mason-MacFarlane, and instructed him to defend the passages of the Scarpe between Raches and Saint-Amand. These movements were being executed while the army was retiring to the Schelde.

The order to retire to the line of the Schelde was received as the Germans were approaching (15.30 hours, May 18). The front was being attacked, and severely, when the retreat began, but it is difficult to determine at what points the pressure was most dangerous. This much, however, is certain: the 6th Brigade, which was in reserve round Ghoy,

[7] Dispatch, October 17, 1941, section 24.
[8] This was known as Petreforce.

moved off at 20.00 hours, and made for Tournai, through Flobecq and Renaix. The 5th Brigade was heavily engaged when it began to withdraw, and B Company and a party from the 12th Lancers formed the rearguard. They were severely pressed (we have no details of the fighting), but held their positions with the greatest stubbornness and courage, and were actually firing from the backs of their trucks when they pulled out. The bulk of the 5th Brigade was in retreat soon after midnight.

May 19. On the left the 4th Brigade, with D Company supporting it, had been engaged since the early evening. Half an hour after midnight the infantry withdrew without much difficulty, leaving 4/7th Dragoon Guards, the infantry carriers and D Company as their rearguard on the river. The brigade diary contains the entry "the enemy did not realize how weak a force was holding him".

About 9 a.m. on the 19th a light tank of the Dragoon Guards became ditched and the crew asked 13 Platoon to destroy it before they retired. Lieutenant Holt thought it would be possible to salvage it, and as a result of great exertions the Manchesters managed to get it out. At about 11.30 a.m., 13 Platoon started to withdraw, but the enemy, who had evidently seen the tank-salvaging operations, had drawn very close and opened accurate and heavy fire as the platoon embussed. One driver was hit and his truck crashed as a result, and a number of other men wounded, but no other drivers. Captain Woolsey, the company commander, was wounded in the base of the neck as he was sitting in the navigator's seat of one of the vehicles. The company finally got clear by five minutes past twelve, having lost three trucks including one of 15 Platoon's which became bogged and caught fire.

Captain Churchill tied up Captain Woolsey's wound and put him in the back of his own truck. The column almost immediately came upon a disorganized mass of refugees who had been bombed and machine-gunned by aircraft, and the road was littered with wounded, overturned waggons,

probably assisted the 4th Brigade to resist the severe attack to which it was subjected. As has been said, the Germans attacked at first light, and by crossing at Antoing, threatened the flank of the 1st Royal Scots, who were on the right of the brigade sector. The Royal Scots at once counter-attacked, but unsuccessfully. Not withstanding that they had suffered severely, they counter-attacked again, with the Royal Norfolks assisting them; but again the German mortar fire, which all units reported to be extremely severe and accurate, held them up, and again they suffered heavy losses. The Royal Welch Fusiliers were now sent up by the 6th Brigade commander, and orders were issued that Calonne should be attacked during the night by the Camerons with the Royal Welch Fusiliers and the Royal Scots on their left. At this time B Company's platoons, which were attached to the 5th Brigade, were in position near Bruyelle. This was the part of the line which was only weakly held when the Germans attacked at first light: the platoons were thus rather isolated and were severely mortared. "No. 5 Platoon," runs the battalion's diary, "was shelled out of its position, and lost Sergeant Hardy, Lance-Corporals Price and Woodrough killed. Their guns were put out of action. Enemy mortar fire very accurate. Nos. 6 and 7 Platoons lost touch with the company and were not found again for two days." From this it can be inferred that the platoons very stubbornly remained at their posts during this day of bitter fighting.

The 6th Brigade, which were in reserve round Merlin and the sugar factory near by, were constantly shelled, but beyond sending reinforcements into the forward line, they were not engaged in the defence of the canal. By nightfall, therefore, the enemy were across the canal at Antoing and Calonne, and the Royal Scots, the Camerons and the Royal Welch Fusiliers were preparing to renew their attacks upon the enemy's bridgeheads when orders came through that the attack was not to be delivered. The operation was cancelled, because it was then known at divisional headquarters that the line of the Schelde would shortly be abandoned.

May 22–24. The Germans were probably impressed by the resistance of the troops in the forward line, for the morning passed fairly quietly. Nevertheless, on the river line, the Royal Scots, the Camerons, and the supporting companies of the Royal Welch Fusiliers were, so to speak, entangled with the enemy round Calonne, Bruyelle, and Antoing, and the Germans strove hard during the morning to force them out of their positions. D Company, which had lost touch with its headquarters, was severely engaged during the morning, but gave no ground. In one attack the enemy advanced to within 400 yards but eventually melted away in face of the sustained machine-gun fire. Towards the afternoon the enemy stopped their attacks, but kept the rear areas round Welvain and Saint-Maur under continuous mortar fire. A gap between the Camerons and the Royal Scots was filled in by readjusting the Camerons' position, and the forward battalions were preparing to contest another German push from the bridgeheads when orders were received that all three brigades were to retire to the French frontier and were to re-occupy the fortified position that they had prepared before the advance into Belgium began. The withdrawal was highly necessary, but the significance of the operation in which the division was about to be engaged can only be explained by a retrospective survey.

As we have seen, Lord Gort had arranged that his right flank should be covered as far as Arras, when the main army reached the Schelde. He had scarcely completed his arrangements when the C.I.G.S. visited him at his headquarters at Wahagnies, and told him that the British Cabinet wished him to take his army from the Schelde, to march it southwest, through the open corridor in which the German armoured columns were operating, and to join hands with such French forces as he could find round Amiens. Lord Gort at once showed that this order was as good a recipe for ensuring the utter destruction of his army as he could think of; but he was at one with the Cabinet that the northern and southern groups of armies would only be reunited if both

PRESSURE ON THE RIGHT FLANK

attacked vigorously across the corridor or gap. "I told the C.I.G.S.," he writes, "that I fully realized the importance of an attack in a southerly direction, and that I already had plans to counter-attack to the south of Arras with the 5th and 50th divisions, and that those divisions would be ready on the following morning."

All the available forces on the right flank were therefore placed under Major-General Franklyn of the 5th Division, who assembled under his orders round Vimy the 5th and 50th Divisions (two brigades only in each division), 23rd Division (from Petreforce), 36th Infantry Brigade, 1st Army Tank Brigade, and the 12th Lancers. Major-General Franklyn intended to advance up to the line of the Scarpe and the Cojeul, and, thereafter, to threaten Bapaume and Cambrai; it was also hoped that the French 5th Corps would advance southwards from its positions round Douai. This, however, proved impossible to arrange and on May 21 General Franklyn, assisted by the French 1st Light Mechanized Division, attacked with three brigades and made some progress in the country between Arras and Douai.[11] The Germans were, however, in far greater force than had been imagined; and they appear to have counter-attacked vigorously; for by the end of the day, Arras was in their hands.

On the following day (May 22) General Franklyn's force was severely pressed on its right, in the region of Mont-Saint-Eloi, where the enemy massed a considerable force of tanks. Soon afterwards the force was still further turned from the right; for the Germans were appearing in strength between Lens and Béthune. Lens and Béthune are twenty-five and thirty-five miles to the west of the Schelde valley. When General Franklyn's counter-attack was thus brought to a standstill, and when his force was outflanked from the right, the implication was that the Germans were massing in considerable strength, some thirty miles in rear of the Franco-British line.

[11] Practically no details of this operation are at present available.

THE BRITISH ARMY IN DANGER

The British Commander-in-Chief therefore gave orders that his two reserve divisions should at once be moved on to the canal between Ypres and Comines. The 5th Division was placed under 2 Corps and was stationed on the left of the corps in positions to the north of Halluin: the 50th Division came in on the 5th Division's left and deployed round Ypres.

The layout of the B.E.F. [writes Lord Gort] was now beginning to take its final shape. Starting from what could be described as a normal situation with Allied troops on the right and left, there had developed an ever-lengthening defensive right flank. This had then become a semicircular line, with both flanks resting on the sea, manned by British, French and Belgians. Later the position became a corridor. The southern end of the corridor was blocked by the French 1st Army; and each side was manned for the greater part of its length by British troops.

The word corridor is, in itself, a description of the peril to which the British Army then stood; for of all bad positions a corridor that is being attacked on both sides is assuredly the worst.

By a singular piece of good fortune, the Germans were not ready to advance on the southern side of the corridor during May 25–26, while the 2nd Division was still forming up on La Bassée Canal. On the 5th Brigade's front small parties crossed the canal during the early morning, and were at once driven back by the Camerons. Beyond this there was no fighting, and the brigade commander gave orders that the troops on the canal line were to be thinned out, and that platoons and companies were to be brought back slightly and made ready for counter-attacks.

The 4th Brigade described May 26 as "a day of tension." The great difficulty was to make a firm joining point between the brigade's right and the 6th Brigade's left, for, as has been explained, the 6th Brigade could not reach the canal line, and there was a gap of about a mile between the two flanks. The gap does not appear to have been filled by nightfall, for the 6th Brigade was with difficulty holding its positions as the Germans strove to enlarge the ground that they held between Guardebecque and Robecq. The Royal Welch Fusiliers were indeed pressed back into Saint-Venant during the afternoon. It was, however, patent on every sector that the Germans would attack vigorously on the following day. Rear areas were shelled throughout the day, and tanks and A.F.V.s were seen in considerable numbers on the Béthune–La-Bassée road. Also reports of small infiltrations which were preparations for a bigger movement were very frequently received. The Bois de Paqueant on the 4th Brigade's right was a very suitable point for these infiltrations, as it was the only wood on the canal line, and Captain Churchill accordingly moved 15 Platoon with Lieutenants Chandler and Salt to Riez-du-Vinage, and sighted the guns personally so as to bring fire to bear on to the western and northern flanks of the wood. Six bren-guns and the carriers of the Royal Norfolks and some anti-tank guns were also located with the machine-guns at this village. At the same time 13 Platoon was moved to a position on the road between Paradis and Les Caudrons, and 14 Platoon to a new position on the road a mile north of the last-named village. No. 13 Platoon, under Sergeant Smith, and now consisting of only two guns, was with the Royal Scots, and 14 Platoon, also of two guns, under P.S.M. Kelly, was with the Royal Norfolks. The last of the small-arms ammunition reserve was sent to them, and some spare men; and this was the last contact obtained with these platoons which fought on to the last with the battalions they were supporting.

It is, therefore, singularly fortunate that the record of what these valiant men achieved has not been wholly lost. Sergeant W. Graves of 13 Platoon writes thus about its last stand:

13 Platoon D Coy. was ordered to proceed to D Coy. Royal Scots who were then on patrolling duty (near Merville, I believe) trying to locate the position of the advancing Germans.

This patrolling continued all night and the following day, as the weary platoon were returning to Coy. H.Q., a message was received from Brigade for 13 Platoon to proceed immediately

13 PLATOON'S LAST STAND

to assist C Coy. of the Norfolk Regiment; 13 Platoon proceeded at once to this area and immediately went into action and successfully neutralized some forward slopes and positions which the Jerries were preparing, this heavy and constant fire from 13 Platoon made the Jerry retire, enabling the remnants of the Norfolk Coy. to drop back to some decent cover.

To my surprise all the infantry company consisted of was a 2nd Lieutenant and about 18 or 20 men and no more. The Jerry then tried to dislodge us with strong mortar fire, but having good cover we were at least temporarily safe. Throughout the day of the 26th the enemy never approached on our front, but having seen enemy movement on the distant flanks and hearing the constant fire of 15 and 14 Platoons, I realized we were in danger of being cut off and encircled.

I sent our dispatch-rider back to H.Q. and he returned with a message from Lieutenant Holt that we were to hold the position at all costs, a French armoured Division were due up to our assistance (our communications to H.Q. were severed); at about mid-afternoon I received a message by phone from 14 Platoon (P.S.M. Kelly) saying he was greatly pressed and could we assist. A hurried consultation took place and I believe (for the first time) we did an indirect map shoot on the area in front of 14 Platoon position, with strike observation by P.S.M. Kelly on the phone, relayed to me by Sergeant Smith at the gun position. Kelly thanked the platoon, it was a complete success and gave him temporary relief. We had to discontinue this action, as now the enemy seemed unaware of our presence and was boldly advancing in convoy 500 yards to our left front. Just previous to this about eight Jerry tanks appeared 600 yards in our rear; we were overjoyed, thinking it was the French armour as promised, but quickly lay low until they moved away.

The guns were quickly directed on to the enemy convoy, which had halted and all the troops were forming up. This was our best target ever and indeed the greatest punch struck by the platoon; we really inflicted heavy casualties on the enemy.

Our position was now getting critical and after consultation with Sergeant Smith we decided our only chance of still remaining an effective force was to retire about 600 yards where some small slopes and woods offered us some cover and a much better front, with at least some chances of pulling out when necessary. We approached the 2nd Lieutenant of the Norfolks and tried to explain, but he flatly refused to permit us to retire. I might add this officer was a very gallant gentleman and a good commander,

CHAPTER VIII

2ND BATTALION: 1940—1944
KOHIMA AND IMPHAL

WHEN France had been evacuated, the first entries in the battalion diary were, probably, representative of the condition to which the retreat and the embarkation had reduced a large part of the British Army.

Remains of battalion which had arrived from Dunkerque split up over various parts of England. Parties are known to be at Sheffield with the C.O., Major Frampton, and 2nd Lieutenant Holt; at Lulworth with Major Levis and 2nd Lieutenant Marsh; at Reading with the adjutant; at Ashton-under-Lyne with Captain Wilkinson and 2nd Lieutenant Moss; at Oswestry with Captain Churchill; at Bovington with the Q.M.: and at Bulford with Captain Dewar.

The subsequent entries are an impressive testimony to the rapid and efficient way in which the Army authorities reassembled their scattered forces. Paignton was made the reporting centre for all M.G. battalions, and after the growing nucleus of the 2nd Battalion had spent two days in a camp at Bridestone and three more in a camp at Willsworthy, eight officers and 372 men were sent to Lincoln by train, where they were accommodated in a hutted camp belonging to the Lincolnshire Regiment. The new arrivals were without any equipment whatsoever; only a small proportion had rifles; but the Lincolnshires gave them a great reception and turned out the band in their honour. After spending ten days in Lincoln, the battalion was ordered to establish a camp at Dalton Hall with no signs of tents or normal camp stores in which to camp. A small allowance of the barest necessities was, however, issued at the last moment, and on June 25, only twenty-four days after the evacuation, the battalion was again a coherent unit: if a sufficient supply of new weapons had been available the battalion would again have been a fighting unit; for it cannot be too often repeated that the mass of men who were brought back from France was not a beaten army. It needed to be reclothed, re-equipped and rearmed; but its fighting spirit had in no way deteriorated.

Rearming was, however, a slow, difficult matter. Twenty years of whittled-down estimates had done their work, and the reserves of arms and equipment in the depots were quite insufficient: entries such as "Guns collected from Derby arrive without condenser cans, tubes, packing or spare parts" are numerous and make bad reading.

The battalion's attachment to the 2nd Division was not altered, and the companies were reallotted to the 4th, 5th and 6th Brigades early in July. It was by then patent that the German high command were preparing to invade Great Britain, and the duty assigned to the battalion was to deal with parachute landings.

On July 1, the battalion was moved to Langton Hall, near Hull, where it remained during the Battle of Britain. The coast of Yorkshire was not severely visited during the period, although air-raid warnings were frequent, and beach posts were frequently manned. One gets the impression, indeed, that the last six months of the year 1940 were rather a trying time for the battalion: the alarms and stand-tos were so frequent that the training programme which the officers were so anxious to press on with could never be methodically taken in hand, and the desperate struggle for which everybody was preparing was always imminent and always postponed.

By the late autumn it was, however, clear that the Germans would not invade England until the spring of the following year. The Luftwaffe had then embarked upon their programme of bombarding the industrial cities of England by night, and the great concentration of invasion craft in the French and Belgian harbours was slowly dispersed. On January 19, 1941, the battalion was moved to Beverley where it entered upon that period of training and preparation, which ended, more than three years later, in the mountains of Assam.

There were no indications that the German high command intended to invade England in the spring of the year 1941: indeed, the steady movement of transport planes, bomber squadrons, and finally, of army formations towards eastern Germany and Poland warned the intelligence staffs in London that the invasion of England had been replaced by another project. On June 22 the German armies marched into Russia, and the danger that England would be invaded was virtually over.

Exercise now succeeded exercise, and the intervals between them were occupied by courses of special instruction and lectures. Yet even at this date some kinds of equipment were still short: "First day of Northern Command exercise," runs the battalion diary for April 5, "involving two platoons per M.G. company and skeleton battalion headquarters, this being the maximum possible with existing transport." In other words, the men could still not be properly trained because only a part of them could be moved from place to place.

In October Lieutenant-Colonel Moore, who had commanded the battalion since the outbreak of war, was appointed to Headquarters Eastern Command and Lieutenant-Colonel F. G. W. Axworthy became the commanding officer. At about the same time the 2nd Division and its component units were warned that they would be moved to a station in a tropical climate before the close of the year.

The original orders were that the division was to go abroad on or after November 20. Actually, the battalion did not embark until the spring of the year 1942, after it had spent four months in camp at Spring Hill, near Moreton-in-the-Marsh in Gloucestershire (December 10, 1941, to April 10, 1942). Also, when the battalion sailed, Lieutenant-Colonel Axworthy no longer commanded it: for he was pronounced to be unfit for tropical service and was succeeded

OPERATIONS IN THE ARAKAN

a first-class military communication, for it is a single-track, metre-gauge line, which was designed to carry light agricultural produce of the districts through which it runs. This, however, is only the first of the transportation deficiencies. Assam is separated from the rest of India by the Brahmaputra river, which is unbridged throughout its length. During a single year the level of this great waterway may vary by as much as twenty-five feet; its course may sometimes vary by several miles in two successive seasons. The river is traversed by two wagon ferries of a very moderate capacity; and it is over these ferries that the Assam railway is served. There is no all-weather road from India to the west bank of the Brahmaputra; and river transport was of no assistance, " as the river system merely led to the railway system on the east bank, which was the limiting transportation factor."

It was because the approach route to Akyab and Arakan was, on the whole, the best of the three gateways into Burma that the first experiment in reconquest was made by that way. In December 1942 eight Indian Infantry Brigades (the 47th, 55th, 88th, 123rd, 4th, 23rd, 36th, 71st) and the 6th British Brigade advanced against Akyab under the command of Major-General W. L. Lloyd, C.B.E., D.S.O., M.C. The expedition failed: Major-General Lloyd's division was held at Conbaik; a Japanese force then marched up a valley that ran parallel to the axis of the British advance, and operated against the rear of the British forces. The 26th Indian Division was brought up from the Calcutta area; but this reinforcement did not enable us to recover the initiative; and when the monsoon began the British forces in Arakan were back in the position that they had occupied five months before.

It was unfortunate that what was lost by this expedition was evident and palpable; and that what was gained by it was only appreciated long afterwards. The greatest damage done was, perhaps, that jealous, rancorous men in London enlarged upon the failure in such a manner that Lord Wavell, who had ordered the attempt to be made, should suffer in his reputation, and that the civilian members of the War Cabinet should begin to mistrust his judgment. The manœuvre was only too successful, and this must be accounted a great loss. In addition, there was no disguising that the troops that were engaged in the venture were very dispirited by their losses, their sufferings, and their failure. Nevertheless, this expedition against Akyab deterred the Japanese commander from pursuing operations that he had planned, and was about to execute, against Imphal, Dimapur and northern Assam. When this was attempted, a year later, and in circumstances far less favourable to the Japanese, it was nearly successful.

The expedition was a reminder, if any were needed, of how many difficulties would have to be overcome, and of how many expedients for transporting goods by air, by land or by sea would have to be devised before any army could cross the narrow defiles that led to the central plain of Burma. Even when the defiles were parallel to the axis of the advance (as they were in Arakan) they were poor lines of communication: when they ran athwart it they were obstacles of the first order. Major-General O. C. Wingate was probably not the first officer who devised a plan for overcoming the difficulty; but at least he must have the credit of preparing and operating the first workable expedient. His plan was that a specially trained force should cross the loneliest and least frequented passes of the mountains between Imphal and the Chindwin river; and that having crossed them, the force should be supplied entirely from the air and should operate against the Japanese railway communications between Mandalay and Myitkina. A considerable force was put under General Wingate's orders (the 13th Battalion King's Liverpool Regiment, 3/2nd Gurkhas, 2nd Burma Rifles, 142nd Commando Company) and was by him specially trained. His expedition started from Imphal on February 7, 1943, reached the central part of the railway between Myitkina and Mandalay and destroyed several miles of the track in the Bonkyaung gorge. When historians examine and describe this operation they will probably pronounce it to

IMPROVING THE SUPPLY LINES

be the most brilliant raid against an enemy's communications that military history records. It was, however, a raid and no more; for General Wingate's troops could not be maintained in central Burma and they dispersed: some parties came back to the Chindwin valley, where troops of the 23rd Indian Division were waiting to meet them; another party pressed on into the Salween valley and then crossed the mountains into China. The expedition was over in June 1943.

> The enterprise had no strategic value [writes Lord Wavell], and about one-third of the force which entered Burma was lost. But the experience gained in operations of this type, in supply-dropping from the air, in jungle warfare and in Japanese methods was invaluable. The enemy was obviously surprised and at a loss, and found no effective means to counter the harassment of our columns.... As soon as the expedition started I issued orders for the formation of another Brigade (the 111 Infantry Brigade) on similar lines.

The year 1943 was mainly spent in making the preparations that experience had then shown to be essential if a concerted attack against central Burma was to be attempted. Field-Marshal Lord Wavell thus enumerates them:

> So improving the supply lines of 4 Corps that it would be able to advance from Manipur into Central Burma.
> Improving the supply lines of the American and Chinese troops round Ledo.
> Ensuring that a sufficient supply of material should be carried by air to China.
> Constructing air fields in North-Eastern Assam.

In June, Field-Marshal Lord Wavell was relieved by Field-Marshal Sir Claude Auchinleck, but the programme of preparation and of improving the lines of supply was not altered, although the amount of work to be done under each head, and the tonnages that were to be dealt with monthly on the air and land supply lines, were determined by the Allied conferences at Quebec and Washington.

It was, however, while Sir Claude Auchinleck was Com-

THE APPROACH ROUTE TO KOHIMA

British Government and gave no further trouble. Throughout the campaign they were loyal to the British and friendly to the British troops, and they were valuable intelligence agents.

Kohima, the central point of the area, was a place in the very heart of the mountains where the east- and west-going road from Dimapur met the north- and south-going road

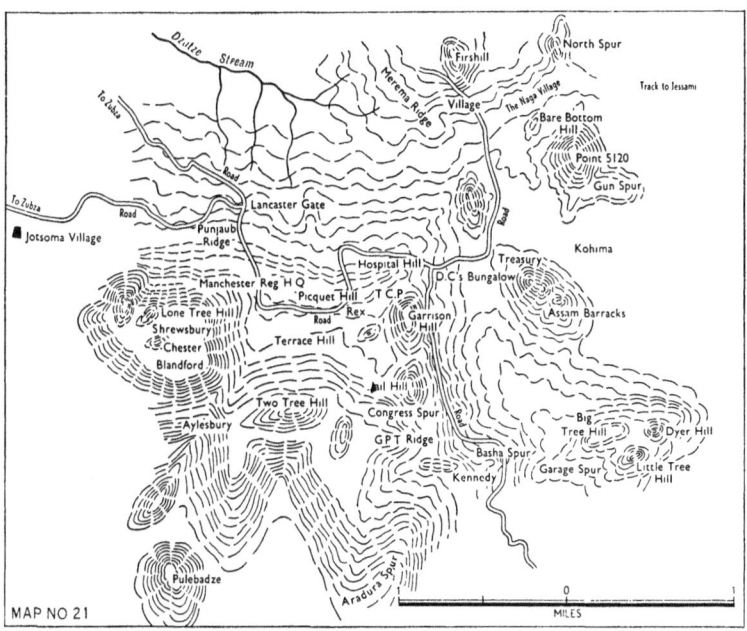

between Bokajan and Imphal; and it was here that the 161st Indian Infantry Brigade and the Burma and Assam regiments were isolated on a cluster of hills that were mostly overlooked from the Japanese positions. The road from Dimapur, which had at all costs to be cleared if the garrison was to be relieved, rises steadily. Dimapur is 400 feet above sea level; Kohima, forty-seven miles to the east, is 4,740 feet above the sea. The road follows the most practicable track through what are called the Naga hills, and clings to the lower flanks of a range of mountains whose crests, 6,000 to

395

7,000 feet high, are to the south of it. Up to the village of Zubza, the ground to the left of the road falls away sharply. After Zubza, however, the valley of the Dzutze cuts through the mountains, and a range of hills interposes between the Dimapur–Kohima road and the north- and south-going road between Imphal and Bokajan. This line of hills is called the Merema Ridge.

The road between Dimapur and Kohima, with which we are for the moment more immediately concerned, is extremely tortuous. In places, the ground to the left of it falls away in precipices for 500 feet and more. At one point, Jotsoma, an alternative or loop road has been cut. What was, however, of more importance was that great lengths of the road were commanded from the Japanese positions on the high ground to the south of it, and also from the Merema Ridge to the east of the Dzutze valley. Practically the whole of the Jotsoma loop, for instance, was visible from a strong Japanese position called "Shrewsbury", which lay to the right of the road.

A word should be added about the positions to which the encircled formations were still clinging. As has been said, the 151st Brigade was cut off while it was on the march towards Kohima; its perimeter ran on either side of the Jotsoma loop road, and along the eastern half of it. At one point the perimeter line had been pushed out to a fairly high spur on the southern side of the road; but elsewhere the defended position was just a strip about 500 yards wide with the road running through it.

The Kohima position where Colonel Richard's force was beleaguered was several miles farther east. The garrison were holding a small ridge which lies just to the south of the point where the Imphal and Dimapur roads join.

The advance along the road where the two garrisons were encircled was to begin on April 10, and the tasks allotted to the three brigades were these. The 5th Brigade, which led the advance, was to break away at Zubza, cross the Merema Ridge, and then advance south on Kohima. The 6th Brigade

KOHIMA, SHOWING GARRISON HILL IN THE CENTRE, JAIL HILL IN THE RIGHT DISTANCE, AND TREASURY HILL IN THE LEFT DISTANCE
[From an original sketch by Captain J. W. Cook, R.A.]

AN AIR PHOTOGRAPH OF KOHIMA, SHOWING THE ARADURA SPUR IN THE BACKGROUND

CHECKED ON BOTH FLANKS

Two platoons of A Company occupied the abandoned position of "Chester." The Japanese had withdrawn deliberately, and had left no documents or equipment behind them. The harassing fire from the mortars had done much to make the place untenable, for twenty Japanese were found dead on the position when it was occupied.

* * * * *

When the advances on the two flanks were thus held up, the resulting position was this. On the right the enemy held a series of strong positions which pinned our troops to the part of the G.P.T. ridge that they had won. On the left the 5th Brigade had enlarged their position slightly by pressing into a part of the Naga village, but the Japanese still held point 5120, and for as long as they did so, no advance was possible. South of the Naga village, and on the eastern side of the Imphal road, the enemy held a flat, deeply wooded hill called the Treasury, which rises from the saddle between Garrison Hill and Naga Village Hill. Major-General Grover now decided to attack from the centre.

As the Imphal and Dimapur roads approach their joining point they form a rough apex to a triangle, and within this apex the Japanese held the tops of a north-and-south-going ridge, which covers the Imphal road from the west.

General Grover's orders were that the Japanese positions in the apex were to be pounded by a prolonged bombardment, and then attacked by the 5th Brigade from the Garrison Hill area and by the 33rd Indian Brigade from the west. The General established his tactical headquarters in the 4th Brigade area on a knoll called Congress Spur; 3 Platoon was moved up from the "Chester" position, while 10 Platoon was moved into one of the worst parts of the Garrison Hill position. Three M.G. platoons (No. 9 was already in the 4th Brigade's zone), therefore, supported the attack by keeping the Japanese positions within the apex under fire.

After three days of the severest fighting, all these positions were carried. Simultaneously, the Royal Scots of the

4th Brigade cleared the G.P.T. ridge and so joined up with the 6th and 33rd Brigades in the centre. "The captured features after three weeks of incessant bombardment, were in an amazing state," writes Major King-Clark, "completely devoid of trees or vegetation, pitted all over by shell holes and bomb craters, and littered with the debris of the battle, including the bodies of many Japanese, who had died incredibly hard in defence of what they held."

It should, indeed, be freely admitted that the Japanese who held the Kohima ridge had done great honour to their flag. It is doubtful whether the ridge was ever defended by more than 300 men, and it is certain that every man in this small detachment was ill fed, ill clothed, ill supplied, and ill directed by his higher officers. It was a great feat of arms that men so placed should hold up two brigades, with tanks attached to them; and he would be a man of poor, mean spirit who could not respect such endurance and valour.

The Kohima ridge was the heart of the enemy's position and, when they lost it, they can hardly have hoped to hold what was left to them for long. On their right, the Japanese still held point 5120; on their left, they were still in possession of the Aradura Spur. The ground between the two, which should have been the Japanese centre, was, however, now in our hands. Moreover, as we commanded the road between Naga village and Aradura Spur, there can have been but little communication between the two sections of the Japanese force, whose commanders were henceforward conducting their operations independently and without concert.

Before the next attack was launched, the British forces were strengthened and regrouped. The 268th Indian Brigade arrived in the battle area, and at once relieved the 6th Brigade at Garrison Hill. The 7th Indian Division also arrived, and relieved the 5th Brigade in the Naga village area. The two divisions now in the area were constituted a corps—the 33rd—which was commanded by General Stopford. Major King-Clark profited by the lull that set in after the battle for Kohima ridge to reconstitute the companies of the 2nd Manchesters. C Company was relieved by the support companies of the 268th Brigade in the Garrison Hill area, and was sent back to the Punjaub Ridge for a rest. B Company, which was then with the 5th Brigade at Naga village, was brought back to " Chester " when the 7th Indian Division took over. The battalion was now correctly re-grouped into A, B, and C Companies for the first time since the operations began.

When these reliefs and regroupings were completed, the troops were massed for an attack on the Aradura Spur, of which a more particular description must now be given. The crest is about one and a half miles from the river valley which runs past the last slopes of the feature. The back, or top of the ridge, runs north-eastward from the crest to the valley. The slope on the north-western side is slightly steeper than the slope to the south-western flank, but both are appreciably stiffer than the slope from the crest to the valley, which is precipitous only near the summit. Inasmuch as the whole feature is a continuous ridge or back, the road does not cut it into two parts, but simply winds round its northern and eastern sides along the track that the engineers thought most suitable when they built it. Nevertheless, the slopes to the west of the road were so much steeper than those to the east of it that the road could be said to divide it, and it was the steep part, above the road, which was always known as the Aradura Spur. The north-western slopes of the spur fell sharply into the Aradura nullah, which separated them from our positions in the G.P.T. area. This ridge was the southern bastion of the Japanese position and the enemy had fortified the whole length of it. Above the road was the position on the main crest; below it, but still above the road, were two or more posts, called " Basha " and " Kennedy." Below the road, along the lower part of the ridge, were a line of features called Garage Spur, North Spur, Big Tree Hill, Gun Spur and Dyer Hill.

The assault was to be executed by the 4th Brigade, which was moved up to the G.P.T. position after its relief by the

A GREAT VICTORY

disguised from his men that if the British resisted successfully they would win a resounding success. He made this admission the reverse way round, but he made it unreservedly. "The coming battle will decide the success or failure of the war in Asia," he wrote in an order of the day. "Regarding death as something lighter than a feather, you must seize Imphal." Imphal was thus recognized by both army commanders to be the point where the campaign would be won or lost; when it was thus successfully held, by a resistance that will be honoured for as long as courage and endurance are deemed noble, neither the Japanese nor the English soldier belittled the significance of it.

It was a remarkable victory. Troops which had been in training for four years and who were without any experience of active warfare, and troops who had fought only for a few brief weeks in France and Flanders, had been suddenly rushed in to the jungles and mountains of a tropical country, where they had met three battle-tried divisions of one of the most warlike races in the world, and had fairly beaten them. Youngsters gathered from the towns and the countrysides of England, Scotland and Wales (where there are neither jungles nor forests) had shown that they could be as brave and as stoical as the Japanese, and that they were above them in intelligence and perception. They neither bragged nor talked big, but they knew what their achievement had been; and they came out of the battle confident (and rightly so) that when they were tested again the result would not be different.

The officers and men of the 2nd Battalion were justly proud of their contribution to the victory, and gratified at the congratulations and thanks that were sent to all ranks by the Governor of Assam, by the Supreme Allied Commander, the Army Commander, the Corps Commander and by Major-General Grover. In addition to all this, however, there are, in the records of the battalion, acknowledgments and thanks from formations whom the machine-gun and mortar platoons had accompanied in their attacks upon so many spurs, crests, knolls and hill-tops, in their marches through so many jungles, and in their scrambles up so many mountain tracks. These messages are possibly the most stirring records the battalion possesses, for they are testimonials from men who knew what they were talking about, that the million rounds that the Manchester platoons had fired had been well expended.

I saw a Vickers team winkle out a Japanese L.M.G. at 1,700 yards. Any team and any weapon that can do that is worth its place in the battle. (1st Royal Scots.)

On several occasions during the present operations, I've had to move my Bren guns to make way for Vickers guns, I've cribbed a bit at the time, but I know that I've felt safer and much happier with the Vickers in my area. (1st Lancashire Fusiliers.)

Right from the start of the campaign, we have been calling for M.G.s in nearly every sort of role, and have never been disappointed. I would give them pride of place in my locality at any time. I can remember a time when I should have been very annoyed to fit my company round an M.G. plan, but now I know differently. (1st Royal Scots.)

We never though much of the M.G. until this campaign; they were always regarded as rather a luxury. Since the campaign started, we realized that there is hardly a time when you can't use M.G.s. My men certainly appreciate them in attack. (2nd Norfolks.)

Why do you think a platoon was taken on the brigade trek round Pulobadze?

Why do you think you are an integral part of the brigade group?

Why do you think that on all our brigade training you were asked to join in?

If you think that our opinion of you has dropped, you can think again. (Brigade Staff Officer.)

There are many others, and they are all on the same note.

CHAPTER IX

2ND BATTALION IN THE BATTLE FOR MANDALAY

IF any Japanese soldiers and officers of the lower ranks recorded their reflections and forebodings after the battle for Imphal was lost, then the documents in which their observations are to be found must be of exceptional interest. The Japanese had not learned history as it is taught in Europe, and the catchword that introduced all history lessons for the young in Japan was: " Remember, the Japanese have never been beaten for 2,000 years." This was, indeed, thought to be so useful a stimulant to the ordinary people's vanity that General Tojo repeated it when he announced to the Japanese nation that they were at war. The writer of this history was once able to appreciate to what extraordinary uses the ruling classes put this doctrine of Japanese unbeatableness. For a Japanese officer told him that he had been to the Aldershot tattoo, when the retreat to Coruña was represented; and that it was quite unthinkable that a similar spectacle should be seen in Japan, where only Japanese victories would be allowed to be produced in public. This was the unhealthy diet upon which Japanese soldiers had been fed, and it can have sustained them but ill when they withdrew from Imphal hungry, exhausted, and quite manifestly beaten. It will be as well at this point to review the calculations upon which the Japanese commander relied for reversing the tide of defeat, and to explain by what combinations General Gifford and General Slim hoped to defeat the Japanese so decisively that all Burma would be recovered.

The Japanese commander considered that the English could be beaten if the mountain barrier and the monsoon were judiciously used. He therefore decided to leave strong outposts on the Tiddim road, and the Kabaw valley, and the

Army in 1942. The sides of the track were still littered with abandoned lorries and vehicles, and in some places with tanks and guns. For seventeen miles the leading brigade moved in single file up the slopes on the eastern side of the Chindwin valley. At the mountain hamlet of Thetkeggyin the troops reached a tableland: eleven miles farther on the track fell sharply into the valley of the Mukkadaw chaung. When this was passed, at the village of Pingyaing, the climb began again. Officers and men were very surprised that not an enemy was met along this lonely mountain track where so many men could have concealed themselves in the thick jungle and scrub; and where a well-defended roadblock would have caused so much delay. Nevertheless, the advance was not impeded until the leading troops reached Wanggyo, where one of the largest tributaries of the River Mu makes a deep cleft in the mountains. As the Royal Berkshires approached they were ambushed, and the place was only cleared after a bitter struggle. Formations from the 20th Division, which as we have seen were operating against Budalin, were in the area at the time, and a company of Ghurkas contrived to work round into the enemy's rear, and the road was cleared.

The column had now cleared the highest part of the mountain chain, for the Sipudan valley, where the action was fought, is one of the entrance routes into the Shwebo plain. The men looked forward to reaching the open country, and were in good spirits, notwithstanding that the march across the mountains had been very trying.

The supply position was far from good [runs the battalion diary]. The leading elements of the division were now 120 miles from the supply base area at Indainggyi, which was the forward end of the supply organization; and all supplies had to be carried for that distance over roads thick with dust, and bumpy in the extreme, by lorry, truck, and D.U.K.W. The really heavy equipment was still coming by road from the railhead at Dimapur, a distance of some 330 miles over some of the worst tracks in the world. Only vital needs in the equipment were forthcoming; additional petrol was unobtainable; mail arrived by fits and starts, canteen supplies were not in issue, rations were rigidly controlled, ammunition was rationed.

Once the plain was reached, it was known that supplies would be flown in and all wants would be over. "Could our army fight its way to the necessary bases before its supply organizations collapsed?" wrote the battalion's diary keeper. Everybody knew that the Japanese had failed to do what the 14th Army was then attempting, and that sickness, hunger and privations had melted away three fine enemy divisions in the very mountains that the army was crossing. The men were, however, confident that what they were attempting would be successfully accomplished, and it kept them in good heart. For this must at least be said of the British soldier: forebodings of failure are no part of his composition, and when the indications are strong that failure is at least probable he disregards them.

Wanggyo was completely cleared on December 28; the 5th Brigade was then at Pyingaing and the 4th was expected there on the following day. The Divisional Commander now dispatched a personal message to the commander of the 6th Brigade telling him to press forward to Kabo weir, as fast as he could, and to reconnoitre the crossings of the River Mu. He also informed him that the 268th Brigade would be operating towards the same place from the north. When the message was received the brigade was in the little town of Kaduma, which stands at the base of the last foothills on the north-western edge of the Shwebo plain. At first light on the last day of the year, an armoured column with 2 Platoon of C Company was sent forward, and at about half-past four they reached the weir. The place was of the greatest importance, for the irrigation water for the whole plain is drawn from the River Mu at this point. The column was bombed, though not severely, as it approached Kabo; but beyond this, the advance was not opposed; and when the weir was reached, it was found to be undamaged. It will always be a mystery

MEN OF B COMPANY ON THE BANK OF THE RIVER MU AT KABO WEIR DURING THE ATTACK ON YE-U, JANUARY 1945

B COMPANY ON THE MARCH NEAR MOUNT POPA, APRIL 1945

JAPANESE PRIVATIONS

Field Artillery Regiments, and units from the 18th Medium Artillery Regiment were on the river below Sagaing.

It was doubtful how many men and guns all this amounted to; but evidence continued to be collected that many units were below strength and that the health of the Japanese troops was not good. During December, it was ascertained that some of the battalions round Mawlaik were only 200 to 300 men strong, and that there were only 400 men in the 214th Regiment and 320 in the 215th on the Tiddim road. These units were, it is true, in the western mountains, where the sufferings and privations were most severe. It was to be assumed that the troops on the Irrawaddy line were appreciably better fed and supplied; for, as far as we could tell, railway and river movements between Mandalay and Rangoon had not been seriously interrupted by our bombing raids. Nevertheless, if what we had ascertained was considered in a general way, the inference was strong that the whole Japanese army in Burma was suffering progressively from the evils that over-deployment had inflicted upon it; and that the Burma railway, upon which so much cruelty, oppression and suffering had been expended, had proved to be no remedy.

* * * * *

The Japanese deployment being thus well ascertained, the Divisional Commander prepared for the advance to the northern bank of the Irrawaddy below Mandalay. The danger was that as the division's communications with Shwebo lengthened, the Japanese would sally out from their fastnesses in the Sagaing hills, cut the railway near Wetlet and recapture Shwebo. In order to guard against this, Bradforce was to operate as a left flank screen, and thoroughly probe the Sagaing defences while the division pressed on towards the Irrawaddy. The whole of the 2nd Manchesters, less A Company, was attached to it. The 5th Brigade were brought down to Wetlet, as a further precaution against a Japanese sortie; and the 4th Brigade, with A Company attached, was ordered to continue the advance through the hills round Ondaw.

January 20–21. This redistribution was completed by January 20; and on the following day the Norfolks, of the 4th Brigade, with No. 1 Platoon attached, attacked and carried the two hamlets of Thitchigon and Wettabok. The Japanese appeared to be still fighting for delay only; for the

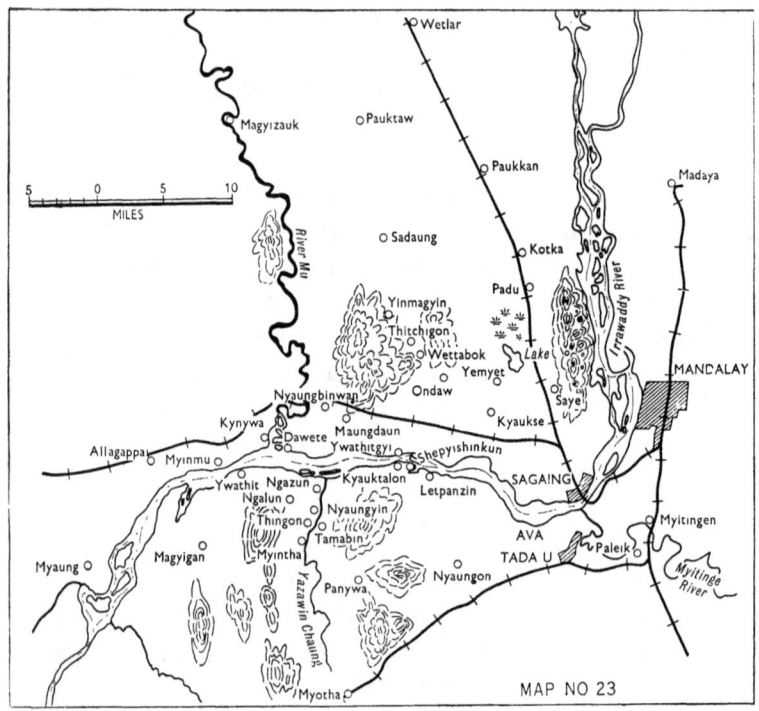

MAP NO 23

troops that were posted in the villages did not hold on, after the attack went home. Nevertheless, the enemy's artillery was being freely used and their resistance was stiffening.

January 25. Ondaw, which was now in the line of advance, is the door to the part of the Irrawaddy that the brigade was approaching; for it is the joining point of three roads which lead to the principal towns and villages on the northern bank, Sagaing, Ywathitgyi and Myinmu. The

THE ADVANCE TO THE IRRAWADDY

place was attacked by the whole brigade: the Norfolks, with No. 1 Platoon supporting them, overran Pagy, and then infiltrated on to the high ground above the village. The Lancashire Fusiliers moved out to the south-western side to cut the road to Myinmu along which it was thought that the Japanese would retreat, and the Royal Scots pressed straight on for the hamlet. The place was completely enveloped, for the deep woods in the hills round about it concealed the approach movements. Nevertheless the Japanese withdrew, fairly successfully, under cover of darkness.

The Brigade Commander was now ordered to press on towards the Irrawaddy with all possible energy, but not to become engaged in a close, locked battle. He therefore decided to clear the Japanese out of the villages of Saye and Kyaukse, which cover the approaches to Sagaing, and to get a foothold on the north bank by capturing the river village of Ywathitgyi. One battalion was allotted to each operation: The Royal Scots were to take Ywathitgyi; the Lancashire Fusiliers, Kyaukse; and the Norfolks, Saye.

January 31–February 2. Ywahtitgyi was attacked first on the last day of January. It is a long straggling village that clings to the river bank for about a mile; its northern side is covered by trees and thick bushes; thereafter there are open fields. Troops attacking from the north are certainly much exposed. Ywathitgyi was the only foothold that the Japanese held on that part of the northern bank, and they fought for their outpost with the greatest obstinacy. No. 6 Platoon operated with the direct attack upon the village, No. 2 (Lieutenant Milson) took up a position that commanded the stream, and watched for reinforcements from the southern bank. For three whole days the struggle raged. No. 6 Platoon located a number of machine-gun posts and kept them under fire whenever the Royal Scots went in. No. 2 Platoon sank one sampan on the first day of the fight and four more on the second. Then having spotted an observation post on the southern bank, the platoon harassed it by incessant fire. One attack after another was held up,

the left bank of the chaung, about four miles from the bridgehead area; the attack was entrusted to the Royal Berkshires and the Durhams; Nos. 10 and 11 Platoons of the Manchesters operated with them. The approach march was extremely trying, but the village itself was easily occupied, for the few Japanese who were there posted retired. During the day the 4th Brigade was brought across the Irrawaddy and prepared to extend the bridgehead to the eastward on the following morning.

February 28. The Divisional Commander crossed to the southern bank in the first part of the forenoon and visited the headquarters of the three brigades. Just before noon, the Lancashire Fusiliers and the Royal Norfolks attacked and carried two villages on the western and south-western sides of the bridgehead (Ngalum and Thabyetha). A Company, which all this while had been guarding an airstrip at Kinywa near the mouth of the Mu, assisted the attack. There was, however, but little fighting, as the Japanese did not seriously contest the advance. The division was now fairly across the great river, and it only remained to make whatever preparations were necessary for a general advance when it was ordered.

* * * * *

Of the four crossings that were made during the month, the crossing of the 2nd Division had been the least contested; in fact, the Japanese had not put up an organized resistance to it. The officers and men of the battalion were disappointed.

From a machine-gunner's point of view [writes the battalion diarist] it was disappointing, because the whole Irrawaddy battle had appeared to be a good opportunity for shoots, both across the river at enemy positions and also at those who tried to escape across it. But that which in anticipation appeared so rosy, in realization was a flop, and we were now safely across without any decent opportunity of practising observed firing.

The explanation why the 2nd Division's crossing was so easy is, indeed, to be sought in other parts of the theatre.

At about the date when the 20th Division crossed the Irrawaddy (February 12), General Kimura considered that he had appreciated General Slim's intentions and ordered a great counter-movement. The forces that were opposing General Festing's 36th Division and those that were holding the Irrawaddy to the north of Mandalay were not drawn upon, but the 18th Division, less one regiment, and regiments from the 49th and 2nd Divisions were recalled from the northern and the Salween fronts, where only a division and a regiment were left. The 54th Division was withdrawn from the Arakan and was brought into the Irrawaddy valley above Yenangyaung. The 49th Division and one regiment of the 55th were brought out of southern Burma and were ordered to concentrate to the south of Mandalay. Even a regiment of the 2nd Division, which was on its way to Siam, was recalled and sent north. This great concentration was being carried out while the 2nd Division were preparing to cross, and indeed while they were actually doing so. It was executed very quickly and skilfully, but the directing principle was wrong, for when General Kimura ordered it he was still deceived as to the real nature of the danger to which his army was exposed. For he still believed that the whole of 4 Corps was between Shwebo and the Irrawaddy, and he still believed that the growing pressure in the Pakokku region was a feint that General Yamamoto would easily deal with. He intended, therefore, when the concentration was completed, to defeat the 33 Corps decisively by debouching in great strength from Mandalay and Sagaing; by advancing along the northern bank of the Irrawaddy towards Monywa; and by isolating all formations that had crossed to the southern side. When 33 Corps was crushed and dispersed General Kimura intended to turn on what he believed to be 4 Corps. The central point of the great Japanese concentration was, therefore, Mandalay and the country to the south of it; for this was the starting point of the counter-attack that General

GENERAL SLIM STRIKES

Kimura intended. While the Japanese army was being regrouped and assembled the forces on the river line were presumably ordered to hold on and contain the bridgeheads. It is admittedly conjecture, but legitimate conjecture nevertheless, to suppose that as General Kimura hoped to sever all the northgoing communications of 33 Corps he was more or less indifferent to the crossings at Ngazun and Allagappa. This Japanese army was being re-assembled for this great counter-attack when General Slim struck the blow that had been so long prepared and so well concealed.

As has been said, the forces that were assembled in the 17th Division bridgehead were beginning to break out of it when the 2nd Division was engaged in the last preparations for crossing, as Hnawdwin, on the road to Taungtha, was captured on February 21. It is impossible to say whether the Japanese Commander-in-Chief interpreted the news as a warning that he had not appreciated the real danger correctly; but he can hardly have failed to grasp that the movement in the Nyaungu-Pakokku area was far more than a feint or a diversion (as he had up to then supposed) when Taungtha was carried by an armoured column of the 7th Division (February 24). Taungtha is a railway town on the Myingan–Meiktila line, and the Japanese had made it the maintenance centre for the 33rd Division and for all other troops in the area. An immense quantity of supplies, equipment, and ammunition was taken when the town fell; for the local commander had no regular fighting formation under his orders and could only improvise a resistance from a miscellany of lines-of-communication troops and administrative units who, to give them their due, fought bravely. This occurred on the 24th; a few hours later the 2nd Division began to cross. It may, therefore, be assumed that the grave news that was being received at Japanese army headquarters was beginning to exert an influence on the critical day (February 25), when the bridgehead that the Camerons had secured was being built up and strengthened.

Nor was this all, for in the north the 19th Division was

hall-marked for withdrawal. The 2nd Division and the Manchesters were, therefore, not privileged to take part in the extraordinarily brilliant operation which culminated in the capture of Rangoon just as the monsoon rains began. The part allotted to them was to patrol and clear the mountains that lie to the east of the Irrawaddy between Sagaing and Pakokku. The river here turns in a rough quadrant, and flows round the main ridge and the spurs of a mountain chain whose highest crests lie farther south in the provinces of Magwe. On the western side of the mountains Mount Popa rises to a height of 5,000 feet; it is an extinct volcano, bare, craggy, waterless, and forbidding. The river port of Myingyan is a sort of western entrance and exit gate to the district, which is served by a railway which runs through the heart of the hills, save only where it comes into the Irrawaddy valley at Myingyan.

The three brigades were thus distributed:

The 4th Brigade, with A Company attached to it, concentrated at Pyinzi, and was responsible for the road between that place and Natogyi. Pyinzi is at the eastern entrance to the mountain chain; Natogyi is in the centre of it, and the road between the two is one of the main communications between the river valley and the railway zones.

The 5th Brigade, with B Company attached, were to the south of Taungtha, and were under orders to open the south-going road to Kyaukpadaung, and to clear Mount Popa, where a party of Japanese desperadoes had established themselves with guns and automatics. The Mount Popa pocket was by far the most formidable in the country—500 to 600 men were believed to be holding it—and the 5th Brigade was co-operating with the 268th (Taungtha) and the 7th Division for its capture.

The 6th Brigade was in reserve at Myingyan where the headquarters of the battalion and C Company were also posted.

It would serve no useful purpose to compose a chronicle (it could be nothing else) of the patrols and sweeps that were undertaken during the following three weeks, for on April 23, when the last of the Japanese slipped out of Mount Popa, the whole country was virtually cleared. One action, however, deserves to be described in detail sufficient to show the skill and thoroughness with which the operation was conducted. It was fought just before midnight on April 3, at a point where a bullock track crosses the Pyinzi–Natogyi road diagonally and then runs south. The patrols of the 4th Brigade had established that a Japanese party of about sixty men regularly used this track during the dark hours, and it was decided to ambush them with two platoons of D Company, 1st Royal Scots, and No. 1 platoon of A Company, 2nd Manchesters.

At 16.00 hours, April 3 [writes the commander of No. 1 Platoon], I received orders from Major Russell, 1st Royal Scots, to move my platoon with two platoons of D Company, 1st Royal Scots, for which purpose I was lent the necessary M.G.s. . . . The ambush party, together with my platoon, left Muni and occupied the ambush area at 17.30 hours. . . . The head of the Japanese column was to be allowed to pass into the ambush, and when the tail was inside our killing area the right gun of B Section, commanded by Corporal Dickenson, was to open fire. This was to be the signal for the remainder to open up. We dug in as best we could with two infantry platoons in our area. One bren gun was sited on each flank of our sections and one in the rear.

At approximately 23.45 hours the Jap column started to enter the ambush. Scarcely daring to breathe, we watched it pass into the killing area. The head of the column then halted and the tail closed right up into the killing area. We thought we had been seen, but apparently they were only checking up on the track.

Fire discipline was very good. Corporal Dickenson's guns opened up, and the sound of the first burst was drowned by the noise of every other gun opening up, and by grenades. Each gun had a swinging traverse, and as most of the Japs were between five and ten yards from the guns, they were simply mown down. They had no chance of replying. . . . The whole battle lasted between fifteen and twenty minutes except for mopping up the odd Japs who had managed to take cover actually behind our gun positions. These Japs had no idea where they were and were trying to get back. In doing so, they just bumped into our higher number rifle pits, in rear of the guns. Along with the infantry we killed about six of them. Corporal Dickenson killed one by hitting him on the head with his sten gun, as he had already emptied the magazine.

It was still five hours to daylight; during this time guns opened up on wounded Japs trying to crawl away. None of them got very far. When dawn broke, the killing area was littered with dead and dying Japs. The count was fifty-three; this has since gone up to over sixty.

No. 1 Platoon had first call on the booty, which the Royal Scots insisted was their due. The kit included three 37-mm. guns—one having a sight, which is, I believe, the first ever captured; one M.M.G. complete; two L.M.G.s; two swords; and two spigot mortars.

As has been said, General Slim had decided to withdraw the 2nd Division from the Irrawaddy theatre, and even while this action was being fought, preparations for carrying the three brigades to Calcutta from the air-strip at Myingyan were well advanced. C Company and the 6th Brigade left first; they were followed by A Company (April 14); by Headquarters Company (April 27); and by B Company (April 29). By a curious chance, it fell to the Headquarters Company of the 2nd Battalion to organize and superintend the fly-out of the greater part of the whole division. It was a piece of work of which neither the officers nor men had any experience at all, but it was quite successfully accomplished: 12,961 men and 1,186,246 lb. of stores were embarked and flown out under the battalion's management and supervision. It is something of a mystery why such a task was given to a machine-gun battalion.

When General Slim ordered the 2nd Division to be withdrawn to Calcutta he still intended to use it during the last moves against Rangoon. This, however, proved unnecessary; and the 2nd Battalion were still in the Calcutta area when Rangoon fell and the Japanese army surrendered.

* * * * *

MUD AND RAIN

use the more hazardous route across the Himalayas from Ledo. Also it was a great advantage that we then held airports near the northern and southern terminals of General Stilwell's road. Thirdly, Myitkina is a river port from which stores for the armies farther south could be shipped and carried; the same was true of Mogaung, which was also held by the Americans. In western Burma the Japanese had been decisively beaten at Kohima and Imphal, and General Slim's operation against central Burma and Mandalay was beginning.

The 29th Brigade assembled at the village of Pahok, which stands about ten miles to the west of Mogaung: the 72nd Brigade, which was leading the advance and to which D Company was attached, assembled at Mogaung, and moved off on August 4 and 5. The company was just over two platoons strong and the normal composition of three numbered platoons could not be adhered to. "The company's organization," writes Major Bean, "was constantly varied to suit the numbers of men available."

From the outset, it was clear that the advance along the railway was going to be very laborious. The wet monsoon had fairly set in, the roads scarcely deserved the name, and they were, in many places, mere expanses of mud and slime. Only thirteen jeeps and trailers and about sixty mules were allotted to the whole 72nd Brigade; as a consequence D Company carried the greater part of their guns and equipment upon their backs through torrents of rain and along the muddy roads and tracks. Major Bean stripped the company headquarters of everything except the barest necessities, but even after this reduction headquarters was very unwieldy and was compelled to crawl forward whenever a jeep or a trailer could be borrowed or appropriated. Tactical headquarters at the head of the advance was thus much separated from company headquarters in rear. The normal state of the weather was a drenching downpour; when this ceased for a few hours, it was succeeded by a brief interval of damp, enervating heat; so that when the men were not labouring through mud and water they were toiling through mud and steam.

The railway that the division was ordered to clear leaves the valleys of the Mogaung and the Irrawaddy at the town of Mogaung and enters a north- and south-going defile at Sahmaw; thereafter it runs to the south-west for ninety-five miles and enters a rather more open country at Naba and Indaw. Mountains that are well over 4,000 feet high at some points run parallel to the railway, and on both sides of it, and innumerable streams or chaungs flow down from the mountain flanks athwart the railway track.

The main road between Mogaung and Katha passes through the same valley as the railway, but departs from the railway track fairly frequently in order to serve villages that have been built on the lower slopes of the mountains. At some places the road is five miles away from the railway track, at others it follows it closely. It was in consequence of this that the division's advance was generally two-headed: one battalion of the leading brigade moved along the road; another along the railway.

The Japanese were not strong enough to dispute the northern traject of the railway, and Taungni, the first place of any size after Mogaung, well illustrated how war and a Japanese invasion had ravaged the country.

Somehow [writes Major Bean], I had expected a place of some size; instead I found a few native huts, mostly burned to the ground, a railway station that consisted of a single shed, alongside a single-track line; several huge craters, made by our bombers, one of which, half full of water, had been used as a dump for twenty or thirty dead Japs, who advertised their presence in a most unpleasant manner.

The air was laden with a stench of decaying rice, which had been scattered from the bombed railway waggons, and to this was added the smell of human putrefaction, for the departing Japanese had stacked their dead in the few habitable dwellings that were still standing and had left them there.

STIFF RESISTANCE

The Japanese outposts at Sahmaw and Thaikwagon were driven in by the 72nd Brigade; but at Pinbaw, which is about twenty-five miles south of Mogaung, the enemy decided to make a stand.

The main road and the railway run together through the settlement of Pinbaw, and the lower slopes of the mountains on the eastern side of the railway are here not far from the road and railway. The Namyin chaung, which drains the valley along which the division was advancing, flows along a course that is roughly parallel to the railway track and is about a mile and a half from it. To the east of the Namyin chaung the Loiyang range rises to a succession of summits which are between 3,000 and 4,000 feet high. Innumerable drainage streams flow into the Namyin chaung from the mountains on either side of it.

The 72nd Brigade had been leading the advance, and by then it was discovered that the Japanese commander had put a force of about 750 men into Pinbaw and had ordered the officer in charge of them to hold the place for a month. Three defensive positions had therefore been prepared. The first was along the right-hand bank of a stream called the Namsan chaung, which crosses the road and the railway about two miles north-east of Pinbaw, and subsequently enters the Namyin chaung by its left bank; the next position was about a mile behind the first and followed the bank of another chaung; the third line ran just outside Pinbaw itself. In addition, an outpost had been stationed in the hills that overlook the road through Ingyigon—a village which stands on the lower slopes of the mountains to the west of the railway.

The 29th Brigade was ordered to pass through the 72nd Brigade. D Company was put under its command and groups from the company were attached to each of the 29th Brigade battalions which subsequently assaulted the Japanese positions. The forward movement of the 29th Brigade was, however, very difficult; the brigade was at Sahmaw when the order was given to it, and the assembly

THE APPROACH TO KATHA

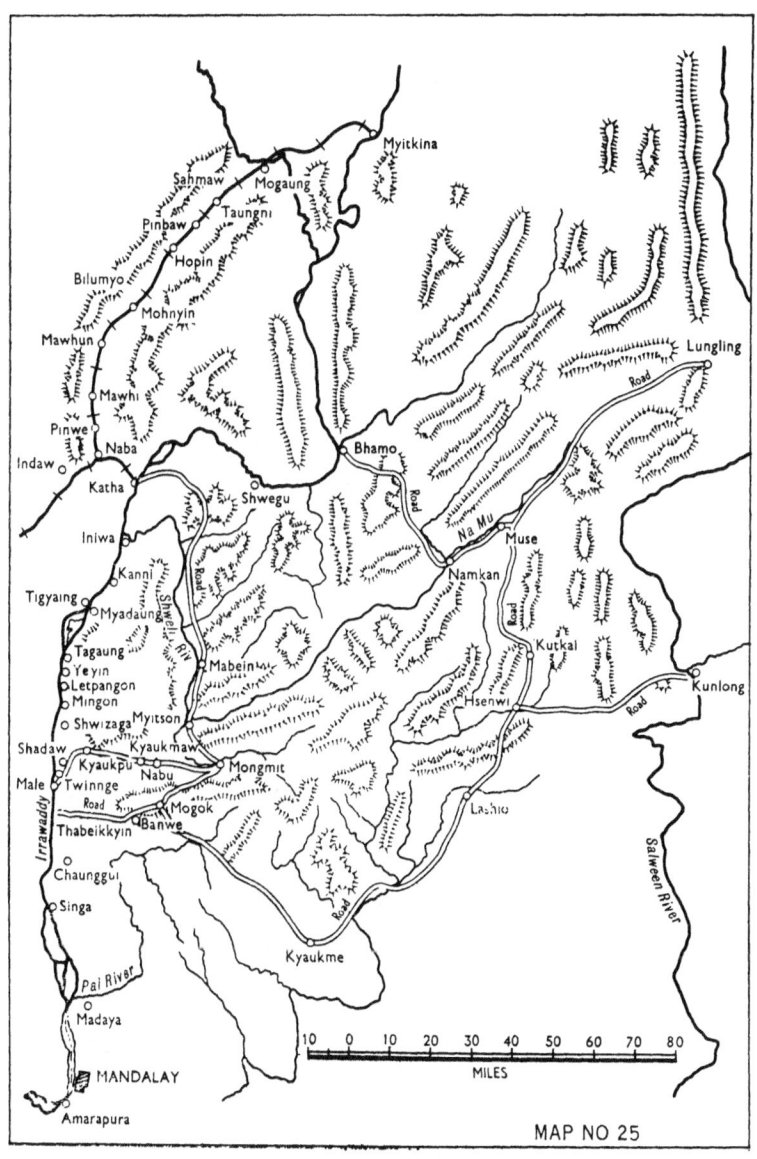

MAP NO 25

traffic of the port is moved. Two days after the advance from Mawlu began, the Royal Sussex and A Platoon made contact with the position upon which the enemy had decided to stand; for it then appeared that the Japanese were holding the farther bank of a chaung that runs under a railway bridge about one mile north of Pinwe (November 10).

The country where the Japanese were barring our advance did not differ materially from the country through which the division had been moving for weeks previously, for here, as elsewhere, the road and railway ran north and south through a depression that separated a range of mountains to the east from another range of mountains to the west, and here, as elsewhere, drainage streams from the mountain flanks crossed the line of advance at right angles. The forest was very dense and the road and railway were very thin ribbons of cleared land in the enormous carpet of trees and foliage. The main road is about two miles to the east of the railway track; it serves the little hamlet of Tonlon, which stands on the lower slopes of the eastern range, and then runs due south into Pinwe.

November 11. The Royal Sussex dug in for the night on November 10 and attacked the enemy on their front on the following day: they advanced hardly at all, and dug in for the night in a position that was still 100 yards short of the chaung. One section of C Platoon was with the companies that were in the forward zone, the other was slightly farther back with the battalion headquarters company.

November 12. The attack was renewed, at first light, by the Royal Sussex and the South Wales Borderers, who were operating on their left with A Platoon. The Welshmen crossed the chaung at a ford near where the bridge had once stood; but they were almost at once brought to a standstill by severe mortar and machine-gun fire from what appeared to be a nest of bunker positions. The forward companies on each side spent the night within 100 yards of one another, and the Japanese, being encouraged by having held up the British advance for two whole days, began to counter-attack;

all through the night their mortars fired intermittently upon our positions, which were, from time to time, swept by two 75-mm. guns in Pinwe.

November 13. As it was now patent that the Japanese positions on the chaung would only be forced at a very severe cost in men, it was decided to turn the enemy's defences from the east. For this purpose it was arranged that the 10th Gloucesters, who were in reserve at Tonlon, should move out into the hills above the place; that they should then work round the extreme right of the Japanese position and descend into Pinwe from the eastward by a mountain track. The day was spent preparing for the move. The brigade headquarters was brought up to a position just north of Tonlon, where D Company headquarters was also established. B Platoon was called up from the 29th Brigade at Mawlu and was attached to the Gloucesters. All day the Japanese harassed the South Wales Borderers and the Royal Sussex on the chaung, and their patrols became so bold and enterprising that one of them penetrated as far as the perimeter of the brigade headquarters. Here the enemy were certainly brought to a stand and were driven off with the loss of six men.

November 14. The Japanese patrols of the previous day had accurately reported where our troops were stationed, and at first daylight the enemy attacked our positions on the chaung and isolated the Royal Sussex from the rest of the brigade. The 10th Gloucesters, who were forming up in Tonlon, were severely shelled by the 75-mm. guns in Pinwe, and many mules and muleteers were killed. B Platoon, which was now in the 10th Gloucesters' perimeter preparatory to the move round the Japanese flank, also suffered, and the men noticed, with some foreboding, that our counter-battery work was not reducing the fire from the Japanese guns.

November 15. The 10th Gloucesters and B Platoon moved off at 08.30 hours, but the flanks of the mountainside along which they were advancing were so forested and difficult,

brigade were taken to Myadaung on the east bank, in four days. The American and Chinese forces in the eastern part of the theatre had, by this time, made another leap forward, for General Sultan's Chinese regiments had stormed Bhamo, and were in contact with General Wei-li-Huang's army.[4]

The road along the east bank follows the river fairly closely as far as Twinnge, which is about fifty miles south of the crossing point, Myadung. The intervening country is a thin ribbon of flat alluvial land and a wider ribbon of flat jungle, for the great mountain masses draw back from this part of the Irrawaddy valley, and approach it again near Bhamo. Nevertheless, two fairly high spurs from a subsidiary chain to the west of the Shweli river approach the river at Tagaung and Letpangon, where the flat alluvial corridor is only two and five miles wide. At Twinnge the slopes of an east- and west-going range (a rare thing in Burma) approach the river fairly closely, and the road to Mong Mit, which the brigade was ordered to clear, runs along the northern side of the range.

The first thirty miles of the advance southwards were rapidly covered, for the Royal Scots were in Yeyin on January 3 and in Letpangon on the 6th. Very small enemy parties were watching our movement, and were in no state to oppose it. As Twinnge was approached, however, reports of enemy parties that were preparing to dispute our advance became more insistent, and on January 11 our advance parties were brought to a halt at a place called Banwe, of which a more particular account should now be given.

Twinnge is the principal town in this part of the Irrawaddy basin, but it is not directly served by the Mong Mit road. This thoroughfare, which is probably very old, runs round the western flanks of the east- and west-going range that has already been referred to, and comes down to the Irrawaddy six miles below Twinnge at the ford of Male. Twinnge itself is served by a loop road that leaves the Mong Mit highway near the ford and rejoins it on the north-western side of

[4] General Sultan succeeded General Stilwell.

the mountain range. Banwe, where the Royal Scots Fusiliers were held up on January 11, stands on the last slopes of the north-western flank of the mountains. The Japanese were not, therefore, obliged to hold Twinnge in order to stop our advance along the Momeik road, for they were quite well able to maintain a blocking force on the road by supplying it from a base near the Male ford or from Mong Mit.

Nevertheless, our patrols discovered that the Japanese were holding the northern approaches to Twinnge, where they had established a line of very strong positions to the south of the village of Shadaw, and that they were also blocking the Mong Mit road from a number of positions that had been prepared in the flanks of the hills above it.

For the next ten days the Brigade was halted and was given orders to patrol the Japanese positions on the river and the high road "vigorously and aggressively." For the 19th Division was at this time preparing to cross the Irrawaddy at Thabeikkyin, and it was thought best that the thrusts from the two British divisions should be co-ordinated.

The patrols that were sent out discovered a number of Japanese positions in front of Twinnge and on the main road, and by January 22 it was thought that the moment for clearing Twinnge had arrived as the 19th Division had then put a battalion across the Irrawaddy at Thabeikkyin, and the 64th and 62nd Brigades had passed strong forces to the eastern bank opposite Kyaukmyaung. The brigade headquarters, D Company headquarters, a field battery, the 2nd East Lancashires, and B Platoon were assembled at Shadaw on the following day. The Royal Scots Fusiliers, to whom the principal thrust was entrusted, were already in the forward area, and B Platoon was placed under their command. The Royal Welch Fusiliers were round Daungbon.

In the early morning of the 24th the Royal Scots Fusiliers and B Platoon started their attack upon the bunker positions in front of them, and the Royal Welch Fusiliers made a feint against a Japanese position to the east of the Royal Scots Fusiliers' line of advance. The Royal Scots Fusiliers advanced against empty bunkers, for the Japanese had been evacuating Twinnge during the previous day. The place was occupied without incident.

It was at first supposed that the enemy had abandoned Twinnge in order to strengthen their positions on the Mong Mit road, but this did not prove to be the case, for the Japanese were withdrawing to the eastward. Every day our patrols reported that a new section of the road was clear, and by February 8 C Platoon, patrolling with the 1st Royal Scots Fusiliers were in Kyaukmaw, sixteen miles from Twinnge. It was at this date that Major Bean, whose records have rescued so much of the history of D Company from oblivion, was ordered to rejoin the battalion as second-in-command, and was relieved by Major C. V. U. S. Bilborough. The Japanese fortunes were now, daily declining: the 19th Division was across the Irrawaddy at Thabeikkyin, the 20th Division was across the Chindwin at Allagappa, and the 2nd Division was mastering Japanese resistance in the flat country between the Mu and the Irrawaddy. Also, preparations for the great stroke that General Slim was shortly to deliver were going forward without a hitch, and no resistance from the enemy was delaying them; the 7th Division had crossed the Irrawaddy at Nyaungu, while the 17th and the 5th were moving to their starting points.

On February 16 the forward patrols of the brigade reached and occupied the village of Sagadaung, which stands a little to the north of the main road, about twenty-five miles east of Twinnge, and on the following day the other two brigades of the division defeated the Japanese at Myitson and secured the passage of the Shweli. After this, Japanese resistance weakened appreciably in the 36th Division's theatre of operations, and the advance along the Mong Mit road continued almost uninterruptedly. The Japanese attempted to make a stand from a prepared position in the hills to the south of Nabu, but the position was by-passed, and on March 9–10 the 26th and 72nd Brigades carried Mong Mit and joined hands with the 29th on the road near Magyibin. D Company

THE TWO BATTALIONS AMALGAMATED

In due course it became known that the next stage would be either the disbandment of the 2nd Battalion, or else its amalgamation with the 1st Battalion, the choice being left to the Colonel of the Regiment. The Colonel put the thoughts of all members of the regiment into words when he replied to the War Office that in the case of the Manchester Regiment, the decision was for amalgamation. In this way it was felt that the traditions of the battalion would be preserved and kept alive, and it was resolved to add to the title of the 1st Battalion the numerals "63rd/96th" to signify the fact of the amalgamation.

Little remains to be told. Nearly all the officers and men of the battalion were posted away to other battalions in the Lancastrian Brigade, and on January 30, 1948, what was left of the battalion, the "token cadre", moved to the depot at Dunham Park, Altrincham. The balance of the personnel was posted away during the next few months, and finally in May the amalgamation with the 1st Battalion was completed and the 2nd Battalion ceased to exist as a separate entity.

The Colours of the 2nd Battalion were handed over to the 1st so that they might be carried on parade from time to time as a visible and tangible token of its continued existence by virtue of its amalgamation with the 1st Battalion the Manchester Regiment (63rd/96th).

1st Battalion the Manchester Regiment (63rd/96th)

The first move of the 1st Battalion the Manchester Regiment (63rd/96th) was from Maghull and Formby to Dunham Park, Altrincham, where they arrived in the early summer of 1948. Here they were accommodated alongside the Regimental Depot, and it was here that they paraded on June 1 to be inspected for the first time by Her Majesty the Queen, Colonel-in-Chief of the Regiment.[1] The battalion was not destined, however, to remain long in England. On July 1 it moved back to Germany, and was quartered at Wuppertal, between Cologne and Düsseldorf.

[1] See Part 2.

THE MANCHESTER REGIMENT

PART 2

REGIMENTAL AFFAIRS, 1922–1948

The Colonel of the Regiment, Major-General Sir Vere Bonamy Fane, K.C.B., K.C.I.E., who had succeeded Major-General Osborne Barnard in 1920, died in London on May 23, 1924, immediately after he had vacated the command of the Burma Division. He had been gazetted to the Manchester Regiment as a Lieutenant on November 12, 1884, and had served with the 2nd Battalion at Shorncliffe and Aldershot until he transferred to the 1st Punjab Cavalry four years later.

General Sir Vere Fane was succeeded as Colonel by Major-General Sir Willoughby Garnons Gwatkin, K.C.M.G., C.B., who had joined the 1st Battalion in 1882. After being adjutant of the 1st Battalion he had graduated from the Staff College, Camberley, and in 1905 was appointed Director of Operations and Staff Duties, Militia Headquarters, Canada. In 1913 he became Chief of the General Staff in Canada, and in 1920, Inspector-General, Canadian Air Force.

In July 1924, Army Order 211 was issued announcing the battle honours awarded to the regiment for its service during the Great War 1914–18. They were:

The Great War—42 Battalions: "Mons," "Le Cateau," "Retreat from Mons," "Marne, 1914," "Aisne, 1914," "La Bassée, 1914," "Armentières, 1914," "Givenchy, 1914," "Neuve Chapelle," "Ypres, 1915, '17, '18," "Gravenstafel," "St. Julien," "Frezenberg," "Bellewaarde," "Aubers," "Somme, 1916, '18," "Albert, 1916, '18," "Bazentin," "Delville Wood," "Guillemont," "Flers-Courcelette," "Thiepval," "Le Transloy," "Ancre Heights," "Ancre, 1916, '18," "Arras, 1917, '18," "Scarpe, 1917," "Bullecourt," "Messines, 1917," "Pilckem," "Langemarck, 1917," "Menin Road," "Polygon Wood," "Broodseinde," "Poelcappelle," "Passchendaele," "St. Quentin," "Bapaume, 1918," "Rosières," "Lys," "Kemmel," "Amiens," "Hindenburg Line," "Epéhy," "Canal du Nord," "St. Quentin Canal,' "Beaurevoir," "Cambrai, 1918," "Courtrai," "Selle," "Sambre," "France and

LE CATEAU REVISITED

Flanders, 1914–18," "PIAVE," "Vittorio Veneto," "Italy, 1917–18," "Doiran, 1917," "MACEDONIA, 1915–18," "Helles," "Krithia," "Suvla," "Landing at Suvla," "Scimita Hill," "GALLIPOLI, 1915," "Rumani," "Egypt, 1915–17," "MEGIDDO," "Sharon," "Palestine, 1918," "Tigris, 1916," "Kut al Amara, 1917," "BAGHDAD," "Mesopotamia, 1916–18."

General Sir Willoughby Gwatkin was Colonel for only eight months, for on February 2, 1925, he died at Twickenham. He was succeeded by General The Hon. Sir Herbert A. Lawrence, G.C.B., D.C.L., LL.D., who had commanded a brigade of Manchester Territorials in Gallipoli and in 1917 commanded the 66th Division in which there were six Manchester Territorial battalions. In 1918 he was Chief of Staff to General Sir Douglas Haig.

On May 29, 1926, seven representatives of the regiment who had served with the 2nd Battalion at the battle of Le Cateau on August 26, 1914, attended the unveiling by General Sir Horace Smith-Dorien of a memorial on the battlefield. Captain R. F. G. Burrows, R.S.M. Pearce, C.S.M. Cookson, C.Q.M.S. Harrison, Sergeant Else, Corporal Whiteside, and Lance-Corporal Cahill represented the regiment, and there were also present representatives from the Argyll and Sutherland Highlanders, the Suffolk Regiment, and the Royal Artillery.

On December 21, 1929, the anniversary of the battle of Givenchy, the *London Gazette* dated December 20th was published, which announced that His Majesty the King had honoured the regiment by being graciously pleased to become its Colonel-in-Chief. Special Orders of the Day were issued in both battalions, and to mark the occasion and at the express wish of His Majesty, detachments of the regular battalions and all Territorial battalions paraded at Buckingham Palace on May 16, 1930. The following account of the occasion was given by an eye-witness:

With drums beating and cheerful music in keeping with the high spirits, a contingent of the Manchester Regiment swung into the courtyard of Buckingham Palace this morning. They

THE REGIMENTAL CHAPEL

started on the provision of furniture and equipment for the chapel.

The great chapel, the largest in the cathedral and of the same area as the choir itself, was founded in 1513 as a chantry dedicated to St. John the Baptist, by Bishop Stanley of Ely and Sir John Stanley, as a thanksgiving for safe return from the battle of Flodden Field.

By 1936 all necessities for the chapel had been provided including a carved oak shrine containing four memorial books on vellum and bound in leather with the 14,202 names of those members of the regiment who died during the Great War, oak benches, chairs, altar-rails, an altar cross, carved figures of St. Michael and St. George, sanctuary chairs, a lectern and many other articles of furniture of exquisite workmanship. In addition, the old Colours of the regiment were hung in the chapel.

On November 11, 1936, the Derby Chapel was dedicated as the Regimental Chapel of the Manchester Regiment by the Bishop of Manchester, the Right Reverend F. S. G. Warman, in the presence of a congregation of more than 2,000 people.

Prior to the dedication in the cathedral, the Manchester Regiment, comprising the band and drums and Colours and escort of the 2nd Battalion from Strensall, a detachment from the Depot the Manchester Regiment, detachments of the 5th Battalion from Wigan, the 9th Battalion from Ashton, the 10th Battalion from Oldham, the 6/7th Battalion from Manchester, together with their respective Old Comrades and ex-members of the 11th, 12th, 13th, 16th, 17th, 18th, 19th, 20th, 21st, 22nd and 23rd Battalions, about 1,600 all ranks in all, paraded in Albert Square and observed the Two Minutes Silence. The parade then marched past the Lord Mayor and Major-General K. G. Buchanan, Commander, East Lancashire Area, with the Colonel of the Regiment, Colonel F. H. Dorling, at its head. It then marched to the cathedral by way of the Cenotaph.

Subsequent to the dedication the chapel was used for regimental baptisms, weddings and memorial services, and every week the leaves of the Books of Remembrance were ceremonially turned.

On October 1, 1936, the London, Midland and Scottish Railway Company named a locomotive of the Royal Scot class *Manchester Regiment,* and the naming ceremony took place at Victoria Station, Manchester. The Colonel of the Regiment, the Lord Mayor of Manchester, the District Manager of the L.M.S. Company, the Commander East Lancashire Area, Lieutenant-Colonel Costin, commanding the 2nd Battalion, and many others were present. A Guard of Honour was provided by the Depot under the command of Lieutenant V. A. Chiodetti.

The launching of the cruiser H.M.S. *Manchester* took place at the Hebburn Shipbuilding Yard, Newcastle, on April 12, 1937, in the presence of the Colonel of the Regiment and a representative detachment, as well as the Lord Mayors of Manchester and Newcastle, and a great company. The ship's badge consisted of a globe sprinkled with the bees of Manchester within a border of five fleur-de-lys, the latter having been incorporated to mark the link between the ship and the regiment. The ship also adopted the regimental march as the ship's march.

In March 1937 the facings of the Manchester Regiment were changed from white to deep green under the terms of War Office letter 54/General/7701/MGO 7b of March 9, 1937:

I am commanded by the Army Council to inform you that His Majesty the King has now been graciously pleased to approve of the following changes in the mess dress of the Manchester Regiment:

Mess Jacket—Cuffs, collar and shoulder straps to be deep green, no piping.
Mess Vest—Deep green cloth.

A careful search was made through the various military

THE DOMINIONS AND THE MANCHESTER REGIMENT

records preserved in public as well as private libraries including the King's Archives at Windsor Castle, and comparisons were made with old uniforms preserved in the 1st Battalion and in the Regimental Museum, all in order to discover the exact shade of deep green worn by the 63rd Foot before 1881; and as a consequence of this research a colour was chosen, and approved by the Colonel of the Regiment, which corresponded exactly to that worn by the 63rd Foot.

In 1936 the King was graciously pleased to approve of an alliance between the Manchester Regiment and the Southland Regiment, New Zealand Military Forces; in the following year the King approved of a further alliance between the Manchester Regiment and the 10th Infantry Battalion (Adelaide Rifles), Australian Military Forces; and in 1938 His Majesty sanctioned a third Commonwealth alliance between the Regiment and Le Régiment de Sainte Hyacinthe, of the non-permanent active Militia of Canada. The title of the New Zealand Regiment was later modified to read the Otago and Southland Regiment.

Early in 1938 it was decided that of the thirteen infantry regiments which were converted to machine-gun regiments in 1936, nine should revert to the infantry (rifle) role and only four remain as machine-gun regiments. It was a source of much satisfaction when intimation was received that the Manchester Regiment was one of the four selected to remain as machine-gun regiments.

On the outbreak of war in September 1939 the Regimental Depot became the Machine-Gun Training Centre of the Manchester Regiment and Lieutenant-Colonel E. L. Musson, D.S.O., M.C., who had commanded the 2nd Battalion until he retired in 1933, took over command from Major S. K. Pembroke. All intakes destined for the regular battalions and those Territorial battalions which were machine-gun units were trained at the Machine-Gun Training Centre, while those required for the few remaining infantry battalions of the regiment were sent to the Infantry Training Centre at Fulwood Barracks, Preston.

H.M. THE QUEEN IS COLONEL-IN-CHIEF

of the Depot from 1923 to 1925. He was promoted Brevet-Major in 1936 and Brevet-Lieutenant-Colonel in 1939, and was made a Major-General in 1942. He served in Mesopotamia, France and North Russia in the First World War and was awarded the M.C., and in the Second World War he served in France and Egypt and gained the C.B. and D.S.O. He was appointed General Officer Commanding the North-west District in 1944, and he retired in 1947.

There was universal rejoicing throughout the regiment in 1947 when it was announced that Her Majesty the Queen had honoured the regiment by being graciously pleased to become the Colonel-in-Chief with effect from May 5. The regiment resolved to present Her Majesty with a regimental brooch in diamonds to mark the occasion, and in December 1947 Major-General Moorhead was received by the Queen at Buckingham Palace and made the presentation on behalf of the officers and other ranks, past and present, and the Associates of the Manchester Regiment.

The Borough of Ashton-under-Lyne celebrated its centenary in September 1947, and in the course of the civic celebrations on that occasion the Mayor honoured the regiment by presenting to it a plaque commemorating the long association between the borough and the regiment. This plaque was received by the Colonel of the Regiment at a ceremony at the Town Hall on September 19, and it is now preserved at the Regimental Depot.

On March 9, 1948, Major-General C. D. Moorhead resigned the Colonelcy of the regiment as he found he was unable to devote adequate time to the appointment, and he was succeeded by Major-General Eric Boyd Costin, D.S.O. The new Colonel joined the Royal Canadian Regiment in 1908 and transferred as a captain to the West Yorkshire Regiment at the beginning of the First World War. He served in France and Greece and was awarded the D.S.O. Later he attended the Staff College, and was promoted Brevet-Major in 1924. He transferred on accelerated promotion to the Manchester Regiment in 1929 and commanded the 2nd Battalion from 1935 to 1938. In 1942 he was appointed Major-General in charge of Administration of the Eastern Army in India, and in 1943 he became Commander of East Sussex Area. He retired in 1946.

In May 1948 the 2nd Battalion the Manchester Regiment, after passing three months at the Regimental Depot in "token cadre", was amalgamated with the 1st Battalion and ceased to exist as a separate unit. The 1st Battalion's designation was changed to "1st Battalion the Manchester Regiment (63rd/96th)", and the reasons for this radical alteration and the details connected with its accomplishment are set out in Part 1 of this chapter.

On June 1, 1948, Her Majesty the Queen visited the regiment as Colonel-in-Chief at Dunham Park, Altrincham, the Depot and Headquarters of the regiment. The occasion will always be regarded as one of the great days in the history of the regiment. The Officer Commanding 1st Battalion the Manchester Regiment, Lieutenant-Colonel C. L. Archdale, was in command of the parade, and there were present on parade the 1st Battalion the Manchester Regiment (63rd/96th) under the command of Major G. Frampton, the 8th Battalion the Manchester Regiment (T.A.) under the command of Lieutenant-Colonel R. D. Martin-Bird, the 9th Battalion the Manchester Regiment under the command of Lieutenant-Colonel D. Glover, the Cadet Battalions of the Manchester Regiment under command of Major H. V. Saull, and the Old Comrades Associations under the command of Lieutenant-Colonel F. A. Levis. The Band and Drums of the 1st Battalion the Manchester Regiment were also on parade.

The sun broke through an overcast sky as Her Majesty arrived at 2.40 in the afternoon, and continued to shine brightly until her visit was concluded. The Queen was received by the Colonel of the Regiment, Major-General E. B. Costin, D.S.O., who presented Mrs. Costin and Miss Costin and Major E. J. C. Spanton, M.B.E., who was acting as A.D.C. Her Majesty was then received with a Royal

Salute and she proceeded to inspect the parade. During the inspection the Commanding Officers were presented, and also certain Warrant and Non-Commissioned Officers and men. The Queen then returned to the Saluting Base where she took the salute at the march past.

The Lord Mayor of Manchester, Alderman Miss Mary L. Kingsmill Jones, was presented to Her Majesty, and the Queen then presented Orders, decorations, and medals to a number of officers and other ranks of the regiment. When this had been done, Her Majesty addressed the parade as follows:

It is a great pleasure to me to be here today and to see the Manchester Regiment on parade for the first time since I became its Colonel-in-Chief, an appointment which I greatly prize.

I see in the ranks today many young soldiers; but though their years may be few, I see also in their bearing and steadiness the sure promise of the characteristics which have long marked this regiment in peace and in war.

I remember very well the first time I met any members of the regiment, when they furnished a guard at a time not so long ago when invasion seemed not only possible but likely; it was the beginning of a very happy association.

I am sure that those old soldiers who are here today—and I am glad to think that there are many—will feel content that the standard of the regiment is safe in their hands.

In the long history of our army, whilst glittering opportunities for fame may sometimes have fallen to other arms, the tireless fighting spirit and that stubborn endurance which nothing can break—those have been the qualities which have won our wars, and for these our eyes have always turned to that splendid British symbol of courage, the Infantry of the Line.

Wherever the battles have swayed, there have been the regiments recruited from the towns and counties of England, and so it was in the years so fresh in our minds, and in our hearts today, when men of the Manchester Regiment served in every field from Iceland to Singapore, and took their part in much of the heaviest fighting in Italy and in Germany.

I am sure you will always remember with pride that you are the representatives of your own part of your own country. Many of you are following your fathers and your brothers, of whom

Rank		Number	Date of Award	Unit	Theatre
T/Major	Davies, B. M.	174784	9.5.46	2nd	Burma
T/Major	Janes, S. J.	130381	9.5.46	2nd	Burma
T/Major	Muskett, H. T., M.C.	108691	9.5.46	2nd	Burma
T/Major	Moppett, S. C.	200366	9.5.46	2nd	Burma
T/Capt.	Wilson, W. B.	129540	9.5.46	2nd	Burma
Lieut.	Byford, G. St. L.	300513	9.5.46	2nd	Burma
T/Major	Archdale, W. M.	50969	23.5.46		Italy
Lieut.-Col.	Holmes, E. B., M.C.	5904	1.8.46	1st	Malaya
T/Major	Evans, M. P. E.	62646	1.8.46	1st	Malaya
Capt.	Gunning, J. T. H.	62648	1.8.46	1st	Malaya
Lieut.	Branston, K. L.	103254	1.8.46	1st	Malaya
Major	Buchan, P. W.	31882	12.9.46	1st	Malaya
Lieut.-Col.	Orgill, J. H.	18213	19.9.46		Burma
T/Major	Herrington, J. B. A.	99833	19.9.46	2nd	Burma
T/Major	Hewitt, A.	67695	19.9.46	2nd	Burma
T/Major	Holt, A. E.	85678	19.9.46	Staff	Burma
T/Major	McEachran, P.	115014	19.9.46		Burma
T/Major	Moppett, S. F.	200366	19.9.46	2nd	Burma
T/Major	Moss, W. R. M.	195516	19.9.46	2nd	Burma
T/Capt.	Teale, J. B. C.	166011	19.9.46	2nd	Burma
Lieut.	Mascott, A. A.	300513	19.9.46	2nd	Burma
Lieut.	Morgan, F.	315026	19.9.46	2nd	Burma

Other Ranks

Rank		Number	Date of Award	Unit	Theatre
W.O.2	Handley, A. E.	3513986	26.7.40	2nd	B.E.F.
Sgt.	Gray, H.	3526698	20.12.40	2nd	B.E.F.
Sgt.	Hughes, G.	3522234	20.12.40		B.E.F.
Sgt.	Williams, S.	3517461	20.12.40	2nd	B.E.F.
A/Sgt.	Eccles, H.	3530343	20.12.40	2nd	B.E.F.
A/Sgt.	Kilcoyne, P.	3518412	20.12.40	2nd	B.E.F.
Pte.	Fanning P.	3530808	20.12.40	2nd	B.E.F.
Bdsmn.	Fellowes, S.	3527471	20.12.40	2nd	B.E.F.
Sgt.	Lally, N. L.	3526385	30.12.41	3/Nig. R.	M.E.
Pte.	Stubbs, R. E.	3532351	10.3.42	9th	B.E.F.
A/W.O.2	Eglen, K.	3529857	30.6.42	KAR	M.E.
Pte.	Falkenham, E. W.	3530730	8.7.43	5 I.D.	E. Africa
Cpl.	Ray, S.	3524750	13.1.44	A.P.L.	M.E.
A/C.Q.M.S.	Thomas, I.	5246282	11.1.45	Staff	Italy
Sgt.	Sykes, G. H.	3859929	22.3.45	1st	N.W.E.
L/Sgt.	Osbaldeston, G.	14209600	22.3.45	1st	N.W.E.
A/Cpl.	Kemple, J. T.	3536833	22.3.45	1st	N.W.E.
L/Cpl.	Murphy, P. J.	3858240	22.3.45	1st	N.W.E.
Pte.	Marks, G.	6857520	22.3.45	1st	N.W.E.
Pte.	Stedman, V. J.	6924386	22.3.45	1st	N.W.E.
Pte.	Woolley, V.	3534342	22.3.45	1st	N.W.E.
Pte.	Adshead. W.	3533326	5.4.45	2nd	Burma

THE MANCHESTER REGIMENT

Rank		Number	Date of Award	Unit	Theatre
Pte.	Parrott, W.	3536162	5.4.45	2nd	Burma
Sgt.	Derbyshire, H.	3534167	10.5.45	1st	N.W.E.
Sgt.	Hughes, H. P.	4196222	19.7.45	19 Hold. Bn.	Italy
Sgt.	Fisher, E.	3524550	19.7.45	2nd	Burma
Sgt.	Shepherd, W.	3533891	19.7.45	2nd	Burma
Pte.	Partington, E.	3536507	19.7.45	2nd	Burma
L/Sgt.	Abram, S., M.M.	3710357	9.8.45	7th	N.W.E.
Pte.	Jackson, J. C., M.M.	3534561	9.8.45	1st	N.W.E.
Cpl.	Dickinson, J.	3528279	20.9.45	2nd	Burma
Cpl.	Ball, H.	3525124	27.9.45	2nd	Burma
Cpl.	Pickin, C.	3531606	27.9.45	2nd	Burma
Sgt.	Leach, J.	3858933	8.11.45	1st	N.W.E.
L/Sgt.	Leeson, R.	3533443	8.11.45	1st	N.W.E.
W.O.2	Stroud, E.	3591233	29.11.45		Italy
Sgt.	Morris, G.	3524087	29.11.45		Italy
W.O.2	Bailey, R.	3525457	10.1.46		Burma
Cpl.	Rawlinson, G.	3530545	10.1.46	2nd	Burma
Pte.	Bowers, H.	3533001	10.1.46	2nd	Burma
Pte.	Broaders, T.	3531682	10.1.46	2nd	Burma
Pte.	Mullen, J.	4127233	10.1.46		Burma
Pte.	Taylor, J.	3535708	10.1.46	2nd	Burma
Pte.	Wolstenholme, M.	3533419	10.1.46	2nd	Burma
W.O.1	Vernon, N. H.	3525347	4.4.46	7th	N.W.E.
Sgt.	Vincent, F. A.	3854039	4.4.46	1st	N.W.E.
Sgt.	Waller, R. W. J.	6845140	4.4.46	1st	N.W.E.
Sgt.	Yates, A.	3859469	4.4.46	1st	N.W.E.
Cpl.	Marshall, T.	3710909	4.4.46	7th	N.W.E.
L/Cpl.	Woodward, K.	3534137	4.4.46	1st	N.W.E.
L/Cpl.	Wright, R.	3531138	4.4.46	1st	N.W.E.
Pte.	Jones, J. R.	14735574	4.4.46	1st	N.W.E.
Pte.	Wood, F. W.	14405385	4.4.46	1st	N.W.E.
C/Sgt.	Bell, D. G.	3525022	9.5.46	2nd	Burma
Sgt.	Shepherd, W.	3533891	9.5.46	2nd	Burma
Pte.	Bull, C. G.	5049121	9.5.46	2nd	Burma
Pte.	Coleman, F.	3536497	9.5.46	2nd	Burma
W.O.1	Shanahan, D.	2714617	23.5.46	9th	Italy
W.O.1	Smith, L. G.	3532372	23.5.46	9th	Italy
A/W.O.1	Osborne, G. A.	4973479	23.5.46	9th	Italy
Sgt.	Day, G. T.	405360	23.5.46	9th	Italy
Sgt.	Evans, W. E.	3527465	1.8.46	1st	Malaya
Pte.	Straughair, R. W.	3528874	1.8.46	1st	Malaya
W.O.2	Shepherd, E. W.	3525651	12.9.46	1st	Malaya
Sgt.	Ferguson, J.	3525961	12.9.46	1st	Malaya
W.O.2	Butterworth, S.	3532306	19.9.46	1/Gambia R.	Burma
W.O.2	McGrath, J. P.	3521678	19.9.46		Burma

APPENDIX III

SUCCESSION OF COLONELS SINCE 1922

Major-General Sir Vere Bonamy Fane, K.C.B., K.C.I.E.	1920
Major-General Sir Willoughby Garnons Gwatkin, K.C.M.G., C.B.	1924
General The Hon. Sir Herbert A. Lawrence, G.C.B., D.C.L.	1925
Brigadier-General Wilfrid Keith Evans, C.M.G., D.S.O.	1932
Colonel Francis Holland Dorling, D.S.O.	1934
Major-General Charles Dawson Moorhead, C.B., D.S.O., M.C.	1947
Major-General Eric Boyd Costin, D.S.O.	1948

by Moore's *Irish Melodies* published in 1807. The famous Irish poet Thomas Moore set a song to this tune about the Young May Moon and love. That is how it got its present name.

Soon after the publication of Moore's *Irish Melodies*, the tune became a great favourite with the Army as its lilt and swing was admirably suited to the drums and fifes of the Infantry of the Line. The 45th Foot (1st Battalion the Sherwood Foresters) are recorded as having adopted this tune as their Regimental March during the Peninsular War, the regiment, taking part in the assault of Badajoz, marching up playing "Dandy O".

The 63rd (West Suffolk) Regiment was actively engaged, during this period, in the West Indies, capturing Martinique (1809) and Guadaloupe (1810). It appears possible, therefore, that during this period for a similar reason this tune was adopted as its Regimental March.

"The Manchester"

Mr. Kennedy, Director of the English Folk Dance and Song Society, examined the air of this march and stated that in his opinion it was a tune composed by a military bandmaster.

Brigadier-General J. E. Watson, C.B., who served with the 96th prior to 1881, said that when he joined the regiment he was told that the tune was composed by a foreign bandmaster, who came from one of the Mediterranean islands, and that the music was purchased and published at the expense of the Commanding Officer of that time. The Director of Music, Kneller Hall, provided a list of bandmasters and band-sergeants from the formation of the band of the 96th in 1866 up to 1909, which shows clearly that during this period only one bandmaster was appointed, all the rest being sergeants.

On January 1, 1874, Alexander Vlacco, a native of Malta, was transferred from 2nd Battalion 9th Foot to be the first bandmaster to the 96th. Brigadier-General Watson stated that this March was played for some years before he joined the 96th in 1878, and was known as the "March of the 96th". It therefore seems likely that one of Vlacco's first duties on arriving with the 96th was to write a Regimental March, to be played by the regimental band.

The Commanding Officer of the 96th from 1870 to 1878 was Lieutenant-Colonel J. F. C. Bray. From this it can be taken as probable that the Regimental March, "The Manchester", was composed by Alexander Vlacco, first bandmaster to the 96th Foot about 1874, and was purchased and published by Lieutenant-Colonel J. F. C. Bray, the Commanding Officer. The March was originally known as the "March of the 96th", and was renamed "The Manchester" shortly after the 96th Foot became the 2nd Battalion the Manchester Regiment in 1881.[2]

Slow Step of the Manchester Regiment—"Farewell Manchester"

The composer was the Reverend William Felton, born 1713 and died 1769. He was Vicar Choral and Sub-Chanter of Hereford Cathedral and Chaplain to the then Princess Dowager of Wales. The song was adapted to the melody of Felton's Organ Concerto Op. 1, No. 3, and is sometimes known as Felton's "Gavotte".

During the rising of the Young Pretender, Charles Edward, in 1745, the "Manchester Rebels" (a regiment of some 300 men raised by Colonel Townley from the city of Manchester to fight for Charles Stuart) are said to have played this tune when leaving the city for Derby. Some Jacobite wrote words to this tune condemning the House of Hanover and exhorting the Stuart cause. The words also glorified the officers who served with the "Manchester Rebels". The regiment finally surrendered at Carlisle and after trial in London the majority of the officers were hanged, drawn and

---

[2] See Appendix XIII, Volume II, of Regimental History for the musical score of both marches.

THE MANCHESTER REGIMENT

quartered. This tune is again said to have been played at their executions.

Later Felton, finding the tune popular but the words treasonable, republished it to the following words and called it the "Song of Victory". As at that time Felton did not know which side would win, he evidently decided to play for safety, as the words would do for whoever was victorious:

> Fill, fill, fill the glass,
> Briskly put it round,
> Joyful news at last,
> Let the trumpet sound.

Chorus.
> Join with lofty strains,
> Lovely nymphs, jolly swains,
> Peace and plenty shall again
> With wealth be crown'd.

> Come, come, come sweet peace,
> Ever welcome found,
> Let all discord cease,
> Harmony abound.

Chorus as before.

T. Haynes Bayley later again wrote new words to the tune and called it "Give that wreath to me".

John Oxenford's version is the one now most commonly used and his words are:

> Farewell Manchester,
> Noble town farewell.
> Here with Loyalty every breast can swell,
> Wheresoe'er I roam,
> Here, as in a Home
> Ever Dear, Lancashire,
> My heart shall dwell.

> Farewell Manchester,
> Sadly I depart,
> Tear-drops bodingly from their prison start,
> Though I toil anew,
> Shadows to pursue,
> Shadows vain, thou'lt remain,
> Within my heart.

PRÉFACE.

Le *Victorial* a été publié à Madrid, en 1782, par don Eugenio de Llaguno Amirola, membre de l'*Académie royale de l'histoire*, qui, après lui avoir fait subir de nombreux et considérables retranchements, l'a placé, sous le titre de *Chronique de don Pedro Niño, comte de Buelna*, dans sa précieuse collection de documents pour servir à l'histoire de Castille. Les généalogistes y ont beaucoup puisé, et les apologistes de Pierre-le-Cruel se sont appuyés sur lui (sans profit), parce qu'il renferme la seule relation authentique et aujourd'hui connue, qui soit due à un partisan fidèle de cet abominable prince. Don Pascual de Gayangos l'a rangé à la suite des romans d'Amadis (1), sans doute parce qu'il a rencontré dans cet ouvrage, à côté de la partie entièrement historique, des légendes et surtout une partie doctrinale qui, souvent

(1) *Catalogo razonado de todos los libros de caballerias que hay en lengua castellana y portuguesa.* (Tome XL de la *Bibliothèque d'auteurs espagnols,* publiée par Rivadeneyra.)

en désaccord avec les faits réels, se rattache à l'idéal de la chevalerie. Robert Southey a jugé si intéressants pour l'histoire de la marine anglaise les récits du *Victorial*, qu'il les a incorporés à son propre travail au moyen d'une analyse détaillée, malheureusement privée de tout commentaire (1). Aucun des écrivains qui ont jusqu'ici rassemblé les éléments d'une histoire de la marine française n'a cherché à profiter après l'historiographe anglais des mêmes renseignements, plus intéressants encore pour nous; négligence que signale avec quelque sévérité M. Aurélien de Courson, et qu'il a rendue impossible à l'avenir en résumant dans une vive narration les campagnes de don Pedro Niño et de messire Charles de Savoisy (2). M. Jal a tiré de notre auteur la plupart des passages qui lui ont servi à expliquer dans son *Glossaire nautique* les termes espagnols en usage à bord des galères; et en les expliquant avec la clarté qu'il y a mise, il a fait pour l'intelligence du *Victorial* autant que le *Victorial* avait fait pour la richesse du *Glossaire*. Lorsque M. Viollet-le-Duc, après avoir décrit toutes les parties du mobilier français antérieurement à la Renaissance, a voulu donner une idée de ce qu'était la vie de château en France, au XIVe siècle, il a cru ne pouvoir, suivant ses expressions, mieux faire que de citer un passage de la Chronique du comte don Pedro Niño, et il a demandé

---

(1) *The British admirals, with an introductory view of the naval history of England*, by Robert SOUTHEY. London, 1833, 8°, vol. II, pages 20 à 41.

(2) *Aventures et prouesses d'un capitaine castillan et d'un chevalier français sur les côtes de Bretagne, Normandie et Angleterre, en l'an de grâce 1405*, par Aurélien de COURSON. (*Annuaire du Morbihan pour l'année 1854.*)

à M. Mérimée de lui traduire en vieux langage le chapitre XLII du II⁰ livre du *Victorial* (1). Enfin, l'intérêt de quelques-unes des légendes a déterminé un profond connaisseur de la littérature romane, le judicieux non moins que savant M. Ludwig Lemcke, à en publier quatre fragments d'après notre manuscrit (2).

Recueil de légendes, traité de chevalerie, sérieux document de l'histoire d'Espagne et un peu de la nôtre, chronique d'un chevalier que ses aventures ont conduit des côtes de Barbarie à celles d'Angleterre, de la cour de Castille à celle de France, tableau des idées et des mœurs d'autrefois tracé par un observateur naïf, piquant, sensé et instruit, nous avons pensé qu'à ces titres divers le *Victorial* se recommanderait à un assez grand nombre de lecteurs, pour qu'il nous fût permis d'en offrir au public une traduction française.

De Gutierre Diaz de Gamez qui l'a composé, nous ne savons guère que ce qu'il nous en apprend lui-même. Llaguno, plus avantageusement placé que nous pour faire des recherches sur les familles espagnoles, n'a point traité la question de son origine. On trouve parfois son nom écrit sous une autre forme, *Guemes*. Une indication qu'il donne sur les lieux où se passèrent les années de sa première jeunesse nous porte à penser qu'il naquit en Galice, dans quelque localité voisine du cap Finistère (3). A l'âge de vingt-trois ans,

---

(1) *Dictionnaire raisonné du mobilier français*, par M. Viollet-le-Duc, p. 360.

(2) *Bruchstücke*, etc. (Fragments des parties inédites du *Victorial*, publiés par L.-G. Lemcke, avec une introduction). Marbourg, imprimerie de l'Université, 1865, 4⁰.

(3) Voyez, page 300, ce qu'il dit des profanations commises sous ses

ficulté pour leur interprétation. Il a rajeuni l'orthographe et les formes grammaticales.

Une autre copie existe aujourd'hui dans la bibliothèque de l'Académie royale de l'histoire, où elle porte la marque : Est. 24, grad. 2ª, B. 28 (1). Nous supposons que d'après elle a été faite celle que possédait Montiano, ou bien que toutes deux furent tirées sur une troisième copie plus ancienne, elle aussi incomplète. Ce qui nous le donne à penser est que, si nous ne retrouvons pas dans le manuscrit de l'Académie toutes les lacunes qui déparent l'édition de Llaguno, malheureusement Llaguno ne sert à combler aucune de celles qui font des vides bien regrettables et parfois singuliers dans le manuscrit de l'Académie. La coïncidence de certaines lacunes involontaires indique nécessairement une communauté de provenance. Le manuscrit de l'Académie, qui diffère de l'autre par la division des chapitres (2) et par la forme plus archaïque des mots, donne incontestablement le texte le meilleur et le plus rapproché de l'original.

Suivant la description qui nous en a été envoyée de Madrid, il se compose de seize cahiers contenant chacun dix feuilles de grand papier plié en deux et donnant en tout deux cent soixante-quinze folios, écrits en apparence vers le milieu du XVIe siècle (3), dans le caractère appelé par les paléographes espagnols *letra formada castellana* (4). Les majuscules initiales, tantôt de ce même ca-

---

(1) LEMCKE, p. 5.
(2) La division par chapitres pourrait bien n'être due qu'aux copistes dans l'un et l'autre manuscrit.
(3) M. Lemcke, qui a examiné le manuscrit, le croit de la deuxième moitié du XVe siècle. (*Bruchstücke*, page 5.)
(4) C'est une écriture faite à main posée, qui tient le milieu entre

ractère, tantôt romaines, sont ornées de fleurons exécutés à la plume en encre rouge. Les marges des feuilles sont presque toutes chargées de vignettes également à la plume, en encre rouge ou bleue, qui représentent des feuillages et des fruits entremêlés de figures humaines, ou tracent des dessins géométriques, le tout d'une exécution assez rude. De ce manuscrit il a été fait pour nous une copie sous la direction de l'illustre auteur de l'*Histoire critique de la littérature espagnole*, don José Amador de los Rios, qui a bien voulu la revoir et la collationner avec le dernier scrupule, de sorte qu'elle a, quant à l'exactitude du texte, toute la valeur de son original.

Nous l'avons suivie pour faire notre traduction, empruntant toutefois à l'édition de Llaguno des corrections nécessaires ou des leçons évidemment bonnes, lesquelles nous avons indiquées en note, la plupart du temps. Traduisant un texte inédit en partie et qui peut intéresser plusieurs espèces d'études, nous nous sommes appliqués à le serrer d'assez près pour reproduire autant que possible l'original avec ses mots caractéristiques, ses tours de phrase, tout ce qui lui donne sa valeur technique, sa couleur et son mouvement. Nous y avons sacrifié l'élégance, au besoin la correction; nous espérons n'y avoir pas sacrifié la clarté (bien que nous n'ayons pas cherché à donner à certaines expressions de notre auteur une précision qui n'existait peut-être pas dans sa pensée), et avoir évité les archaïsmes assez pour ne point rebuter la généralité des lecteurs. Ceux qui se sont essayés à un travail de ce genre jugeront si nous ne méritons pas

l'écriture cursive et la *letra de privilegios*, écriture employée pour les chartes.

quelque indulgence. Il eût été plus laborieux sans doute, mais peut-être moins difficile, de transporter le livre de Gamez dans la langue de nos vieux écrivains, ses contemporains, qui nous auraient fourni des équivalents absolus pour presque tous les mots et pour toutes les locutions. Fussions-nous parvenus à remplir cette tâche, dont M. Mérimée s'est tiré avec tant d'habileté pour un court fragment, on n'en aurait pas toléré le résultat dans un ouvrage de si longue haleine. Quant à jeter sur un chroniqueur espagnol du XVe siècle, sans le travestir, le manteau du français d'aujourd'hui, d'autres que nous y ont réussi, en y apportant un talent auquel nous n'osions prétendre. Nous n'avons pas visé à faire une œuvre littéraire, et nous serions heureux si nous avions seulement atteint par une traduction exacte le but utile que nous nous proposions.

Les notes, trop nombreuses peut-être, que nous avons placées au bas des pages et à la fin du volume ne répondent qu'à un objet : faciliter l'intelligence du texte, ou dispenser le lecteur curieux de recourir, comme nous l'avons fait, aux ouvrages élémentaires pour y trouver quelques renseignements sommaires sur des points dont l'élucidation revient de droit aux érudits. Nous avons cité le texte espagnol, lorsque nous n'étions pas certains de l'avoir bien interprété ; lorsque cela nous a paru nécessaire pour justifier l'étrangeté de certaines expressions ; enfin lorsque notre conscience nous reprochait d'avoir trop insuffisamment rendu la phrase ou gracieuse ou concise du bon Gutierre Diaz de Gamez, à qui surtout nous ne voudrions pas faire tort.

père avait joui; et ils les appelaient *Fils de bien* et continuèrent à les appeler ainsi. Ce nom fut changé ensuite, et on les appela les fils d'algo, ce qui veut dire également fils de bien, fils de bonnes maisons, sortis de ceux qui toujours furent bons et firent bien. De même celui qui se déshonorait ou commettait quelque grande vilenie, on l'appelait fils de personne (1).

Comme ces élus étaient en petit nombre, lorsqu'ils allaient à la guerre on donnait à chacun d'eux dix hommes qui l'accompagnaient, estimant que la valeur de celui-là pousserait les autres à bien faire; en effet, bien des fois il arrivait que par la valeur et l'ordonnance d'un bon chevalier une bataille était gagnée, une grande place conservée ou emportée. Pareillement on réunissait dix de ceux qui en avaient dix avec eux, et l'on mettait à leur tête un des élus que l'on appelait centurion, parce qu'il était le chef de cent hommes. Ensuite on prenait dix centurions, et on choisissait entre les élus un des meilleurs qu'on leur donnait pour supérieur; celui-là on l'appelait *miles* et chevalier, parce qu'il était le chef de mille hommes. Enfin, les Gentils firent un légionnaire qui était duc et commandait à six mille six cent soixante-six, ce qui est une légion d'hommes (2).

Il y eut encore une autre manière dont furent triés les

---

(1) Tout ceci est emprunté à la seconde partida (titre 21, loi 2). L'étymologie de *fidalgo* est celle qu'a donnée le roi Alphonse-le-Sage, et que M. Amador de Los Rios a essayé de justifier en attribuant au mot *aliquid*, d'où vient *algo*, le sens exceptionnel de *bon*. *Algo* signifie quelque chose, *fijo d'algo*, fils d'un homme qui était ou qui avait quelque chose, comme le *Rico-Hombre* était le seigneur qui possédait beaucoup de bien.

(2) Voir les notes à la fin du volume.

gentilshommes. Une fois, il advint que [Gédéon] (1) allait à une bataille et y allait avec grande crainte, parce qu'il avait peu de monde, et aussi parce que déjà il avait vu les lâches, les poltrons, les gens sans honneur, en se mettant à fuir, causer la défaite des bons. Il pria Dieu de lui montrer ceux qu'il devait mener avec lui au combat. Notre-Seigneur lui dit : « Le jour que vous irez à la bataille, il fera grand chaud, parce que le soleil dardera roide, et tes gens auront grand soif. Quand vous arriverez à la rivière, observe ceux qui boiront en plongeant leur bouche dans l'eau ; ceux-là, laisse-les, ne les emmène pas avec toi, et ne les engage point dans la bataille, mais fais attention à ceux qui boiront avec leurs mains : ceux-ci, emmène-les hardiment. » Cette parole s'applique aux hommes de gloutonnerie qui ne se contiennent pas et ne se trouvent jamais rassasiés. Ils sont comme les bêtes qui ne pensent à rien qu'à manger. Ainsi étaient ceux-là qui n'avaient pas honte de boire à la façon des bêtes, ne pouvant se retenir assez pour boire comme les autres hommes. Celui qui ne sait pas commander à ses appétits, mais se laisse traîner par eux, est vaincu d'avance, car celui qui ne peut pas vaincre ses appétits, bien moins pourra-t-il vaincre ses ennemis, mais son peu d'endurance lui fera perdre la honte et le fera tomber en déshonneur. Ainsi [Gédéon] prit avec lui ceux qui avaient bu dans leurs mains, comme des hommes guidés par la raison, et il fut vainqueur. Ceux-là furent mis à part pour servir dans les batailles, et c'est d'eux que vinrent les ducs, les princes, les comtes, les chevaliers et gentilshommes qui vouèrent leurs corps à faire grands et bons exploits, s'exposant aux rudes tra-

---

(1) Le nom est resté en blanc dans Llaguno et dans notre manuscrit.

vaux, supportant de grandes frayeurs et sachant les comprimer par l'honneur, ne faisant aucune chose qui pût leur être imputée à vilenie. Ils furent tenus pour si fermes et vrais en paroles et en faits à l'égard de ceux qui les traitaient bien, que les rois et les princes puissants trouvèrent bon de leur confier leurs femmes, leurs enfants, leurs maisons et leurs forteresses, rien que sur leur parole de vérité, qui est l'engagement de foi et hommage qu'ils requièrent des gentilshommes. Pour garder cette foi, les bons endurent la faim, la soif, les angoisses, laissent tuer femmes et enfants, les abandonnent, et meurent eux-mêmes, s'il le faut, pour dégager leur parole (1).

Ayant vu et lu beaucoup d'histoires et de chroniques des hauts faits et éclatants exploits que les nobles princes ont accomplis en conquérant des royaumes, livrant combats et batailles, faisant expéditions et siéges, tant par mer que par terre, et considérant que durant ces entreprises

Où l'auteur parle des quatre princes qui furent les plus grands et obtinrent, chacun en son temps, la plus grande séance dans le monde. Le premier fut Salomon, roi de Judée et de Jérusalem (2).

(1) « L'alcaïde, s'il arrive que son château soit assiégé ou attaqué, doit le défendre jusqu'à la mort. Pour chose qui puisse survenir à sa femme et à ses enfants, ou autres personnes qu'il aime, torture, blessures, mort; pour prison, tortures, blessures mortelles, menaces de mort qui lui adviennent; pour quelque autre raison que ce puisse être, mal ou bien, qu'il reçoive ou que l'on promette de lui faire, il ne doit pas rendre le château ni ordonner qu'il soit rendu; car, s'il le faisait, il encourrait peine de trahison, comme ayant livré le château de son seigneur. » (*Siete Partidas,* partida II, titre 18, loi 6.)

Permittitur homicidium filii, potiusquam deditio castelli. (Mérimée, *Histoire de Pierre-le-Cruel,* p. 284.)

L'exemple de D. Alonso de Guzman, alcaïde de Tarifa, qui laissa tuer son fils sous ses yeux, et reçut pour cela le surnom de *el bueno,* le bon, le preux, est célèbre.

(2) Toutes les rubriques du prohème paraissent être des interpolations.

Médie et de Perse. Darius employa contre lui beaucoup d'artifices de guerre; des chardons de fer empoisonnés qu'il semait sur le sol; des éléphants chargés de châteaux de bois, du haut desquels combattaient les soldats; des basilics qui tuaient du regard, et des armées innombrables. Alexandre triompha de tout cela par la valeur et la science. Il vainquit Darius et le poursuivit tant qu'il l'amena enfin à male mort, car ses sujets eux-mêmes le tuèrent pour s'acquérir les bonnes grâces du vainqueur; mais, au lieu de grâces, ils trouvèrent la potence, parce qu'ils avaient tué leur seigneur.

Les rois, en ce temps (1), avaient coutume de traîner aux armées avec eux leurs femmes, leurs enfants et de grands trésors. Alexandre se trouva maître de tout; mais il mit en liberté la reine avec toutes les femmes, et il épousa Roxane (2), fille de Darius. Ensuite, il alla conquérant des provinces, donnant partout des lois pour régler et juger les peuples (3). Il faisait mourir les rois tyrans et ceux qui violaient la justice. Il combattit Porus, qui était fort et puissant; il eut bataille avec lui et le vainquit. Porus s'enfuit. Alexandre le poursuivit jusque dans l'Inde. Alors il y eut appointement entre eux qu'ils ne livreraient plus de batailles (afin qu'il ne pérît pas tant de monde des deux côtés), mais qu'ils se mesureraient seul à seul, et que le vainqueur resterait le maître de l'autre et de son pays. Porus était de la race des géants; il était grand et fort. Tous deux entrèrent seuls dans la lice, et Alexandre resta le maître par une adresse à laquelle il eut recours. Porus avoua que, s'il était fort, avec

(1) Le texte dit : *Antes de aquel tiempo.*
(2) *Rextana.*
(3) *Por donde bibiesen é juzgasen las gentes.*

plus fort il s'était rencontré, et pour cela l'autre ne voulut point lui ôter la vie. Porus baisa la main à Alexandre, qui lui donna ses lois et le laissa régner en son pays.

L'histoire d'Alexandre rapporte qu'il fit, par grand artifice, atteler sous un joug deux griffons, qui sont des oiseaux les plus forts du monde, et que lui, attaché entre eux, sur un panier de cuir, tenait en haut, devant leurs yeux, un gros morceau de viande, en sorte que, volant toujours pour atteindre cette viande, ils montèrent jusqu'à la sphère du feu. Comme il était pourvu de science, il reconnut qu'il ne pouvait pas aller plus avant; il abaissa la viande, et les griffons volèrent dans la direction qu'il lui plut. De là, il considéra d'en haut la terre et les îles, comme elles sont entourées par la mer, et comme la terre est faite de montagnes, où elle commence et où elle finit. Il abaissa encore la viande, et les griffons le ramenèrent sur terre.

On dit qu'ensuite il fit faire un coffre de verre attaché à une longue chaîne, et qu'il s'y fit descendre en pleine mer, après avoir mis la chaîne à bord d'un navire et donné l'ordre de cingler au large autant qu'on le pourrait, sans le retirer avant cinq jours. Il put ainsi observer les poissons, et il vit comme les grands mangeaient les petits, comme ils se tendaient l'un à l'autre des embûches, et se guerroyaient, et usaient entre eux de ruses. Quant à lui, jamais, dit-il ensuite, il ne s'était vu si bien obéi ni servi (1) que par ces habitants de la mer. Les grands poissons venaient lui faire révérence et préservaient des rochers le coffre de verre où il était.

Ses sujets, qui le tenaient bien cher, le retirèrent de

---

(1) *Aguardado.*

là le troisième jour, et il alla en pèlerinage, à pied et déchaux, supportant grandes tribulations, à une montagne sombre où étaient deux arbres, celui du Soleil et celui de la Lune, qui prédisaient aux hommes leur sort (1). Il fit de grandes offrandes, sacrifia et présenta sa pétition. L'arbre du Soleil lui dit : « En peu de temps tu deviendras le maître du monde, mais jamais tu ne reverras ton pays. » Il se tut, et l'arbre de la Lune parla : « Ne te laisse pas abattre par ce que je vais te dire : tu seras tué par des traîtres; ainsi l'a ordonné le Destin (2). » Alexandre voulut savoir qui serait le traître, mais jamais il ne put obtenir de réponse. Il s'en retourna auprès de ses gens, et, de là, s'en fut dans la Judée, qu'il conquit; puis il monta à Jérusalem. Les Juifs avaient grand peur de lui; ils sortirent en procession pour le recevoir, l'évêque vêtu pontificalement et portant dans ses mains les tables de la Loi. Mais Alexandre mit pied à terre, s'agenouilla devant l'évêque, et adora les tables de la Loi, à cause d'une vision qu'il avait eue; puis il entra en triomphe à Jérusalem. Il entra dans le temple, mit son idole sur l'autel de la couronne, le confessa et l'adora. Il reçut le tribut. Ce fut là que l'on conjura sa mort; mais on reconnut qu'il ne pouvait être tué que par trahison, et alors les Juifs s'abouchèrent avec le comte Antipater, et concertèrent avec lui ce qui s'exécuta par la suite. Ici, l'auteur remarque que depuis la mort d'Alexandre jusqu'à nous, jamais il ne s'est fait une trahison qu'il ne s'y trouvât ou un Juif ou quelqu'un de la descendance d'un Juif.

De la Judée, Alexandre passa dans la Chaldée et con-

---

(1) Voyez le faux Callisthène, liv. III, ch. XVII.

(2) Les réponses des oracles sont en vers et extraites du *Poema de Alexandro*, coplas 2526, 2527.

Dans le même temps, il y avait à Rome un personnage considérable nommé Trasius Pompée, qui était parent de Catilina. Lui et Jules se haïssaient, et ils divisaient la cité en partis qui étaient l'un contre l'autre (1). Les sénateurs, dont la coutume était d'envoyer toujours des conquérants pour subjuguer les diverses parties du monde, résolurent de réconcilier ces deux hommes et de les envoyer en expédition. Trasius Pompée prit à femme la fille de Jules. Il fut envoyé contre l'Orient, et Jules contre l'Occident, avec des armées puissantes, et le sénat leur accorda cinq années de terme pour accomplir leurs conquêtes; au bout des cinq années, chacun d'eux devait revenir à Rome. Pompée conquit beaucoup de pays, livra plusieurs grandes batailles, et au terme assigné, il revint à Rome chargé de gloire, de richesses, d'honneurs, et de là en avant il fut appelé le grand Pompée. Pendant trois autres années encore, il fut employé à des conquêtes qu'il acheva. Mais Jules était allé subjuguant les contrées, jusqu'à ce qu'il fût en Espagne, et il avait dépensé dix années à ses conquêtes. Ensuite il s'en retourna à Rome avec grande puissance, riche et honoré, ayant conquis plusieurs royaumes et provinces, et il fut reçu à Rome avec grand triomphe, ce qui déplaisait à plusieurs. Incontinent, il fut accusé au chapitre d'avoir excédé la commission que Rome lui avait donnée, parce qu'il n'était pas revenu au terme de cinq ans. Jules répondit : « Je suis le fils de Rome; pendant les cinq années j'ai rempli sa commission ; j'en ai pris cinq autres de ma libre volonté, et j'ai pu le faire à bon droit, outre que tout ce que j'ai gagné je l'ai donné à ma mère, et je suis son fils obéissant. » Il fut trouvé qu'il parlait

---

(1) *Avia grandes bandos entrellos.*

avec raison, et les Romains lui accordèrent encore plus de respect, se tenant pour très-honorés et puissants de posséder deux hommes tels que Jules et le grand Pompée. Ils déterminèrent de les revêtir de dignités et de leur donner de grandes forces, avec lesquelles ils iraient conquérir les pays et les soumettre à la domination de Rome. Ils les firent donc empereurs, et donnèrent à chacun un étendard avec un aigle, car le blason de l'étendard de Rome était un aigle de sable en champ d'argent.

Cependant, l'amitié ne pouvait durer longtemps entre eux. Tant sur les affaires de la ville que sur celles du dehors, jamais ils ne purent bien s'accorder, parce que chacun d'eux voulait, en toutes choses, tirer à lui l'honneur et l'avantage. Leur inimitié devint même si grande, que jamais on ne réussit à les faire marcher ensemble; et, quoique plusieurs fois Rome fît la paix entre eux, ce n'était que pour bien peu de temps. Enfin ils amassèrent, chacun de son côté, de grandes multitudes de gens de guerre, et se livrèrent une grande bataille, dans laquelle Jules César fut vaincu. Pompée ne pensa pas à le poursuivre, car il supposait que jamais il ne pourrait se relever de cette défaite. Jules s'en allait fuyant. Sur la tombée de la nuit, il arriva au bord de la mer, en un endroit où il trouva un pêcheur qui avait sa barque, et il pria le pêcheur de lui faire traverser cette mer. Il monta dans la barque, et s'en fut là où il avait laissé sa femme. Ses gens s'y rallièrent peu à peu autour de lui. Lorsqu'ils furent rassemblés, Jules leur dit : « Pompée n'a pas su vaincre, et Jules César n'a pas été vaincu. » Cette parole les étonnait fort, car ils le voyaient vaincu. Mais il le leur avait dit, parce que Pompée ne l'avait pas poursuivi jusqu'à la mort, et parce que Pompée savait bien quel homme était Jules, qui, s'il avait vaincu Pompée, ne l'aurait point laissé échapper ainsi; car tant qu'un homme vit, il peut se venger, d'autant que la roue tourne, et à cause de cela dit-on également Chance et Fortune, pour ce qu'elle n'est pas toujours une.

Jules César ne se donna point de loisir tant qu'il n'eût réuni de bien plus grandes forces que jamais il n'en avait eu auparavant. Autant en fit Pompée de son côté. Une seconde fois ils se combattirent; cette fois, le grand Pompée fut vaincu, et il prit la fuite, et il se jeta sur un vaisseau. Mais Jules avait tout disposé de façon à être certain de l'atteindre, quelque route qu'il prît, par terre et par mer; il monta sur ses navires et le poursuivit jusqu'à la mort. Qui voudra connaître ces batailles lise Lucain; il les y trouvera plus longuement rapportées. Alors Jules César s'appela lui seul empereur de Rome, et il en devint le seigneur. Des armes de Pompée et des siennes, qui étaient chacune un aigle, il fit, en les réunissant, un aigle à deux têtes, donnant à entendre par là que les deux seigneurs n'en faisaient plus qu'un.

Ce Jules, quand il fut si grand et le maître du monde, voulut savoir le nombre des hommes que le monde renfermait, et il s'y prit de la manière suivante : il ordonna que pour toute tête d'homme ou de femme, il lui fût donné un denier; que l'on procédât par royaumes, provinces, villes, bourgs, de là en descendant aux villages et ensuite aux fermes, jusques aux cabanes de ceux qui ne possédaient qu'un rucher, en exigeant de chaque chef de famille un denier pour chaque membre de sa famille, et que le tout lui fût apporté à Rome. En sorte que des millions de pièces de monnaie furent amassés en nombre infini, et à cet

application (1). D'autres faisaient des figures de lions, de taureaux, de serpents, de tigres, d'éléphants, et d'autres animaux terribles, chacun les appropriant à sa propre figure; et ainsi appropriés, ils les plaçaient aux endroits où s'étaient données leurs batailles. Ils peuplèrent leurs villes et firent de grandes choses auxquelles ils gagnèrent honneur et renommée.

Avant la venue de notre Sauveur Jésus-Christ, la plupart des nations vivaient dans de grandes erreurs, à cause du péché de notre père Adam qui subsistait encore, et ce péché avait été commis tant à l'offense de Dieu, que toutes les âmes des méchants allaient en enfer, et même celles des bons, s'il y avait alors des bons. Mais le père de la miséricorde, Dieu au-dessus de tous les dieux, se souvint de l'homme qu'il avait fait à son image et ressemblance. Il envoya son Fils prendre chair dans le sein d'une jeune fille choisie sans tache, et par la communication du Saint-Esprit, le Fils naquit d'elle, vrai Dieu et vrai homme, elle restant vierge avant, pendant et après; et il nous donna pour le reconnaître ses paroles et ses œuvres. Tout ce qu'il trouva, il le recueillit et le ramassa; il prit notre charge sur ses épaules; il mourut pour nous, et ayant donné son sang pour rançon, il racheta les captifs, ressuscita et monta au ciel, où il a préparé sa gloire à ceux qui auront comme nous foi en lui, et auront été lavés dans l'eau par laquelle il nous a sanctifiés avec le sang et l'eau qui sortirent de son côté.

Notez que Dieu fut plus généreux en se donnant lui-même pour nous, qu'il ne l'eût été, s'il nous avait absous

---

(1) *Femencia.*

par sa grâce et par son pouvoir absolu. Il vint entre les siens, et les siens ne voulurent pas le connaître, ne voulurent pas le recevoir. Ceux-là furent les malheureux, durs de chair, le peuple égaré des Juifs. Pourtant, il les avait tirés d'esclavage, les secourant par de terribles plaies, grands miracles et puissance; il leur avait ouvert la mer, et leur avait dressé les chemins par où ils échappèrent; de la pierre dure, il avait fait jaillir pour eux de l'eau en abondance; il leur avait rendu douce l'eau amère, et leur avait donné à manger le pain du ciel. Il les avait rassasiés de manne, d'oiseaux et d'eau dans le désert; il les avait maintenus pendant quarante ans sans travail, sans douleurs, joyeux, repus et tranquilles; il les avait conduits dans la terre de promission; il leur avait envoyé des prophètes et des patriarches pour les avertir de la venue du saint Messie qu'ils espéraient; il leur avait livré les terres de leurs ennemis, et leur avait donné une loi, des rois, des prêtres, des autels, des onctions, des sacrifices, des miracles, des révélations. Celui qu'ils attendaient et qu'ils appelaient chaque jour, il vint enfin, tel que les prophètes l'avaient annoncé, et ils ne voulurent pas le connaître; ils fermèrent les yeux, ils ne connurent pas; ils endurcirent leurs cœurs, ils ne comprirent pas; ils tuèrent et outragèrent (1) leur roi qu'ils attendaient depuis si longtemps. A sa passion, le soleil s'obscurcit, la terre trembla, le voile du temple se déchira, les pierres se fendirent; jamais la dureté de leurs cœurs ne put être amollie. Les tombeaux s'ouvrirent, beaucoup de morts ressuscitèrent et apparurent à leurs amis; ils ne voulurent pas les connaître. La lumière vint dans les ténèbres, et les ténèbres

(1) *Desonraron.*

ne la reçurent (1) point, et les enfants des ténèbres ne la comprirent point. Ils ne la connurent point ; les autres, qui étaient étrangers, la connurent. Et à ceux qui la connurent a été donné le droit d'être faits enfants de Dieu.

Ici l'auteur dit que les péchés mènent à mauvaise fin les hommes qui s'y livrent par longue accoutumance, et que Dieu, notre seigneur, fit pour les Juifs beaucoup de choses où éclatait sa bonté, qu'il se tint toujours auprès d'eux et leur pardonna beaucoup de fautes; mais eux devenaient chaque fois pires et plus méchants. A cause de cela, le Seigneur juste les détruisit et les dispersa dans la désolation perpétuelle, laquelle n'aura point de terme, sinon à la fin du monde, et il jura dans sa colère que ce lui serait dure chose, s'ils entraient dans leur repos.

Comment Jésus-Christ voulut que les vainqueurs des batailles fussent honorés, et lui-même les honora d'une palme. Is prenez de qu'il y a ix manières vaincre : ne corpo-le, et l'autre rituelle.

Puisque le noble renom est chose propre aux chevaliers et à ceux qui exercent le métier des armes et l'art de la chevalerie, non à autre nation (2) quelconque, l'auteur s'adresse ici aux nobles chevaliers qui s'efforcent d'acquérir honneur et renom dans l'art des armes et chevalerie, et d'atteindre la palme de la victoire, leur disant : « Faites attention à ceux-là, fidèles ou infidèles, qui tant ont pris peine pour gagner honneur et renommée; imitez-les de telle manière que vous ne perdiez pas l'allégresse durable, laquelle est de voir Dieu dans sa gloire, où vous vivrez éternellement en bonheur parfait. Ainsi, prenez exemple des chevaliers fidèles qui ont combattu pour la foi de notre seigneur Dieu, comme de Josué, qui livra tant de batailles

(1) *Segaron*.
(2) *Nacion*. Cette expression est trop caractéristique dans son exagération, dont nous ne connaissons pas d'autre exemple, pour que nous ayons voulu la transformer.

aux Philistins, combattant pour la cause de Dieu avec une foi si grande, que Dieu, à sa prière, arrêta le soleil et lui défendit de se mouvoir de sa place jusqu'à ce que Josué eût eu loisir de vaincre ses ennemis. Prenez aussi exemple du roi David, lequel, combattant pour la foi, par sa grande foi tua Goliath, le géant, et livra d'autres grandes batailles. Prenez exemple de Judas Machabée qui, après la destruction de la maison de Dieu et de la ville et de tout le peuple juif, se retirant dans les montagnes de Caudio (*sic*) avec peu de monde, mais grande foi en Dieu contre ses ennemis, et voyant que les siens avaient grande peur de combattre une si grande multitude, leur dit pour leur donner courage : « La multitude ne l'emporte point parce qu'elle est la multitude, et le petit nombre n'est pas toujours battu parce qu'il est le petit nombre; mais la victoire va à ceux qui sont aimés de Dieu et combattent d'un seul cœur (1). » Et il défit la grande armée du roi Antiochus, et de Nicanor, et d'Apollonius. Prenez exemple du duc Godefroi de Bouillon, qui passa par tant de travaux et donna tant de batailles pour conquérir le Saint-Sépulcre et exalter la foi, spécialement quand, avec grande foi, il sauta du pont (2) de son navire dans la mer, par quoi il prit terre avant que ses ennemis pussent arriver pour l'en empêcher. Prenez exemple de Charles Martel et de Charlemagne; prenez-le des nobles rois de Léon, de ce nombre de grandes batailles qu'ils ont eues avec les Mores, et de leurs grandes actions, et de la façon dont ils ont gagné le pays où nous vivons aujourd'hui. Prenez exemple du

---

(1) *Machabées*, I, 3, 18, 19.
(2) De la *balsa*. Cette légende est rapportée par Don Juan Manuel, qui ne nomme pas Godefroy, mais le roi Richard d'Angleterre. (Comte Lucanor, ch. III. Madrid, Rivadeneyra, 1860, 8º.)

comte Fernan Gonzalez, ami de Dieu, qui, en combattant de grand courage et avec foi, abattit la grande puissance d'Almanzor, et du Cid Ruy Diaz, qui, simple et petit chevalier, mais combattant pour la foi, la vérité, et pour l'honneur de son roi et du royaume, gagna beaucoup de batailles, et Dieu le fit grand et honoré, et il fut très-redouté de ses voisins. Prenez exemple aussi du très-noble roi don Ferdinand le Chaste, qui, en combattant pour la foi, conquit Cordoue et Séville, où il est vénéré comme saint non canonisé. Tous ceux-là ont fait le salut de leurs âmes, en combattant avec grande foi contre les Mores pour la vérité, et menant une vie pure. » Ici l'auteur dit que les chevaliers doivent beaucoup priser la renommée et l'honneur, quand le fils de Dieu a honoré les vainqueurs (1), [comme il va être rapporté] (2).

Comment Joseph, quand il emmenait l'enfant Jésus et sa mère la Vierge sainte Marie, se mit à l'ombre d'un palmier, à cause du grand soleil qu'il faisait dans le désert d'Égypte ; des miracles qu'y fit Notre-Seigneur, et de l'honneur qu'il prêta aux vainqueurs.

Dans le temps que Joseph emmenait en Égypte la vierge sainte Marie et l'enfant Jésus, suivant ce que l'ange lui avait commandé, ils traversaient un jour le désert de Sur et de Syn (3); le soleil était très-ardent, et il n'y a dans ce désert ni eau ni arbres. Allant ainsi leur chemin, ils aperçurent un palmier très-élevé, et sainte Marie dit à Joseph de les conduire sous ce palmier pour se reposer à son ombre, car il faisait une si grande chaleur qu'ils ne la pouvaient pas supporter. Ils y furent, et la Vierge s'assit avec son fils. Pendant qu'elle lui donnait à sucer le lait de ses mamelles, elle leva les yeux et vit de belles dattes,

---

(1) Le texte dit, par erreur : *Los vencidos*.
(2) *Tal onra did á los vencedores*. Le *tal* relie cette phrase à la légende qui suit.
(3) Le désert de Sur au sud de l'Idumée ; le désert de Syn à l'ouest du premier.

mais elles étaient bien haut, et l'enfant Jésus vit que sa mère avait envie de ces dattes, et il dit : « Palmier, abaisse tes branches, et ma mère prendra de ton fruit. » Aussitôt le palmier s'inclina et vint mettre ses fruits devant les mains de la Vierge, qui en prit et en mangea; Joseph aussi et sa compagnie en prirent tout ce qu'il leur en fallait. Jésus-Christ dit ensuite : « Palmier, ouvre tes racines, et il sourdra une veine d'eau qui est sous toi, cachée; ma mère boira, et tous les nôtres boiront, car nous en avons bien besoin à cette heure. » Et cinq fontaines bien claires, d'eau limpide, et savoureuse, et fraîche, jaillirent d'entre les racines du palmier. Ils en burent, eux et leurs troupeaux, et en prirent pour la route ce que besoin leur en était. Et pendant tout le temps qu'ils furent là, le palmier resta toujours incliné, attendant que celui qui lui avait ordonné de s'abaisser lui ordonnât de se relever. Quand ils voulurent partir, Jésus dit : « Arbre, relève tes branches. Palmier, tu seras honoré entre tous les arbres, et tu seras planté dans le paradis de mon père. Et je veux, pour t'honorer, que l'on dise, par propos d'honneur, à celui qui aura combattu et vaincu : *Maintenant, tu as atteint la palme de la victoire.* » Alors le palmier se releva et resta droit.

En ce moment, on vit venir à travers les airs un ange qui se prosterna devant Jésus et cueillit un rameau du palmier, et le tenant à la main, il allait chantant un chant très-doux et suave, comme [celui qui s'était fait entendre le jour de la Nativité (1).] Tous ceux qui se trouvaient là éprouvèrent les délices célestes dans la saveur de ces

---

(1) Le texte dit seulement : *Como avie venido.* Le sens est incomplet, mais il se devine; et l'on doit supposer une lacune dans le manuscrit.

dattes, et la douceur de cette eau, et la vision de cet ange, et la mélodie de ce chant. Si grande était la gloire qu'ils ressentaient, que Joseph n'aurait point voulu partir de là. Mais Jésus lui dit : « Marche, il faut que s'accomplisse sur moi tout ce qu'ont annoncé les prophètes (1). »

Notre seigneur Dieu a trois ordres de chevalerie.

Le premier est l'ordre des anges qui ont combattu contre Lucifer, quand il voulut se grandir et qu'il dit : « Je mettrai mon siége du côté de l'aquilon, et je serai l'égal du très-haut Créateur. » Ils combattirent contre lui et le vainquirent, lui et tous ses ministres, et les précipitèrent du haut siége de gloire dans la profondeur des abîmes. Ils continuent encore leur bataille contre eux pour nous défendre, et en récompense de leurs mérites, ils ont obtenu d'avoir le drapeau du Dieu vivant. De cette chevalerie est chef saint Michel, archange et défenseur de l'Église de Dieu.

Notre seigneur Dieu a un second ordre de chevalerie, celui des martyrs qui sont morts pour la sainte foi catholique, ont vaincu les pompes, les séductions, les menaces du monde et du diable, et de la chair, ont souffert beaucoup de tourments, et servant Jésus-Christ et fortifiant la foi, sont morts de morts cruelles; ils ont été victorieux (2) et ont atteint la palme de la victoire et du martyre. De ceux-là, Jésus-Christ a dit : « Au vainqueur je donnerai la couronne, et pour récompense, je lui ferai manger de l'arbre

---

(1) Le Corrége a transporté cette légende sur la toile dans l'admirable tableau connu sous le nom de la *Vergine alla scodella*, qui fait la gloire du musée de Parme. Nous croyons ne rien dire de trop en engageant à comparer avec le pinceau du Corrége la plume de Gamez.

Sur l'origine de la légende, voyez la note à la fin du volume.

(2) Le texte dit : *vencidos*, sans doute par erreur du copiste.

de la vie, qui est dans le paradis de mon père. » Ils ont obtenu la couronne de l'auréole.

Il y a deux manières de vaincre ses ennemis, et l'une est très-opposée à l'autre. L'une est celle des batailleurs de ce monde : quand ils jugent de la victoire, le mort est donné pour vaincu, et le tueur est appelé vainqueur. Dans ces batailles, il y a lances et épées, et autres armes en grand nombre, et à cause de cela on appelle vaincu celui qui est tué, parce qu'il reste mort. Autre est la bataille qui se livre pour Jésus-Christ. Celui qui entre dans cette bataille n'a point d'armes visibles ni corporelles; mais il a pour drapeau la croix † de Jésus-Christ, pour écu la foi catholique, et dans le cœur et à la bouche la sainte loi de Jésus-Christ, c'est-à-dire son Évangile. Avec ces armes, il frappe et tue ses ennemis. Celui qui reste ainsi ferme dans la foi jusqu'à la mort, et, ne se laissant jamais détourner du bon propos, plutôt que de consentir aux fausses déclarations, aux opinions erronées des incrédules et des hérétiques, souffre les tortures jusqu'à la mort, celui-là est appelé vainqueur, parce que, en succombant à la première mort, il a vaincu celle de l'enfer, et c'est pour lui qu'a été dite la parole de Notre-Seigneur Jésus-Christ (1).

Notre seigneur Dieu a encore d'autres chevaliers, qui sont les bons rois de la terre, justes, droituriers, craignant Dieu, et les bons chevaliers qui se vouent à défendre et protéger notre mère la sainte Église, et la sainte foi catholique, et l'honneur (2) de leur roi et du royaume. Pour récompense leur sont préparés dans la gloire ces siéges

---

(1) Notre manuscrit donne ici un texte entièrement corrompu, dont la pensée ne peut être qu'imaginée : *Por que non quedd vencido para la primera muerte del ynfierno è si dello nuestro señor Hiesu Chripsto.*

(2) La *verdad*.

célestes que Lucifer et les mauvais anges ont perdus par leur orgueil. Notez bien que *contraria à contrariis curantur*. Ces siéges ont été perdus par orgueil, et c'est par humilité dans la victoire (1) que les gagne cette chevalerie des bons défenseurs. Elle a pour chef et avocate la sainte vierge sainte Marie, avec tous les saints et les anges de la gloire du paradis.

<small>Ici l'auteur qui est et ce doit être chevalier, et pourquoi il est appelé chevalier.</small>

Maintenant il convient que je dise ce que c'est qu'un chevalier, d'où a été pris ce nom de chevalier, que doit être le chevalier, pour qu'à bon droit il mérite d'être appelé chevalier; de quel profit est le bon chevalier à la patrie dans laquelle il vit. Je vous dis que l'on appelle chevalier l'homme qui, d'habitude, chevauche un cheval. Qui, d'habitude, chevauche une autre monture, n'est point un chevalier; mais celui qui chevauche un cheval n'est point pour cela chevalier : celui-là est appelé à bon droit chevalier, qui en fait le métier. Les chevaliers n'ont point été choisis pour chevaucher un âne ni une mule (2); ils n'ont point été pris parmi les âmes faibles, ni timides, ni lâches, mais parmi les hommes robustes et énergiques, hardis et sans peur; à cause de cela, il n'est point d'animal qui s'accorde avec le chevalier mieux que le bon cheval. Aussi, s'est-il trouvé des chevaux qui, dans les

---

(1) *Por umildad de vencer.* Peut-être *de vencer* est-il une interpolation.

(2) Pourtant l'ordonnance rendue en Castille, l'an 1390, sur le fait des *lances entretenues*, établit que chaque *lance* devra avoir deux montures, dont un bon cheval et *une mule*, ou un roussin, ou une haquenée, suivant ses possibilités.

Sainte-Palaye dit que la jument était une monture *dérogeante* pour un chevalier. (*Mémoires*, t. I.)

moments de presse, se montrèrent loyaux envers leurs maîtres comme s'ils eussent été des hommes. Il y a des chevaux qui sont forts, ardents, rapides, fidèles, si bien qu'un homme brave, monté sur un bon cheval, fera, en une heure de bataille, plus que n'auront fait dix autres, et peut-être cent. C'est pour cela que l'on doit lui donner le nom de chevalier (1).

Quelles choses sont requises dans le bon chevalier? Qu'il soit noble. Qu'est-ce à dire noble et noblesse? Que le cœur soit gouverné (2) par vertus. Par quelles vertus? Par les quatre que ci-dessus j'ai nommées. Ces quatre vertus sont sœurs et tellement liées entre elles, que celui qui en a une les a toutes, et qu'à celui à qui manque l'une, toutes les autres font défaut. Ainsi, le chevalier vertueux doit être avisé et prudent, juste pour rendre la justice (3), continent et modéré, endurant et courageux; et avec cela, il faut qu'il ait grande foi en Dieu, espérance de parvenir à la gloire éternelle, d'obtenir la récompense du bien qu'il fera, enfin qu'il ait la charité et l'amour du prochain.

De quel profit est le bon chevalier? Je vous dis que par les bons chevaliers, le roi et le royaume sont honorés, protégés, redoutés et défendus. Je vous dis que le roi, lorsqu'il envoie un bon chevalier avec une armée et lui confie une grande entreprise, par mer comme par terre,

(1) « En après l'on chercha laquelle beste estait plus convenable et plus belle, plus courant et plus puissant de soutenir travail, et plus abile à servir l'homme. Si fut trouvé que le cheval estait la plus noble beste et plus convenable à servir l'homme; pour ce, entre toutes les bestes, l'homme esleut le cheval, et le donna à celui homme qui fut esleu entre mil hommes. Et pour ce iceluy homme eut nom chevalier. » (*L'Ordre de chevalerie.*)

(2) *Ordenado*, Lt. — *Ornado*, mss.

(3) *Justo judicante.*

a en lui un gage de succès (1). Je vous dis que, sans bons chevaliers, le roi est comme un homme sans pieds et sans mains. Nous en avons un exemple dans ce roi don Alfonso qui mit de côté les chevaliers et, par le conseil d'un Juif, leur fit de grands torts; les chevaliers lui manquèrent à la bataille d'Alarcos, et il fut vaincu (2). Après cela, le roi, voyant en quelle disgrâce il était tombé, se réconcilia avec les chevaliers, et alla livrer bataille au roi de Benamarin, Émiramoménin, et au roi Burşoban, et au roi de Maroc, et à celui de Tremecem, et à beaucoup d'autres rois, accompagnés de Mores innombrables. Le roi se défiait de quelques-uns de ses chevaliers; il craignait, à cause de ce qu'il leur avait fait, qu'ils ne l'aidassent pas aussi bien qu'ils le devaient. Et il arriva qu'en entrant dans la bataille, à l'heure de tierce, il vit s'en retourner un pennon blanc armorié de pièces noires; il crut que c'était celui du seigneur de Lara, et il dit : « Je vois que les chevaliers me laissent seul dans la bataille. » Il y avait alors auprès du roi André Boca de Medina, le plus brave et plus riche vilain qui se trouvât dans toute la Castille, et, pour réconforter le roi, il lui dit : « Ne croyez pas, seigneur, que les chevaliers tournent le dos; ce n'est pas eux, mais seulement nous autres, les vilains, qui fuyons. » Et il disait vrai, car le pennon qui

(1) « Sens de chevalier vault plus aucunes fois en victoire que ne fait multitude de gens, ne que la force de ceux qui se combattent. » (*Le Guidon des guerres.*)

(2) Alphonse-le-Noble, huitième du nom en Castille. Battu le 18 juillet 1195, à la journée d'Alarcos, par Yacoub Almansor, il défit, le 12 juillet 1212, à Las Navas-de-Tolosa, Mohammed Annasir, sultan des Almohades, chef de l'empire du Maroc, que les Espagnols ont appelé royaume de Benamarin, à cause des Beni-Merinis qui le possédèrent plus tard.

s'en retournait n'était autre que celui de Madrid (1). Et il plut à Dieu de les aider, et tous combattirent vaillamment, et ils vainquirent. Encore faut-il ajouter que, cinq jours durant, le roi avait attendu un bon chevalier pour sa personne seulement, parce qu'il savait quel il était. Grande chose et digne d'être hautement prisée, qu'une si puissante armée, dans laquelle il y avait trois rois, roi de Castille, roi d'Aragon, roi de Navarre, attendît un seul chevalier, rien que pour son corps, et ne livrât point la bataille jusqu'à ce qu'il fût arrivé. Mais si le roi l'attendit, c'est qu'il l'avait déjà vu en d'autres besognes, et savait quel il était. Ce fut la grande bataille que l'on appelle de

(1) Le fait que le pennon de Madrid ait reculé à Las Navas est discuté longuement par Quintana, dans son *Histoire de Madrid*. Après Gamez, l'auteur du *Valerio de las estorias escolasticas* a formulé cette accusation, que ne précisent ni l'archevêque de Tolède, témoin oculaire, ni le roi D. Alphonse-le-Sage, bien que celui-ci fasse mention du pennon de Madrid. Tous deux, ainsi que le *Valerio*, en parlant de ceux qui prirent la fuite, insistent sur ce que ce ne furent pas des chevaliers, mais des gens des communes. Suivant le *Valerio* (l. VI, tit. 5, ch. III), Andres Boca fut, en raison du propos qu'il avait tenu, lapidé par les gens de Medina del Campo. Le fait certain est que le pennon de la commune de Madrid, carré comme celui des *Ricos-onbres*, était à l'avant-garde avec celui de Diego Lopez de Haro (non de Lara), et qu'un instant cela occasionna une méprise fâcheuse. Les armes de Diego Lopez de Haro (Biscaye) étaient d'argent au chêne de sinople, accompagné de deux loups de sable passants; celles de Madrid, d'argent à l'arbousier de sinople, accompagné d'un ours de sable rampant, avec sept étoiles d'azur posées en orle. Les armes des Lara, de gueules à deux chaudières d'or fascées de sable, ayant pour anses huit serpents, n'offrent aucune ressemblance avec les deux premières, et en 1212 la maison de Lara n'avait pas encore hérité de celles de Haro. Le pennon de la commune de Madrid était porté à las Navas par D. Sancho Fernandez de Cañamero. (Voyez *Historia de Madrid*, par D. José Amador de los Rios et D. Juan de Dios de la Rada. Madrid, 1860, 4º, t. I, p. 181.)

las Navas de Tolosa. En effet, bien que dans une armée l'on compte beaucoup de chevaliers, il arrive qu'un seul bon chevalier soit la cause d'emporter une victoire, ou de gagner une ville, voire même aucune fois un royaume (1).

Ils ne sont pas tous chevaliers, ceux qui chevauchent des chevaux ; et non plus tous ceux qu'arment les rois ne sont pas tous chevaliers. Ils ont le titre, mais ils ne font pas le métier de la guerre. Parce que la noble chevalerie est, de tous les offices, le plus honorable, tous désirent s'élever à cet honneur ; ils portent l'habit et ont le nom, mais ils n'observent pas la règle. Ils ne sont pas des chevaliers, mais des fantômes (2) et des apostats. L'habit ne fait pas le moine, le moine fait l'habit. Beaucoup sont appelés, et peu sont élus. Il n'y a point, et il ne doit point y avoir, entre tous les états, un état honoré comme l'est celui-là ; car, pour ceux des états vulgaires,

(1) Il n'y a pas, que nous sachions, trace dans l'histoire de ce que raconte ici Gamez ; mais, si le fait est imaginaire, l'idée n'est point de celles qui donneraient le droit de reléguer le *Victorial* dans la bibliothèque de *D. Quichotte :* elle peut s'appuyer au moins sur un bon document.

Le roi d'Aragon D. Pedro IV rapporte, dans ses *Mémoires des choses advenues de son temps*, que le roi D. Jayme, envoyant en 1323 l'infant D. Alfonso en Sardaigne à la tête d'une armée, lui fit, en présence des prélats, barons et chevaliers qui l'accompagnaient, plusieurs recommandations, dont voici la troisième : « Mon fils, il est arrivé bien des fois que la bonne tête d'un chevalier a fait gagner une bataille. Ainsi donc, lorsque vous devrez en venir aux mains, ayez tous vos chevaliers avec vous ; et si l'un d'eux n'était pas là, attendez-le, pour deux raisons : la première, que de celui-là vous pourriez recevoir précisément l'avis que je vous ai dit pour gagner la bataille ; la seconde, que vous lui feriez grand tort, en le privant de la gloire d'avoir pris part au combat et à la victoire comme les autres qui s'y seraient trouvés. »

(2) *Apantasmas è apóstatas.* — *Fantasma* signifie aussi une personne qui prend de grands airs.

ils mangent leur pain à leur aise; ils ont vêtements moelleux, ragoûts bien apprêtés, couches molles et parfumées; ils s'endorment tranquilles, se lèvent sans craintes, se donnent du bon temps dans de bonnes maisons avec leurs femmes et leurs enfants, et, servis à volonté, ils deviennent (1) joufflus, arrondissent leur panse; ils aiment leur petite personne pour la soigner curieusement et vivre dans les délices. Quelle récompense ou quels honneurs méritent-ils? Aucuns, non, aucuns. Les chevaliers, à la guerre, mangent leur pain avec douleur; leurs aises, à eux, ce sont fatigues et sueurs; un bon jour sur plusieurs mauvais; ils se vouent à toutes sortes de travaux; ils avalent sans cesse leur peur; ils s'exposent à tous les périls; ils mettent leur corps à l'aventure de vivre ou de mourir. Pain moisi ou biscuit, viande cuite ou pas cuite, aujourd'hui de quoi manger, demain rien, peu ou pas de vin, eau de mare ou de tonneau, mauvais gîte, abri de toile ou de ramée, mauvais lit, mauvais sommeil, le harnais sur le dos, une charge de fer, l'ennemi à portée de trait. « Garde à vous! Qui vive? Aux armes, aux armes! » Sur le premier somme, une alerte; dès la pointe du jour, la trompette. A cheval, à cheval, à la revue, à la revue; en reconnaissance, en vigie, en vedette, à la découverte, en fourrageurs (2); gardes sur gardes, corvées sur corvées. « Les voici, les voici! — Ils sont tant. — Non, ils ne sont pas tant. — Par ici. — Par là. — Allez de ce côté.

(1) *Engordan grandes cervices, fazen grandes barrigas, quierense bien por facerse bien è tenerse viciosos.*

(2) *Esculcas, escuchas, atalayas, atajadores, algareros.* — « Les *atalayas*, qui se posent de jour, et les *escuchas*, de nuit. » (*Siete Partidas*, part. II, tit. 18, 1. 9.) — Autrefois la vedette de nuit s'appelait aussi chez nous *écoutte*.

— Poussez à ceux-là. — Nouvelles, nouvelles! — Ils reviennent maltraités. — Ils ont des prisonniers. — Non, ils n'en ramènent point. — Partons, partons. — Ne bougeons pas! — Allons! » Tel est leur métier : vie de grandes fatigues, privée de toutes aises: Mais ceux qui guerroient sur la mer, il n'y a pas de mal égal à leur mal; je ne finirais pas en un jour de décrire leurs misères et leurs travaux (1). Grand est l'honneur que méritent les chevaliers, et grande la faveur que doivent leur faire les rois, pour toutes les choses que j'ai dites.

Or, ayant lu et entendu beaucoup de grandes choses, que de nobles et puissants chevaliers avaient faites, je cherchais si je n'en rencontrerais pas un, si heureux et bon chevalier, que jamais il n'eût été aucune fois vaincu par ses ennemis, et je n'en trouvais que trois : le grand Alexandre, le grand Hercule, et Attila, roi des Huns. Encore, pour celui-ci, je ne puis pas bien en juger, vu que s'étant entouré en pleine campagne d'une barrière de chars, et enfermé dans une maison de bois (2), les Romains purent lui tuer une infinité de son monde et se retirer à sauveté, si, de son côté, il leur tua si grand nombre des leurs que, tant des Huns que des Romains, le sang courait sur la terre comme de l'eau. Quoi qu'il en soit, ces trois grands princes, avec la puissante garde de nombreuses armées, firent de très-grandes choses en batailles et guerres.

Lisant donc beaucoup des histoires de rois et de fameux chevaliers, j'ai trouvé particulièrement digne de louange

(1) Les *Siete Partidas* (part. II, tit. 24, l. 10) déclarent la supériorité du mérite de ceux qui font la guerre sur mer.
(2) *Una casa de cayros.*

plus qu'eux tous, un très-fameux et illustre chevalier, naturel du royaume de Castille, quoique ses antécesseurs y fussent venus de France, [et sortissent] de la maison d'Anjou, qui est une des branches de la maison royale de France, lequel donna toute sa vie au métier des armes et à l'art de chevalerie, et dès son enfance oncques ne se travailla d'autre chose. Et quoiqu'il ne fût point, par sa condition, aussi grand que les autres susdits, il fut grand par ses vertus, et jamais il ne fut vaincu par ses ennemis, ni lui, ni ses hommes. Pour cela, j'ai jugé qu'il s'était bien rendu digne d'honneur et de renommée, et méritait d'être mis à côté de ceux qui ont conquis prix et honneur par offices d'armes et de chevalerie, prenant peine pour atteindre à la palme de la victoire.

Afin que ses nobles actions durassent, moi, Gutierre Diez de Gamez, domestique de la maison du comte don Pero Niño, comte de Buelna, j'ai voulu les mettre par écrit, car j'ai vu la plupart des faits de chevalerie et des beaux exploits que ce seigneur accomplit, y étant présent de ma personne, parce que j'ai vécu dans ses bonnes grâces dès le temps où il avait vingt-trois ans d'âge, et moi environ autant, plus ou moins. J'étais un de ceux qui marchaient régulièrement avec lui, et j'eus ma part dans ses travaux; je courus mêmes dangers que lui et mêmes aventures en son temps. A moi était confiée sa bannière; j'en avais charge dans les occasions où besoin était. Je l'accompagnai dans les mers du Levant et de Ponant, et j'ai vu toutes les choses qui sont ici écrites, avec d'autres qu'il serait long de raconter, toutes appar-

---

(1) Il est évident que cette rubrique appartient au copiste. Le modeste Gamez n'aurait jamais parlé de lui-même en de tels termes.

tenant à chevalerie, vaillance et courage ; desquelles aucunes furent si notables, que, n'eût été pour Dieu qui l'aidait, elles n'eussent pu être achevées par un corps d'homme ; car il accomplit à lui seul des faits d'armes dont cent hommes n'auraient pu venir à bout, comme vous le verrez plus loin, dans des rencontres signalées. Bien parut-il qu'il y eût en lui spéciale grâce de Dieu, puisque dans aucune des batailles qu'il livra, ni des grandes aventures auxquelles il se jeta, jamais il ne tourna le dos, jamais il ne fut vaincu, ni lui ni les siens, en aucune besogne qu'ils eussent à faire, lui ou les siens ; mais il fut toujours victorieux. Ainsi, j'ai écrit de lui ce livre, qui traite de ses faits et hautes aventures, tant en armes qu'en amours ; car, de même qu'en armes il fut homme de grande fortune, il fut en amour très-vaillant et bien réputé.

Le présent livre se divise en trois parties. La première prend ledit seigneur à son enfance ; elle dit comment il fut nourri et élevé dans la maison du roi ; comment l'endoctrinait et l'instruisait son gouverneur, et les bons enseignements qu'il lui donnait ; comment et en quel temps il commença de porter les armes, et les vaillantises qu'il fit à son début, et comment il s'avançait chaque jour de bien à mieux ; comment le roi son seigneur le confia à don Ruy Lopez Davalos, et comment il épousa doña Costanza de Guivara, riche-femme (1), sœur de la femme de don Ruy Lopez Davalos, toutes deux filles légitimes d'un riche-homme qui se nommait don Beltram de Guevara, de la plus ancienne maison et des plus nobles lignages de

---

(1) On disait *Rica-fembra*, comme *Rico-hombre*, pour indiquer la naissance et la condition. Les Ricos-hombres sont devenus les *grands* d'Espagne.

seigneurs en Castille. La seconde partie raconte comment il fut envoyé par le roi, avec des galères, dans la mer du Levant; les aventures qu'il y eut; les faits de chevalerie qu'il y accomplit, jusqu'à ce qu'il revînt en Castille; et comment, peu de jours après, le roi l'envoya en France avec des galères, pour y servir dans la guerre que les Français avaient alors contre les Anglais; les choses qu'il fit dans cette guerre; comment il alla à Paris; les choses qui lui advinrent pendant son séjour en France; ensemble ses amours avec une grande dame dont il fut amoureux en ce pays; après cela, comment il revint en Castille, et comment il fut armé chevalier par le roi; comment, de là à peu, le roi mourut; comment survint ensuite la guerre contre les Mores, et ce qu'il fit devant Ronda et Setenil. La troisième partie parle des amours qu'il y eut entre lui et la comtesse doña Béatriz (1), lesquelles furent l'occasion qui l'obligèrent à sortir du royaume; comment il rentra en Castille et se maria avec cette dame; ensuite comment, à cause des troubles qu'il y eut dans le royaume, il s'enferma dans le château de Montanches; comment il rendit le château au roi, mais, ne trouvant pas de sûreté, il sortit de nouveau du royaume et s'en fut en Aragon; comment il revint en Castille et recouvra Montanches; comment le roi de Navarre et le roi d'Aragon, les deux frères, entrèrent en Castille à main armée; comment le roi mit le siège devant Alburquerque et retourna ensuite sur la frontière d'Aragon; des choses que fit là notre chevalier; enfin, de ce qui lui advint quand le roi marcha contre la ville de Grenade.

Ici finit le prohême et commence le traité.

---

(1) Princesse de la maison royale du Portugal.

ICI COMMENCE LE PREMIER LIVRE.

∿∿∿∿∿∿∿∿∿∿∿∿∿∿∿∿∿∿∿∿∿∿∿

CHAPITRE PREMIER.

Du lignage de ce chevalier, et quelle fut en Castille l'origine de son nom.

Ce chevalier Pero Niño fut de grande noblesse dans ses deux lignes. Du côté de son père, il descend de la maison royale de France, de la branche d'Anjou; du côté de sa mère, il appartient à l'une des plus grandes maisons de Castille, qui est celle des seigneurs de la maison de la Vega. Et comme il advint, à cause des grandes révolutions qu'il y eut dans le royaume de Castille, dont il était naturel, que son lignage des deux côtés fut mis en relief plus qu'il ne l'avait été auparavant, je vous conterai tout d'abord d'où viennent les Niños, et pourquoi ce surnom de Niño leur fut donné, suivant ce que d'antiquité il est resté en mémoire. Et la chose fut ainsi, qu'il vint en Castille un duc de France, lequel s'y accoutuma, et y fit longue demeure, jusques à tant qu'il y mourut. Il laissait deux fils tout enfants. Le roi les prit, et les donna à un chevalier pour qu'il les élevât dans sa maison royale. Le roi les appelait toujours les niños (les enfants), et leur gouverneur, toutes les fois qu'il avait à traiter avec le roi pour quelque chose qui eût rapport à eux, les désignait par ce surnom. Les autres gens les appelaient de la même façon ; si bien qu'à chacun d'eux on donnait son nom propre, et l'on ajoutait par dessus : le Niño. Ces Niños grandirent et devinrent des personnages considérables ; même aujourd'hui, l'on trouve en Castille des écritures qui mentionnent des comtes et des riches-hommes dans ce lignage. Mais il lui arriva, ce que nous voyons arriver à tous les autres lignages, de s'élever et de descendre, suivant ce qu'il plaît à Dieu, comme Fortune conduit leurs affaires (1).

Ici l'histoire laisse de conter de ce chevalier pour parler des rois, et des grandes guerres et querelles que, dans ce temps, il y eut en Castille ; d'où résulta que plusieurs lignages déchurent et furent abattus, tandis que d'autres très-petits grandirent.

(1) Les armes des Niños sont d'or à sept fleurs de lis d'azur : 1, 2, 1, 2, 1. Mais les fleurs de lis abondent en Espagne dans les armoiries, où elles semblent indiquer seulement une origine française, et non l'extraction de la maison de France.

La prétention d'avoir eu des comtes et des ricombres n'est pas mieux établie que celle de sortir d'une branche des fleurs de lis, à ce que fait voir Llaguno (p. 222). Avant notre chevalier, l'histoire ne mentionne de son nom que Juan Niño, écuyer du roi, tué au mois de septembre 1342, devant Algesiras, dans une sortie que firent les Mores pour détruire les machines de siége. Ce Juan Niño devait être un homme de réputation, car, outre que la chronique du roi D. Alonso XI parle deux fois de sa mort, le *Poema de D. Alonso* lui a consacré deux strophes (coplas 2149-2150).

Pourtant Salazar Mendoza (*Origen de las dignidades seglares*, p. 76) ne fait pas difficulté de rattacher à notre chevalier D. Rodrigo Gonzalez el Niño, qui sous le roi D. Alphonse-le-Sage confirme, comme riche-homme, plusieurs chartes de priviléges octroyées par le roi.

CHAPITRE II.

Comment surgit en Castille la division entre les fils du roi don Alfonso, le fils légitime, qui était le roi don Pedro, se dressant contre ses frères, et eux contre lui ; par laquelle raison beaucoup de grandes familles en Castille tombèrent, et d'autres, qui n'étaient pas si considérables, vinrent à s'élever (1).

Le roi don Alfonso, qui défit le roi Alboacen à la bataille du Salado de la Peña del Ciervo, appelée aussi la bataille de Benamarin, qui fit lever le siége de Tarifa, conquit Algésiras, assiégea Gibraltar, et mourut devant cette ville quand elle capitulait déjà, eut un fils légitime appelé le roi don Pedro (2). Il laissa en outre six fils et

(1) Cette partie de l'ouvrage de Gamez, rédigée sur des mémoires contemporains, est une des autorités qu'invoque le continuateur de *Gracia Dei*, dans son apologie de D. Pedro. Elle est, en effet, importante pour l'histoire ; mais les faits y sont présentés avec tant de désordre, et quelquefois d'obscurité, que, pour leur intelligence, nous avons dû en dresser un sommaire chronologique. Nous y renvoyons le lecteur ; il le trouvera dans les notes, à la fin du volume.

(2) D. Alonso, onzième et dernier du nom en Castille, l'un de ceux qui illustrèrent ce nom d'Alfonse porté en Espagne par dix grands rois. Il gagna, le 30 octobre 1340, sur Aboulhassan, empereur du Maroc, et Yousef, roi de Grenade, qui assiégeaient Tarifa, la mémorable victoire du Salado, appelée aussi de Benamarin, parce qu'elle confondit les projets d'Aboulhassan, prince de la maison des Beni-Merinis. La bataille se livra aux bouches du Rio-Salado, qui se jette à la mer entre Tarifa et la Peña del Ciervo (la roche du Cerf).

D. Alonso mit, le 3 août 1342, devant Algeziras, le siége qu'il ne

une fille qu'il eut de la riche-femme nommée doña Leonor de Guzman. Les noms des six fils sont : don Enrique, don Fadrique, don Tello, don Pedro, don Sancho et don Juan (1).

Le roi don Pedro était un homme qui aimait beaucoup à faire à sa volonté. Il se piquait d'être justicier; mais sa justice était telle et exécutée de telle manière qu'elle tournait à cruauté. Quand une femme lui plaisait, il ne regardait pas si elle était mariée ou à marier; il les voulait toutes pour lui, sans se soucier de savoir à qui elles appartenaient. Pour une très-petite faute, il infligeait une grande punition; quelquefois il condamnait et faisait mettre à male mort ses sujets sans cause raisonnable. Il eut pour favori un Juif nommé Samuel Lévi (2); ce Juif le poussait à écarter les grands, à les traiter avec peu de considération; il lui faisait prendre pour familiers des hommes de peu, point gentilshommes ni hommes d'autorité. Ce Juif aussi lui enseignait à rechercher par sortilèges et inspection des étoiles la connaissance des choses futures. Et ici l'auteur dit que l'art est ténébreux et le

leva point jusqu'à ce que, le 26 mars 1344, la ville lui fût rendue. Il était, depuis l'été de l'année 1349, devant Gibraltar, lorsqu'il y mourut de la peste, le vendredi saint, 27 mars 1350.

Il eut de la reine doña Maria de Portugal deux fils : l'infant D. Fernando, qui naquit en 1330 et mourut enfant, et le roi D. Pedro, de cruelle mémoire, né à Burgos le 13 août 1334.

(1) Léonor de Guzman avait donné en outre au roi trois autres fils qui moururent avant lui. Sa fille, doña Juana, épousa en 1354 D. Fernando de Castro, et, ce mariage ayant ensuite été cassé, elle épousa en 1366 D. Felipe de Castro, Aragonais.

(2) Samuel Levi, juif de Tolède, créature d'Alburquerque, qui le nomma grand-trésorier du roi. Il servit avec fidélité, courage et intelligence, D. Pedro, qui, en 1360, le fit périr dans les tortures et confisqua ses biens.

jugement périlleux (1); que ces choses étaient faites par le diable, auteur de la mort, et qu'ainsi elles engendrèrent la mort. Le roi don Pedro voulut en savoir plus qu'il ne lui appartenait; il dut prendre en haine un grand nombre de personnes; il leva sur elles l'épée et en atteignit beaucoup; cela le fit abhorrer par la plupart dans son royaume, et la grande crainte qu'il inspirait fut cause que plusieurs commencèrent à se révolter. De ses frères, don Enrique fut comte de Trastamára. A la prière du roi son père, don Diego des Asturies lui donna ses biens, car il n'avait point d'héritier naturel; on l'appelait le comte Lozano; don Fadrique fut maître de Santiago; don Juan était une bonne créature qui mourut jeune; don Sancho et don Tello eurent aussi des établissements en Castille (2).

(1) *El arte es luenga*, l'art de la divination montre les choses dans les ténèbres d'une longue distance.

(2) D. Enrique et D. Fadrique naquirent jumeaux en 1332. D. Enrique, le favori de son père, fut adopté au berceau par Rodrigo Alvarez de Asturias, seigneur de Norueña, Gijon et Trastamara, qui mourut l'année suivante, lui laissant des biens considérables dans les Asturies. Il reçut le surnom de *comte Lozano*, qu'avait porté avant lui le comte de Gormaz, père de Chimène. *Lozano* est une épithète intraduisible qui implique galanterie, élégance et bravoure, avec une pointe de crânerie. Le trouvère Cuveller appelle D. Enrique *li comte gentilz à la chière hardie*, ce qui rend bien son surnom. — D. Fadrique fut reçu grand-maître de Santiago à l'âge de dix ans, avec dispense du pape. Le roi D. Pedro le fit massacrer sous ses yeux, en 1358. En 1359, il fit mettre à mort ses deux autres frères, D. Juan et D. Pedro, dont le premier avait dix-sept ans, et le second treize. — D. Tello était seigneur de Biscaye, du chef de sa femme doña Juana de Lara. — D. Sancho fut comte d'Alburquerque et seigneur de Ledesma.

CHAPITRE III.

Comment D. Juan Alfonso se mit en état de rébellion dans Alburquerque, et comment le roi D. Pedro envoya contre lui ses frères, le comte D. Enrique et le maître D. Fadrique.

1353.   Il y avait alors en Castille un riche-homme, naturel du royaume de Portugal, que l'on nommait don Juan Alfonso (1). C'était un homme d'honneur, de bien et de sens. Voyant comment les affaires du royaume allaient à la ruine, et connaissant d'où le mal venait, il conseillait au roi de quitter doña Maria de Padilla, qu'il aimait beaucoup. Celle-ci l'apprit, et s'il ne se fût tenu sur ses gardes, elle l'aurait fait arrêter pour cela. Il sortit de la cour. Le roi lui envoya dire qu'il revînt en toute sûreté; mais il répondit au messager : « Je sais que la catin (2) de doña Maria de Padilla joue à présent avec ma tête devant le roi. » A la suite de cela, il convenait qu'il se gardât bien; il s'enferma dans Alburquerque (3), qui lui

---

(1) D. Juan Alfonso d'Alburquerque, de la maison royale de Portugal. Il avait été le principal ministre du roi D. Alfonso XI pendant les dernières années de son règne, et gouverna l'État depuis sa mort jusqu'au mariage de D. Pedro, en juin 1353. Sa biographie serait à refaire, mais nous entraînerait trop loin. Voyez les notes à la fin du volume.

(2) *Sé que la puta de doña Maria de Padilla jugando está agora con mi cabeza ante el rey.*

(3) Château à huit lieues au nord de Badajoz. Alburquerque n'était

appartenait, arma et approvisionna le château, et leva l'étendard contre le roi. Le roi était à Séville quand la nouvelle lui en arriva. Il envoya contre don Juan Alfonso ses deux frères, le comte Lozano et le maître don Fadrique, leur ordonnant de l'assiéger et de tout faire pour s'emparer de lui; de son côté, il quitta Séville et se mit à parcourir son royaume. Le comte et le maître arrivèrent devant Alburquerque, et commencèrent à faire des retranchements et à remuer des pierres, car ils voulaient investir complètement le château.

Ils y étaient depuis deux mois, et le temps pour lequel le roi leur avait donné la solde de leur troupe était écoulé, quand une nuit, le comte et le maître, se trouvant seuls dans leur tente, y virent entrer don Juan Alfonso, seul sur une mule. Ils furent stupéfaits de le voir arriver de cette façon. Et lui les entretint secrètement, et leur mit en avant beaucoup de choses : entre autres qu'il avait grand pitié d'eux; qu'ils travaillaient pour qui leur donnerait méchante récompense; qu'ils n'avaient à attendre du roi rien que ce qu'il lui faisait à lui et aux autres; que cela, il le ferait à eux. Il leur en déduisit les raisons, et leur montra comment, s'ils voulaient mener à bien leurs affaires, ils devaient se défier du roi.

1354.

point enfermé dans son château, mais réfugié auprès du roi de Portugal; et l'entrevue dont parle Gamez eut lieu à la frontière, sur les bords de la rivière de Caya, près de Badajoz, où se tenaient les frères du roi.

CHAPITRE IV.

Comment le comte et le maître s'unirent à D. Juan Alfonso, et vinrent à Toro, où était le roi ; et comment ils s'emparèrent de lui.

1354. La Castille, à cette époque, était troublée par beaucoup de divisions ; et le roi donnait occasion à plusieurs d'elles. En premier lieu, il les causait parce qu'il tenait à l'écart sa femme, la reine doña Blanca, dame de grand parage, fille du duc de Bourbon, et il avait pris à sa place doña Maria de Padilla. D'autre part, pour la raison dessus dite, chacun se tenait en crainte de lui, voire ses frères, et même ses amis, et même la reine sa mère ; mais celle-ci avait sujet de le craindre, car elle faisait ce qu'il fallait pour cela (1). Et là-dessus il y avait beaucoup de menées. Cependant, le roi s'en vint à Toro, où il réunit en cortès les chevaliers et les députés du royaume. En cette conjoncture, don Juan Alfonso fit son accord avec le comte et le maître. Il leur fit la solde pour deux autres mois, leur disant de continuer le siége du château, si plus longtemps ils désiraient y rester, afin de donner à entendre au roi qu'ils le servaient de grand cœur, tandis
et 1354. que lui appareillerait son monde. Il s'écoula peu de jours

(1) Doña Maria de Portugal. Sa conduite privée donnait alors lieu à du scandale, et fut peut-être cause de la mort qui lui fut apprêtée par le poison, à ce que l'on crut.

avant qu'ils ne partissent, eux et lui ensemble, d'Alburquerque. Ils vinrent à Medina del Campo, et y ils entrèrent de vive force (1). De là, ils furent à Toro, où se trouvait le roi, et parlementèrent avec lui ; si bien qu'avec de belles manières ils l'y arrêtèrent, lui persuadant qu'il convenait ainsi à son service (2). Ils se saisirent, en même temps que de lui, des membres de son conseil, don Fernan Sanchez de Valladolid et les autres ; et ils arrangèrent que le roi, pour s'ébattre, irait quelquefois chasser autour de la ville, mais avec des gardes, afin qu'il ne pût point s'enfuir.

28 septemb. 1354.

Décemb. 13

Un jour, le roi manda en secret un homme dans lequel il avait confiance, et lui ordonna de préparer un bon cheval, de l'emmener en prenant avec lui une lance et une épée, et d'attendre le jour qu'il irait à la chasse, l'avertissant que ce jour-là il aurait besoin de lui. En effet, le roi partit pour la chasse, accompagné cette fois par don Fernando de Castro, qui le gardait. Toute la journée, le roi prétendit qu'il se sentait mal à l'aise, et qu'il avait le dévoiement ; jusqu'à ce qu'étant arrivé près d'un jardin, il

(1) Medina del Campo, à six lieues au sud de Valladolid.
(2) Toro, sur le Duero, province de Zamora.
Les confédérés entrèrent à Toro par surprise. Le roi s'en était imprudemment absenté, afin d'aller voir Maria de Padilla. Il vint se mettre entre leurs mains, sur l'avis de Juan Fernandez de Hinestrosa, qui l'accompagna, ainsi que Samuel Levi et Fernand Sanchez de Valladolid, chancelier du sceau privé.
Fernand Sanchez rendit les sceaux à l'Infant D. Fernando d'Aragon, que les confédérés nommèrent grand-chancelier, et qui eut la garde spéciale du roi. D. Fadrique fut nommé camarero del roi, ce qui fit comprendre à D. Pedro la nature de sa position. Samuel Levi avait apporté avec lui de quoi gagner les geôliers et sut bien s'en servir. Il ne paraît pas qu'il ait corrompu D. Fadrique, mais bien son frère D. Tello. Le roi s'échappa de Toro vers la fin de décembre 1354.

s'écarta de sa compagnie, de manière à être perdu de vue par tout le monde, si ce n'est par un damoiseau (1) qui allait avec lui; et il s'en fut là où son homme l'attendait, ceignit l'épée, monta à cheval, prit la lance, et venant alors devant toute la troupe, il dit : « Que ceux qui sont à moi viennent avec moi; que ceux qui sont au comte retournent à lui; car, pour moi, je prends un autre chemin. » Don Fernando de Castro (2) répondit : « Ah! seigneur, comment me faites-vous encourir trahison? » Le roi lui dit : « Vous, don Fernando, à qui, en Castille, devez-vous fidélité plus qu'à moi? Je ne sais qui me tient que je ne vous donne de cette lance! » Don Fernando reprit : « Seigneur, ordonnez-vous que j'aille avec vous? » Le roi lui dit : « Faites comme vous entendez qu'il vous appartient. » — « Eh bien! donc, répondit don Fernando, seigneur, j'irai avec vous, et je ne vous quitterai point jusqu'à la mort. » Et ainsi le fit-il, car jamais il ne s'éloigna de

---

(1) *Doncel*. Les donceles étaient des pages et hommes d'armes qui formaient la garde du corps du roi. Leur chef se nommait *el alcayde de los donceles*.

(2) D. Fernando de Castro, puissant seigneur en Galice, mayordomo mayor du roi. Il s'était joint à la ligue, après avoir renoncé solennellement à l'allégeance du vassal (voyez MÉRIMÉE, *Histoire de Pierre-le-Cruel*, p. 143), poussé par deux motifs : son désir d'obtenir la main de doña Juana, sœur du comte Lozano, qu'il épousa à Toro pendant la captivité du roi, et son ressentiment de l'outrage inouï que D. Pedro venait de faire subir à sa sœur, Juana de Castro. Le roi avait persuadé à doña Juana, veuve de D. Diego de Haro, qu'il était libre de l'épouser. Il l'avait conduite à l'autel, le jour même où il apprenait la rébellion d'Alburquerque, et abandonnée le lendemain pour jamais.

D. Fernando était frère d'Inès de Castro, de douloureuse et poétique mémoire. Ayala ne s'accorde point avec Gamez sur le rôle que D. Fernando joua dans l'évasion de D. Pedro, et le fait même tenir en Galice le drapeau de la ligue pendant l'année 1355.

lui dans toutes ses épreuves; toujours il l'accompagna, comme vous le verrez plus avant. Quelques-uns ont prétendu que le grand-maître don Fadrique avait trompé dans tout ceci. Plusieurs de ceux qui étaient mis auprès du roi pour le garder s'en furent avec lui. Ce jour-là, il alla dîner à Tordesillas (1), d'où il passa à Ségovie.

Don Fernan Sanchez de Valladolid était retenu prisonnier avec les autres membres du conseil. Comme il apprit que le comte se dirigeait sur Valladolid, il envoya dire aux gentilshommes de la ville et à ses fils, que d'aucune façon ils ne rendissent la ville au comte, jusqu'à ce qu'ils eussent mangé leurs enfants (2). Le comte réunit ce qu'il put trouver de monde, sortit de Toro, et essaya d'enlever la Mota (3); mais il y échoua, Men Rodriguez de Benavides, qui s'y trouvait, l'ayant bien défendue. De là, il se présenta devant Valladolid, et requit ceux de la ville de la lui livrer, pour la grande amitié qui était entre eux; mais ils ne voulurent pas le lui accorder. Alors il s'en fut dans les Asturies, qui étaient sa comté, et il commença à y lever des gens de guerre; mais il lui en vint bien peu. A la fin, il ne trouva pas de meilleur parti à prendre que de quitter le royaume, et se réfugia en Aragon, emmenant sa femme et ses enfants. Après tout cela, le roi revint à Toro, où la reine sa mère et beaucoup de chevaliers du royaume étaient rassemblés. Ceux-ci, de crainte qu'ils avaient de lui, ne voulaient pas l'accueillir, et il tint la ville assiégée pendant onze mois. Cependant, le grand-maître don Fadrique ouvrit des négociations avec quel-

Mai 1355.

6 janvier 1356.

---

(1) Tordesillas, sur le Duero, à trois lieues à l'est de Toro.
(2) Voyez la note 1re de la page 12.
(3) La Mota de Toro ou del Marques, à cinq lieues à l'est de Toro.

ques-uns des assiégeants, et se mit entre les mains de doña Maria de Padilla. Le roi put alors entrer dans la ville. Dès qu'il y fut maître, il mit à mort quatorze chevaliers, des meilleurs de Castille, et fit arrêter sa mère, qui mourut prisonnière en Portugal. Le comte avait été bien reçu en Aragon par le roi et les chevaliers du pays; de là, il pratiquait les chevaliers de Castille, dont beaucoup allaient le rejoindre.

ovemb. 1356.

CHAPITRE V.

Comment le roi D. Pedro entra dans le royaume d'Aragon, faisant une guerre très-cruelle parce que l'on avait accueilli son frère, le comte D. Enrique.

1357.

Le roi don Pedro, voyant que le roi d'Aragon avait reçu chez lui le comte, et que tous deux cherchaient à remuer son royaume, s'adressa aux rois de Portugal et de Navarre, ses amis, et leur demanda des troupes. Il réunit beaucoup d'hommes d'armes, se pourvut de machines (1), d'arbalétriers et de gens de pied; et il entra en Aragon, faisant une guerre très-cruelle. Il prit beaucoup de villes et de châteaux, et assiégea Valence, mais ne put l'emporter. Le roi d'Aragon et le comte vinrent lui offrir la bataille; le roi don Pedro ne les attendit point; il refusa deux fois la bataille, à cause du comte, avec qui se trou-

1364.

(1) *Engeños.*

vaient beaucoup de Castillans (1). Cette guerre dura longtemps. Le roi don Pedro fut obligé de l'abandonner, parce que ses affaires se brouillaient en Castille; et il savait que nombre de chevaliers de son royaume traitaient avec le comte.

Le roi [croyant avoir mis l'ordre chez lui] était depuis quelque temps sans défiance, quand le comte entra en Castille (2) par Najera, passa par Miranda et Pancorbo, et s'avança jusqu'à la tour de Cameno (3), trois lieues en avant au pays de Burgos. Tous les endroits par lesquels il passait se donnaient à lui, tant le roi don Pedro était haï. Don Gutierre, évêque de Palencia, voyant que les affaires du roi allaient si mal, en eut beaucoup de chagrin. Il partit, marchant à grandes journées, et trouva le roi à Llerena (4). On prétend qu'il lui fit entendre de fortes paroles. Le roi aussitôt partit pour Valladolid, y fit arrêter Peralvarez Osorio et les fils de Fernan Sanchez (5), et les tua; pour-

---

(1) Voyez les notes à la fin du volume. — Llaguno n'a point l'indication des deux batailles. Notre manuscrit dit : *Dos batallas les maneó* (lisez *mancó*).

(2) Il y a ici une grande interversion de dates. Ces événements se rapportent à l'année 1360. (Voyez les notes à la fin du volume.)

(3) Najera, à cinq lieues ouest de Logroño. — Miranda, sur l'Èbre, province de Burgos. — Pancorbo, à quatre lieues sud-ouest de Miranda. — La torre de Cameno, à trois lieues sud-ouest de Pancorbo, près de Briviesca, et à trois lieues ouest de la frontière de la province de Burgos.

(4) En Estremadoure. Ce détail est inexact. Le roi, lorsqu'il apprit l'arrivée en Castille de son frère, était en expédition dans le royaume de León, cherchant à s'emparer du château d'Aviades où se tenait Pero Nuñez de Guzman, adelantado mayor de León et des Asturies, qui lui était devenu suspect. Rappelé en hâte par ce qui se passait dans la province de Burgos, il revint à Valladolid.

(5) Pero Alvarez Osorio avait, en 1359, quitté la frontière d'Aragon

suivit sa route, tua un chevalier à qui appartenait la tour de Cameno (1); arriva à Pancorbo et Miranda, et y tua neuf des plus considérables de la ville (2). Le comte prit la fuite et se replia sur Najera, dont le château tenait pour lui; mais il n'osa pas s'y enfermer, et attendit le roi dans une position au milieu des rochers, près du château. Là, ils combattirent, et il périt beaucoup de monde des deux côtés. Le comte fut vaincu; il se sauva par la fuite, et plusieurs ont dit qu'il aurait été fait prisonnier, n'eussent été certaines personnes de la troupe du roi, qui le laissèrent aller. Cette rencontre fut appelée la rencontre de Najerilla, pour la distinguer de la grande bataille qui reçut le nom de Najera. Le comte s'en fut chercher ses aventures, et le roi revint dans son royaume, d'où bientôt, plusieurs voyant ses cruautés, sortirent pour aller se joindre au comte. D'autres se déclaraient contre lui avec leurs forteresses. Ses affaires allaient se gâtant tout à fait; en outre, lui vinrent les nouvelles que le comte avait fait ligue avec les seigneurs de France et d'autres pays, et levait de grandes armées pour entrer de nouveau en

aussitôt après la défaite d'Arabiana, où périt Juan Fernandez d'Hinestrosa, et le roi en avait conçu un grand ressentiment. Pero Alvarez se tenait dès lors sur ses gardes. Cependant, comme le roi, en revenant d'Aviades, se rendait à Valladolid et passait près de ses terres, il l'alla saluer et l'accompagnait quand, à la gîtée de Villarambla, dînant avec Diego de Padilla, sans défiance, deux arbalétriers parurent devant lui, et, après lui avoir fait connaître les ordres du roi, le tuèrent à la table où il était assis.

Garci Fernandez et Ferrant Sanchez de Valladolid, fils du chancelier du sceau privé, furent arrêtés sur le soupçon d'intelligence avec Pero Nuñez de Guzman. Mais ils se justifièrent et furent relâchés.

(1) Fernan Perez de Velasco.
(2) Il fit cuire devant lui dans une chaudière Pero Martinez, et rôtir Pero Sanchez de Bañuelos.

Castille. Pendant tout ce temps-là, le roi n'avait pas cessé d'amasser des trésors qu'il enfermait dans une tour à Séville (1).

CHAPITRE VI.

Comment le roi D. Pedro sortit du royaume, cherchant qui voulût l'aider, parce que la plupart des chevaliers de Castille se déclaraient contre lui.

Le roi prit garde enfin que les chevaliers de son royaume se révoltaient ouvertement, et ne voulaient plus répondre à son appel; que la désaffection gagnait tout son peuple; même qu'il voyait de ses yeux et entendait de ses oreilles des choses tendant à mépris; il comprit que s'il tardait davantage à se résoudre, sa mort approchait. Il sortit du royaume et alla en Portugal. Le roi de Portugal ne le voulut point recevoir, lui disant que deux rois ne tenaient pas ensemble dans un royaume. Il s'en alla donc de là, par la Galice, à la Corogne, et s'y mit en mer avec une caraque, deux galères et des nefs de Biscaye, sur lesquelles il avait embarqué des vivres et des chevaux. Il emmena son fils don Juan (2), avec deux de ses

1366

---

(1) La torre del Oro.
(2) Notre manuscrit dit : D. Sancho; Llaguno, D. Juan. — D. Sancho était fils de la gouvernante des enfants de Maria de Padilla. Ayala dit que D. Pedro eut un instant l'envie d'en faire son héritier. On ne sait qui était la mère de D. Juan que l'on a cherché à faire passer pour fils

filles (1), et s'en fut débarquer à Bayonne. Avec lui était don Martin Lopez, maître d'Alcantara, Juan Niño et d'autres chevaliers. Don Fernando de Castro, dont j'ai déjà parlé, l'avait accompagné dans toutes ces épreuves ; il ne le quitta pas un instant pendant qu'il était en Galice, suivant la parole qu'il lui avait donnée ; il le défendait et montait souvent en chaire, prêchant, admonestant les gens de rester fidèles à leur roi, et de ne le point quitter pour un autre maître.

Pendant que le roi don Pedro était à Bayonne en Gascogne, il vint à lui trois fils du roi Edouard d'Angleterre : le prince de Galles, le duc de Lancastre et messire Aymon (2). Le roi maria ses filles aux deux derniers, le prince étant déjà marié. Tous ceux que j'ai nommés rentrèrent en Castille avec le roi don Pedro.

1367. Le comte don Enrique, lequel dès lors prenait le titre de roi, amena de son côté à la bataille messire Bertrand de Claquin, connétable de France ; messire Arnaud Limousin ; messire Geoffroy Ricon (3), qui était un chevalier de Bretagne, et le Bègue de Vilaines. Des chevaliers

de Juana de Castro, et dans l'intérêt duquel il a été pratiqué sur l'instrument original du testament du roi D. Pedro les falsifications les plus audacieuses. (Voyez *Descendencis del rey D. Pedro*, et les notes de Llaguno, à la chronique d'Ayala.)

(1) Doña Costanza et doña Isabel, filles de Maria de Padilla. Leur sœur aînée, doña Beatriz, était fiancée à l'Infant de Portugal.

(2) Edmond, duc d'Yorck. — Le duc de Lancastre et le duc d'Yorck épousèrent bien plus tard, et seulement après la mort du roi en 1372, le premier doña Costanza, le second doña Isabel. (*Genealogical history of the kings of England by* Fr. SANDFORD, esq. Lancaster herald of arms. Londres, 1677, f°.)

(3) Arnaut de Solier, dit le Limousin à cause du long séjour qu'il avait fait dans cette province, chevalier breton appartenant aux grandes compagnies. Il ne vint en Espagne qu'après la bataille de Najera. —

castillans, il avait les Manriques, les Sarmientos, Tovar et Castañeda ; des Aragonais, le comte de Denia, don Felipe de Castro et don Pedro Boil (1); parmi les Gascons, le bâtard de Béarn, frère du comte de Foix (2). Du côté du roi don Pedro étaient le prince de Galles, le duc de Lancastre, messire Aymon (3), avec une grande troupe d'Anglais. La bataille se livra près de Najera. Le roi don Enrique fut vaincu. Il s'enfuit, lui, son frère don Tello, et tous ceux qui étaient avec lui, à l'exception des Gascons qui, au nombre d'environ trois cents, lorsqu'ils virent que la journée tournait mal pour eux, mirent pied à terre, abattirent tous leurs chevaux, et des tentes, des bagages, de quelques pièces de bois qu'ils purent trouver, firent un palis où ils se retranchèrent ; et de là, ils combattirent et se défendirent de leur mieux, jusques à tant qu'ils vinrent à capitulation. Mais les plus importants d'entre eux furent retenus prisonniers. Là fut pris le comte don Sancho (4). Les Anglais accompagnèrent le roi jusqu'à Medina del Campo, puis s'en retournèrent dans leur pays.

6 avril 1367.

Geoffroi Ricon est appelé par les Espagnols Jofre Rechon. — Le Bègue de Vilaines est bien connu.

(1) D. Alonso d'Aragon, comte de Denia et de Ribagorza, petit-fils du roi D. Jaime II. — D. Felipe de Castro avait épousé en 1366 doña Juana, sœur du roi D. Enrique, après que D. Fernando de Castro eut fait casser son mariage avec elle. — D. Felipe Boil commandait dans Valence quand le roi D. Pedro en avait fait le siége, l'an 1364.

(2) Bernard, bâtard de Béarn, ne prit de part qu'à la seconde expédition en Espagne des grandes compagnies.

(3) Edmond, duc d'Yorck, quatrième fils du roi Édouard III.

(4) D. Sancho, comte d'Alburquerque, frère du roi D. Enrique.

CHAPITRE VII.

Comment, après la bataille, les Anglais s'en retournèrent chez eux et le roi D. Pedro s'en fut en Castille ; et comment le roi D. Enrique rassembla tout ce qu'il put de gens de toutes les nations qui s'appelaient les Blancs (1), et rentra en Castille, et tua le roi D. Pedro, et fut le Roi.

1367.   Après le départ des Anglais, le roi retourna à Séville et approvisionna Carmona, qu'il confia au maître Martin Lopez (2), ainsi que ses enfants. Presque chaque jour il passait d'un endroit à l'autre, de Séville à Carmona, de Carmona à Séville. Cependant le roi don Enrique ne faisait que rassembler des soldats de toutes nations, autant qu'il en pouvait avoir. Il entra enfin en Castille à la tête
sept. 1367. d'une puissante armée ; et, avec l'aide de ceux du royaume dont la plus grande partie s'était déjà tournée vers lui, il
Avril 1368. alla chercher le roi don Pedro. D'abord, il mit le siége

(1) Les Compagnies-Blanches. Il semble que ce nom leur ait été donné en Espagne à cause de leurs armures de plaques d'acier qui étaient alors nouvelles dans ce pays où l'on portait encore l'armure de mailles. — Le titre de ce chapitre est peut-être une interpolation.

(2) Martin Lopez de Cordova, camarero mayor, repostero mayor, et maître d'Alcantara, l'homme que D. Pedro avait le plus souvent employé à ses sanglantes exécutions, et qui possédait alors le plus sa confiance. Martin Lopez avait accompagné le roi à Bayonne et traité toutes ses affaires avec le prince de Galles. Il ne se jeta dans Carmona qu'après la rencontre de Montiel, à laquelle il n'assistait point.

Carmona est à quatre lieues nord-est de Séville.

devant Tolède, qu'il combattit à force d'engins et serra de si près qu'il y eut grande famine dans la ville. Le roi don Pedro désirait la secourir; mais les chevaliers de Séville ne le laissaient point aller, persuadé que, s'il partait, il ne reviendrait jamais; et s'il les avait voulu croire, il n'aurait bougé, se maintenant en sûre défensive jusqu'à ce que ses amis le secourussent. Mais tel était le souci qu'il avait de Tolède, pressé par de nombreux messages des assiégés, qu'il ne put se tenir. Il sortit de Séville, et reçut en route de telles nouvelles, qu'il ne put ni aller à Tolède, ni regagner Séville, mais il se dirigea sur Montiel (1), qu'il avait d'avance approvisionnée. Le roi don Enrique se porta au devant de lui, et à l'entrée de Montiel, les deux rois eurent une petite rencontre. Le roi don Pedro s'enferma dans la ville qui fut aussitôt assiégée. Il avait avec lui d'excellents arbalétriers génois. Pendant le siége, il arrivait que de nuit les assiégeants s'approchaient à portée de voix, et quelques chevaliers, de ceux qui étaient de garde, disaient au roi de grandes injures. Lui, qui était fort adroit à l'arbalète, tirait au juger, d'après le son de la voix, et blessait souvent ceux qui l'insultaient. Dans ces occasions, il se servait de Juan Niño, père de Pero Niño, qui était un de ses damoiseaux, pour lui armer les fortes arbalètes dont il tirait. Mais, lorsque la puissance de Dieu veut exécuter sa justice, elle relâche toute autre puissance, et il n'y a ni force ni savoir qui soit capable de lui résister. Dieu était courroucé contre ce roi à cause de sa mauvaise vie; il ne le pouvait plus supporter davantage, parce que le sang innocent qu'il avait répandu s'élevait de la face de la terre et réclamait contre lui. Déjà tout accident

Mars 1369.

14 mars.

―――――――

(1) Montiel, dans la Manche, à dix lieues Est de Valdepeñas.

lui devenait contraire. Il avait une citerne d'eau douce qui contenait assez d'eau pour la garnison du château, et il y eut un homme de sa troupe qui la lui gâta en y jetant du blé; de sorte que l'eau n'était plus potable. J'ai dit qu'il était venu avec le roi don Enrique des chevaliers de France. Messire Bertrand négocia tant et si bien qu'il parvint à parler au roi don Pedro. Il lui demanda de lui donner certaines choses dans le royaume, et lui promit qu'il le mettrait en sûreté dans le royaume de Grenade; car, alors, le roi de Grenade était le roi Mohammed (1), créature du roi don Pedro, qui avait tué à son profit le roi Vermeil. Là-dessus ils établirent leurs conventions et échangèrent serments et actes de foi solennelle comme d'homme à homme. Le roi don Pedro se fia à messire Bertrand. Celui-ci le livra aux mains et en puissance du roi

mars 1369. don Enrique. Don Enrique le tua, et il eut le royaume (2).

(1) Mohammed Lagous régna de 1359 à 1360, et de 1362 à 1391. Son compétiteur, Mohammed Abou-Saïd, que les Castillans connaissaient sous le nom du *Roi Vermeil* (le Rouge, Alahmar), était venu en 1362 se remettre à merci entre les mains de D. Pedro qui le tua. C'est lui qui, en recevant le coup de lance de D. Pedro, dit au roi : « Tu as fait là une petite chevalerie. »

(2) Cette version charge du Guesclin encore plus que celle d'Ayala qui a pris place dans l'histoire d'Espagne. Il nous semble que, suivant toutes les règles de la critique, on doit lui préférer celle de Froissart, qui décharge du Guesclin, ne charge personne, laisse chacun dans son caractère, dans son rôle, et rend compte des événements de la manière la plus naturelle.

CHAPITRE VIII.

Comment le roi D. Enrique donna des terres aux étrangers qui l'avaient aidé à s'emparer du royaume.

Pour récompenser et payer ceux qui l'avaient aidé à s'emparer du royaume, le roi don Enrique leur distribua des terres de la façon suivante : à messire Bertrand il donna Soria, Almazan, Atienza et Calatañazor; à messire Arnaud il donna Villalpando (1); il maria avec doña Isabelle de la Cerda le bâtard de Béarn, qui entra en jouissance de tous ses domaines (2); à messire Geoffroy Ricon il donna Aguilar de Campos (3); au comte de Denia les terres de don Juan Manuel, avec le marquisat, et Alcocer, et Salmeron, et Valdeolivas, que lui acheta ensuite messire Gomez de Albornoz, au moyen des biens dont le cardinal

(1) Arnaud de Solier fut tué en 1385, à la bataille d'Aljubarrota, où, suivant Froissart, il remplissait les fonctions de maréchal de l'armée de Castille. Sa fille, Marie de Solier, épousa Juan de Velasco, camarero mayor du roi D. Enrique III, l'un des plus grands personnages du royaume.

(2) Isabelle de la Cerda était du sang royal et richement apanagée. Le bâtard de Béarn avait été armé chevalier par le roi ; il fut fait comte de Medinaceli.

(3) Avec le titre de comte, suivant Salazar Mendoza. Geoffroi Ricon fut tué à la bataille d'Aljubarrota, d'après Froissart.

don Gil, son parent, le fît héritier (1) ; à don Felipe de Castro il donna Paredes, mais ses vassaux le massacrèrent et s'enfuirent tous hors du royaume, et n'y revinrent qu'après avoir, au bout d'un certain temps, obtenu le pardon du roi (2); à don Pedro Boil il donna Huete, dont alors dépendaient autant de villages qu'il y a de jours dans l'année; et aux Castillans il distribua beaucoup d'autres terres.

CHAPITRE IX.

Des choses que fit le roi D. Enrique après qu'il fut roi; comment il parcourut le royaume, prenant les villes qui tenaient encore pour le roi D. Pedro.

Aussitôt qu'il se fut, par ce coup, assuré de la couronne, le roi don Enrique se porta sur Calahorra et l'en-

(1) Le marquisat de Villena était un *infantazgo*. Cet apanage avait été recueilli par le roi D. Enrique, du chef de sa femme, doña Juana de Villena, fille de D. Juan Manuel. En 1415, la couronne le reprit à la reine d'Aragon pour 200,000 doublons d'or. Gomez d'Albornoz, mayordomo mayor du roi, neveu du célèbre cardinal qui fonda l'université de Bologne, paya 30,000 florins d'or les villes d'Alcocer, Salmeron et Valdeolivas. — Le marquis de Villena fut fait connétable en 1382, et il était l'un des régents de Castille pendant la minorité du roi D. Enrique III.

(2) D. Felipe de Castro était le beau-frère du roi. Paredes de Nava, Tordehumos et Medina de Rioseco formaient la dot de sa femme. Ses vassaux le tuèrent, en 1371, parce qu'il voulait leur imposer de nouvelles taxes.

leva. Il revint ensuite à Burgos, de là marcha sur Léon qui se défendit quelques jours, et il fut obligé de s'y arrêter pour la battre avec un engin, une chevrette et des chats-châtels (1). A la fin, n'espérant pas être secourue, la ville capitula. Il envoya contre don Fernando de Castro, en Galice, Pero Sarmiento, avec messire Arnaud, messire Geoffroy, et le Bègue. Pero Manrique, pour rentrer en grâce avec le roi, qui lui en voulait de ce qu'il avait ravagé le pays en y vivant en partisan, se joignit à eux, et ils prirent par escalade Castro de Calderas, ainsi que Monforte de Lemos. Don Fernando mit en campagne quelques troupes contre eux, et il leur livra bataille; mais il fut vaincu et se réfugia en Portugal (2).

1370.

1371.

Le roi don Enrique alla à Séville. Le comte don Tello se rendait maître en Biscaye et dans toute cette région. Le roi le manda près de lui. [Don Tello obéit. Il prit le chemin de Séville]; accompagné par les deux Pero Gomez de Porras, le jeune et le vieux, par Garci Sanchez de Bustamente, Pero Fernandez de Pedrosa, et Garci Lopez

---

(1) *Un engeño è una cabrita è gatas.* Il y a ici encore de grandes interversions de dates. — Voyez les notes à la fin du volume.

(2) Pero Ruyz Sarmiento, adelantado mayor de Galice. — Le Bègue de Vilaines avait été fait comte de Ribadeo, et il épousa une dame de la maison de Guzman. — Pedro Manrique, adelantado mayor de Castille. — Castro de Caldelas, sur le Sil, près de son confluent avec le Miño; Monforte de Lemos, à 6 lieues nord de Castro de Caldelas.

D. Fernando de Castro se retira auprès des filles de D. Pedro, en Angleterre, où il mourut; et l'annotateur de *Gracia Dei* dit qu'il fit graver sur son tombeau cette épitaphe, injuste pour d'autres : « Ci-gît D. Fernando de Castro, qui seul en Castille et Léon fut fidèle à son roi légitime. » Ses biens avaient été confisqués. Le duc de Lancastre stipula dans le traité de 1388 leur restitution à son fils D. Pedro, qui est mentionné dans le testament du roi D. Juan Ier.

de Rebolledo. A Truxillo, il s'arrêta pour faire une course de taureaux. Repartant de Truxillo, il arriva à Mérida, et il y mourut (1). Avant de mourir, don Tello avait retiré son frère, le comte don Sancho, des mains des Anglais, moyennant rançon en or et non en autre métal, car ainsi les Anglais l'avaient exigé. Don Sancho épousa une fille du roi don Fernando de Portugal. Il reçut pour sa part Alburquerque, les cinq villes, et beaucoup d'autres domaines. Sa maison était plus brillante que celle du roi. Il fut tué à Burgos, dans une dispute qui s'éleva au sujet de la distribution des logis, le roi étant présent (2).

Le roi vint devant Tolède et la tint pendant quatorze mois assiégée. Il la battait avec des engins. La famine était si grande dans la ville qu'une femme mangea son fils (3). Il prit d'autres villes et châteaux, puis il mit le siége devant Carmona, qui l'occupa deux années. Là il y eut de rudes combats, car il avait affaire à des hommes vaillants,

---

(1) D. Tello avait pendant toute sa vie fait preuve de bassesse et de duplicité. La bataille de Najera avait été perdue par sa faute. Il était commandant de la frontière et traitait avec l'ennemi quand il mourut, le 18 octobre 1370, empoisonné, à ce que l'on crut. — Pero Gomez de Porras, le vieux, prieur de l'ordre de Saint-Jean.

(2) D. Sancho, qui avait toujours bien mérité de son frère, fut fait comte d'Alburquerque en 1366. Les *cinq villes* étaient : Ledesma, Briones, Haro, Vilorado et Cerezo, suivant la chronique d'Ayala, ou, suivant un autre document : Salvatierra, Miranda, Montemayor, Granada et Galisteo. D. Sancho avait été fait prisonnier à Najera. Il épousa en 1373 l'infante Beatrix, fille du roi D. Pedro de Portugal et d'Inès de Castro, et mourut, le 19 février 1374, d'un coup de lance qui lui fut donné par mégarde.

(3) Tolède s'était rendue en mai 1369, après un siège qui avait en effet duré près de quatorze mois. — Le siége de Carmona ne fut guère qu'un blocus peu étroit pendant les années 1369 et 1370, jusqu'en mars 1371.

nombreux, bien armés, bien montés, qui firent pendant ce siége de belles sorties et des expéditions notables et merveilleuses, comme celle de Cazlona et d'autres; car, tant qu'ils furent là, jamais ceux du dehors ne désirèrent combat ou escarmouche sans l'obtenir. Jamais les portes de la ville ne furent fermées, si ce n'est de nuit. Ils faisaient aussi sur les assiégeants des prisonniers, autant et plus que ceux-ci n'en faisaient sur eux. Une fois, ceux de Carmona jetèrent de nuit hors de la ville en un endroit secret une troupe de cavaliers, et à l'heure de none, quand dans ce pays la sieste est la plus profonde (on était alors en été), ceux du dehors ne se doutant de rien, les chevaliers de Carmona sortirent tous et allèrent donner hardiment au milieu du camp, frappant, tuant, se précipitant comme un ouragan tant à l'improviste, qu'à toute peine le roi et ceux qui l'entouraient purent-ils sauter sur leurs chevaux. Dès que ce coup fut frappé, ceux de la ville commencèrent à se replier jusqu'au pied de la colline, tandis que, de l'autre côté, les cavaliers de l'embuscade arrivaient par la plaine en tournant la colline, et chargèrent en queue. Alors l'affaire devint si chaude que plusieurs crurent le roi perdu. La poussière était si épaisse, le soleil si bas, que les uns ni les autres ne pouvaient plus se reconnaître; et ils se séparèrent, parce qu'ils étaient comme aveuglés, chacun ne se souciant plus que de se tirer de presse. Le combat avait été si roidement mené, que, de ce coup, le roi crut qu'il était vaincu; et ensuite il allait appelant ses chevaliers l'un après l'autre, demandant qui était vif ou mort. Ceux du dehors appliquèrent une nuit les échelles aux remparts de la ville; mais les assiégés étaient si bien faits à la guerre, qu'ils se gardaient et se battaient aussi bien de nuit que de jour. Ils renversèrent les échelles, et il y eut de bons chevaliers tués, blessés et prisonniers. Toutes les fois qu'on voulut entreprendre sur eux, on les trouva de même bien alertes.

Ici l'auteur dit que ces braves gens firent une défense autant honorable et hardie, et digne de renommée, que celle des Troyens dans Troie, excepté que le siége de Troie dura dix ans, et celui-ci deux années seulement. Mais les Troyens combattaient avec espérance et réconfort, parce qu'ils recevaient continuellement du monde qui venait les secourir et leur amenait des vivres; ceux-ci, au contraire, du jour où ils s'enfermèrent dans leur ville, tant que dura le siége, n'eurent jamais renforts ni de vivres, ni de gens qui les aidassent beaucoup et les dispensassent de faire front à l'attaque, toutes les fois qu'elle venait. Et au bout de deux années, ils rendirent la ville au roi par capitulation. Si le roi leur en tint les articles, ce n'est pas à moi de l'écrire (1).

(1) Martin Lopez de Cordova était à Baeza, où il rassemblait du monde pour l'amener à D. Pedro, lorsque lui parvint la nouvelle de l'échec subi par le roi devant Montiel; aussitôt il se jeta dans Carmona, y prit le commandement et s'empara du trésor que le roi y avait déposé.

D. Enrique lui offrit d'abord de sortir avec la vie sauve, le trésor et les enfants de D. Pedro, pour se retirer où il voudrait, à Grenade, en Portugal ou en Angleterre. Martin Lopez refusa. En 1371, le roi s'occupa de le réduire et vint l'assiéger étroitement. Les légats du pape s'entremirent sans fruit. Martin Lopez croyait Carmona imprenable, à la manière dont le château était muni. Il repoussa une escalade et massacra tous les prisonniers qu'il avait faits. Cette atrocité est donnée comme justification du manque de parole que Gamez reproche au roi D. Enrique, en parlant de la reddition de Carmona. En effet, Martin Lopez de Cordova était encore en état de prolonger la résistance lorsqu'enfin il traita de se rendre, et il lui fut accordé qu'il pourrait ou sortir du royaume avec les enfants du roi, ou y rester en se soumettant. Il devait livrer ce qui

J'ai fait ce récit des querelles des deux rois, parce que je l'ai trouvé ainsi rapporté par don Pero Fernandez Niño, qui fit coucher par écrit quelques-unes des choses qui étaient advenues de son temps; aussi pour faire connaître le lignage de don Pero Niño, de qui parle ce livre, et montrer comment les révolutions des rois le firent déchoir de ce qu'il avait été, selon ce que j'ai dit par devant et qu'on le verra par la suite en son lieu. Qui voudra en savoir davantage n'a qu'à lire la chronique des événements de ces temps.

CHAPITRE X.

Du lignage de Pero Niño. Quels et de quelle condition furent son père et son aïeul.

Ce noble chevalier, de qui je fais cette histoire, eut pour aïeul paternel don Pero Fernandez Niño, fils de Juan Niño. Don Pero Fernandez servit le roi don Pedro jusqu'à la fin; et depuis la mort du roi, jamais il ne voulut obéir au roi don Enrique. D'autres chevaliers avec lui furent de

restait du trésor et Matheos Fernandez de Caceres, chancelier de D. Pedro. Quand la place fut rendue, le roi reprocha son manque de loyauté à Martin Lopez, et le fit exécuter, en même temps que Matheos Fernandez, comme un scélérat à qui l'on ne doit rien. Les fils de D. Pedro furent envoyés à Tolède, puis emprisonnés séparément dans divers châteaux où ils finirent leur existence.

ce sentiment, et quelques-uns sortirent du royaume. Pour lui, quoiqu'il n'en sortît point, il resta ferme dans ses sentiments, et supporta ses épreuves jusqu'à ce qu'il mourût. Juan Niño, père de Pero Niño, et fils de don Pero Fernandez Niño, fut un chevalier nourri dans la maison du roi. Il se tenait habituellement dans sa maison à Villagomez (1), où il était né. Près de lui vivaient des chevaliers, qui étaient protégés par les favoris du roi, comme aussi par plusieurs grands seigneurs du royaume, et il y avait entre eux inimitié. Il arriva qu'un jour, Juan Niño étant à table avec environ vingt de ses hommes, les autres vinrent contre lui avec grand monde. Lui se leva de table, fut au devant d'eux, les rencontra près de sa maison, les attaqua et tua de sa main, ayant affaire à lui corps à corps, Juan Gonzalez de Valdolmos, un rude chevalier et très-puissamment apparenté, qui était le plus considérable de ses ennemis. Lorsque le roi de Castille, son seigneur, eut guerre avec le roi de Portugal et entra sur ses terres, allant assiéger Lisbonne (2), il fut fait à ce siége beaucoup de belles choses, à la plupart desquelles se trouva Juan Niño, et il s'y porta en bon chevalier. Entre autres, pendant une battue qu'il faisait par pays, un parti d'environ deux cents hommes s'étant réfugié dans une tour très-haute, sur un rocher qui avait bien. . . . . brasses, Juan Niño fit dresser les échelles; du premier assaut on lui tua quatre ou cinq hommes ; alors il monta lui-même, entra de vive force, et, suivi par ses gens, il tua ou fit prisonnier tout ce qui se trouvait là.

1379.   A peu de temps de là, le roi don Juan, son sei-

---

(1) A quatre lieues sud-ouest de Burgos.
(2) D. Juan Ier assiégea Lisbonne en 1384.

gneur (1). . . . .
. . . . comme une mère avec son fils enfantelet et en l'embrassant.... Elle était, prétend-on, une dame si délicate et d'organisation si subtile, qu'elle devina qu'il avait sucé le sein d'une étrangère. Ne voulant cependant pas s'en rapporter uniquement à ses sens, elle fit jurer toutes les femmes et filles qui se trouvaient dans la chambre en même temps que son fils, lesquelles lui avouèrent qu'une femme lui avait donné à téter. Alors elle prit son fils, le fit envelopper d'une mante et porter d'un endroit à l'autre, le secoua enfin tellement qu'elle parvint à lui faire rejeter le lait. De là vint, dit-on, que de ce moment en avant il ne fut plus très-sain, et il lui en resta toujours le teint pâle, quoique au demeurant il fût un vigoureux chevalier. C'est à lui que Notre-Seigneur Jésus-Christ apparut crucifié entre la ramure d'un cerf, et dit qu'il lui faudrait passer un peu de temps par beaucoup de tribulations, lesquelles seroient pour le bien de son âme. Il est arrivé au roi Alexandre, avec sa mère, la reine Olympias, quelque chose approchant à ce qui advint [au roi don Enrique avec sa mère].

La reine doña Juana (2) ayant mis cet ordre au gouvernement du Prince qu'elle aimait beaucoup, l'on chercha

---

(1) Notre manuscrit et celui dont s'est servi Llaguno offrent ici la même lacune. On devine ce qui manque au récit. — D. Enrique III, fils de D. Juan Ier, naquit le 4 octobre 1379. Sa mère était doña Leonor, fille de D. Pedro III, roi d'Aragon. Ferrant Perez de Guzman dit que la constitution de D. Enrique s'altéra seulement quand il atteignit l'âge de dix-sept ans, ce qui le rendit mélancolique, mais ne l'empêcha pas de gouverner avec soin. Il aurait mérité, comme notre Charles V, le surnom de Sage; mais il porte dans l'histoire celui de Dolent.

(2) Doña Juana de Villena, veuve de D. Enrique II. Elle mourut le 27 mars 1381.

en Castille une nourrice qui fût bonne, de bon et haut lignage, saine, jeune et accorte. Il fut rapporté au roi et à la reine qu'il ne se rencontrerait nulle femme qui eût autant que celle-ci (1) les qualités requises pour être nourrice, ni qui répondît mieux à ce qu'ils désiraient. Alors la reine dit qu'elle la connaissait, qu'elle était de grand lignage et bonne; et aussitôt elle envoya chercher Juan Niño, lui faisant dire qu'elle lui ordonnait d'amener avec lui doña Inès Laso, sa femme. Ils vinrent à la cour, et la reine leur expliqua pourquoi elle les avait demandés, et pour quelle raison eux seuls, dans tout le royaume, avaient été choisis pour nourrir le Prince. Elle leur dit de le prendre, de se charger de sa nourriture, et qu'elle leur ferait de grandes faveurs. Le chevalier se défendit tant qu'il put, alléguant que cet office n'était point fait pour des personnes de leur condition, et que, suivant la coutume de Castille, d'autres de moindre lignage qu'eux étaient suffisants pour nourrir l'infant; que si le roi voulait leur accorder ses faveurs, il pouvait le faire en choses qui leur appartiendraient mieux, mais que pour celle-là, il voulût bien leur faire la grâce de la donner à un autre, car ils n'accepteraient pas telle charge. Et comme ils ne pouvaient changer la résolution du roi et de la reine, ils sortirent de la cour, prenant leur chemin pour passer en Aragon. Le roi dépêcha derrière eux et les força à revenir; puis il leur remontra pourquoi il en agissait ainsi, leur fit des caresses, des cadeaux, tant qu'ils s'inclinèrent enfin à sa volonté; avec cette expresse condition que doña Inès Laso ne serait point appelée nourrice, et qu'elle serait tenue en autre état, traitée avec plus

---

(1) Peut-être y a-t-il encore ici une lacune. En tout cas, on va voir qu'il s'agit de doña Inès Laso, mère de Pedro Niño.

grande considération qu'aucune autre nourrice l'ait jamais été, de telle façon qu'il fût toujours grandement compté avec elle. Et il plut à Dieu que pendant trois ans qu'elle nourrit l'infant, il n'eut ni mal, ni douleur, ni maladie, ni rien qui l'indisposât. Ensuite, lorsqu'elle le quitta, il lui fut accordé terres et récompenses comme jamais n'en avait reçu nourrice qui eût élevé un roi en Castille; car les terres et les autres cadeaux en villes et pensions montèrent à cinquante mille florins (1).

Ici l'histoire laisse de conter comment doña Inès Laso éleva le roi don Enrique et parle de l'éducation que reçut le damoiseau Pero Niño.

CHAPITRE XI.

Comment, par ordre du Roi, Pero Niño fut confié à un gouverneur qui l'endoctrinât et lui enseignât toutes les bonnes coutumes et mœurs qui doivent se rencontrer chez un bon gentilhomme, afin qu'ensuite il servît près du Prince, son fils, comme il le fit jusqu'à ce que le Prince mourût.

Lorsque Pero Niño eut dix ans (2), il fut confié pour son éducation à un homme sage et instruit, qui l'endoc-

---

(1) Llaguno donne (p. 228) un extrait du privilége, en date du 9 juillet 1383, par lequel le roi D. Juan Ier accorda en récompense à Juan Niño et Inès Laso les seigneuries de Cigales, Berzosa et Fuente-Bureva, constituées en majorat qui devait faire retour à la couronne à défaut d'héritiers légitimes dans la descendance masculine ou féminine. — Cigales, à deux lieues nord de Valladolid. A la bataille d'Aljubarrota périt un Juan Niño, avec ses frères, Rodrigo et Lope.

(2) Chez nous, cette éducation commençait à l'âge de sept ans

trinât et lui enseignât toutes bonnes coutumes et mœurs comme elles appartiennent à un bon et noble gentilhomme; et ce gouverneur lui donnait tels enseignements comme il suit :

« Mon fils, prenez garde que vous êtes de très-honorable et grand lignage, mais que la roue du monde, qui jamais ne reste en repos et ne laisse pas les choses tranquilles en leur état, vous a entraîné de haut en bas; car elle a coutume de rendre petits les grands, de jeter dans la bassesse et la pauvreté ceux qui ont été dans l'élévation; et donc il vous convient de travailler et prendre peine pour revenir à ce premier état, voire même pour dépasser en grandeur et noblesse ceux desquels vous êtes issu. Qu'un homme égale son père en maintenant l'état que celui-ci lui a laissé, ce n'est guère de merveille; il a trouvé cet état tout acquis. Mais on le doit grandement louer quand il surpasse ceux dont il vient, et se fait plus large place.

« Mon fils, faites bien attention à mes paroles, préparez votre cœur à mes leçons et les y retenez; plus tard, vous en aurez l'intelligence. Celui qui doit apprendre à user de l'art de chevalerie ne peut pas dépenser beaucoup de temps à l'école des lettres. Ce que vous en savez déjà est suffisant; ce qui vous en manque, le temps vous le donnera, en vous y appliquant un peu.

« Avant toutes choses, connaissez Dieu; ensuite, apprenez à vous connaître; après, à connaître les autres. Connaissez Dieu par la foi. Qu'est-ce que la foi? La foi est substance, croyance ferme et certaine en une chose

(SAINTE-PALAYE, t. I, p. 2); et il peut y avoir ici une faute du copiste.

que l'on n'a pas vue, argument de l'esprit et discours de l'intelligence, qui fait connaître la substance par ses accidents. Connaissez celui qui vous a créé et vous a donné l'existence. Connaissez Dieu par ses créatures et par les merveilles qu'il a faites. Comprenez et connaissez Dieu et sa grande puissance ; car il a fait les cieux, la terre et la mer, et tout ce qui s'y découvre. Il a créé les anges dans la lumière ; il a orné et embelli le firmament de tant et si belles étoiles. Il a créé le soleil et la lune, et a commandé au soleil de luire pendant le jour et à la lune de luire pendant la nuit ; et il a orné et amplifié la terre de tant et si diverses plantes, d'arbres et d'herbes ; et il l'a peuplée d'animaux de tant et si diverses figures ; et il a mis dans la mer les grandes baleines et beaucoup de poissons de diverses espèces ; et il a créé les oiseaux et les a lancés dans l'air. Voyez comme il a imposé à la mer des bornes et lui a défendu de les franchir, afin qu'elle ne ruinât point la terre. Mon fils, voyez comme le soleil se lève en orient et se couche en occident, et retourne au point d'où il était venu ; et comme les cieux, aussi bien que la mer et la terre, laquelle est fondée sur la mer, et toutes les choses qu'il a faites, lui obéissent toutes, et ne transgressent ni ses ordres, ni la ligne qu'il leur a tracée au commencement. Écoutez comment il a créé l'homme à son image, et l'a placé dans le paradis de délices, et lui a ordonné de le servir, de l'aimer, de le craindre, et d'être obéissant à ses commandements, lui promettant qu'il vivrait toujours en joie et plaisir parfaits, et ne mourrait jamais, et ne connaîtrait jamais la douleur ni le travail ; comment il mit aux ordres et sous la puissance de l'homme tout ce qu'il avait créé dans la mer et sur la terre. Et observez comment l'homme, ce malheureux, fut séduit, et pécha par sa faiblesse ; car il transgressa le commandement de Dieu, par quoi il ouvrit l'action à la divine justice, qui le condamna à la mort du corps et de l'âme ; et il fut chassé hors du paradis dans le désert de ce monde pour y mourir et y souffrir. Au lieu de libre qu'il était, il se rendit sujet et esclave de la mort, et nous a laissés, nous ses enfants, dans ce même esclavage, soumis au péché. Mon fils, aimez et craignez celui qui a précipité de la hauteur des cieux dans les profondeurs des abîmes, qui a mis de gloire en tourment, de clarté en obscurité et ténèbres, changé en diable et prince de mort l'ange si excellent, et beau, et plein de gloire, qui par orgueil osa dire : « *Je poserai mon trône au-dessus du ciel dans la partie de l'aquilon, et je serai l'égal du très-haut créateur.* » Aimez celui qui nous a tant aimés, que non seulement il a voulu revêtir notre chair, mais s'est humilié jusqu'à la condition d'un serviteur, et a souffert pour nous, et a pris notre charge sur ses épaules, et nous a délivrés et arrachés au pouvoir et tirés de la domination cruelle dans laquelle nous vivions sujets du péché.

« Mon fils chéri, croyez et maintenez fermement tout ce que croit et maintient notre mère la sainte Église. Qu'il n'y ait chose qui vous éloigne d'elle ni vous ébranle. Que vous dirai-je ? Dans la sainte foi vous êtes né, et vous avez été régénéré dans l'eau du Saint-Esprit. S'il te faut combattre de ton corps, seul contre quiconque nierait la sainte foi catholique, tu es obligé à le faire ; c'est là un bon exploit de chevalerie, le meilleur que puisse accomplir un chevalier, combattre pour sa loi et sa foi, surtout possédant la vérité. Si, par aventure, tu tombais entre les mains des ennemis de la sainte foi catholique, et qu'ils voulussent te la faire renier, tu dois t'apprêter à souffrir tous les tourments, si grands qu'ils puissent t'être présentés ; et maintenant et confessant la sainte foi de Jésus-Christ jusqu'à la mort, dans cette bataille si sainte, comme je te l'ai dit, le mort est appelé vainqueur, et c'est le tueur qui est vaincu. Prends exemple de saint Jacques, le chevalier, qui fut découpé depuis les doigts des mains et des pieds jusqu'à tous ses autres membres et muscles, un à un, tant qu'il en avait, et jamais on ne lui put faire renier Jésus-Christ, mais il resta ferme jusqu'au bout comme un bon chevalier. C'est là une belle œuvre de triomphante chevalerie ; là se gagne la couronne de l'auréole que Dieu promet aux vainqueurs. Qu'on ne dise pas en cet instant : « Oh ! que la mort est dure chose ! je renierai maintenant et ferai ce que l'on m'impose ; car, ne le faisant pas de volonté, j'abjurerai lorsque le temps le permettra. » Je vous dis que celui qui se rend n'est pas donné pour vainqueur, et celui qui met le pied dans le filet ne l'en retire pas quand il veut. Au temps de l'épreuve, les amis se font connaître. Si l'on a ferme foi, par l'attente de la récompense les peines deviennent douces. Pensez que le tourment infernal est plus dur que le tourment corporel. Celui-ci passe vite, mais les peines de l'enfer durent toujours.

« Que vous dirai-je plus, mon fils ? Je vous dirai de ne pas croire ni d'accepter d'arguments subtils contre la foi. Ce que votre intelligence ne comprend pas et ne peut atteindre, croyez-le en vertu de la foi ; car, si la foi pouvait se démontrer, elle ne serait pas une vertu. Dieu ne vous a pas créé pour que vous le jugiez, mais pour que vous obéissiez à ses commandements. Connaissez combien Dieu vous surpasse. Comment la créature bornée et mortelle pourrait-elle, sans le secours de la grâce, connaître l'infini? La sainte foi catholique a été purifiée comme l'or qui sept fois a passé au creuset et à chaque fois en est sorti plus pur. Que dis-je, sept fois? Plus de septante mille fois sept.

« Mon fils, faites toutes vos actions avec Dieu ; gardez ses commandements, observez ses préceptes, respectez ses églises, honorez ses fêtes et leurs mystères ; alors il vous gardera et il vous honorera. Recommandez-lui vos affaires, demandez-lui de grandes choses, car il est très-riche, et il vous donnera ce qui vous sera le plus avantageux. Espérez en lui. Sans lui rien ne se fait, car ce qui se fait sans lui est nullité et néant ; ce qui se fait par lui est chose vivante et durable.

« Mon fils, inclinez votre oreille à la demande du pauvre ; écoutez-le, répondez-lui pacifiquement et avec mansuétude, faites-lui l'aumône. Délivrez celui qui est vexé sous la main du superbe. Faites à Dieu de dignes oraisons. Lisez des livres. Ayez présent à l'esprit ses œuvres. Sachez que lorsque nous prions, nous parlons à Dieu, et lorsque nous lisons, Dieu nous parle (1).

« Mon fils, ne croyez pas ceux qui vous promettent de vous faire voir et connaître votre avenir. Ils vous diront que vous deviendrez un seigneur très-grand, que vous obtiendrez ceci et cela ; et de tout ce qu'ils vous auront dit, il ne vous arrivera rien. Si vous les croyez, mettant

---

(1) Saint Jérôme (ep. XXII) a dit : *Oras, loqueris ad sponsum ; legis, ille tibi loquitur.* — Saint Ambroise (*De Offic.*, lib. I, c. XX) : *Illum alloquimur, cum oramus ; illum audimus cum legimus.* — Nicole (*Essais*, t. VII, p. 91) : « Les saints ont toujours cru que, comme on parlait à Dieu par la prière, on écoutait Dieu par la lecture. » — On voit par cet exemple que Gamez est excusable de n'avoir pas cité ses sources, et nous de ne pas les avoir toujours cherchées.

votre confiance à des choses vaines, vous diminuerez le
temps que vous devriez donner à des choses nécessaires
à votre honneur et à vos affaires. Mais croyez que Dieu,
qui vous a créé sans vous, sans vous saura vous conduire.
Gardez-vous d'ajouter foi à de fausses prophéties, comme
celles de Merlin et d'autres, et n'ayez nulle confiance en
elles ; car, je vous le dis en vérité, ces choses ont été
inventées et arrangées par des hommes artificieux et
adroits, pour se pousser dans la faveur des rois et des
grands seigneurs, les exploiter et les tenir dans la dépendance avec ces vaines imaginations, tandis que de leur crédulité il est tiré profit. Si vous y faites bien attention, à
chaque roi nouveau il se fabrique nouveau Merlin. A celui-ci l'on prédit qu'il passera la mer, ruinera tous les royaumes
des Mores, gagnera la Maison-Sainte et sera fait empereur ; puis nous voyons qu'il en advient comme il plaît à
Dieu. Les mêmes prédictions ont été faites aux rois passés ; les mêmes seront faites aux rois futurs. Ce que Dieu
n'a pas voulu faire connaître à ses élus, des pécheurs prétendent le savoir ! Tous les vrais prophètes n'ont prophétisé qu'au sujet des deux avènements de Jésus-Christ : le
premier en pauvreté et humilité, le dernier en majesté et
puissance. De là en avant, tous se sont tus, car après la
venue de Jésus-Christ il n'était plus besoin d'eux. Merlin
fut vertueux et très-savant. Il ne fut pas le fils du diable,
comme le disent aucuns ; car le diable, qui est esprit,
ne peut engendrer ; bien peut-il provoquer des choses qui
viennent du péché, cela étant son office. Il est substance
incorporelle et ne peut engendrer des corps (1). Mais, avec

---

(1) La mère de Merlin disait qu'il était le fils d'un incube. (GEOFFROY
DE MONMOUTH, liv. VI, ch. XVII et XVIII.) Rodrigo Yañez rapporte et

la grande science qu'il acquit, Merlin voulut savoir plus qu'il ne lui convenait, et il fut trompé par le diable, qui lui fit voir beaucoup de choses afin qu'il les répétât. Et de ces choses, quelques-unes se trouvèrent vraies. C'est en effet une des façons du diable, et également de quiconque sait tromper, de jeter en avant quelque vérité, afin d'être cru de celui qu'il veut affiner. Ainsi, pour ce qui regarde l'Angleterre, il a dit quelques choses dans lesquelles il s'est trouvé quelque peu de vérité; mais il a failli en beaucoup d'autres. Et maintenant ceux qui veulent faire des prédictions les composent et les mettent sur le compte de Merlin. Mais toutes les choses passées, présentes et futures n'existent qu'en la présence de Dieu notre seigneur. Qui est celui qui connaît la volonté de Dieu pour les choses de l'avenir? Ou bien l'homme en saurait-il plus que Dieu? Cela est faux. Notez que Dieu a créé beaucoup de choses, mais il n'en a créé aucune qui fût contre sa puissance. Voyez ce que Jésus-Christ répondit à ses disciples, quand ils le questionnèrent sur quelques choses du temps à venir et sur l'Ante-Christ : « Il ne vous appartient pas de savoir l'heure et l'instant que Dieu a fixés dans sa sagesse. D'une chose tant seulement vous pouvez être certain : c'est qu'après l'été vient l'hiver; qu'il vous faut vous préparer des maisons fermées et chaudes, faire provision de bois et de vivres pour le temps rude et infécond pendant lequel

commente dans son poëme sur Alphonse XI (*Coplas*, 242 à 246, 1807 à 1842) deux prophéties de Merlin, qui avaient cours en Espagne de son temps. Elles sont assez gauchement imitées de celles qui remplissent le livre VII de Geoffroy.

Le *Poëma de Alonso el onceno* a été publié dans le 57e volume de la *Biblioteca de autores españoles*, par D. Florencio Janer, à qui l'histoire et les lettres espagnoles étaient déjà redevables de services distingués.

vous ne pourriez les recouvrer; de même que pendant l'hiver il vous faut apprêter les choses propres à l'été. » Observez le marin qui pendant la bonasse se dispose pour la tempête, et pendant le mauvais temps se dispose pour le bon, vivant en espérance de le revoir. Cela est la bonne divination et la connaissance de l'avenir qui porte profit.

CHAPITRE XII.

Comment l'on doit se garder de croire aux trompeurs, qui cachent des faussetés sous la couleur de vérités.

« Gardez-vous aussi, mon fils, des trompeurs qui vous promettent de faire deux doublons avec un, de changer la pierre en argent et le cuivre en or, et qui vous disent qu'ainsi vous pouvez faire monter votre avoir à de grandes sommes, devenir le plus puissant personnage qu'il y ait eu en votre lignage, et que vous pourrez faire dons et largesses, surpasser vos rivaux et l'emporter sur eux. Ils vous feront des expériences mensongères, afin de vous persuader; mais si vous usez de leurs services, à la fin vous vous trouverez pauvres, et votre bien tout dépensé. Je vous dis que pour gagner à leur métier ils cherchent des hommes cupides et de cervelle légère, qui après s'être ruinés sont moqués et montrés au doigt. »

CHAPITRE XIII.

Comment l'on doit se garder de la compagnie des méchants et s'accointer des bons, parce que le péché d'habitude se tourne en seconde nature (1).

« Recherchez la compagnie des bons, et vous serez du nombre des bons. Garez-vous de la compagnie des méchants, car sans que vous vous en aperceviez, votre nature dérobera quelque chose à la leur. Soyez tempéré dans le manger, le boire et le dormir. Ne vous laissez pas aller à votre appétit dans les choses qui peuvent vous apporter préjudice; il est trop voisin de la brute celui qui ignore que l'appétit est l'ennemi du jugement. Platon dit que nous ne devons pas aller suivant notre appétit, mais contre notre appétit, car aller contre notre appétit est suivre le second mouvement, lequel est le bon parce qu'il tient à la nature de l'âme, maîtresse du corps et des cinq sens ; alors le corps est tenu, régi, redressé par l'âme qui le rend net et beau par le moyen du jeûne, de la prière, de la chasteté et des bonnes mœurs. Si le corps est abandonné à ses appétits, il se donne à colère (2), luxure, avarice, orgueil, et autres péchés qui sont de la nature de la terre, laquelle gouverne le corps avec les

(1) Cette épigraphe et la précédente, qui ne se trouvent point dans Llaguno, peuvent être des interpolations du copiste.
(2) Mss. : *comociones;* Ll. : *conversaciones.*

autres éléments. Là-dessus Platon dit : « Pendant que tu es jeune, emploie ton entendement à te changer; rends-toi net; dispose-toi tout entier pour la vérité; laisse toute chose menteuse, car elle est de la nature de la terre; rends-toi continent et prépare-toi [à la lutte]; renvoie loin de toi toute fausseté et tout péché, qui sont de la nature de la terre; car le corps, lorsqu'il est traité avec complaisance, tourne ses désirs vers les choses corrompues et, par longue habitude, les veut tellement que l'âme ne peut plus être maîtresse de son imagination, et, qu'elle agrée ou non, elle est forcée de consentir. » Le même Platon dit aussi que l'âme est au corps comme le musicien à son instrument. Si l'instrument est faux, le musicien ne peut en tirer des sons justes, et s'il est trop discord, il n'y a plus qu'à le mettre de côté; mais lorsque l'instrument est bien accordé, le souffle du joueur le remplit d'harmonie, et il rend des sons délicieux et parfaits.

« Mon fils, ne livrez point votre noble personne à la fréquentation des femmes déshonnêtes, car elles n'aiment pas et veulent être aimées. Leur commerce est raccourcissement de la vie, corruption des vertus, transgression de la loi de Dieu.

« Mon fils, lorsque vous aurez à parler devant les hommes, que vos paroles aient passé à la lime de la réflexion avant d'arriver sur votre langue. Sachez que la langue est un arbre; ses racines sont dans le cœur, et la parole est son fruit: elle révèle le cœur au dehors. Faites attention que, tandis que vous parlez, les autres criblent vos paroles, comme vous criblez les leurs quand ils parlent. Ne dites donc que des choses raisonnables; autrement mieux vaut que vous vous taisiez. Par la langue se montre la science, par l'entendement la sapience, par la parole la vérité et la doctrine, par les œuvres la fermeté. Si celui qui ne doit point parler se taisait, et si celui qui ne doit pas se taire parlait, jamais la vérité ne serait contestée.

« Mon fils, défends-toi de l'avarice, si tu veux rester maître de toi ; sinon, tu seras esclave, car à mesure que s'augmente l'amas des richesses, croît la quantité des soucis. Note bien ceci : ne désire que ce que tu peux avoir, si tu veux avoir ce que tu désires. N'estime pas un homme pour ce que la fortune a fait en sa faveur ; estime-le pour ce qu'il y a en lui de sagesse et de vertus. L'honneur que l'on tire de posséder troupeaux, habits, montures, métaux, [toutes choses] de la terre, pourrait-il passer avant sagesse et vertus, qui sont choses de l'âme ? Ne fais pas cas de tes vassaux seulement pour le profit que tu peux avoir d'eux, mais tiens-les tous pour tes amis, et qu'ils te rendent ce que tu dois en attendre, suivant le droit. La parole douce fait durer l'amour dans les cœurs ; la parole douce multiplie les amis et adoucit les ennemis ; l'homme noble a la langue gracieuse. Dans le temps de la prospérité, note-le bien, beaucoup te protesteront de leur dévoûment. Que ton conseiller soit choisi un entre mille. Si tu trouves un ami dans ton bon temps, prends-le ; mais ne crois pas en lui légèrement et trop vite, parce que son amitié peut être suivant le temps. S'il reste ferme à l'épreuve dans son amitié, tu dois le regarder comme un autre toi-même. Tiens tes ennemis à distance ; ne cesse pas de te défier d'eux. Conduis-toi de telle sorte avec les hommes, que, si tu meurs, ils te pleurent, et si tu t'absentes, ils te désirent. Quand tu verras un malade affaibli d'esprit, ne te moque pas de lui, mais demande-toi si tu n'es pas de la même nature. Si tu te vois sain, rends-en grâce à Dieu. S'il te vient du mauvais temps, supporte-le, car tu es destiné à en traverser de toutes sortes. Celui qui dit des choses désagréables en entend qui ne lui plaisent pas; sois avenant avec tout le monde. Il n'y a pas de plus noble chose que le cœur de l'homme; jamais il ne reçoit de bon gré sujétion. Tu gagneras plus d'hommes par l'amour que par la force ni la crainte. Il n'est pas de la courtoisie de dire en arrière de quelqu'un ce que tu rougirais de lui dire en face. Mon fils, note quatre fautes, et garde-t'en; ce sont : Orgueil (1), Obstination, Précipitation et Paresse. Orgueil, son fruit est Haine; Obstination, son fruit est Querelle; Précipitation, son fruit est Repentir; Paresse, son fruit est Ruine. Tous les extrêmes sont vicieux, défendez-vous en; la crainte craint tout, et la témérité s'attaque témérairement à toutes choses.

« Mon fils, servez le roi et gardez-vous de lui (2); car il est comme un lion qui tue en jouant, et en s'ébattant renverse. Gardez-vous d'entrer dans la maison du roi quand ses affaires sont troublées. Celui qui entre en pleine mer lorsqu'elle est agitée, ce sera merveille, s'il en réchappe; combien plus, s'il y entre quand elle est courroucée! Mon fils, ne craignez pas la mort pour elle-même; la mort est si certaine qu'elle ne se peut éviter, car nous venons au monde avec cette condition de naître et de mourir. Celui-là seul doit craindre la mort qui a fait beaucoup de mal et peu de bien. La mort est bonne pour le bon,

---

(1) *Precio.*
(2) Ce trait, qui étonne, mais seulement à première vue, chez un auteur castillan, peut avoir été emprunté à la *Chronique rimée* du Cid, où l'on met dans la bouche de Diégo Laynez ce conseil donné à son fils :

« Servez loyalement le roi que vous servez; mais gardez-vous de lui comme d'ennemi mortel. »

Al rey que vos servides, servillo muy sin arte.
Assy vos aguardat dél como de enemigo mortal. (Vers 875.)

parce qu'il va recevoir la récompense de sa bonté; et bonne pour le méchant, parce que la terre est délivrée de sa méchanceté.

« Je ne veux pas vous retenir davantage, parce que déjà s'approche le temps où vous aurez à montrer qui vous êtes, d'où vous venez, et où vous espérez aller (1). »

Ainsi fut élevé ce damoiseau; et son honnête gouverneur l'instruisit et endoctrina jusqu'à ce qu'il eût quatorze ans.

CHAPITRE XIV.

Comment le roi D. Enrique fut devant Gijon et assiégea le comte qui s'y était renfermé, là où ce damoiseau fit ses premières armes.

1394. A l'époque où doña Inès Laso prit la charge de la nourriture du roi don Enrique, Pero Niño, son fils, avait un an et demi (2). De là en avant il fut élevé dans la mai-

---

(1) Comparez à ce *Castoiement,* l'un des plus complets que nous connaissions, celui de Guillaume de Lalain à son fils (*Chronique* de Jacques de Lalain, ch. IV et suiv.), et celui de la Dame des belles cousines au petit Jehan de Saintré (ch. V et suiv.).

(2) Le roi D. Enrique III étant né le 4 octobre 1378, et doña Inès Laso ayant été appelée auprès de lui peut-être cette même année, au plus tard l'année suivante, il en résulte que Pero Niño naquit à la fin de l'année 1377 ou au commencement de 1378. Les autres données que fournit sa chronique nous semblent devoir faire adopter la dernière date.

son du roi; et le roi prit de l'affection pour lui, tellement que toujours il l'aima autant que pas un des autres enfants qui eussent été élevés avec lui. Le roi ayant accompli sa treizième année et entrant dans la quatorzième (1), fut mis en possession du gouvernement. Comme il arrive d'ordinaire, lorsque les rois sont enfants et en tutelle, qu'il s'élève dans le royaume de grandes divisions, qu'il se fait des ligues et qu'il y a peu de justice, parce que les peuples n'ont personne qui leur inspire la crainte, et que les grands se soulèvent, commettant violences, usurpations et grands excès, le comte don Alfonso, qui était fils du feu roi don Enrique, par conséquent oncle du roi, et qui était seigneur de la plus grande partie des Asturies d'Oviedo, avait tyrannisé, usurpé et formé des ligues, pendant que le royaume de Castille se trouvait gouverné par les tuteurs. Quand il apprit que le roi commandait dans son royaume et déjà commençait à faire justice, il eut grand peur et se sauva dans les Asturies, et se mit en état de rébellion à Gijon. Le roi, dès qu'il en fut instruit, leva une armée, marcha contre lui et l'assiégea.

Gijon est une ville située sur le rivage de la mer du Ponant et entourée d'eau. Sa plus large entrée peut avoir environ trois cents pas à la basse mer, et de pleine mer elle en aura la moitié. Cette langue de terre est défendue

---

(1) D. Enrique fut intronisé le 10 octobre 1390, et prit le gouvernement au mois d'août 1393, mettant fin avec beaucoup de résolution aux désordres qui avaient signalé sa minorité. Le 25 juillet 1394, il fit arrêter son oncle D. Fadrique, duc de Benavente, et marcha contre D. Alfonso, comte de Gijon, qui s'était mis sur la défensive après l'arrestation de son frère.

D. Alfonso était fils du roi D. Enrique II et d'Elvira Iñiguez de la Vega. Il s'était mis déjà trois fois en révolte contre le roi D. Juan Ier, et avait été emprisonné de l'année 1383 à l'année 1391.

par un château bâti sur de gros rochers que la mer vient battre. Pour tout le reste à l'entour de la ville, ce n'est que roches à pic et très-hautes. Du côté du château, le comte avait placé des barques tout joignant la barrière, et lorsque la mer était basse, les barques restaient à sec.

CHAPITRE XV.

Comment le damoiseau Pero Niño demanda au roi des armes pour combattre, parce qu'il n'en avait point encore à lui.

Aussitôt que le roi eut établi son camp, la résolution fut prise d'abord d'aller brûler les barques, et le jour suivant, à la basse mer, une partie des gens du roi s'arma pour les aller brûler. Le damoiseau Pero Niño sut que l'on faisait cette entreprise ; il s'en fut alors s'adresser au roi, et lui demanda pour faveur de lui faire donner des armes, puisque l'on était en guerre et en tel lieu qu'elles lui étaient nécessaires, car il n'en avait point encore à lui. Le roi commanda qu'on lui donnât ses propres armes. En ce temps, le damoiseau pouvait avoir environ quinze ans. Ceux de la ville, quand ils virent que l'on venait brûler leurs barques, sortirent armés en grand nombre, et là-dessus il y eut un combat bien serré qui dura longtemps. Le damoiseau combattit si fort et se porta en avant des autres tant de fois, que personne ce jour-là ne joua des mains autant que lui. Il frappa des coups signalés, qui tirèrent du sang à ceux qui desservaient son seigneur le roi, et il reçut deux blessures. Tant que dura le siége, il se mit en avant si souvent et accomplit par ses mains tant de beaux faits, que chacun parlait bien de lui, et disait qu'il commençait bien, et donnait marques de vouloir acquérir grand honneur par armes et chevalerie.

Pendant le siége des négociateurs s'entremirent, et il fut convenu que le roi pardonnerait au comte, sous la condition que le comte servirait le roi et se tiendrait à son commandement. Les conventions arrêtées, le roi leva son camp pour s'en retourner (1).

CHAPITRE XVI.

Comment le roi leva le siége de Gijon et s'en fut à Séville; et comment Pero Niño tua le grand sanglier, à la nage, dans le Guadalquivir.

Le roi don Enrique étant devant Gijon, nouvelles lui vinrent que la Juiverie de Séville avait été pillée; cela le fit partir tout de suite, et il se dirigea de ce côté (2). Pen-

(1) Décembre 1394. — L'accord entre le roi et le comte fut que le jugement de leurs différends serait remis au roi de France, et qu'il y aurait entre eux une trêve de six mois.

(2) Le séjour du roi à Séville se rapporte au commencement de l'année 1396, après le second siége de Gijon. Le roi, pendant ce séjour, mit fin, par l'emprisonnement de D. Fernan Martinez, archidiacre d'Ecija, à des excès contre les juifs qui s'étaient déjà produits, en 1391, sous l'excitation des prédications de l'archidiacre.

dant qu'il se tenait à Séville, un jour il eut fantaisie d'aller chasser dans une garenne, près du gué que l'on nomme de l'Estacade. Les piqueurs et la suite s'y rendirent tous par terre, et le roi fut dans sa petite barque, en remontant le Guadalquivir par le flux de la marée jusqu'à l'endroit où il devait entrer en chasse. Ce jour-là, il dîna à l'Aljaba, chez le comte don Juan Alfonso de Niebla (1); ensuite ils montèrent tous à cheval. Arrivèrent les chiens; ils avaient lancé un grand sanglier qui se jeta à la rivière, et la meute l'y suivit. Le damoiseau Pero Niño, qui courait à cheval derrière les chiens, entra dans la rivière après eux et atteignit à la nage le sanglier; il le frappa dans l'eau, le transperça et le rapporta jusqu'à terre au bout de sa lance, quoiqu'il se débattît.

CHAPITRE XVII.

Comment Pero Niño coupa le câble qui était en travers dans le fleuve, et tira ainsi le roi d'un grand danger.

Quand la chasse fut finie, le roi remonta dans sa barque, et avec ses gens prit le fil de l'eau pour s'en retourner à Séville. Le courant, augmenté par la marée baissante, était très-fort; les rameurs voguaient vigoureusement; la barque filait avec un sillage très-rapide. Tout à coup on aperçoit sur l'avant un gros cordage qui barrait

(1) D. Juan Alonso de Guzman, comte de Niebla.

la rivière : c'était l'amarre d'un filet tendu en travers pour prendre des aloses. A sa vue, ceux qui allaient avec le roi poussèrent de grands cris, disant : « Sainte Marie, venez à notre aide; nous sommes perdus avec cette corde. » Mais Pero Niño sauta lestement à la proue, tira l'épée et en donna un tel coup qu'il coupa l'amarre; elle était grosse comme la jambe d'un homme, ce dont tous restèrent émerveillés. Et les matelots dirent qu'avec la vitesse dont on allait, si l'amarre n'avait pas été coupée et que la barque eût donné sur elle, on n'aurait pu éviter qu'elle ne chavirât avec tous ceux qu'elle portait. Voyez ici deux choses notables à l'honneur de ce damoiseau : le bon coup d'épée et la présence d'esprit, par où le roi et ceux qui allaient avec lui furent, en cette occurrence, sauvés d'un grand péril.

Pendant le séjour que le roi fit alors à Séville, il y eut plusieurs courses de lances (1), dans lesquelles le damoiseau, chaque fois qu'il s'y montra, fit des mieux. Tous ceux qui l'y virent peuvent en dire la vérité, s'il y eut là chevalier qui si joliment lançât une canne et asénât les coups si bien; car plus d'une bonne targe fut trouée de sa main, et n'eût été pour garder courtoisie, que toujours il observa, les cannes qu'il lança auraient pu faire maintes blessures. D'autres fois on courut les taureaux, et là, nul ne fut qui s'y employât comme lui, tant à pied qu'à cheval, les attendant, s'exposant à de grands dangers devant eux, jetant hardiment la lance à pied ou à cheval, et donnant tels coups d'épée que tous en étaient dans l'admiration.

---

(1) *Juegos de cañas.* Les *cannes* étaient des lances légères qui se jetaient comme des javelots et servaient aussi de bâtons de joûte.

CHAPITRE XVIII.

Comment le roi D. Enrique vint de nouveau devant Gijon et l'assiégea ; et de ce qu'y fit le damoiseau Pero Niño.

1395. A quelques jours de là, le roi partit de Séville et passa en Castille, où il apprit que le comte don Alfonso n'avait pas observé les conventions arrêtées entre eux ; même il se faisait beaucoup de plaintes de lui (1). En conséquence, le roi leva une armée, se porta de nouveau devant Gijon, et y mit le siége pour la seconde fois. Le comte, voyant le roi poser son camp, monta sur des navires qu'il avait tout prêts et fit voile vers Bayonne en Gascogne. Il laissa dans la ville la comtesse, sa femme, et une autre grande dame appelée doña Leonor qui avait été mariée à Diego de Rojas (2). La ville avait une grosse garnison ; elle était munie de bonnes arbalètes de rempart, de beaucoup d'autres machines, d'une forte palanque et de profonds fossés.

(1) Le comte avait beaucoup tardé à comparaître devant le roi de France ; mais enfin il était venu à Paris, et sa cause avait été débattue contradictoirement avec les ambassadeurs de Castille. Condamné, il n'avait pas voulu se soumettre à la décision du conseil de France ; mais il n'était pas retourné à Gijon, où il avait laissé la comtesse, sa femme, Isabelle de Portugal, qui soutint le siége, du mois de mai au mois de septembre. La comtesse capitula et rejoignit son mari en France, où il mourut, réfugié à Marans, chez le vicomte de Thouars.

(2) Leonor, fille de D. Sancho, comte d'Alburquerque. Son mari, Dia Sanchez de Rojas, avait été tué traîtreusement, en 1392, par les gens du duc de Benavente.

CHAPITRE XIX.

Comment, à la première bataille, Pero Niño eut son cheval tué et lui fut blessé.

Un jour, ceux de l'armée allèrent défier aux barrières ceux du comte qui sortirent contre eux. Le damoiseau Pero Niño se distingua ce jour-là; il fut un de ceux qui se jetèrent le plus avant et firent le mieux de leurs mains. Au plus fort de l'affaire, il eut son cheval blessé; mais il se comporta si bien, que depuis lors on parla beaucoup de lui, le louant et le mettant à l'égal des bons chevaliers. Et chaque jour il soutenait tellement sa réputation, que si quelqu'un avait en idée une entreprise d'armes, il faisait grand compte de l'attirer à lui.

Un autre jour, quelques jeunes gens des plus entreprenants de l'armée, parmi lesquels se trouvaient Juan de Astúñiga, Ruy Diaz de Mendoza, Pero Lopez de Ayala et d'autres (1), ayant fait la partie d'aller donner de leurs lances dans la porte de la palanque (2), le damoiseau Pero Niño l'apprit, et s'en fut demander au roi ses armes; puis il s'arma et alla à pied avec eux. Lorsqu'ils furent arrivés près de la palanque, il les quitta et s'en alla seul en avant contre la

---

(1) Ce Pero Lopez d'Ayala était fils du célèbre chancelier, auteur des *Chroniques*. Il joua un grand rôle sous le règne de D. Juan II.

(2) Barrière établie en dehors des portes; d'ordinaire, c'était le rendez-vous des jeunes gens qui cherchaient de beaux coups d'épée.

tour que l'on nomme de Villaviciosa ; et il traversa le fossé à grand danger et travail de son corps, car les arbalètes de la ville jouaient sur lui. Ceux de la ville avaient mis tout autour de leurs remparts, principalement en cet endroit, des planches semées de clous bien pointus et couvertes de terre, pour enferrer les assaillants. Pero Niño escalada cependant l'escarpe, atteignit la palanque, et combattit rudement avec ceux qu'il y rencontra, faisant de tout son pouvoir pour rompre la palissade. Là il perdit sa lance. Il mit la main à l'épée, et reçut beaucoup de coups de lance, de hache et d'épée, nonobstant quoi il parvint à arracher un pieu de la palissade ; et grâce à Dieu, il se retira très-bien de ce pas.

La ville se rendit après cela au roi, qui eut compassion de ceux qui s'y trouvaient. Il la prit et fit détruire ses fortifications. Le comte, ainsi que je l'ai dit plus haut, était à Bayonne. Le roi leva son camp et vint à Léon. Dans ce siége, Pero Niño reçut maints coups et blessures de lance, d'épée et d'autres armes, et il y supporta de grands travaux.

CHAPITRE XX.

Comment s'alluma la guerre avec le Portugal, et le damoiseau Pero Niño y fut avec le connétable D. Ruy Lopez Davalos.

1396.
Peu de temps après s'alluma la guerre avec le Portugal. Le roi de Castille réunit à Salamanque son armée, et la

mit sous les ordres de don Ruy Lopez Dávalos (1). A cette époque, Pero Niño avait déjà une maison et ses gens. Le roi le confia à don Ruy Lopez pour qu'il l'emmenât avec lui, de quoi Pero Niño eut grande satisfaction. Don Ruy Lopez l'avait lui-même demandé, et il le prit avec lui, et lui fit toujours fidèle compagnie, et en tira de bons services pour plusieurs choses dont il le chargea.

Don Ruy Lopez se mit à la tête de l'armée du roi, fut à Ciudad-Rodrigo, et entra en Portugal par l'Alseda, brûlant et détruisant sur son passage. Il arriva devant la ville de Viseo et y entra par force. Là il commanda à Pero Niño de prendre la direction des troupes en entrant dans la ville, et à la troupe de le suivre; puis il entra, tuant, pillant, brûlant la majeure partie de la ville. Et ceux qui s'enfuyaient se jetèrent dans l'Aseo, qui est une maison forte, et s'y défendirent. Le roi de Portugal était alors à Coïmbre, à treize lieues de Viseo. Cette première campagne dura dix-sept jours, pendant lesquels jamais Pero Niño ne quitta le harnais, du moins ce qu'un homme en peut raisonnablement porter toujours. En entrant en Portugal, il marchait avec l'avant-garde; lorsque l'on en sortit, il se tint avec l'arrière-garde.

(1) La guerre fut commencée par les Portugais, parce qu'on prétexta que la trêve conclue en 1393 n'avait pas été confirmée par les grands du royaume.

Ruy Lopez d'Avalos, qui devait sa fortune à son mérite, avait alors la principale part à la confiance du roi. Il venait d'être nommé connétable à la place de D. Pedro, comte de Trastamara, et exerça cette charge, pendant vingt-six ans, de manière à se faire appeler *le bon connétable de Castille*.

CHAPITRE XXI.

Comment, le connétable de Castille étant au royaume de Portugal, Pero Niño envoya défier les chevaliers du roi de Portugal par un héraut d'armes.

Pendant ce temps, Pero Niño entendit dire que les chevaliers et écuyers de Portugal, là où ils étaient rassemblés, tenaient des propos inconvenants et injurieux contre la Castille. En conséquence, il envoya un héraut d'armes avec son cartel, déclarer que, si quelqu'un d'eux, chevalier ou écuyer suffisant, niait que le roi de Portugal eût commencé la guerre et pris traîtreusement la ville de Badajoz (1), ayant trèves avec son seigneur, le roi de Castille, ceux de Badajoz vivant sous l'assurance de la paix, il le lui ferait confesser en le combattant corps à corps, devant son roi, à pied ou à cheval, comme il lui plairait; pour quelle chose il envoyait son emprise. Elle fut relevée par un rude chevalier nommé Fernand Alvarez de Quirós. Et Pero Niño fit en vain tout ce qu'il put pour en venir à l'exécution, quoique l'autre fût un vaillant chevalier. Tandis que les messages allaient de part et d'autre, ce chevalier dit au héraut d'armes que lorsqu'il combattrait son adversaire, il lui donnerait du plat de la hache et lui dirait : « Réveille-toi, souche (2). »

(1) Les Portugais avaient débuté par surprendre Badajoz, où commandait le maréchal Garci Gonzalez de Herrera. La porte par où ils entrèrent prit le nom de *Puerta de la Traycion.*

(2) Ce passage, auquel les copistes doivent avoir fait souffrir quelque

CHAPITRE XXII.

Comment, l'armée du roi de Castille étant devant Pontevedra, ceux de la ville sortirent pour escarmoucher, et comment Pero Niño y fut et combattit à pied, et entra jusque sur le pont, par force d'armes, tuant et renversant; comment il tua Gomez Domao, un pion (1), très-fameux homme de main.

Sur ces entrefaites, le roi de Portugal assiégea la ville de Tuy, qui est en Galice. Le roi de Castille rassembla son armée et l'envoya sous la conduite de don Ruy Lopez Dávalos. Quand on arriva au Padron (2), les chevaliers de Castille ne s'entendirent plus, et si l'on avait cru Pero Niño, tout jeune qu'il fût, la ville aurait été secourue et n'aurait pas été perdue pour cette fois; mais on ne la secourut point parce que l'on avait à dos l'archevêque de Santiago, don Juan Garcia Manrique (3), qui s'était séparé

1397

altération, est presque inintelligible dans l'original. Fernand Alvarez de Quiros (la famille est castillane) peut être celui qui porta le gage de Pero Niño, ou celui qui le releva, car il y avait des Castillans au camp portugais. Le propos : *Castigate* (Ll. : *Castigote*) *cachopo*, littéralement : « Corrige-toi (ou je te corrige), arbre desséché, » doit être attribué à Pero Niño comme une provocation pour décider son adversaire à en venir au fait.

(1) *Un peon*, fantassin fourni par les communes rurales.

(2) Tuy, sur la rive droite du Miño, en face de la forteresse portugaise de Valenza. — Le Padron, à six lieues sud de Santiago de Compostelle.

(3) Grand-chancelier et l'un des régents du royaume pendant la minorité du roi D. Enrique III. Il avait ressenti vivement l'injure que le roi lui avait faite en arrêtant (juillet 1394) le duc de Benavente, lequel était venu à la cour avec un sauf-conduit obtenu par l'archevêque. Il passa en Portugal, et y mourut évêque de Coïmbre.

du roi, et après s'être mis en défense à Pontevedra, faisait révolter d'autres châteaux dans ce pays de Galice ; autrement Tuy n'eût pas été prise. L'armée dut se tourner contre Pontevedra, où était l'archevêque. Elle établit son camp devant la ville, et le lendemain elle vit venir contre elle une belle troupe d'hommes d'armes, d'arbalétriers et de porte-pavois (1). Là s'engagea une escarmouche bien serrée et très-périlleuse. Le combat se livrait en un lieu bien choisi pour ceux qui voulaient se distinguer en armes par amour de leurs amies, car toutes les dames et damoiselles de Pontevedra y assistaient du haut du rempart de la ville. Pero Niño y vint monté sur un cheval. Les armes qu'il portait étaient une cotte, un bassinet à camail selon l'usage du temps, des jambières, et un très-grand bouclier de barrière qui lui avait été donné à Cordoue pour fort beau, et qui avait appartenu au brave chevalier don Egas (2). La mêlée était épaisse, pressés les coups qui se donnaient de part et d'autre, rude le spectacle que l'on avait sous les yeux. Tout au commencement de la bataille, Pero Niño eut son cheval blessé. Il mit pied à terre, prit la tête de ses gens et avança, donnant et frappant de si vigoureux coups d'épée, que celui qui se trouvait devant lui croyait bien n'avoir point affaire à un jeune homme, mais à un homme robuste et complet. Aux uns il taillait grande partie de l'écu ; aux autres il donnait de l'épée sur la tête ; chacun de ses coups était signalé. A ceux qui étaient le mieux armés il faisait mesurer leurs corps par terre, ou au moins y mettre les

---

(1) *Escudados*, hommes qui portaient les grands écus ou petits mantelets, à l'abri desquels combattaient les arbalétriers.

(2) Egas Venegas, seigneur de Luque.

mains, et, pour mal qu'ils en eussent, vider la place en se retirant arrière. Là, du côté de ceux de la ville, se trouvait un pion fameux, nommé Gomez Domao, rude homme; il pressait fortement Pero Niño et lui avait porté des coups pesants. Pero Niño avait grande envie de les lui rendre; mais le Gomez se couvrait d'un écu fort à son avantage, de façon qu'il ne pouvait être atteint. A la fin, ils se prirent l'un à l'autre et se donnèrent sur la tête de tels coups d'épée, que Pero Niño avoua que les étincelles lui en avaient jailli des yeux. Mais Pero Niño donna au Gomez par dessus l'écu un si violent coup de taille, qu'il lui fendit de l'écu bien une paume et la tête jusqu'aux yeux ; et ce fut fini de Gomez Domao.

Pendant que Pero Niño faisait au milieu des ennemis de son seigneur le roi comme le loup fait au milieu des brebis lorsqu'elles n'ont point de berger pour les défendre, il lui arriva une flèche qui l'atteignit à l'encolure. Il reçut cette blessure au commencement de l'action. La flèche avait cousu son camail avec son cou. Mais telle était sa volonté de mener à fin ce qu'il avait entamé, qu'il ne sentit pas ou presque pas sa blessure; seulement elle le gênait beaucoup pour les mouvements du haut du corps. Cela l'excita encore plus à la bataille, si bien qu'en peu d'heures il avait nettoyé le chemin devant lui et forcé les ennemis à reculer par le pont tout contre la ville. Plusieurs tronçons de lance étaient restés dans son bouclier, et c'était cela qui l'embarrassait plus que toute autre chose. Quand il en fut à ce point, ceux de la ville voyant le ravage qu'il faisait, déchargèrent sur lui plusieurs arbalètes, absolument comme on harcèle un taureau lancé au milieu d'une place. Il allait le visage découvert, et un fort vireton vint s'y ficher, lui traversant le nez avec grande douleur dont il fut étourdi ; mais son trouble dura peu. Il se remit bientôt, et la douleur ne fit que le pousser plus âprement que jamais. A la porte du pont il y avait des degrés ; Pero Niño se vit en grand travail lorsqu'il lui fallut les monter. Là il reçut force coups d'épée sur les épaules et sur la tête. A la fin il les gravit, s'ouvrit le chemin et se trouva si serré contre ses ennemis, que parfois ils heurtaient le vireton enfoncé dans son nez, ce qui lui faisait éprouver de grandes douleurs. Il arriva même que l'un d'eux, en cherchant à se couvrir, lui donna de l'écu un grand coup sur le vireton, et le lui fit entrer plus avant dans la tête.

La fatigue fit cesser le combat des deux côtés. Lorsque Pero Niño revint, son bon écu était déchiqueté et tout en pièces ; son épée avait sa poignée dorée presque brisée et démontée, la lame édentée comme une scie et teinte de sang. Et je crois volontiers que jusqu'à ce jour, jamais Pero Niño n'avait pu aussi bien se rassasier en une heure de cette besogne qu'il désirait tant ; car la vérité est que le combat dura bien deux heures entières, et que sa cotte était rompue en plusieurs endroits par les fers de lances dont quelques-unes avaient pénétré dans la chair et fait jaillir le sang, quoique la cotte fût de grande bonté. Elle lui avait été donnée par une grande dame ; si je disais par une reine, je ne mentirais pas.

Il ne faut pas s'étonner de ce que je rapporte tant de choses faites par ce chevalier en si court espace de temps, lorsqu'il était encore si jeune d'âge, car Dieu pourvoit chacun de sa grâce et distribue à chacun ses dons, selon la mesure qui lui plaît et la grandeur de sa miséricorde. Aux uns il accorde la grâce des lettres, aux autres celle du commerce, aux uns ce qu'il faut pour être bon ouvrier, aux autres pour être bons laboureurs, à ceux-ci le don d'être chevaliers et bons défenseurs. Aussi, quand le laboureur veut se faire marchand, il perd son bien; et le marchand, s'il veut être laboureur, n'y entend rien; et s'il veut user de chevalerie, il ne sait pas, car ce n'est point dans sa nature. Le laboureur et le marchand ne peuvent non plus faire le métier des lettres : ils ne le savent pas, ce n'est point dans leur nature. Mais s'élever à la chevalerie et au métier des armes, c'est une rude chose. C'est pour cela que dans la chevalerie plus d'un faillit à la besogne, parce qu'il ne sait pas le métier qu'il a entrepris. A celui-ci la charrue rapporterait plus que l'écharpe; à celui-là le grimoire plus que les armes. Mais pour ce chevalier, son étude et son travail ne furent jamais à autre chose qu'aux armes, à l'art et office de chevalerie; et quoiqu'il fût chéri du roi, et placé si près de sa personne que bien des fois, s'il l'eût voulu, il aurait pu devenir son ministre (1), parce que chez les ministres se rencontrent forcément certaines manières dissimulées et choses qui ne sont point du ressort de la chevalerie, jamais il ne voulut se tourner de ce côté.

Quand Pero Niño était encore sous un gouverneur, ainsi que je l'ai dit plus haut, un homme, Italien de nation, qui allait en pèlerinage à Santiago, s'arrêta dans la maison de son père et de sa mère, doña Inès Laso, où il vit ce damoiseau; il le regarda beaucoup et dit à doña Inès : « Madame, sachez que cet enfant, votre fils, doit parvenir à grand état, et en usant d'armes et de chevalerie se rendra très-fameux, sera un chevalier très-honoré, et par elles deviendra le plus grand personnage

---

(1) *Privado.* Ce mot désigne également les familiers, les conseillers et les ministres d'un prince. Il signifie proprement *intime.*

et plus considéré qu'il y ait eu jamais dans son lignage. »
La dame fut très-étonnée de ce que cet homme lui disait; elle lui répondit : « Ce ne serait point étrange que vos paroles se trouvassent vraies, car il y a eu de grands seigneurs et de grands chevaliers dans le lignage dont il vient. Mais dites-moi, comment le savez-vous, ce que vous m'avez dit? Car toutes choses sont en Dieu; il sait ce qui doit arriver. Qu'il ordonne de mon fils comme sera sa volonté. » Le brave homme répondit : « Madame, il est bien vrai que toutes les choses sont dans la main de Dieu et qu'il les gouverne comme il lui plaît. Mais aussi, madame, Dieu a ordonné le monde de cette façon qu'il a fait le vent du midi pour donner de la pluie, et l'aquilon pour rendre le ciel serein; l'un pour donner de l'humidité, et l'autre la sécheresse. Il n'a pas donné à l'un l'office de l'autre; et bien qu'il arrive parfois qu'il pleuve par la bise et que le beau temps revienne avec le vent du midi, cela est rare, et nous tenons pour règle ce qui est habituel. De même Dieu notre seigneur a réparti la vertu comme il lui a plu, destinant les uns à un métier, choisissant les autres pour un autre. De votre fils, je vous dis qu'il est né pour batailler et user de l'office d'armes et de chevalerie. Ne cherchez pas, madame, à en savoir là-dessus davantage; si vous vivez, vous le verrez. » La bonne dame aimait tant son fils qu'elle ne put se tenir de lui tout rapporter, bien qu'elle comprît qu'elle l'animait en le lui disant, et l'exposait à lui faire rechercher les périls plus qu'il ne l'eût fait sans cela, outre qu'il était encore bien jeune et qu'elle le ferait commencer avant le temps. Mais elle aimait tant son honneur et avait tant d'espérance qu'il ressemblerait à ceux dont il venait, qu'en bonne gardienne des traditions de la famille, les unes desquelles elle avait apprises

par expérience et les autres par ouï-dire, elle fut sensible surtout à ces dernières considérations, et, écartant celles du danger, lui raconta la chose de point en point. On croit qu'alors le damoiseau n'y fit pas grande attention, car son âge ne le comportait pas; mais il retint ces paroles et toujours se les rappela.

CHAPITRE XXIII.

Comment ce chevalier était très-expert en tournois et toutes autres choses qui appartiennent à chevalerie, et comment il fut le plus fort joûteur qu'il y eût en son temps.

Le roi don Enrique était plein de magnificence et très-catholique; il portait grand honneur aux églises, et aux fêtes de Dieu, de sainte Marie, des apôtres et des autres saints. Lorsque l'église en célébrait une, il faisait faire de belles fêtes et processions, il ordonnait en outre des tournois et des jeux de cannes; alors il distribuait des armes et des chevaux, de riches habits et harnachements à ceux qui devaient y paraître. Il choisissait de préférence les occasions où il avait près de lui des ambassadeurs de princes étrangers. A sa cour, il se trouvait beaucoup de chevaliers jeunes et robustes, qui entendaient fort bien ces jeux d'armes; mais ce chevalier Pero Niño s'y montrait si habile et de bonne grâce que c'était une merveille. Je peux dire que lui seul fit vider la selle à plus de chevaliers que tous les autres joûteurs de Castille en cinquante ans; et la plupart de ceux à qui il la fit vider l'avaient fait vider à d'autres.

CHAPITRE XXIV.

Des proportions du corps et vertus extérieures de ce chevalier (1).

Ce chevalier était beau, de forte corpulence, pas très-grand, ni petit non plus, de bonne tournure; il avait les épaules larges, la poitrine relevée, les hanches haut placées, les reins gros et forts, les bras longs et bien faits, les fesses nourries, la poigne dure, la jambe très-bien tournée, les cuisses grosses et dures et bien faites, la taille mince et fine, ce qui lui allait fort bien. Il avait le son de voix clair et agréable, le propos vif et gracieux. Il se mettait toujours bien, avec soin et recherche, et faisait valoir ce qu'il portait. Un habit de pauvre lui allait mieux qu'à beaucoup d'autres les habits les plus riches. Il s'entendait en modes nouvelles mieux qu'aucun tailleur ou costumier, tellement que les élégants prenaient toujours modèle sur lui. En fait d'armures, il était expert et connaisseur ; lui-même indiquait aux armuriers de meilleures coupes, et leur montrait comment ils pouvaient faire des armures plus légères sans qu'elles fussent moins solides. Pour les épées et les dagues, il était également connaisseur plus que personne, et il y appor-

(1) Comparez à ce chapitre la IVᵉ partie du *Livre des Faicts de Jean Bouciquault*, que Gamez peut avoir connu, et dans le *Guidon des guerres*, le curieux passage sur « los signes de saige et hardy chevalier, » que nous regrettons de ne pouvoir transcrire ici à cause de sa longueur.

tait des améliorations. Quant aux selles, nul en son temps ne les entendit aussi bien que lui. Il les faisait doler et renforcer, en même temps qu'amincir les bois, diminuer les garnitures et les courroies. C'est dans sa maison que l'on employa d'abord la ventrière découpée, en usage aujourd'hui. De caparaçons pour la joûte, on n'en trouvait nulle part en Castille autant qu'il en avait. Il se connaissait en chevaux ; il les recherchait, les soignait et faisait beaucoup pour eux. De son temps, personne en Castille n'eut autant de bons chevaux ; il les montait et les dressait à sa guise, les uns pour la guerre, les autres pour la parade, et les autres pour la joûte. A l'épée, il taillait rudement, et faisait des coups de pointe signalés et vigoureux ; jamais il ne rencontra un homme qui taillât et fît des coups comme les siens. Il excellait dans tous les autres exercices qui demandent hardiesse et agilité, dans les jeux de lances et de dard. Il était fort à la boule et au disque, aussi bien qu'au jet de la pierre. Il était aussi très-fort au jeu de la barre et la lançait avec supériorité ; dans tous ces jeux de force, il fut bien rarement surpassé par ceux qui s'essayèrent avec lui. Sans doute il y eut en son temps des personnes qui faisaient aussi bien telle ou telle de ces choses en particulier, celle-ci l'une et celle-là l'autre ; mais un homme qui les fît généralement toutes, un corps d'homme où se réunissent toutes ces qualités et qui accomplît tout aussi parfaitement, on ne le trouve pas en Castille dans son temps. En outre, il bandait les plus fortes arbalètes à pied-de-biche (1), était bon tireur à

---

(1) *Armaba muy fuertes ballestas à cinto.* — On retrouve plus loin *armar à cinto*, ce qui indique une manière de bander l'arbalète, plutôt qu'une arme d'une construction particulière. Nous croyons qu'il s'agit ici de l'arbalète dont notre musée d'artillerie conserve plusieurs exem-

l'arbalète comme à l'arc, et ne manquait guère son but. Le voir tirer à la cible avec de petits viretons (1) était un plaisir. Aussi bien n'est-ce pas merveille que ce chevalier l'emportât tellement sur les autres en tous ces exercices, car, outre le corps robuste et la grande force dont il avait été doué par Dieu, toute son étude, tous ses moyens n'étaient appliqués absolument qu'au métier des armes, à l'art de la chevalerie et à toute œuvre de noblesse.

CHAPITRE XXV.

Comment il se rencontrait en ce chevalier beaucoup de bonnes manières et vertus intérieures, de celles qui appartiennent à l'âme.

Dieu avait été libéral avec lui des vertus intérieures qu'il départit aux hommes. Ce chevalier était très-courtois et de parole gracieuse ; ferme avec les forts, doux avec les faibles, avenant pour tous, prudent aux questions et aux réponses, juste justicier, et il pardonnait de bon cœur. Il se chargeait volontiers de parler pour les pauvres, de défendre ceux qui se recommandaient à lui ;

---

plaires (L. 1 à L. 22 du catalogue). « Le pied-de-biche se retire quand l'arme est bandée. *Il se portait à la ceinture* par l'agrafe qui se voit à l'extrémité du manche. » C'est à cette dernière indication du savant auteur du catalogue que se rapporte probablement l'expression *armar à cinto*, ainsi que nous l'ont suggéré les personnes compétentes que nous avons consultées en Espagne. Il fallait vigueur, adresse et habitude, pour se bien servir du pied-de-biche avec de fortes arbalètes.

(1) *Juego de viras.* Les *viras* étaient des viretons très-fins qui ne s'employaient que pour tirer à la cible.

et il les aidait de sa bourse. Jamais homme ni femme qui lui demanda un don ne s'en retourna les mains vides. Il était constant et sincère; jamais il ne manqua de parole quand il avait pris un engagement. Il fut toujours fidèle au roi; jamais il ne fit traité ni ligue avec un homme qu'il sût desservir le roi, hors du royaume comme dans le royaume. Toujours il travailla pour défendre le parti de son roi; toujours il détesta et combattit les rebelles à son roi. Il fut ferme et stable dans tous ses actes; jamais il ne se laissa gagner par dons ou promesses. Il usa toujours de libéralité et non de prodigalité; jamais il ne fut avare et ne se montra chiche quand il devait donner. Jamais il ne s'abandonna à l'oisiveté et ne perdit le temps qu'il pouvait employer à l'avancement honorable de ses affaires. La tempérance lui donnait la règle de sa vie; on ne lui connut point de maîtresses pendant sa jeunesse (1), et jamais non plus on ne le surprit à boire et manger hors des moments qui sont convenables, car il connaissait le vieux proverbe qui dit : Paresse, bonne chère et honneur n'habitent pas même demeure.

CHAPITRE XXVI.

Comment Pero Niño épousa doña Costanza de Guevara.

Ainsi allait ce chevalier, s'avançant de bien en bien, en prouesses et en bonté, et ainsi on le distinguait entre les

---

(1) En effet, par une rare exception à cette époque, Pero Niño ne laissa point d'enfants naturels. — Voyez Llaguno, p. 225.

autres chevaliers, comme le palmier entre les autres arbres ; et ses belles actions le firent tant priser que don Ruy Lopez Dávalos voulait toujours l'avoir avec lui, dans sa chambre, à sa table, dans son conseil. Don Ruy Lopez était marié à doña Elvira de Guevara, fille de don Bertrand de Guevara. Doña Elvira avait une sœur, doña Costanza de Guevara, qui était veuve de Diego de Velasco, grand personnage, frère de Juan de Velasco (1). Dona Costanza vivait avec sa sœur ; et lorsque don Ruy Lopez se mettait à table, il s'y mettait quatre personnes : lui, sa femme, Pero Niño et doña Costanza. Ceux-ci, par la grande familiarité, en vinrent à l'amour, et les parents s'étant accordés, les noces furent faites avec magnificence. Doña Costanza était belle, riche, et de grande maison. Elle lui donna un fils qui s'appela don Pedro. Ce fut un beau damoiseau, bien élevé, qui ressemblait beaucoup en toutes ses manières à son père, et se fit estimer par ses actions comme par ses bonnes mœurs. Il entra dans la maison du roi, où il gagna l'affection du roi et de toute la cour. Il paraissait souvent aux joûtes et aux autres théâtres d'honneur, tel qu'il appartient aux gentils-

---

(1) Suivant d'autres auteurs, Elvira et Costanza étaient filles de Pero Velez de Guevara, seigneur d'Oñate. Les Guevara sont une des grandes familles de l'Alava. Le connétable avait épousé Elvira en secondes noces. Sa première femme fut Maria de Fontecha, riche veuve de Carrion, d'une famille bourgeoise. Il épousa en troisièmes noces Costanza de Tovar, veuve de son beau-frère, Pero Velez de Guevara. On voit qu'il croyait les veuves faites pour se remarier ; et comme il était parti des rangs des simples gentilshommes pour arriver à la plus haute fortune, il dut regarder de bon œil Pero Niño qui promettait. Diego de Velasco n'a point marqué dans l'histoire. Son frère D. Juan fut camarero mayor des rois D. Enrique III et D. Juan II. Il mourut en 1418, étant alors à la tête des affaires du royaume.

hommes. Une maladie lui survint qui mit en grande peine ses amis ; elle dura quelque temps, et enfin l'enleva à l'âge de vingt-sept ans. Doña Costanza vécut quatre ou cinq ans mariée avec Pero Niño, puis elle mourut (1).

CHAPITRE XXVII.

Qui parle de l'amour : quelle chose il est, et combien il y a de degrés dans l'amour.

Mais puisque le mariage de Pero Niño et de doña Costanza fut une œuvre de l'amour, et comme ce chevalier, autant il fut vaillant et excella en armes et chevalerie parmi tous les autres chevaliers de son temps, autant il se distingua en plaçant ses amours en haut lieu, et de même aussi qu'il conduisit à bien toutes les entreprises d'armes qu'il commença et ne fut jamais vaincu, de même partout où il aima il fut aimé, et jamais n'encourut reproches, à cause de cela, je traiterai ici un peu d'Amour et d'Aimer. Par raison naturelle, il convenait qu'un damoiseau si accompli, en qui se voyait tant de prouesse, et dont le nom résonnait avec tant de louange dans toutes les bouches, fût bien venu en amour. Nous savons que des hommes de cette sorte on parle avec éloge dans les maisons des reines et des dames, qu'ils y sont tenus pour bons et gagnent les cœurs aisément ; parce que les gen-

(1) Il semble qu'elle ait donné à Pero Niño un autre fils appelé Gutierro. — Voyez Li., p. 211 et 223.

tilles et belles dames, celles qui méritent d'être aimées, croient gagner de l'honneur lorsqu'elles se savent aimées d'eux et louées par eux. Aussi elles savent que pour l'amour d'elles ils deviennent meilleurs et se tiennent plus magnifiques, font de grandes prouesses et œuvres de chevalerie, soit en armes, soit en fêtes, se mettent à de grandes aventures pour leur plaire, parcourant les autres royaumes avec leurs emprises, cherchant rencontres et champs clos, louant et exaltant chacun sa dame et maîtresse. Encore ils font sur elles et pour l'amour d'elles de gracieux cantiques, dits bien plaisants, mots notables, ballades, chansons, rondeaux, lais, virelais, complaintes, songes et sonnets, et allégories (1), où chacun déclare par paroles et fait valoir sa passion. D'autres qui n'osent point se déclarer, déguisent leur objet et le louent par figures; mais ils montrent qu'ils aiment en haut lieu, et en haut lieu sont aimés, choisissant à leur gré la façon de le faire voir. Il faut dire par dessus tout cela que chaque dame désire et espère avoir pour fiancé et mari et amant le plus gentil et le meilleur; et si on les laissait faire, ou que ce fût en leur pouvoir, quelques-unes d'elles choisiraient un mari plus à leur goût, plus gentil et de meilleur caractère que celui qui leur est donné, parce que l'amour ne cherche pas les grands biens ni les grandes situations, mais un homme courageux et hardi, loyal et sincère. Aussi, cette dame, doña Costanza, aima et choisit un tel homme, qu'elle pensa que sa bonne fortune le lui avait envoyé (2).

(1) *Graciosas cantigas è saborosos dezires è notables motes è baladas è chaxas* (?) *è reondelas è lays è virolais è complayntas è songes* (?) *è sonhays* (?) *è figuras.* — A l'exception de *Cantiga, Dezir* et *Mote*, ces termes sont tout à fait inconnus dans la poétique castillane.

(2). Voyez les notes à la fin du volume.

Ce mariage donc ayant été fait par amour, je traiterai ici quelque peu de l'amour, et montrerai quelle chose il est.

Amour est union de deux êtres dont l'un aime l'autre ou désire l'avoir. Je trouve qu'il y a trois degrés dans l'amour. Le premier, je l'appelle amour; le second est prédilection; le troisième est dévoûment (1). Parlons d'une dame qui aime un chevalier qu'elle n'a jamais vu. Elle entend rapporter de ce chevalier tant de bontés et de noblesses, que sans le voir elle l'aime et désire le voir, et se donne beaucoup de mouvement pour le voir. Après qu'elle l'a vu, elle comprend qu'il y a en lui beaucoup plus de bonté qu'on ne lui en avait rapporté, tant est grand le bien qu'elle découvre en lui. De là en avant elle l'aime plus fort, et il naît dans son cœur une affection et une prédilection telles, que déjà elle voudrait être unie à lui et avoir pour elle celui que tant elle aime. De là vient qu'elle met peine à acquérir celui qu'elle aime tant, jusqu'à ce qu'il lui ait rendu sa volonté et se soit soumis à elle (2). Ensuite quand elle tient ce chevalier en sa puissance, elle connaît complètement sa valeur, et l'aime si passionnément qu'elle ne peut rester une heure sans lui et doit toujours l'avoir à sa volonté pour être contente; elle le tient en si haut prix qu'elle l'aime comme sa propre personne et encore plus qu'elle-même; et, si par hasard il arrive qu'il soit séparé d'elle, ne le voyant plus elle veut mourir pour lui, et il se

---

(1) *Amor, dilecton, querencia.* Nous traduisons *querencia* par *dévoûment*, d'après le sens de la glose qu'on va lire. Gamez précise encore mieux sa pensée lorsqu'il dit plus loin que le troisième degré est *querencia è caritas. Querencia* vient de *querer*, qui signifie : vouloir (chercher avec ardeur, *querere*, lat.) et chérir.

(2) *E pues lo ama tanto pugna por aver aquel que ama tanto fasta que lo á alcançado de su voluntad : e si ha entrega.* — Le manuscrit est ici corrompu.

voit parfois qu'elle meurt en effet, se livrant à la mort pour lui. Ceci est le dévoûment, qui est le plus haut degré de l'amour.

Suivant le premier degré aima Calectrix, reine des Amazones (1).

Entendant parler du roi Alexandre, de ses grandes actions, comment il allait conquérant les royaumes et faisant tant d'œuvres de noblesse, elle fut le trouver. Homère (2) assure que c'était la plus belle, la mieux faite et la plus noble reine qui se trouvât alors dans le monde. Elle dit au roi que pour avoir entendu quel il était, elle désirait sa compagnie afin d'en tirer lignée, et que dans cette intention elle était venue. Elle fut très-bien accueillie et vint à chef de ce qui l'avait amenée, puis elle s'en retourna bien joyeuse et satisfaite à Femenina.

Suivant le second degré aima la reine Pantasilée (3).

Après la première destruction de Troye et la mort du roi Laomédon, le roi Priam, son fils, rebâtit la ville, y éleva de riches édifices, et la fit plus grande et plus forte

---

(1) L'histoire de Thalestris, reine des Amazones, occupe, dans le *Poema de Alexandro*, où sans doute Gamez l'a prise, les *coplas* 1701 à 1726. — Le poète espagnol appelle aussi *Calextrix* la reine de Femenina, dont il dit gracieusement :

La rosa del espino non es tan genta flor.

(2) Au sujet d'un anachronisme commis par Geoffroi de Monmouth en citant aussi Homère, le savant éditeur de Geoffroi, San-Marte (A. Schulz), fait une observation qui peut trouver utilement sa place ici. « Vraisemblablement, dit-il (Gottfried V. Monmouth. Halle, 1854, 8°, p. 200), Homère avait subi, comme nous le savons de Virgile, une élaboration dans le goût populaire, et plusieurs traditions ont pris de l'autorité en étant placées sous son nom. »

(3) L'histoire de la reine Pantasilée occupe le livre XXVIII dans l'*Historia civitatis Troyæ* de Guido della Colonna, qui était traduite en castillan du temps de Gamez.

qu'elle n'avait jamais été. Il la peupla de très-nombreux habitants, et la renommée du roi Priam, des travaux magnifiques et des fondations qu'il faisait, attirait auprès de lui la plupart des rois et des grands seigneurs de toutes les parties du monde. Ils venaient le voir, tant à cause de la grande douleur que leur faisait ressentir la mort si piteuse de ce roi Laomédon, que pour la noblesse qui se montrait dans le roi Priam et la peine qu'il prenait à réparer la perte de son père. Les rois lui faisaient largement part de leurs biens, établissaient avec lui des alliances et lui promettaient de l'aider.

En ce temps vint Pantasilée, reine des Amazones, quinze années après la restauration. Elle vit ce roi si puissant; elle vit aussi Hector, si fameux que nul alors dans le monde ne le surpassait en armes et chevalerie. Elle aurait voulu, de ce voyage, l'épouser; mais Hector ne s'y accommoda point. Et quoiqu'elle partît mal contente, elle aima toujours Hector tellement que jamais elle ne voulut en épouser un autre. Quand Troye fut assiégée par les Grecs, et qu'elle entendit raconter combien de maux et de dommages les Troyens avaient à souffrir, car le monde était rempli du bruit des peuples qui s'étaient rassemblés devant Troye, elle en ressentit une très-grande douleur pour l'amour qu'elle portait à Hector et pour l'amitié qu'elle avait jurée à ceux de Troye, et elle pensa qu'elle trouverait en vie don Hector et arriverait en un temps où il aurait bien besoin de son secours. Elle réunit de grosses troupes de femmes de sa nation et un grand trésor, et s'en vint à Troye. Là, quand elle sut que don Hector était mort, elle renouvela ses lamentations (1) et

---

(1) Les *Lamentations de Pantasilée* sont l'un des plus célèbres et

jura de ne point partir de Troye qu'elle ne l'eût vengé ou d'y mourir. Elle combattit très-âprement avec les Grecs, elle et ses vierges, qui étaient bien accoutumées à la guerre. Mais à la fin Diomède la tua.

La reine Élisa Didon (1) était fille du roi de Tyr, sœur du roi Pigmalion et femme d'Acerba, évêque des idoles (2), celui que tua le roi Pigmalion par convoitise de ses richesses. A la dérobée de son frère, elle monta en mer, emmenant avec elle les trésors de son mari et nombre de gens, et s'en fut chercher un pays où elle pût vivre à l'abri de son frère. Elle fonda en Afrique la grande cité de Carthage. Elle y éleva la grande tour sur la roche Birsa, et les gens de ces contrées la reçurent pour souveraine. Déjà elle s'était faite riche et puissante dans le pays, quand, la ruine de Troye étant encore nouvelle, ceux qui y avaient échappé erraient dans le monde, cherchant des terres où se fixer. Il arriva qu'Énee, un des grands princes de Troye, qui venait par mer avec ses enfants et ses gens, aborda au port de Carthage, où était la reine Élisa Didon. La reine fit très-bon accueil à lui et à son monde, et lui ne tarda guère à mettre en avant pa-

---

des plus touchants morceaux du *Cancionero* du marquis de Santillane, et Gamez y fait peut-être allusion ici.

(1) Cette légende de Didon, assez différente du récit de Virgile, ne se trouve point dans l'*Histoire de Troye* de Guido, qui renvoie simplement à l'*Énéide*; mais dans la traduction castillane elle a été intercalée entre le dernier et l'avant-dernier chapitre de Guido. Elle avait été auparavant recueillie dans la *Cronica general d'España*, par le roi D. Alfonse le Savant, et y tient une très-grande place (1ª part., ch. XLIX et suiv.). La *Cronica general* et la *Cronica Troyana* suivent de point en point la même version; certainement Gamez les avait sous les yeux, car il leur a emprunté jusqu'à leurs expressions.

(2) *Obispo de los idolos*.

roles de mariage. Elle savait déjà que c'était un homme de haute affaire et l'un des généreux du monde, aussi très-beau, et dur chevalier éprouvé. Elle pensa de plus qu'un homme qui avait passé par tant d'aventures, étant de si grande naissance et dignité, ne serait pas mobile et aurait le désir de vivre à loisir lorsqu'il en trouverait le moyen, outre qu'il avait avec lui un fils déjà grand. La proposition lui plut, et elle l'épousa. Ils eurent un fils qu'ils appelèrent Jules.

La reine vivait avec Énée très-heureuse et en grande joie. En ce temps, les hommes importants de la cité édifiaient hors de la ville, à l'honneur de leurs idoles, un temple très-riche et de grande œuvre. Il s'y trouvait représentées les histoires de toutes les choses notables qui étaient advenues dans le monde, conquêtes, chevaleries, et autres nombreuses choses belles à voir; et la conquête de Troye, qui s'était accomplie depuis peu de temps, était peinte en un portail à l'entrée du temple, très-richement exécutée du commencement jusqu'à la fin. La reine proposa un jour à Énée, pour prendre plaisir, d'aller voir le temple; et comme ils allaient regardant, elle aurait voulu empêcher qu'il ne vît l'histoire de Troye, pour ne point lui rappeler une si grande douleur, mais elle ne le put point. Énée vit comment Pâris ravit Hélène, la femme de Ménélas; ensuite, comment les Grecs vinrent devant Troye avec quatorze cents vaisseaux moins quatorze (1), et la grande bataille de Ténédos pour s'emparer du port, et comment ils effondrèrent les deux cents vaisseaux, par quoi ils restèrent maîtres du port; et la seconde bataille, et les trèves, et les entrevues, et la pre-

---

(1) *Historia Troyæ*, lib. II, c. XVIII. — Guido dit 1,222 vaisseaux.

mière convention que Pâris et Ménélas combattraient ensemble. Comme un homme de sens, Énée dissimula; mais il comprit que l'on connaissait de son affaire plus qu'il n'avait supposé, et à peu de jours de là, il dit à la reine qu'il lui fallait retourner en Italie pour recueillir beaucoup de ses parents et de ses gens, et de dames et demoiselles de son lignage qui lui faisaient grande pitié, parce qu'il les sentait errants et perdus dans ces pays, aussi de grands trésors qu'il y avait laissés enterrés. La reine le pria très-instamment de renoncer à ce voyage; mais lui ne voulut jamais admettre sa prière et partit pour aller au port où étaient ses vaisseaux, et avec lui les grands personnages du pays, qui l'accompagnèrent pour prendre congé. Elle lui écrivit alors une lettre pleine de rage (1), pensant que celui qui possède la chose de valeur ne la tient pas en aussi grand prix que lorsqu'il ne l'a plus entre ses mains, et qu'elle pouvait encore l'émouvoir par ses paroles et le faire revenir. Mais, après qu'il eut refusé de se rendre à ces dernières supplications, et qu'elle apprit comment il était sorti du port, elle fit assembler tout son peuple et monta à la tour qu'elle avait fait élever sur la roche Birsa, et fit allumer un grand feu au pied de la tour; elle enleva sa coiffure, découvrit ses cheveux, et alors, racontant ses douleurs et ses pertes, elle tira une épée qui avait appartenu à Énée et se l'enfonça dans le cœur, et se lança du haut de la tour dans le feu. Ainsi mourut-elle pour l'amour d'Énée. Quoique Énée lui eût

(1) *La rabiosa carta.* Cette lettre, qui occupe tout le chapitre LVII dans la *Cronica general*, a été légèrement retouchée dans la *Cronica Troyana*, et Gomez atteste ici sa célébrité. Elle est bien « la lettre pleine de rage, » mais elle a aussi des traits qui vont au cœur; et en somme, le temps étant donné, elle a dû passer pour un morceau vraiment éloquent.

dit beaucoup de choses sur son voyage, il ne lui avait jamais parlé de son retour ni donné espérance aucune, par où Énée montra faiblesse de cœur et avarice de paroles. Il s'en fut de honte, parce qu'il s'était vu représenté au milieu des Grecs, comme l'y met Virgile (1), et non avec les Troyens. Didon mourut par désespoir; celle-là aima selon le troisième degré de l'amour, qui est dévoûment et *caritas*.

Doña Costanza donc était veuve et jeune, belle et de grand lignage. Il était en son pouvoir de se marier avec qui elle voudrait, et elle avait déterminé dans son cœur comment serait celui qu'elle épouserait. Elle entendait rapporter beaucoup de choses vertueuses de ce chevalier, jeune, beau, généreux, hardi, courageux, gentil, et de toute façon bien en point, tellement que tout le monde en faisait grande mention. La raison et Dieu qui conduit toutes les bonnes choses l'amenèrent à choisir un tel homme, dont tous ses amis et parents se tinrent pour satisfaits, approuvant ce mariage; et avec lui elle fut honorée tout le temps qu'elle vécut.

Ici je laisse de parler de la manière dont Pero Niño épousa par amour doña Costanza de Guevara, et aussi des degrés de l'amour, pour raconter d'autres choses qui

---

(1) Fausse application du vers 488 du premier chant de l'*Énéide :*
Se quoque principibus permixtum agnovit Achivis.

Gamez rappelle ici la trahison d'Énée qui fait le sujet des livres XXIX et XXX de l'*Historia Troyæ* de GUIDO. La *Cronica general* et la *Cronica Troyana*, qui font de la visite au temple et des tableaux qu'y vit Énée l'occasion de sa fuite, ont négligé d'expliquer, ainsi que l'a judicieusement fait Gamez, pourquoi Énée fut si mortifié d'apprendre que ses aventures étaient connues, et se résolut en conséquence à quitter Carthage.

arrivèrent en ce temps, lesquelles par concordance appartiennent à la matière de mon livre, et spécialement de la guerre que le roi de Castille eut avec le Portugal.

CHAPITRE XXVIII.

Comment, vers ce temps, le roi de Portugal assiégea la ville d'Alcantara, et comment s'y comporta Pero Niño.

1397. Le roi de Portugal assiégea la ville d'Alcántara (1) et assit son camp de telle façon qu'il entoura la ville entièrement et boucha tout, sauf ce qui ne se pouvait boucher, c'est-à-dire la rivière et le pont. Le roi don Enrique envoya contre lui son armée, sous le connétable don Ruy Lopez Dávalos, qui avait assez peu de monde. Celui-ci s'établit au-delà du pont, en communication avec la ville. Un jour il fit sortir trente coureurs à cheval et les envoya contre le camp des Portugais, entre le coteau et la rivière en amont, vers les Brozas (2). Derrière eux il envoya jusqu'à cent hommes d'armes à pied et autant d'arbalétriers ou fantassins de troupe pour soutenir les cavaliers qui, se voyant appuyés, allèrent donner dedans le camp. Il y avait là Ruy Diaz, son frère Mendoza, Pero Niño, et d'autres bons chevaliers. Du camp des Portugais il sortit à leur rencontre une grosse troupe, et là s'engagea une

(1) Alcantara, sur le Tage, en Estramadoure, à deux lieues de la frontière du Portugal.
(2) A quatre lieues sud-est d'Alcantara.

escarmouche très-serrée. Les Castillans tenaient ferme; beaucoup d'entre eux étaient déjà blessés; Pero Niño le fut de deux coups aux jambes, l'un de lance et l'autre de flèche. Les siens le rapportèrent à sa tente. Les Castillans étaient sur le terrain bas; les Portugais conservaient toujours la hauteur. Si Pero Niño n'avait pas été blessé de bonne heure, son ardeur l'eût infailliblement fait tuer ou rester prisonnier. Tant qu'il fut présent, les Castillans ne se laissèrent pas enfoncer; mais après son départ, ils furent contraints de tourner le dos et de redescendre le long de la rivière, serrés par le coteau qui là est très-élevé. Plusieurs revenaient plus de force que de gré, et ainsi tout allait mal en ordre. En ce point, le bon chevalier Ruy Diaz de Mendoza, qui s'était arrêté près d'un ermitage, revint à eux avec quelque monde et fit son devoir de rendre cœur à ces désordonnés. Il les arrêta en bon chevalier qu'il était. Les Portugais ne passèrent pas outre, car ils étaient déjà sous la volée de la ville, et chaque jour depuis il y eut avec eux de belles escarmouches. A toutes Pero Niño se trouva et y fit autant que personne. Le connétable aurait bien voulu livrer une bataille, mais il manquait là de terrain pour déployer ses troupes. Toutefois on fit si bien en détail, que le roi de Portugal finit par lever le siége et s'en retourna dans son royaume. Les nôtres le laissèrent aller, parce que la plus grande partie des Castillans n'étaient pas encore arrivés, et le roi de Castille fit revenir le connétable avec tout son monde.

CHAPITRE XXIX.

Comment le connétable entra en Portugal avec l'armée du roi, et prit Peñamocor et Miranda.

1398.

L'année suivante, le roi don Enrique réunit son armée et l'envoya en Portugal sous la conduite du counétable don Ruy Lopez Dávalos, qui, d'entrée, assiégea Peñamocor (1) et l'enleva de vive force. Là mourut un bon chevalier, parent du connétable; on le nommait Lope de Sotomayor. Don Pero Lopez de Ayala fut blessé d'un quartier de roc qui l'atteignit sur le bassinet, comme il s'acquittait bravement de son devoir de chevalier; il en courut depuis grand danger de la vie. A cette expédition se trouva Pero Niño, et il y fit aussi bien que personne. Lorsqu'il eut pris Peñamocor, le connétable alla mettre le siége devant Miranda (2). Là, il arriva qu'une partie des nôtres s'étant approchés pour combattre ceux de la ville, et les habitants de Miranda s'étant rassemblés sur la banquette du rempart, laquelle était assez basse, Pero Niño s'y rencontra, armé d'une cotte de mailles, d'un bassinet et d'une targe, et se mit à lancer des pierres à ceux qui étaient de l'autre côté du boulevard. Il était habile à ce

(1) Peñamocor, dans la province de Beira, commande sur la frontière l'entrée du bassin du Zezere.

(2) Miranda, sur le Duero, ville frontière de la province de Tras-os-Montes. — La guerre prit fin en 1398, par une trève.

jeu autant que peut l'être homme du monde ; d'une pierre à jet, mais de grosseur peu commune, il donna sur le bassinet d'un homme qui se montra entre les créneaux, et au jugement de plusieurs des témoins, on vit cet homme tomber à la renverse. Pendant la durée du siége, Pero Niño fit encore beaucoup d'autres choses qui mirent à l'épreuve son intrépidité en combattant comme il en avait la coutume.

Ici finit la première partie.

ICI COMMENCE LE DEUXIÈME LIVRE.

CHAPITRE PREMIER.

Comment le roi envoya Pero Niño contre les corsaires qui couraient la mer du Levant.

La seconde partie traite du second âge de Pero Niño, lequel est, au-dessus de vingt-cinq ans, l'âge de sa virilité. Aussi longtemps qu'il avait été un jeune homme, depuis le jour où il avait pu porter les armes, il était toujours resté sous le gouvernement du connétable, selon ce que le roi lui avait ordonné; ensuite le roi, voyant qu'il était d'âge et de capacité à gouverner lui et les autres, mit des gens sous son commandement.

En ce temps, le roi recevait beaucoup de plaintes sur de puissants corsaires, naturels de Castille, qui allaient par la mer du Levant, dépouillant ceux de Castille aussi bien que les étrangers. Le roi, en étant fort chagrin, appela Pero Niño, et le chargea très-secrètement de cette affaire, pour laquelle il lui ordonna d'armer des galères à Séville, avec pouvoir de choisir qui lui conviendrait. Le roi était grand dans tout ce qu'il faisait. Il commanda que pour cet armement l'on choisit les meilleurs marins, experts à la navigation des galères, que l'on pourrait trouver à Séville, aussi des rameurs robustes nourris sur mer et disciplinés (1); que l'on rassemblât les meilleurs arbalétriers, connaissant bien le maniement de leur arme, bons tireurs et exercés à bander l'arbalète à pied-de-biche (2); également que l'on recherchât dans toutes les lagunes de Séville des *aliers*, des *espaliers* et des *conigliers* (3), les meilleurs qu'il fût, et qu'on les prît tous parmi les naturels du pays, afin d'être certain qu'ils seraient fidèles et loyaux. Le roi leur fit payer d'avance, à eux et à lui, leur solde complète pour tout le temps de leur service, suivant l'ordonnance de Castille; en outre, il fit délivrer à Pero Niño beaucoup d'armes, de bonnes et fortes arbalètes, et il le garnit de monnaies d'or et d'argent pour dépenser dans les pays étrangers. Pero Niño prit avec lui son cousin, Fernando Niño (4), et jusqu'à trente hommes d'armes, gentils-

(1) *Bien animallados.* Ce mot appartient à Gamez; Llaguno l'a imprimé en italiques. Nous le traduisons arbitrairement.

(2) *Armar à cinto.*

(3) *Alieres,* quartiers-maîtres qui servaient sur les ailes de la galère et aussi sur l'esquif. Ils étaient aux ordres du nocher et du comite. — *Espaldelpeles,* rameurs qui maniaient la rame du premier banc de la galère à partir de l'espale (vers la poupe); ils conduisaient la *vogue,* c'est-à-dire le mouvement de rames pour voguer en avant. — *Corulleles,* rameurs qui maniaient la rame du dernier banc appelé *corulla* (*coniglia* en italien). Ils conduisaient *la scie,* c'est-à-dire le mouvement de rames pour aller en arrière. (Voyez JAL, *Glossaire nautique.* — M. Jal a expliqué tous les termes de marine qui se rencontrent dans *Le Victorial,* et élucidé, autant qu'il est possible de le faire, les passages difficiles de notre auteur. Nous ne saurions nous en rapporter pour leur interprétation à un guide plus compétent, ni qui mette avec plus de libéralité à la disposition d'autrui les trésors d'une érudition patiemment acquise et passée au crible d'une critique scrupuleuse.)

(4) Le nobiliaire de Haro fait de ce Fernando le frère de notre Pedro. C'est de lui que vinrent les Niños, merinos de Valladolid.

hommes de son âge, vaillants, vigoureux et bien armés. C'était tout ce qui pouvait aller dans les galères, mais d'autres allèrent dans une nef (1) que le roi lui avait donnée et que conduisait Pero Sanchez de Laredo. Lorsque les galères furent équipées et munies de tout ce qui leur était nécessaire, Pero Niño fit sa montre, suivant la coutume; et tous ceux qui s'y connaissaient dirent bien que jamais il ne s'était fait si belle montre et aussi puissante et de tant de galères. Chacun priait Dieu de lui accorder bon temps et bonne chance. Il avait pour patron (2) et conseiller un vieux chevalier, nommé Micer Nicolas Bonel, Génois, homme de mer consommé, qui avait été patron de galères et s'était trouvé à d'autres grandes affaires, et Juan Bueno, comite (3) de Séville, le meilleur et plus sûr officier de galères qu'il y eût dans toute l'Espagne.

Pero Niño ayant tenu conseil avec le patron et les comites, fit voguer avant, et les galères passèrent devant Coria (4). Il y avait là un homme considérable de Séville que cette belle montre et la résolution de bien faire qui se voyait dans le capitaine et les siens avaient enchanté; il avait très-instamment demandé à Pero Niño de vouloir s'arrêter chez lui, où il trouverait préparée une bonne réception, et Pero Niño le lui avait accordé, pour l'amour de quelques chevaliers de Séville qui l'accompagnaient jusqu'à Coria. Ils descendirent donc pour dîner, Pero Niño, les chevaliers qui venaient avec lui, et tous ses gentilshommes. Vous pouvez imaginer quel banquet fut celui où prit place si grande et

---

(1) Vaisseau rond, de haut bord, qui naviguait surtout à la voile.
(2) Le patron était le premier officier marin du navire.
(3) *Comitre*, chef de la manœuvre, maître de l'équipage.
(4) Coria, sur le Guadalquivir, à six lieues en aval de Séville.

noble compagnie. Il n'y manqua ni mets en abondance et divers, ni instruments de musique, ni propos de guerre et d'amour. A la fin du repas on apporta un paon rôti, agréablement servi avec sa queue, et le maître de la maison prenant la parole, dit : « Je vois ici très-nobles personnages qui tous ont volonté de bien faire; je vois aussi que le seigneur capitaine et tous ses gentilshommes sont amoureux. L'amour est une vertu qui excite et qui soutient ceux qui cherchent à se faire valoir par les armes. Or donc, afin que nous jugions qui aime le mieux sa dame et a la plus grande volonté de bien faire, le capitaine et tous ses gentilshommes, pour honorer cette maison, feront un vœu hardiment, chacun selon son courage et son état. » De quoi toute la compagnie fut joyeuse et satisfaite, voire même ceux qui s'entendaient un peu à ces choses en parurent dans l'admiration. Je n'écris pas ici les vœux qui furent faits, parce que ce serait trop long à conter; mais je vous dis que le capitaine mena ses hommes en lieux où chacun put bien trouver le moyen d'accomplir son vœu, comme aussi la plupart le firent.

Les galères partirent de Coria, furent à Barrameda (1), et s'arrêtèrent à Cadix; passant ensuite devant Sancto-Petro, elles entrèrent dans le détroit de Gibraltar et arrivèrent au port de Tarifa, où était le bon chevalier Martin Fernandez Puertocarrero (2), et où Pero Niño fut bien accueilli, ainsi que les siens. En partant de là, ils allèrent jeter l'ancre, à la nuit, dans la bouche du Guadamecil (3). Le lendemain ils se présentèrent devant Gibraltar et Algé-

(1) San-Lucar de Barrameda, à l'embouchure du Guadalquivir. — Santi-Petri, près de Cadix.
(2) Seigneur de Moguer.
(3) Petite rivière qui coule à l'est de Tarifa.

siras; là on aperçut beaucoup de Mores à pied et à cheval qui venaient voir les galères, et un chevalier more s'embarqua sur une zabre (1) pour venir à bord prier le capitaine d'approcher de Gibraltar, l'assurant qu'on lui offrirait l'adiafa (2), ce qui veut dire un présent, car ils avaient alors trêve avec la Castille. Le capitaine y fut, et on lui amena en effet des vaches, des moutons, des poules, du pain cuit en abondance et des atayferes (3) pleins d'alcouzcouz et d'autres aliments apprêtés; non que le capitaine voulût toucher à aucune des choses que les Mores lui présentèrent. Il y eut à ce propos grands divertissements de danses avec accompagnement de xabébas, d'añafils (4) et autres instruments.

Le capitaine partit de Gibraltar, passa devant Almuñecar (5) et s'en fut aborder à Malaga. C'est une ville belle à voir, située en lieu commode et plat. D'un côté la mer vient près de ses murs, laissant entre eux et elle une plage de sable qui peut avoir vingt à trente pas de longueur. A l'occident se trouve la Darse, que la mer baigne et même entoure; au nord, allant vers la Castille, on rencontre la ville, un peu élevée, comme sur une petite colline. Elle a deux alcazars ou châteaux séparés l'un de l'autre. Il arriva là une chose étonnante pour

---

(1) *Zabra.* Il y avait de grandes zabres armées de plusieurs pièces d'artillerie. On est peu renseigné sur la forme de ce navire. Ici c'est une embarcation.

(2) On dit en Algérie : *la diffa.*

(3) *Atayfer,* grand plat rond et à peine creux que l'on place sur une petite table basse.

(4) *Xabéba,* ou *Xabéga,* en arabe *Chubébah,* sorte de flûte. — *Añafil,* en arabe *Nafir,* sorte de trompette.

(5) Almuñecar est à douze lieues à l'est de Malaga. Il y a donc ici une erreur de rédaction, ou une interversion.

ceux qui n'avaient pas vu la pareille : c'est que, lorsque les galères longeaient la côte en ramant, à deux milles environ de Malaga, la mer étant calme, le ciel serein, le soleil au sud-ouest, le mois de mai en son milieu, il s'éleva tout à coup un brouillard très-épais, qui venant du côté de la ville, enveloppa les galères dans une obscurité telle que de l'une à l'autre on ne se voyait plus, quoiqu'elles fussent très-rapprochées. Et quelques marins qui avaient été déjà témoins de cela d'autres fois dirent que les Mores produisaient de pareils effets au moyen de charmes, et qu'ils le faisaient pour que les galères se perdissent, mais qu'il fallait délier les rameurs, pour le cas où l'on donnerait sur quelque rocher, et faire tous ensemble le signe de la croix, en adressant à Dieu des prières pour qu'il les délivrât de ce sortilége, qui ne durerait pas, mais disparaîtrait tout de suite. De fait, aussitôt que la prière fut dite, le brouillard disparut tout d'un coup et fut tourné à néant; le ciel redevint clair. On se remit aux rames, puis incontinent revint un autre brouillard comme le premier, et l'on refit la prière, et il disparut subitement comme auparavant. Le sortilége dura environ une demi-heure à chaque fois. Les galères alors s'approchèrent de Malaga, le branle-bas de combat étant fait (1), chacun bien armé et prêt à la bataille, si besoin en était. Il sortait de Malaga force Mores et Moresses pour voir les galères, et bientôt accosta une zabre où se trouvaient des Mores d'autorité qui venaient demander quel était cet armement. Ils saluèrent respectueusement le capitaine et le prièrent d'attendre, lui promettant l'adiafa, mais demandant qu'il

---

(1) *Dadas armas sobre cubierta :* « Ayant fait armes en couverte, » c'est-à-dire : « Tout le monde en armes sur le pont. »

leur garantit de ne point attaquer le port, ce qu'il fit. Alors il sortit de Malaga bien cinq cents chevaliers, montés sur de bons chevaux, avec leurs harnais de guerre bien en point, et ils se mirent à faire leurs éperonnées, très-bravement et en bel ordre. Le capitaine disait que jamais encore il n'avait vu troupe de Mores qui lui eût fait aussi bon effet, et qu'il aurait bien mieux aimé se trouver en face d'eux avec trois cents cavaliers chrétiens, que d'être là à manger l'adiafa ; et que, n'eût été leur trêve avec la Castille, il aurait pris terre et serait allé voir ce qu'ils valaient. Ce soir-là, ils apportèrent l'adiafa très-honorablement sur plusieurs barques tapissées de draps de soie et d'or, au son des timbales (1) et autres instruments. Ceux des nôtres qui le voulurent entrèrent dans la ville, où ils descendirent à l'hôtel des Génois, et furent visiter la Juiverie, ainsi que la Darse.

Pendant la nuit se leva le vent barbaresque (2), lequel est mauvais sur cette côte, car le mouillage de Malaga, qui est une rade ouverte, n'est pas défendu de tous les vents. Nos gens revinrent à bord des galères pour y passer la nuit, et avant la pointe du jour on appareilla, faisant route sur Carthagène. A l'heure de prime, le vent passa à l'ouest, en poupe, et souffla très-fort, de façon que la mer apprit ce qu'elle était à ceux qui faisaient connaissance avec elle. Tout le jour, les galères coururent sous les voiles d'artimon (3), secouées par la tourmente, dans la direction d'Almeria, et à grande peine elles purent ga-

---

(1) *Atabales.*
(2) Vent du sud-ouest.
(3) *Artimones,* voiles du mât de l'avant dans les galères. L'artimon était la voilure de mauvais temps.

gner le soir le port des Aigles (1). Là elles passèrent la nuit, et le jour suivant elles entrèrent dans le grand et excellent port de Carthagène, où les équipages se rafraîchirent, et l'on répara les avaries que les galères avaient éprouvées pendant cette tempête; puis, conseil tenu, l'on prit le large à la recherche des corsaires moresques. Au jour, on signala un grand navire dans les eaux de la Barbarie, et les galères mirent le cap sur lui; mais il était si loin qu'avant qu'elles eussent pu l'atteindre, il avait gagné la côte et s'était mis en sûreté.

CHAPITRE II.

Comment les galères prirent terre en Barbarie, et de la première bataille.

Les galères croisèrent ainsi le long de la côte de Barbarie, cherchant les navires moresques; mais elles n'en rencontraient point. Le capitaine dit alors à ses comites qu'il voulait voir quelles gens étaient les Mores de ce pays, et l'on résolut d'aller faire de l'eau à des fontaines appelées les grottes d'Alcocevar (2), qui sont au bord de la mer, et en lieu entouré de hauteurs telles que l'on peut bien empêcher d'y prendre de l'eau ceux que l'on n'en veut pas laisser approcher. Dès que le capitaine eut examiné la

---

(1) A la frontière du royaume de Grenade et de celui de Murcie.
(2) Sur la position des grottes d'Alcocevar, à l'ouest d'Oran, voyez les notes à la fin du volume.

position, il la comprit et dit à ses gens : « Je vois ce qu'est le pays ; si nous ne nous saisissons pas tout de suite de la hauteur que voilà, nous ne pourrons pas prendre de l'eau sans grand dommage de nos corps. » Les comites lui demandèrent en grâce de ne point descendre à terre, ni lui ni aucun des siens, disant que les Mores de cet endroit sont familiers avec la guerre, à cause du grand nombre de navires chrétiens qui fréquentent cette côte, et que déjà ils se montraient en force sur le rivage. La coutume de ces Mores est de dresser embuscades en lieux secrets ; d'où est venu que beaucoup de chrétiens, ne sachant pas se garder, sont tombés en mésaventure. Mais le capitaine répondit : « Il faut ou renoncer à faire de l'eau dont nous avons tant besoin, ou gagner la hauteur ; car, si nous nous y prenons autrement, nous recevrons grand dommage, et même nous serons obligés de quitter la place, quelque mauvais gré que nous en ayons. » Il prit donc le monde qu'il jugea suffisant et gravit de grande roideur, mais avec grand danger, la montagne en haut de laquelle il planta sa bannière pour rester ferme en cet endroit, disposant à l'entour une vingtaine de porte-pavois (1) avec les arbalétriers derrière, qui ne faisaient que tirer continuellement. Cependant les Mores grossissaient à chaque minute ; ils se lançaient en avant, puis faisaient mine de fuir, puis revenaient combattre, puis tournaient le dos. Le capitaine devina qu'ils avaient une embuscade, mais qu'elle était loin, et comprit bien qu'ils faisaient tous ces mouvements pour l'attirer à distance du rivage. Il parla aux siens, et leur commanda de charger les Mores tous à la fois d'un

---

(1) Les fantassins armés à la légère se couvraient d'un mantelet portatif qu'ils pouvaient poser à terre devant eux. (Voyez VIOLLET-LEDUC, *Dictionnaire d'architecture*, art. *Engin*.)

seul cœur, vu que ce n'était pas l'occasion de traîner les choses. Tous alors, et lui avec eux, donnèrent au milieu des ennemis si chaudement, que de cette envahie ils en abattirent un grand nombre; car les Mores de cette contrée sont très-peu armés, ce qui ne les empêche point d'être hardis et de bien combattre avec le peu d'armes qu'ils portent. Le reste prit la fuite, et le capitaine revint sauf avec son monde aux galères. Il trouva que pendant ce temps les siens avaient pris de l'eau tout autant qu'ils en avaient besoin. Quant aux Mores qui avaient été vaincus, ils furent dans l'admiration des vaillants hommes qu'ils avaient vus; et plusieurs d'entre eux se jetèrent à la nage pour gagner les galères, déclarant qu'ils voulaient devenir chrétiens, et ainsi le devinrent-ils.

Ensuite les galères côtoyèrent pendant quelques jours les terres de Barbarie, et fouillèrent les îles d'Alhabiba (1); mais comme elles ne rencontrèrent pas de navires moresques, elles retournèrent à Carthagène.

CHAPITRE III.

Comment le capitaine combattit les galères des corsaires qui prirent la fuite, et il ne put s'en emparer.

A son retour de la Barbarie, le capitaine, étant à Carthagène, eut nouvelles d'un corsaire qui était fort déplai-

---

(1) Les îles Habibas, à deux lieues marines au nord-ouest du cap Sigale, entre le cap Falcon et le cap Fégalo, province d'Oran,

sant au roi son seigneur. C'était Juan de Castrillo, lequel, avec Pero Lobete, avait tué Diego de Rojas, homme de haut état et noble lignage (1). Il l'avait tué traîtreusement sur un chemin où il voyageait sans défiance, et s'était ensuite fait corsaire, dépouillant sur mer tous ceux qu'il rencontrait, avec une galère que lui avait donnée Juan Gonzalez de Moranza, chevalier natif de Castille, qui habitait Naples. Un autre corsaire, nommé Arnaimar (2), écumait la mer de conserve avec lui sur une autre galère. Le capitaine apprit qu'ils étaient sur la côte d'Aragon, y faisant grand mal, et aussitôt il partit. Il les alla chercher d'abord au cap de Palos, puis au cap Saint-Martin (3), puis à Branes (4), à Barcelone, à San-Felió (5), et ainsi de lieu en lieu, jusqu'à ce qu'il eut nouvelles qu'ils se tenaient dans les parages de Marseille.

En ce temps-là, le pape Benoît (6) était à Marseille, logé hors de la ville dans un couvent de Bénédictins que l'on appelle Saint-Victor, et qui est situé tout au bord de la mer. Marseille est une ville bâtie sur une petite montagne ronde ; elle s'étend au long des pentes de la mon-

---

(1) Cette affaire est racontée dans la *Chronique* du roi D. Enrique III, au IIIᵉ chapitre de l'année 1392. Dia Sanchez de Rojas fut tué près de Burgos, traîtreusement, par deux hommes de la maison du duc de Benavente. Le duc, à qui l'on voulut faire épouser la veuve de Dia Sanchez, laquelle y consentait, s'y refusa, de crainte d'augmenter les soupçons.

(2) Lisagunç : *Armaynar*.

(3) La pointe la plus orientale entre Valence et Alicante.

(4) Blanes, à quatorze lieues au nord-est de Barcelone.

(5) San-Feliu de Guixols, à cinq lieues au nord-est de Blanes.

(6) Benoît XIII (Pierre de Luna), l'antipape. Gardé à vue dans le palais d'Avignon, par Robin de Bracquemont, il s'en était échappé le 12 mars 1403, et résida à Marseille, à l'abbaye de Saint-Victor, du mois de novembre 1403 au mois de juillet 1404.

tagne et descend jusqu'à la plaine. De tous les côtés elle est bien fermée, sauf du côté du port où l'enceinte défaut. L'eau arrive jusqu'aux rues qui ont des chaussées élevées. Le port est abrité contre tous les vents. Une forte chaîne de fer en défend ou permet l'entrée, laquelle est fort étroite. Cette chaîne est rivée à un grand phare au milieu du port, de sorte que nul navire ne peut entrer ou sortir sans permission. Les deux corsaires étaient là sous la protection du pape, tirant solde de lui. Ils allaient piller et revenaient à Marseille. En avant du port se trouvent des îles dont l'une se nomme Pomègue, où il y a toujours une vigie avec un mât dressé qui a deux voiles basses, l'une de nef et l'autre de galère. La voile de nef est large et carrée; celle de galère est large et triangulaire. La vigie fait le guet, et à chaque navire qu'elle aperçoit venir de la pleine mer, elle baisse une des deux voiles, suivant l'espèce des navires.

Aussitôt qu'elle découvrit les galères du capitaine, elle les signala, et les corsaires firent branle-bas (1), ne sachant pas qui ce pouvait être; car s'ils eussent connu que c'était le capitaine, ils n'auraient pas attendu même de l'apercevoir; et je sais bien qu'ils n'avaient pas grand goût à se rencontrer avec lui. En courant toujours sur le port de Marseille, les galères du capitaine, lorsqu'elles eurent doublé une des îles, virent les corsaires, avirons aux poings et le cap au large. Elles levèrent rames pour tenir conseil, suivant la coutume. En ce moment, ce que les nôtres craignaient étaient qu'ils s'en fussent, et non pas qu'ils attendissent; mais eux, reconnaissant qu'ils ne pourraient s'échapper, eurent recours à une manœuvre qui leur fut bien profi-

---

(1) *Apercibieronse*, se mirent en garde, s'appareillèrent.

table : ils firent mine de vouloir combattre, et passèrent de main en main sur la coursie (1) des armes, comme si tout leur monde s'armait. On en donna avis au capitaine, en lui disant que des hommes désarmés auraient du mal à combattre des hommes armés; et le capitaine ordonna de faire armes sur couverte. Eux, en vrais corsaires, observaient bien ce qui se faisait. Dès qu'ils virent armés tous les hommes du capitaine, tandis qu'eux étaient désarmés, ils prirent chasse. Or, toute personne d'entendement comprendra qu'un homme désarmé court plus vite qu'un homme armé, et qu'il est plus léger à la fuite; et que, de même, une galère dont le monde est en armes sur le pont s'en trouve beaucoup gênée pour donner ou prendre la chasse. Les galères du capitaine recoururent aux avirons aussitôt qu'elles éventèrent les manœuvres des corsaires, et ceux-ci, malgré leur légèreté, n'osèrent pas tirer au large, mais ramèrent à tout leur pouvoir pour donner dans le port de Marseille qui était à deux milles environ. Les galères du capitaine allaient derrière eux avec ardeur, comme qui voit devant lui grand butin. Celle que montait le capitaine nageait d'une force admirable; mais le port qui était si près secourut les corsaires quand ils en avaient grand besoin, car déjà l'on était à portée de voix d'un bord à l'autre. Les viretons, pendant tout ce temps, ne cessaient pas de siffler.

Alors sortit du port une galère du pape où venaient des chevaliers de grand état; et l'on voyait armer toutes les barques et embarcations qui se trouvaient là, parmi lesquelles il y avait plus de vingt barques de corailleurs (2),

---

(1) Passage ménagé entre les rameurs.
(2) *Mas de veynte de ginosas* (Ll. : *gruesas*), *varcas de corellar*.

montées par des Génois. Les marins prétendirent que l'on ne devait pas prêter le collet à tant de monde; qu'il y en avait bien assez pour combattre contre cinq galères; et le capitaine répondit : « A quoi reconnaîtra-t-on que nous valons mieux qu'eux et sommes faits pour de plus grandes affaires, si nous ne les attendons pas? » Puis il dit à son cousin Fernando Niño, patron de la seconde galère : « Suivez-moi, vous; j'irai devant. Deux galères m'aborderont, abordez la troisième; et si vous en avez fini le premier avec la vôtre, venez à ma rescousse; j'en ferai autant pour vous, si je me suis auparavant débarrassé de mes deux. » Et il dit à son monde : « Castillans, remarquez en quel lieu nous sommes; que vous avez aujourd'hui sur vous les regards de gens appartenant à toutes les nations de la chrétienté, et que nous devons acquérir de l'honneur à la Castille dont nous sommes naturels, et à nous-mêmes. Combattez avec fermeté. Que pas un de vous ne se laisse prendre; car celui qui sera pris n'échappera pas à la mort pour cela. Avec l'aide de Dieu et par sa justice, ils seront vaincus, car ils sont voleurs et malfaiteurs; ils ne dureront pas contre nous. »

Le pape et tous ceux qui étaient avec lui dans sa tour regardaient ce qui se passait. Les galères des corsaires étaient en ce moment rasées contre terre à l'entrée du port, et connaissant bien l'audace et la vaillance du capitaine, jamais elles n'osèrent se détacher du rivage. Le capitaine, espérant, puisqu'ils étaient maintenant si nombreux, qu'ils viendraient à lui, tenait toutes choses appareillées pour livrer bataille.

Sur ces entrefaites, on vit sortir un brigantin à bord duquel se trouvait un chevalier de l'ordre de Saint-Jean de Jérusalem, qui demanda d'où venaient les galères et quel était leur capitaine. On répondit à ces questions; puis on lui demanda ce que c'était que les autres galères et pourquoi elles ne sortaient pas. Il dit que ces galères étaient là sous la sauvegarde du pape. Alors il s'en retourna à la ville, et au bout de quelque temps il revint en même équipage, et dit au capitaine que le pape lui envoyait sa bénédiction, le priant et lui ordonnant, en vertu de son obédience, de lui promettre d'observer la paix de son port(1), de ne point faire de mal à ces galères, et de respecter tout ce qui lui appartenait, moyennant quoi il aurait sa bénédiction entière et recevrait bon accueil. Lorsque le capitaine vit que pour le présent il ne pouvait rien faire de plus, et que les corsaires étaient en telle situation qu'il n'y avait pas moyen de prendre avantage sur eux, il commanda aux siens de dire qu'ils les avaient pris pour des Mores, et que pour cette raison ils avaient voulu s'en emparer. Pour lui, il dit au chevalier qu'il le priait de le recommander à Sa Sainteté le pape, pour l'amour duquel il garantissait les galères et tout ce qui lui appartenait, mais que pour beaucoup de choses il avait besoin d'entrer dans le port. Le chevalier s'en retourna tout joyeux auprès du pape et ne tarda pas à revenir. Cette fois, il dit au capitaine que le pape l'envoyait prier d'entrer dans le port avec ses galères et de l'aller voir. Le capitaine l'eut pour agréable. Aussitôt l'on arbora les étendards sur toutes les galères, et l'on fit la salve, comme c'est d'usage sur les galères quand elles rencontrent des amis. La galère du pape entra la première dans le port, le capitaine après elle et les autres galères à la suite. Quel triomphe ce fut ce jour-là pour les Castillans qui montèrent à la

---

(1) *Que le asegurase su puerto.*

tour du pape! On ne saurait le décrire. Bateaux et brigantins, grands et petits, tant qu'il y en avait, pleins de monde, venaient voir le capitaine et ses gens. On leur apportait des rafraîchissements, pain, vin, viande en abondance, et des fruits, tout ce que l'on en put rencontrer. Le capitaine descendit à terre et fut bien reçu par les chevaliers de la cour. Il fit visite au pape, de qui, ainsi que des cardinaux et des grands personnages qui l'entouraient, il eut bon accueil. En cette semaine tomba la fête de saint Jean-Baptiste; le pape la célébra solennellement et dit la grand'messe. Il tint salle (1) et donna un festin auquel Pero Niño était convié. Le pape mangea dans le tinel (2), et à une table séparée s'assirent tout seuls le comte de Pallares (3) et Pero Niño. Pendant la fête, les corsaires prirent le large.

Il se trouvait alors à Marseille un écuyer de condition qui portait l'insigne de l'ordre de l'Écharpe; Pero Niño fut à lui et la lui arracha, parce qu'il ne la tenait pas du roi de Castille (4).

(1) *Fizo sala*, mss.; *Fizo salva*, LL. — *Hacer sala* était recevoir solennellement, d'ordinaire avec banquet et danses.

(2) Le *tinel*, la salle des banquets, le grand réfectoire.

(3) Seigneur aragonais.

(4) Pero Niño se donnait ici une prétention en s'appliquant, bien qu'il ne fût point chevalier de l'Écharpe, une de leurs obligations.
L'ordre de l'Écharpe avait été fondé par le roi D. Alonso XI, à l'occasion de son couronnement, en 1330. Le chapitre IX des *Statuts de l'ordre* est ainsi conçu :

« Nous disons que, si un chevalier de l'Écharpe rencontre hors de la cour du roi un gentilhomme, chevalier ou écuyer, qui porte l'écharpe, sans que ce soit ses armes (l'écharpe, *la banda*, se portait de droite à gauche comme *la bande* héraldique), il doit aller à lui et lui dire :
« Chevalier, ou écuyer, il m'est commandé de vous avertir que, si
« vous voulez porter cette écharpe, vous devez me jurer de venir, d'ici

Les choses étant en cette situation, Pero Niño tomba malade. Les chevaliers du pape lui faisaient visite, et aussi venaient à lui les plus fameux bandeurs d'arbalètes qui se trouvaient dans ces contrées, Antonio Bon-ora, Francisco del Puerto et d'autres bons arbalétriers, attirés par la renommée de Pero Niño, et pour voir et essayer ses arbalètes. Il en avait avec lui beaucoup de bonnes, une entre autres, célèbre et forte, que l'on appelait la Fillette (1). Celle-là ils l'essayèrent, mais ils ne purent la bander. Alors Pero Niño sortit de son lit, quoique ce fût l'heure de sa fièvre, et mettant une chemise longue, il banda l'arbalète avec le pied-de-biche (2).

Après qu'il eut achevé sa convalescence et se fut purgé, il se releva vigoureux et apprit que les galères des corsaires étaient parties, dont il eut grand déplaisir; mais il le dissimula. Il prit congé du pape et de ses chevaliers, sortit de Marseille et se mit à leur poursuite. A la nuit, il

« à deux mois ou auparavant, à la cour du roi, la gagner par chevalerie,
« selon qu'elle doit être gagnée. » Et il doit requérir le chevalier de lui promettre sous serment qu'il fera sa première joûte avec lui; s'il ne veut pas l'accorder, il doit lui dire de quitter l'écharpe, et s'il ne la veut pas quitter, il le fera aussitôt savoir au roi. Ces requêtes, il doit les présenter le plus publiquement qu'il pourra, devant des chevaliers et des écuyers. Mais, si le chevalier promet par serment d'accomplir ce qui vient d'être dit, on lui accordera terme pour paraître à la cour du roi avec cheval et armes, et le chevalier de l'Écharpe se présentera pour la première épreuve soit de joûte, soit de tournoi, au choix de l'autre, tant que l'affaire sera vidée suivant ce qui a été réglé » (au chapitre VIII qui règle les conditions du combat). (*Capitulos de la Orden de la Banda*. Bibl. imp., mss., fonds espagnol, n° 33. — Cet exemplaire, dont la première feuille est écrite en lettres d'or, paraît contemporain de la fondation de l'ordre.)

(1) La Niña.
(2) *Armo la ballesta à cinto.*

arriva devant la ville de Toulon. Là étaient échouées contre terre trois nefs du rude corsaire Diego de Barrasa (1), qui les avait échouées, se voyant chassé par une quantité de vaisseaux génois, et les avait abandonnées, sautant à terre avec tout son monde. Le capitaine prit langue et sut que les corsaires à la recherche desquels il allait étaient passés en Sardaigne ou en Corse.

CHAPITRE IV.

Comment Pero Niño partit de Toulon à la recherche des corsaires, et de la grande tempête qui assaillit la galère cette nuit-là.

Dès que le capitaine eut appris que les corsaires s'étaient dirigés vers la Sardaigne, il tint conseil et déclara que sa volonté était de les aller chercher. Les marins lui firent observer que le vent était déjà très-fort de la partie de l'est, et que les vents d'est sont violents dans ces parages; qu'en outre on n'avait plus que peu d'heures de jour, et qu'il n'était pas de règle que l'on fît sortir si tard un navire quand il devait entrer en pleine mer, surtout avec

(1) En l'année 1400, « Fouquet d'Agout, seigneur de Forcalqueiret, viguier de Marseille, ayant fait entrer dans la ville un fameux pirate, nommé Diego, qui était allé autrefois en course contre les Marseillais, les trois consuls, avec l'assistance de gentilshommes les plus apparents de la ville, sommèrent le viguier de faire sortir sur l'heure cet étranger; autrement ils en viendraient incontinent à la force et en avertiraient le roi, ce qui obligea le viguier de congédier ce corsaire. » (RUFFI, *Hist. de Marseille*, 1696, f°, t. I, p 241.)

apparence de mauvais temps. Mais Pero Niño, qui ne faisait état d'aucun danger lorsqu'il s'agissait de gagner de l'honneur, avait si grande envie d'atteindre ces corsaires, qu'il en oubliait tous les périls et les fatigues, quels qu'ils pussent advenir. Contre l'avis sagace des marins, et malgré le mauvais temps, il ordonna de lever l'ancre et de mettre le cap sur les îles; et il partit, comme l'aigle qui va cherchant sa proie quand il est pressé par la faim. Cependant, lorsqu'ils eurent quitté l'abri des terres, ils trouvèrent qu'il soufflait en mer une tourmente si forte, que les galères étaient en grande peine, et les marins auraient voulu rentrer dans la rade; mais le capitaine leur dit de s'occuper de porter à cela le meilleur remède qu'ils pouvaient; quant au retour, de n'en plus parler. Donc, les marins se recommandèrent à Dieu, rentrèrent les avirons, hissèrent les artimons, établirent les gouvernails de fortune (1), larguèrent les voiles et mirent aux timons des gouvernails des hommes vigoureux et entendus qui les pussent bien manœuvrer. Le vent, en avançant, augmentait de violence. Les lames battaient avec force et démontèrent les gouvernails de fortune (2) de la galère du capi-

(1) *Calaron timones de caxa*. Nous traduisons arbitrairement par gouvernails de fortune. M. Jal a consacré aux *timones de caxa* un long article. Il suppose qu'ils se plaçaient à bâbord et à tribord du gouvernail et servaient pour le mauvais temps. On verra que leur manœuvre était difficile, et qu'il est difficile aussi de s'en rendre bien compte en l'absence de documents, Gamez étant, croyons-nous, le seul auteur qui en ait parlé.

(2) *È con la grand fuerza de las olas, trocaronse los timones de caxa*. Peut-être cela signifie-t-il que les barres des deux gouvernails s'engagèrent l'une avec l'autre, malgré l'adresse des hommes qui les manœuvraient. Cependant l'expression : *cobraron los timones*, qui vient à la suite, nous fait supposer qu'il s'agit des gouvernails, non des barres, et qu'ils avaient été enlevés, puisqu'on les *recouvra*.

taine, qui se trouva en perdition. Alors ils appelèrent tous sainte Marie à leur aide, puis ils rattrapèrent les gouvernails et amenèrent les voiles, et renvoyèrent tout le monde sous le pont, et fermèrent les écoutilles de l'escandole et de toutes les autres chambres (1). Mais jamais le capitaine ne souffrit qu'on l'enfermât, quoique ce soit la coutume dans les gros temps, d'autant que sa chambre est à l'extrémité de la galère par où entrent les lames (2). Au contraire, il sortait souvent pour regarder ce qui se passait, et disait aux marins qu'il s'émerveillait de leur frayeur, car, par un grand vent, il y avait d'aussi fortes vagues sur un fleuve. A chaque instant la tourmente grossissait. Les marins mirent dehors un peu de voiles, raidirent les poges, doublèrent les bragots, raidirent les ostes et la soste, mirent deux hommes de veille à chaque drisse, et recommandèrent attention au grain pour amener! Le vent soufflait du côté de la proue; ainsi, toute la nuit, les galères coururent à orze (3). Par la force des lames, la ga-

---

(1) L'escandole était une des chambres de la galère. Sa place et sa destination varient suivant les époques. Les chambres prenaient l'air et le jour par en haut. L'on nomme écoutille toute ouverture qui donne passage d'un pont à l'autre. Par abus, on appelle du même nom le panneau qui sert à fermer l'écoutille.

(2) Près de la proue.

(3) La manœuvre indiquée ici, et dont M. Jal s'est occupé avec détail dans son *Glossaire nautique*, peut s'expliquer de la manière suivante : les galères s'étaient mises à sec de voiles, debout à la lame; comme la mer grossissait toujours et les ballottait sans trouver aucune résistance, elles fatiguaient beaucoup. Elles firent donc un peu de toile pour se soutenir, et se mirent à la cape, sous l'artimon au bas-ris. Mais auparavant elles prirent des précautions contre les avaries que la force du vent pouvait causer lorsque l'artimon hissé, même aux bas-ris, lui offrirait prise. On raidit les *ostes*, c'est-à-dire les palans de garde frappés au milieu de l'antenne, et qui s'amarrent sur les deux bords pour maintenir

lère s'ouvrait, et continuellement elle embarquait des coups de mer, de sorte que les prouiers (1) ne cessèrent toute la nuit d'être occupés à l'étancher. De plus, il y avait un gros brouillard (2), et il pleuvait, ce qui ajoutait à la fatigue des marins. Tous ceux qui se trouvaient à bord s'étaient mis en prières, faisant des vœux à Dieu et aux saints pour être délivrés de mort; et ils prirent l'engagement d'aller en pèlerinage à Sainte-Marie de Guadalupe. Enfin, il plut à Dieu que le vent changeât un peu vers le quart du matin. La mer se calma, le vent passa au nord; alors la joie fut grande. Chacun remercia Dieu de l'avoir sauvé. On hissa les antennes, qui auparavant étaient à mi-mât; on mollit les poges et les ostes. Au lever du soleil on aperçut les

---

l'antenne dans l'axe du navire ; on raidit la *soste,* qui est la balancine de l'antenne et la maintient dans sa position inclinée, de l'arrière à l'avant, vers le pont de la galère ; on raidit les *poges,* qui sont prises ici, par extension, pour l'amure et l'écoute de la voile, c'est-à-dire les cordages qui servent à manœuvrer ses deux points inférieurs, l'amure en avant, l'écoute en arrière ; on doubla les bragots, ou l'on frappa de faux-bras sur l'antenne; les bras étant les cordages destinés à manœuvrer l'antenne de babord à tribord, et ceux qui, par conséquent, travaillent le plus, avec les poges, quand le vent donne dans la voile. Par ce moyen, tout se trouva bien assujetti et en état de résister. Mais, comme alors un grain qui aurait chargé la voile aurait pu faire chavirer la galère, on plaça auprès de chaque drisse deux hommes pour la larguer au besoin, ainsi que la soste, en pesant sur les autres cordages, de manière à faire glisser l'antenne le long du mât, se débarrasser de la voile et l'amener sur le pont. Les galères, avec la voilure ainsi établie, coururent à orze, c'est-à-dire au plus près possible dans le lit du vent. Dans la Méditerranée, le commandement pour venir au vent est : *Orza !* et pour laisser arriver sous le vent : *Poggia !* — Ce passage de Gamez est important pour l'archéologie navale.

(1) *Proles,* marins attachés au service du bâtiment sur l'avant, du côté de la proue.

(2) Ll.: *Facie grande turana ;* mss. : *grand desturana.*

îles, et à midi les galères abordèrent à une île appelée la Cabrayra (1), où il y a un château. Là, on jeta l'ancre. Les habitants apportèrent au capitaine un présent de pain et de vin; l'équipage mangea, se reposa, et remit toutes choses en ordre. Quand le repas fut fini, on borda les avirons, et les galères furent reconnaître tout l'archipel des petites îles où pouvaient se cacher les corsaires. Elles visitèrent d'abord l'île de Lorbo (2), la Planosa ensuite, puis fouillèrent tous les ports des bouches de Bonifacio, lesquels sont en Corse. Elles n'y trouvèrent qu'un navire d'Aragon. De là elles allèrent en Sardaigne, à Ventosardo et Alguer (3).

CHAPITRE V.

Comment Pero Niño rencontra Nicolas Ximenez de Cadix, grand corsaire.

Dans le port d'Alguer, le capitaine trouva trois nefs de corsaires, grandes et bien armées, dont il n'avait pas eu connaissance avant d'arriver là; et il ne savait ce qu'elles étaient. Les gens des nefs avisèrent tout de suite les galères, qu'ils reconnurent pour être de Castille, et incontinent ils se mirent à prendre leurs dispositions. Ils se halèrent sur leurs ancres jusque près des murs de la

(1) Capraja, dans le golfe de Gênes.
(2) Ce ne peut être que la Gorgone. La Planosa n'en est pas éloignée.
(3) Longo-Sardo, dans les Bouches-de-Bonifacio, le dernier port nord-ouest de la Sardaigne. — Alguer, port de la côte occidentale.

ville, car la mer en bat le pied, et établirent des ponts d'une nef à l'autre.

Alguer est une ville de mille habitants, assise en lieu plain, munie d'une bonne enceinte avec fortes tours. Du côté de la terre il y a un large fossé rempli d'eau, et l'on entre dans la ville par un pont-levis. En ce temps, le roi d'Aragon ne retenait en Sardaigne que Longosardo, Alguer et le château de Cagliari; tout le reste du pays s'était mis en rébellion contre lui. Ceux qui agissaient alors en maîtres dans la Sardaigne étaient Micer Blanque, juge d'Arborea, et le seigneur de Monléon (1). Les corsaires étaient accueillis et bien traités dans ces endroits, parce qu'ils y apportaient des provisions de toute espèce, et on leur prêtait assistance quand ils en avaient besoin; pour cela, tous les corsaires qui s'y rendaient s'y tenaient pour assurés.

Quand le capitaine eut vu ce que c'était, il ordonna que l'on arborât l'étendard de Castille et que tout son monde s'armât. Puis il envoya sommer les corsaires de se rendre prisonniers. Eux, sur les entrefaites, s'étaient approchés tout contre la ville, d'où on leur faisait passer renforts de gens et d'armes. Le capitaine qui tenait la ville pour le roi

---

(1) La Sardaigne était divisée en quatre provinces ou judicats : Cagliari, Gallura, Logoduro et Arborea. Les juges d'Arborea étaient de véritables souverains, et le dernier, Ugone, fut investi par le pape Urbain VI de la couronne de Sardaigne. Ses sujets le massacrèrent en 1383. Sa sœur, Éléonore, mariée à Brancaleone Doria, releva la fortune de sa famille et ne se soumit qu'imparfaitement à la suzeraineté du roi d'Aragon. Elle venait de mourir, en 1404, lorsque Pero Niño descendit en Sardaigne. Après elle, Brancaleone, que Gamez appelle Micer Blanque, gouverna pour son fils, en compétition avec son beau-frère Aimerico, vicomte de Narbonne, mari de Beatrice d'Arborea. (*Storia di Sardegna del barone Giuseppe* MANNO. Capolago, 1840, in-32. — Tom. II, ann. 1404.)

d'Aragon s'en vint aux galères et pria bien fort le capitaine, de la part du roi d'Aragon, de laisser tranquilles ces corsaires, disant qu'il ne pouvait se passer d'eux, parce que c'étaient eux uniquement qui faisaient la garde devant les ports, et qu'ils apportaient les approvisionnements; il l'invitait à descendre à terre et à entrer dans Alguer, promettant qu'il lui ferait rendre par eux tous services et honneurs.

Le capitaine réfléchit : il pensa que s'il descendait à terre avec les corsaires, il aurait affaire ensemble à eux et à ceux de la ville qui s'uniraient contre lui; et à toute force il voulait aborder les nefs. Mais le patron et les comites dressaient contre lui témoignage que les galères pourraient aisément être défaites, ayant à combattre contre les nefs et contre les gens de la ville; et bien que ces craintes ne pussent pas le vaincre, il se laissa vaincre par la raison. Lorsque l'affaire fut arrangée, les corsaires trouvèrent que Dieu leur avait fait une bien grande grâce. Le capitaine descendit à terre où il fut reçu avec beaucoup d'honneur. Il rencontra le capitaine des corsaires; mais il ne voulut jamais parler à lui, et il lui fit comprendre qu'il aurait désiré l'avoir trouvé hors du port. Ayant appris là que d'autres corsaires avaient enlevé à des marchands de Séville une nef bien armée et richement chargée, et l'avaient menée dans un port appelé Orestano (1), il s'en fut à ce port et s'empara de la nef à peu de peine en la combattant.

(1) Oristano, au fond du golfe du même nom, sur la côte occidentale de la Sardaigne, à seize lieues sud d'Alguer. C'était la capitale du judicat d'Arborea. Les rois d'Aragon s'intitulèrent marquis d'Oristan et comtes de Goccano quand ils eurent réuni le judicat à la couronne.

CHAPITRE VI.

Comment le capitaine apprit que le roi de Tunis armait des galères, et comment il se mit à leur recherche.

Après qu'il eut pris la nef, le capitaine eut avis que le roi de Tunis avait armé des galères, et il s'en fut à leur recherche. Nos galères firent route pour Tunis et se glissèrent le long de la côte de Barbarie le plus secrètement qu'elles le purent. Elles abordèrent à l'île que l'on nomme Gemol (1). Près d'elle est une autre petite île appelée Gemolin. Les deux sont à côté du cap d'Afrique, à cinq lieues de Tunis. Le Gemolin est une île déserte; on y trouve d'abondantes eaux douces, beaucoup de gibier et d'oiseaux qui y font leurs nids. Les galères y jetèrent l'ancre, et nos gens s'y reposèrent quelques jours, car ils étaient bien fatigués par la mer. Elles attendaient qu'il passât quelque nef ou caraque, mais il n'en parut aucune. De là on apercevait bien la terre. Enfin, une nuit, par un beau clair de lune, elles partirent et mirent le cap droit sur le port de Tunis. Pendant dix jours que les galères s'étaient tenues en cet endroit, jamais elles n'avaient allumé de feu, et le capitaine, pas plus que ses gens, n'a-

(1) La carte catalane du XIIIe siècle publiée par Buchon la nomme Xmal, ce qui équivaut au Gemol de Gamez. Nos cartes l'appellent *Djamré* ou *Zimbre*, et Gemolin, *Zimbrot*. Le nom arabe est *el Djammar*. Ces îles sont situées à l'entrée du golfe de Tunis, environ quatre lieues à l'ouest du cap Bon.

vait mangé viandes bouillies ni rôties. Bien leur en eût pris d'y rester plus longtemps, car les galères des Mores ne tardèrent pas à y venir.

CHAPITRE VII.

Comment les galères partirent de Gemolin, et comment, en allant au port de Tunis, elles rencontrèrent une galère moresque qu'elles prirent.

Les galères voguaient tout doucement, pour que ne s'entendît ni bruit de rames battant l'eau, ni aucune parole, ainsi qu'il convient à faire à qui va donner dans un aussi beau port que le port devant cette ville de Tunis, où demeure un roi des plus puissants parmi les rois mores, et où il y a toujours nefs et fustes armées. Allant ainsi ramant et épiant de tous les côtés, on découvrit, environ une lieue avant l'entrée du port, une galère mouillée sur ses ancres. Le capitaine ordonna que l'on courût sur elle et qu'on lui jetât les grappins. Les comites dirent : « Seigneur, si nous l'abordons et lui jetons les grappins, il se pourrait par aventure que d'autres galères vinssent sur nous ; alors nous voudrons nous dégager, et nous ne le pourrons pas. » Le capitaine répondit : « Pour cette heure, je n'en vois pas d'autre. Abordez-la. Quand les autres viendront, s'il plaît à Dieu, nous en aurons fini avec celle-ci. » Là-dessus, les trompettes sonnèrent, et la galère fut abordée. Les Mores n'avaient aperçu les galères du capitaine que lorsqu'ils les avaient déjà sur eux ;

pourtant ils se défendirent un bon moment. A la fin, leur galère fut emportée, et l'on tua ou prit tout ce qui s'y rencontra. Sur la galère du capitaine, il y avait des hommes qui parlaient et entendaient l'arabe de ce pays. Ils apprirent des prisonniers comment dans le port il se trouvait une autre galère tout armée.

CHAPITRE VIII.

Comment les galères entrèrent dans le port de Tunis, et comment Pero Niño sauta sur la grande galère des Mores.

Les prisonniers ayant confessé toute leur affaire (1) et qu'il y avait encore une autre galère armée très-grande (c'était la grande galéasse du roi de Tunis), nos galères, pour l'aller chercher, commencèrent à s'engager dans le port. Ils l'auraient surprise comme l'autre, s'il ne se fût alors trouvé en ces parages une caraque génoise, qui de jour s'amarrait à l'entrée du port et la nuit se halait au large. Les Génois avaient entendu le bruit du combat avec la première galère, et pensant que les nôtres arrivaient sur eux, ils s'armèrent et sonnèrent d'une trompette. Les Mores de la galéasse saisirent le son de cette trompette; ils levèrent l'ancre et virent venir les galères du capitaine qui fondaient sur eux, ardentes comme les aigles qui fondent sur la proie. Aussitôt ils firent porter vers la terre et s'enfilèrent dans le canal d'une rivière qui dé-

(1) *Sabido el ardid dellos.*

bouche au port. La galère du capitaine les suivit, combattant [à force de traits] dans ce canal, lequel était si étroit que besoin leur était d'aller l'une derrière l'autre. Enfin, le capitaine les aborda par la poupe, et tout en les abordant, il sauta sur leur pont. Mais, du choc, sa galère rebondit tellement qu'il se trouva seul au milieu des Mores (1).

Les armes qu'il portait étaient celles-ci : une cuirasse, des brassards, une barrette de fer (2), une épée et une

(1) L'extrait suivant d'un portulan turc, composé vers l'année 1520 (*Le Flambeau de la mer Méditerranée*, traduit sur un manuscrit turc, par M. Cardonne, Bibl. imp., mss., fonds de traduction, n° 103), peut aider à comprendre le récit de Gamez :

« On compte cinquante mille maisons dans Tunis ; chaque maison ressemble à une tour. Les jardins sont contigus à la ville. Ils sont ornés de belles maisons et de jets d'eau. L'on y trouve tout ce qu'on peut désirer en fleurs et en fruits. Cette ville est fort marchande. On y voit aborder continuellement des vaisseaux de Venise et des caraques de Gênes. Les caraques mouillent à un mille et demi en mer, vis-à-vis une tour. Elles jettent deux ancres, l'une au levant et l'autre au couchant, et mouillent par une brasse d'eau. Les mahones vénitiennes s'approchent plus du rivage et mouillent sur une brasse, proche la tour. Elles tendent un câble à terre et jettent une ancre au levant. La tour vis-à-vis laquelle les vaisseaux mouillent est garnie d'artillerie. Les bateaux entrent en dedans de la Goulette. Le fort de la Goulette est bâti à l'embouchure d'un lac qui est à neuf milles de Tunis par eau, et à douze milles par terre, à cause des détours qu'il faut faire. »

Le canal étroit où Pero Niño s'engage à la suite de la galéasse tunisienne est nécessairement le canal de la Goulette, bien que Gamez ne parle point de la fortification qui en défendait l'entrée. Deux autres cours d'eau se jettent, à l'est de la Goulette, dans la rade de Tunis ; mais ils n'ont pas assez de profondeur pour porter des navires, et l'on ne saurait chercher ailleurs que dans la Goulette le théâtre de cet audacieux engagement.

(2) *Unas fojas è braçales, è una barreta. Fojas*, feuilles, lames, ou plates, se disait de l'armure blanche en plaques d'acier, par opposition

targe; et il commença aigrement sa bataille contre les Mores. La galère de Fernando Niño ne pouvait pas arriver auprès de la sienne. La galéasse des Mores s'était échouée contre terre. Si grands étaient la presse et les cris pour tirer sur elle, l'attaquer, se défendre, car la galère des Mores était plus haute de bord que les nôtres, que l'on ne prenait cure du capitaine. Ceux-là seulement l'avaient vu entrer au milieu desquels il se jetait (2). Lui appelait à la rescousse; mais avec ce grand bruit on ne l'entendait pas. De terre il arrivait à tout instant des gens qui faisaient déjà grand monde; ils entraient dans la mer pour combattre, et leur nombre grossissait tellement, que les nôtres ne pouvaient plus résister.

Le brave chevaler vit bien qu'il n'aurait d'aide que de Dieu, et qu'il lui fallait terminer à lui seul cette affaire. Il combattit si fortement que c'est une chose bien dure à croire, sauf pour ceux qui l'ont vu; il frappa de si bons coups, blessa et tua tant de Mores, qu'en peu de moments il se dégagea d'eux tous et les poussa devant lui jusqu'au milieu de la galère; là, il prit l'arracz de la galère (qui est l'amiral), et l'ayant blessé, il le fit se tenir tout raide en une place, sans que jamais il en osât bouger.

Cependant le jour se levait, et les Mores virent que tout ce carnage était fait par un seul homme au milieu d'eux. Ils revinrent sur lui comme chiens enragés,

---

à l'armure de mailles. En espagnol, si aucune pièce n'est spécifiée, on l'entendait de celles qui défendaient le torse, et chez nous aussi on le prenait dans ce sens. Le père Daniel (*Histoire de la milice française*, Paris, 1721, 4º, p. 304) cite ce texte : « L'amende (satisfaction par les armes) à qui n'est point chevalier (ou n'a point fief de haubert) doit être faite par un roncin, un gambias et une lame. »

(1) *Ca non lo vieran entrar sinon los que estavan en popa*, c'est-à-dire sur la poupe de la galère ennemie.

le frappèrent si fort qu'il ne leur pouvait résister, et l'amenèrent reculant jusque près de la poupe. Le bon chevalier, quand il se vit en si fière passe, appela sainte Marie à son aide, et là il fit un vœu solennel. Ensuite il se lança sur eux, féroce comme le lion qui se jette sur sa proie, frappant, tuant, les chassant devant lui sur le pont qu'il balaya jusqu'à la proue. Alors sa galère arriva, et ses gens grimpèrent à la galère des Mores, et enfin elle lui resta. Mais elle était engravée.

Là, sur la proue, il se vit face à face avec un chevalier more, dont il donnait bien ensuite le signalement, et il jurait que ce More l'avait de son épée si rudement frappé sur la tête, qu'il lui avait fait plier les genoux. En cet endroit, Pero Niño reçut plusieurs grandes blessures.

Dès que le jour fut levé, les nôtres virent que près de la ville s'assemblaient des troupes de Mores si serrées, qu'elles couvraient le sol là où elles passaient. Ils travaillaient cependant toujours à déséchouer la grande galère pour l'emmener. Ils étaient près de la terre à la toucher, et la plage, en cet endroit, est très-unie ; les Mores entraient dans l'eau à cheval et venaient se battre avec les gens qui étaient restés sur les galères du capitaine. Il y en avait déjà dans la mer plus de dix mille, dont bon nombre y mourut. La mêlée et les cris d'une part et de l'autre ne se pourraient décrire ; si grande était la multitude que l'on n'aurait su lancer un trait qui se perdît, donner un coup qui ne portât.

Le désir que les nôtres avaient d'emmener la galère des Mores leur faisait oublier celle du capitaine, et elle faillit se perdre, car les Mores s'empoignèrent à ses bords en si grand nombre qu'ils la tiraient à terre. Voyant cela, le capitaine sauta sur sa galère avec une partie de son monde; mais ce fut miracle que l'on pût encore l'enlever d'entre les mains des Mores. Là il fut fait si grand massacre, qu'autour des galères l'eau était toute rouge de sang. Pendant que l'on se battait, les Mores enlevèrent un bordage sous la proue de leur galère, qui par cette voie se remplit d'eau. Quand on vit l'eau y entrer, on dit au capitaine de ne plus prendre peine à s'en emparer, parce qu'il n'était plus possible de la tirer de là. Et alors on la mit au pillage. Le capitaine s'en revint ensuite à ses galères; mais lorsqu'on voulut jouer des rames sur la sienne, on ne put pas la mettre en mouvement, car elle était échouée par la proue. On demanda la remorque à la galère de son cousin qui était plus au large, et qui la lui donna. Ainsi ramant toutes deux, elles se tirèrent de cet encombre.

CHAPITRE IX.

Comment, après la bataille, Pero Niño fit mettre le feu aux galères des Mores.

Quand la bataille fut terminée et que le capitaine eut reconnu qu'il ne pouvait pas renflouer la grande galère, il vit bien aussi qu'il ne pouvait pas emmener la galère qu'il avait prise, parce qu'il n'avait pas assez de monde et qu'il était très-loin de tout pays de chrétiens. En conséquence, il en fit retirer tout ce qui se pouvait emporter, et ordonna ensuite que l'on y mît le feu; par ainsi toutes deux furent brûlées. Il y eut là un beau butin d'arbalètes, d'armes et de toutes les autres choses qui appartiennent à l'armement d'une galère de guerre. Sur la galéasse, on prit deux grands pennons de soie et d'or, les plus beaux qui puissent être au monde. Les galères, s'éloignant ensuite de terre, mouillèrent leurs ancres, et l'on s'occupa de soigner les blessés, desquels il y avait assez. Le capitaine, ce jour-là, reçut plusieurs coups de pierre, de lance et de flèche. Il était bien fatigué et moulu. Ce qui le faisait le plus souffrir était la blessure d'une flèche qui lui avait percé la jambe, ce dont il se trouvait fort mal accommodé; mais tant qu'avait duré la bataille, il n'y avait rien senti. Les gens mangèrent et se reposèrent. Ils en avaient bien besoin.

Pendant que les galères étaient à l'ancre, il vint dans une embarcation à rames un seigneur more que le roi de Tunis envoyait savoir ce que c'était que nos gens et à quel pays appartenaient les galères. On lui dit qu'elles étaient galères de Castille. Le More ne savait ce que voulait dire Castille. Il demanda si c'était des Alfonsis. On lui dit que oui. (Par là il faut comprendre que ce nom est resté aux Castillans dans ce pays, depuis les temps des braves rois qui s'appelèrent Alfonse, comme furent don Alfonse le Chaste, et don Alfonse le Catholique, et don Alfonse le Grand, et don Alfonse, fils de don Pedro, seigneur de Cantabrie (1), et l'empereur don Alfonse, et don Alfonse qui gagna la victoire de Benamarin, et des autres qui s'appelèrent don Alfonse, tous rois nobles et saints, lesquels firent grandes destructions au milieu des Mores et recouvrèrent le pays où nous vivons, qui avant eux avait

(1) C'est le même que D. Alfonse le Catholique.

été perdu ; la noblesse de ces rois fit donner aux Castillans le nom d'Alfonsis.) (1)

Quand le More eut appris ce qu'il voulait savoir, il retourna auprès du roi, puis revint d'auprès du roi, et dit au capitaine que le roi lui envoyait demander pourquoi il avait fait le dégât dans son port ; que, s'il avait été mieux avisé, ce qu'on lui aurait donné monterait à plus que ce qu'il avait pris ; que chez ce roi demeuraient des gens de notre pays à qui il faisait du bien et donnait du sien ; qu'autant lui en ferait-il, s'il voulait accepter ce qu'il lui donnerait de bonne grâce (2), et qu'il le priait de ne pas faire plus de dommage qu'il n'en avait fait.

Le capitaine répondit : « Dites au roi que je le remercie et lui rends grâces de ses bonnes paroles, mais que je ne vais point courant les mers pour recevoir de personne des cadeaux en telle façon, et seulement pour accomplir les ordres de mon seigneur le roi ; cependant, que pour lui faire plaisir je m'éloignerai bientôt d'ici, et que je n'entends pas lui donner plus d'ennui pour le présent. »

(1) Peut-être avons-nous ici une interpolation. Llaguno omet les parenthèses qui sont bien indiquées par le sens, et cite : Alfonse le Chaste (+ 842), Alfonse le Catholique (+ 757), Alfonse le Grand (+ 910), Alfonse le Conquérant de Tolède (+ 1109), l'empereur Alfonse (+ 1157), Alfonse, le vainqueur de las Navas (+ 1214), et Alfonse, le vainqueur de Benamarin, qui doit être le même que le vainqueur du Salado (+ 1350). Il est notable qu'Alfonse le Sage soit passé sous silence ; on ne reconnaît par là notre auteur.

(2) Mss. : *Si él quisiese tomar lo que él partiria bien con él.* — Llaguno met après *tomarlo* une virgule qui modifie désavantageusement le sens.

CHAPITRE X.

Comment Tunis est une très-noble cité, et comment le capitaine entra à Carthagène.

Tunis est une très-grande et très-belle cité. Elle doit renfermer jusqu'à quinze mille habitants. Elle est très-riche. Elle est bâtie sur le versant d'une colline qui fait face à la mer. On y voit de très-beaux édifices, maisons et mosquées, et il paraît qu'il s'y trouve des maisons fortes. Elle a un très-beau château bâti sur un petit mamelon. Du côté de l'autre bout de la ville vient une rivière qui d'abord baigne les murs, puis entre dans la ville même, et les navires peuvent la remonter. C'est là qu'est l'arsenal, où l'on tient toujours dix galères. Jamais, en aucun temps, le port ne reste sans galères armées. Le Jardin de Tunis (1) est tel qu'il n'y en a pas d'autre semblable dans le monde à notre connaissance. On y compte une infinité de tours, et chaque tour avec son enclos (2) doit payer au roi un doublon à chaque nouvelle lune. La campagne environnante est la plus délicieuse et fertile (3) du monde. Près de là est la ville de Tafileth, et à côté l'Azachf, qui est un bois de palmiers long de huit lieues et aussi serré qu'un bois de pins. Là se trouvent les buffles, les chameaux, les gazelles, les lions, les autruches et les porcs-épics.

(1) *La huerta.*
(2) *Con su heredad.*
(3) *Virtuosa (Viciosa?) é abastada.*

Le capitaine partit de Tunis, et les galères, longeant la terre, passèrent devant la ville de Bône et devant celle de Bougie, près de laquelle est un bois peuplé de singes (1). Comme elles ne rencontraient point de navires moresques, elles quittèrent la côte et entrèrent dans le golfe. En mer, elles découvrirent une galère à laquelle elles donnèrent la chasse et qu'elles atteignirent. C'était un navire d'Aragon. A son bord il y avait des frères de la Trinité qui passaient en Barbarie pour y racheter des captifs. De la même manière, elles arrêtèrent plusieurs navires d'Aragon et d'autres pays chrétiens, ce qui ne leur coûtait que la peine de leur courir sus, pensant que ce pouvait être des Mores, et puis elles les laissaient aller. Après avoir ainsi battu la mer plusieurs jours, cherchant des navires ennemis et n'en rencontrant point, le capitaine rentra à Carthagène.

Il y trouva ses nefs, celle qu'il avait enlevée [aux corsaires], et celle qu'il avait armée (2). Celle-ci, en passant par le détroit, s'y était emparée d'un riche carave (3)

---

(1) « La ville de Bougie est sur le bord de la mer, au pied d'une montagne où il y a beaucoup d'arbres de pins. C'est une place forte. Le côté de la ville qui touche la montagne est rempli de rochers qui lui servent de fortifications naturelles. Une quantité incroyable de singes descendent la nuit de cette montagne et se répandent dans les maisons de la ville, où ils pillent tout ce qu'ils trouvent à manger. Il n'y a point de villes, dans toute la Barbarie, dont l'aspect soit aussi beau que celui de Bougie. Cette ville, qui est composée de dix-huit cents maisons ou environ, forme le spectacle le plus beau la nuit. Les maisons sont élevées et faites en forme de tour, avec des fenêtres. Quand les habitants ont allumé la chandelle, on dirait que toute la ville est en feu. » (*Le Flambeau de la mer Méditerranée*.)

(2) La nef armée à Séville et que conduisait Pero Sanchez de Laredo.

(3) Navire à voiles latines, usité seulement chez les Mores ; on n'en connaît pas bien la forme.

moresque, lequel faisait une belle prise; car outre les Mores que l'on y captura, il y avait des étoffes d'or et de soie, une quantité de burnous (1), des dattes, des tonnes de beurre, du blé, de l'orge, et beaucoup d'autres choses.

Dès qu'il fut à Carthagène, le capitaine envoya au roi les Mores qu'il avait pris et ceux qu'avait pris sa nef. Puis il partagea le reste du butin avec ses gens, qu'il contenta tous, et l'on mit à terre les blessés, qu'il ordonna de soigner. On espalma (2) les galères. Les marins remplacèrent ou réparèrent les agrès, voiles, rames et autres, qu'ils avaient perdus ou avariés, soit dans les combats, soit dans les tempêtes. Le capitaine distribua les arbalètes entre les arbalétriers qui avaient cassé les leurs, et il les munit de viretons. Il fit compléter les vivres des galères, blé, vin, lard, fromage, eau, bois, tout ce qui était nécessaire, comme à l'entrée de la campagne. Sa résolution était prise de retourner à la côte de Barbarie. Les chirurgiens lui disaient de se reposer, de ne pas se remettre en mer, que sa blessure était mauvaise, qu'elle deviendrait pire avec la fatigue des armes et l'humidité du vaisseau, qu'il allait s'exposer à un grand danger. Mais jamais ils ne purent le persuader d'arrêter pour cette fois. Au contraire, il commanda que chacun fût prêt au jour désigné. Son plan était fait; il prit avec lui une galiote de Carthagène (3), qu'il fit armer, ainsi qu'une galiote qui était venue d'Aragon s'offrir à lui, paya l'équipage de celle-ci, retira tout le monde qui était sur les nefs, et le fit passer sur les galères pour les renforcer.

(1) *Alquicer*, manteau.
(2) *Espalmer*, nettoyer, installer un navire.
(3) *La galeota de Cartagena*.

CHAPITRE XI.

Comment le capitaine Pero Niño passa pour la seconde fois en Barbarie.

Les galères partirent de Carthagène. Elles entrèrent en haute mer et cinglèrent toute la journée sous la bâtarde et la misaine. Au commencement de la nuit, le vent fraîchit de la partie du levant. On amena la bâtarde et la misaine, et l'on hissa l'artimon (1). Il ventait très-fort; en peu d'heures on avait fait grand chemin (2); on apercevait déjà la terre et les aiguilles d'Oran (3). L'avis fut d'amener les voiles et de ne pas atterrir [pour ne pas être découverts]. Les galères restèrent au large jusqu'à ce que la nuit fût tombée. Quand il fit noir, on borda les avirons, et l'on alla mouiller aux îles d'Alhabiba.

Il y a dans ces îles une grande quantité d'oiseaux qui viennent y faire leur nid, ramiers, éperviers (4), butors, mouettes, faucons, cailles, et autres oiseaux de diverses espèces, dont il y en avait tant, que les équipages de

---

(1) La bâtarde était la plus grande voile de la galère; la misaine, voile de l'arrière. Cela constituait la voilure de beau temps. Quand le vent fraîchit, on y substitue l'artimon, voile de l'avant.

(2) *El viento era forzoso; en poca de ora fueron en buen parage.*

(3) L'Aiguille est un rocher placé en avant de la pointe de Canastel, à cinq milles et demi au nord-est d'Oran.

(4) *Buldrejas;* ce mot ne se trouve point dans les dictionnaires. Il faut probablement lire *buedrejas,* diminutif de *buytre,* vautour. Les éperviers font, en quantité prodigieuse, leurs nids dans l'île Plane, voisine des Habibas. (Voyez BÉRARD, *Description des côtes de l'Algérie.*)

toutes les galères en avaient à manger à leur suffisance. Ces îles sont désertes; il n'y habite personne, parce qu'on n'y trouve pas d'eau douce. Nos gens y restèrent cachés, espérant qu'il passerait quelque navire moresque.

Quand le capitaine vit qu'il n'en passait point, il appela au conseil les patrons et les officiers mariniers, auxquels il demanda s'il n'y avait point sur cette côte un lieu peuplé que l'on pût mettre à sac. Le patron de la galère d'Aragon dit que près de là se trouvait un douar qui avait bien trois cents habitants, et qui était à environ deux milles de la mer. Là-dessus fut dressé un plan.

On attendit la nuit. Dès qu'elle fut venue, les galères partirent d'Alhabiba et abordèrent la terre ferme, qui était à deux milles de là. Le capitaine fit armer tout son monde. On descendit à terre, lui avec ses gens d'armes; il les rangea et leur dit quel ordre et conduite ils devaient tenir; comment ils devaient envoyer en avant deux hommes qui pénétreraient dans le village, reconnaîtraient les dispositions du lieu et prendraient note des issues, entrées et sorties. Il ordonna que la bannière s'arrêterait à l'entrée du douar avec les trompettes, et désigna ceux qui resteraient près d'elle. Il désigna ensuite ceux qui auraient charge de garder les issues, et ceux qui entreraient pour faire le sac, et capturer, et tuer, et mettre le feu. Il ordonna que l'on ne s'occupât point de prendre des choses qui embarasseraient, excepté les hommes, les femmes et les enfants; et que ceux que l'on ne pourrait prendre et emmener, on les passât au fil de l'épée et qu'on les tuât. Comme ce que Dieu a décidé doit arriver et ne peut pas manquer, ainsi que dit le prophète : « L'homme propose et Dieu dispose, » nos gens partirent de là et s'en furent leur chemin.

Le capitaine aurait voulu aller avec eux. Il n'avait jamais autant de confiance lorsqu'il les envoyait que lorsqu'il les accompagnait; car les hommes ont toujours plus de cœur et font mieux quand leur seigneur est avec eux, que s'ils vont sans lui. Il envoyait certainement avec eux des hommes braves qui savaient bien tout ordonner et conduire; mais lorsque le mauvais soldat n'a pas à craindre l'œil de son capitaine, aisément il perd la honte; car c'est à savoir que les uns se montrent bien dans une action parce que c'est en eux, et les autres le font par honte, et les autres le font par crainte. Enfin, quoiqu'il leur eût donné de bons chefs à qui l'affaire était recommandée, il envoya encore avec eux son cousin Fernando Niño, car lui souffrait de la blessure qu'il avait reçue à Tunis, comme je l'ai rapporté plus haut, et sa jambe ne pouvait pas le porter. Il resta sur la plage avec peu de monde, et puisqu'il ne pouvait pas faire davantage, il pria Dieu de guider et garder ses chrétiens.

Quand nos gens furent à une bonne distance du rivage, ils envoyèrent les deux hommes en avant, et attendirent leur retour pendant bien deux heures. Ceux-ci revinrent, disant qu'ils n'avaient pas pu trouver le douar. Le jour commençait à poindre. Nos gens alors se remirent en marche, se laissant diriger par ceux qui connaissaient le pays; mais ils ne rencontrèrent ni chemins ni habitations. Souvent ils entendaient aboyer des chiens, et ils se portaient de ce côté; puis ils n'entendaient plus rien et n'avaient rien aperçu. Ils arrivèrent au milieu de champs cultivés; mais cette indication ne servait qu'à les mettre en désordre, parce qu'ils se dispersaient, allant les uns dans un sens et les autres dans un autre, en disant qu'ils finiraient par voir le village; et ils ne découvraient rien.

Le soleil éclairait déjà tout le pays. Fernando Niño et Ruy Gutierrez de Bear, un bon gentilhomme qui avait là de ses hommes, se rallièrent à la bannière et firent rappeler tout le monde. Leur avis était que, même si l'on apercevait le douar et si on le trouvait, il ne serait plus temps d'entreprendre rien de ce qui avait été projeté; car de telles affaires doivent s'exécuter avant la pointe du jour, et que tout soit terminé quand le soleil se lève, parce que plus tard les gens sont tous dehors et en campagne; outre que les nôtres se trouvaient déjà en grand péril, doutant qu'ils n'eussent été découverts et ne fussent bientôt signalés, parce que près de là il y avait plusieurs bourgs qui pouvaient faire sortir grand nombre de cavaliers, et il était déjà l'heure de tierce, et l'on était loin de la mer, peut-être à une lieue et demie. La bannière s'en retourna; les gens revinrent tous bien tristes, et éprouvant d'avance grande honte de reparaître ainsi devant le capitaine.

Quand ils arrivèrent près de la mer, ils trouvèrent le capitaine sur le rivage, armé comme il avait pu, les attendant, et plein de souci parce qu'ils tardaient tant à revenir. Mais lorsqu'il vit qu'ils n'avaient rien fait, il se courrouça contre ceux qu'il avait chargés de l'affaire, leur disant qu'ils étaient gens de point de conseil et de peu d'exécution, et que s'il était allé avec eux, l'affaire eût tourné mieux qu'elle ne l'avait fait. Il disait : « Ce qui me fâche, ce n'est pas tant le profit que vous avez manqué, et le butin que vous ne rapportez pas; c'est le rabaissement que vous tous aujourd'hui vous avez fait subir à moi et à mon honneur. » On remonta sur les galères. De toute la journée, le capitaine ne se laissa pas voir. A la troisième veille, il fit appeler les patrons, les comites, et quelques écuyers et chevaliers, de ceux qui se trouvaient auprès de lui, et il leur dit : « Parents et amis, vous savez bien comment le roi notre seigneur est magnanime et de grand cœur; comment il a choisi moi et vous autres pour cette expédition (1); comment il a fait armer ces galères mieux que jamais ne le furent galères qui partaient de Castille; et comment, outre les grandes dépenses (2) ordonnées par lui, il a fait beaucoup de cadeaux et de grâces, à chacun selon son état. Vous devez bien comprendre qu'un si beau traitement, il ne l'a pas accordé à moi et à vous à d'autres fins que de recueillir plus pour plus, et que nous sommes tenus à faire plus que personne avant nous. Vous savez bien aussi comment toutes nos entreprises, jusqu'au jour d'aujourd'hui, ont été belles et honorables. Or donc, bien commencer et ne pas mener à terme, ce n'est point bel achèvement, car en la fin gît l'honneur. Commencer appartient à tous, mais persévérer à bien peu. Si cette fois il ne vous en est pas bien allé par quelque manque de conseil, une autre fois vous ferez mieux. Nous sommes au pays des ennemis ; nous aurons occasion de réparer la faute. »

Après que le capitaine eut achevé sa semonce, les patrons répondirent : « Seigneur, nous n'avons, nous et les autres, laissé de faire rien qui fût en notre pouvoir. Nous avons toute la nuit supporté assez grand travail, descendant les vallées, montant les côtes, franchissant de bien mauvais pas et souffrant beaucoup de peine; suivant l'heure du jour qu'il était, il a fallu que Dieu fît un miracle pour que nous ne fussions pas découverts et, à la distance

(1) *Armada*.
(2) *Demasias*.

où nous nous trouvions de la mer, que nous n'ayons pas péri tous, comme bien d'autres avant nous ont péri dans ce pays. »

CHAPITRE XII.

Comment les gens des galères descendirent à terre, cherchant un campement de Mores, et des miracles que Dieu fit là pour les chrétiens.

Lorsque l'entretien fut fini et que l'on eut tenu conseil, le capitaine fit marcher les galères en longeant la côte, et avant le point du jour, on jeta des hommes à terre pour prendre langue. Ils mirent la main sur un More, qu'ils questionnèrent. Celui-ci leur apprit comment le douar qu'ils avaient cherché (1) était assiégé par un More arabe appelé Mahomed Muley Hadji, lequel avait avec lui quinze cents chevaux, et avait laissé sa smala (2) près d'un port de mer nommé Arzeo-el-Belli; là se trouvaient les femmes, les enfants, et tout le gros du bagage.

Les Arabes sont une espèce de gens qui vivent toujours dans la campagne. Ils traînent avec eux leurs

(1) Le texte dit : *Aquel aduar Arzeo que buscaban*. Mais Arzeo doit être une interpolation du copiste, car Arzeu-le-Vieux est, aussi bien qu'Arzeu-le-Neuf, sur le bord de la mer, et le douar que cherchait Pero Niño était à deux lieues dans l'intérieur des terres.

(2) *Su alhorma*; la signification de ce mot est donnée par l'étymologie et par la suite du récit. *Alhorma* (de *haram*, défendu), ne peut être que la smala où se trouvent les femmes, et que El-Hadji avait laissée en arrière pendant qu'il attaquait Arzeu-le-Vieux.

femmes, leurs enfants, leurs troupeaux, et tout ce qu'ils ont de meubles. Ils sèment leur blé et leurs autres grains dans un pays, puis ils le laissent et vont dans un autre canton où ils en font autant. Quand il en est temps, ils reviennent pour récolter ce qu'ils ont semé. Ils n'ont point de terres qui leur appartiennent en propre, l'une plus que l'autre (1). Ils sont très-gentilshommes, et viennent de ces lignages qui devinrent seigneurs de l'Espagne quand le roi Rodrigue perdit notre pays, jusqu'à ce que les rois de Léon les en chassèrent, chacun en son temps, et après eux les rois qu'il y eut en Castille. Ils vont toujours armés pour la guerre, et servent qui ils veulent. Quand le royaume est en paix, ils courent les aventures pour leur compte, coupent les routes et capturent les passants. S'ils se croient assez forts pour tomber sur un lieu peuplé, ils l'entourent, et n'en laissent sortir personne pour aller à ses travaux, jusqu'à ce qu'ils l'aient rançonné (2), suivant ce que comporte le lieu. Ils sont nombreux et divisés entre plusieurs pays.

Mais comme il est écrit plus haut : *Ce que Dieu garde est bien gardé,* et comme disent les saints livres (3) : *Si Dieu est avec nous, il n'y a personne contre nous,* Dieu

---

(1) Ll. : *Non han tierra conoscida mas una que otra,* ce qui signifie : « Ils n'ont point de résidence fixe; ils sont nomades. » Notre manuscrit dit : *Non en tierra;* et le sens paraît être que les tribus sèment où il leur plaît, sans avoir de terres attitrées. — « Chez la plupart des tribus arabes, la propriété territoriale est ce qu'on appelle *sabeka* (de *sabeka,* devancer). Le terrain est devenu la propriété du premier occupant. Les terres possédées par *sabeka* ne se vendent point. » (WALSIN-ESTERHAZY, *De la domination turque dans l'ancienne régence d'Alger.* Paris, 1840, 8º, p. VI.)

(2) *Fasta que se despachan* (Ll. : *despechan*), *segund ques el lugar.*

(3) *El capitulo,* le chapitre.

disposa les choses mieux que les hommes ne les avaient arrangées. Ce village qu'ils allaient chercher pour le saccager, les Arabes le tenaient investi; et il plut à Dieu de le cacher à leurs yeux, afin qu'ils ne périssent pas tous, car la ferme foi et la dévotion que Pero Niño eut toujours envers Dieu sauva lui et ses gens; et à cause de la fidélité qu'il avait toujours gardée, il fut préservé des mains de ses ennemis.

Voyez le grand miracle que fit Dieu : dérober le village aux yeux de ses chrétiens, afin qu'ils ne se perdissent point. Pourtant le capitaine avait amené avec lui un homme né et élevé dans ce pays, qui avait à Séville femme et enfants. Il se trouvait là aussi des gens de Carthagène et d'Aragon, qui étaient déjà venus sur cette côte avec des galères. Le pays où ils descendirent leur était connu; ils avaient mainte autre fois vu ce village, et plusieurs autres douars qui sont près de lui. Les signes qu'ils rencontraient leur montraient qu'ils en étaient proches, et [ils avaient bien raison] de s'émerveiller de ce qu'ils ne pouvaient pas y arriver.

CHAPITRE XIII.

Comment les chrétiens descendirent à terre et trouvèrent la smala de Muley Aben Hadji, et la pillèrent.

A l'aube, les galères arrivèrent à un mouillage où s'étendait une plage de sable que l'on nomme Arzeo-el-

Belli. Le capitaine commanda que tout son monde s'armât pour descendre à terre, et il le disposa comme il convenait. Lorsqu'il fit plein jour, on découvrit dans la campagne de nombreux troupeaux de vaches et de moutons. Le capitaine fit placer la bannière et les hommes d'armes sur des rochers qui bordaient le rivage près des galères, et il ordonna aux gens équipés à la légère (1), arbalétriers et matelots, de cerner tout ce bétail qui formait plusieurs troupeaux, et de le pousser vers la mer. En peu de temps, cet ordre fut exécuté. On entoura les animaux qu'on avait amenés, et des hommes lestes, armés de lances et d'épées, entrèrent au milieu d'eux pour leur couper les jarrets et les égorger. Bientôt le sable fut couvert de bêtes tuées, tellement que cela faisait pitié à voir. On en prit ce que l'on en voulut, et le reste fut poussé à la mer. Pendant que cela se faisait, il arrivait des Mores en quantité, et les gens des galères engagèrent le combat avec eux. Les Mores prirent la fuite, [mais c'était] pour attirer les nôtres dans les terres. Les chrétiens se lancèrent si vivement à leur poursuite, qu'ils furent bientôt à une demi-lieue du rivage, et quoique les trompettes sonnassent la retraite, ils étaient si loin de la mer qu'ils ne les entendaient pas. Le capitaine alors ordonna que, pour les soutenir, les hommes d'armes se portassent en avant avec la bannière, car il craignait qu'ils ne fussent bien serrés par les Mores et ne pussent pas s'en revenir. En arrivant au-dessus d'une côte qui dominait la plaine, ils découvrirent tout près devant eux la smala des Mores, où il y avait un grand nombre de tentes. Elles étaient toutes ou presque

---

(1) *La gente aforrada*, littéralement : « les gens libres [dans leurs mouvements]. » — *Ahorrado, aforrado, alforrat* (arabe : *el horr*); affranchi.

toutes noires. Là il se fit un rude combat, les chrétiens se lançant pour s'emparer des tentes, et les Mores pour les défendre. Les Mores se partagèrent en deux bandes. Pendant que les uns combattaient, les autres chargèrent leurs bêtes (1) et leurs chameaux, et s'enfuirent avec les femmes et les enfants par l'autre bout du campement. Les chrétiens ne s'aperçurent pas de cela jusqu'à ce qu'ils eussent forcé la ligne des tentes. Et il plut à Dieu que les chrétiens fussent vainqueurs; ils entrèrent au milieu des tentes, frappant et tuant les Mores autour d'eux, et par ainsi, ils s'en rendirent maîtres. Ils y trouvèrent une quantité de tapis, alcatifas et alfombras (2) royales ou petites, ouvragées de diverses sortes; beaucoup de barils et de jarres de beurre et de miel, de viandes salées ou fumées, de pain et de blé; des dattes, des amandes, des mets tout apprêtés pour qui aurait eu loisir d'y toucher; des plumes d'autruche et des paquets de dards de porc-épic. Les hommes équipés à la légère, arbalétriers et matelots, prirent de ces choses autant qu'ils en purent emporter et mirent le feu aux tentes (3). Mais quand ils s'en revinrent ainsi chargés, les Mores s'étaient rassemblés en plus grand nombre; ils entouraient les chrétiens de tous les côtés et se donnaient grand mouvement pour tomber sur eux. Par le désir que chacun avait de ne pas lâcher ce qu'il emportait, nos hommes restaient avec leur

---

(1) *Sus bestias*, les mulets et les ânes.

(2) « *Alfombra*, tapis grand et tout d'une pièce, fait de soie et de laine de diverses couleurs; mais comme d'ordinaire le rouge prévaut, les Mores ont donné le nom d'alfombra, ou hamra, aux tapis qu'ils étendent dans leurs divans. — *Alcatifa*, sorte d'alfombra très-velue. » (CAÑES, *Dict. hisp. arabigo.*)

(3) *Al alhorma.*

charge et ne pouvaient pas bien combattre. Mais les bons qui n'avaient pas souci de telles choses, et seulement de faire ce qui est à faire en telles occasions, forcèrent les autres à quitter leur butin, leur faisant des reproches et les encourageant, et leur montrant le danger où ils se mettaient. Il est certain que la grande convoitise aveugle l'homme et l'empêche de faire ce qui lui convient le plus, et souvent est cause qu'il perd ce qui lui serait le plus précieux. Donc les bons firent jeter à bas le butin, et dirent qu'il fallait combattre fortement chacun pour sauver sa vie ; et ils recommandèrent à tous de se bien garder de s'enfuir vers la mer, parce que nul ne pourrait s'échapper ainsi, car à tout instant il arrivait des Mores à cheval, et la course à faire était longue. Le butin fut donc mis à terre. Les nôtres se reprirent à combattre courageusement, frappant sur les Mores en telle manière qu'ils les firent reculer. Plusieurs d'entre eux tombèrent, parmi lesquels, à ce qu'il sembla, fut atteint et tué un personnage principal ; car tous les Mores se rassemblèrent autour de lui, et l'emportèrent par un vallon qu'ils remontèrent en faisant de grandes lamentations. Pendant qu'ils s'en allaient ainsi avec leur More, les chrétiens rechargèrent leur butin et se mirent en marche, bien ralliés, et grand train. Là-dessus parurent les galères. Imaginez ce que ressentait le bon chevalier, qui ne voyait pas revenir son monde, et qui, lorsqu'il le vit, ne pouvait pas le secourir. Les nôtres tirèrent droit aux galères, mais les Mores se montraient déjà plus nombreux qu'auparavant.

En cet endroit il y avait un bois de chêne sans clôture (1) [qui pouvait fournir un refuge]. Les nôtres con-

---

(1) *Un monte abierto de encinas.*

vinrent que les hommes d'armes et les arbalétriers engageraient le combat avec les Mores, et se porteraient en avant contre eux, faisant de temps en temps retraite lorsqu'ils le pourraient, afin de laisser à ceux qui emmenaient le butin le loisir de s'en aller avec leur charge. Ainsi combattant et se retirant, ils arrivèrent près des galères. Pero Niño vint alors à leur aide, quand déjà ils étaient bien pressés par la multitude des Mores qui s'étaient assemblés en face d'eux; et il ne se passa pas longtemps avant qu'arrivassent tous les hommes de cheval qui étaient occupés devant Arzeo-le-Neuf.

Près des galères se trouvaient des rochers. Comme le lieu était fameux, et que Muley-Hadji, chef de toute cette troupe et frère du roi de Benamarin (1) était venu avec ses gens, Pero Niño ordonna que la bannière restât plantée, et que de tout le jour elle ne se retirât point, mais que les hommes d'armes et quelques arbalétriers, avec des porte-pavois (2), fissent tête auprès d'elle, et combattissent pour défendre les rochers. Pendant que les uns se battaient, les autres allaient manger, et quand ceux-ci revenaient, les premiers avaient leur tour. Ainsi se passa toute cette journée si dure et si périlleuse, que pas un de ceux qui s'y trouvèrent n'en revit, je crois, de pareille. Plusieurs fois, les Mores faillirent forcer l'entrée des rochers; d'autres fois, les chrétiens leur enlevaient le terrain qu'ils occupaient; alors ils revenaient furieux comme des lions, et poussaient les chrétiens jusqu'à faire qu'il s'en jetât quelqu'un à la mer. Une fois, il advint qu'en escarmouchant, quelques-uns des nôtres s'avancèrent trop

---

(1) Les Beni-Merinis qui régnaient à Tlemcen. Ils avaient remplacé, dans le Maroc, les Almohades en 1267.

(2) *Escudados*.

et allaient être pris. Pour les secourir, les chrétiens sortirent en masse, en abandonnant les rochers. Les Mores se jetèrent alors tous ensemble sur eux, et il en allait mal pour les chrétiens, car déjà ils étaient coupés de la mer. Quand Pero Niño vit ses gens en si grand danger, il descendit à terre et fit descendre avec lui tous ceux qui lui restaient, jusqu'au dernier. Les galères furent laissées à la garde de Dieu, et le capitaine alla au secours des siens. Là il y eut une rude mêlée, car tout ce qu'il y avait de Mores dans le pays était arrivé, et si le capitaine n'était pas descendu, ses gens auraient été en perdition. Mais il plut à Dieu que de cette fois les Mores fussent vaincus, car les arbalètes faisaient grand ravage au milieu d'eux, et enfin ils s'éloignèrent de la mer à leur dépit, laissant beaucoup de morts et de prisonniers. Le capitaine fit alors rentrer la bannière et tout son monde.

CHAPITRE XIV.

Comment les galères allèrent faire de l'eau à la grotte d'Alcocevar et du combat qui fut livré à terre contre les Mores, et du reste de ce qui arriva jusqu'à ce qu'elles rentrassent à Séville.

Quoiqu'il lui en fût si bien allé de cette affaire (1), le capitaine n'était point encore trop content, parce qu'il n'avait

(1) Mss. : *Aunque abie abido aquella buena andança*; Ll. : *buena ordenanza*; ce qui signifierait : quoiqu'il eût ainsi bien conduit cette affaire.

pas réussi à mettre à sac quelque lieu peuplé de ce pays. Il piqua vers la haute mer tant que dura le jour, afin que les Mores vissent les galères s'éloigner et crussent qu'elles regagnaient les terres des chrétiens; mais quand la nuit fut venue, elles revirèrent vers la côte de Barbarie. Le capitaine avait de bons pilotes qui connaissaient bien cette côte. Pendant la nuit, il visita toutes les anses, les criques, les mouillages qui se trouvaient dans ces parages; et après l'heure de tierce, les galères allèrent s'abriter dans une crique. Lorsque l'aube parut, les nôtres mirent à terre des vigies. Ils les placèrent en un lieu élevé qui se voyait de la mer et d'où l'on découvrait le pays; elles devaient, par des signaux, faire connaître ce qu'elles apercevraient. En même temps on envoya dans les terres pour prendre langue, s'ils le pouvaient, quelques hommes qui parvinrent à un douar de quatre ou cinq maisons; mais ils n'y trouvèrent ni homme, ni femme. Ils prirent tout ce qu'ils purent emporter de hardes et choses précieuses (1), et revinrent sans avoir été découverts. Ils dirent que plus loin ils avaient aperçu beaucoup de gens qui moissonnaient ou travaillaient par les champs, et que ce n'était pas un endroit à y faire une descente, car il était très-peuplé. Sur ces entrefaites, les Mores avaient découvert les vigies; et s'approchant, ils virent les galères. Peu après, des colonnes de fumée se répandirent dans tout le pays, et il accourut des masses de gens. Ces rochers, où s'était posté le capitaine, étaient des mines d'antimoine. Les galères se mirent en marche, rangeant la côte de près. Il était arrivé déjà beaucoup de Mores sur le rivage, et les galères, en s'avançant, les couvraient de traits. Le capitaine

---

(1) *Ropa è alhajas.*

suivait dans un esquif bastingué, avec deux arbalétriers qui lui armaient de fortes arbalètes, et il faisait de beaux coups bien visés, atteignant hommes et chevaux. La nuit survint quand les galères arrivaient devant la ville d'Oran. Pendant la plus grande partie de la nuit, les galères ne cessèrent pas de lancer sur la ville, qui est près de la mer, des boulets et des viretons enflammés (1). Le bruit et les cris qui s'élevaient de la ville étaient très-grands, à cause du ravage qui s'y faisait.

Au matin du lendemain, les galères furent devant une petite ville fortifiée que l'on nomme Mazalquibir, pour prendre une grande galère qui devait se trouver sous ses murs; mais déjà on l'avait halée à terre. Une bonne partie du jour se passa à battre la ville de boulets et de viretons, puis les galères furent jeter l'ancre devant les grottes d'Alcocevar. Elles restèrent là toute la nuit. Le capitaine tint conseil avec les hommes de mer et les patrons. Ils dirent que l'on n'avait plus guère d'eau douce et qu'il fallait en faire, mais que dans cet endroit, ce serait une opération périlleuse. « Les galères, dirent-ils, ont été vues de terre ; les habitants du pays sont tous avertis et sur pied; ils gardent déjà les aiguades. Prendre la mer, c'est bien autre chose. Nous avons très-peu d'eau ; il peut venir un vent contraire devant lequel nous aurions à fuir, et le manque d'eau [nous en empêcherait]. » Le capitaine répondit : « Amis, ce qui est certain et forcé ne requiert point de conseil. A chose certaine il y a plus de péril qu'à chose douteuse. Le certain est que nous n'avons plus d'eau, et sans eau nous ne pouvons pas vivre. Accostez la terre,

---

(1) *Truenos et viratones con alquitran*, des tonnerres et des viretons avec du goudron gras.

et descendons. Pendant que les uns combattront, que les autres fassent notre eau. »

En cet endroit, il y a au bord de la mer une roche à pic, et au pied de la roche, faisant face à la mer, des grottes où pourrait tenir beaucoup de monde, et où se trouve en abondance de l'eau douce. Pour gagner le haut des roches, la montée est bien âpre. Les Mores tenaient en grand nombre le plateau, et les galères étaient accostées si près que les pierres lancées par les Mores arrivaient à bord; car ils en lançaient beaucoup de ce côté. Les arbalétriers des galères, d'autre part, leur tuaient et blessaient beaucoup de monde. Ils armaient au capitaine de fortes arbalètes, avec lesquels il fit des coups très-distingués, renversant hommes et chevaux. Mais il avait beau en abattre, les Mores étaient si nombreux qu'il ne paraissait jamais y en avoir moins; et ils ne voulaient pas quitter le plateau, de façon qu'ils criblaient de pierres ceux des nôtres qui faisaient l'eau. Alors, le capitaine commanda que tous les gens armés descendissent à terre et allassent prendre à revers les roches. Il leur dit : « Amis, vous voyez en quelle détresse nous sommes, si nous ne faisons pas notre eau. Allez à eux. Bien il vous appert que je ne peux pas vous accompagner (car il était perclus de la blessure qu'il avait reçue à Tunis); faites comme il appartient aux bons. » Donc, ils descendirent à terre et se rangèrent en très-bonne disposition, hommes d'armes, arbalétriers et porte-pavois. Les Mores, quand ils les virent, quittèrent le plateau des grottes, et furent à eux comme chiens enragés, sans aucune frayeur. Ils lancèrent sur eux une grêle de pierres, et s'approchèrent jusqu'à combattre de la lance. Les chrétiens restèrent très-fermes; car ainsi leur convenait-il. De cette fois ils en tuèrent [bon nombre], et les arbalètes en abattirent tant, qu'ils les firent enfin reculer. Le capitaine, cependant, faisait prendre l'eau en grande hâte, et lancer des flèches à ceux qui étaient au-dessus des roches; si bien que l'on eut de l'eau tout ce que l'on en voulait. Alors on rappela le monde qui était à terre, et qui fit retraite avec grand péril et travail. De ceux qui étaient sortis des galères, il y en eut peu qui revinssent sans blessures, et sur les galères même plusieurs étaient blessés.

Les Mores avaient disposé près de là, au bord d'un ruisseau, une très-grande embuscade; mais ceux qu'ils y avaient mis ne la quittaient pas, et ne se laissaient pas voir, espérant que nos gens descendraient tous à terre, ainsi qu'ils l'avaient fait d'autres fois; et comme ils n'apercevaient que peu de monde et point de bannière, ils ne se montraient pas. Le capitaine et nos gens devinèrent bien ce qui en était, parce que les Mores se prenaient de temps en temps à fuir devant eux, afin de les entraîner à les poursuivre. Quand l'eau fut faite, les galères s'éloignèrent de terre. Aussitôt tout le pays se couvrit de monde en si grande quantité, que l'on n'aurait pu en faire le compte. Le long d'un ruisseau qui était bordé d'arbres on apercevait des gens de cheval. Le capitaine fit jouer sur ce point l'artillerie (1), et les pierres tombèrent au milieu d'eux. Alors on les vit remonter le ruisseau en grande hâte. Les gens de cheval pouvaient être cinq mille; les gens de pied étaient sans nombre.

Les galères jetèrent l'ancre, et alors l'on s'occupa de manger et de soigner les blessés. Pendant que l'on était encore à manger, le vent du levant (2), qui est très-mau-

---

(1) *Los truenos.*

(2) Notre manuscrit et Llaguno disent tous deux : *El viento del lebante.* Cependant, cinq lignes plus bas, Gamez dit que pour gagner les

vais dans ces mers-là, commença à souffler et devint très-fort, soulevant des vagues hautes et violentes. Les galères se dépêchèrent de lever leurs ancres, et à grande force de rames contre le vent, elles gagnèrent les Alhabibas. Là, elles mouillèrent en attendant que le vent se calmât et leur permît de retourner en Espagne. Mais chaque jour il ventait plus fort, et la tempête grandissait comme on devait l'attendre de la saison (1), car on était déjà au mois d'octobre. Le capitaine résolut d'essayer de s'en aller en Espagne pendant que durait sa provision d'eau. On se mit au large pour faire route; mais on trouva le vent si fort et la mer si grosse, que les galères faillirent être englouties et revinrent à grand'peine aux îles qu'elles avaient quittées. Plusieurs fois elles tentèrent de reprendre la mer; mais chaque fois la tourmente les repoussa. Elles restèrent là quinze jours, et le temps ne s'améliorait pas. Le capitaine et ses marins tinrent conseil. Leur opinion fut qu'ils se trouvaient en grand péril dans cette île déserte, et qu'il fallait rationner les équipages, leur donner le pain par poids, l'eau et le vin par mesure, juste ce qui était indispensable pour ne pas mourir de faim et de soif. Tous, depuis le plus grand jusqu'au plus petit, furent soumis à cette règle, et le capitaine lui-même se l'appliqua. C'était ainsi qu'il agissait, et tel est le devoir de celui qui a charge de grande compagnie et qui aime bien ses gens; pour toutes

---

Îles Habibas, au nord-ouest d'Alcocevar, les galères eurent à ramer contre le vent. S'il n'y a pas une erreur des deux copistes, cette contradiction peut s'expliquer par le fait bien connu des navigateurs, qu'en automne, sur la côte d'Oran, les coups de vent d'ouest débutent souvent par une forte brise d'est. Gamez alors aurait seulement oublié de mentionner la saute du vent. (Voyez BÉRARD, *Description des côtes de l'Algérie*, p. 65.)

(1) *E la tormenta grande dabala el tiempo.*

choses il doit être le premier. Notre Sauveur Jésus-Christ l'a bien dit : « Je vous donne l'exemple : comme je fais, faites vous autres. » C'est une vérité, et chaque jour on le voit, que ceux qui vont entrer dans la bataille ont meilleure volonté de bien faire quand le capitaine marche avec eux, surtout s'il est en tête, que s'il reste à la queue ou ne les accompagne pas. Aussi le capitaine ne buvait qu'un gobelet d'eau, bien petit, à son déjeûner, et autant au souper. Pendant ce temps, il faisait creuser dans l'île un puits, pensant trouver de l'eau douce ; mais plus le puits devenait profond, plus sèche était la terre. D'autres avant lui avaient creusé en cet endroit avec même intention et sans y trouver d'eau plus que lui. Toutefois, Dieu qui n'abandonne pas les siens pourvut en partie au besoin de nos gens. On leur distribuait à peine assez de pain pour les substanter ; mais ils trouvèrent à manger en prenant des oiseaux, qui nichent en très-grand nombre sur le sol de ces îles.

Ainsi s'écoulèrent vingt jours, et l'eau était toute consommée. Enfin il plut à Dieu qu'une nuit, vers le quart du matin, la mer se calma, et le vent mollit un peu. Le capitaine appela les marins ; il leur dit qu'il serait bon d'essayer si l'on pourrait faire de l'eau sur la côte de Barbarie, et de s'exposer à tous les risques, puisque l'on était dans une telle détresse. Délibération prise, les galères se rendirent à une aiguade que l'on nomme le Vergelet (1). Elle est sur une côte très-peuplée où [si l'on y débarque] en moins de rien s'assemble la fourmilière des Mores ; et c'est un lieu très-périlleux, où peuvent se tenir cachées de grandes troupes, parce que le pays est couvert d'arbres

---

(1) Voyez les notes à la fin du volume.

et tout coupé de ravins. Les marins dirent alors au capitaine de bien considérer ce qu'il voulait faire; que l'endroit était dangereux, d'autant que la mer était encore mauvaise; et plusieurs ajoutaient qu'il se trouverait mal d'y faire de l'eau; qu'une fois, des gens appartenant à cinq galères d'Aragon y avaient été massacrés; que beaucoup d'autres y avaient péri; qu'enfin, ce lieu était proprement un cimetière de chrétiens. Le capitaine répondit : « Garantissez-moi pour ce qui est de la mer, vous autres; du côté de la terre, Dieu, qui de coutume vient à notre aide, nous aidera cette fois encore et empêchera que nous ne périssions ici. Lui qui a fait jaillir de la pierre dure l'eau où tout le peuple d'Israël fut abreuvé, nous en donnera de même ici maintenant sans grande peine, si nous mettons une ferme foi en lui. Prions-le de nous secourir dans une si grande détresse. » Il fit ensuite armer tout son monde, et il ordonna que des hommes dégagés et lestes allassent à la découverte pour reconnaître s'il n'y avait pas d'embuscades, et au cas où ils ne rencontreraient personne, qu'ils missent des vigies au point le plus élevé près de la mer et fissent leurs signaux. Bientôt les vigies firent des signaux de sécurité. Les gens d'armes descendirent alors et se portèrent en plein milieu du Vergelet. Les galères, cependant, firent de l'eau tant que besoin leur en était, plein les barils et les pipes. Cela fait, on rappela les vigies, et tout le monde rentra sans avoir été inquiété, rendant grâce à Dieu et à la vierge sainte Marie, dont l'aide ne manquait jamais. Les ancres n'étaient pas encore levées que l'on vit arriver en grand nombre les Mores. Ils allaient par où les éclaireurs avaient passé, cherchant les chrétiens, les yatagans (1) tirés; là où ils découvraient

---

(1) *Gumias.*

leurs traces, ils donnaient des coups de yatagan; si bien que vingt et trente d'entre eux venaient larder [les buissons] là où ils voyaient la trace d'un chrétien. Ils arrivèrent ainsi à la mer et lancèrent des pierres aux galères ; mais il en resta plus d'un malement blessé ou tué par les arbalètes. Les galères retournèrent ensuite, en luttant à grande force contre la mer qui était encore dans toute sa violence, aux îles Alhabibas, où ils avaient comme pris leur habitation (1).

Cette nuit, le capitaine appela au conseil ses marins experts aux choses de la mer. Il y vint Micer Nicolas Bonel, patron de la galère capitane, un vigoureux chevalier et bon marin, qui s'était souvent trouvé sur mer dans de grandes affaires et avait été patron de galères ; Juan Bueno, qui toute sa vie était allé sur les caraques, les nefs et les galères, marin éprouvé, et dont les avis aux conseils de mer avaient toujours été plus sûrs que tous les autres, y fut appelé aussi, avec d'autres, soit comites, soit marins, solides de leurs personnes et très-experts. Chacun d'eux donna son opinion. Les uns disaient que l'on ne pourrait pas éviter d'être emporté par le vent, et qu'il fallait fuir devant lui (2), que soufflant du Ponant avec cette force, il ferait promptement aborder en Sicile. D'autres disaient que l'on ne pourrait pas gagner la Sicile, mais qu'il fallait aller à Rhodes ; et les autres répondaient que ce serait une route longue et dangereuse, mais que l'on essayât d'aller sur la Rivière de Gênes ou à la plage romaine (3), ou bien dans l'Archipel, où il y a de riches

---

(1) Mss. : *Donde abian seido becinos ;* Ll. : *Donde avian salido.*
(2) *Non se escusaban de non correr de luengo.*
(3) Gamez entend probablement ce terme comme il est défini dans le passage suivant : « De Ponce (l'île de Ponza), entrasmes en la plage

îles bien peuplées et beaucoup de villes et cités, comme Candie, et Péra, et Modon, et tant d'autres. Aucun des marins n'avait confiance que l'on pût faire route vers l'Espagne. Le capitaine dit à Juan Bueno de donner son opinion sur ce qu'il y avait à faire. Juan Bueno répondit : « Seigneur, quand il s'agit de ce que Dieu voudra faire, il n'y a personne qui puisse le savoir d'avance, parce que, du soir au matin, Dieu envoie faveur à qui lui plaît. Cette nuit je ne saurais vous donner une opinion qui soit saine; mais demain matin, s'il plaît à Dieu, je donnerai l'avis que je croirai bon. En attendant, soyez tout prêt à naviguer. »

Cette nuit la lune se montra ronde comme une barque, les pointes vers le ciel, la carène vers la mer. Elle était de quatre jours après le premier quartier. Au premier quart de nuit, le vent se calma un peu; au second quart, il se mit à souffler du sud-ouest jusqu'au jour. Le soleil se leva brillant d'entre les rochers; le ciel était clair. Tous attendaient l'avis de Juan Bueno, qui était sur l'autre galère, et tous regardaient de son côté. Juan Bueno monta sur la coursive, le visage tourné vers l'Espagne; il ouvrit les bras, puis il se mit à en faire de grands mouvements; car c'était sa coutume de ne parler que bien peu. Le capitaine lui fit demander ce que signifiaient ces signes, et il répondit que l'on dît au capitaine d'ordonner que l'on fît route pour l'Espagne. Les autres voulaient l'empêcher; mais il plut au capitaine de suivre son conseil.

Les galères partirent d'Alhabiba et trouvèrent la mer très-grosse, et le vent soufflait du Ponant, grand frais.

romaine, où il y a, du mont Cerselle (Circello) jusques au mont Argentel (Argentaro), cent cinquante milles, et est le mont Argentel en la terre des Senoys (Siennois) » (Guillaume DE VILLENEUVE, éd. Buchon.)

Les marins prirent tout de suite leurs dispositions. Ils organisèrent les boussoles armées de pierres d'aimant (1); ils ouvrirent les cartes marines et commencèrent à pointer et à mesurer avec le compas, car la route était longue et le temps contraire. Ils observèrent le sablier et le confièrent à un homme bien attentif. Ils hissèrent les artimons, établirent les gouvernails de fortune (2) et rentrèrent les avirons. Ils commencèrent leur navigation en invoquant le nom de Dieu. Tout le jour ils firent voile ayant le vent et la mer qui leur venaient par la joue (3). Les vagues les assaillaient et couvraient les galères jusqu'au milieu du pont. Ils cinglèrent ainsi pendant toute la journée. Au coucher du soleil, la lune se montra; elle mangea peu à peu tous les nuages, nettoya le ciel et devint brillante. Le vent tourna au sud. Ainsi naviga-t-on toute la nuit en grand souci. A l'aube on découvrit la terre d'Espagne. La mer était très-grosse, et à grande force et travail les galères gagnèrent une aiguade appelée San-Pedro de Arraez (4), qui est sur la côte de Grenade. Les équipages s'y reposèrent tout le jour, et à la nuit les galères furent mouiller devant les Aigles. Le lendemain matin, elles entrèrent dans le port de Carthagène. Les habitants de la cité eurent grand plaisir et firent des réjouissances pour le retour du capitaine, car il était aimé dans le pays. Là, chacun prit du repos, vécut à terre et se récréa de ses fatigues. Il y en avait eu assez à

---

(1) *Concertaron las brujulas cebadas con la piedra yman.*

(2) *Calaron timones de caxa.*

(3) *El viento è las mares al quartel de proa;* c'est l'allure au plus près du vent.

(4) *Ensena de Mahomad Arraez,* un peu au nord du cap de Gate.

supporter. Le capitaine paya et congédia (1) la galère d'Aragon et celle de Carthagène.

Sur ce lui arriva une lettre du roi qui lui disait de conduire ses galères à Séville, de les y laisser, et de venir sans retard le trouver. Alors le capitaine fit mettre sur les nefs tous les Mores [captifs] et les autres choses qui appartenaient au roi pour les amener dans l'arsenal de Séville, et les galères partirent. En route, elles arrêtèrent une galiote d'Aragon qui avait été frétée par des marchands de Barbarie. Sur cette galiote, il y avait des Mores, des négresses, et d'autres esclaves; son chargement était de cire, de cochenille, de burnous et d'autres marchandises de grande valeur. Le capitaine prit toutes les marchandises ainsi que les esclaves, et fit relâcher le navire, selon qu'il était droit. Côtoyant le royaume de Grenade, les galères passèrent le détroit de Gibraltar et arrivèrent à Cadix.

Le capitaine se sentait déjà très-mal de la blessure qu'il avait reçue à la jambe devant Tunis, et il descendit à terre. Dès son arrivée, le vent s'était mis à souffler de la partie du Levant si violent, que pendant un mois pas un navire ne put ni entrer dans le port de Cadix ni en sortir. Pendant tout ce temps, le capitaine fit séjour, sans qu'il lui fût possible de sortir de là. De ce retard et du manque de bon chirurgien, il advint que la plaie était devenue bien mauvaise. Enfin le vent se calma. Le capitaine aussitôt partit de Cadix (2) et remonta à Séville, où il fut très-bien accueilli par tout ce qu'il y avait d'hommes vaillants dans la cité.

(1) *Contento.*

(2) La rue qui, à Cadix, fait face à la porte de Séville se nomme encore aujourd'hui *Calle de Pero Niño*, sans doute parce que le capitaine y avait pris sa demeure. (Note de M. Amador de los Rios.)

On réunit les meilleurs chirurgiens de Séville pour examiner la blessure du capitaine. Ils la trouvèrent si mauvaise que plusieurs opinaient pour couper le pied, car il y avait péril de mort; et si le pied était coupé, il y avait chance de vie. Les chirurgiens se décidèrent à le lui dire, et il leur répondit : « Si l'heure où je dois mourir est-venue, qu'il advienne de moi ce qu'il plaît à Dieu. Mais pour un chevalier il vaut mieux mourir avec tous ses membres entiers et unis comme Dieu les lui a donnés, que de vivre misérable et estropié, et se regarder et voir que l'on n'est plus bon à rien de bien. » Et il ajouta qu'ils s'arrangeassent pour faire toutes les autres opérations qu'ils voudraient faire; mais quant à lui couper le pied, il n'y consentirait point. Les chirurgiens décidèrent de cautériser la plaie avec un fer brûlant, et ils lui dirent que, les choses étant ainsi, il lui faudrait supporter cette opération, et qu'ils verraient s'il pouvait y avoir remède.

Ils chauffèrent à blanc un fer gros comme celui d'un vireton. Le chirurgien craignait de l'appliquer; il avait compassion de la douleur qu'il allait causer. Mais Pero Niño, qui était déjà expert en telles épreuves, prit dans ses mains le fer ardent, et le promena lui-même sur toute sa jambe, d'un bout à l'autre de la plaie. Sans désemparer on lui en remit un second tout pareil, et il se l'appliqua pour la seconde fois. On ne lui vit pendant tout ce temps pas donner une marque de douleur; on ne l'entendit pousser aucune plainte. De là en avant il fut bien pansé, et il plut à Dieu que chaque jour la plaie s'améliorât.

Le capitaine ordonna que ses galères fussent désarmées, et il alla trouver le roi qui était alors à Ségovie. Le roi et tous les chevaliers de la cour l'accueillirent très-bien.

CHAPITRE XV.

Comment, à la naissance du roi D. Juan, le roi donna un grand tournoi à Tordesillas, et comment Pero Niño y parut.

Dans ce temps, la reine doña Catalina (1) se trouvait à Toro. Elle était grosse et sur le point d'accoucher; et le roi avait fait disposer des relais sur tous les chemins de Toro à Ségovie, et avait fait placer sur toutes les hauteurs des vigies prêtes à allumer des feux, qui, de nuit par la flamme, de jour par la colonne de fumée, serviraient de signaux convenus; en sorte que le roi devait savoir en peu de temps quand et de quoi la reine serait accouchée. Il fut ainsi fait, et en peu d'heures le roi apprit qu'il avait un fils (2). En outre, il y eut plusieurs courriers dont les chevaux étaient tout préparés, qui n'allèrent guère moins vite que les signaux, courant sans s'arrêter tant qu'ils ne furent arrivés auprès du roi pour gagner les présents de bienvenue, lesquels furent donnés à chacun suivant le temps qu'il avait mis en route. Le roi s'en fut à Toro voir l'infant son fils, et se rendit ensuite à Tor-

---

(1) Fille de Jean, duc de Lancastre, et de Constance de Castille. Par sa mère, elle représentait les droits de Pierre-le-Cruel, et c'est pour les éteindre dans la maison de Transtamare que D. Juan Ier stipula, dans le traité de paix conclu en 1388 avec le duc de Lancastre, qu'elle épouserait l'héritier de la couronne de Castille. Elle fut mariée avec D. Enrique III au mois de septembre de cette année.

(2) Ce fut le roi D. Juan II. Il naquit le 6 mars 1405.

desillas. Là il donna un tournoi très-fameux où joûtèrent les meilleurs chevaliers de la Castille. Pero Niño se montra dans ce tournoi, et il y fit autant que celui qui s'y comporta le mieux.

CHAPITRE XVI.

Comment le roi envoya Pero Niño avec trois galères en aide au roi de France.

Durant le temps des réjouissances que le roi ordonna pour la naissance de son fils, vinrent à la cour des ambassadeurs de France, lesquels le roi Charles envoyait au roi don Enrique pour lui demander, suivant les traités et la fraternité qui existaient entre eux, des secours de galères, nefs et gens de guerre (1). Le roi décida de les lui envoyer, et incontinent il ordonna d'armer la flotte à Séville. Mais comme les galères de Séville ne pouvaient arriver que tardivement à cause de la distance, il fit en hâte armer trois galères à Santander, et les mit sous les ordres de Pero Niño. En outre, il fit armer des nefs, leur donna pour capitaine Martin Ruiz de Avendaño (2), et lui commanda de partir au plus tôt avec Pero Niño. Le roi recommanda de plus à Pero Niño et à Martin Ruiz de s'attendre, de vivre en bonne intelligence et de se faire bonne compagnie, encore que nefs et galères ne puissent que rarement

(1) Sur cette ambassade, voyez les notes à la fin du volume.
(2) D'une famille considérable de Biscaye.

se tenir ensemble, puisque chaque nuit les galères cherchent la terre, tandis que les nefs tiennent le large, à moins qu'il ne soit convenu que les unes et les autres devront s'attendre dans un même port. Le roi fit donner à Pero Niño les choses nécessaires très-largement et comme il avait coutume de le faire : des armes, des arbalètes, et beaucoup de couronnes (1). Il lui donna jusqu'à des arbalétriers de sa maison pour monter sur les galères.

Pero Niño quitta la cour, et avec lui ses gentilshommes, formés à la guerre, et il s'en fut à Santander. Là il trouva les galères armées de bons marins et de rameurs, les meilleurs que l'on avait pu réunir. Il fit venir des gens de terre et choisit les meilleurs arbalétriers qu'il put engager, et de bons hommes d'armes, propres à l'aider au fait où il était commis. Il paya bien tout son monde et nomma les patrons de ses galères. Il donna l'une à Fernando Niño, son cousin, l'autre à Gonçalo Gutierrez de la Calleja, un bon gentilhomme du pays; car Pero Niño était regardé dans cette contrée comme un des seigneurs natifs, du chef de sa mère, qui était de la maison de la Vega (2).

(1) Monnaie d'argent créée par D. Enrique II.
(2) Les domaines de la maison de la Vega, qui alors avaient passé presque tous dans la maison de Mendoza, s'étendaient, entre Santillane et Santander, sur presque tout le bassin du Rio de Suanes.

CHAPITRE XVII.

Comment Pero Niño partit de Santander pour passer en France.

Pero Niño partit de Santander avec ses galères, rangeant la côte, en quête des nefs de Castille. Il alla à Laredo, à Castro et à San-Vicente ; mais les nefs étaient encore à Santoña. Les galères arrivèrent au Passage : là se séparent la Gascogne et la Castille (1). Il y resta jusqu'à ce que s'éleva un vent de terre bon pour franchir la mer d'Espagne (2) et aller droit à La Rochelle. Le vent passa ensuite au nord-est, et les galères entrèrent en haute mer ; on hissa les bâtardes et les misaines, et l'on marcha tout le jour grand largue, faisant route vers l'ouest. Quand vint le soir, le vent tomba ; on amena les voiles, et on mit la main aux rames. On navigua ainsi jusqu'à la seconde guette (3) ; alors le vent sauta à l'ouest, donnant

(1) Santoña est rencoignée au fond de la *ria,* embouchure vaste et découpée, où s'étale le Rio de Marron avant de se jeter dans la mer. Laredo est à l'entrée de la *ria,* Castro de Urdiales plus à l'est, et San-Vicente de la Barquera beaucoup à l'ouest de Santander. En précisant les allées et venues des galères sur la côte, Gamez veut sans doute excuser son maître d'avoir enfreint les ordres du roi. Il était facile à Pero Niño de trouver les nefs à Santoña, s'il l'avait voulu ; mais il tenait, on le verra plus loin, à se rendre indépendant de Martin Ruiz d'Avendaño. — Le port du Passage est à deux lieues à l'ouest de la frontière française.

(2) Le golfe de Gascogne.

(3) *Guayla ;* c'est la même chose que le *quart,* et Gamez se sert ordinairement de ce dernier terme.

par la joue des galères; ensuite il venta du sud-ouest plus fortement. On n'osait pas faire voile, de crainte de donner sur la Valancina (1); mais on ramait au contraire debout au vent pour se relever de la côte. Vers le quart du matin (2), le vent se calma. L'on continua de faire route au sud-ouest, et quand parut le jour, on ne voyait plus ni la France, ni l'Espagne. Les avis furent divers; finalement, comme on était au premier quartier de la lune, et que les vents de la partie du ponant pouvaient devenir assez violents pour jeter les galères à la côte de la Valancina, on conclut qu'il fallait ramer toujours pour s'élever au large. On naviguait tout ce jour sans savoir dans quels parages on se trouvait. Quand on jeta la sonde, on toucha le fond par soixante brasses, et l'on reconnut que l'on était près de la terre (3), parce que la sonde ramena du sable. S'apercevant qu'on avait été drossé sur la côte, on ne pensa qu'à gagner la haute mer, et pendant cinq jours on marcha ainsi sans oser se rapprocher de terre. Alors on calcula, d'après le temps pendant lequel on avait fait route dans cette direction, que l'on devait être hors de tous les dangers (4) et que, s'il s'élevait une forte brise du nord, on ne pourrait gagner ni la France, ni l'Angleterre. Les ga-

(1) Gamez nomme ainsi la partie sans hâvres de la côte de France comprise entre Bordeaux et Bayonne, probablement voulant dire le Maransin.

(2) Le quart du matin se prend à quatre heures et va jusqu'à huit.

(3) *Que hera la mar de canto.* Cela peut signifier que le fond de la mer était de galets, ce qui indiquait le voisinage des bouches de l'Adour; mais ce ne serait pas d'accord avec le sable que rapportait la sonde. Tout le passage qui concerne cette navigation paraît avoir souffert de la main des copistes dans notre manuscrit et dans celui de Llaguno.

(4) Le texte dit : *Fuera de todas las islas;* mais il n'y a pas d'îles à éviter dans la navigation que faisaient les galères de Pero Niño.

lères mirent donc le cap au nord, cinglant jour et nuit avec beaucoup de fatigue et de péril. Au bout de trois jours, on aperçut la terre de France, et dès l'aube jusqu'à l'heure de vêpres, on fit force de rames et de voiles. Les galères abordèrent à l'île de Ré, qui est une île très-abondante en vivres, en vaches, brebis, pain, vin et fruits (1). Il y habite jusqu'à trois mille hommes en état de prendre les armes. Sur le port s'élève un monastère de l'ordre de Saint-Benoît. Cette île et d'autres qui en dépendent sont à la France. Là le capitaine fut très-bien accueilli. Les galères se rendirent ensuite à La Rochelle. C'est une ville de France, très-riche et toujours munie soigneusement sur le pied de guerre. Le capitaine y fut bien reçu; on lui rendit beaucoup d'honneurs. On eut grande joie de sa venue, et le vinrent voir le grand connétable messire Charles de Lebret (2) et beaucoup d'autres personnages qui étaient là pour garder le pays. Alors commençait la guerre entre la France et l'Angleterre au sujet du duché de Guyenne, et parce que les Anglais avaient tué leur roi, le roi Richard, qui avait épousé une fille du roi Charles de France.

Ici on cesse de parler du capitaine Pero Niño et de la manière dont il arriva en France, pour raconter comment s'ouvrit autrefois cette guerre au sujet du duché de Guyenne, et comment elle reprit à nouveau dans notre temps.

(1) *Huertas.*
(2) Charles Ier, sire de Lebret ou d'Albret, comte de Dreux, qualifié de neveu de Charles V dans une ordonnance de 1378, fut fait connétable de France le 7 février 1402; n'étant pas agréable au parti bourguignon, il perdit en 1411 cette charge, qui lui fut rendue en 1413. Charles d'Albret fut tué à la bataille d'Azincourt, où il commandait l'avant-garde française. Il tirait son nom de Lebret ou Albret, bourg des landes de Bordeaux. (V. *Hist. généal.* du P. Anselme, t. VI, p. 205.)

CHAPITRE XVIII.

Comment les Anglais sont différents de toutes les autres nations chrétiennes, et de Brut, et de son lignage.

Les Anglais sont des gens très-différents et dissemblables de toutes les autres nations par le caractère. Ils sont ainsi par plusieurs raisons : la première est que cela leur vient de ceux dont ils descendent ; l'autre, parce qu'ils vivent dans un pays très-abondant en viandes et en vivres, et riche en métaux. Une autre cause encore de cette différence est qu'ils sont en grand nombre dans une petite contrée. Quoique cette contrée soit grande, je la dis petite eu égard au nombre des habitants qui s'y trouvent. On prétend qu'il n'y a jamais dans ce pays ni grande mortalité, ni mauvaise année; en outre, les Anglais sont entourés par la mer, et c'est pourquoi ils ne sont en crainte d'aucun peuple.

Dans la chronique des rois d'Angleterre on raconte qu'après la destruction de Troye (1), ceux qui purent y

(1) La légende que l'on va lire forme le début de cette curieuse collection de traditions bretonnes que Geoffroy de Monmouth a mises en œuvre, avec tant de succès, dans son *Historia Britonum*. Gamez dit qu'il l'a empruntée à la chronique des rois d'Angleterre; mais il s'est écarté en plusieurs points du récit de Geoffroy et de ceux de ses continuateurs que nous avons pu consulter. Il n'a pas puisé non plus aux mêmes sources que le traducteur castillan de l'*Histoire troyenne*, lequel a suivi Geoffroy de Monmouth avec assez d'exactitude. (Voyez GALFREDI MONUMETENSIS, *Historia Britonum*, publiée par San-Marte (Albert Schulz), Halle, 1854, 8º, et la *Cronica Troyana*, Séville, 1540, fº.)

échapper allèrent errants par le monde, cherchant des terres à peupler, ceux-ci d'un côté, ceux-là d'un autre ; et qu'un grand prince troyen venant par mer aborda en Italie, où était seigneur le roi Latinus, lequel l'accueillit en son royaume et le maria à sa fille Lavina. Énée eut de Lavina un fils que l'on appela Jules. Celui-ci, étant jouvenceau, prit par force une demoiselle de la maison de son père, et il eut d'elle un fils, qu'il fit élever en secret, mais non tellement qu'Énée ne le vit et ne sût ce qui s'était passé. L'enfant était une belle créature, et Énée le prit en affection et le dota dans son pays. Et il arriva un jour que Sylvius (1) était à la chasse, et qu'Hercule son fils l'accompagnait, tenant dans la main un arc avec lequel il tirait sur les bêtes sauvages. En visant le gibier, il lança le trait comme son père passait derrière les arbres et le tua. Quand Énée sut cela, il en eut si grand déplaisir qu'il voulait faire mourir Hercule, s'il fût tombé dans ses mains ; mais il ne le put, parce que les seigneurs du pays le cachèrent. Énée

(1) Gamez brouille ici les noms et confond les personnages qu'il met en scène. D'après Geoffroy de Monmouth, Ascanius, que les poètes nomment aussi Jules, succéda immédiatement à Énée dans le royaume de Latinus, et il eut un fils nommé Sylvius, père du Brutus de la légende. Suivant la *Cronica Troyana*, Énée eut, outre Ascanius, deux fils : Jules, que lui avait donné Didon, et Sylvius Posthumus, fils de Lavinie. Brutus était le fils de ce Jules, et sa mère était nièce de Lavinie. Geoffroy de Monmouth place la naissance de Brutus après la mort d'Énée, et c'est Ascanius qui décide du sort de Brutus. La *Cronica Troyana* se rapproche plus du récit de Gamez. Énée, ayant appris par ses devins que Brutus causerait la mort de son père et de sa mère, ordonna de le faire périr aussitôt qu'il viendrait au monde ; mais la mère mourut en couches, et Énée, comprenant alors qu'il ne fallait pas contredire aux jugements de Dieu, laissa vivre l'enfant. Quand Brutus tua son père Jules, il avait vingt ans (Geoffroy dit quinze), et le royaume était possédé par Sylvius, sous la régence d'Ascanius et de Lavinie.

alors ordonna qu'on remît à Hercule les biens et les hommes de son père, et qu'il s'en fût en lieu tel que jamais ses fils ne le pussent voir. Lavina menait très-grandes plaintes pour son fils mort et son petit-fils perdu par un tel malheur. Et Énée ôta à celui-ci son nom, et enjoignit qu'on l'appelât dorénavant Brut, parce qu'il avait agi comme une brute en tuant son père. Les hommes de Sylvius, lorsqu'ils virent que leur seigneur était mort dans une si funeste aventure et qu'il n'y avait à cela point de remède, s'entendirent avec Brut qu'ils aimaient beaucoup auparavant, qui était très-instruit et commençait à se bien montrer en toutes choses vertueuses. Avec lui s'en furent quantité de chevaliers et d'hommes sages et entendus en fait de guerre et en toutes choses qui leur étaient nécessaires. Et ils errèrent par le monde tant qu'à la fin ils passèrent le fleuve du Nil. Sur les bords de ce fleuve ils trouvèrent des gens qu'on appelait les satyres. Ceux-ci choisirent Brut pour roi et l'aimaient beaucoup, parce qu'il les aida à conquérir plusieurs des pays voisins. Mais Brut n'était pas content de ses sujets, trouvant qu'ils vivaient désordonnément, et il ne pouvait leur faire suivre aucune loi, car ils étaient sauvages dans leurs actes comme dans leur manière de vivre; tellement qu'il les quitta, passa en Éthiopie et parvint jusqu'au fleuve de Gion, qui sort du paradis terrestre. Il vint ensuite avec ses gens au fleuve de Fison, qui entoure tout le pays de Thilach. C'est là que se produit le meilleur or et que l'on trouve des pierres précieuses. Après cela, il arriva au Tigre (1), qui parcourt le pays des Assyriens, puis à l'Euphrate. Ces quatre fleuves arrosent le paradis qui est en Asie. Brut et ses gens revin-

---

(1) Le texte dit : *Al grand Tibre.*

rent ensuite en Europe et abordèrent en Grèce ; et quand le roi Nestor de Grèce (1) ouït le renom de Brut, il fut fort émerveillé, car on disait que ce prince était encore fort jeune. Et Nestor craignit, le voyant courir les aventures, que le roi son père ne s'alliât à lui et ne le mariât à sa sœur ; ce qui le mettrait, lui Nestor, en grand péril. Pour lors, jugeant sage de l'attirer, il lui envoya un riche présent, avec la prière de venir le voir. Cela convint à Brut ; et les choses s'arrangèrent de telle manière, que de cette fois il demeura en Grèce auprès du roi Nestor. Il y avait en ce pays beaucoup de ceux qu'on avait amenés captifs lors de la destruction de Troye, et on leur avait distribué dans le royaume des terres où ils vivaient libres. Ils s'attachèrent à Brut, parce qu'il était de leur nation ; et Brut se plut fort avec eux. Et quand le roi Nestor se fut ainsi assuré de Brut, il rassembla une grande armée et l'envoya contre Dorothée, sa sœur, laquelle résidait en Arménie, comme vous l'entendrez plus loin.

Ici on laisse un peu de parler de Brut pour conter du roi Nestor, comment il s'empara du royaume en se révoltant contre son père, le roi Ménélas.

(1) Ce Nestor, fils de Ménélas, est l'invention particulière à la légende que rapporte Gamez. Geoffroy de Monmouth et ses continuateurs font aborder Brutus en Macédoine, chez le roi Pandrasius, où il trouve beaucoup de Troyens, et, après de longues aventures, contraint Pandrasius à lui fournir les moyens d'aller chercher avec ces Troyens un pays où s'établir. Pandrasius lui donne en mariage sa fille Ignogen. De Nestor, Ménélas, Dorothée, l'Arménie, pas un mot n'est dit par Geoffroy.

CHAPITRE XIX.

Comment Nestor, fils du roi Ménélas, enleva par révolte le royaume de Grèce à son père.

Vous avez déjà ouï, dans la *Conquête de Troye* (1), comment Pâris enleva Hélène, femme du roi Ménélas, et la conduisit à Troye, et comment les Grecs s'en furent devant cette ville pour venger un si grand déshonneur. Ménélas avait de la reine Hélène un fils et une fille ; et quand il dut partir de la Grèce pour aller à Troye, il rassembla ses sujets et leur fit commandement d'avoir à obéir à son fils Nestor, qu'il laissait pour roi à sa place, et de lui baiser la main comme à leur seigneur. Nestor avait alors onze ans. Et la fille de Ménélas avait nom Dorothée ; elle était née l'année même qu'Hélène fut enlevée, et Ménélas la remit à la garde d'un chevalier en qui il avait grande confiance, pour qu'il l'élevât en Arménie, dans la ville de Nicomédie.

Quand le roi Nestor eut quinze ans, ses favoris lui conseillèrent, si le roi Ménélas, son père, revenait de Troye, de ne le point accueillir en ses états, lui disant que ce lui serait grand déshonneur de cesser d'être roi ; car il aurait à rendre le royaume et la puissance à son père. Nestor envoya donc dire à Ménélas qu'il choisit dans tout le royaume une ville où il résiderait, et qu'il abandonnât tout le reste à lui, qui était le roi ; et que, s'il ne le voulait

(1) On verra tout à l'heure que Gamez indique très-probablement ici un livre différent de l'*Histoire troyenne* de Guido della Colonna.

pas, il eût à quitter incontinent le royaume. Le roi Ménélas ne lui fit réponse d'aucune sorte. Les chevaliers qui revenaient avec lui étaient très-fatigués de la guerre; en outre, ils rapportaient de grandes richesses provenant du pillage de Troye, et avaient volonté de se reposer dans leurs maisons. Ils s'accommodèrent donc avec le roi Nestor, et se retirèrent chacun chez soi. Quand Ménélas vit cela, il s'en alla en Arménie, où était sa fille Dorothée. Encore qu'elle ne fût qu'un enfant de douze ans, elle le reçut avec grande joie et l'honora comme son père dans la ville de Sébaste. Elle le gardait là, lui rendant de grands devoirs; et Ménélas, pour honorer sa fille Dorothée, la fit dame de la quatrième partie du royaume, et l'appela dorénavant la tétrarque Dorothée; ce qui est autant que dire : Dame de la quatrième partie du royaume. Dorothée tétrarque était la plus belle demoiselle et la plus famée qu'alors il y eut en Grèce. Elle était demandée en mariage par de très-hauts personnages; mais elle aimait tant son père, qu'elle comprenait que, si elle se mariait, il ne serait plus aussi bien servi [qu'il lui convenait]; car il était vieux et perclus de ses membres, à cause des fatigues de la guerre et des blessures qu'il avait reçues devant Troye.

CHAPITRE XX.

Comment le roi Nestor envoya dire à sa sœur Dorothée qu'elle lui remît les pays que son père lui avait donnés.

Quand le roi Nestor apprit que son père avait fait Dorothée tétrarque et lui avait donné la quatrième partie du royaume, il en eut grand déplaisir ; car il comprit que sa sœur se marierait avec quelque homme puissant, et que ce pourrait être pour lui une occasion de perdre ses états, d'autant qu'il les avait acquis par violence. Il envoya dire à sa sœur qu'elle lui abandonnât le pays d'Arménie et tout ce que son père lui avait accordé ; car il n'avait pu le lui donner, ni le séparer du royaume. Elle lui répondit que ces contrées appartenaient à son père Ménélas et non à elle ; que par sa désobéissance, il n'aurait point dû avoir part au royaume ; qu'enfin, ce qu'elle avait, elle le tenait de son père, et que lui n'avait pas le droit de le réclamer. Et sur ces raisons, Nestor commença à faire la guerre. Ici on cesse de parler de Nestor pour conter comment Brut marcha contre Dorothée tétrarque.

Brut, après qu'il eut réuni l'armée du roi Nestor, alla se loger devant la ville de Sébaste, qui était dans le domaine de Dorothée. Il l'attaqua très-durement, l'emporta et prit tous les lieux d'alentour, et s'empara de beaucoup de grands personnages, de grandes dames et de damoiselles qui s'y trouvaient. Dorothée, quand elle sut cela, lui envoya des messagers et une lettre qui disait de cette manière :

« A Brut sans-avoir (1), Dorothée tétrarque. Que Mars, dieu des batailles, te conserve la grande valeur que tu as montrée si vite. J'ai ouï dire que tu es tout jeune de jours, et grand, et fort en armes. De cela, il n'y a pas à s'émerveiller, car la mauvaise herbe croît vite et a d'autant moins de durée. Il en fut ainsi de ceux de Troye,

(1) *Bruto sanpoyo Dorotea tetrarca.* Nous traduisons arbitrairement *sanpoyo*, qui n'a par lui-même pas de signification, et doit être une erreur du copiste.

dont tu viens, qui élevèrent cette cité fameuse, et se voyant si triomphants et si forts, montrèrent une superbe pour laquelle ils furent bientôt anéantis. Il vaudrait mieux pour toi venir à mon aide que de te ranger contre moi. Tu montrerais plus de vertu en aidant une femme contre un homme, qu'en aidant un homme contre une femme et un tyran contre la justice. En agissant de la sorte, tu ne peux obtenir ni renommée, ni titre d'honneur; et c'est pour cela que je te prie de renoncer à cette conquête qui ne te regarde pas, car tu n'es ici qu'un pauvre soudoyé. Les autres ont mangé à table les nobles mets, et toi tu viens ramasser les miettes. Ceux de ce pays ont été conquis et sont morts (1); toi, tu viens faire injure à une pauvre demoiselle. Certainement tu suis une mauvaise voie; jamais par elle tu ne parviendras à la palme de la victoire, en frappant le mort, en combattant le vaincu. Et si tu le fais pour gagner du bien, puisque tu es un homme sans terres, fais ce que je demande, reconnais-toi mon vassal, comme ceux dont tu viens; et de bon cœur je te remettrai châteaux et villes, avec lesquels tu pourras acquérir honneur. Sache que les Arméniens sont un peuple courageux. Ils ne connaissaient pas ton arrivée et n'étaient pas sur leurs gardes; sans cela tu n'aurais pas enlevé si facile-

---

(1) *Allà murieron los conquistados.* — Ce passage assez obscur nous fait supposer que Gamez avait sous les yeux quelque variante des histoires de Troye, où étaient racontées les conquêtes des Grecs en Asie. Dorothée dit qu'elle règne sur un pays conquis; qu'elle n'a pas de force pour se défendre, parce que les conquérants, les Grecs, ont tout tué, et que Brut, Troyen, fait un petit exploit en venant à la tête d'une armée grecque combattre là où d'autres ont passé, ne laissant derrière eux qu'une femme pour gouverner leur conquête; mais qu'il lui siérait mieux de se soumettre à elle comme les Troyens qui possédaient avant elle ce pays. La source à laquelle Gamez a puisé nous est inconnue.

ment ma ville de Sébaste, laquelle, je le crois, si tu n'écoutes pas mes conseils, tu ne tarderas pas à me rendre bien contre ton gré et à tes dépens. Ne t'étonne de mon langage; mais rappelle-toi Sémiramis, reine de Babylone, et vois comme elle fut victorieuse; pense à Thalestris, reine des Amazones; pense à Pantasilée; et songe combien sera honoré le grand vainqueur dont une pucelle aura triomphé. »

Telle fut la lettre que Dorothée envoya à Brut, comme vous l'avez ouï, et qu'il reçut avec grand plaisir, parce que c'était ce qu'il désirait; car il connaissait déjà toutes les affaires de Dorothée et la cause de cette guerre. Il savait aussi que Dorothée était la plus noble et plus belle dame de toutes celles qui alors avaient renom dans le monde. Il lui envoya des messagers, avec une lettre où il s'exprimait de cette façon :

« Très-noble et magnanime tétrarque Dorothée, moi, Brut, fils de Mars, roi des satyres, vins en Grèce pour y voir les gens de ma nation. Le roi Nestor m'a accueilli, et j'ai exécuté ses ordres. J'ai reçu ta lettre et l'ai lue avec grande affection. Je trouve, après y avoir bien réfléchi, que, si tu veux que je fasse ce qui te plaît, il convient aussi que tu fasses ce que je désire. Marie-toi avec moi; sois ma femme légitime, et je serai ton propre baron (1); alors je pourrai avec juste cause combattre pour toi et te défendre; puisque combattant pour toi et tes biens, je défendrais ce qui m'appartiendrait. S'il en était autrement, je tomberais en tort de félonie vis-à-vis de celui qui m'en-

---

(1) *Sey mi muger conjugada é yo sere tu proprio baron.* L'expression est ici accentuée dans le ton des livres de chevalerie, et donne à *baron* la signification de seigneur. *Varon* signifie proprement homme : *fijo varon,* enfant mâle.

voya ici. Et comme tu es femme, je t'envoie toutes les dames et damoiselles, et avec elles toutes celles des autres femmes que j'ai prises à Sébaste, et qui voudront aller auprès de toi. »

La lettre de Brut ainsi conçue fut apportée à Dorothée par des ambassadeurs affidés. Dans ce temps résonnait déjà par tout le monde le bruit de la grande beauté et noblesse de l'infante Dorothée; et quelques grands seigneurs, quand ils connurent comment elle était combattue par son frère, le roi Nestor, envoyèrent la demander en mariage, promettant de lui venir en aide. Lorsqu'arrivèrent les ambassadeurs [de Brut au milieu de ceux] des autres grands princes, Dorothée leur fit faire de plus grands honneurs qu'à tous les autres. En ce moment étaient réunis tous les barons du royaume à cause de la guerre; et Dorothée leur ordonna de s'assembler en conseil; et quand ils furent réunis elle les consulta sur plusieurs choses relatives à la guerre, et les pria en outre de lui donner leurs avis sur ce qu'elle devait répondre à Brut et à chacun des autres ambassadeurs. Il y avait là un vieux chevalier, appelé Simon, qui avait élevé Dorothée. Tous demandèrent qu'il parlât le premier, car il était bon chevalier et de grande expérience; et il dit : « Noble dame, quand le très-noble roi, votre père, eut à partir pour la guerre de Troye, il vous donna en garde à moi, et vous laissa en mon pouvoir ainsi que votre terre. Je vous ai élevée et j'ai gouverné vos affaires. Votre éducation a été faite avec une précaution sévère, à part des autres créatures. Depuis que vous êtes arrivée à l'âge de l'entendement, vous avez toujours observé la règle d'une vie pure et chaste, et vous avez tenu cachée votre grande beauté et grâce pour que le monde ne parlât pas de vous;

ce qui aurait pu attirer sur vous des occasions de mal, comme on le voit par l'exemple du passé. Toujours on a pensé de vous que ne vouliez point vous marier ni avoir compagnie d'homme. Mais, noble dame, les temps ne sont pas tous dans les mêmes conditions et ne souffrent pas toujours la même règle. Vous avez jusqu'à présent vécu en paix, et il n'y avait personne qui vous causât du déplaisir. Le roi Nestor, avec la grande convoitise qui le meut, vous demande les terres que vous donna votre père, et fait effort pour vous en dépouiller. Le roi, votre père, est vieux et infirme, et ne lui peut résister. Il vous convient avoir courage d'homme et de chevalier. Cela, vous ne le pouvez avoir par vous toute seule; mais il vous faut un mari. Épousez un homme tel qu'il puisse défendre et protéger vous et votre royaume. Noble dame, dites ce qui vous en plaît, et ensuite viendra le second conseil. »

Dorothée répondit : « Chevaliers, mes amis, j'ai toujours tant aimé, et tellement aime encore l'honneur du très-noble roi, mon père, que j'ai fait vœu de ne pas me marier sa vie durant, pour qu'il fût mieux servi et soigné plus à sa volonté, et si je rompais ce vœu et abandonnais mon père âgé pour prendre un mari, les dieux seraient en courroux et tireraient de moi vengeance; car tout vœu honnête doit être accompli. »

Quand Dorothée eut fini de parler, l'évêque Panthée répliqua et dit : « Une loi peut de bonne devenir meilleure en étant amendée suivant ce que le temps requiert pour éviter plus grand dommage. Vous ne pouvez ni ne devez observer ce vœu, puisque vous avez à gouverner un royaume; et de plus, vous êtes femme, et ne pouvez agir que comme une femme. Il ne vous est pas possible de résister à la grande puissance du roi Nestor; et si vous tombiez entre ses mains, vous seriez maltraitée, vous et votre père, et nous tous. Je prends le péché sur moi. Je ferai des sacrifices aux dieux, et je les inciterai, et je les conjurerai pour qu'ils ne vous punissent point, mais, au contraire, qu'ils soient contents de vous. »

L'évêque se tut, et Pyrrhus prit la parole et dit : « Madame, dans ce monde il n'y a pas d'héritage qui n'amène procès; et pour si petit qu'il soit, il lui faut un protecteur et défenseur. Vous avez un grand état et de méchants voisins. Il vous arrive comme au faible berger qui a beaucoup de brebis; chaque jour il en perd plusieurs que le loup lui tue, sans qu'il puisse leur venir en aide. Ainsi vos peuples sont en perdition et grand péril, si vous ne les pouvez secourir. Il vous faut avoir un défenseur qui les soutienne, et l'on vous propose des mariages avec des grands princes. Ici sont leurs ambassadeurs, et tous promettent qu'ils viendront vous aider. Une chose certaine est que celui qui vous offre un appui ne le fait qu'à cette fin de se marier avec vous. Bien vous avez ouï les raisons du bon et loyal chevalier, [celles de l'évêque] Panthée, et celles du sage et intelligent Papirio ; son avis et celui des nobles riches-hommes, et celui de toute la fidèle république (1), est que vous preniez un mari et que vous ayez votre baron, comme les nobles l'ont déclaré. C'est pourquoi nous vous demandons que vous l'ayez en gré, et que,

---

(1) *È de toda [la] leal republica*. Gamez met en scène les trois états qui étaient représentés aux Cortès : les gentilshommes par les seigneurs, le clergé par les prélats, les communes (la fidèle république) par leurs députés. Il oublie seulement ici qu'il n'a point encore fait parler l'orateur des communes, Papirio, nommé plus bas Porphirio.

pendant qu'il en est temps, vous choisissiez celui que
vous préférez. » Le comte Pyrrhus se tut, et le duc
d'Almacie parla de cette manière : « Tous vos vassaux
et les membres de votre conseil désirent vivre en paix ;
et moi je le voudrais aussi, car aucun ne peut voir
volontiers qu'on lui prenne son bien. Tous les chevaliers qui ont parlé l'ont fait avec bonne intention ;
pourtant ils laissent de côté la principale affaire, qui
est la guerre, et ne pensent à la terminer que par votre
mariage. Or, si vous étiez un homme au lieu d'être une
femme, et si un roi tyran voulait conquérir vos états, on
ne mettrait pas fin à cette guerre par un mariage. Si cette
union se fait en une telle occasion, tous ceux qui l'apprendront diront que nous l'avons fait par crainte, et ce
sera à notre déshonneur. C'est pourquoi, Madame, mon
avis est que vous ne devez rien faire qui soit à votre dommage ni contre votre volonté. Vous avez un noble peuple,
des riches-hommes, des chevaliers, des gens de pied, des
montagnards très-loyaux, beaucoup de gentilshommes, de
nobles villes et cités, des ports de mer, de nombreux
paysans (1), de riches et bons vaisseaux et des fustes, des
marins habiles, tout [prêts à combattre] pour votre honneur et à votre commandement. Enfin, Madame, quoique
nous ne fassions qu'une nation avec les Grecs, jamais en
faits d'armes et en batailles ils n'ont pu égaler les Arméniens; et bien que devant Troye les Grecs aient eu l'honneur, ce sont les Arméniens qui combattaient. L'avantage

---

(1) *È grandes burgeses.* — Ne serait-ce pas le mot allemand *Burg*,
château, qui se serait égaré ici et transformé dans le castillan *Burges*,
peu usité, que le Dictionnaire de l'académie espagnole traduit par
Rusticous, paganus?

que les Grecs ont sur nous tient à ce qu'ils habitent des ports de mer ou de grandes villes que fréquentent les rois; et les rois sont comme ces vignes sauvages qui étendent leurs branches sur les arbres qui sont le plus près d'elles; de là les arbres reçoivent ornement. Mais, par là aussi, les Grecs sont plus mous et délicats; ils ne fleurissent pas autant en armes, ils ne sont pas aussi rompus aux fatigues, ni aussi patients à les souffrir que les Arméniens. Comme ils sont un peuple de montagnes, les Arméniens n'ont pas acquis de célébrité; mais ils sont plus gentilshommes et de plus ancien lignage que ceux qui ont soumis les terres où ils vivent. Et maintenant, parce qu'avant que nous fussions rassemblés ils ont pris la ville de Sébaste, voilà les Grecs bien fiers; mais ils n'ont point agi en bons guerriers, ni eux, ni le tyran qu'ils appellent roi; car nous n'étions pas en garde contre sa méchante action; et vous, Madame, et nous, nous croyions posséder en sécurité le pays que le roi, votre père, vous avait donné. Que le comte Pyrrhus me pardonne ce que j'ai dit; je sais qu'il est un bon et loyal chevalier. Il pourrait le prendre en mal, car il est de la Grèce; mais je dis qu'il a toujours été fidèle au roi Ménélas, et l'a bien reconnu de la terre qu'il avait reçue de lui. Maintenant, Madame, mon avis est que vous restiez bien tranquille dans votre capitale. Envoyez votre armée contre le tyran. Vous avez de bons capitaines fort experts en guerres et bien d'accord dans une même volonté. Confions-nous aux dieux et au droit qui est de votre côté pour espérer que nous vengerons le roi Ménélas, votre père, de son ennemi. Je sais en outre que la plupart des gens qui le servent le font plus par crainte qu'autrement; et le jour où ils le verront en péril, ils lui manqueront. »

Le comte Pyrrhus voulut répondre au duc; mais Dorothée et ceux qui étaient là comprirent que ce serait un commencement de discorde, et le prièrent de garder le silence. Et il le fit, parce que dans de telles occasions le plus patient met de son côté la raison; car il y a cette raison générale, que, tandis que des discussions s'élèvent parmi ceux d'un royaume, les ennemis deviennent plus forts. Lorsque le duc d'Almacie eut parlé, Porfirius se leva au nom de la république (1), et dit : « Noble dame, tétrarque Dorothée, toutes les raisons qui ont été dites et mises en avant par les très-sages seigneurs partent d'une bonne intention et tendent à une même fin, comme venant de nobles et loyaux serviteurs. Quoique ces opinions soient différentes par les paroles, elles s'accordent dans leur but et se rencontrent dans un moyen : tous disent que vous devez avoir un mari et vous marier. L'avis même du noble duc ne diffère pas des autres, quoiqu'il ait parlé et opiné en faveur de la guerre; mais il en a parlé à cette fin que le mariage se fasse à votre plus grand honneur et pour le plus grand avantage du royaume, parce que c'est après vous celui que cette affaire touche le plus à l'égard de l'honneur, suivant sa qualité. Et ce que je dis là, que personne ne s'en tienne pour offensé; car la plus haute cime est celle que le vent frappe et tourmente le plus. Toutes raisons exposées, résumées, notées dans ma mémoire, débattues dans mon entendement, je dis, très-noble dame, que jusqu'ici vous ont été et vous sont aujourd'hui plus que jamais apportées des propositions de mariage; et aucun de ces mariages n'a pu se conclure. Mais, si vous avez jusqu'à aujourd'hui vécu en paix, c'est que

---

(1) *En vox de la republica*, au nom des communes.

vous n'aviez pas un aussi grand état, ni une aussi grande prospérité qu'à présent. C'est une chose évidente que plus on a grand royaume et seigneurie, plus on a à gouverner ; et qui a davantage à gouverner a plus de tracas et de soucis, plus de voisins [qui l'inquiètent], plus de choses à défendre. Plus on possède, plus on excite l'envie, et de l'envie naît l'inimitié. C'est pourquoi, Madame, si vous n'aviez eu qu'une ville, le roi Nestor serait votre ami. Maintenant que vous êtes tétrarque, votre frère vous jalouse et convoite, et il s'est fait votre ennemi. Et ainsi feront encore d'autres voisins, car vous en avez beaucoup. Voilà pourquoi je dis et soutiens qu'il vous faut vous marier, et vous devez le faire pour toutes les raisons exprimées par ces seigneurs et par moi. Je dirai, sauf votre révérence et celle de ceux à qui je dois respect, quel est celui que vous devez choisir, laissant tous les autres de côté. Brut est le plus généreux homme que nous sachions aujourd'hui au monde, petit-fils du grand prince Énée et du roi Latinus. Tout jeune, il a été famé comme bon chevalier, tellement qu'il est craint dans bien des contrées à cause de sa fortune et de son grand état. Nous apprenons de lui qu'il est très-beau, et fort, et libéral (1), et puisqu'il vous demande en mariage, qu'il vous plaise l'agréer, Madame ; vous serez avec lui bien mariée, et nous défendus et protégés. Il est certain que tous les autres qui vous promettent leur assistance ne le font qu'afin de vous épouser. Si vous acceptiez l'appui de l'un d'eux, vous ne pourriez épouser que lui, et les autres deviendraient vos ennemis. Vous avez maintenant un adversaire ; de là en avant vous en auriez plu-

---

(1) *Franco*, en vieux français : large ; *franqueza*, largesse.

sieurs. Cette assistance, il ne vous convient de la recevoir que de celui que vous choisirez pour mari. Et j'ajoute que, si vous en choisissez un autre, celui-là, pour arriver ici, aurait à combattre avec Brut. Ou il serait vaincu, ou il serait vainqueur. S'il était vainqueur, vous ne mettriez point fin à la guerre par là, car il resterait encore contre vous le roi Nestor, votre frère. Si Brut le battait, il vous faudrait faire par force peut-être ce qu'il vous demande aujourd'hui; vous l'auriez pour moins agréable, et votre honneur en souffrirait. Outre cela, Brut est de tel lignage qu'il traitera votre père avec honneur en tout ce qui convient. Ainsi, Madame, si vous faites bien attention à cela, vous trouverez qu'il est le meilleur. Discernez donc et choisissez le bon parti maintenant que vous êtes encore à temps de le faire. Le sage, au commencement, prévoit la fin. »

Dorothée, pendant ce discours, examinait le duc d'Almacie, son oncle, pour voir ce qu'il en pensait. Le duc fit signe que ces paroles lui plaisaient, et Dorothée répondit : « Mes amis, je vous aime tant, vous et mes peuples, que pour vous sauver, si cela était nécessaire, je m'offrirais en sacrifice aux dieux. Il me plaît qu'il en soit fait comme vous le voulez tous. Je prie le comte Pyrrhus de se charger de l'ambassade; qu'il aille trouver Brut et traite toute cette affaire avec délibération, mettant ensemble votre avis et le sien pour l'honneur et le profit de moi et de mes états. »

Aussitôt on fit savoir aux autres ambassadeurs que bientôt leur serait fait réponse, et qu'ils l'attendissent. Le comte Pyrrhus partit avec les messagers de Brut; et il trouva celui-ci qui avait logé son armée devant un château, et l'attaquait à l'heure même où arriva le comte Pyrrhus; et quand il sut l'arrivée des ambassadeurs de

Dorothée, Brut fit cesser le combat et se rendit dans sa tente.

Le comte Pyrrhus était un chevalier très-vertueux en armes et très-brave en toutes ses façons. Il était avenant, beau parleur, et sachant bien ce qu'il voulait dire. Il exposa devant Brut la réponse de Dorothée et le reste de son ambassade, ce dont Brut fut joyeux; et il se trouva très-satisfait, tant du comte que du message. Brut entretint de toute l'affaire ses barons, ceux qui étaient venus d'Italie avec lui; de quoi tous furent fort contents; et Brut dit : « Si je n'avais gagné en ce pays que d'avoir ce chevalier en ma compagnie, je le regarderais pour si capital, que je me tiendrais pour satisfait. »

Conseil tenu, traités conclus, otages reçus, Brut s'apprêtait à partir, quand les capitaines des gens du roi Nestor, qui étaient là avec Brut, apprirent qu'il allait se mettre en chemin sans les avoir appelés ni leur avoir donné d'ordres, comme il avait accoutumé de le faire; ils se décidèrent à l'aller trouver, et lui demandèrent ce qu'il avait à leur commander, et où il pensait se rendre. Il leur répondit : « On a préparé une chasse pour moi. Les traqueurs sont à leur poste, les relais disposés, les veneurs attendent avec leurs chiens et sonnent leurs trompes, et font leurs signaux. Ils m'ont envoyé dire qu'ils ont remis une belle lionne dans une forêt obscure, et puisqu'ils m'appellent et qu'ils ont tant de plaisir à me faire faire cette chasse, j'y veux aller. Quant à vous, ne partez pas d'ici; je reviendrai auprès de vous ou vous enverrai dire ce que vous aurez à faire. » Il y en eut parmi eux qui devinèrent le mystère de ces paroles, encore qu'ils ne le fissent point voir, car ils ne pouvaient rien empêcher.

Brut fut à la ville où était Dorothée. Bien vous pouvez

penser comme il fut reçu ; et quelles noces, et quelles réjouissances, et quelles dépenses furent faites là où se mariait un tel prince, et où se trouvaient rassemblés tant de gentilshommes.

Le mariage célébré et les réjouissances faites, Brut n'oublia pas ce qu'il y avait au bout. Il appela ses gens et les nobles des domaines de Dorothée, et il leur dit : « Mes amis, il y a longtemps que j'ai ouï prétendre qu'il n'y a pas de bonnes noces sans retour de noces, et un messager est venu m'apprendre que le roi Nestor, qui a su ce qui s'est passé, a réuni son armée pour marcher contre moi. Je pensais bien qu'il devait en être ainsi. Mon avis est d'aller le chercher au lieu de le laisser venir ici, et que nous l'attendions en rase campagne. Quand nous y serons, nous lui enverrons porter paroles d'accommodement ; s'il les repousse, il trouvera de mon côté bataille apprêtée. » Dorothée, lorsqu'elle connut ce dessein, le voulut empêcher ; mais elle ne le put. Et, comme elle était en guerre, elle avait son armée toute prête ; et Brut fit parler à tous les Troyens qui étaient dans le pays, et quand ils furent rassemblés le tout forma une grande armée. Alors il partit avec elle et s'en fut près de la ville de Sébaste. De l'autre côté s'avança le roi Nestor. Brut lui envoya dire de se réconcilier avec sa sœur, et qu'il lui en tiendrait bon compte, sinon qu'il le forcerait à tout quitter contre son gré. Le roi Nestor lui expédia des lettres de menaces ; mais Brut n'en fit nulle estime et n'y répondit pas. Il mit son armée en mouvement, et fut établir son camp près du grand fleuve .... (1) ; il le voulait passer incontinent et l'eut fait sans les grandes eaux qui alors avaient

---

(1) Le nom du fleuve est laissé en blanc.

élargi son lit. Brut ordonna de faire des radeaux pour le traverser. Et beaucoup de ceux du camp de Nestor faisaient des détours par divers côtés et s'en venaient vers Brut, car ils connaissaient sa valeur, et aussi que la justice était pour Dorothée. Quant à elle, pensant au grand dommage que pour les uns et pour les autres il pourrait résulter de tout cela, elle vint à l'armée et négocia une entrevue avec son frère. Le roi Nestor, considérant que sa situation empirait et qu'il n'était pas bien sûr de ceux qui étaient restés avec lui, [entra en pourparlers]. Les conciliateurs arrangèrent que Dorothée demeurerait dame des Arménies et de tout ce que son père lui avait octroyé. Quand les choses furent ainsi arrêtées, Brut et Dorothée se retirèrent avec leur armée, très-joyeux et satisfaits, dans la ville de Corinthe. Là, Brut donna une grande fête aux seigneurs et aux autres gens qui s'étaient joints à lui; et il fit des présents très-riches à tous, à chacun suivant son état; puis il congédia les troupes, et chacun s'en fut chez soi.

CHAPITRE XXI.

Comment Brut arma une grande flotte de navires, et rassembla force gens de guerre, et s'en fut par la mer, cherchant les aventures, de quoi Dorothée demeura très-triste et chagrine.

Brut vivait en grande paix et tranquillité avec tous ses voisins, et marié à l'infante Dorothée, avec laquelle il était seigneur de l'Arménie et de la quatrième partie de la Grèce; en sorte qu'il ne lui manquait rien. Il eut un entretien avec ses barons, ceux qui étaient venus d'Italie avec lui, et il leur dit : « Amis, vous savez comment la fortune, qui mène toutes choses, m'a conduit à posséder ce royaume, dans lequel je vis, et à obtenir femme de si haut lignage. Tout ce que j'ai, je l'ai gagné sans combats et sans grande fatigue. Bien vous savez aussi que ce que l'homme acquiert par grand travail et qui lui coûte le plus est ce qu'il prise davantage; et pour ce, la dignité où je suis parvenu je ne l'apprécie point, parce que je l'ai eue sans peines. On ne fera pas de chansons de geste (1) sur moi, et l'on dira simplement que cette dignité me fut donnée. Les poètes ne chantent pas ce qu'un homme a obtenu sans guerre. Vous savez, en outre, que la famille d'où je viens n'existe plus qu'en moi. La fortune pourra m'ôter ce qu'elle m'a donné; car c'est pour cela qu'elle est dite fortune : *à forte una*, parce qu'elle est commune à tous dans la prospérité (2). L'homme ne doit jamais se croire à l'abri de l'adversité; et plus la position est élevée, plus la chute est grande. Ainsi, je ne dois point me reposer pendant que sans cesse tourne la roue. L'homme doit toujours se défier de son ennemi et être sur ses gardes; il peut se défendre du dard qu'il voit venir mieux que de celui qui est caché. Je ne veux pas que la fortune me frappe endormi, et je vous demande, mes amis, que vous me veuillez suivre. »

Quand Brut eut achevé son discours, tous ses barons lui répondirent qu'il n'avait qu'à commander, et que tous

---

(1) *Ni aun de mi faran carmen.*

(2) *Ca por eso es dicha fortuna, a forte una, porque es commun a todos en la prosperidad.*

marcheraient avec lui de très-bon cœur. Alors il rassembla beaucoup de gens, de ceux qui avaient été amenés captifs de Troye; il réunit tous les barons du royaume, nomma des gouverneurs, et leur recommanda de vivre en paix et justice aux ordres et sous l'obéissance de la reine Dorothée, leur dame. Puis il arma une grande flotte de nefs et de galères dans le port de Carse, à une journée de Corinthe, où lui et la reine demeuraient. Et Brut allait voir cette armée navale presque tous les jours, et une fois, il resta là et ne revint pas. Pendant tout cela, la reine était très-étonnée de l'armement de cette flotte, et ne savait à quoi elle était destinée; car jamais Brut ne lui disait rien, ce dont elle avait grand souci. Mais elle n'osait lui faire des questions pour ne lui pas causer de mécontentement. Quand elle vit que Brut tardait tant, elle appela ses chevaliers et s'en fut là; et tout en arrivant, elle aperçut une si grande flotte de vaisseaux et tant de gens, et briller tant d'armes et de pennons, qu'elle fut tout épouvantée; car elle n'avait jamais vu rien de tel. Et elle commença à pleurer; et elle dit en soupirant que telle devait être l'armée qui fut devant Troye, où tant de braves hommes périrent. Quand Brut apprit que la reine était là, il fut la recevoir et montra grande joie de sa venue. Elle cacha sa peine le mieux qu'elle put, et ils se rendirent à la ville, et mangèrent, et eurent grand plaisir. Ils s'en retournèrent ensemble à Corinthe, s'entretenant de beaucoup de choses; mais de la flotte, jamais Brut ne lui en dit rien, et elle n'osait lui en parler.

Quand, la nuit, ils furent dans leur chambre, la reine dit : « Seigneur, qu'est-ce que c'est que cette armée de mer, et ce monde assemblé en telle quantité, que je ne crois pas qu'il y en eût plus devant Troye? Je vous vois prêt à partir, vous et vos gens, et vous ne m'avez rien dit, ni ne me dites rien de ce projet. Me tenez-vous en si petite estime que vous ne me trouviez pas digne d'entrer dans votre conseil ni de savoir où vous prétendez aller? ou bien d'aventure, ne croyez-vous pas que je vous aime comme je le dois, puisqu'ainsi vous vous cachez de moi? Je vous en prie par les dieux que j'invoquerai pour qu'il vous secondent, dites-moi quel est votre dessein, ou renoncez-y. Qu'il vous souvienne de ce que j'ai fait pour vous; et si vous croyez que j'ai eu quelque tort à votre endroit, prenez-en vengeance, mais ne me laissez pas au pouvoir du roi Nestor, mon frère, qui voudra se venger de moi et rejetera sur ma personne tout le dommage qui lui est arrivé parce que je vous ai accueilli. »

Brut répondit : « Madame, votre royaume est en paix, bon ordre et sécurité; tous vous honoreront, et obéiront, et feront à votre volonté; et de vos voisins, il n'en est aucun qui ose remuer. » Alors la reine, pleurant très-amèrement, lui demanda où il allait et quand il reviendrait; mais elle ne put jamais l'apprendre de lui. Ainsi partit Brut. Il s'en fut au port qui était à une journée de la ville, prenant congé des gouverneurs du royaume et des autres gens. La reine et les dames du palais demeurèrent, faisant les plus grandes lamentations qui puissent être.

Et ici l'auteur dit que Brut montra une cruauté bien grande à l'égard de Dorothée, qui avait tant fait pour lui et qui tant l'aimait, en ne voulant pas, pour la consoler, lui dire où il allait, ni lui donner espoir qu'il reviendrait. Il ajoute pourtant que Brut agit en homme de grand entendement; et cela, parce qu'il y a trois sortes de personnes dont il ne faut pas prendre conseil et à qui il ne faut pas confier un grand projet : la première est une femme; la seconde, un homme dans les ordres; et la troisième un malade, encore qu'il ait été bon chevalier jadis. Une femme ne sait ce que c'est que la guerre, et a grande peine quand on lui en parle, parce qu'elle a ouï dire que beaucoup de monde y meurt; et puis, celui qu'elle aime bien, elle ne voudrait point le laisser se séparer d'elle, et elle sait lui donner bien des conseils et faire valoir bien des raisons pour lui montrer qu'il ne doit point partir. Outre cela, les femmes ont la parole douce et tendre, et soudain elles pleurent, par quoi elles amollissent et vainquent les cœurs des hommes. Un homme dans les ordres et religieux ne conseillera jamais qu'on aille en guerre, car il se rendrait homicide. Il vous dira que vous ne devez faire de mal à personne, que tous sont créatures de Dieu, même ceux qui ne sont pas chrétiens. D'ailleurs, ils n'ont pas le cœur à supporter les fatigues; ils sont bons pour manger, dormir et vivre en repos. Ils sont craintifs, et pour ce ne peuvent inspirer vaillance à autrui. Quant au malade, pour bon qu'il ait été auparavant, il a tant à s'occuper de son mal et de la douleur qui le travaille et lui a enlevé le courage, le plaisir et la joie, qu'il ne pense à rien, si ce n'est à la maladie dont il souffre; en sorte que le vrai conseil ne saurait se trouver chez lui.

Dorothée eut si grand chagrin du départ de Brut, que par l'angoisse elle tomba évanouie, et ainsi resta-t-elle une grande heure, que l'on croyait qu'elle avait trépassé. Ceux qui étaient là n'avaient pas pleuré Brut autant qu'ils pleurèrent Dorothée. Au bout d'un long temps, elle revint à elle comme d'un songe, et poussant de très-grands soupirs, tantôt elle appelait Hercule, tantôt elle appelait Brut, qu'elle accusait d'être sans pitié; et elle écrivit une lettre de sa main, et elle l'envoya à Brut, au port de la mer. Cette lettre était ainsi conçue .... (1).

CHAPITRE XXII.

Comment Brut allait, avec ses vaisseaux, conquérant des pays ; comment il aborda en Galice, s'y aboucha avec le seigneur du pays et l'emmena avec lui, et comment il passa en Angleterre.

Après que Brut eut dit adieu aux gouverneurs et aux peuples de la Grèce, il monta sur sa flotte. On déploya les voiles, on se mit à cingler, et on se dirigea vers l'Italie. Alors Énée était mort, et Brut réclama le royaume du roi Latinus, son bisaïeul ; et comme on ne voulait pas le lui rendre, il livra beaucoup de batailles dans ce pays, et vainquit .... (2) et d'autres grands personnages, et conquit beaucoup de terres. Ensuite, il retourna à sa flotte, et s'en fut à la conquête de l'Angleterre ; et allant ainsi par mer, il aborda au Faron, qu'on appelle aujourd'hui la Corogne. Le seigneur de la Galice était du lignage de Troye. Son père l'avait amené là tout enfant, lors de la destruction de la ville ; et, quand il sut que Brut était lui-même de ce lignage de Troye, il lui rendit beaucoup

(1) La lettre manque dans notre manuscrit, et le copiste a fait observer qu'elle manque aussi dans le manuscrit qu'il avait sous les yeux. Peut-être Gamez se sera-t-il aperçu qu'il reproduisait la situation de Didon au départ d'Énée, et a-t-il supprimé une lettre dont la pareille, devenue fameuse, était donnée dans la *Cronica general*.

(2) La place du nom est en blanc.

d'honneurs, lui fit de grands présents, et lui dit que, puisqu'il allait à la conquête de l'Angleterre, il le priait de lui accorder de l'accompagner. Cela plut fort à Brut, parce que le seigneur de la Galice était très-bon chevalier, et aussi parce qu'il était de sa nation (1). Le chevalier galicien prépara donc ses vaisseaux et rassembla beaucoup de gens, et s'en fut avec Brut qui aborda en Angleterre avec toute sa flotte. L'Angleterre était alors peuplée de gens qu'on appelait les géants (2). C'étaient de très-forts hommes et très-courageux, mais ils avaient peu d'armes de fer. La plupart d'entre eux se servaient d'armes de cuir et de corne, et portaient des boucliers de bois et des bâtons. Brut eut avec eux beaucoup de combats; mais il ne pouvait achever de les vaincre. Quand Brut allait dans les batailles et voyait que les siens faiblissaient, il jetait de grands cris et disait : *Briaunes, Brutonnes !* car ainsi les appelait-il en les louant beaucoup, et il leur donnait à entendre que, de même qu'il était le meilleur des princes, eux devaient tenir à honneur de se montrer meilleurs que toutes les autres nations.

Ne pouvant vaincre entièrement les habitants, il tâcha d'en venir avec eux aux paroles, et ils lui dirent : « Que veux-tu de nous? » Brut répondit : « Que vous m'obéissiez et que je sois votre seigneur. » Ils dirent : « Nous ne voyons pas pourquoi; mais choisis un homme de grande vaillance qui luttera avec un des nôtres à notre mode; si

---

(1) Ce seigneur de Galice est le Corineo qui, d'après Geoffroi de Monmouth, donna son nom à la Cornouaille. Suivant la *Cronica Troyana*, il était fils de cet Anténor qui ourdit avec Énée la trahison rapportée au livre XXIX de l'*Historia Troyæ* de Guido.

(2) *Los Jayanes.* Eustache Deschamps appelle souvent le roi d'Angleterre « le roi de l'Isle aux Jayans. »

ton homme est vainqueur, sois le maître de l'Angleterre; si le nôtre triomphe, laisse-nous, et va-t'en. » La convention fut ainsi faite et jurée. Alors le chevalier de Galice demanda à Brut qu'il lui octroyât la permission de lutter; et Brut, voyant que ce chevalier avait une aussi haute taille qu'aucun des géants, y consentit.

Le chevalier de Galice vint nu dans le champ, car ainsi cela était convenu; et d'autre part s'avança le roi d'Angleterre, qui était un des hommes les plus robustes de tout le royaume, et ils s'empoignèrent si rudement que c'était grande merveille, et que le sang coulait de leurs corps comme s'ils se fussent blessés avec des armes; et ils se donnaient de si fortes poussées, se tordant et s'étreignant, que le sol tremblait sous leurs pieds. Le chevalier galicien saisit le roi de telle manière qu'il l'enleva de terre, puis il le lâcha, et avant qu'il retombât il le prit par les reins, les jambes en haut et la tête en bas; et le levant en l'air, il le jeta si violemment sur le sol qu'il lui rompit le cou, en sorte qu'il mourut incontinent. Ainsi Brut devint seigneur d'Angleterre. Dès qu'il eut en son pouvoir les villes et les châteaux, il pensa que ces gens-là étaient très-forts et que la plupart d'entre eux, qui ne se gouvernaient point par la raison, se révolteraient. Il remarqua de plus que les femmes étaient très-belles et de bons corps, et il ordonna que l'on tuât tous les hommes de l'Angleterre, et que ses gens se mariassent avec les femmes pour que de là il vînt meilleure race. Et c'est pour cela que les Anglais sont grands et beaux; cela leur vient du côté de leurs mères. Comme le pays fut bientôt peuplé de Brutons, de leur nom il fit celui de Bretagne; et pour cette raison, l'Angleterre a ce nom ajouté au sien, [et tiré] de *Brutania*.

Jusqu'à présent, j'ai raconté pourquoi les Anglais sont différents des autres peuples ; maintenant j'ai à dire ce qui advint à Brut en Angleterre (1). Après que le roi fut tué, Brut ordonna à ses gens de s'emparer des villes et des forteresses, et commença à édifier des cités et des villages selon qu'il le trouva convenable. Ensuite il commanda de tuer autant d'hommes d'Angleterre qu'on le pourrait, comme s'ils étaient des bêtes, et de garder les femmes, ainsi qu'on l'a dit ci-dessus. Ainsi faisaient ses gens : ils tuaient beaucoup d'hommes ; mais ceux-ci étaient si nombreux et se défendaient si bien, qu'on n'en pouvait finir avec eux. Brut s'occupait toujours à peupler les villages et à bâtir des forteresses. Le pays était abondant en toutes sortes de vivres, et les femmes très-belles. Les gens de Brut s'oubliaient dans cette vie heureuse, car il ne leur manquait rien. Ils avaient laissé leurs vaisseaux sans équipages dans le port. Tous les habitants se réunirent et se dirent que, puisque les gens de Brut les tuaient tous tant qu'ils en pouvaient trouver, il fallait les traiter de même. Et tandis que Brut était au milieu du pays d'Angleterre, se croyant en sûreté, bâtissant et peuplant des villages, tous ces hommes réunis s'en vinrent au port où étaient les navires, les brûlèrent, prirent les villes des ports, et tuèrent de ceux de Brut tout ce qu'ils en purent trouver. Quand Brut sut cela, il fit assembler tout son monde en un endroit où il avait établi sa résidence ; mais les Anglais serraient les Brutons si vivement, qu'ils les tenaient comme assiégés dans ce canton au milieu du royaume, occupant toutes les issues et les empêchant de sortir. Au reste, il ne manquait

---

(1) Ici Games, qui était rentré un moment dans les données de Geoffroi de Monmouth, reprend celles de son auteur, à nous inconnu.

aux Brutons aucune chose en fait de vivres, car Brut se trouvait dans le meilleur pays du royaume. Le seul inconvénient était de ne pouvoir rejoindre la mer.

Ici l'histoire cesse de parler de Brut et de la manière dont il se trouvait au milieu des Anglais, peuplant les villes, et retourne à conter de la reine Dorothée et de ce qui lui advint depuis le départ de Brut. La reine était enceinte de ses œuvres, comme vous l'avez déjà ouï (1), et mit au monde un fils auquel elle donna nom Hermelaüs. Elle fit ce nom du nom de son père, qu'on appelait d'abord Hercule, et du nom de son père à elle, qu'on appelait Ménélaüs ; et pour les réunir tous les deux, elle appela son fils Hermelaüs.

Quand son frère, le roi Nestor, sut que Brut avait passé le détroit et qu'il était déjà dans la grande mer (2), il envoya demander à sa sœur de lui faire abandon de son domaine, et il commença aussitôt à lui faire la guerre. La reine lui fit dire que femme mariée ne pouvait rien donner sans le consentement de son mari ni faire rien qui fût à son dam, que bien il savait qu'elle était femme de Brut, que tout ce qu'elle avait appartenait à celui-ci ; qu'il avait laissé des gouverneurs dans le royaume pour qu'ils l'administrassent, et que, si lui, Nestor, voulait quelque chose, il n'avait qu'à le demander à Brut ; qu'elle le priait donc de renoncer à ses prétentions ; qu'il savait ce qu'était Brut ; qu'il avait échappé à ses mains, grâce à elle ; qu'elle lui conseillait de ne rien émouvoir, car il savait bien que rechute est pire que premier mal. Mais Nestor ne voulut pas renon-

---

(1) Il était sans doute parlé de cette situation dans la lettre que Dorothée écrivit à Brut au moment où il allait partir, lettre qui manque dans le manuscrit.

(2) *En el mar mayor.*

cer à la guerre ; et la reine Dorothée fit appeler ses gouverneurs, Pyrrhus, Panthée, et son père nourricier Simon, qui l'avait élevée depuis sa naissance, et tous les grands personnages de ses états. Elle leur raconta les exigences de son frère Nestor, comment il guerroyait contre elle et lui voulait prendre son royaume, et les pria instamment de l'aider à se défendre contre lui, de se comporter en bons et loyaux vassaux et, pendant que Brut allait chercher honneur et renom, de ne pas la laisser succomber dans son propre pays.

Tous lui promirent qu'ils la seconderaient de grand cœur ; que, puisque Nestor oubliait ses promesses, on le lui ferait chèrement payer, et qu'elle verrait que la fortune et la vaillance de Brut étaient encore avec eux. Quand tout fut ainsi décidé, ils réunirent beaucoup de monde de leurs provinces et d'autres gens de Lycie, de Nicomédie et de Sabarie, qui avaient fait leurs accords avec Brut pour venir au besoin à l'aide.

La reine Dorothée mit ses troupes en mouvement, et marcha contre le roi Nestor, qui était déjà en campagne. Dorothée s'avançait dans un grand char que traînaient quatre chevaux armés. On avait mis sur ce char un château de bois garni dedans et dehors de cuir très-richement ouvragé et de beaucoup de pierres de grand prix. La reine était assise sur un trône d'une grande valeur, vêtue de très-magnifiques étoffes, une couronne d'or sur la tête, une épée nue à la main ; avec elle étaient deux dames et deux damoiselles de haut lignage, et devant elle, sur le char, était un pennon que lui avait donné Brut quand il l'avait épousée, et qui était attaché à une très-longue hampe. Les armoiries qu'il portait étaient un lion de sable relevé d'or (1) en champ d'argent, et depuis les griffes jusques en bas, le champ était de gueules ; le lion avait pour yeux deux pierres rouges couleur de sang qu'on voyait briller de très-loin. Près du char marchaient d'un côté le duc d'Almacie, de l'autre le comte de Bohême. Avec l'avant-garde allait le gouverneur Pyrrhus, avec l'arrière-garde le gouverneur Panthée ; chacun d'eux avait une grande bataille (2) à ses ordres. Le roi Nestor arriva de son côté. Les armées se joignirent ; le combat s'engagea, et la mêlée fut chaude. Le roi Nestor était bon chevalier. Et, encore qu'il savait avoir affaire à une femme, ne laissait-il pas de combattre très-durement, car il y avait là de bien braves chevaliers et il voyait qu'avant de les vaincre il lui en coûterait beaucoup des siens ; car Dorothée avait avec elles quatre ou cinq princes, qui, rien que pour l'honneur, combattraient jusqu'à la mort.

Et ici l'auteur dit qu'en guerre aucun prince ne doit mépriser son adversaire, quand même celui-ci serait moindre que lui et aurait moins de monde. Ce n'est pas assez qu'on connaisse son ennemi, il faut encore connaître ceux qui sont avec lui. Lorsque les hommes sont dans l'action, ils ne combattent pas l'un pour l'autre, mais bien chacun pour défendre sa vie et son honneur. Quoique tous soient rassemblés à l'honneur d'un seul, celui-là emporte le bruit, mais les autres ont été les artisans de la victoire ; et là où beaucoup de bons chevaliers sont joints à un prince, chacun d'eux veut avoir sa part de l'honneur. Ainsi donc, personne ne doit faire peu de cas de son ad-

---

(1) *Un leon negro gritado de oro.* Nous traduisons par conjecture *gritado*, dont la signification dans la langue héraldique nous est inconnue.

(2) *Grande as de gente.* Le *has* des Espagnols est la même chose que la *bataille*, corps de troupes, de nos chroniqueurs.

versaire, si petit qu'il soit, à cause de la bravoure de ceux qui sont avec lui.

Le roi Nestor, frappant et tuant, enfonça la première bataille; là mourut le gouverneur Pyrrhus. Le roi Nestor voyait briller le char où était Dorothée, et lui et les siens s'efforçaient de l'atteindre. Le combat était donc très-dur, et la foule et la presse grandes au-devant du char; et des deux côtés elles allaient croissant pour le gagner et le défendre. Dorothée en entendit le bruit; elle ordonna d'ouvrir la porte du château, et se plaça au milieu de la porte, l'épée haute à la main. Le roi Nestor allait combattant, ardent comme un lion. Il leva les yeux pour regarder le char qui était tout près de lui et aperçut Dorothée; et aussitôt qu'il la vit, il retint son cheval par la bride et abaissa son épée, et ne bougea plus, considérant sa sœur. Le comte de Bohême, qui occupait la droite du char, quand il vit le roi Nestor s'arrêter ainsi comme pâmé, pressa son cheval des éperons, mit sa lance en arrêt, et porta au roi un si grand coup dans son écu qu'il le faussa, et faussa ses armes, et le jeta par terre. Alors la mêlée devint encore plus chaude des deux parts autour du roi. Le duc d'Almacie s'avança, frappant très-durement, avec sa bataille qui était à la gauche du char, et il fit reculer les Grecs, et les Arméniens prirent le roi. Le duc continua à combattre les Grecs jusqu'à ce qu'il leur eût fait quitter le champ de bataille, malgré qu'ils en eussent, et qu'ils se missent à fuir. Il y eut là grand nombre de Grecs morts ou blessés ou pris, et les Arméniens s'emparèrent de leurs tentes et de leur camp. Ils amenèrent à Dorothée le roi, son frère, prisonnier et blessé, et beaucoup d'autres chevaliers. Elle fit soigner son frère, et retourna avec son armée à la ville, en pompe et triomphe.

Dorothée tenait le roi Ménélas, son père, dans son palais, très-honorablement et bien servi, parce qu'il était déjà très-vieux et perclus des grandes blessures et fatigues qu'il avait endurées au siége de Troye. Et Dorothée avait accoutumé, en tous les jours de grande fête, de faire conduire son père dans la salle à parer où venaient les grands personnages, et on l'asseyait sur un trône très-riche, vêtu de belles étoffes, et la couronne d'or sur la tête. Le jour que Dorothée revint de la bataille, elle ordonna d'amener son père dans la salle très-respectueusement, et de conduire devant lui son fils Nestor. Ménélas savait déjà comment il en était allé de la bataille, et quand il vit Nestor il lui dit : « Ah! fils d'Hélène! » Et il ordonna de le tirer de devant lui, et n'ajouta rien de plus. Pourtant il commanda qu'on prît soin de lui, mais qu'on le gardât bien. Il ordonna aussi que des prisonniers faits dans la bataille, lesquels étaient venus avec son fils, ceux qui l'avaient accompagné au siége de Troye fussent mis en liberté et pussent retourner chez eux avec ce qui leur appartenait, et que tous les autres fussent serfs ou mis à rançon. Puis il fit asseoir Dorothée sur un trône à sa droite, enjoignit à tous qu'ils la reconnussent pour reine et dame, et ôta la couronne de sa tête et la posa sur celle de sa fille. La reine Dorothée fit très-grande fête à tous les princes qui étaient là réunis; et la joie fut grande, parce qu'ils avaient eu victoire dans la bataille. Après que les princes furent congédiés, ainsi que les autres gens de la reine, Dorothée se mit à penser à Brut, comme elle aurait voulu qu'il fût à une fête si honorable, et comme tous ces guerriers qui étaient accourus étaient venus à cause de l'attachement qu'ils portaient à son mari et des accords qu'il avait faits avec eux en partant. Et comme tout le monde était triste de ne rien savoir de Brut, elle ordonna de construire une nef très-légère, et fit venir un chevalier en qui elle se fiait beaucoup et qu'elle savait aimer Brut de grande affection, et le pria d'aller à sa recherche. Elle fit garnir la nef très-bien et de monde et de vivres pour longtemps, et promit au chevalier de beaux présents, s'il rapportait de bonnes nouvelles de son maître. Le chevalier avait cela fort à cœur, et il se mit en mer. La nef était faite de telle sorte, que dans toutes les mers il ne se trouvait navire qui fût aussi bon voilier ni qui pût l'atteindre; et tant qu'elle était en pleine mer, il n'y avait pas de tempête qui pût la faire périr.

Voici la nef qui s'en va, cinglant à la recherche de Brut, et arrêtant pour les questionner tous les navires qu'elle rencontrait. Maintenant l'histoire cesse d'en parler, et revient à conter de la reine Dorothée.

CHAPITRE XXIII.

Comment Dorothée, par la vie pure qu'elle menait, fut tenue pour déesse, suivant [l'opinion de] ce temps, et fut une des sibylles qui annoncèrent la venue de Jésus-Christ.

Vous avez déjà ci-dessus ouï comment Dorothée était née l'année même que sa mère, la reine Hélène, fut enlevée pour être emmenée à Troye. Quand elle connut qu'elle était comme orpheline, sans père et sans mère, et sut comment les choses s'étaient passées, et qu'elle apprit la façon dont le monde parlait d'elle, disant qu'elle était belle comme sa mère et promettait même de l'être davantage, et aussi tous les malheurs que cette grande beauté de sa mère avait causés, elle prit une manière de vivre comme si elle était entrée en religion, et continuellement elle faisait des sacrifices, et des oraisons, et des offrandes aux dieux, suivant la religion des idoles. Elle mit en son cœur de garder chasteté comme les vierges; et elle mena une vie sainte et exemplaire, et très-pure; et sa bonne vie fut telle qu'elle devint prophétesse et parla de certaines choses de l'avenir, spécialement de la venue du Christ. Aussi la tenait-on pour déesse en ce monde.

Pendant que la nef était en route, mourut le roi Ménélas, son père; et elle le fit enterrer très-honorablement, comme il appartient à un roi, dans la ville de Sébaste.

La nef battit d'abord toutes les mers du levant sans pouvoir jamais apprendre nouvelles certaines de Brut. Puis elle passa le détroit de Gibraltar et fut à Cadix, et là, elle sut que Brut y était venu avec sa flotte, et comment il avait fait route au ponant dans la direction des Galias, qu'à présent on nomme Galice. Prenant la même direction, elle alla reconnaître la tour de Faron, qui est en Galice. Là, elle prit langue, et on lui dit comment, il y avait trois ans, Brut y était arrivé avec une grande flotte; comment il s'y était ravitaillé de toutes choses dont il avait besoin, et la façon dont le seigneur du pays s'en était allé avec lui, emmenant tous les vaisseaux qu'il y avait en Galice, grands et petits. Les habitants ajoutèrent qu'ils étaient fort inquiets de leur seigneur et n'avaient plus de navires pour aller à sa recherche; qu'ils étaient très-travaillés, parce que leurs voisins guerroyaient incessamment contre eux; que Brut et les siens, quand ils étaient partis, avaient annoncé qu'ils allaient conquérir l'Angleterre, ce qui donnait matière à grands soucis, vu que les gens de ce pays étaient très-forts et les auraient [peut-être] tous tués; que dans ces trois ans jamais aucun des leurs n'était revenu. Ils prièrent le chevalier qui allait à la recherche de revenir vers eux pour leur dire ce qu'il aurait appris.

La nef se remit en mer et fit bonne traversée jusqu'en Angleterre. Et comme elle abordait à un port, les gens du pays accoururent en grand nombre et lui lancèrent des flèches, des pierres et des dards, tellement qu'il ne fut pas possible de descendre à terre ni de s'aboucher avec eux. S'en allant ainsi, fouillant tous les ports, la nef en rencontra un très-grand, où auraient pu tenir beaucoup de navires, et le trouva plein de tant de charbons et de si gros, que l'on ne pouvait aborder la terre de bien loin; et elle reconnut que ces charbons provenaient de vaisseaux brûlés, car il y avait beaucoup de débris de mâts, d'antennes, de beauprés, de châteaux, de bordages, et beaucoup de rames, ce qui faisait connaître que là avaient été brûlés une grande flotte et grand nombre de navires. Et les gens de la nef commencèrent à faire de grandes lamentations, disant qu'en cet endroit sans doute avaient péri Brut et son monde. Pourtant ils remarquèrent qu'il n'y avait point de traces d'hommes morts, car ils ne trouvèrent ni ossements, ni morceaux de lances ou d'arbalètes, ni armes d'aucune sorte. Dans tous les autres ports ils ne trouvèrent aucun navire. Après avoir examiné toutes les côtes de ces îles sans avoir pu se procurer plus de renseignements, ils reprirent la route du détroit et revinrent en Grèce.

Quand Dorothée eut appris les nouvelles qu'ils rapportaient, elle fut très-affligée. Cependant elle le cacha le mieux qu'elle put. Elle fit appeler les grands de la Grèce, et leur dit ce que la nef avait découvert; car tous attendaient son retour. Elle ajouta : « D'après ce rapport, nous ne savons encore si Brut est mort ou vif; mais, si tant est qu'il soit mort, il est mort vertueusement, car il est mort en cherchant renom et honneur; et s'il est vivant, il n'y a pas autre homme au monde qui le vaille; et pour cela je veux aller le quérir. » Dorothée était tellement aimée et redoutée, que tous lui déclarèrent leur plaisir d'aller avec elle faire cette recherche. Et aussitôt elle ordonna d'armer une grande flotte, et fit préparer les nefs de Tarse et de Constantinople. Elle rassembla beaucoup de monde, établit des gouverneurs dans ses états, et commanda qu'ils reconnussent pour seigneur son fils Hermelaüs, que l'on élevait pour lors à Sébaste; et, prenant de grands trésors et beaucoup de gens de guerre, elle gagna la mer avec grand désir de retrouver Brut. Quelques-uns de ses voisins furent avec elle, à cause de l'amour qu'ils portaient à son mari. Elle se trouva donc en mer avec une grande flotte composée de ses vaisseaux et de ceux de ses alliés.

CHAPITRE XXIV.

Comment la reine Dorothée eut bataille avec les Africains qui l'attendaient dans le détroit, et comment elle les vainquit par art mathématique.

Les peuples de l'Afrique eurent avis que la reine Dorothée réunissait une flotte pour aller à la recherche de Brut.

Ils avaient grande haine contre lui, en raison de ce qu'il leur avait fait grand dommage dans les batailles qu'il leur avait livrées, et ils pensèrent à profiter de l'occasion pour se venger de Brut. Ils armèrent une grande flotte, se postèrent au milieu du détroit, et là ils attendirent. Et quand elle les vit, Dorothée leur envoya dire qu'ils la laissassent passer et aller là où elle tendait, parce qu'elle n'avait l'intention d'attaquer personne. Les Africains répondirent qu'elle se rendît prisonnière, elle et tous ceux qui étaient là.

Dorothée fit appeler les grands, et leur dit qu'ils voyaient bien de quoi il s'agissait, qu'ils fissent en braves et défendissent eux et elle contre ces mauvaises gens. Les grands décidèrent que la grande nef, sur laquelle était Dorothée, serait placée au milieu de leurs vaisseaux, qu'eux seraient tout à l'entour, et qu'ils mourraient avant que cette nef fût prise. Et ainsi fut-il fait. La bataille fut très-vive; les boulets (1), les pierres, les dards et les flèches sifflaient; les Africains étaient nombreux et bien armés, et combattaient très-valeureusement; ils tenaient les Grecs entourés de tous les côtés, et ils les pressèrent fortement pendant tout ce jour et jusqu'à ce que vînt la nuit. La nuit venue, ils se retirèrent par nécessité, car tous avaient besoin de repos; toutefois ils tenaient toujours les Grecs environnés, en sorte qu'ils ne pussent se dérober. Dorothée, pendant tout ce temps, était dans sa chambre avec ses femmes, faisant ses opérations de nécromancie magnétique (2). Et le lendemain matin, quand tous étaient déjà préparés pour le combat, au lever du soleil parut, du côté de la mer océane, une armée de nefs, les plus grandes que jamais

---

(1) *Truenos.*
(2) *Sus artes de nigromancia magnitica.*

on eût vu, leurs voiles de différentes couleurs hissées aux mâts. Elles étaient rangées en bataille et occupaient tout le détroit, d'une rive à l'autre; et il y flottait beaucoup de pennons; et on y voyait briller tant d'armes, que c'était la plus effrayante chose du monde. Les Grecs aussi bien que les Africains furent remplis d'épouvante, quand ils virent cette flotte si près d'eux. Mais Dorothée envoya dire aux siens qu'ils prissent courage et n'eussent pas de crainte, qu'ils pensassent au contraire à frapper ferme sur leurs ennemis. Les Africains, quand ils virent une flotte si grande que jamais il n'y eut la pareille, et que les Grecs se disposaient à les attaquer, crurent que c'était Brut qui arrivait, et ils prirent la fuite. Les Grecs firent force pour les atteindre, les combattirent, et s'emparèrent de beaucoup de leurs vaisseaux, où ils firent des captifs et prirent de grandes richesses. Quand le combat fut terminé, les Grecs se rassemblèrent autour de la nef de Dorothée, regardèrent, et virent que la grande flotte qui avait paru venir se changeait en un nuage, et s'éloignait d'eux en s'en allant vers le ponant. Elle mit tout ce jour à disparaître et enfin se dissipa complètement. Tous en furent très-émerveillés. Ils prirent la direction de Cadix, passèrent ensuite devant le cap de Saint-Vincent, remontèrent vers la tour du Faron, et entrèrent dans le grand port de Galice. Là vinrent tous les gens du pays; ils apprirent à Dorothée le passage de Brut, lui firent de riches présents, et se plaignirent du mal que leur faisaient leurs voisins, depuis que leur seigneur s'en était allé avec Brut. Ils lui demandèrent que, puisqu'ils avaient perdu leur seigneur à cause de son mari, elle les prît sous sa protection, qu'elle les secourût, et qu'ils la reconnaîtraient pour leur dame.

Dorothée le leur accorda, et incontinent elle envoya des lettres à tous leurs voisins, les priant de laisser ces peuples en paix pour l'amour d'elle. Ils y consentirent; et elle donna pour gouverneur à la Galice un grand seigneur qui était du lignage de ceux de Troye, et qui l'accompagnait. On fournit les vaisseaux de vin, de pain, de tout ce dont ils avaient besoin, et la flotte fit route vers l'Angleterre.

Elle passa la mer [d'Espagne] et entra dans le port où étaient les vaisseaux brûlés. Là on chercha d'abord à se rendre maître d'un point pour y débarquer; mais beaucoup d'hommes du pays, de ces mal armés, vinrent pour s'opposer à la descente. Lorsque les gens de la flotte eurent reconnu quelle quantité de navires avaient été détruits, ils crurent bien que c'était la flotte de Brut, et ils commencèrent à faire de grandes lamentations; mais Dorothée leur ordonna à tous de se taire et de combattre pour aborder; et elle dit : « Quand un seul vaisseau se perd en mer, et qu'avec lui périssent ceux qui le montent, vous ne voyez jamais qu'il n'en réchappe pas au moins une personne, laquelle raconte comment la chose eut lieu. Quand trois hommes sont attaqués sur un chemin, rarement il arrive qu'il ne s'en sauve pas un qui rapporte ce qui s'est passé; et cela est ainsi par la volonté de Dieu. De plus, cette destruction a eu lieu sur terre; et si Brut et son armée ont été vaincus, il ne peut pas être que quelques-uns d'entre eux, et par aventure la majeure partie, ne soient encore en vie. »

Après que Dorothée eut dit cela, ceux qui l'accompagnaient prirent réconfort (1) et eurent espoir que tous

---

(1) Le manuscrit dit : *concertaronse*, ce qui signifierait : se mirent en disposition d'agir; mais, comme cela fait double emploi avec la phrase suivante, nous avons lu *confortaronse*.

étaient vivants; car ils la connaissaient pour une dame de grand sens et très-savante. Ils furent s'armer et se dirigèrent vers la terre. Comme les charbons étaient en grande quantité et avaient été poussés à terre par les vents et les flots, le bois brûlé qui flottait dans le port, près de la rive, se trouvait recouvert par le sable qu'avaient apporté les vents, et tout cela faisait l'effet d'une plage; en sorte que les gens, quand ils y mirent le pied, enfoncèrent et se noyaient dans la mer. Lorsqu'ils reconnurent leur erreur, ils le dirent à Dorothée, qui ordonna de fabriquer des espèces de radeaux munis de rames, à l'aide desquels ils débarrassèrent le port des charbons, et ils les enlevèrent avec des embarcations jusqu'à ce qu'ils eussent fait plage nette. A cela ils passèrent plusieurs jours, d'autant qu'ils reçurent grand dommage de ceux qui gardaient la rive. Quand ils eurent nettoyé la plage, ils accostèrent avec leurs navires et jetèrent les échelles. Ils eurent là de grands combats avec les Saxons; mais ayant enfin abordé, ils en tuèrent beaucoup.

[Dorothée apprit alors] comment Brut et son monde étaient vivants et en santé, et comment son mari était au milieu de l'île, peuplant des villages et bâtissant de grandes forteresses. Elle sut aussi comment les Saxons occupaient toutes les issues (1) du canton où Brut se tenait; comment ils l'avaient reconnu pour roi; comment ensuite Brut avait ordonné de les tuer, sans qu'ils sussent pourquoi, et que, pour cette raison, ils s'étaient soulevés et lui avaient coupé toutes ses communications (2), craignant pour eux la mort qu'il avait donnée à beaucoup des leurs.

(1) *Todas las comarcas* (lisez *marcas*) *de alrededor de la comarca donde estava Bruto.*
(2) *Le abian tomado las marcas.*

Dorothée, voyant qu'elle ne pourrait forcer les passages sans grand danger pour son monde, ordonna d'amener devant elle quelques-uns des prisonniers, et leur dit d'aller trouver leurs capitaines et de les engager à venir lui parler, leur promettant toute sûreté. Elle leur fit donner des habits honorables, et les fit remettre en liberté. Ils s'en allèrent, et bientôt deux hommes de dignité parurent devant Dorothée. Ils lui racontèrent tout ce qui était arrivé à Brut, comment il avait débarqué dans le pays, les choses qui étaient survenues, et lui indiquèrent le lieu où pour lors il se tenait, lui disant que, si elle voulait passer en sûreté plus loin, elle et ses gens, ils lui donneraient les moyens de le faire, mais par telle convention qu'elle leur jurerait d'obtenir de Brut qu'il ne continuerait pas à les mettre à mort; et que, dans ce cas, ils voulaient bien la servir et être siens. Dorothée leur dit qu'elle acceptait de grand cœur. Elle ordonna de leur faire présent de très-riches habits. Ils s'en furent, et rapportèrent de beaux cadeaux en bétail, pain, fruits, et quantité d'oiseaux. Dorothée fit ranger son armée, et mit à part tous les chevaliers, dont quelques-uns étaient de grands princes. Les troupes furent disposées suivant ce que requéraient le pays et les lieux dangereux par où elles avaient à passer; car, bien qu'elles eussent la parole des Anglais, elles ne s'y fiaient pas entièrement. Dorothée s'en allait très-pompeusement sur le char doré dans lequel elle avait coutume de voyager, et tous les princes et grands autour d'elle. Devant marchaient les Anglais, aplanissant les chemins par lesquels l'armée devait passer, et dans tous les villages qu'elle traversait, on lui faisait de grands présents en vivres. Cheminant ainsi par ses journées, elle arriva au défilé (1) qu'elle de-

(1) La *marca*, proprement : marche, frontière, bande de territoire,

vait franchir. Et quand Dorothée se vit en lieu tel que les Anglais ne lui auraient pu nuire quand ils l'auraient voulu, elle ordonna de planter les tentes et de camper. Elle fit bâtir dans cet endroit deux tours très-fortes, l'une d'un côté du défilé, l'autre du côté opposé, en sorte qu'on ne pouvait passer qu'entre elles deux. Elle avait des ouvriers très-habiles pour travailler la pierre et le bois, et les meilleurs mécaniciens (1) qu'on puisse trouver. Elle ne partit point de là tant que les tours ne fussent terminées. Il y avait dans ce lieu beaucoup d'eau, des bois et de bons pâturages. Quand les tours furent construites, elle ordonna d'y placer de bons soldats, de les munir d'armes et de vivres; puis elle mit son armée en marche, et descendit vers la plaine. Alors elle envoya ses messagers à Brut, pour lui faire savoir qu'elle arrivait.

CHAPITRE XXV.

Comment Brut reçut en grand triomphe la reine Dorothée.

Lorsque Brut eut avis que Dorothée arrivait, il en fut très-émerveillé, et montra grande joie, et fit beaucoup de questions sur son voyage, car il comprit bien qu'elle n'avait pu venir jusque-là sans grands périls et travaux. Quand

---

d'ordinaire dévasté, où se rencontraient les coureurs de deux pays ennemis. Mais ici Gamez indique visiblement un point particulier de la marche, un passage difficile que Dorothée fait garder quand elle y est arrivée.

(1) *Mecanicos*, ingénieurs.

il eut appris par ordre toutes les choses qui lui étaient advenues, tant à la défense de son royaume que lors de son départ, et ce qui s'était passé sur mer, il vanta beaucoup sa grande noblesse et science, et dit : « Il n'y a pas aujourd'hui son égal dans le monde, dame ou chevalier, pour toutes les vertus qui peuvent être en une personne. » Et incontinent Brut convoqua tous les grands qui étaient par les villes et châteaux, et leur fit dire de venir en bel équipage de cour; et dès qu'ils furent réunis autour de lui, il fit aplanir tous les chemins par lesquels devait passer Dorothée avec son armée, et les fit border d'un bout à l'autre d'arbres verts très-grands, et joncher d'herbes fraîches. Il commanda ensuite d'y conduire beaucoup de bêtes sauvages enchaînées et attachées, lions, et ours, et sangliers, et tigres, et autres animaux féroces, et fit aussi disposer beaucoup de jeux divers dans les endroits où elle devait passer, et plusieurs autres choses, et quantité d'instruments. Brut s'avançait, monté sur son palefroi dont les harnachements étaient garnis d'or et de pierres précieuses, et sous un dais de drap d'or que portaient six chevaliers de grande condition, chacun tenant un des bâtons du dais; et grande chevalerie l'accompagnait. Quand ils arrivèrent près du char, Dorothée en descendit, et ses dames et damoiselles avec elle, ainsi que les seigneurs qui venaient à sa suite. Alors Brut descendit aussi de son palefroi, et Dorothée et tous les siens se mirent à genoux devant lui, et Brut fut à Dorothée, la releva et l'embrassa (1). Brut monta dans le char avec Dorothée, et l'assit sur son trône; puis il remonta sur son palefroi, et ordonna que le dais qu'on portait au-dessus de lui on

---

(1) *Dtple pas.*

le tint sur la tête de Dorothée, et ainsi fut-il fait jusqu'à ce qu'on arrivât à la ville où Brut faisait sa résidence dans cette province. Là eut lieu une très-grande fête qui dura trente jours, et Dorothée ordonna d'apporter devant Brut un présent, tel qu'on n'en avait jamais vu, d'étoffes et joyaux, et or, et argent, et pierreries, et blé, et aussi beaucoup de vin, qui était la chose qui faisait le plus défaut dans ce pays, et grand nombre de chevaux. Durant cette grande fête, Dorothée demanda grâce à Brut pour les Anglais, et le pria de leur pardonner et de commander à ses gens de ne les plus tuer ni persécuter davantage. Et Brut le lui octroya, à la condition qu'ils videraient entièrement l'Angleterre et iraient habiter les petites îles. Et ainsi fut-il exécuté; car Dorothée les fit conduire, sur ses vaisseaux et avec ses gens et chevaliers, dans ces petites îles qui sont de la dépendance de l'Angleterre. Et Brut passa en Irlande, en Frise et en Écosse, et trouva ces pays déjà peuplés. Il y bâtit de grandes villes et forteresses, et y établit des rois qu'il prit parmi les grands de sa nation, et il leur donna des lois pour se gouverner, puis s'en revint en Angleterre. Lui et Dorothée allèrent ensuite au grand port où était la flotte, et là il fonda une très-grande cité qui aujourd'hui s'appelle Longis (*sic*), et il l'embellit beaucoup, et fit dans le royaume des ducs, et des princes, et des comtes de provinces. Et le chevalier que je vous ai dit qui était venu avec lui de Galice, il le fit prince d'une grande province à laquelle il donna le nom des Galias, qui sont aujourd'hui la Galice, et c'est elle que maintenant on appelle pays de Galles en Angleterre. Et ainsi vécurent un certain temps Brut et Dorothée en Angleterre, et ils y eurent des enfants. Ensuite vinrent de tous côtés pour demeurer en ce royaume des gens attirés par le grand renom de Brut, et d'autres avec des marchandises, de sorte que ce pays fut bientôt riche et bien fourni. Brut faisait construire beaucoup de vaisseaux, et, dans ces temps, quelques-uns ont prétendu que les navires que nous avons dit avoir été brûlés dans le port le furent par ordre de Brut, qui secrètement y fit mettre le feu, ou donna aux Anglais loisir de l'y mettre, et quitta les ports, se retirant au milieu du royaume, parce qu'il savait que la plupart de ses gens voulaient s'en retourner, à cause qu'il n'y avait pas de vin dans ce pays et qu'ils avaient été élevés dans des contrées où il y en avait beaucoup.

Quand Brut eut peuplé la grande cité, il fit appeler les rois des autres îles et tous les grands seigneurs, et dit que sa volonté était de passer en France et de là en Italie. Il leur laissa pour roi un de ses fils, ordonnant que tous lui obéissent comme à leur seigneur et comme à lui-même. Cela il le fit à la prière de Dorothée ; et afin de ne pas la détourner des traces de son voyage, il arrêta avec elle qu'elle irait directement en Grèce. Dès que les *cortès* eurent été tenues, Dorothée se mit en mer, bien accompagnée de grands personnages, et retourna en Grèce.

Brut avait donc peuplé l'Angleterre de ses gens qui, de son nom, étaient appelés Brutones, et il appela le pays Brutonie. Par la suite, ce nom se corrompit, et aujourd'hui on appelle cette contrée Bretagne. Brut passa en France, et de là en Italie, comme il en était convenu avec Dorothée.

Ici l'auteur dit : S'il est vrai que les femmes tiennent en leur puissance les cœurs des hommes, cela vient ou de la nature, ou de la faiblesse de l'homme qui se laisse subjuguer par elles. Quoi qu'il en soit, l'homme n'est pas sans faute. Ainsi, Brut qui, au commencement, avait bien

su se garder, à la fin se laissa vaincre par sa femme.
A la vérité, pour cela il ne perdit rien, mais celui que tant
de nations n'avaient pu vaincre une femme le vainquit.

Jusqu'ici je vous ai conté d'où vient que les Anglais
sont différents de tous les autres peuples et en désaccord
avec eux, ce qui provient de ces géants dont ils descendent (1). Maintenant j'ai à vous dire à quelle occasion
commença la guerre, qui de présent dure encore, entre
la France et l'Angleterre; bien qu'il y ait eu auparavant
d'autres guerres entre ces deux pays, quand le roi Arthur tua Frole, roi de France, qui tenait ce royaume
pour les empereurs romains (2).

(1) Gamez oublie qu'il a tout à l'heure expulsé d'Angleterre les géants aborigènes.

(2) Voyez, dans Geoffroi de Monmouth (liv. IX, ch. XI), le récit fabuleux des expéditions du roi Arthur en France.
Nous ne saurions dire quelle valeur peut avoir pour la critique, aujourd'hui si occupée des traditions bretonnes, cet épisode arménien du Brut de Gamez. Comme tableau de mœurs, il méritait peut-être d'être conservé. Gamez a, pour l'excuser de lui avoir donné de telles dimensions, l'exemple du roi D. Alphonse le Sage, qui, dans la *Chronique générale*, modèle non encore surpassé au temps de notre auteur, a traité avec autant d'étendue et d'une manière aussi romanesque la légende de Didon.

La *Chronique anglo-saxonne*, dont M. Benjamin Thorpe a donné, d'après plusieurs manuscrits, trois textes en regard l'un de l'autre (London, 1861, 8°), dit, en parlant des premiers habitants de la Grande-Bretagne (vol. I, p. 3): *Aerest waeron buend thises landes Bryttas. Tha comen of Armenia. Gesaeton suthonwearde Brytene aerost.* « Les premiers habitants de ce pays furent les Bretons. Ils vinrent de l'Arménie, et s'établirent d'abord dans la partie méridionale de la Bretagne. » M. Thorpe fait observer que le mot Arménie a été substitué par erreur à celui d'Armorique (donné par Beda, et auquel se rattache le long séjour de Brut en Gaule, d'après la légende). Le passage de Beda est ainsi conçu : *In primis hæc insula Britones solum, à quibus nomen accepit, incolas habuit, qui de tractu Armoricano, ut fertur, Bri-*

CHAPITRE XXVI.

Comment autrefois commença la guerre entre la France et l'Angleterre, au sujet du duché de Guienne.

On dit que, le duché de Guienne étant autrefois du domaine de France, il arriva qu'un duc de Guienne fut marié à la fille d'un roi de France. Cette dame était si belle, et si gracieuse, et si noble, qu'en France il n'y en avait pas une autre comme elle. Le duc l'aimait de bien grande affection;

tanniam advecti, australes sibi partes illius vindicarunt. Mais aucun des nombreux manuscrits consultés par M. Thorpe ne fournit la variante d'*Armorica* en place d'*Armenia*.

L'auteur que Gamez a suivi rédigeait-il à sa façon une tradition bretonne, ou bien avons-nous ici une légende bâtie sur l'erreur de nom que l'on s'accorde à voir dans la désignation de l'Arménie par la *Chronique anglo-saxonne?* Dans l'un et l'autre cas, il nous semble qu'il y aurait quelque profit à en tirer pour la critique, et nous abandonnons ce soin aux érudits. Nous nous bornerons à rappeler une indication fournie par M. Edelestand du Méril, dans son *Étude sur la vie et les ouvrages de Wace (Jahrbuch für Romanische und Englische literatur,* vol. I, p. 24) : « L'auteur primitif de la *Estoire saint Ædouard le roi* semble ne pas avoir connu cette tradition (celle qui faisait venir Brut d'Italie), puisque nous lisons dans la traduction française, vers 786 :

Venant en la cumpainie
Brut à la chère hardie,
Ki s'en vint, à grant navie,
De la grant Troie, flur d'Asie.

L'Arménie de Dorothée, qui comprend Nicomédie, n'éloigne pas beaucoup Brut du point de départ que lui donne le chantre de saint Édouard le roi.

et il advint que la duchesse trépassa, laissant une fille qui lui ressemblait fort et était aussi belle que sa mère. Le duc, quand il vit morte sa femme qu'il aimait tant, mena grand deuil et fit les plus grandes lamentations du monde. Il était enfermé dans une chambre, sur le point de devenir fou de chagrin. Et sa fille était une très-noble damoiselle; elle réconfortait son père tant qu'elle le pouvait, cachant sa tristesse pour qu'il ne mourût pas de douleur. Et le duc, de son côté, pour consoler sa fille, car il n'avait que celle-là, allait souventes fois au palais où elle était, et s'asseyait près d'elle, sur son estrade, pleurant avec elle et l'embrassant souvent ; et considérant combien elle ressemblait à la duchesse, sa mère, il lui disait : « Fille, n'était que lorsque je vous vois je crois voir votre mère, et que vous m'ôtez grande part de ma peine, déjà je serais mort de la douleur que je ressens. »

Et telle était l'accoutumance que le duc avait avec sa fille, qu'il en vint à l'aimer d'un autre amour, ne l'aimant plus seulement comme fille; et un jour il lui dit : « Fille, on me propose divers mariages en hauts lieux près de mes états, mais je ne me marierai pas, sinon à une femme qui ressemblerait à votre mère; car, si j'épousais une femme qui ne me rappelât point ses traits, je ne le pourrais souffrir et bien avec raison. Et si vous voulez que je vive, soyez celle que je dois prendre pour femme, et vous me serez en place de votre mère. D'aventure vous pourriez vous marier à un homme qui vous aimerait moins et avec qui vous n'auriez pas un aussi grand état. »

La damoiselle répondit : « Mon père, ne plaise à Dieu telle chose, ni que par moi commence à s'établir une loi qui jamais n'a été reçue dans le monde. Père, vous m'avez engendrée, et de vous je suis née; détruisez-moi, tuez-moi avant que je fasse cela, et ma mort je vous la pardonne; mais que Dieu n'ait pas à vous demander compte d'un pareil péché. » Et pleurant très-fortement parce que d'autres fois déjà ce discours lui avait été tenu, elle s'écria : « Ah! mère de Dieu, secourez-moi ! » Et le duc dit : « Fille, il est force que vous fassiez comme je vous ai dit; car il n'en peut être autrement. » Et il l'embrassa, et ensuite lui prit les mains et les baisa; puis il s'en alla. Elle demeura pleurant et regardant ses mains, et elle s'écria : « Mains qu'embrassa mon père, que mal vous advienne ! » Et priant Dieu de la retirer de ce monde et de la délivrer cette nuit, la damoiselle appela un sien serviteur en qui elle se fiait, et lui raconta toute la chose, et comment son père lui avait baisé les mains. Et pour empêcher un si grand péché elle lui dit : « Je veux que tu coupes mes mains, et tu lieras mes bras afin que je ne meure pas. » Le serviteur se défendit de faire telle chose; mais elle lui dit : « Tu me les couperas, ou je me tuerai avec ce couteau. Je puis bien vivre sans mains; et autrement tu ne me verras plus, ni toi ni personne. »

Et la damoiselle prit un bassin d'argent et un couteau qu'elle tenait tout prêt et bien aiguisé, et posa les mains sur le bassin, et dit : « Coupe sans crainte. » Et ainsi le serviteur les lui trancha, et les plaça dans le bassin avec le couteau et le sang; il lui lia les bras, puis couvrit le bassin avec un drap, le mit de côté, et s'en fut. Le lendemain, le duc vint pour voir sa fille, et s'assit près d'elle sur l'estrade; et la regardant, il la vit très-pâle, telle que jamais elle ne l'avait été, et lui voulut prendre les mains, comme il avait coutume de le faire. Elle, alors, leva ses bras qui étaient liés; et quand il ne vit point de mains, il fut fort étonné, et dit : « Qu'est ceci, fille ? » Elle répondit : « Seigneur père, ce n'est pas raison que vous, par qui je fus engendrée, vous baisiez mes mains; et les mains baisées par un père, voilà ce qu'elles méritent. » Alors le duc, très-courroucé contre sa fille, fit appeler ceux de son conseil et leur raconta la chose, et il dit que puisque sa fille n'avait point eu pitié de lui, on ne devait pas avoir compassion d'elle et qu'il voulait qu'elle mourût, mais qu'il demandait avis sur le genre de mort qu'elle devait subir. Les conseillers répondirent : « La loi n'est pas qu'elle meure; la loi ordonne qu'une femme de lignage royal qui a commis une faute ne soit pas mise à mort, mais qu'on la place sur un vaisseau toute seule et sans nulle compagnie; et si elle a des enfants conçus contre l'honneur, qu'on les y place près d'elle, qu'on lui donne son trousseau et tout ce qui lui appartient, et ce dont elle peut avoir besoin pour se substanter, et que l'on conduise le vaisseau en mer si loin que la terre ne se voie plus; qu'alors on déploie les voiles, et qu'on la laisse ainsi seule sur les flots. »

Et de la sorte il fut fait incontinent. On appareilla une nef, et on mit la damoiselle dedans avec tout ce qui lui appartenait, ainsi que les bassins contenant les mains et le sang, et des hommes entrèrent dans d'autres vaisseaux pour conduire la nef. Quand ils eurent perdu la terre de vue, laissant la damoiselle toute seule, ils revinrent au rivage. Tout ce jour et toute la nuit, la damoiselle ne fit que pleurer, appelant Dieu et sainte Marie, les priant de la secourir et conduire à bon port, et d'avoir merci de son âme. Et comme elle était très-faible, à cause qu'elle avait perdu beaucoup de sang, elle s'endormit au point du jour; et la nef, comme il n'y avait personne qui la dirigeât, s'en allait, poussée par les vents et les ondes, tantôt d'un côté, tantôt d'un autre, sans suivre de route certaine. Tandis qu'elle dormait ainsi, la vierge sainte Marie lui apparut dans un songe et lui dit : « Ma fille, que veux-tu? Vois, je suis la mère de Dieu, qui secours les tristes et les désolés au temps de leur plus grande détresse; je suis celle que tu as invoquée si instamment. » Et la damoiselle répondit : « Dame, si tu es la vierge Marie, je te demande d'avoir les mains saines comme je les avais, et de m'enlever ces douleurs, et de me délivrer du grand péril dans lequel je me trouve, et de me conduire à bon port. » Et la Vierge lui dit : « Ma fille, du premier jour que tu m'as appelée, j'étais avec toi pour te préserver du péché; mais comme Dieu connaît les cœurs de chacun, parfois il laisse ses amis souffrir et tomber dans quelques maux, pour que leur patience et force soient éprouvées, afin que leur gloire et récompense soient plus grandes. Et pour que tu croies bien que je suis la vierge sainte Marie, regarde : tu as tes mains comme tu les avais, et tu seras bientôt à bon port, et consolée, et très-honorée. »

Dans la grande joie qu'elle éprouvait à se retrouver avec ses mains, et ne sentant plus de douleur, la damoiselle se réveilla fort allègre et ne vit plus rien de la vision qui lui était apparue; mais elle était guérie et rendit grâces à Dieu. Il commença à s'élever un vent très-doux du côté de la France, et la nef se mit à suivre une route aussi droite que si quelqu'un eût tenu le gouvernail. Peu d'heures après, la damoiselle aperçut l'Angleterre; mais elle ne savait pas quelle terre c'était. Cinglant ainsi dans cette direction, vers le soir se montra une flotte. C'était un frère du roi d'Angleterre qui revenait d'Irlande. Dès qu'il aperçut la nef, il fit porter sur elle, et lui et ses gens furent très-émerveillés d'une telle aventure, quand ils apprirent de la damoiselle qui elle était. Elle leur raconta tout ce qui lui était arrivé, et le miracle qui avait eu lieu; et tous eurent grande pitié d'elle. Ce seigneur regarda cela comme une heureuse fortune, et conduisit la damoiselle en Angleterre très-honorablement, et se maria avec elle. Ensuite, lorsque le duc de Guienne mourut sans laisser d'autres héritiers, ce seigneur anglais vint en Guienne avec sa femme réclamer le duché; mais les Français ne le lui voulurent pas donner. Au contraire, ils le chassèrent du pays, car ils avaient toujours été ses ennemis. Le duc de Guienne, quoiqu'il eût appris le miracle, n'avait plus jamais aimé sa fille, parce qu'elle avait épousé son ennemi; aussi, quand la mort approcha, il donna le duché au roi de France. Et tel fut le principe de la guerre qui dure encore aujourd'hui, quoique de nouvelles causes de désaccord soient nées depuis, qui ont fait oublier les premières, ainsi qu'il arrive toujours quand les hostilités durent longtemps (1).

CHAPITRE XXVII.

Comment les Anglais, sous couleur de justice, tuèrent leur roi Richard.

Le roi Richard (2) d'Angleterre se maria avec la fille du roi Charles de France, et dans les conventions du ma-

(1) Sur cette curieuse et très-inattendue légende qui transforme Éléonore de Guienne en martyre de la chasteté, voyez les notes à la fin du volume.

(2) Richard II, fils d'Édouard, prince de Galles, qui avait succédé à son aïeul Édouard III, le 25 juillet 1377.

riage il fut stipulé que le roi d'Angleterre abandonnerait les prétentions qu'il pouvait avoir en France, tant sur la Normandie que sur la Guienne; et il fut juré entre eux une paix perpétuelle. Quand les Anglais connurent les articles de cette paix, ils furent pour la plupart très-mécontents, car ils ne voulaient vivre en paix avec aucune nation, parce que la paix ne leur convient point, étant si nombreux qu'ils ne peuvent tenir dans leur pays, et qu'en temps de paix beaucoup n'y peuvent plus subsister; et si leur roi conclut une paix avec d'autres royaumes, ce qui l'oblige à donner des saufs-conduits aux vaisseaux marchands, eux ne les respectent que bien rarement. Ils n'ont d'affection pour aucun peuple; et s'il arrive que quelque vaillant chevalier passe chez eux, comme le font souvent certains chevaliers et gentilshommes qui vont dans diverses parties du monde, soit pour chercher leur vie d'un cœur courageux, soit pour faire armes, ou par curiosité, ou comme ambassadeurs, les Anglais tâchent de trouver le moyen de les déshonorer, ou de leur faire affront. Aussi, comme je l'ai dit, ils sont très-différents de tous les autres peuples (1).

(1) On peut s'étonner d'autant plus de trouver ce passage sous la plume de Gamez, que deux des Français avec qui ses expéditions sur les côtes anglaises le mirent en contact, comme on le verra plus loin, venaient de parcourir l'Angleterre pour y *faire armes*. Rymer (*Fœdera, conventiones*, etc., t. III, p. 182 de l'édition de La Haye, 1740, f°) enregistre un sauf-conduit donné par le roi Henri IV, en date de Westminster, le 17 avril 1400, à Charles de Savoisy, chevalier, et Hector de Pontbriand, écuyer, leur permettant d'aller par le royaume avec cent personnes à leur choix, *ad certa facta armorum infra Regnum nostrum facienda*, d'entrer dans les villes fermées, d'y séjourner, et d'en ressortir pour retourner chez eux dans le terme de quatre mois, ainsi que l'ordre royal donné, le 6 juillet suivant, à Richard Laucastre, roi

CHAPITRE XXVIII.

Comment les Anglais déshonorèrent et tuèrent leur bon roi Richard.

Quand les Anglais virent que le roi Richard avait fait une paix perpétuelle avec la France, ils cherchèrent comment ils le tueraient, et l'accusèrent de beaucoup de mauvaises choses dont il n'était pas coupable. Ils le saisirent et dirent qu'il avait violé leurs lois et libertés, et qu'il leur avait ravi leurs priviléges. Ils le placèrent dans son palais, assis sur son trône, la couronne d'or sur la tête, le sceptre dans une main, et dans l'autre le globe et l'épée; et alors ils commencèrent à l'accuser, et ils dirent : « A cause de telle chose qu'il a faite, il doit perdre la couronne; » et ils la lui ôtèrent du chef. « Pour telle autre, il doit perdre le sceptre; pour telle autre, le globe; pour telle autre, l'épée; pour telle autre, le trône. » Et ainsi le dépouillèrent-ils de tout; ensuite ils le menèrent en un lieu d'où jamais on ne le vit plus reparaître, ni mort ni vif. Ils élevèrent à sa place pour roi le comte de Derby (1), fils du duc de Lancastre, frère de la reine de Castille, qu'on appelait Catalina, et ils rompirent la paix et commencèrent la guerre.

d'armes, de les accompagner honorablement et sûrement jusques au port où ils allaient se rembarquer.

(1) Gamez écrit le comte Arbi. Ces événements eurent lieu en 1399,

CHAPITRE XXIX.

Comment Pero Niño remonta avec ses galères le fleuve de Gironde, tant qu'il arriva à Bordeaux.

1405.

Le roi don Enrique envoya à cette guerre et en aide au roi de France, comme il a été dit ci-dessus, Pero Niño, capitaine de trois galères, et Martin Ruiz de Avendaño, avec quarante nefs armées. Pero Niño étant à La Rochelle, où il attendait la flotte de Castille pour aller en Angleterre, résolut, avec quelques chevaliers de France qui se trouvaient là, d'entrer dans le fleuve de Gironde, qui était tout près, et d'aller jusqu'à Bordeaux pour tâcher de prendre quelques vaisseaux d'Angleterre. Le capitaine partit donc avec ses galères de la ville de La Rochelle, franchit le Pas-des-Anes (1), entra dans la Gironde, et alla à Royan et à Talmont (2), deux cités françaises qui sont situées sur la rive, du côté de La Rochelle, et toujours armées en guerre; et là il fut très-bien reçu par les chevaliers qui s'y trouvaient en garnison. Quelques-uns montèrent sur ses galères, et il fut accompagné de deux chaloupes très-légères, qui portaient des arbalétriers et des archers

(1) Le texte porte *Las Aguas;* mais il est évident qu'il faut lire, comme plus loin : *Las Asnas*, Les Anes, banc de sable situé à l'entrée de la Gironde, au large de Cordouan, et sur lequel se trouve un passage appelé le Pas-des-Anes.

(2) *Roanels, Talamon.*

français. Pour n'être pas aperçues des Anglais, les galères quittèrent Talmont à la seconde guette de nuit, ramant avec le flot. A l'aube apparut Bordeaux. L'on n'y était pas sur ses gardes. Nos hommes descendirent à terre et pillèrent plusieurs maisons qui se trouvaient sur les bords du fleuve. Ils y firent des prisonniers et enlevèrent du bétail, vaches et brebis, et en gardèrent ce dont ils avaient besoin; ensuite, remontant dans les galères, ils vinrent devant la cité. Il y avait là plusieurs nefs et d'autres navires. Quand ceux-ci aperçurent les galères, ils mirent toutes voiles dehors, croyant que les galères remonteraient le fleuve au-dessus de la ville; mais ce n'était pas à faire, car les rives allaient se rapprochant, et les flèches et dards arrivaient aux galères des deux bords; et outre cela, les nefs auraient pu prendre les galères à revers (1), avec vent et marée. Les galères ne purent donc faire tout ce qu'elles auraient voulu. Cependant, quelques-uns ont prétendu que, si ceux qui les montaient ne s'étaient pas arrêtés à piller et avaient marché droit sur les nefs, ils les auraient toutes prises, parce qu'elles n'étaient pas en mesure de combattre, n'ayant pas eu connaissance de l'arrivée des galères; car, une fois que celles-ci eurent été vues, il n'y avait plus à tenter le coup d'aucune façon. Il n'est pas donné aux hommes de pouvoir deviner ce que les autres font; mais la diligence et la bonne ordonnance [y suppléent], avec le bonheur, quand Dieu veut bien l'accorder. Toutefois, on réussit plus souvent par la sagesse des desseins et par les bonnes dispositions, que par la fortune, parce que l'on ne sait pas ce que les autres feront,

---

(1) *È otrosi las naos tomaran à las galeas de justone* (sic) *con viento ó marea*.

comme le dit une sentence (1) : *Tenez-vous aux choses positives, et laissez de côté les vaines illusions.*

D'entre les nefs sortirent plus de cent barques et bateaux montés par des hommes d'armes, et de là partaient tant de flèches et de boulets (2), que ceux des galères avaient bien à faire pour combattre et se défendre. Il y avait du côté de la ville et très-près d'elle de beaux palais, et le capitaine ordonna qu'on allât les brûler. Alors beaucoup d'hommes à pied et à cheval sortirent armés de la ville pour protéger ces palais; mais ils ne purent arriver assez vite pour empêcher que tous ne fussent incendiés. Et les galères gagnèrent l'autre côté de la rive; et le capitaine commanda de mettre le feu à toutes les maisons et à toutes les meules de blé dont il y avait beaucoup dans ce pays, et de tuer ou prendre tout ce qu'on trouverait; si bien qu'en peu d'heures plus de cent cinquante maisons furent en flammes. Le capitaine aurait voulu rester quelques jours dans la Gironde pour faire plus de dégât en pays anglais; mais il savait que l'on attendait alors une flotte d'Angleterre, et l'avis fut de sortir du fleuve et de quitter ces parages. Le soir, les galères retournèrent à Talmont et ne cessèrent pas de ramer toute la nuit, car il s'était levé une forte brise qui venait du côté des Anes, prenant les galères par la proue, et ce vent pouvait amener la flotte anglaise. A l'aube, quand les galères cherchaient à

---

(1) *Un enjemplo.* D. Juan Manuel, à la fin de toutes les histoires du *Livre de Patronio*, met une sentence en vers qui en est la moralité, et qu'il appelle *un vieso*, tandis que c'est l'histoire elle-même qu'il nomme *un enjemplo*. La sentence citée par Gamez est celle qui vient à la suite de l'exemple VII, où est racontée notre fable *de Perrette et du pot au lait*.

(2) *Truenos.*

doubler le banc des Anes, la mer se mit à monter, de sorte que les galères avaient à naviguer contre vent et marée ; et de plus, la brise était devenue très-fraîche et faisait lever les ondes, si bien que l'on faisait grande force pour gagner la haute mer. L'embouchure du fleuve est si large en cet endroit, qu'il y a plus d'une lieue d'une rive à l'autre. On resta ainsi luttant contre le vent et le courant pendant bien deux heures, et sans avancer beaucoup ; une galère se fût mise à la côte, si Dieu n'avait voulu la sauver, et ce fut un grand miracle de la ramener, tant elle était emportée à la dérive. Si dans ce moment avait paru la flotte anglaise, les galères eussent été bien aventurées ; mais Dieu permit qu'elles pussent doubler le banc des Anes ; elles entrèrent en mer et regagnèrent La Rochelle. Tous ceux qui s'entendaient en pareilles choses étaient fort émerveillés de la grande hardiesse et du courage que le capitaine avait montrés en pénétrant jusqu'à tel lieu, où jamais autres galères n'avaient poussé, et en portant la flamme dans la partie la mieux gardée et la plus peuplée de toute la Gascogne.

Pendant que Pero Niño était à La Rochelle, il y vint, avec deux galères, un chevalier français qui s'appelait messire Charles de Savoisy (1). C'était un noble chevalier, officier de la maison du roi de France. Pour quelques-unes de ces choses qui peuvent advenir aux chevaliers de grand état, il avait été banni de la cour pour deux ans. Ce seigneur était brave, entreprenant, courtois, bien équipé et riche. Quelques-uns disent qu'il était amoureux d'une grande dame, et bien le paraissait-il, et le donnaient aussi

---

(1) *Mosen Charles de Savasti.* Voyez, sur Savoisy, les notes à la fin du volume.

à entendre ses devises. Il s'en était venu à Marseille, et y avait fait construire à ses frais deux bonnes galères qu'il avait armées largement de gentilshommes et d'arbalétriers choisis, et qui étaient les mieux garnies et plus belles qu'on eût jamais vues de notre temps. Je crois bien que les pennons seuls valaient autant que les fournitures d'une galère ordinaire. Messire Charles avait déjà eu des nouvelles de Pero Niño, qui, de son côté, avait aussi entendu parler de messire Charles. Ils se rencontrèrent tous deux, et eurent grand plaisir de la compagnie l'un de l'autre. La fortune avait bien arrangé les choses en les rapprochant ainsi; car ce que l'un estimait se trouvait chez l'autre en abondance (1). Ils tombèrent d'accord de naviguer de conserve, de se tenir bonne compagnie, et de ne se pas quitter durant cette guerre. Ils furent tous deux aussi d'avis de se rendre en Angleterre et de se diriger d'abord vers les îles d'Ouessant (2). Mais messire Charles et ses gens de mer dirent ensuite qu'il y aurait grand danger à courir sur le cap d'Ouessant, parce qu'ils pourraient donner en pleine mer au milieu de la flotte anglaise; et que, si le temps devenait mauvais, il en résulterait beaucoup de péril; que, si le capitaine le trouvait bon, il serait préférable de longer les côtes de Bretagne; et qu'ensuite on aurait à faire une moins longue traversée. Cela plut au capitaine; d'autant mieux qu'il savait les nefs de Castille déjà sur la

---

(1) *Ca de las cosas que el uno se presciaba en el otro avie grand parte.* La phrase est obscure, et nous avons traduit en supprimant le *se* devant *presciaba*; autrement cela voudrait dire que tous deux se piquaient d'exceller dans les mêmes choses.

(2) *Ir à buscar à Uxente.* — Ce ne peut être que les îles d'Ouessant, devant lesquelles les galères devaient forcément passer pour aller en Angleterre, et l'observation qui suit n'est guère intelligible.

côte de Bretagne. Quant à messire Charles, il était si courtois chevalier qu'il consentit à reconnaître Pero Niño pour capitaine, et lui dit de faire allumer le fanal de poupe sur sa galère, suivant la coutume des chefs d'escadre (1), l'assurant qu'il obéirait [à ses signaux] aussi exactement que ses propres galères [de Castille].

CHAPITRE XXX.

Comment les galères furent à Saint-Malo, et comment Pero Niño et Martin Ruiz de Avendaño ne purent s'entendre pour passer en Angleterre.

Ils partirent de La Rochelle, passèrent devant les Sables d'Olonne et les bouches de la Loire, et touchèrent à la ville de Guérande (2). Entre la Bretagne et les îles, il y a l'île de Ré et Belle-Isle. Ceux qui habitent cette dernière ne portent point d'armes et ne se défendent pas, même quand on cherche à leur nuire, parce que le pape les a pris sous sa protection et excommunié quiconque tente de leur causer préjudice. Il y a là une île habitée, et dans laquelle les femmes ne peuvent accoucher. Quand arrive le moment de la délivrance, on conduit la femme en terre ferme pour qu'elle y accouche, ou bien on la met en mer dans une embarcation, et les couches faites, on la ramène dans l'île.

(1) *A costumbre de capitan de mar;* c'était en effet une des marques du commandement.
(2) *Olona è Latron* (?) *è por la villa de Garrauca* (?).

Naviguant ainsi de port en port le long des côtes de Bretagne, ils doublèrent le cap de Samaïgo et entrèrent dans le raz, qui a vingt lieues de long (1). Ce raz est très-dangereux. On croirait que la mer y bout à gros bouillons, comme l'eau d'une chaudière placée sur le feu; non pas qu'elle soit chaude cependant, mais la mer y est telle qu'elle n'y fait que des tourbillons. Par gros temps,

(1) Le *Religieux de Saint-Denis*, qui rend compte assez brièvement de la navigation de Savoisy, dit que ce seigneur traversa avec ses deux galères « le périlleux détroit de Saint-Mathieu, et aborda le 25 août au port de Hirbrac, en Bretagne, où il trouva quelques Espagnols dont les vaisseaux étaient à l'ancre. » Quoiqu'il soit étrange que Gamez ait corrompu un nom tel que celui de Saint-Mathieu, qu'il devait comprendre et pouvait traduire, nous sommes portés à croire qu'il a voulu désigner par cap de Samaïgo la pointe de Saint-Mathieu (vulgairement Saint-Mahé, à l'ouest de la rade de Brest, et par le raz de Samaïgo le passage du Four, qui de ce côté donne entrée dans la Manche, mais qui n'a pas vingt lieues de long, l'ensemble des trois passages du raz de Fontenay, de l'Iroise et du Four, ne présentant pas une longueur de quinze lieues. Cette inexactitude ne serait d'ailleurs pas faite pour arrêter dans l'interprétation du texte de notre auteur. Ce qui est plus embarrassant est la désignation de Brest comme le port où entrèrent les galères. Il nous semble qu'elle est mise là tout à fait par erreur. On va voir que les galères, après avoir franchi le *raz de Samaïgo*, remontèrent jusqu'à celui de *Brancharte*, où l'on reconnaît incontestablement le raz de Blanchart entre le cap La Hague et l'île d'Aurigny, puis revinrent à Saint-Malo ; et quand elles se dirigèrent vers la côte anglaise, les circonstances de leur navigation indiquent assez clairement qu'elles partirent de Saint-Malo, et non de Brest. Dispersées par la tempête, elles se rallièrent au hâvre d'Abrevak, le Hirbrac du *Religieux de Saint-Denis*.

Nous avons dû respecter le texte de Gamez, qui, dans le manuscrit suivi par Llaguno comme dans le nôtre, fait mention de Brest et rend inexplicable toute cette navigation ; mais nous proposons de le rectifier, en admettant une première croisière dans l'archipel des îles normandes et une station à Saint-Malo, d'où nos deux capitaines se dirigent vers la Cornouaille.

le péril est extrême en cet endroit, et le navire qui est drossé à la côte est coulé en un instant. Là ne servent ni rames ni voiles : il y faut de bons gouvernails de caisse, car les courants y sont si forts et emmènent si raide le navire, que lorsque Dieu le garde des récifs en trois ou quatre heures il fait ces vingt lieues, et quand le raz est passé, les marins rendent grâces à Dieu qui les sauva. C'est là que commence le canal de Flandre (1), qui se prolonge jusqu'à la tour de Lamua (?) en Flandre. Après avoir franchi le raz, les galères arrivèrent dans un port de Bretagne et y passèrent la nuit. Le lendemain elles en partirent et passèrent par le raz de Brancharte. Celui-ci est moins long que celui de Samaïgo. Le lendemain de ce jour, elles passèrent par un autre raz que l'on appelle de Samalo (?). Naviguant ainsi tous les jours, elles atteignirent le port de Brest, qui est une ville de Bretagne. Là, elles rencontrèrent la flotte de Castille dont était capitaine Martin Ruiz de Avendaño.

Pero Niño et messire Charles parlèrent au capitaine des nefs du voyage en Angleterre; mais ils ne purent s'entendre avec lui, car, ainsi qu'on le vit bien par la suite, lui et ses gens n'avaient voulu autre chose que de faire profit avec les marchands qu'ils avaient amenés.

Et ici l'auteur dit que, presque toutes les fois que le roi arme une flotte, il advient que les capitaines, dès qu'ils sont hors de la vue du roi, n'ont d'autre souci que leur profit. S'ils vont à l'aide d'un autre royaume, ils reçoivent paie de deux côtés, et se mettent en tel lieu où ils ne peuvent avoir affaire aux ennemis, mais où ils peuvent piller les amis, sous prétexte qu'ils ont besoin de vivres.

(1) La Manche.

S'ils rencontrent des vaisseaux marchands de Castille, ils leur prennent ce qu'ils portent, prétendant qu'ils ne peuvent laisser mourir de faim leur monde ; ils leur disent de réclamer auprès du roi, lequel les dédommagera, et le pauvre marchand s'en va dépouillé. Il n'a pas été volé par les ennemis, mais par les amis. De cette sorte, ils ne font aucun bien, pillant les pays [où ils sont envoyés pour servir]; puis ils s'en reviennent. De leur monde, les uns ont été tués, les autres sont renvoyés avec mauvaise paie; eux sont riches. Ils ont causé au royaume grandes dépenses et n'ont fait que le diffamer. Il en arrive ainsi parce que le roi ne donne pas ces commissions à des hommes qu'il sache ne point avoir le désir d'amasser des richesses, mais bien d'acquérir honneur et bon renom pour leur roi et pour eux, afin qu'ensuite le roi les puisse récompenser et avancer celui qui l'a servi sans fraude. Voilà la vraie richesse gagnée justement et sans reproche.

CHAPITRE XXXI.

Comment Pero Niño et messire Charles partirent de Saint-Malo-en-l'Ile (1) pour passer en Angleterre, et de la très-grande tourmente qu'ils essuyèrent en mer.

Lorsque Pero Niño et messire Charles virent que le capitaine des nefs ne les voulait pas aider et faire la guerre,

(1) *Samalo-de-villa*. Ce nom, qui se trouvait déjà au titre du chapitre précédent, nous semble bien indiquer le véritable point de départ.

ils résolurent entre eux de traverser la mer et passer en Angleterre. Le soir même, les matelots mirent toutes les choses en l'état qu'il fallait pour naviguer. Ils examinèrent le ciel ; les signes étaient favorables : le soleil se coucha bien, et la lune était nouvelle de cinq jours ; elle avait une des pointes du croissant tournée vers la mer (1). Les galères sortirent du port au commencement de la nuit. Pendant tout le premier quart, elles firent rames pour gagner la haute mer, le fanal allumé à la poupe de la galère du capitaine, et mouillèrent ensuite sur un grappin jusqu'au quart de l'aube pour laisser reposer le monde (2). Elles firent ensuite route à l'ouest-nord-ouest, le vent

De Brest au pays de Cornouaille, la route serait droit nord, tandis que les galères, on va le voir, firent l'ouest-nord-ouest, qui était bien leur direction en partant de Saint-Malo.

(1) *È la luna quinta pasada la primaçon ; tenie la luna el un cuerno en la mar.*

(2) *Salieron las galeas del puerto à prima noche, con la su gente remando à la mar, toda la prima, acendido faron en la galea del capitan, è reposaron al algarete fasta el quarto del alba porque folgase la gente.* — Nous n'avons trouvé nulle part ce mot *algarete*, qui pourrait avoir, du temps de Gamez, signifié le quart de minuit à quatre heures, comme celui du matin s'appelait *la modorra*. En ce cas Gamez aurait voulu dire que, de minuit à quatre heures, les galères, étant hors des passes, levèrent rames. Aujourd'hui, on dit d'un navire qu'il va *al garete* lorsqu'il va à la dérive ; et dans une note rédigée à notre intention, D. Fernando de la Vera, qui a bien voulu nous fournir des explications lumineuses sur plusieurs points difficiles, nous fait observer que les galères mouillaient souvent un grappin ou une ancre de jet lorsqu'elles voulaient s'arrêter pour peu de temps, ce qui les exposait à chasser (en espagnol *garrar*), si le vent venait à fraîchir, d'où l'expression *irse al garete*, chasser sur son ancre, appliquée probablement d'abord aux navires mouillés sur de faibles amarres. *Reposar al algarete* nous semble, dans la position où étaient les galères, offrir un sens plus satisfaisant en admettant l'amarrage sur une petite ancre, que rames levées et se laissant aller au jusant.

soufflant de la partie de l'ouest par la joue des galères (1) ; on hissa les voiles, et on eut bon temps. Le jour venu, le vent se calma ; on borda les avirons, et l'on rama jusqu'au soir ; alors le vent fraîchit et devint contraire, donnant à mi-proue ; on hissa les artimons, et l'on établit les gouvernails (2). Les apparences du temps étaient mauvaises. Le patron (3) regardait de tous côtés, le visage blême, soupirant, consultant la boussole et la carte marine ; il parlait tout bas avec les marins, et ceux-ci s'étaient déjà faits lestes [pour manœuvrer]. Le capitaine les considérait et voyait dans tout cela des signes de tourmente. Il appela les marins au conseil et leur demanda ce que signifiaient ces changements ; le pilote lui dit : « Seigneur, laissez tout soin à nous autres qui avons à faire la besogne ; il ne vous servirait à rien de l'apprendre. » Mais le capitaine insista, disant qu'il voulait le savoir ; ils lui répondirent qu'une grande tempête se préparait. « La lune est nouvelle et déjà avancée dans son quartier ; le vent se met à l'ouest-nord-ouest (4) et nous donne à mi-proue. Nous ne pouvons aller en Angleterre de ce voyage. Si nous retournons en France, nous tombons en travers du raz ; si nous marchons à l'ouest, nous ne pouvons point trouver

---

(1) Le texte dit : *à media galea ;* mais les galères, faisant route à l'ouest-nord-ouest avec des vents d'ouest, étaient au plus près et devaient recevoir le vent par la joue, non par le travers.

(2) *Calaron los timones.*

(3) Llaguno dit : *el patron ;* notre manuscrit : *el aleman.* Faudrait-il lire *el aliman*, et traduire par le pilote, celui qui observe la boussole, l'aimant, *el iman ?* ou bien s'agit-il d'un pilote allemand qui se trouvait à bord de la galère du capitaine ?

(4) Le texte dit : *oes sud ueste ;* ce doit être une faute, puisque les galères, qui cherchaient à faire l'ouest-nord-ouest, avaient le vent presque debout, *por medio de las proas.*

de ports ; si le temps fraîchit encore, il nous faudra retourner en Espagne. Le trajet est long et dangereux, outre que nous pouvons rencontrer la flotte d'Angleterre en chemin. Il y a donc des périls partout. Ainsi, nous devons prendre nos mesures à temps. » Le capitaine ordonna de faire à messire Charles et aux [capitaines des] autres galères le signal de venir à lui pour tenir conseil. Il leur fut demandé ce qu'il leur paraissait de ce temps et de ces pronostics. La conclusion fut de naviguer comme on avait commencé de le faire, de tâcher à toute force d'aborder la côte d'Angleterre, et si l'on ne pouvait y parvenir, de virer de bord, mais de suivre tous le fanal aussi longtemps qu'on le pourrait. Cette résolution prise, le vent fraîchit si dur et furieux, et souleva la mer tellement, que les vagues embarquaient par la proue jusqu'au milieu de la galère, et là faisaient tourner par force. Les lames étaient hautes comme des montagnes et la mer creusée. Les galères se dispersèrent, chacune suivant sa voie, de telle sorte qu'il n'y en avait plus deux ensemble. En peu d'heures elles furent toutes éparpillées, et se perdant de vue, aucune n'eut plus connaissance de l'autre, et elles furent plusieurs jours sans se rejoindre. La galère du capitaine tint toute cette nuit au plus près du vent, jusqu'à ce que la tempête la maîtrisât, et alors il fallut faire vent arrière (1), et envoyer tout l'équipage sous le pont et fermer les écoutilles de toutes les chambres. Il n'y avait pas de voile hissée plus haut que la taille d'un homme. Les vagues étaient si fortes qu'en frappant les hanches de la galère elles menaçaient de la briser et la faisaient toute

(1) Vent arrière par gros temps est une allure très-dangereuse pour les bâtiments petits et étroits, qui peuvent sombrer, si la mer va plus vite qu'eux et les capelle.

retentir. Et il en venait de si hautes par la poupe, que quelques-unes entraient dans la galère. Celles-là sont les plus dangereuses. Elles enlevèrent la chaloupe de la place où elle était amarrée et l'emportèrent à la mer (1). Tous les gens de l'équipage désespéraient déjà de leur vie et priaient Dieu qu'il eût pitié de leurs âmes. Ainsi s'écoula toute la nuit dans une grosse tempête; et outre cela il pleuvait, ce qui est une chose qui contrarie beaucoup les marins. Quand vint l'aube, une des galères apparut, mais si loin, qu'on n'apercevait que sa voile sur la haute mer. La lune alors entrait dans son premier quartier, et il arrivait plusieurs fois qu'elle disparaissait et qu'on l'aurait dite engloutie; cet effet était produit par la hauteur des vagues (2). La terre ne se montrait encore d'aucun côté. Continuant à faire route vers la France, on vit sur le midi pointer les clochers de quelques églises; car dans cette partie la côte de France est plate et basse, et ne fournit point de relèvements. Grâce à Dieu, vers l'heure de none, le vent tomba en grande partie; on hissa une voile, on s'orienta le long de la terre, et la galère vint à une île que l'on nomme Barbarnc (3). La galère du capitaine y surgit et y jeta l'ancre; l'équipage avait grand besoin de repos. Il était déjà l'heure

(1) Lorsqu'un bâtiment tient la mer, sa chaloupe est embarquée sur le pont, entre le grand mât et le mât de misaine, et fortement saisie par des amarres.

(2) *Tomaban media luna.* Cette occultation de la lune par la cime d'une vague, lorsque le navire fuyant devant le temps est enfoncé dans le creux de la lame, fait un des effets les plus lugubres qui se puissent imaginer. Gamez ne l'a point mise à sa place dans l'ordre de la description; il aurait dû en parler avant l'aube du jour.

(3) Ce ne peut être que l'une des nombreuses îles du hâvre d'Abrevak, situé au nord et sur le méridien de Brest, le *Hirbrac* du *Religieux de Saint-Denis.*

de vêpres, et le soleil allait se coucher. Là aussi aborda une des galères de messire Charles; c'était celle qu'on avait vue à l'aube; mais il fallut quinze jours avant que les cinq bâtiments fussent réunis. Il plut à Dieu qu'aucun d'eux ne pérît. Tous, allant ainsi à la recherche du capitaine dans les divers ports de la Bretagne, finirent par se retrouver ensemble. Les hommes de chaque navire se figuraient que les autres galères avaient sombré en mer; aussi eurent-ils grande joie quand ils revirent Pero Niño, messire Charles et tous leurs autres compagnons. Des chevaliers de Bretagne vinrent leur rendre visite, et le capitaine fit dresser sa tente dans l'île et les invita tous à manger avec lui, et leur donna une très-noble fête. Chacun racontait les aventures qui lui étaient arrivées dans la nuit de la tempête. Messire Charles dit que sa galère montait jusqu'aux nues et descendait dans des abîmes; que tantôt elle allait la tête en haut, et tantôt la tête en bas (1); qu'il pensait tellement à son âme que le monde ne lui importait plus; et que la mer avait emporté tout ce qui se trouvait sur le tillac jusqu'aux bancs [des rameurs], qu'elle avait arrachés pour la plupart. Son patron raconta que si nombreux et si forts étaient les coups que les lames donnaient dans sa galère qu'ils la faisaient presque chavirer; que bien des fois il avait cru voir le tillac aller dessous et la carène venir dessus, et qu'une fois, il avait vu les étoiles du ciel entre le tillac et la coque de la galère. Il dit aussi que sa galère se serait ouverte par la force des lames, s'il ne l'avait ceintrée avec des câbles et des paillets (1). D'autres disaient que plusieurs hommes étaient morts étouffés sous le pont, tant on y était serré.

(1) Par l'effet du tangage.
(1) *Violartes*; ce mot n'est plus connu. Il peut signifier paillet ou

Chacun racontait ainsi les fatigues et les travaux qu'il avait eu à souffrir. Le capitaine leur dit : « Mes amis, nous devons bien des actions de grâces à Dieu qui nous a délivrés. Nous devions passer par cette épreuve, et Dieu nous a sauvés pour que nous fassions quelque bien. Tâchons de regagner le temps perdu. » Il dit encore : « Voyez comme Dieu protège cette méchante nation des Anglais. Il ne les protège pas parce qu'ils sont bons, mais à cause de nos péchés ; car, si eux sont mauvais, nous sommes pécheurs ; et, si Dieu fut cette fois contre nous, une autre fois nous le trouverons favorable, parce qu'il est miséricordieux. Si nous avons trouvé la mer irritée, une autre fois nous la verrons douce. Que personne donc ne désespère ; les hommes doivent savoir lutter contre la mauvaise fortune ; l'homme est né pour travailler. Ceux qui ont conquis des provinces, ceux qui ont gagné des royaumes ont eu à passer par bien des peines et à supporter de rudes fatigues. » Quand Pero Niño eut achevé son discours, messire Charles dit que c'étaient paroles de bon chevalier, et que tout se fît comme il en ordonnerait. Aussitôt que la fête fut terminée, on se mit à raccommoder les galères et à les pourvoir de tout ce qui était nécessaire, puis les marins examinèrent le temps et le vent. Les galères partirent de là, et eurent mer calme et bon vent pour leur voyage. Elles naviguèrent sous la bâtarde et la misaine, par moments à la rame, pendant un jour et une nuit. Le lendemain matin apparut

---

prélart, natte ou toile goudronnée. (Voyez le *Dictionnaire de marine* du commandant de Bonnefoux, aux mots CEINTRER et PAILLET.) Les paillets lardés servent à aveugler une voie d'eau, et l'on en place sous les câbles ou grelins lorsque l'on ceintre avec eux un navire, pour obvier à la déliaison des bordages.

l'Angleterre, et à l'heure de vêpres on était près de la terre. Il y avait sur la côte beaucoup de barques occupées à la pêche; les galères en capturèrent quelques-unes. Par leur moyen, l'on put prendre langue et se rendre compte de l'état du pays et de chaque localité.

CHAPITRE XXXII.

Comment les galères entrèrent dans le pays de Cornouaille, et prirent un endroit appelé Chita (1).

La contrée où abordèrent les galères se nomme le pays de Cornouaille, et dès que l'on eut des renseignements sur ce pays, les galères pénétrèrent dans les terres avec le flux par une large rivière (2). Cette rivière est si rapide à son embouchure et entraînait si raide les galères, qu'il n'y avait ni rames ni gouvernails qui les pussent arrêter ni diriger, tant que ce courant ne fut point passé. Et ce courant avait la longueur d'une portée d'arbalète; quand

(1) Cette ville, que nos chroniqueurs appellent Tache, pourrait être Saint-Ives, où il y a un bon port, au nord et près du cap Cornwall, ou plutôt Saint-Erth, situé, à peu de distance de la mer, sur l'un des cours d'eau dont la réunion forme l'*Heylmouth*, dans la même baie. Saint-Ives et Saint-Erth (prononcez *Sinntaïve* et *Sinntarth*) donnent indifféremment à des oreilles peu exercées prétexte pour en faire Tache et Chita. Southey, dans son résumé de notre chronique, n'a pas essayé d'élucider ce point de géographie.

(2) *Una ria*. En effet, l'*Heylmouth* formée par la réunion du Godolphin et du Laggans est bien ce que les Espagnols appellent une *ria*.

on en fut sorti, les rames firent leur effet. Il y avait au dedans un port bien garé et abrité de tous les vents, et un bourg que l'on nomme Chita, fort riche et pouvant avoir environ trois cents habitants. Ce bourg n'était pas fortifié; il s'étageait sur la pente d'une côte, et toutes les rues descendaient jusqu'à la mer. C'est là qu'abordèrent les galères. Le bourg était riche, parce qu'il était peuplé uniquement de marchands et de pêcheurs. Le capitaine ordonna à son monde de s'armer; on jeta les planches, et tous descendirent à terre avec le capitaine, qui rangea bien sa troupe; il mit en avant une pavesade (1), et derrière elle les arbalétriers. Le capitaine et messire Charles réunirent leurs gens et les disposèrent d'un commun accord. Il y eut là un rude combat. A la fin, les Anglais furent enfoncés, et beaucoup d'entre eux tués ou pris. Le capitaine ordonna que les bannières et les hommes d'armes restassent en bon ordre hors de la ville, afin qu'ils ne fussent pas surpris, si les Anglais venaient en plus grand nombre, et que les rameurs (2) et les arbalétriers entrassent dans le bourg pour y faire butin, les uns combattant et les autres pillant. Quand tout fut enlevé, il fit mettre le feu et brûla la ville entière; tout cela fut fini dans l'espace de trois heures. Les trompettes sonnèrent, tout le monde se rembarqua, et les galères partirent, emmenant deux nefs (3) qui se trouvaient dans le

(1) La pavesade était proprement une défense faite avec des treillages très-serrés, et quelquefois avec des linges, pour se couvrir et échapper aux regards de ses adversaires; mais ici on doit l'entendre d'une ligne d'hommes portant de grands pavois pour couvrir les arbalétriers.
(2) *Galeotes.*
(3) Mss. : *naos*; Ll. : *naves.* En tout cas, ce devaient être des bâtiments marchands.

port. La mer alors commençait à baisser, et les galères sortirent avec le jusant et remorquèrent les nefs hors du courant. Quand elles furent à l'entrée du port, beaucoup d'Anglais s'y étaient assemblés déjà, et le passage était devenu fort étroit; d'un côté, il y avait une roche très-haute qui dominait les galères, et sur elles tombaient d'une rive et de l'autre quantité de pierres et de traits, et si les Anglais se fussent d'abord réunis en aussi grand nombre qu'ils le furent alors, la descente eût été très-périlleuse, quoique les arbalétriers ne se donnassent pas de relâche. Cette nuit, le capitaine mit à bord des nefs des marins et tout ce qui leur était nécessaire, et leur ordonna de se rendre en France, au port de Harfleur. Et Pero Niño et messire Charles s'accordèrent à l'avis de s'en aller rangeant les côtes d'Angleterre. Ils arrivèrent à une grande plage (1) qu'on appelle Alamua (2). Par tout le pays l'on voyait de grandes troupes de belle gendarmerie et d'archers qui venaient de divers côtés pour défendre la rive. Et le capitaine dit à messire Charles : « Voilà une belle place pour combattre, et de plus nous avons besoin d'eau; marchons à ces gens-là. » Messire Charles répondit : « Monseigneur, *il y a plus de gens que vous n'en*

(1) Les vieux auteurs espagnols désignent souvent par ce nom toute partie d'un littoral qui est abordable aux navires; ici c'est un mouillage.

(2) Notre manuscrit dit *Alamua*, et sur l'*u* il y a un signe d'abréviation. Llaguno a imprimé *Falmua*. Aucun doute n'est possible sur le lieu que veut désigner Gamez : c'est Darmouth, puisque c'était là qu'avait péri, l'année précédente, Guillaume du Chastel, dont le souvenir pesait sur l'esprit de Savoisy. Falmouth en est à vingt-cinq lieues. Darmouth, en vieil anglais *Dertemouth* et *Dortmouth*, est appelé, par Monstrelet, Tordemue, Termue, Tremue et Atemue, suivant les diverses leçons des manuscrits. (Voyez le *Monstrelet* de M. Douet d'Arcq.) Atemue nous explique l'*Alamua* de Gamez, que peut-être il faut lire *Atamua*.

avez ; ce n'est pas un bon endroit pour aussi peu de monde que nous sommes (1). » Sur quoi ils eurent ce jour-là, au sujet de cette descente, quelques paroles de discorde. C'était en ce même lieu que les Anglais avaient tué messire Guillaume du Chastel ; et le capitaine dit que ce n'était point parce que là était mort messire Guillaume que mourraient tous ceux qui prendraient terre. « Chacun va au marché avec sa chance ; tous y vont pour gagner, ensuite il leur en advient suivant le bonheur et le sort. De même dans les guerres : chacun pense être victorieux, et ensuite il en est suivant ce que Dieu a ordonné. Nous autres, nous ne savons pas son secret, mais avec son aide et de bonnes dispositions, les hommes doivent attaquer hardiment leurs affaires ; car pour celui qui appréhende tout, mieux lui vaudrait ne pas sortir de sa maison. Ce ne sont ni les broderies, ni les fourrures, ni les chaînes, ni les fermails qui font la guerre, mais les poings solides et les hommes résolus. »

Ici l'auteur laisse de parler du capitaine et de messire Charles, et du désaccord qu'ils eurent sur le propos d'aborder au lieu susdit, pour raconter comment mourut là messire Guillaume du Chastel (2), le noble et vaillant chevalier ; parce qu'un chevalier aussi brave et vertueux que le fut celui-là tant qu'il vécut dans ce monde c'est bien raison de faire grande mention de lui dans les histoires des nobles chevaliers, quand l'occasion s'en présente.

Messire Guillaume du Chastel était naturel de Bretagne ; il était Breton bretonnant. On appelle bretonnant celui qui est Breton sans mélange d'autre nation ni langue, et

---

(1) Les mots en lettres italiques sont en français dans le texte.
(2) Voir les notes à la fin du volume.

l'on appelle Bretons galots ceux qui habitent à l'autre extrémité de la Bretagne, mêlés avec des Français ; ceux-là, on ne les tient pas pour purs Bretons ni pour aussi bons gentilshommes. Messire Guillaume était du meilleur lignage de la Bretagne. Il était seigneur d'une grande baronnie qu'on appelait le Chastel. C'était un homme haut de taille, très-puissant de corps, et fort beau de sa personne. Il était très-vaillant ; maintes fois il était entré en champ clos, tant contre tant, pour combattre à armes courtoises ou à toute outrance (1). Il était très-expert aux armes, et à la joûte il les portait si légèrement, qu'il n'en était pas plus empêché que s'il ne les avait pas sur lui. Il se confiait tellement en sa puissance, que souventes fois, dans les combats de tant à tant, il entreprenait de mettre les mains sur celui qui lui était échu. Il figura dans un combat de sept contre sept ; les adversaires étaient des Anglais, et il resta vainqueur ainsi que ses compagnons, qui étaient messire Arnaud Guillen de Barbasan, Archambaud de Villars, Carouis et messire Guillaume Bataille (2).

(1) *Ast en armas secretas como à todo trance.*
(2) *Mosen Arnao, Guillen Barballan, Argenbache, è Carois, è Mosen Guillen Butallier.* On voit ce que Gamez fait des noms propres français. Le combat des sept fut livré, le 19 mai 1402, à Montendre, en Saintonge, par Arnaud Guillen de Barbasan (« le chevalier sans reproche » à qui le roi Charles VII donna les armes de France et une place à Saint-Denis), Guillaume du Chastel, Archambaud de Villars, Clignet de Brébant (depuis amiral de France), Guillaume Bataille, Carouis (Carius, suivant le *Religieux de Saint-Denis* ; d'Escars, suivant le traducteur du *Religieux* ; de Courrotz, d'après les *Chroniques de Saint Denis* ; Carogier, d'après Gamez en un autre chapitre ; peut-être Jean de Carrouges ou Carrouget, célèbre par son duel avec Jacques Legris), et Jean Champagne, qui entrait pour la première fois en champ clos, mais dont Barbasan répondit comme d'un bon lutteur qui, « s'il pouvait une fois tenir son ennemy aux mains et se joindre à lui, par le moyen

(1)..

..... douze nefs. Et quand il s'agit de descendre à terre, il s'éleva entre eux une grande querelle pour savoir qui y descendrait d'abord. Le désordre se mit parmi eux, et comme les Anglais étaient en grand nombre, les Bretons furent bientôt vaincus, encore que messire Guillaume combattît très-valeureusement jusqu'à ce qu'il fût dangereusement atteint; il fut frappé d'un coup d'épée au défaut de la cuirasse (2), et étant pris il mourut au bout de douze ou treize jours.

Ici l'auteur dit que ces désordres adviennent pour n'être pas écoutés les chevaliers bons et expérimentés, principalement quand les rois prêtent l'oreille à ceux qui les entourent, et font au plaisir de gens qui ne savent rien de la guerre.

Ici on cesse de parler du brave chevalier messire Guil-

---

de la luicte, l'abattrait et le desconfirait, » trait de ressemblance avec du Chastel. Du côté des Anglais les champions furent le sire de Scales, Edmond Clolet (ou Chotet), Jean Heron, Richard Witevalle (ou Boutevalle), Jean Fleury, Thomas Trays (ou Tiles), et Robert de Scales, lequel fut tué. Le champ resta aux Français. Guillaume du Chastel y avait fait grande figure ; mais le chef de l'entreprise était Barbasan. (Voyez le *Religieux de Saint-Denis* et JUVÉNAL DES URSINS.)

(1) La lacune qui se trouve ici dans notre manuscrit existe aussi dans celui qu'a suivi Llaguno. Elle est aisément comblée en recourant aux historiens bretons, qui entrent dans de minutieux détails sur cette malheureuse expédition. Nous renvoyons aux notes, à la fin du volume, pour ce que nous ont fourni les documents anglais. Il suffit de dire ici, pour l'intelligence de notre texte, que la division s'était mise entre les chefs de l'expédition au sujet du pillage d'un convoi espagnol, et que Guillaume du Chastel, ayant voulu prendre terre contre l'avis de ses compagnons, fut, avec ceux qu'il entraîna, victime de sa témérité. (Voyez MONSTRELET, le *Religieux de Saint-Denis*, les *Histoires de Bretagne* de dom MORICE et dom LOBINEAU.)

(2) *So las platas*, sous les plates, les feuilles de l'armure.

laume du Chastel, et on retourne à conter du capitaine Pero Niño et de messire Charles, qui étaient sur la côte de Cornouaille.

CHAPITRE XXXIII.

Comment se rétablit l'accord entre Pero Niño et messire Charles, parce qu'ils étaient tous deux vertueux chevaliers.

Entre les bons, la discorde ne saurait durer longtemps, parce que l'homme vertueux, une fois la colère passée, discerne en son entendement ce qui lui convient, et renonce à ce qui lui peut causer préjudice. Les deux chevaliers comprirent qu'ils étaient en tel lieu et à telle besogne, que chacun avait besoin de l'autre, et de plus, que chacun d'eux devait donner bonne opinion de soi. Si un homme est bon et l'autre mauvais, ou si tous deux sont mauvais, ils ne se peuvent accorder; car la cause de discorde est que la méchanceté se place entre eux. Ainsi, pour obtenir la concorde, il faut d'abord ôter d'entre eux la méchanceté. Et ces deux chevaliers étaient si bons et prisaient tous deux si haut l'honneur, le bon renom et le profit commun, que celui qui le premier trouva un moyen de chasser la discorde, crut avoir montré le plus de force. Je veux vous dire un exemple que j'ai recueilli à ce propos, et qui est fait pour beaucoup intéresser les chevaliers qui vont en guerre. Il est arrivé de nos jours.

CHAPITRE XXXIV.

Exemple : de ce qui arriva à un chevalier anglais, et comment il montra grande force en étant endurant.

Le roi d'Angleterre allait en guerre contre le roi de France, et ils en vinrent à la bataille; les armées étaient très-près les unes des autres, et, suivant l'usage, on désigna des ordonnateurs qui allaient plaçant les troupes, et l'on commanda, comme c'est la coutume, que nul ne se permît de sortir du rang ni de pousser en avant, tant que l'heure d'attaquer ne serait venue. Il y avait là des personnages de marque parmi lesquels était, d'après ce qu'on raconte, un grand seigneur qui sortit un peu de son rang par orgueil et bravade; ou bien, fût-ce que l'autre lui portât secrètement mauvaise volonté, un de ceux qui allaient maintenant l'ordre, un bâton à la main, vint à lui, et il lui donna de ce bâton un grand coup dans le visage, car ce seigneur avait encore la visière du bassinet levée, en sorte qu'il fut fortement blessé. Celui qui fit cela n'était pas un homme d'aussi grand état que l'autre, et quand celui-ci fut frappé, bien le virent les siens et ses parents, ce qui faisait grand monde; car ses vassaux et adhérents étaient bien nombreux. Ils s'approchèrent tous de lui et le voulaient venger sur le champ. Lui avait supporté cela comme un homme de bon entendement; il posa la main sur la blessure pour que personne ne la vît, demanda à tous qu'ils se tinssent en place, et se tira à l'écart avec un page à qui il ordonna de lui apporter un mouchoir, puis il banda sa plaie. Il mit ensuite un bassinet et retourna vers le corps de bataille, appelant les siens et les remettant en ordre, leur reprochant d'avoir à cause de cela rompu les rangs, et leur disant de reprendre chacun sa place; qu'il ne s'était rien passé dont ils dussent s'émouvoir; que puisque lui l'avait souffert, eux le pouvaient supporter; que s'il y avait déshonneur, la grosse part était pour lui; et qu'enfin, ce n'était ni le temps ni le lieu où il convînt à personne de s'emporter et demander raison d'une offense, eût-il vu tuer son propre frère, mais qu'il fallait regarder aux ennemis que l'on avait là sous les yeux, et que chacun pensât à faire son devoir. Les armées se rencontrèrent et combattirent. Cette fois, les Anglais furent vainqueurs (1), quoique les Écossais soient une forte nation qu'il est mal aisé de vaincre.

On dit que les Anglais étaient quarante mille et les Français vingt mille, et que vingt mille Anglais et dix mille Français moururent dans cette bataille. Les Anglais avaient nommé des juges pour, après la bataille, accorder l'honneur de la journée à ceux qui auraient le mieux fait. Les juges avaient trois chapels (2) : un en or, l'autre en argent, et le troisième en ferblanc, pour les donner, de degré en degré, à ceux qui se seraient le mieux comportés. Après la bataille, tous agitaient la question de savoir qui devait recevoir le chapel d'or. Il y avait là bien

---

(1) Le texte porte *vencidos*, vaincus; mais la suite de l'histoire prouve qu'il faut lire *vencedores*. La mention des Écossais peut faire supposer qu'il s'agit de l'expédition de l'amiral Jean de Vienne en Écosse, l'an 1385.

(2) *Chapeletes*. Chez nos vieux écrivains, *chapel* est employé pour désigner toute espèce de couvre-chef, mais principalement une couronne ou guirlande : *chapel de roses*, d'où rosaire et chapelet.

des chevaliers qui, dans cette journée, avaient accompli de notables faits d'armes, et qui espéraient, qui plus, qui moins, obtenir l'honneur ou partie de l'honneur. Tous étant réunis dans la salle avec le roi, les juges appelèrent le chevalier qui avait reçu le coup de bâton dans le visage et lui accordèrent le chapel d'or, et ils remirent celui d'argent à un autre, et à un troisième celui de ferblanc. Et les autres, mal contents et songeant à toutes les vaillantes choses qu'ils avaient faites, commencèrent à murmurer et à dire qu'on n'avait pas bien jugé. Les juges dirent : « Chevaliers, restez en paix; il est bien raison que celui à qui l'on doit le gain de la bataille ait tout l'honneur. Nous avons vu la grande offense que ce chevalier a reçue dans sa personne, lui qui est de si grande qualité, et nous vîmes comment notre armée se débandait pour le venger; et cette vengeance, il pouvait la prendre sur le champ, si cela lui eût plu. Nous savons, outre cela, que l'autre chevalier a aussi beaucoup d'adhérents, et que beaucoup de ceux qui sont dans l'armée étaient prêts à faire quelque chose pour lui; et la chose fût allée en telle sorte, que dans notre armée il y eût eu discorde et mal, et cette discorde, bien l'eussent connue nos ennemis, qui sont gens très-guerriers et entendus à combattre; et ils seraient venus sur nous et très-aisément nous auraient tous détruits, et ils nous auraient vaincus et tués. » Quand les juges eurent achevé leur discours, le roi et tous les chevaliers furent très-contents de ces explications, et reconnurent qu'on avait prononcé pour le mieux. Le chevalier prit le chapel, le mit sur son chef et le porta tout ce jour à la cour; ensuite il l'envoya à un brave gentilhomme qu'il savait s'être montré très-vaillant, aussi bien à jouer des armes qu'à conduire son monde, le priant qu'il le portât pour l'amour de lui, quoique, du reste, il l'eût lui-même bien mérité. Il était bien vrai que dans l'armée chacun parlait de ce chevalier, car sur un point, pendant la bataille, les Anglais paraissaient déjà défaits, et lui accourut et arrêta les Écossais tant que le roi eût loisir de gagner par ailleurs la victoire. Le chevalier dont j'ai dit qu'il avait su endurer l'offense combattit si bien dans cette journée et fit tant par ses mains, qu'encore bien qu'il n'eût pas mérité le chapel pour un autre motif, à la façon dont il se comporta dans la bataille, on eût mis en question si le chapel ne devait pas lui être adjugé à bon droit, comme à celui qui avait fait le plus pour l'obtenir.

CHAPITRE XXXV.

Comment la discorde entre les chevaliers est vice très-mauvais, d'où naissent de grands dommages.

Discorde entre les chevaliers naît d'orgueil et d'envie; ce sont deux vices qui amènent de grands dommages. L'orgueil fait penser que l'on se grandira et gagnera de l'honneur en se singularisant et suivant sa propre volonté, au lieu de se laisser guider par la même raison qui conduit tout le monde, et qu'il est beau de différer de l'avis de tous les autres (1). Si l'orgueilleux est un

(1) *Orgullo es mayor lugar, que a mas honra que non le usar de singularidad, siguiendo su propia voluntad e non se querer seguir por la razon de que todos usan, mas desacordar de lo que todos los otros acuerdan.*

Le texte a été visiblement corrompu dans le premier membre de la phrase, et nous avons dû traduire par conjecture.

homme puissant, il peut en résulter grand mal et grand préjudice, parce que la volonté perverse se joignant à la puissance, il n'y a chose qu'elle ne détruise. Si l'orgueil ne se trouve que chez un homme de peu d'importance, il ne cause d'autre mal que de faire haïr cet homme par le monde. Envie est un tourment qui naît dans le cœur et y met grande douleur. L'envieux se tue et tue les autres; l'envie le brûle au dedans et au dehors. Pour l'envieux, une très-triste chose est qu'il est toujours en soupçon et en crainte; celui à qui il porte envie lui rend haine et, quand il y voit son temps, le grève. L'envieux ne regarde rien avec des regards droits; et c'est pour cela que Sénèque dit : « Chassons l'envie qui nous obsède et ne nous laisse ni repos ni tranquillité. » L'honneur des batailles, chacun le désire; mais ceux-là seuls l'obtiennent qui peinent pour l'avoir, et ils ne le peuvent obtenir sans grandes fatigues et péril. Tout est rude dans la poursuite de l'honneur; il n'est pas de poursuite plus dure que celle-là, parce que le but est plus grand que tout autre. Plus le degré est élevé, plus il est dur de le monter. Pourquoi dans la bataille réclame-t-on, non l'arrière-garde, mais l'avant-garde, ce poste étant le plus périlleux, là où sont les premiers coups, lorsque les ennemis arrivent frais avec toutes leurs forces, leurs armes entières et bien apprêtées, et qu'il faut regarder la mort de plus près? C'est parce que là se gagne la bataille, ce qui est la plus grande gloire de ce monde.

Caton dit que nous devons travailler pour obtenir le plus grand bien. Mais cette sentence (1) a diverses applications suivant les opinions. Virgile parle des travaux de

---

(1) *Oturidad (autoridad)*.

la terre, et prétend que là sont amassées les plus grandes richesses, et que cela est le plus grand bien. D'autres ont dit que la santé du corps était la meilleure chose pour la vie; c'est ce que nous montre Nacer (1), qui fut grand physicien et médecin. D'autres ont avancé que le plus grand bien était la gloire gagnée par les batailles; c'est ce que nous montre Lucain, qui a traité des batailles, et qui dit qu'il a recherché quelle est la plus grande gloire, et n'en a pas découvert de supérieure à celle-là. D'autres ont affirmé que la volupté était le souverain bien; c'est ce qu'a fait Ovide, qui a traité de ses propres amours, et qui dit qu'amour, et jeux, et ris, et allégresse, lui avaient été le souverain bien. Lucain, qui a traité de beaucoup de batailles, s'était proposé d'en raconter une dans laquelle Curius fut vaincu; mais la mort vint, et il ne put le faire. Lucain a parlé de Mars comme d'un dieu puissant dans les batailles, et a dit : les batailles de Mars. Mars veut dire Mort ou Engloutisseur, qui fait mourir les hommes par bataille romaine (2), parce que les Romains descendirent de Mars par Remus et Romulus, qui furent fils de Mars et d'Iliata (sic). Lucain écrit les batailles qui eurent lieu entre deux Romains, l'un Jules César, et l'autre Pompée le Grand. Et, comme j'ai dit ci-dessus que remporter des victoires est le plus grand bien et la plus grande gloire de cette vie, pour cela, chacun voudrait obtenir pour soi d'être chanté, et que l'on portât haut son prix (3). De là naît envie et d'envie discorde. Ce que l'un ne peut avoir,

(1) Peut-être Nassir Eddyn, célèbre astronome persan, qui a écrit sur la médecine, la philosophie, etc., et qui naquit en 1201.

(2) *Mares quiere decir muerte ó tragador que face à los hombres morir por batalla romana.*

(3) *E que ficiesen del grand premio.*

il ne voudrait pas que l'autre l'obtînt. [Il vaudrait mieux] que l'homme se contentât de la position où la fortune l'a placé, et qu'il ne souhaitât pas de s'élever par superbe; car de telles élévations sont dangereuses. Celui que la fortune élève le plus, elle l'abaisse le plus aussi. Considère ceux qui ont été sur la roue de la fortune, et comme la fortune est toujours en branle. Plus est à redouter la prospérité que l'adversité; en plus grande crainte vit celui qui est au haut de la roue que celui qui n'y est pas monté.....

..... Donc, quand le capitaine Pero Niño. et messire Charles furent de bon accord comme ils l'avaient été auparavant, les galères partirent le soir d'Alamua (1) et tinrent la mer toute la nuit, en grande crainte de rencontrer la flotte d'Angleterre. L'aube venue, elles arrivèrent en ramant et en longeant la côte à Plamua (2). C'est une bonne ville, assise à une grande hauteur du côté de la mer; du côté de la terre elle n'est pas aussi élevée, mais elle a une bonne forteresse sur un petit mamelon. Là il n'y a pas moyen de prendre terre, si l'on y trouve résistance, à moins de faire la descente loin de la ville; et une fois à terre, il n'est pas difficile de s'en emparer. Elle est au bord d'une rivière, à une portée de canon de la mer. Il y a là un pont qui est fait comme le pont de Séville, avec des bateaux, et qui peut être formé de sept

(1) Nous avons vu que c'est Darmouth.

(2) Notre manuscrit dit : *Apamua;* mais nous avons ici suivi la version de Llaguno, qui doit être la bonne. *Plamua,* la *Planemue* de nos chroniqueurs, est Plymouth, à dix lieues à l'ouest de Darmouth, si l'on compte la distance par mer. Les galères purent faire ce trajet en une nuit. La description des lieux convient d'ailleurs parfaitement à Plymouth. Le pont de bateaux était probablement jeté sur la Plym, là où est aujourd'hui le port marchand.

ou huit barques. Il se trouvait dans la rivière plusieurs nefs et d'autres navires, mais dès que les galères furent aperçues tous se halèrent près du pont. Les galères entrèrent dans la rivière pour prendre quelques-uns de ces navires et y mettre le feu. On tira de la ville tant de coups de bombardes et de canons, que ceux des galères pensèrent être coulés. Il y eut une pierre qui passa plus haut que deux tours et tomba dans la mer, à près d'une demi-lieue, en telle sorte qu'il fut impossible de s'emparer d'aucun vaisseau. Les galères s'éloignèrent de là en suivant la côte, et un matin, elles se trouvèrent par le travers d'un golfe que l'on appelle le Casquet (1). Il y a là des roches très-hautes, entre lesquelles il n'existe point de passage, et personne n'en connaissait. Un vent très-fort de mer commença à souffler et donnait en plein sur les galères qu'il faisait aller par force sur les roches. Il ne servait à rien de ramer; il ne restait plus qu'à invoquer la vierge sainte Marie pour en être secouru. Les galères se virent là en perdition. De plus, le courant était si rapide qu'il les portait toujours au golfe; mais il plut à Dieu que ce courant, qui les menait au golfe par un côté, les fît sortir par l'autre, ce qui fut une grande merveille; et tous rendirent bien des grâces à Dieu. Ensuite, à force de rames et contre le vent, ils s'éloignèrent de la terre et entrèrent en pleine mer. Dans cet endroit ont péri bien des navires. Cette nuit, les galères tinrent en sûreté la haute mer; le lendemain, elles vinrent à une île qu'on appelle

---

(1) C'est, nous le supposons, le golfe d'Exeter, auquel Gamez donne le nom des Casquets, écueils dangereux, situés entre les îles d'Aurigny et Guernesey. Les roches dont il parle ensuite sont peut-être celles de Start-Point, à l'entrée du golfe. Il serait difficile d'admettre qu'il s'agisse d'Eddystone, à trois lieues au sud de Plymouth.

Portland (1). C'est une petite île, toute voisine de la côte d'Angleterre. Quand la mer est basse, on va de l'une à l'autre à pied sec; quand elle est haute, on passe sur des embarcations. Cette île est ronde et entourée de hauts rochers qui ne laissent d'entrée que du côté qui fait face à la terre. Elle renferme un bourg dans lequel demeurent environ deux cents habitants.

CHAPITRE XXXVI.

Comment les gens du capitaine Pero Niño s'en furent, avec sa bannière, pour saccager l'île de Portland.

Le capitaine Pero Niño envoya quelques-uns des siens avec sa bannière pour piller ce bourg et emmener les troupeaux de l'île; et ainsi fit messire Charles. Pour eux, ils demeurèrent avec le reste de leur monde, pensant que, lorsque la mer baisserait, quelques troupes d'Anglais pourraient venir à eux. Ceux qui allèrent dans l'île combattirent un instant avec les gens qu'ils y rencontrèrent; mais ceux-ci étaient mal armés, en petit nombre, et prirent

(1) *Portlan.* L'île de Portland, jointe à la terre par une langue de sable, ferme, à l'est, le golfe d'Exeter dans le comté de Dorset. L'île a la forme d'une oreille. Les falaises de l'ouest sont bordées de rochers, et on les exploite comme carrières. La langue de sable, appelée le *Chesil bank,* découvre, à mer basse, de quarante à quarante-cinq pieds. Sa longueur est de près de deux mille mètres, et sa plus petite largeur, à mer basse, de cent cinquante mètres. Le bourg, *Chesilton,* et le château sont situés au nord de l'île, qui en est la partie la plus élevée.

tous la fuite. Ils avaient dans les rochers, proche du bord de la mer, des cavernes en grande quantité, fort spacieuses, où l'on descendait par des sentiers très-étroits, et ces sentiers faisaient des lacets en telle sorte qu'un seul homme pouvait défendre les escaliers de l'un de ces passages contre n'importe quel nombre d'assaillants. Et auparavant, quand les galères avaient tourné autour de l'île, ceux du bourg les avaient aperçues à tems, et la plupart s'étaient réfugiés dans les grottes avec leurs femmes et leurs enfants; si bien que l'on ne put faire sur eux que peu de prisonniers, et l'on se rabattit à piller le bourg. Pendant que cela se passait dans l'île, les trompettes sonnèrent à bord des galères pour rappeler le monde. Alors les Français qui étaient de compagnie avec les Castillans commencèrent à mettre le feu aux maisons, et les Castillans ne le voulaient pas faire mettre; au contraire, ils empêchèrent que l'on ne continuât, parce que la population de l'île était pauvre. Il arriva même là un miracle : ce fut qu'un Castillan mit le feu à une maison couverte de chaume, et que le feu ne voulut jamais prendre, parce que le Castillan ne le mettait pas de bon gré; mais quant aux Français, aussitôt qu'ils avaient mis le feu, la maison était brûlée. Cela était cause que les Castillans n'avaient pas cœur à faire plus de dégât dans le bourg, ayant pitié de ces pauvres gens. Bien savaient-ils que telle était la volonté de leur capitaine. Il fut toujours doux pour le faible et fort contre le fort. Ainsi nos gens prirent leur chemin pour regagner les galères, et quand ils y arrivèrent, beaucoup d'Anglais, hommes d'armes et archers, avaient déjà passé de ce côté, à marée basse. Le capitaine Pero Niño et messire Charles étaient déjà engagés avec les Anglais; ceux-ci combattaient pour passer à la défense de l'île, car ils y voyaient les gens des galères, ceux-là pour les empêcher de passer. Le nombre des Anglais croissait à chaque instant; et quoique le capitaine ne se donnât pas de loisir à frapper afin de barrer le passage, comme la langue de sable était large, tandis qu'il avait affaire aux uns, les autres se glissaient dans l'île. Les hommes qui marchaient avec la bannière du capitaine étaient parvenus dans la partie haute de l'île; et de là ils découvrirent comment on se battait et qu'il arrivait du monde sur eux. Ils se mirent en bonne ordonnance (car il y avait de braves gens parmi eux), pressèrent le pas et se rencontrèrent avec les Anglais, et se jetèrent sur eux très-durement; mais les Anglais tenaient ferme en place. Il y avait ainsi deux combats bien près l'un de l'autre. Ceux qui venaient de l'île enfoncèrent les Anglais, et les contraignirent à reculer jusqu'à l'autre combat, tant qu'il n'y eut plus qu'une seule bataille. Messire Charles allait dans la mêlée, gouvernant ses gens et combattant à la façon d'un bon chevalier. Il avait avec lui sa bannière et la plus grande partie de son monde. Le capitaine prit sa bannière, qu'on ramenait de l'île, rassembla ses gens, fit placer une pavesade devant les arbalétriers, et appela près de lui son cousin, Fernando Niño, et ses hommes d'armes. Il leur dit : « Voyez les Français, ils se battent en braves, et il n'y a rien de plus à attendre d'eux. Il faut que nous les secourions, car ils ont affaire à tant de monde qu'ils ne peuvent plus résister. A vous de les aider. » Ce disant, ils allèrent aux Anglais et les attaquèrent durement à coups de dards et de flèches, et le capitaine arriva avec sa bannière. Il y eut là un rude combat en petit espace. A la fin, les Anglais eurent à quitter la place, pour dépit qu'ils en eussent, et à regagner la terre ferme. En ce moment la mer montait, et elle sépara les combattants les uns des autres. La cause pour laquelle les Anglais se retirèrent si promptement fut qu'ils virent venir le flux, pensant que si, la retraite leur était coupée, il ne leur resterait qu'à mourir, tant était acharné le combat que leur livraient les Français et les Castillans. Mais ceux-ci, n'eût été la marée montante, n'auraient pu résister, tant les ennemis arrivaient en grand nombre. Le terrain que recouvrait l'eau avait de largeur ce que franchirait une pierre lancée avec la main; et les Anglais amassés au-delà envoyaient tant de pierres et de flèches, qu'il semblait que ce fût comme quand il neige, et ceux qui étaient du côté de l'île en recevaient en quantité. Le capitaine fit ce jour-là de beaux coups d'arbalète, dont il abattit et blessa bien des Anglais; et cet échange de flèches dura fort longtemps, jusqu'à ce que la nuit y mit fin. Nos gens rentrèrent dans leurs galères, soignèrent leurs blessés, et mangèrent et prirent du repos. On fit ce jour-là quelques prisonniers.

CHAPITRE XXXVII.

Comment les gens de Pero Niño brûlèrent la ville que l'on appelle Pool (1), et du combat qu'ils eurent avec les Anglais.

Le lendemain, les galères partant de là s'en furent longeant la côte et reconnaissant les ports. Les gens des

---

(1) *Pola*, Pool, petite ville du comté de Dorset. Elle est située dans

galères descendirent pour faire de l'eau et du bois, et voyant des troupeaux de vaches et de moutons, ils s'en emparèrent et en tuèrent pour leur provision. Ils s'en allaient ainsi le long de la côte, brûlant chaque jour et pillant beaucoup de maisons, emportant étoffes et hardes; et ils avaient de fréquentes escarmouches avec les habitants de ce pays. Ainsi allant, le capitaine eut connaissance d'un bourg qu'on appelle Pool et qui est sur cette côte. Ce bourg appartenait à un chevalier nommé Harry Paye (1), qui faisait toujours la course avec nombre de navires, capturant tout ce qu'il pouvait atteindre de vaisseaux d'Espagne et de France. Et cet Harry Paye était venu bien des fois sur la côte de Castille, où il avait enlevé beaucoup de barques et de nefs; il croisait dans le canal de Flandre avec des forces si puissantes, qu'il n'y pouvait passer, pour se rendre en Flandre, aucun navire qui ne fût pris. Cet Harry Paye avait brûlé Gijon et Finisterre (2), et enlevé le crucifix de Sainte-Marie de Finisterre, qui était bien célèbre, comme celui pour lequel on avait la plus grande dévotion dans tout le pays; et j'en sais la vérité pour l'avoir vu. Il causa en Castille beaucoup d'autres dommages, y faisant force prisonniers pour en avoir rançon; et

---

une presqu'île plate, adossée à des collines, et qui se trouve au fond d'une baie. Les parties hautes de cette baie découvrent deux heures après la haute mer, et l'on n'arrive à Pool que par un canal étroit.

(1) *Arrípay*. Southey dit qu'il était commandant de la flotte des Cinq-Ports. Cette année il fit, avec lord Berkeley et Thomas de Swinburne, subir des dommages considérables à la flotte française qui avait conduit le maréchal de Rieux dans le pays de Galles. En 1407, il captura un grand convoi de cent vingt navires marchands richement chargés. (Voyez WALSINGHAM, *Historia brevis Angliæ*, aux années 1405 et 1407.)

(2) Le cap Finisterre, en Galice. Près de ce cap se trouve le petit port de Corcubion, que probablement veut désigner Gamez.

quoique d'autres navires armés sortissent d'Angleterre, c'est lui qui le plus habituellement faisait parler de lui. Quand le capitaine sut qu'il était aussi près de la résidence de ce corsaire, il en eut une grande joie, pensant l'y trouver, et par un matin, à l'aube, les galères se présentèrent devant Pool. Ce bourg n'était pas muré; il s'y élevait une belle tour couverte d'une toiture d'étain ronde et ayant la forme d'une coupe. Le capitaine dit à messire Charles qu'il serait bien de prendre terre à cet endroit, et d'aller piller et brûler le bourg. Messire Charles répondit : « Monseigneur, mon avis est que nous ne descendions pas ici, parce que, outre qu'il y a beaucoup de bas-fonds et de récifs, et que les galères ne pourraient approcher de terre, il se trouve dans ce canton beaucoup de gens d'armes et d'archers. » Le capitaine dit : « Nous descendrons dans les chaloupes par petites troupes, successivement, et pendant que les uns combattront, les autres débarqueront. » Messire Charles répliqua que le capitaine ferait ce qu'il voudrait, mais que pour rien au monde ni lui ni ses gens ne descendraient. Alors le capitaine fit armer son monde et le débarqua, et ordonna d'aller mettre le feu au bourg. Ce bourg de Pool est à une bonne distance de la mer. Les Castillans y mirent le feu et en brûlèrent une grande partie; mais tant d'Anglais arrivèrent sur eux qu'ils ne purent résister, et qu'ils se retirèrent en bon ordre et lentement vers la mer. Le capitaine, voyant comment les siens s'en revenaient et abandonnaient le bourg, en eut grand chagrin et commanda à plus de monde de descendre; pendant ce temps, les autres combattaient et se défendirent jusqu'à ce que le renfort arrivât. Fernando Niño, cousin du capitaine, le conduisait, et avait avec lui la bannière et les hommes d'armes. Le capitaine disposa son monde et donna l'ordre d'aller détruire le bourg. Les Castillans, bien ensemble, se mirent en mouvement pour s'y rendre, selon le commandement du chef. La bannière fut plantée en dehors du bourg, et les hommes d'armes autour d'elle. Le capitaine avait ordonné qu'on ne pillât point, de crainte que les soldats ne fussent embarrassés par le butin, mais de mettre le feu partout. Aussi, en peu de temps, le bourg fut brûlé entièrement, à l'exception d'une belle et grande habitation, que défendaient beaucoup de gens réfugiés à l'intérieur; mais les Castillans s'opiniâtrèrent si bien, que par force ils entrèrent dans cette maison, et ceux qui s'y étaient renfermés sortirent par les portes de derrière. On y trouva beaucoup d'armes de toute espèce, des canons, des agrès, des voiles, et tout ce qui sert aux navires de guerre. Les Castillans enlevèrent de ces choses tout ce qu'ils purent emporter, puis mirent le feu au palais. Cette affaire achevée, ils revinrent devant les galères, combattant toujours avec les Anglais; et comme ils commençaient à monter dans les galères, il vint une grande quantité d'Anglais à pied et à cheval. Les cavaliers descendirent de leurs chevaux, se mirent à pied, et formèrent une belle troupe d'hommes d'armes et d'archers; et ils étaient si près qu'on aurait bien pu distinguer les roux des noirs. Ils avaient avec eux des portes de maisons, et ils les plantaient par terre, les appuyant à un pieu, et s'abritaient derrière elles pour combattre (1). Ils avaient fait cela par crainte des arbalètes, qui leur tuaient beaucoup de monde. Ils occupaient le haut du terrain, et

---

(1) Ces portes étaient les mantelets portatifs dont se couvraient les archers ou les arbalétriers, et que remplaçait imparfaitement le grand bouclier attaché sur le dos pour garantir l'homme pendant qu'il se retournait et bandait son arme.

les Castillans, placés dans le bas, recevaient des flèches en si grand nombre et qui arrivaient si dru, que les arbalétriers n'osaient pas se baisser pour armer leurs arbalètes. Il y avait beaucoup d'hommes atteints par ces traits, qui restaient en grande partie piqués dans ceux qui portaient des jaques (1) et des soubrevestes, si bien qu'à les voir on eût dit des saints Sébastiens (2). La bannière et celui qui la tenait étaient aussi criblés de flèches, et l'alferez en avait tout autour de son corps autant que le taureau dans l'arène; mais il était protégé par ses bonnes armes, encore qu'elles fussent déjà faussées en quelques endroits. Les Anglais sont experts en guerre, et pour en venir aux mains avec les Castillans ils attendaient que les arbalétriers, à force de tirer, eussent épuisé leur trousseau. Le capitaine Pero Niño était dans sa galère, d'où il voyait comment le nombre des Anglais croissait à chaque instant et qu'il y avait parmi eux de très-vaillants hommes d'armes. Il reconnut que l'affaire devenait douteuse; alors il quitta sa galère avec le petit nombre de ceux qui y étaient restés, et descendit à terre. Messire Charles, quand il vit le capitaine gagner le rivage, se mit en mesure de l'aller aider, bien qu'il fût déjà tard; et quand les Castillans virent le capitaine, ils prirent plus grand courage. Lui, encourageant ceux qu'il rencontrait, arriva à sa bannière. Celui qui la tenait était seul et en grand péril entre les Castillans et les Anglais; car, pour dire la vérité, les Castillans avaient reculé d'environ trois pas qu'avaient gagné les Anglais. Et les guerriers savent que tous regardent la bannière, tant

---

(1) Casaque de peau piquée qu'on portait dessus ou dessous le haubert.

(2) *Que parescian asaetados.*

les ennemis que les amis ; et si les siens la voient reculer dans le combat, ils perdent le courage, tandis que celui des ennemis s'augmente ; et s'ils la voient rester ferme ou avancer, ce sont eux qui ont confiance. Mais, ni parce qu'à l'alferez est accordé tel honneur, et qu'il a été choisi dans toute l'armée pour remplir cet office, ni parce que tous le regardent et ont les yeux sur lui, il ne faut que s'accroissent en lui orgueil et vanité, qu'il s'attribue un plus grand rôle qu'il ne lui en a été assigné, qu'il marche plus avant qu'il ne lui a été ordonné, ni qu'il croie que sa charge lui a été confiée comme au plus vaillant de cette armée. Il doit se dire que beaucoup d'autres et meilleurs sont autour de lui et que par leurs mains se fait la besogne. Qu'il ne veuille pas se distinguer et emporter l'honneur sur autrui, tellement qu'à la fin il mette en danger l'honneur de son maître et de ceux qui le suivent ; mais qu'il ne se tienne pas non plus tant en réserve que les autres aillent en avant et lui reste derrière, car la chandelle éclaire mieux portée devant que derrière. La bannière est comme la torche placée dans une salle et qui éclaire tout le monde ; si par quelque accident elle s'éteint, tous restent dans les ténèbres et sans voir, et ils sont vaincus. Et par ainsi, pour tel office doit être choisi un homme de grand sens, qui se soit déjà vu en de grandes affaires, qui ait le renom de bon, et qui, dans d'autres occasions, ait rendu bon compte de sa charge. Un tel emploi ne doit être confié ni à un homme présomptueux, ni à un homme emporté, car celui qui n'est pas maître de lui ne saurait diriger les autres. Et quelques-uns à qui fut accordé cet office ont mis en mauvaise passe leurs maîtres et ceux qui l'accompagnaient. Aussi, quand un seigneur commande aux siens de suivre un pennon qu'il a placé entre mauvaises mains, bien est raison de faire grand reproche au seigneur qui met ses hommes sous un tel alferez, car l'honneur tourmente tellement les gentilshommes qu'il les fait se jeter dans des périls évidents. Il convient donc que l'alferez se conforme à la volonté de son seigneur et ne fasse pas plus qu'il ne lui est ordonné. Et Pero Niño dit à Gutierre Diaz (1), son alferez : « Ami, faites attention quand vous entendrez sonner les trompettes; marchez alors avec la bannière, et portez-la en avant jusqu'aux Anglais. Là, arrêtez-vous, et ne quittez plus votre place. » Le capitaine, très-bien armé, dès qu'il eut rangé tout son monde, se mit à appeler à haute voix : « Saint Jacques ! saint Jacques! » Les trompettes sonnèrent, la bannière marcha, et tous s'élancèrent à sa suite. Il était temps alors pour chacun de faire son devoir et montrer ce qu'il valait, car on trouvait à qui parler. La bataille fut bien soutenue de part et d'autre; enfin, les Anglais lâchèrent pied, mais non tous, car les gentilshommes combattaient très-ferme en se retirant. Si les gens des galères qui étaient à pied eussent été à cheval, on eût fait beaucoup de prisonniers ce jour-là; il y eut toutefois assez de monde tué ou pris. Dans ce moment, messire Charles était arrivé à terre, conduisant beaucoup de chevaliers et de gentilshommes armés; ils paraissaient sur un autre point du combat, richement couverts de soubrevestes et d'autres ornements d'or et d'argent. Et je dis la vérité : la bataille finie, les flèches étaient si nombreuses sur le sol, qu'on ne pouvait marcher sans fouler des traits en telle quantité qu'on les ramassait par poignées. Il arriva que le seul homme de la galère de messire Charles

(1) Gutierre Diaz de Gamez, l'auteur même du livre.

qui pût arriver à temps pour combattre mourut là. C'était un Castillan, un homme brave : on l'appelait Juan de Murcia. Ce jour mourut aussi un frère d'Harry Paye, très-bon homme d'armes, qui fit là de très-belles choses avant de mourir. Quand tout fut terminé, Pero Niño pria messire Charles de dîner avec lui ce jour-là, lui et ses chevaliers ; et ainsi fut fait. Et de si rude sorte furent les Anglais battus et vaincus qu'aucun d'eux ne reparut plus, mais ils laissèrent les Castillans remonter sur leurs galères bien à leur aise, sans combat. Ceux-ci prirent soin de leurs blessés, et mangèrent, et se reposèrent, car ils en avaient grand besoin. Et alors messire Charles dit au capitaine : « Monseigneur, il faut (1) que vous me pardonniez, car ces chevaliers ont trop tardé à s'armer, et les attendant toujours, je ne vous ai pas porté aide dans cette bataille ; aussi, tout l'honneur est à vous, et je n'y ai nulle part. » Le capitaine répondit : « Monseigneur, une autre fois vous ferez mieux ; et s'il m'appartient d'en décider, je vous donne tout l'honneur de cette bataille, car je sais que vous êtes un si bon chevalier que vous ne pouvez faire aucune faute partout où vous vous trouvez. »

Le capitaine apprit là que le roi d'Angleterre avait réuni une grande armée, et pris beaucoup de monde de cette contrée pour marcher contre Owen (2), prince de Galles, qui s'était soulevé contre lui.

---

(1) Quand Gamez fait parler messire Charles, il lui met souvent quelques mots français dans la bouche ; ici il estropie singulièrement notre verbe *falloir* : *Monseñor, y faola que vos me perdonets.*

(2) *Ivan*, Owen Glendower. — Cette indication, jointe à celle que le *Religieux de Saint-Denis* donne sur la réunion de Savoisy et de Pero Niño à l'Abrevak (23 août), fixe à peu près la date de la descente à Pool. Par une lettre datée d'Hereford, le 4 septembre 1405, le roi

CHAPITRE XXXVIII.

Comment Owen (1), prince de Galles, était révolté et ne voulait pas obéir au comte de Derby (2), que les Anglais avaient fait roi.

Comme je vous l'ai raconté ci-dessus, les Anglais avaient déposé le roi Richard d'Angleterre, et Owen, prince de Galles, était son parent très-proche. Celui-ci ne voulut pas, comme les autres du royaume, reconnaître pour roi le comte de Derby; mais, au contraire, mu par le grand chagrin qu'il eut du malheur de son parent, il fit grande guerre au roi et à ceux de Londres, dont il était voisin. Le pays de Galles est une terre éloignée au bout du royaume devers le nord. C'est une contrée âpre et montagneuse; elle est fort peuplée et a de bonnes forteresses. Il y a, à son entrée, des défilés que l'on appelle les Marches; il n'y a pas d'autre entrée que celle-là. Le prince vit qu'il aurait une longue guerre avec le roi. Il démolit toutes les forteresses de son pays, et ne conserva que cinq châteaux qui étaient dans la partie la plus inac-

---

d'Angleterre fit savoir qu'il marchait en personne contre les Français qui avaient débarqué à Milford dans les premiers jours d'août, et le 22 septembre il convoqua de grandes forces pour assurer la reddition du château de Lampodor. Pero Niño était rentré à Harfleur le 5 octobre. Il devait donc avoir débarqué à Pool dans les derniers jours de septembre. (Voyez RYMER, année 1405, 7 août, 4 et 22 septembre.)

(1) *Ivan.*

(2) *El conde Arbi*, le roi Henri IV, précédemment comte de Derby et duc de Lancastre.

cessible du pays, les uns auprès des autres, et dans les environs desquels il fit aller habiter toute la population. On dit que c'est une contrée très-saine, riche en fruits, et où les hommes sont beaux. Il avait avec lui beaucoup de chevaliers, de ceux du roi Richard, et d'autres gens. Tous se battent à cheval, et chacun a une trompe, et ils sont si habitués à s'en servir, que lorsque besoin leur est d'y recourir, ils s'entendent les uns les autres en sonnant de cette trompe, comme par voix d'homme et paroles. Et quand le roi venait dans sa principauté, Owen le laissait entrer par les Marches et se retirait dans d'autres lieux où l'on ne pouvait lui nuire, et défendait d'autres passages. Et quand les gens du roi se répandaient par le pays, alors venait son profit, car lui et les siens, étant fort guerriers, de nuit prenaient et tuaient beaucoup des hommes du roi. Ensuite, quand le roi voulait s'en retourner, le duc était sur ses épaules et lui faisait beaucoup de mal. Si le roi s'éloignait de Londres, le duc sortait des Marches, descendait dans la plaine, et pillait le pays, et s'en revenait, et repassait les Marches. Le roi avait déjà été trois ou quatre fois au pays de Galles, et il envoya des ambassadeurs au duc pour lui dire qu'il faisait grande folie; qu'il ne pourrait longtemps résister; qu'il devrait changer de parti, et qu'il recevrait de grandes faveurs. Owen répondit au roi qu'il aurait beau faire : il n'empêcherait pas que sur trois nobles d'or frappés à Londres, il ne lui en revînt un.

Le roi de France lui envoyait toujours des secours, des arbalétriers, des armes, et du vin, dont on n'a pas en Angleterre(1). Si le capitaine des nefs de Castille fût venu en

---

(1) Le traité d'alliance entre le roi de France et Owen Glendower contre Henri de Lancastre fut signé à Paris le 14 juin 1404, et ratifié par Owen le 12 janvier suivant, au château de Lampadara (voyez RYMER,

Angleterre de concert avec Pero Niño, comme cette côte était alors mal gardée, ils se seraient emparés de beaucoup de villes, auraient eu des prisonniers qui auraient payé de fortes rançons, et auraient fait beaucoup d'autres bonnes choses; puis ils seraient revenus de là honorés et très-riches. Mais parce que le capitaine Pero Niño n'avait pas beaucoup de monde de sa nation, il faut le louer davantage et lui tenir plus de compte de toutes les bonnes choses qu'il accomplit, car il n'avait que trois galères et deux balleniers (1); et s'il avait eu vingt galères, comme d'autres les eurent avant et depuis lui, il est à croire qu'il eût fait des choses admirables.

année 1404, 10 mai et 14 juin; année 1405, 12 janvier); mais l'alliance existait de fait depuis plus longtemps. Le comte de la Marche avait dû faire dans le pays de Galles une grande expédition, au sujet de laquelle le duc de Bourbon écrivit au roi de Castille, le 7 juillet (1404, probablement), une lettre (archives de l'empire, section historique, K, 1482, B. 1-6), pour presser l'envoi de quarante nefs promises par le roi. Ces nefs étaient, nous le supposons, celles qu'amena Martin de Avendaño, et qui ne servirent point. Le comte de la Marche, après beaucoup de retards, partit de Brest à la fin de l'année 1404. Son expédition, qui avait tenu en alarmes le roi Henri IV, se réduisit à une course en mer. Celle que conduisirent le maréchal de Rieux et Jean de Hangest, seigneur de Hugueville, maître des arbalétriers, fut signalée par la prise de Kaermarthin, mais n'aboutit en somme à rien de considérable, et prit fin peu après la rentrée de Pero Niño à Harfleur.

(1) Ballinger, ballenier; navire de course marchant à la voile, et qui était fort en usage parmi les Anglais et les Bretons. Pendant toute cette période, à chaque avis inquiétant que recevait le roi Henri IV, il envoyait à tous les ports d'Angleterre l'ordre d'armer un certain nombre de barges et de balleniers.

CHAPITRE XXXIX.

Comment les galères entrèrent dans la Tamise, qui est la rivière de Londres, par le port qu'on appelle Antone (1).

Le capitaine et messire Charles tinrent avec leurs marins conseil sur ce qu'il leur conviendrait de faire de là en avant. Et les pilotes et les comites dirent : « Seigneurs, assez de temps vous avez été sur cette côte, et vous y avez fait bien des bonnes choses ; vous emportez de ce pays beaucoup d'honneur et aussi de profit. Nous allons entrer dans l'hiver. Cette mer est fort tempêtueuse, mauvaise surtout pour les galères, et il est temps de réparer les nôtres ; elles manquent de beaucoup de choses qu'elles ont perdues dans les tourmentes. D'un autre côté, cette contrée est froide, et les gens y souffrent s'ils ne sont pas chaudement vêtus. Notre avis est que vous quittiez l'Angleterre et que vous alliez hiverner dans quelque port de France. » Tous tombèrent d'accord que l'avis était bon et qu'il fallait le suivre. Cependant, le capitaine dit qu'auparavant il voulait aller voir Londres ; et il ordonna d'en prendre le chemin. Les galères arrivèrent à un port que l'on appelle Antone, près de Londres (2). On

(1) C'est le nom que nos chroniqueurs de cette époque donnent invariablement à Southampton. Il est superflu de faire observer que Gamez a pris, volontairement peut-être, la rivière d'Antone pour la Tamise.

(2) Nulle part ne se voit mieux qu'ici la complaisance de Gamez pour son maître. Pero Niño avait dit qu'il voulait aller à Londres, et Gamez

y trouva une caraque de Gênes que les Anglais avaient prise dans le canal de Flandre. Les gens des galères s'en emparèrent, mais il n'y avait rien dedans. Ils voulurent l'emmener, mais elle n'avait point de voiles. Le capitaine ordonna d'y mettre le feu. Alors arriva la barque de la caraque, montée par des Génois, qui demandèrent par grâce au capitaine de l'épargner. Ils lui dirent qu'il savait bien que les Génois étaient serviteurs et amis du roi de Castille; que cette caraque, les Anglais la leur avaient prise, quoiqu'ils eussent un sauf-conduit du roi d'Angleterre; qu'ils avaient plaidé contre eux devant le roi, et que celui-ci avait ordonné qu'on la leur rendît, et que maintenant elle était à eux. Et le capitaine, connaissant la vérité, leur laissa la caraque.

On apercevait Londres dans une plaine. C'est une grande ville, et d'elle à la haute mer il doit y avoir deux lieues (1). Il lui arrive, de la direction du nord, un grand fleuve qui va entourant le pays où elle est située, et qu'on appelle la Tamise, et il y a de l'autre côté une île que l'on nomme l'île de Duy (2). La partie de cette île qui avoisine la mer est couverte d'épaisses forêts et très-plate. Le capitaine fit descendre à terre quelques porte-pavois et

se persuade qu'il y touche quand il en est à vingt-cinq bonnes lieues sur la côte opposée, à quatre-vingts lieues par mer.

(1) Gamez pousse ici l'illusion au delà des bornes du croyable; mais c'est bien Southampton qu'il voyait, et l'île de Wight, qu'il avait tout près de lui, en fait foi. — Southampton est bâtie au confluent de l'Itchen, qui vient du nord, et de la Teste ou Antone, qui vient du nord-ouest.

(2) L'île de Wight. — Pero Lopez de Ayala nomme l'île de Wight *la isla de Duyo*, bien qu'ayant été prisonnier en Angleterre il dût transcrire mieux que Gamez les noms anglais. La description qu'en fait Gamez est exacte pour le temps.

arbalétriers pour prendre connaissance du pays; mais en un instant parurent tant d'archers, que la petite troupe se replia bien vite vers la mer. Il sortit alors des galères d'autres hommes qui escarmouchèrent un instant avec les Anglais; mais ceux-ci vinrent en si grand nombre qu'il fallut se rembarquer. Cette île est riche. On dit qu'il y habite bien quinze mille hommes, et que la plupart sont archers; et de fait, en côtoyant la terre, on y découvrait beaucoup de monde.

CHAPITRE XL.

Comment les galères partirent d'Angleterre et revinrent en France.

Les galères partirent de là, et firent route pour Harfleur, qui est en France; mais elles vinrent d'abord aux petites îles qui tiennent à la Bretagne, bien qu'elles soient du domaine d'Angleterre. Ce sont quatre îles, dont deux grandes et fortes, et deux petites; on les appelle Chausey (?), Aurigny, Guernesey et Jersey la Grande (1). C'est à cette dernière que Pero Niño aborda l'année suivante, comme vous le verrez plus loin. Les galères passèrent par Chausey et Aurigny. Il y avait là beaucoup de troupeaux dont elles prirent le nécessaire pour se fournir de viande (2); mais elles ne firent point d'autre

(1) *Jesuy è Remuy è Garnasuy è Jarrasuy la grande.*
(2) *Ficieron allí carnage.*

mal, parce que les habitants de ces deux îles sont pauvres et ne nuisent à personne, et même ne portent point d'armes..

Ici l'auteur dit que l'homme peut, s'il le veut, faire son salut, tout en guerroyant contre des chrétiens; car cette guerre, c'est au roi qui l'entreprend à voir si elle est juste ou non; quant aux sujets, d'après la loi de Castille, ils sont obligés de faire ce que le roi leur a commandé. Mais, dans ces conditions, l'homme a quatre choses à observer. La première est qu'il ne doit pas tuer un ennemi lorsqu'il le tient en son pouvoir, ou prisonnier, ou abattu. La seconde est qu'il doit respecter les églises, ne faire aucun mal à ceux qui s'y réfugient, ne rien prendre des objets qui y sont renfermés, à moins que nulle part ailleurs il ne puisse se procurer de quoi manger; dans ce cas, il peut y prendre des vivres pour l'heure présente, et non plus, en juste suffisance pour que lui et son cheval ne périssent pas de faim. La troisième chose est, quant aux femmes, qu'il ne doit prendre ou enlever aucune femme mariée ou libre. La loi des patriarches défendait, quand on était en guerre, qu'un homme prît aucune femme pour avoir accointance avec elle; et celui qui était trouvé en cette faute, son compagnon ou n'importe quel autre homme de l'armée le devait tuer; car, en telles circonstances aventureuses, on se doit abstenir de pareils actes, parce que l'homme, sous le coup du vin et de la luxure, perd la force et le sens. La quatrième chose est qu'il ne faut brûler ni récoltes, ni maisons, à cause que ce dommage atteint les innocents et les petits, qui n'ont rien fait pour être ainsi châtiés. Tous ces préceptes, le capitaine les fit toujours et partout observer, sauf sur les terres d'Harry Paye, parce que celui-ci avait brûlé des villages en Castille (1). Les galères partirent de là, et vinrent en France, au port d'Harfleur.

CHAPITRE XLI.

Comment les galères abordèrent à Harfleur, en Normandie (2).

Quand les galères abordèrent à Harfleur, elles furent bien reçues; et leurs gens, ainsi que le capitaine, eurent grand plaisir. Harfleur est une belle ville et a un bon port de haute mer. Les navires entrent dans la ville par une bouche de rivière qui passe au milieu d'elle. La mer borde la moitié de la ville, et sur l'autre moitié, il y a une bonne muraille et de très-fortes tours, avec un fossé très-beau fait à pierre et à chaux, et plein d'eau. On entre par des ponts-levis et des portes doubles; chacun des

---

(1) Gamez oublie les maisons de campagne que Pero Niño fit brûler aux environs de Bordeaux, quelques-autres faits du même genre dont il a été parlé dans le chapitre précédent, et l'expédition dans l'île de Jersey dont on trouvera le récit plus loin.

(2) *Araflor.*

Les galères étaient arrivées à Harfleur avant le 3 octobre, ainsi qu'il résulte de deux quittances données, l'une le 3, et l'autre le 7 octobre 1405. Par la première notre capitaine, qui est appelé dans le corps de la pièce *Pierre Nynon, escuier,* reconnaît avoir reçu du vicomte de Montivilliers trente tonneaux de biscuit. Voici le texte de la seconde, d'où il résulte que soixante-cinq tonneaux de biscuit faisaient le plein des trois galères espagnoles. Nous devons la communication de ces deux quittances à l'obligeance de M. Lacabane.

« Sachent tuit que je, pero nigno, cappitaine des gallées d'espaigne

ponts est entre deux tours très-fortes. Cette ville est toujours bien munie, et riche et marchande; on y fait beaucoup de draps. A une lieue d'elle est Montivillier (1), une bonne ville où il y a un monastère de religieuses. On y fait beaucoup d'étoffes fines. Là se jette dans la mer un grand et fameux fleuve qu'on appelle la Seine. Il n'y en a pas de plus grand en France, au-dessus du Raz. De là jusqu'à Paris, il y a cinquante lieues en suivant le fleuve; et les charrois (2) et les barques vont et viennent de cette ville à Paris. Dans cette ville d'Harfleur, le capitaine fut logé avec son monde pour quelques jours. Comme Pero Niño était là, il y arriva Martin Ruiz de Avendaño, capitaine des nefs de Castille. Le capitaine Pero Niño eut avec lui des explications, lui disant qu'il ne paraissait pas avoir souci du service du roi de Castille. Les paroles en vinrent à ce point qu'il aurait pu arriver grand mal entre eux. Pero Niño lui dit qu'il n'avait pas agi en bon chevalier, et qu'il le lui ferait connaître. Les Français, qui aimaient Pero Niño, ne laissèrent pas aller les choses plus loin; mais tous deux se quittèrent ennemis.

naguères venues et arrivées ou païs de france, congnois et confesse avoir eu et receu de nicolas potier, vicomte de monstivillier, trente-cinq tonneaulx de bescuit sur certaine quantité de bescuit ordonnée estre baillée aux dictes galléos par monseigneur le Roy de france, desquiex xxxv tonneaulx de bescuit dessus dis je me tieng pour comptent et agréé. En tesmoing de ce j'ay scellé ces lettres de mon scel, l'an mil iiij^c et cinq, le vij jour d'octobre. » pº niño.

(Bibl. Imp., cabinet des titres originaux. — La signature est encadrée dans un parafe. — Les sceaux n'ont pas été conservés.)

(1) *Mostervller*. Le monastère est le couvent de Saint-Philibert.

(2) *Charruas*. Le mot est français. Gamez a probablement voulu spécifier par *charrois* et *barques* les transports qui se faisaient, et par terre, et par eau, entre Harfleur et Paris.

Le capitaine Pero Niño et messire Charles avec les heureuses fortunes qu'ils avaient eues ensemble durant leur entreprise contre les Anglais oublièrent les fatigues que leur avaient causées et la mer et les galères. Ils résolurent d'aller encore une fois en Angleterre. Ils préparèrent leurs galères, prirent des vivres; et trois autres balleniers de France, armés en guerre, se joignirent au capitaine. Ils sortirent et passèrent la nuit sous le cap de Caux. Au quart de l'aube, ils prirent leur route vers l'Angleterre et déployèrent leurs voiles; mais quand ils furent au large, en entrant dans le canal, ils trouvèrent le vent et la tourmente si violents, qu'ils furent près d'être submergés; et ils rompirent quelques antennes et d'autres agrès. Cela n'avait rien que de naturel, car on était déjà en hiver, et ils furent forcés, bien contre leur volonté, de rentrer au port d'Harfleur. Ils restèrent là, gardant la côte, parce que la flotte des Anglais venait bien souvent pour piller et pour prendre terre, et faire beaucoup de mal. Mais pendant tout le temps que Pero Niño fut là, il ne vint aucune flotte anglaise. Il y resta tant de temps, que son monde ne pouvait plus endurer le froid et les grandes pluies, car il pleut toujours beaucoup sur les côtes de cette mer.

Comme il n'était plus possible de passer en Angleterre, à cause des grands coups de vent, il fut décidé de remonter avec les galères le fleuve de la Seine, et d'aller hiverner à Rouen, une très-noble ville qui est sur le bord de ce fleuve. Elle est bien fournie de toutes les choses dont les galères avaient besoin. Ainsi, l'on se mit à remonter le fleuve, qui est bordé par de très-beaux rivages, où l'on voit beaucoup de bons villages et beaucoup de belles maisons de grands seigneurs. On y rencontre, au bord de l'eau, une abbaye de moines de Saint-Benoît fort riche et honorée, et beaucoup de jolis bois, de gracieux vergers et jardins. Et les seigneurs de ce pays venaient voir le capitaine et lui faisaient noblement fête. Les galères arrivèrent ainsi à la ville de Rouen. Le roi de France avait là, de l'autre côté du fleuve, un arsenal qui contenait des galères et des taforées (1), qui sont de très-grandes galères emmenant sur mer chevaux et beaucoup de monde. Le capitaine fut logé à Rouen, dans un grand hôtel fort beau, et ses gens dans d'autres auberges aux environs de sa demeure.

Les Français sont une noble nation; ils sont sages, entendus et raffinés en toutes choses qui appartiennent à bonne éducation, courtoisie et noblesse. Ils sont très-élégants dans leurs habits et magnifiques en leurs équipages. Ils ont leurs modes, qu'ils suivent curieusement (2); ils sont larges et grands donneurs de présents; ils aiment à faire plaisir à tout le monde; ils traitent très-honorablement les étrangers; ils savent louer, et louent beaucoup les belles actions; ils ne sont pas malicieux, ils hébergent même les ennuyeux (3); ils ne demandent raison à per-

---

(1) *Tafurcas*; on les appelait aussi galères huissières, c'est-à-dire à portes qui pouvaient se rabattre.

(2) *Traense mucho à lo propio.* — Cette phrase, au sujet de laquelle nous avons consulté les plus compétents parmi les Espagnols, est susceptible, suivant eux, de plusieurs interprétations. On pourrait traduire : « Ils sont très-attachés aux choses de leur pays, » ou bien : « Ils sont très-portés à n'écouter que leur avis. » Nous n'osons guère proposer un autre sens que nous suggère l'expression de Juvénal des Ursins : « habillements propices au corps, » employée pour désigner des vêtements collants. Si on l'admettait, il faudrait traduire : « Ils portent volontiers des habits serrés au corps, » ce qui n'est pas très-exact pour l'époque où chez-nous, comme en Espagne, la robe était encore l'habit de ville.

(3) *Dan posada à los enojosos.* L'accueil patient qui est accordé chez

sonne en paroles ou en fait, sauf s'il y va beaucoup de leur honneur. Ils sont très-courtois et gracieux dans leur parler ; ils sont très-gais, se livrent au plaisir de bon cœur et le recherchent, aussi bien les femmes que les hommes. Ils sont très-amoureux et s'en piquent. Ici l'auteur dit que ces qualités sont naturellement en eux, et qu'ils se glorifient d'être gais et amoureux, parce que ce pays est dans le climat d'une étoile qu'on appelle Vénus, et que ce climat est soumis à cette planète amoureuse et gaie. Toutefois, bien que les naturels du pays expliquent ces choses d'après ce qu'ils parviennent à entendre de cet art d'astrologie, qui est *motus et fertus*, la matière est grave et le jugement difficile, parce que Dieu est également la nature, et par-dessus la nature, et contre la nature, quand il lui plaît de recevoir les prières et demandes des justes, et aussi de ceux qui ne le sont pas, lorsqu'ils se tournent vers lui. Bien souvent, la planète ou le signe sont contraints de ne pas exercer leur influence, parce que celui qui fait les lois peut les révoquer. Notre seigneur Dieu a fait beaucoup de choses, mais il n'en a fait aucune qui fût contre sa puissance. Dès que Lucifer prétendit à être aussi puissant que Dieu, les cieux, le soleil, la lune et tous les autres astres, ne purent empêcher qu'il ne tombât jusqu'au centre de la terre, quoique le centre de la terre ne pût le recevoir [suivant la nature], mais parce que ce lieu lui fut donné et assigné pour lieu de peine perpétuelle, à lui et à ses semblables.

nous, même aux fâcheux, trouve ici une expression trop pittoresque pour que nous ayons voulu la remplacer, malgré son obscurité. Llaguno a imprimé : *Dan pasada à los enojos*, ils laissent passer les ennuis.

CHAPITRE XLII.

Comment Pero Niño fut voir l'amiral de France et Madame l'amirale.

Le capitaine vivait familièrement avec les chevaliers et gentilshommes de France, comme un homme qui a été nourri et élevé en toute noblesse. Il apprit vite les belles manières de la nation; car, suivant ce que dit le philosophe : à l'un suffit petite leçon, à l'autre grand enseignement ne profite pas. Et le philosophe le dit, parce que celui à qui de nature a été donné une chose y fait facilement des progrès. Chez Pero Niño, tous bons enseignements et toute courtoisie venaient par nature; et toujours il en usa tant qu'il vécut; et le renom lui en reste encore aujourd'hui, et lui restera toujours parmi les chevaliers et les nobles (1). Il s'équipa très-bien, suivant la mode du pays où il était et comme il lui appartenait, en intention d'aller à Paris. Il y avait près de Rouen un noble chevalier que l'on appelait messire Renaud de Trie (2), amiral de France. Ce chevalier était vieux. Il envoya prier le capitaine d'aller lui faire visite; et celui-ci

---

(1) Lorsque Gamez écrivait cette partie de sa chronique, Pero Niño avait cinquante-trois ou quatre ans, et vivait dans la retraite.

(2) *Mosen Arnao de Tria*, Renaud de Trie, seigneur de Sérifontaine, capitaine du château de Rouen. Il s'était démis, cette année, de la charge d'amiral de France. — Voyez, sur ce personnage, les notes à la fin du volume.

partit de Rouen et s'en fut à un lieu qu'on nomme Sérifontaine (1), où se tenait l'amiral. Et l'amiral lui fit grand accueil, et le pria de rester avec lui et de se reposer quelques jours, car il avait été très-fatigué par la mer; et là, le capitaine se reposa trois jours. L'amiral était un chevalier vieux et malade. Il était brisé par le harnais, car il avait toujours guerroyé, et avait été un dur chevalier en armes. Il ne pouvait plus fréquenter ni la cour, ni les camps, et vivait retiré dans ses terres. Là il était richement fourni de toutes les choses nécessaires à sa personne, et il habitait une maison sise en une plaine, mais forte (2), arrangée et montée comme s'il eût été dans la ville de Paris. Il y tenait avec lui ses damoiseaux et des serviteurs pour toutes sortes d'offices, comme il appartenait à un tel seigneur. Dans cette maison, il avait une chapelle très-grande, où, tous les jours, on lui disait la messe, et des ménestrels, et des trompettes, qui sonnaient merveilleusement de leurs instruments (3). Devant la maison passait une rivière (4), au bord de laquelle il y avait des vergers et de gracieux jardins. De l'autre côté se trouvait un étang bien peuplé de poissons, entouré de murs et fermé à clé, d'où l'on pouvait chaque jour

---

(1) *Xtrafontayna*, dans le Vexin, à huit kilomètres au nord de Gisors, près de Trie et de Chaumont, berceaux de la famille de l'amiral.

(2) *Una posada llana è simple*. M. Mérimée a traduit : « un château simple et fort. » Il ne reste plus vestige du château de l'amiral ; mais ce qu'en dit Gamez, qui l'appelle plus bas un palais, donne l'idée d'une habitation vaste et belle, plutôt que simple. Il semble qu'elle ait été située près de la rivière, dans la petite plaine de Sérifontaine, qui est bordée à l'est par des collines peu élevées.

(3) *Que tocaban de vantaxa*, littéralement : « qui sonnaient à l'avantage. »

(4) L'Epte.

tirer du poisson en suffisance pour trois cents personnes. Quand on voulait prendre le poisson, l'on retenait l'eau pour qu'elle ne vînt pas d'au-dessus, et on ouvrait un conduit par où s'écoulait toute celle du réservoir, qui alors demeurait à sec. On prenait alors le poisson qu'on voulait, et on laissait le reste, puis on ouvrait le conduit d'en haut, et en peu d'heures l'étang était rempli. Et ce seigneur avait quarante ou cinquante chiens pour chasser au bois, et des hommes qui les soignaient. Il avait là jusqu'à vingt montures pour sa personne, parmi lesquelles il y avait des coursiers, des destriers, des bahagnons (1) et des haquenées. Que vous dirai-je plus? Tous les genres d'approvisionnements, toutes les aisances s'y rencontraient. Il avait, près de chez lui, des forêts dans lesquelles on trouvait de tous les gibiers, grands et petits; et avec ses quarante ou cinquante chiens qu'il nourrissait, il courait le cerf, le daim et le sanglier, que nous appelons en Espagne *xabali*. Il avait des faucons néblis, qu'en France on appelle gentils (2), pour chasser sur la rivière, et très-bons héronniers. Ce chevalier avait une femme, la plus belle dame qui fût alors en France. Elle était de la plus grande maison et du meilleur lignage

---

(1) *Bahahones*. Le mot n'est pas espagnol, et nous ne l'avons trouvé dans aucun glossaire du vieux français. Peut-être s'agit-il de chevaux de Bohême (*Behaigne, Behaignon*). En tout cas, on verra plus bas que le bahagnon était une monture de joûte. M. Mérimée l'a traduit par roussin. — Le destrier était le cheval de combat; le coursier, le cheval de voyage; la haquenée, le cheval de promenade. — Voir les notes.

(2) Faucon noble venant du nord, tel est le sens de *nebli*. Quant à ce qu'on appelait en France *faucons gentils*, c'étaient des faucons venant de pays voisins, pris en juin ou juillet, suivant le *Livre du roi Modus*, en août ou septembre, selon le *Dictionnaire* de Furetière, et qui devaient leur nom à ce qu'on les élevait facilement.

de la Normandie, et était fille du seigneur de Bellengues. Elle était très-louée pour toutes les choses qui appartiennent à une grande dame; et comme elle avait grand sens, elle gouvernait mieux sa maison et la tenait en meilleur point qu'aucune grande dame de sa province. Elle avait son noble logis, séparé de celui de l'amiral; de l'un à l'autre on allait par un pont-levis, et tous deux étaient dans une même enceinte. Les meubles de cette habitation étaient en si grand nombre et de si magnifique sorte, que ce serait long à raconter. Madame l'amirale avait jusqu'à dix damoiselles de parage, bien richement habillées et entretenues, qui n'avaient charge de nulle chose, sinon de leur personne, et de tenir compagnie à leur dame; car, outre cela, il y avait beaucoup d'autres filles de chambre.

Je vous raconterai l'ordre et la règle que la dame suivait. Le matin, après son lever, la dame allait, avec ses damoiselles, à un bosquet, lequel était près de là, chacune avec son livre d'heures et son rosaire. Elles s'asseyaient à l'écart l'une de l'autre et disaient leurs heures, et ne parlaient pas tant qu'elles n'eussent achevé de prier. Ensuite, cueillant fleurettes et violettes, elles s'en revenaient au palais et allaient à la chapelle, où elles entendaient une messe basse. Sortant de la chapelle, elles prenaient un plat d'argent sur lequel il y avait des poules, des alouettes et autres oiseaux rôtis, et mangeaient, et laissaient ce qu'elles voulaient, puis on leur donnait le vin. Madame ne mangeait que rarement le matin, ou ne prenait quelques petites choses que pour complaire à ceux qui l'entouraient. Cela fait, Madame chevauchait avec ses damoiselles sur des haquenées les mieux harnachées et les meilleures qui puissent être; et avec elles chevauchaient les chevaliers et gentilshommes qui pouvaient se trouver là ; et ils allaient se promener quelque temps par la campagne, faisant des chapels de verdure. Là on pouvait entendre chanter, par des voix diverses et bien accordées, lais, deslais, virelais, chants, rondeaux, complaintes et ballades, toutes les sortes de chansons (1) que les Français savent composer par grand art. Je vous déclare que, si celui qui s'y voyait eût pu le faire toujours durer, il n'aurait pas voulu autre paradis.

Là venait avec ses gentilshomme le capitaine Pero Niño, pour qui on faisait toutes ces fêtes ; et de la même façon, ils retournaient au palais à l'heure du dîner, mettaient pied à terre, et se rendaient dans la salle, où ils trouvaient les tables dressées. Le bon vieux chevalier ne pouvait plus chevaucher, mais il les recevait avec tant de bonne grâce que c'était merveille. C'était un chevalier fort aimable, encore qu'il fût souffreteux. Prenaient place à table l'amiral, Madame et Pero Niño, et le maître d'hôtel présidait l'autre table, et faisait asseoir auprès de chaque damoiselle un chevalier ou un écuyer ; ainsi était placé chacun. Les mets, très-variés, en grand nombre et fort bien apprêtés, se composaient de toutes espèces, soit viandes, soit poissons et fruits, suivant le jour que c'était. Tant que durait le repas, celui qui, en observant la mesure et respectant la courtoisie, savait parler d'armes et d'amour, était sûr de trouver à qui s'adresser, et qu'il lui serait fait réplique à satisfaire son désir. Pendant le repas, il y avait des jongleurs qui jouaient agréablement de divers instruments. Les grâces dites et les tables enle-

---

(1) *Lays è deslays è virolays è chaxas (?) è reondelas è complaintas baladas, chançones de toda el arte que troban los franceses.*

vées, venaient les ménestrels, et Madame dansait avec Pero Niño, et chacun des siens avec sa damoiselle. Cette danse durait une heure. Quand elle était finie, Madame donnait la paix (1) au capitaine, et chacun à celle avec qui il avait dansé. Ensuite on apportait les épices, on servait le vin, et on allait faire la sieste. Le capitaine Pero Niño se retirait dans la chambre qu'il avait dans le logis de Madame, qui était très-bien garnie, et qu'on appelait la chambre du rez-de-chaussée (2). Après la sieste, on montait à cheval; les pages arrivaient avec les faucons. On avait déjà dépisté les hérons. Madame se postait à son gré, un faucon gentil sur le poing; les pages faisaient lever le gibier, et elle lançait alors son oiseau si gracieusement et bien, que ce ne pouvait être mieux. Vous auriez vu belle chasse et grand déduit, chiens nager, tambours battre, leurres tourner (3), et dames et gentilshommes, le long de la rivière, prenant tant de plaisir, qu'on ne le saurait décrire. Quand on avait battu la vallée, Madame, et tout le monde avec elle, mettait pied à terre dans un pré; l'on sortait des poules, des perdrix

---

(1) Cet usage d'embrasser son danseur en le congédiant s'est conservé, dans quelques provinces de France, parmi les villageois.

(2) *Que llamavan la camara turena.* M. Mérimée a traduit ce dernier mot en le francisant simplement : la *chambre touraine.* Nous avons pensé qu'il pouvait y avoir une erreur de copiste, que *turena* pouvait avoir été mis pour *terrena,* expression usitée, il est vrai, surtout en Italie, pour désigner le rez-de-chaussée.

(3) « Leurre, terme de fauconnerie, morceau de cuir rouge ou estuf garny de bec, et d'ongles, et d'ailes, estant pendu par une lesse à un crochet de corne, dont les fauconniers se servent pour réclamer leurs oiseaux. On le nomme quelquefois *rappel.* » (*Dict.* de Furetière.)

Rodear sehuelos, dit Gamez. Ce verbe *rodear* pourrait faire penser que l'on donnait aux leurres un mouvement semblable à celui de nos miroirs à alouettes.

froides et des fruits, et tous mangeaient et buvaient, et faisaient des chapels de verdure; puis, en chantant de très-belles chansons, l'on revenait au palais.

A la nuit on soupait, si c'était l'hiver. Si c'était l'été, on mangeait plus tôt, et après cela, Madame allait s'ébattre à pied par la campagne, et on jouait aux boules jusqu'à la nuit, après quoi on se rendait dans la salle avec des torches; alors venaient les ménestrels. On dansait bien avant dans la nuit; puis, après que les fruits et le vin avaient été servis, on prenait congé pour aller dormir. Cet ordre que je vous ai dit s'observait tous les jours, suivant la saison, toutes les fois que le capitaine ou d'autres venaient là, selon l'état des personnes. Toutes ces choses étaient dirigées et arrangées par cette dame; et elle gouvernait également toutes les autres affaires du dehors et du dedans; car l'amiral était un homme riche, seigneur de beaucoup de terres, et ayant de grands revenus, mais il n'avait à prendre souci de rien de tout cela, la dame étant suffisante pour tout mener.

Et si, par chères délices et abondances de toutes choses, un homme pouvait toujours vivre et échapper à la mort, l'amiral l'aurait fait, car il était pourvu si richement, qu'homme de sa condition ne pouvait l'être plus; mais quand est compté le nombre des mois que Job dit que Dieu donne à chacun, il n'y a ni présages, ni délices, ni richesses, ni amis, ni parents qui tiennent. Et Pero Niño fut tant aimé, en tout honneur, par Madame, à cause de la prouesse (1) qu'elle voyait en lui, qu'elle lui parlait déjà un peu de ses affaires, et le pria d'aller voir son

---

(1) *Las bondades;* prouesse est une contraction de *probitas*, dont se servent les écrivains de la basse latinité pour exprimer ce *summum* et ce résumé des vertus chevaleresques.

père, un noble chevalier qu'on appelait messire de Bellengues, qui vivait en Normandie. Pero Niño partit de là et s'en fut à Paris. Dans tous les lieux où il passait, les chevaliers le venaient recevoir et lui faisaient beaucoup d'honneur, au bruit de sa renommée.

CHAPITRE XLIII.

Comment Pero Niño fut à Paris, et dans le conseil du roi demanda ses gages, par de fortes paroles, comme l'exigeait la circonstance.

Le roi de France (1) était malade de folie. Quelquefois la raison lui revenait, et il reprenait son sens; mais quand il commençait à donner des ordres et à sortir de chez lui, la folie reparaissait, et aussitôt on s'emparait de lui, et on l'enfermait de nouveau. C'était là sa vie.

Pero Niño fut voir les ducs (2), et fut bien reçu par eux et par tous les chevaliers et gentilshommes de la cour, qui avaient plaisir à être avec lui, et lui faisaient accueil très-honorable, et le recherchaient grandement à toutes leurs fêtes et festins. Il était écrit dans les traités et conventions de fraternité qui existaient entre la France et la Castille, que chaque fois qu'un de ces royaumes enverrait demander aide à l'autre, celui-ci le lui prêterait en la forme convenue; les rois de ces deux pays n'auraient pu

---

(1) Charles VI.
(2) Les ducs d'Orléans, de Bourgogne, de Berri et de Bourbon, qui siégeaient d'habitude au conseil du roi.

se dispenser, sans très-grandes peines et sans violer leurs serments, au dam de leur honneur et de leur âme, de donner l'appui qu'on leur demandait. Et le royaume auquel on portait secours avait à payer une solde, suivant le nombre de gens qui y étaient expédiés et le temps qu'ils y restaient (1). Le capitaine Pero Niño avait déjà dépensé l'argent qu'il avait emporté de Castille. Il entra un jour au conseil où étaient les ducs, et avec eux le roi Louis et le roi de Navarre (2), et plusieurs autres comtes et grands seigneurs, et il demanda qu'on lui fît la paie pour ses galères. Mais, que cela provînt de ce que les conseillers du roi étaient mal d'accord, ou qu'ils ne voulussent pas l'accorder, ils tiraient la chose en longueur et ne lui donnaient rien, de sorte qu'il se voyait en danger de laisser désarmer les galères, faute d'argent; ce qui serait arrivé, s'il n'eût trouvé quelques marchands qui lui prêtèrent sur sa parole. A la fin, il prononça dans le conseil des mots très-forts, et entre autres choses il dit que, d'autant que le roi était malade et que le conseil gouvernait à sa place, en n'observant pas les traités et conventions qui existaient entre les rois des deux pays les conseillers manquaient aux pactes et encouraient les peines qui s'y trouvaient portées, ce pourquoi ils commettaient infraction *in lege: Crimen majestatis*, et violaient leur serments, ce qu'il ne pensait pas que le roi leur seigneur eût jamais fait, s'il eût été sain d'esprit et en son sens; et que, si quelqu'un se levait pour dire le contraire, il le lui ferait confesser tout de suite, corps par corps, devant eux. Sur quoi, bien qu'on lui donnât à entendre qu'il usait de bien grosses

---

(1) Sur les traités entre la France et la Castille, voir les notes à la fin du volume.

(2) Louis II, duc d'Anjou, roi de Sicile, et Charles III, roi de Navarre.

paroles, non pourtant elles le servirent assez pour qu'incontinent le conseil ordonnât que toutes ses dépenses lui fussent soldées; et il ne se trouva là personne qui lui répondît rien, et il n'y avait pas sujet pour le faire, car il avait raison. A la suite de cela, le duc d'Orléans envoya vers lui pour lui dire qu'il ne poussât pas trop cette affaire, parce que le conseil en avait d'autres grandes et nombreuses à expédier, mais qu'il aurait soin qu'il fût bien payé, et que, par amour pour lui et parce qu'il était bon chevalier, il ferait pour lui de son mieux. Autant de son côté en dit le duc de Bourgogne; mais le duc d'Orléans dit de plus à Pero Niño : « Je veux que vous soyez de ma maison tant que vous demeurerez en France; et n'importe où vous alliez, je veillerai à votre honneur et à votre état. »

Pero Niño fut très-content de cela et répondit : « Grand merci; » et voyant que toutes les affaires de France étaient entre les mains du duc d'Orléans, pour obtenir crédit, comme il importait au service du roi son maître (1), il accepta les offres qui lui étaient faites. Le duc lui donna livrées et retenues (2), selon l'usage de France, et le pourvut de la charge de chambellan dans sa maison. Et les jeunes et galants chevaliers de la cour le regardaient, et disaient par derrière que c'était là celui qui, en lieu tel que le conseil du roi, avait dit de si fortes choses; et

---

(1) Pero Niño se servit en effet de son crédit dans l'intérêt de la Castille. — Voyez les notes à la fin du volume.

(2) *Retenuas*, gages. Le style de l'époque était : « il fut retenu pour l'office de ..... aux gages de .... » Les livrées étaient, outre les habits, les rations qui étaient *livrées* aux officiers de la maison. Nous n'avons pu trouver les comptes de l'hôtel d'Orléans, qui nous auraient édifiés sur les livrées et retenues de Pero Niño.

ils mirent avant des *emprises* (1), et arrangèrent des joûtes pour savoir quel chevalier il était et ce qu'il valait. La France était alors en grande paix et en toute sa prospérité, bien qu'eussent déjà commencé le mal et les divisions entre les ducs et les grands seigneurs de France, et qu'ils fussent les uns contre les autres.

A présent l'histoire laisse de parler du capitaine Pero Niño, pour raconter comment et pourquoi recommencèrent alors en France les grands maux et les guerres.

CHAPITRE XLIV.

Comment le roi Édouard d'Angleterre eut cinq fils, très-vaillants comme leur père, et le roi de France en eut cinq aussi.

Le roi Édouard, qui fut roi d'Angleterre, eut cinq fils légitimes : l'un, l'aîné, fut le prince de Galles, que l'on appelait très-haut et puissant seigneur Édouard, prince de Galles, duc de Guienne, seigneur de Cornouaille; le second fut le duc de Lancastre; le troisième fut messire Aymon; le quatrième fut Leonel; le dernier Amour-Dé-

---

(1) *E pusieron empresas.* L'emprise était un signe, par exemple un carcan, dont un chevalier se chargeait ou qu'il appendait en tel lieu, et dont il n'était délivré qu'après avoir *fait armes* tant de fois et de telle ou telle façon, selon ses conditions, avec les chevaliers qui viendraient y toucher. On disait toucher l'emprise pour accepter le combat et délivrer le chevalier, pour lui *fournir les armes* qu'il s'était engagé à *faire* avant de quitter l'emprise, laquelle était quelquefois fort gênante à porter.

siré (1). Le roi Édouard fut le plus excellent (2) roi qu'il y ait eu en Angleterre depuis Arthur jusqu'à présent. C'était un homme de grande corpulence, de grande force et de grand sens. Il portait malveillance à tous ses voisins, ce qui est, comme je l'ai dit plus haut, la manière d'être des Anglais; et il émut guerre contre eux tous. Il dépêcha un jour, pour conquérir les états voisins, tous ses fils à la fois. Il envoya le prince de Galles contre la France, le duc de Lancastre contre la Flandre, Leonel contre l'Écosse, et messire Aymon contre l'Irlande. Celui qui avait nom Amour-Désiré fut envoyé contre la Frise. Dans le même temps était en France le roi Jean (3), qui avait aussi cinq

(1) Il est difficile de comprendre qui Gamez a voulu désigner par ce nom d'*Amor Deseado*. Les détails qu'il donne plus loin ne répondent point du tout à l'histoire du dernier fils d'Édouard, le duc de Glocester, qui fut étouffé à Calais, l'an 1397, par ordre du roi Richard, son neveu, et qui était alors âgé de quarante-deux ans. Ils ne paraissent pas non plus pouvoir s'appliquer aux deux fils d'Édouard III, qui portèrent le nom de William, dont le premier, William d'Hatfield, né en 1336, mourut jeune, sans avoir fait parler de lui, et dont le second, William de Windsor, a laissé si peu de traces que l'on ignore l'année de sa naissance et celle de sa mort.

Édouard III eut de la reine Philippe de Hainaut sept fils et cinq filles. L'aîné des fils, le *Prince Noir*, était prince d'Aquitaine et de Galles, duc de Cornouaille et comte de Chester. Le second fut William d'Hatfield ; le troisième, Lionel d'Anvers, duc de Clarence, que Gamez appelle *Leonete*; le quatrième, Jean de Gand, duc de Lancastre, père du roi Henri IV et de Catherine, reine de Castille ; le cinquième, Edmond de Langley, duc d'Yorck, qui est le messire Aymon de Gamez et de Froissart. Le sixième fut William de Windsor, et le dernier, Thomas de Woodstock, duc de Glocester, dont Gamez ne parle pas, malgré le grand rôle qu'il joua en Angleterre et qui occasionna sa mort violente.

(2) *El mas mejor*.

(3) Gamez confond ici la campagne d'Édouard III avec celle du prince de Galles, et Philippe de Valois avec le roi Jean. Ce dernier eut quatre fils, et non pas cinq comme le dit Gamez : Charles V ; Louis d'Anjou,

fils. L'aîné fut le roi Charles, l'autre le duc de Bourgogne, l'autre le duc d'Anjou, roi de Naples, l'autre le duc de Berry, l'autre le duc de Bourbon. Le prince de Galles vint en France et entra par la Picardie. Il arriva, brûlant et dévastant tout, jusqu'au bois de Vincennes, à deux lieues de Paris; et pendant ce temps, les Français ne se pouvaient mettre d'accord pour l'aller combattre. Il envoya aux grands seigneurs de France ses hérauts, qui les trouvèrent dans une grande fête, très-parés, dansant et prenant du bon temps. Les hérauts firent leur message, et les Français se moquèrent d'eux et ne leur donnèrent nulle réponse. Les hérauts s'en retournèrent fort étonnés vers le prince; mais il faut comprendre que celui-ci, en pénétrant si avant dans un royaume étranger très-peuplé, et en passant dans plusieurs lieux périlleux, devait avoir reçu bien du dommage et perdu beaucoup de son monde. Et de plus, telle était la fortune qui depuis longues années avait suivi les Français, et si grand et si riche était leur royaume, qu'ils ne faisaient aucun compte du prince, pensant qu'il pouvait prendre chez eux à son gré et encore leur laisser assez (1); puis leur orgueil était si grand, qu'ils tenaient pour rien toute autre nation en comparaison d'eux. Et même ils croyaient qu'en marchant contre le prince, ils n'auraient qu'à allonger la main pour le prendre. Le prince, quand il vit qu'on ne

roi de Sicile; Jean, duc de Berri, et Philippe, chef de la seconde maison de Bourgogne.

(1) « Le conseil du roi disait ainsi : « Laissez-les aller. Par fumières
« ne peuvent-ils venir à notre héritage; il leur en nuira, et iront tous
« à néant : quoique un orage et une tempête se appert à la fois en un
« pays, si se départ depuis et dégâte de soi-même. Ainsi adviendra-t-
« il de ces gens anglois. » (FROISSART, liv. I, part. 2, ch. CCCLXIX.)

voulait pas lui donner bataille, se sentant épuisé de ressources, quoiqu'il eût, de son côté, causé en France de grands dommages, s'en retourna dans son pays.

Ici l'auteur dit, à propos de l'incurie des Français en cette occasion, qu'il y a trois nations, desquelles chacune a sa manière d'en venir à prendre une résolution. Les Anglais se décident longtemps à l'avance : ils sont prévoyants et réfléchis ; les Français, dans le feu de l'action : ils sont présomptueux et emportés (1) ; les Castillans, quand l'affaire est terminée : ils sont indolents et délibèrent sans fin (2). Et c'est pour cela que, suivant un philosophe, le sage ne dit pas : « Je ne croyais pas faire cela ; je ne pensais pas que cette action m'eût conduit là ; si je l'eusse prévu, j'aurais agi autrement. » Le sage est prévoyant : dans le commencement d'une affaire, il en découvre la fin.

Le roi Charles (3), pendant que le prince de Galles était dans son royaume, décida ce qu'il avait à faire. Il réunit en hâte trente mille bassinets, se mit aux champs, et se logea en un lieu où forcément les Anglais avaient à

---

(1) *Orgullosos è presurosos*. Si *précipité* pouvait être employé comme adjectif, il rendrait mieux le *presuroso* de l'auteur espagnol qui a voulu indiquer, mais dans un sentiment de critique, la *furia francese*.

(2) *Estos son ociosos è controletivos*. Llaguno a lu *contemplativos*, ou peut-être l'a-t-il, de son chef, substitué à *controletivos*, qui paraît être un mot fabriqué par Gamez, sur le modèle de *dialectivo*, pour exprimer la disposition à débattre le pour et le contre sans conclure. Cette lenteur des Espagnols a donné lieu au proverbe : *Socorro d'España siempre perdido por tardo* ; « Secours d'Espagne arrive toujours trop tard. »

(3) Au commencement du chapitre, Gamez avait dit le roi Jean au lieu du roi Philippe ; ici et un peu plus loin encore, il confond avec le roi Jean son fils Charles V, car c'est bien la bataille de Poitiers qu'il va raconter, quoiqu'il y mêle des traits qui rappellent la bataille de Crécy.

passer. Le prince apprit comment les Français étaient si rapprochés qu'Anglais et Français se pouvaient déjà voir, et que tous les ponts étaient occupés. Il considéra où en était son entreprise, et trouva que lui et les siens ne faisaient pas plus de six mille hommes d'armes. Il tint conseil, et les siens lui conseillèrent de fuir; car il ne pouvait penser à combattre contre toutes les forces du roi de France, à moins de vouloir être vaincu, tué ou déshonoré, lui et tous ceux qui se trouvaient avec lui. Et le prince répondit en disant : « Parents et amis, bien vous savez qui est le roi Édouard, mon père ; comment il est le plus honoré roi qu'il y ait aujourd'hui en chrétienté ; et comment il a été grand guerrier et batailleur, et fut toujours vainqueur et jamais vaincu. Vous savez comment il a établi en loi, pour lui et pour tous les siens, de ne jamais fuir ni quitter le champ de bataille, pour si grande presse qu'il y ait ni survenance de gens qui arrivent, dès que vous seriez deux mille hommes d'armes et plus ; et quand vous vous trouveriez en tel nombre, viennent de l'autre côté tous ceux qui peuvent venir, que vous mouriez tous plutôt que de montrer les épaules. Vous tous, qui êtes ici, et beaucoup d'autres, vous avez accordé de faire toujours ainsi, qu'avant d'en venir à la bataille, vous vous postiez en tel lieu où vous n'ayez point à craindre d'y subir honte ou bien que vous puissiez vous en sortir votre honneur sauf. Si nous prenions la fuite en ce moment, nous enfreindrions les ordres du roi, et nous violerions les statuts qu'il a faits et qu'ont accordés les nobles chevaliers. De plus, nous tomberions en deux inconvénients : le premier serait que nous aurions une longue retraite à faire, la mer devant nous, et à notre dos nos ennemis qui nous poursuivraient jusqu'à la mort ; l'autre, que si d'aventure nous échappions, nous ne pourrions retourner en Angleterre, parce que le roi est tel qu'il nous tuerait ou nous bannirait, et que nous serions honnis de toutes les nations. De plus, vous savez bien, et moi aussi, que le roi mon père, lorsqu'il nous envoya ici, ne nous envoyait pas à des noces, mais bien pour conquérir royaumes et pays; et celui qui entre dans un royaume étranger pour le conquérir se met à l'aventure d'être vaincu aussi bien que vainqueur, car le combat est dans la main des hommes, mais la victoire est dans celle de Dieu. Nous sommes venus en France pour gagner honneur : si nous fuyons, honneur est perdu. A quoi nous servira tout ce nous avons fait en France, si maintenant nous fuyons, et si, à la fin de l'entreprise, nous nous montrons couards ? C'est à la fin qu'est l'honneur; car il appartient à tous de commencer; mais peu de gens savent bien finir (1). Je fais vœu à Dieu de ne chausser éperons de ma vie, pour que je ne puisse fuir (2). »

Le prince descendit de son cheval et le fit tenir devant lui, et dit : « Qu'ainsi fasse chacun. » Puis il mit l'épée à la main, en frappa le cheval dans le ventre et le tua ; puis il ajouta : « Ceux qui mourront ici n'auront pas besoin de chevaux, et si nous échappons et sommes vainqueurs, les ennemis nous en amènent assez à monter. » Il rangea ensuite ses batailles toutes à pied, et ils attendirent les

(1) *Mais tous ne set finer qui bien set commencier.* (*Li romans d'Alixandre*, v. 37.)

(2) Ce vœu rappelle les vœux bien plus extraordinaires que rapporte Froissart, et ceux qui forment le sujet du curieux poëme publié dans les *Mémoires sur l'ancienne chevalerie*, sous le titre de *Vœu du Héron*.

Quand Édouard III s'embarqua pour se rendre en France, en 1346, il tint à ses chevaliers, suivant Rapin de Thoyras, un discours qui a pu servir de thème à celui que Gamez prête au prince de Galles.

Français. Il tint alors ce propos : « Que mieux il aimerait ce jour-là quinze cents pipes de vin que mille hommes d'armes de renfort. » S'il disait cela, c'est que les Anglais aiment bien le vin, et qu'il y avait des jours qu'ils n'en avaient bu, parce qu'ils avaient trouvé le pays en armes et tous les vivres enlevés sur leur passage ; et, s'ils avaient eu du vin, chacun se serait battu pour deux, ce qui les aurait comme élevés au nombre de douze mille. Les Français vinrent vers eux avec beaucoup de présomption et mal en ordre, les tenant en petite estime, disant que c'était peu de monde et gens recrus, et pensant qu'ils les prendraient à la main. Le combat s'engagea, et les Français furent vaincus, et beaucoup d'entre eux tués et pris ; et là fut pris le roi Charles de France (1), avec grand nombre de ses chevaliers.

Le duc de Lancastre aborda en Flandre ; et comme il allait par le pays, il y eut de grandes pluies. Pendant plusieurs jours de suite il ne cessa de pleuvoir, et toutes les rivières croissaient tellement qu'on ne les pouvait passer. Le duc et son armée furent pris entre deux rivières pendant ce déluge, et ils restèrent plusieurs jours sans pouvoir passer d'aucun côté, et ils furent en grand danger de périr. Un jour, un chevalier de la compagnie du duc s'en alla seul à cheval remontant la rive, et il rendit les rênes à son cheval, et mit en sa volonté d'aller où le destin et le cheval le conduiraient. Marchant ainsi, le chevalier s'enfonça dans un grand fourré d'arbres le long de la rive et y resta une grande heure. Il vit un labou-

---

(1) Le roi Jean. Il est inutile d'avertir le lecteur que dans tout ce chapitre la vérité est étrangement altérée par des détails romanesques venus de tous côtés, et que le chroniqueur a groupés autour de quelques personnages historiques.

reur sur une jument de l'autre côté du fleuve; ce laboureur y entra par un gué, et fut bientôt du côté du chevalier. Incontinent celui-ci tourna bride, et s'en fut vers le duc pour lui conter cette bonne chance, et comment il lui était arrivé de connaître le gué (1). Alors le duc partit avec son armée, passa le fleuve et entra en Flandre, faisant grand dégât. Il y avait des jours qu'il allait ainsi, et on ne lui offrait pas la bataille, sauf que l'on défendait quelques passages et qu'on avait enlevé tous les vivres. Lui et ses gens étaient donc fort lassés et voulaient s'en retourner. Beaucoup d'habitants du pays se réunirent pour marcher contre le duc; il le sut et vit qu'il ne pouvait éviter la bataille. Il trouva un tertre rond dans la campagne et y monta avec tout son monde; il fit amener autant de charriots qu'on en put trouver dans le pays, les fit conduire sur cette hauteur, et les fit disposer en cercle et comme une espèce de citadelle. Il fit enlever le bois des charriots, de sorte qu'il ne resta que les roues avec leur essieu; et à chacune il fit attacher une corde, de manière que lâchant la corde, les roues pussent descendre au bas de la colline. Les Flamands, accourus en grand nombre, entourèrent le mamelon, croyant qu'il n'y avait qu'à marcher pour prendre là ceux qui s'y trouvaient enfermés. Ils occupèrent avec force monde tout le tour de la hauteur,

(1) N'y a-t-il pas ici un souvenir de l'embarras où Édouard III se trouva, sur les bords de la Somme, avant la bataille de Crécy, lorsqu'il se vit entre un fleuve où il ne connaissait pas de gués et une armée plus forte que la sienne? Un homme du pays lui enseigna le gué de Blanchetache. Lors de l'expédition de Charles VI en Flandre, l'armée française se trouva aussi dans une position analogue à celle où Gamez met ici l'armée anglaise. Il est d'ailleurs difficile de deviner à laquelle des expéditions du duc de Lancastre Gamez a voulu rattacher sa narration, et aucune de ces expéditions ne se fit en Flandre.

et commencèrent à monter. Pendant qu'ils gravissaient la pente, les Anglais lâchèrent les charriots et se précipitèrent en même temps sur leurs ennemis, frappant et tuant. Ainsi furent déconfits les Flamands, et pris et tués beaucoup d'entre eux. Depuis ce temps, on a appelé cette déconfiture : *la bataille des charriots*. Le duc envoya de là au roi, son père, des ambassadeurs avec beaucoup de prisonniers, et en Angleterre grand'foison d'armes et des chevaux ; et lui resta en Flandre, conquérant le pays et s'emparant des diverses villes.

Leonel, l'autre fils du roi Édouard, entra en Écosse, livra bataille au roi de ce pays, le vainquit, le fit prisonnier, lui et beaucoup d'autres chevaliers, qu'il envoya au roi son père, et demeura dans la contrée dont il s'était emparé.

Messire Aymon fut en Irlande, et combattit les Irlandais. A la première bataille, il fut vainqueur. A la seconde, il fut vaincu et pris. Sur ce, le roi Édouard passa en Irlande, faisant la guerre ; et par négociation, il tira son fils de prison. De tout cela, il ne revint pas grand honneur au roi de ce pays, car, lorsqu'il se retirait, on lui prit et tua grand nombre des siens, et lui-même eût été fait prisonnier ou tué, s'il n'eût gagné une barque. En Irlande, les chevaliers combattent tous à cheval ; ils n'emploient point de selles, sauf un petit nombre d'entre eux. Ils sont habiles écuyers, et montent sur de petits chevaux (1), très-bien harnachés et garnis d'étriers. D'autres,

---

(1) *Haceruelos*. Le *Dictionnaire* de Salvá dit que ce mot désigne une espèce de selle ; mais d'autres pensent qu'il indique une espèce de petits chevaux. Nous avons été inclinés vers cette opinion par le passage suivant de Ranulphe Hydgen, écrivain du XIVᵉ siècle :

Item non sellis, non ocreis, non calcaribus equitando utuntur. Vir-

qui sont moins bien accoutrés, montent à poil. Ils ont de très-bonnes lances d'armes, fort longues, ayant une coudée de plus que les plus longues de notre pays.

Amour-Désiré s'en fut en Frise. On l'appelait Amour-Désiré, parce qu'il était né aveugle, au point qu'il ne voyait rien. Il était grand de membres, et beau autant et plus qu'aucun de ses frères. Il avait grand courage de bien faire, s'il l'avait pu. Quand il entendait parler des batailles que ses frères gagnaient, il mourait d'envie de combattre; et à cause du grand désir et volonté qu'il en avait, son père l'envoya en guerre avec du monde. Il entrait dans la bataille avec des gardes qui lui disaient quand il était temps de férir, et qui ensuite le laissaient aller. Lui marchait au bruit et donnait de rudes coups, jusqu'à ce que les siens le rappelassent ou le reprissent, et alors on le conduisait hors de la mêlée; si bien que les siens vainquirent avec lui dans quelques rencontres. Mais il advint qu'un jour il fut vaincu, lui et les siens, et qu'il mourut dans cette bataille (1). Le roi eut grand chagrin de sa mort, et aussi les dames, car ce jeune prince était fort amoureux. On fit à sa mort une très-belle chanson à jouer sur des instruments, que l'on appela : *le gentil lay d'Amour-Désiré* (2).

Tous les fils du roi remportèrent ces victoires dans le même temps, et tous envoyaient au roi leur père les prisonniers et le butin faits dans les batailles gagnées par eux;

---

gam in superiori parte cameratam ad concitandos equos manu ferunt; frenis chami vice fungentibus, et pabula nequaquam impedientibus, utantur. (*Polychronicon.* — *de Hibernid.*)

(1) On peut croire que Gamez a transposé et altéré ce qu'il avait dû entendre raconter de Jean de Luxembourg, roi de Bohême.

(2) Nous n'avons rien pu découvrir au sujet de ce *lay*.

et chacun demeurait dans le pays qu'il avait conquis, à l'exception du prince de Galles, qui conduisit en Angleterre le roi de France et les autres seigneurs prisonniers. Et tous les ambassadeurs s'entendirent avec le prince pour paraître le même jour et à la même heure devant le roi Édouard, et lui présenter les prisonniers et le butin de la victoire. Le prince entra en présence du roi tout armé, montrant par là comment il n'avait pas fini sa guerre, et qu'il y avait fait de grandes choses, puisqu'il amenait un roi prisonnier avec tant de chevaliers. Il s'agenouilla devant le roi son père pour lui baiser la main. Le roi se leva du trône et ne voulut pas lui parler, et il s'en fut vers les ambassadeurs de ses autres fils et leur fit grand accueil, leur donnant la paix (1), et leur demandant comment se portaient ses enfants. Le prince restait toujours à genoux devant le trône; et les chevaliers demandèrent au roi pourquoi il montrait si grand courroux au prince qui avait accompli de si belles actions, pendant qu'il faisait tant d'honneur aux autres; car plus haut montait ce que le prince avait fait à lui seul que ce que tous les autres ensemble avaient exécuté, bien qu'ils se fussent vaillamment comportés. Le roi dit : « Le prince a agi comme un ribaud (2), et les autres comme de bons chevaliers; et puisqu'il avait vaincu et tué le roi [de France], il devait demeurer dans le pays qu'il avait conquis, et tout le royaume eût été à lui; mais il a cru qu'il avait fait une assez grande chose. Cette grande chose, il ne la fit pas, lui; mais qui l'accomplit, ce fut l'honneur de mes cheveux blancs (il se prit la barbe) et les bons chevaliers que j'ai élevés, et ceux qui ont grandi avec lui;

---

(1) Le baiser de paix.
(2) *Rivaldo;* c'est le mot italien.

j'étais là où ils étaient. Mes autres fils auront l'honneur de ma bénédiction. Dites-lui qu'il se lève et s'en aille, et ne reste plus ici. » Les chevaliers relevèrent le prince et l'emmenèrent. Le prince s'en allait chercher ses vaisseaux pour retourner à sa conquête; le roi envoya vers lui : « Dites-lui qu'il n'est plus temps et qu'il ne manquera pas de roi en France. Quand il arrivera en France, il y trouvera un nouveau roi plus puissant que le premier. »

CHAPITRE XLV.

Comment fut pris Charles, roi de France, et comment son fils, le roi Charles, commença à être très-fort et très-noble pendant la captivité du roi son père.

Le roi Charles de France fut pris à la bataille de Crécy (1) et resta en prison toute sa vie, car les Anglais ne le voulurent relâcher ni pour rançon, ni par traité. Il laissa un fils qu'on nomma le roi Charles (2). Celui-ci en sa jeunesse fut très-bon roi, et très-hardi et vaillant. Il demanda un jour au duc de Berry, son oncle, pourquoi, dans les guerres, tout allait si mal pour les Français et si

(1) *Carst.* Confusion de Charles V et du roi Jean, de la bataille de Poitiers et de celle de Crécy. Llaguno a mis Poitiers au lieu de Crécy, et Jean au lieu de Charles, partout où il le fallait; mais nous le soupçonnons d'avoir corrigé son manuscrit au profit de Gamez, dont il importe cependant de ne pas faire un écrivain doué de plus de critique qu'il n'en possédait.

(2) Gamez veut parler ici de Charles VI, dont il fait une seule et même personne avec Charles V.

bien pour les Anglais. Le duc répondit : « Parce que, depuis quelque temps, il y a eu de mauvais rois en France, et de bons en Angleterre. Quand il y aura de mauvais rois en Angleterre et de bons en France, cela ira bien pour la France et mal pour l'Angleterre. » Le roi reprit : « S'il plaît à Dieu, je serai le bon. » Au temps de sa jeunesse, les Flamands se soulevèrent, ne voulant reconnaître pour seigneur ni le roi, ni son oncle, le comte de Flandre (1). Le roi leva une armée et marcha contre eux. Les Flamands sont un peuple nombreux, et très-riche, et bien armé. Le roi envoya devant lui quelques capitaines, et tous furent défaits. Alors le roi prit l'oriflamme (2), qui est une bannière, laquelle fut apportée du ciel par un ange, et jamais les rois n'osent la déployer que dans une guerre contre les Mores ou les infidèles, ou que pour une guerre juste; autrement, ils savent qu'eux-mêmes seraient vaincus. De grandes foules de Flamands se réunirent, et vinrent pour livrer bataille au roi. Au moment de combattre, les Français décidèrent de laisser le roi avec ses gardes et la bannière, de ne pas le laisser entrer dans la bataille, mais seulement regarder ce qui se ferait. Et fut capitaine de l'armée, en place du roi, son oncle, le duc de Bourgogne, comte de Flandre (3), avec plusieurs ducs et comtes. Le roi, toutefois, voulait combattre; mais on ne le

(1) Le comte de Flandre était beau-père du duc de Bourgogne, oncle du roi.

(2) Charles VI vint en effet prendre à Saint-Denis l'oriflamme qui fut confiée à Pierre Villiers, maître de la maison du roi. — Voyez FROISSART, liv. II, ch. CXCVI. Il dit que l'oriflamme fut portée contre les Flamands parce qu'ils étaient considérés comme hérétiques, tenant pour le pape Urbain VI contre le pape Clément VII.

(3) Le duc de Bourgogne ne devint comte de Flandre que quatorze mois plus tard, par la mort de son beau-père.

laissa pas faire, et l'on engagea la bataille. Elle fut rude de part et d'autre, et déjà les Flamands mettaient les Français en déroute, car ils étaient innombrables. Quand le roi vit cela, on ne put davantage le retenir. Il ordonna de faire avancer l'oriflamme, et se jeta dans la mêlée avec très-grande vaillance, combattant très-bravement à cheval; et il arriva où était son oncle, le comte de Flandre, et dit : « En avant, me voici; pas il n'est temps de fuir. » L'effort fut grand de la part des Français quand ils virent leur roi, et ils restèrent fermes; et ils remportèrent la victoire, et les Flamands commencèrent à fuir. Le roi les entoura sur une côte où ils montèrent, pensant combattre de là. Le roi leur demanda toutes leurs armes, et ils les rendirent; ensuite il ordonna de les passer au fil de l'épée. Les Flamands étaient en nombre infini, et beaucoup des siens dirent au roi qu'ils étaient fatigués de tuer, tant il y avait à tuer de monde. Ils demandèrent en grâce au roi d'épargner ce qui restait. On trouva qu'avec ceux qui étaient morts dans la bataille, avaient péri là les trois quarts des gens des communes de Flandre (1). Le roi entra en Flandre, et soumit tout le pays qui s'était révolté, et le mit sous sa seigneurie. Quand le roi livra cette bataille, il

---

(1) *Las tres partes de gente que es el lastre*. La phrase est plus qu'obscure, certainement corrompue. Llaguno l'a supprimée. *Lastre* signifie *pierres de lest* ou *de remplissage*, en général *choses communes*. Peut-être faut-il lire *el rastro*, et corriger la phrase en traduisant : les trois-quarts des morts périrent pendant la poursuite.

Le *Religieux de Saint-Denis* (liv. III, ch. XVII) dit en effet : « J'ai appris de source certaine que le nombre de ceux qui succombèrent dans la fuite égala le nombre de ceux qui étaient restés sur le champ de bataille, à l'exception de mille hommes qui, se sauvant d'une course plus rapide, rejoignirent les Flamands au siége d'Audenarde; mais ils ne furent pas plus heureux. »

avait dix-huit ans (1). Elle fut donnée dans un lieu plein de genêts (2), et à cause de cela, le roi prit pour devise un collier fait à imitation des cosses de genêts. Elle fut livrée près d'une ville nommée Rosebecque (3); et pour cette raison, elle est appelée la bataille de Rosebecque.

Depuis ce jour, le roi, comme il allait croissant en âge, allait aussi croissant en noblesse. Et avec la bonne fortune lui croissait le cœur. C'est une chose que voulut vérifier Alexandre, et il le fit par expérience; car il avait lu que bonne fortune augmente le cœur de l'homme, et mauvaise fortune le diminue. Il fit chercher un animal qu'on nomme *anidia*, qui se rapproche de la nature de l'homme. On en prit deux; et il fit mettre l'un dans un jardin bien clos, avec force herbages et fruits, et il lui fit donner bien à manger, lui rendant la vie douce par tout ce qu'on pensait qui pouvait lui plaire. Il fit enfermer l'autre dans un réduit étroit et peu éclairé où, si on lui donnait bien à manger, souvent on l'attaquait, faisant mine de le vouloir tuer. Quand ils eurent été ainsi quelque temps, Alexandre ordonna de les tuer tous deux et de les ouvrir. Celui qui avait été dans le jardin, on trouva qu'il avait le cœur très-frais et plus grand qu'à son corps n'appartenait; on examina l'autre, et on trouva en place du cœur

---

(1) Le roi Charles VI n'avait pas encore quinze ans.

(2) *En un arvejar.* — L'*arveja* est la vesce (*vicia*), plante de la famille des légumineuses, que l'on cultive pour le fourrage. Mais au mois de novembre les champs de vesce sont récoltés. Peut-être Gamez a-t-il voulu parler des genêts qui, suivant Froissart (liv. II, ch. cxcIII), couvraient une partie du terrain à Rosebecque. Saint Louis avait institué l'ordre de la *Cosse de genêts*, et Charles VI a pu s'en souvenir en composant *sa devise* après la bataille.

(3) 29 novembre 1382.

une chose si petite et si rétrécie, qu'on ne savait si c'était un cœur ou non.

Les premiers mobiles résident dans les puissances de l'âme (1). Les puissances de l'âme sont mémoire, entendement et volonté. La gloire, la bonne fortune, la peine venant de travaux ou de quelque autre chose que l'homme ait à faire, s'impriment d'abord dans la mémoire, qui fait que l'homme se souvient du passé; la mémoire le transmet à l'entendement, qui est discerner par l'esprit ce qui est et ce qu'il faut faire; l'entendement agit sur la volonté, qui est l'action. Le corps est la demeure et l'instrument de l'âme; sans lui, l'âme ne pourrait ouvrer. Bien que l'âme soit virtuellement dans tous les membres du corps, sa principale résidence est le cœur; et quand le maître de la maison va mal, tout dans sa maison est en désordre; quand il va bien, tous ceux qui l'habitent sont joyeux. Et comme le cœur est la demeure de l'âme, quand les puissances de l'âme sont troublées, les esprits vitaux s'affaiblissent; alors le cœur est relâché et amaigri. C'est pour cela que Platon dit : « Les soucis relâchent le cœur, et s'ils étaient nombreux, ils pénétreraient dans les parties intérieures et délieraient la bonne ordonnance de ton âme (2). »

Et comme j'ai dit qu'au roi Charles le cœur croissait avec la bonne fortune, il rassembla une armée pour passer en Angleterre, et arma la plus grande flotte de vaisseaux et galères dont les histoires aient jamais parlé, dans laquelle il y avait mil huit cents navires et fustes,

(1) *Los primeros ablos son en las potencias del alma.*

(2) Cette doctrine est empruntée par Gamez au *Lucidario*, traité encore inédit du roi D. Sancho *el Bravo*. (Note de M. Amador de Los Rios.)

tous de guerre. Qui connaît l'histoire verra qu'il s'y trouvait trois cent-quatre-vingt-six vaisseaux de plus que ceux qui allèrent attaquer Troye. Il fit faire une ville de bois aussi grande que Londres, qui avait une enceinte, des rues, des places et des maisons, pour se loger devant Londres; il était bien pourvu de cuir, de fer, d'engins, outils et matériel de guerre (1) très-puissants, et en si grand nombre et de tant de sortes, qu'on n'en pouvait faire le compte. Et le roi disait : « *Eux dans Londres, et nous à Londres.* » Il rassembla cette flotte dans le port d'une ville de Flandre qui se nomme l'Écluse. Il resta là huit mois, avec tout son monde rassemblé, toutes ses maisons prêtes, et dans ces huit mois, il ne put jamais trouver un temps favorable pour passer au port de Douvres, en Angleterre, qui n'en est séparé que par quelques lieues de mer, parce que le vent ne cessa pas d'être contraire; et l'on ne put se mettre en voyage, quoiqu'on l'essayât souvent (2). Voyez le pouvoir de Dieu ! Il est si grand que bien des fois il arrive qu'une nef va d'Espagne à Jérusalem, et en revient en moins de temps. Les desseins des hommes, si Dieu ne les seconde, ne sont rien; et c'est pour cela que le prophète dit : « L'homme propose, et Dieu dispose (3). » Le roi étant ainsi dans l'attente d'un bon temps pour passer en Angleterre, presque chaque jour il s'armait avec ses damoiseaux et ses gentilshommes, s'exerçant à faire jeux de guerre et gentillesses d'armes. Il arriva qu'un jour le roi, jouant en compagnie de ses gentilshommes

---

(1) *Pertrechos.*

(2) Ces grands préparatifs pour une descente en Angleterre furent faits au port de l'Écluse, l'an 1386. Ils restèrent sans résultats, mais non par suite de la démence de Charles VI, laquelle n'éclata qu'en 1392.

(3) Mss. : *E Dios despropone.*

avec des épées à deux mains, s'approcha de l'un d'eux qui n'avait qu'une cotte, et lui donna par le milieu du corps une estocade telle, que l'épée le traversa d'outre en outre et le jeta mort sur le carreau. Puis il s'en fut aux autres, leur portant de grands coups qui les mirent tous en fuite. Alors ils envoyèrent des hommes armés pour s'emparer de lui par force, et comme il était si hors de sens qu'on ne pouvait lui faire entendre raison, ils l'emmenèrent dans sa tente. Le roi s'endormit aussitôt et dormit jusqu'au lendemain. Lorsqu'il se réveilla, il demanda si dans la bataille le roi d'Angleterre avait été pris ou tué, et s'informa d'autres détails du combat. Il s'imaginait qu'il avait livré bataille aux Anglais, et l'on ne pouvait le rappeler à la raison. Il resta ainsi, très-étonné de ce qu'on lui disait, puis il reprit son bon sens; mais cinq jours après, la maladie revint, et avec tant de fureur, qu'il voulait tuer tout le monde et disait des choses extravagantes. Les ducs et les autres seigneurs de la nation restèrent près de lui pendant plusieurs jours; puis, trouvant que la maladie ne s'améliorait pas, ils se concertèrent, congédièrent l'armée, et partirent avec le roi; et quand ils virent qu'il était attaqué d'un mal auquel il n'y avait pas de remède, ils mirent le royaume sous des tuteurs, et pourvurent très-bien à la justice et au gouvernement. L'état vécut en grande paix et bon ordre un assez long temps, pendant lequel il n'y eut ni scandale ni mal. Le pays était gouverné très-sagement, en sorte que ses ennemis ne lui pouvaient nuire; au contraire, un si parfait accord régnait que tous les peuples des royaumes voisins en parlaient et louaient la loyauté des Français. Dans ces temps, le royaume était très-riche et honoré. Le roi avait un frère qu'on appelait le duc d'Orléans.

C'était un très-noble seigneur, fort brave, large et puissant. Il avait une très-grande maison composée de beaucoup de grands seigneurs et chevaliers, parmi lesquels il y avait des gens de diverses nations. Il pensait que par son crédit, et à cause qu'il était frère du roi, il devait commander plus qu'un autre. Il y avait, d'autre part, le duc de Bourgogne, comte de Flandre, neveu du roi (1). Ils étaient cousins issus de germains (2), et le duc de Bourgogne était aussi grand personnage et plus riche que l'autre. Comme il était du même lignage royal, il trouvait qu'il devait avoir plus d'autorité que le duc d'Orléans et que personne. Sur ce sujet, ils avaient eu des querelles et commençaient à former des ligues, tant dans le royaume qu'au dehors (3).

Ici le livre cesse de parler de ces choses, et se remet à conter du capitaine Pero Niño, comment il joûta contre les Français.

---

(1) *Nieto*. C'est proprement petit-fils. Le duc Jean, dont probablement veut parler Gamez en ce moment, était le cousin germain du roi, et s'il n'y a pas d'erreur du copiste, il est bien étrange que Gamez ait confondu le degré de parenté.

(2) *Eran amos primos borines*. Cette expression nous est inconnue. Llaguno l'a supprimée. Nous la traduisons par aperçu.

(3) Nous retrouvons la trace de ces manœuvres du duc de Bourgogne dans une lettre adressée par le duc au roi Henri III de Castille, le 29 octobre 1406, où il lui offre de l'aider « de ses gens » dans sa guerre contre le roi de Grenade, et de lui envoyer des messagers pour l'entretenir de son désir de resserrer les liens de bonne amitié, « alliances et confédérations entre leurs maisons. » (Archives de l'empire, sect. hist. K, 1482, B-31.)

CHAPITRE XLVI.

Comment Pero Niño joûta avec les Français, et comment il lui en advint parmi eux.

Les Français joûtent d'une autre manière qu'on ne le fait en Espagne. Ils joûtent sans toiles, à façon de guerre, et à l'aventure (1). Ils arment les chevaux de chanfreins et de pétrails, qui sont des armes de cuir très-fortes, et leurs selles, très-fortes aussi, couvrent leurs jambes jusque près du pied. Il arrive souvent qu'un cheval heurte l'autre, et l'un des deux tombe, ou ils tombent tous deux. C'est une joûte très-périlleuse et que ne font pas tous les hommes, mais seulement

(1) *Justan sin tela, à manera de guerra, por el topar.* — La joûte que Gamez décrit ici était en effet très-usitée pendant le règne de Charles VI. On se divisait en deux camps, dont l'un tenait le champ clos, et l'autre y entrait ; puis il y avait deux prix : pour le mieux-faisant de *ceux de dedans*, et pour celui de *ceux de dehors*. D'ordinaire aussi les tournois se terminaient par une joûte *à la foule*, toiles enlevées ; et même le tournoi pouvait se faire sans toiles, mais c'était une exception. « Bayard fit crier un tournoi pour l'amour des dames, et de trois coups de lance, *sans lice*, à fer émoulu. » (*Le bon chevalier*, ch. x.) En Espagne, les *juegos de cañas* répondaient imparfaitement à nos joûtes, parce que les lances étaient très-légères et faites pour le jet autant que pour le heurt. Cependant ils n'étaient pas sans danger, d'où le proverbe : *Las cañas se vuelven lanzas*; « Les cannes se changent en lances, » pour dire : « On s'échauffe, et des jeux on passe aux coups. » Notre proverbe : « Jeux de mains, jeux de vilains, » y correspond ; mais il est moins dans les mœurs chevaleresques.

ceux qui sont très-adroits et très-bons cavaliers. Les bâtons (1) sont tous d'une même mesure; il n'y a, dans toute la cour, qu'un maître ou deux qui les fabriquent, avec la permission des gouverneurs, et ils sont maîtres jurés (2). Il n'y a là ni mainteneur, ni joûte d'un contre un par champions assignés, mais chacun s'attaque à qui lui convient; tous sont assaillants (3). Ils se placent d'un côté dix, ou vingt, ou trente, ou plus, et autant de l'autre. Dès que l'un prend sa lance, un autre a tout de suite empoigné la sienne; et il n'en sort pas un seulement, mais avec leur grande ardeur, il arrive que deux ou trois sortent ensemble sur celui qui s'est mis avant, nonobstant qu'ils soient courtois; car s'ils voyaient bien comment il en va de l'affaire, jamais contre un il ne sortirait plus d'un. Il faut donc que le chevalier qui joûte là s'y soit bien exercé, et soit robuste et très-habile homme de cheval.

Les Français arrangèrent des joûtes un jour, en manière d'essai (4), dans une place propre à cela, et qu'on appelle la Petite-Bretagne (5). Et ce jour-là joûtèrent le

---

(1) *Varas*. Les *bâtons* étaient toute arme d'hast, y compris les épées; ici on doit entendre les lances.

(2) *El fiel*.

(3) *Aventureros*.

(4) « La veille des tournois était pour ainsi dire solennisée par des espèces de joûtes appelées tantôt essais ou *éprouves*, tantôt les vêpres du tournoi, et quelquefois *escrémie*, c'est-à-dire escrimes. C'était le prélude du spectacle nommé le grand tournoi, la haute ou la forte journée du tournoi, la maîtresse-épreuve. » (*Mémoires sur l'ancienne chevalerie*, Paris, 1826, t. I, p. 26.)

(5) La place de la Petite-Bretagne se trouvait près du Louvre. Elle devait son nom à un hôtel appelé hôtel de la Petite-Bretagne, que les ducs de ce pays possédaient à Paris; en 1428, cet hôtel, tombé en

comte de Clermont, le comte de la Marche, le comte de Tonnerre (1), et d'autres grands personnages. Ce jour-là, Pero Niño joûta aussi, fournit beaucoup de carrières avec de renommés chevaliers, et rompit beaucoup de lances. Telle était l'envie que les Français avaient de se rencontrer avec lui, qu'une fois deux chevaliers sortirent à la fois sur lui, et le heurtèrent en même temps. Mais Pero Niño fut si ferme qu'ils ne l'enlevèrent pas de la selle, ni ne le firent gauchir (2), ni perdre en rien contenance, et que peu après, il renversa un bon chevalier. Ce jour-là, le comte de Clermont et un chevalier heurtèrent leurs chevaux, qui tombèrent, et tous deux seraient morts, tant le choc avait été rude, si on ne les eût pas secourus sur le champ.

Il y eut dans ce temps, à Paris, des noces très-magnifiques et nobles. Elles étaient faites par un majordome du roi, qui mariait une de ses filles. Là vinrent les ducs, comtes, grands seigneurs, et aussi les chevaliers et gentilshommes de la cour, les grandes dames, femmes, pucelles et damoiselles (3). Là furent les salles très-richement parées et les tables bien ordonnées, chacun assis en sa place. Là il y avait copieuse et très-riche vaisselle d'or et d'argent, et

---

ruines, fut donné par le duc de Bretagne aux chanoines de Saint-Thomas-du-Louvre. (FÉLIBIEN, *Hist. de Paris*, t. III, p. 75.)

(1) Jean de Bourbon, comte de Clermont, fils de Louis, duc de Bourbon, mort l'an 1433, en Angleterre, où il était prisonnier depuis la bataille d'Azincourt. — Jacques de Bourbon, comte de la Marche ; il avait fait en 1404, sur les côtes d'Angleterre, une petite expédition qui avait mal répondu à de grands préparatifs. — Louis de Châlons, comte de Tonnerre.

(2) *Nin ovo reves.*

(3) *Las grandes señoras, damas, puselas è damisela*s. Ces deux derniers mots ne sont pas castillans.

abondance de mets apprêtés de diverses manières. Il y avait là tant de monde qu'on aurait fait un peuple des jongleurs seuls, lesquels jouaient de toutes sortes d'instruments à faire musique, instruments à vent et autres à cordes, qui se touchaient avec la main ou l'archet; et aussi entendait-on concerts de voix. Là se voyaient former danses, et rondes, et branles (1); et les dames et les chevaliers portaient parures extraordinaires de tant de façons, que l'on ne pourrait les écrire à cause de leur nombre. Ces noces durèrent toute une semaine. Quand elles furent finies, les dames se réunirent et dirent aux chevaliers et aux galants amoureux, que pour l'amour de leurs amies, ils devraient faire une fête bien honorable, dans laquelle ils joûteraient bellement accoutrés, et qu'elles, à leurs frais, feraient faire un bracelet d'or, avec un écu (2) et un chapel très-riche, et qu'elles seraient à regarder pour les donner au chevalier qui aurait le mieux fait. Ils furent fort joyeux de cela, et cette pensée avait de quoi leur plaire. Ils choisirent lieu et jour pour la fête, et en attendant que le moment fût venu, ils se rendirent tous pour faire l'essai dans une place hors de la ville, qu'on appelle la Cousture Sainte-Catherine (3). Leur manière de faire l'essai est de joûter les uns contre les autres, très-fortement et chacun le mieux qu'il peut. Mais, dans ces essais, ils ne portent

---

(1) *Muchas dansas e casaotes e chantarelas.* Nous avons traduit arbitrairement les deux derniers mots.

(2) Le manuscrit dit : *Un varti escudo.* La signification de *varti* nous est inconnue.

(3) *La Costura de Santa Catalina.* — La Culture, Coulture ou Cousture-Sainte-Catherine, jadis Sainte-Catherine-du-Val-des-Écoliers, a donné son nom à une rue du Marais. L'hôtel de Glac, acheté en 1399 par le duc d'Orléans, donnait d'un côté « en la Cousture-Sainte-Catherine. » (*Pièces inédites sur le règne de Charles VI,* t. I, p. 139.)

point de soubrevestes ni de cimiers; ils laissent cela pour les fêtes mêmes. Il arrive, d'ailleurs, que tels vont aux essais qui n'ont pas intention de joûter en la fête. Ainsi en fut-il ce jour-là pour quelques-uns. Pero Niño, qui toujours aima mieux faire que dire, pensant qu'il ne pourrait avoir meilleur loisir, à cause de la charge importante qu'il avait de ses galères, et qu'il était déjà près de repartir pour recommencer sa guerre, ne prit point souci de la fête [mais de l'essai]. Il fit préparer deux chevaux très-braves et bons, qui venaient de Castille; l'un était au duc de Berri, l'autre au grand connétable, à qui il les avait demandés; et il prit un heaume de noble façon que lui avait envoyé une grande dame, laquelle n'était pas de la fête. Et ce jour-là se rassemblèrent à la Cousture jusqu'à cent chevaliers ou plus, tous armés en harnais de joûte; et quand arriva Pero Niño, ils commençaient déjà tous à joûter. Les Français, après avoir fourni trois ou quatre carrières, se désarmaient aussitôt. Pero Niño fit apporter beaucoup de lances et de piques (1), et se mit à joûter contre tous ceux qui venaient, l'un après l'autre; celui qui avait désir de joûter le trouvait aussitôt prêt. Et à ceux qui voulaient ainsi se mesurer avec lui, aux uns il enlevait le heaume, aux autres il arrachait l'écu, aux autres il faisait tomber quelque pièce de l'armure, et il en renvoyait d'autres pendus à leurs chevaux. On brisa sur lui beaucoup de lances; et tant demeura Pero Niño à la joûte, et tant de belles choses il y fit, que le bruit en courut par toute la ville, où l'on ne parlait que d'un Espagnol qui

---

(1) *Plançones*, en vieux français *plansons*: branche, rameau, suivant Roquefort. Dans les *Pièces inédites sur le règne de Charles VI* (t. II, p. 148), on trouve le mot *planson*, auquel l'éditeur, M. Douët d'Arcq, donne le sens de pique.

était à joûter et se montrait si merveilleux chevalier, et faisait tant d'actes de vaillance. Alors se réunirent les plus fameux joûteurs qu'il y eut à la cour, et ils envoyèrent un chevalier de renom et grand de corps, qu'on appelait Jean de One (1). Il vint à la Cousture sur un fort cheval bahaguon très-grand; et comme lui-même était de haute taille, il paraisssait effrayant dans ses armes (2). Avec celui-là, les Français revenaient triomphants et réconfortés. Pero Niño et lui fournirent plusieurs belles carrières avec de fortes lances, et Jean de One vit que Pero Niño était si rude chevalier et si habile, qu'il ne pouvait avoir prise sur lui; alors il fit une carrière dans laquelle il vint le charger tout à plein, pensant le renverser par le choc de son cheval, suivant la manière des Français. Mais le bon chevalier, qui toujours sut mener ses affaires à bon terme, avait appris, par les rencontres précédentes, comment son adversaire cherchait à l'enlever par puissance de corps (3), s'il le pouvait. Il refusa un peu son cheval, et quand Jean de One voulut le joindre, il donna des éperons et alla asseoir son coup au milieu de l'écu de son adversaire. Et aussitôt qu'il y eut rompu sa lance, aussitôt se rencontrèrent les corps des deux chevaux, et Jean de One et son cheval roulèrent par terre. On accourut et on releva le chevalier, qui était tombé de si rude façon, qu'il était en péril de mourir, ainsi que le cheval. Dans cette

---

(1) Peut-être de Honnerot. Il est parlé d'un chevalier de ce nom par le *Religieux de Saint-Denis* (t. 1, p. 679); peut-être d'Aulnoy, peut-être Jean d'Ony, « escuyer d'escuerie du duc de Bourgogne, appert homme, hardy, et de grand vasselaige en faict d'armes, » l'un des fidèles et vaillants compagnons de Bouciquaut.

(2) *Parescia honbre espantable en armas.*

(3) *Como le queria lebar de maestra.*

chute, il se déboîta le bras et fut plusieurs jours comme estropié.

Cela fait, on envoya dans le champ un chevalier allemand appelé Sinque, homme fameux en armes, très-bon cavalier, armé en joûte. Celui-ci fournit plusieurs carrières contre Pero Niño, toutes de dextérité, l'Allemand n'attendant jamais le choc, mais faisant beaucoup de jeux avec la bride de son cheval, ce qu'il savait très-bien faire. Il se dérobait à la rencontre, laissait passer, puis lestement faisait une volte, et revenait sur Pero Niño pour l'atteindre de la lance où il pourrait, ou bien le prendre en travers avec le poitrail de son cheval. Pero Niño vit bien que ce chevalier usait de finesse avec lui et ne le voulait pas attendre; et comme lui aussi se servait bien de la bride, il sut parfaitement se préserver. L'Allemand le trouvait toujours devant lui, de quelque côté qu'il tournât, si bien que jamais il ne put sortir de dessous sa lance; c'était une belle chose à voir. A la fin, Pero Niño eut la chance de tenir l'Allemand dans une telle place, qu'il croyait bien ne le pas laisser échapper. Il enfonça les éperons dans le ventre de son cheval et courut sur lui; mais, sur le temps, l'Allemand fit une volte, et se mit à fuir aussi vivement que s'il y eût été de sa vie. Pero Niño ne le suivit pas plus loin. Ainsi courant toujours, l'Allemand entra par la porte de la ville et ne parut plus.

Sur ce, déjà la nuit se faisait noire, et Pero Niño ordonna de prendre beaucoup de torches et de les mettre en lignes, à façon de rue. Il arrivait, pendant ce temps, des gentilshommes armés en joûte, mais aucun d'eux ne prenait une lance; ils avaient ôté leurs casques et se regardaient. Vint un gentil galant très-amoureux; on dit à Pero Niño qui il était, et il joûta avec lui. A la seconde passe,

Pero Niño le culbuta, lui et son cheval. Les gens de pied et les cavaliers, qui étaient là en grand nombre, et rois d'armes, et hérauts et poursuivants, et trompettes, et ménétriers, qui se trouvaient là en telle quantité qu'on n'aurait pu les compter, se rassemblèrent tous autour de Pero Niño, et crièrent par trois fois : « La Cousture reste au capitaine d'Espagne. Y a-t-il quelqu'un qui vienne? » Il ne parut plus de jouteurs de là en avant. Tous alors se mirent en rang; les torches passèrent devant, les servants ramassèrent toutes les lances brisées qu'il y avait par le champ, et on rentra dans la ville.

Les Français sont très-courtois, et louent de bon cœur celui qui fait bien. Il y avait une telle foule à regarder que l'on ne pouvait avancer dans les rues. On sortait de toutes les maisons des torches et des chandelles en si grand nombre, qu'il faisait clair comme en plein jour. Le bruit que faisaient les ménétriers, les trompettes et les tambourins, était si grand, qu'on ne pouvait entendre un mot. Pero Niño n'avait pas quitté un instant son heaume depuis qu'il l'avait mis, et ne l'ôta qu'en rentrant dans sa chambre. Lorsqu'il l'eut ôté, il y avait telle presse pour le voir, que les allées et venues des gens qui voulaient le regarder durèrent jusqu'au milieu de la nuit.

CHAPITRE XLVII.
Comment, après la joûte, Pero Niño partit de Paris et s'en fut voir Madame de Sérifontaine.

Depuis cela, Pero Niño fut connu de toute la cour, et l'on tenait grand compte de lui dans tous les lieux d'honneur, et il était convié à toutes les fêtes qui se donnaient. On savait, en outre, qu'il était de l'une des douze premières maisons de France, de celles qu'on appelle de la fleur de France, de la branche d'Anjou, qui est une de ces branches de la famille royale de France, et elle porte les mêmes armes que les Niños, lesquelles sont de fleurs de lis sans nombre d'azur en champ d'or (1); et comme de cette lignée il y eut des rois à Naples, on désigne aujourd'hui sous le nom d'Angevins ceux qui y suivent le parti français.

Pero Niño partit de là et s'en fut à Rouen, où étaient ses galères et son monde. Sur ces entrefaites mourut le bon chevalier amiral de France; et Madame de Sérifontaine envoya quérir Pero Niño, et lui raconta toutes ses affaires, et de là en avant ils se tinrent l'un l'autre pour amoureux.

Ici l'auteur dit: S'il est vérité que les hommes amoureux sont plus vaillants et font de plus grandes choses, et sont meilleurs par amour de leurs amies, que devait être celui qui avait une amie telle que Jeannette de Bellengues, Madame de Sérifontaine! car il n'y a roi, ni duc, ni grand seigneur en quête d'une dame à aimer, qui ne se fût tenu pour riche et bien heureux d'avoir semblable amie. Toutes les vertus que les vrais amants ont dit que l'amie devait avoir, toutes les avait cette dame, très-

---

(1) Gamez donne des fleurs de lis sans nombre aux Niños, qui n'en portaient que sept, au moins plus tard, et il change les émaux des armes d'Anjou pour le besoin de la cause, bien que le changement des émaux puisse être une brisure et ne rien prouver contre l'extraction. Salazar Mendoza dit sur cette prétention des Niños qu'elle est bien modeste, « car il y avait des Niños en Castille avant que l'on connût la maison d'Anjou en France. »

parfaitement belle et bonne, et jeune, et très-plaisante, accorte et gaie, et désirée, et spirituelle. Une telle femme pouvait choisir où il lui plaisait. Outre cela, elle était très-riche et de grand entendement. Et ils s'entre-donnèrent de riches joyaux.

Pero Niño étant à Rouen avec son monde, il lui fut envoyé une lettre de Paris ; la lui envoyaient six chevaliers de la maison du duc d'Orléans. La lettre, mise du français en castillan, disait ainsi :

« Notre sire biau-frère, mosen Pierre, capitan d'España, les votres frères très-aimés chaballeires, que vos seront scriptes nostres nomes seyllés, nous recomendons trois mill fués à vos, etc. (1). »

TELLE ÉTAIT LA LETTRE QUE LES CHEVALIERS ENVOYÈRENT A PERO NIÑO.

« Messire et beau-frère, messire Pierre (2), capitaine d'Espagne, vos très-aimés frères, les six chevaliers dont les noms sont écrits ci-dessous avec leurs sceaux, nous nous recommandons à vous trois mille fois. Déjà vous savez comment messire Ponce En Perellos porte la Dame-Blanche (3) brodée sur ses habits et un bracelet d'or,

---

(1) Ce prétendu français se trouve dans le texte tel que nous le donnons, et précède la traduction en langue espagnole.

(2) Dans la traduction espagnole de la lettre, le nom est en français : *Mosire é fermoso hermano mosen Pierres*.

(3) Bouciquaut, *prenant en pitié dames et damoiselles qui se complaignoient de plusieurs torts que on leur faisoit*, entreprit, en 1399, de créer une espèce d'ordre *de la Dame-Blanche à l'écu vert*, et réunit treize compagnons, auxquels il donna des statuts. (*Livre des faits de Jean Bouciquaut*, part. I, ch. xxxvii.) Y aurait-il quelque rapport entre cette institution et l'*emprise* de la Dame-Blanche dont parle Gamez ? — Mosen Ponce En Perellos était d'une grande famille aragonaise.

pour faire dépit aux chevaliers de monseigneur le duc d'Orléans. Il dit que, s'il y a sept chevaliers qui veuillent combattre contre sept autres, lesquels défendront cette emprise, ceux-ci sont prêts à entrer en lice contre eux, et à toute outrance. Bien vous savez comment nous, grâce à Dieu, nous avons tenu le champ clos contre les Anglais, sept contre sept, et nous sommes demeurés vainqueurs (1). A nous plus qu'à personne il appartient de répondre à la provocation. Mais, béni soit toujours Notre-Seigneur Jésus-Christ ! Dieu a voulu que, des sept frères qui avons ainsi gagné le champ sur les Anglais, il en ait trépassé un. C'était le noble chevalier messire Guillaume du Chastel, à qui Dieu fasse paix, qui mourut en bon chevalier, faisant la guerre en Cornouaille. C'est pourquoi nous vous prions que, pour l'honneur de chevalerie et l'amour de votre amie, il vous plaise être notre frère, en place du bon chevalier messire Guillaume du Chastel, et l'un de ceux qui doivent délivrer cette emprise.

« Nous vous envoyons cette lettre par Paris, roi d'armes de notre seigneur le roi, à laquelle et par lequel nous vous prions que vous répondiez incontinent. Le premier mars. — Messire Arnaut-Guillen de Barbasan, Champagne, Clignet de Brebant, amiral de France, Archambaut, Carrogier et messire Guillaume Bataille (2). »

La lettre lue par le roi d'armes, Pero Niño la reçut avec grande joie, et envoya aux chevaliers sa réponse qui disait de cette manière.

(1) Il a été question de cette rencontre et de Guillaume du Chastel au chapitre XXXII.

(2) Ce sont les chevaliers dont il a été question dans ce même chapitre XXXII. Ici encore nous avons rectifié leurs noms écrits cette fois

RÉPONSE QUE PERO NIÑO DONNA AU ROI D'ARMES.

« Seigneurs, très-aimés amis et frères, nobles et vaillants chevaliers, moi, Pero Niño, me recommande aux bonnes grâces de vous tous. J'ai vu une gracieuse lettre qu'il vous a plu de m'envoyer par Paris, roi d'armes du seigneur roi, dans laquelle vous me racontez le fait et l'emprise de la Dame-Blanche, et la requête de messire Ponce En Perellos, et la fin qu'il se propose, et comme vous voulez accepter ses conditions et tenir le champ clos, sept contre sept, ainsi que vous l'avez déjà fait une autre fois où vous eûtes la victoire et fûtes vainqueurs. De plus, vous m'avez envoyé prier de remplacer le noble chevalier messire Guillaume du Chastel, et d'être votre frère et compagnon dans cette rencontre. Très-aimés seigneurs, Dieu sait qu'il ne pouvait me venir nouvelles desquelles j'eusse plus grande joie que lorsque je lus votre lettre sur ce sujet, et je vous rends cent mille grâces et merci de ce que vous ayez voulu choisir un homme d'aussi peu d'âge que moi et si peu au fait des armes et des champs clos, surtout pour une affaire aussi haute que celle-là, et de plus pour tenir la place d'un chevalier aussi noble que le fut messire Guillaume. Je suis donc aujourd'hui plus heureux de cette lettre que je ne le serais du plus grand joyau du monde qui me pût être donné :

---

ainsi par Gamez : Mosen Arnao, Guillen de Barunsayn, Chapaun, Chuet de Braban, Argenbaoch, Carrogler, e mosen Guillen Bataller. Ces chevaliers tenaient tous, en effet, le parti du duc d'Orléans, dont Clignet de Brébant était la créature. Guillaume Champagne accompagnait le duc, lorsqu'au mois d'août 1405 il essaya d'enlever le dauphin. Guillaume Bataille se montra en toute occasion fidèle à la maison d'Orléans, et l'ennemi de celle de Bourgogne, dont il eut beaucoup à souffrir.

d'ores en avant tenez-moi pour votre compagnon et frère tant que je vivrai ; et il me plaît et je veux, et j'accorde d'accepter, et j'accepte très-volontiers cette affaire à telle fin d'y accomplir tout ce que je pourrai, et Dieu m'aidera. S'il vous plaît que je sois là avec vous au moment de toucher l'emprise, ou si vous décidez que je la doive toucher pour moi et à la fois pour vous, écrivez-moi tout de suite, car je suis prêt à le faire de bon cœur. »

Quand les chevaliers virent la réponse de Pero Niño, ils furent très-joyeux et touchèrent les emprises de messire Ponce et de ses compagnons. Aussitôt Pero Niño vint à la cour pour se préparer au champ clos et fut bien reçu dans la maison du duc et de ses compagnons, et là il s'occupa de ses armes et habillements pour entrer en lice et se fit faire une cote d'armes fort riche à ses armes. Alors Madame de Sérifontaine lui envoya par un de ses parents un cheval et un heaume et une lettre dans laquelle elle le priait très-fort pour son amour que, s'il n'avait pas encore accepté une part dans le combat, il n'en prît point et qu'elle en aurait grand plaisir ; que si pourtant il y allait beaucoup de son honneur et qu'il n'en pût être autrement, il lui fît savoir les choses qui lui seraient nécessaires, et qu'elle les lui fournirait bien complètement, de telle façon qu'il pût s'avancer en honneur, et que pour cela déjà elle lui envoyait un cheval, supposant qu'il pourrait en avoir besoin, et qu'en France il n'en saurait trouver un qui fût meilleur pour une semblable besogne (1).

---

(1) Qu'on ne s'effarouche pas trop ; mais qu'on relise dans Froissart l'histoire de Madame Isabelle de Juliers, laquelle, « ou ce temps que messire Eustache d'Aubrecicourt se tenait en Champagne, lui envoya haquenées et coursiers plusieurs, et lettres amoureuses, et grandes signifiances d'amour, par quoi ledit chevalier en était plus hardi, et plus coura-

Pero Niño prit le cheval pour l'amour d'elle, mais lui envoya dire que le combat ne devait pas avoir lieu à cheval. Les chevaliers qui avaient à entrer en lice se préparaient quand on apprit au roi ce qui se passait, et la discorde qui déjà commençait ; il fit venir devant lui tous les chevaliers engagés dans l'affaire, et leur prit les emprises, et fit amis les ducs et les chevaliers, et les ducs se donnèrent mutuellement leurs devises. Le duc d'Orléans donna au duc de Bourgogne le camail d'or avec le porc-épic qui était sa devise (1). Le duc de Bourgogne donna au duc d'Orléans le rabot avec le diamant qui était la sienne. Je veux vous expliquer les devises de ces seigneurs suivant le sens que chacun d'eux y attachait. On dit que le camail du duc d'Orléans signifiait *camal*, c'est-à-dire : combien de mal on fait aujourd'hui ! Quant au porc-épic, c'est un animal doux, mais quand on veut lui nuire il entre en colère, et lance ses dards ou épines et blesse durement avec eux. Le duc de Bourgogne avait pris un rabot de menuisier pour dire que, de même que le rabot applanit tout, il saurait rabattre tout orgueil et superbe ; pour le diamant qui mord sur l'acier et sur toutes les pierres, tandis qu'au-

---

geux, et faisait de grandes appertises, que chacun parlait de lui. » (Froissart, liv. I, part. 2, ch. xci.)

(1) Camail est peut-être pris ici pour collier long, tombant sur le camail comme les colliers d'ordres. Le porc-épic fut, en effet, la *devise*, l'emblème des ducs d'Orléans. Louis XII le portait encore avec ces mots : *Cominùs et eminùs* ; mais dans ses luttes contre le duc de Bourgogne, Charles d'Orléans avait aussi fait choix, pour emblème, d'un bâton noueux, avec ces mots : « Je l'envie ! » ce qui, dans le langage chevaleresque, voulait dire : « Je porte le défi ; » et ce fut comme réponse à cette devise que le duc de Bourgogne fit peindre sur ses bannières un rabot, pour emporter les nœuds du bâton, avec ces mots flamands : *Hich oud.* « Je le tiens. »

cune n'a prise sur lui, il signifiait que le duc était si puissant, que nul ne se présenterait pour lui demander raison de ce qu'il voudrait faire. Le duc de Berry, oncle des deux autres, avait pour devise une figure d'ours assis qui se léchait les pattes, parce que l'ours est un animal sauvage [qui vit à l'écart], mais qui si on l'attaque, se défend et même tue. Le duc voulait dire qu'il restait tranquille, à vivre de son bien, ne faisant de mal à personne, mais que, si on lui en voulait faire, il se défendrait, et qu'il était assez puissant pour ne craindre personne. En ce jour de réconciliation, le duc de Berry, le duc d'Orléans, le duc de Bourgogne et tous les autres chevaliers mangèrent ensemble. Pero Niño prit aussi place à la table des ducs, cette fois : mais cette paix entre les ducs était feinte, comme cela parut ensuite, et même ce jour-là, celui qui voulut et sut observer put bien comprendre que ce baiser de paix était comme celui que l'apôtre traître donna à Notre-Seigneur Jésus-Christ (1).

(1) Cette version s'éloigne quant aux circonstances, si elle s'en rapproche pour le fond, de celle que Monstrelet donne de la seconde réconciliation des princes. (MONSTRELET, l. I, ch. XXV et XXVII ; BARANTE, *Histoire des ducs de Bourgogne*, ann. 1406.) Dès la fin de l'année, les inimitiés étaient de nouveau déclarées, et le duc d'Orléans tombait, le 23 novembre 1407, assassiné par ordre du duc de Bourgogne.

Le *Religieux de Saint-Denis* (l. XXVI, ch. XX) et Juvénal (ann. 1405) ne parlent que de la réconciliation simulée au mois d'octobre 1405, après l'enlèvement du dauphin. Les *Chroniques de Saint-Denis* (ann. 1405, ch. CV) confondent cette paix avec celle de l'année 1406, sur laquelle Monstrelet donne des détails, plaçant à Compiègne le lieu de la scène. Monstrelet mentionne l'échange des devises.

CHAPITRE XLVIII.

Comment Pero Niño partit de Paris et s'en fut remonter dans ses galères.

Les choses étant ainsi arrangées, Pero Niño entra une seconde fois dans le conseil du roi, et dit que le temps s'approchait où, selon le but qui l'avait fait envoyer, les galères devaient repartir pour faire la guerre à l'Angleterre. Il demanda donc ses gages afin de pouvoir payer ses gens. On lui fit incontinent remettre l'argent, non pas entièrement toutefois, ni tout ce qu'on lui devait. Pero Niño partit de Paris et s'en vint à Rouen, et paya et contenta son monde le mieux qu'il put. Ensuite il fut voir Madame de Sérifontaine et son père, monseigneur de Bellengues. Là il commença d'être parlé de mariage entre Pero Niño et Madame; mais il y avait des motifs de part et d'autre pour que le mariage ne se pût faire tout de suite. Une de ces raisons était que la dame n'était veuve que depuis peu de temps, et qu'étant si grande dame et de si haut état, elle ne voulait faire chose malséante; l'autre raison était que Pero Niño partait pour la guerre, et outre cela, il devait en parler au roi et obtenir son congé avant de rien conclure. Aussi pour cette fois, il resta convenu entre eux que la dame attendrait deux ans accomplis, afin que Pero Niño eût le temps de terminer ses affaires, aussi bien dans la guerre dont il était chargé qu'avec le roi son seigneur. Les choses ainsi arrêtées, ils se firent leurs présents de joyaux, et Pero Niño ayant pris congé de la dame partit pour Rouen. Là vinrent à lui beaucoup de chevaliers et de seigneurs de Normandie pour s'entretenir avec lui sur le fait de la guerre. Et il partit de Rouen avec ses galères et s'en fut au port de Harfleur. Et comme les galères quittaient Rouen vers l'heure de prime et que l'on commençait à ramer, le soleil s'obscurcit, et tous les gens des galères et ceux qui étaient à terre furent en grande épouvante ; ils disaient au capitaine qu'il renonçât au départ, et que cela n'était pas un pronostic favorable pour entrer en campagne. Les marins étaient tous d'avis qu'il ne fallait point partir de toute cette lune ; les uns prétendaient que le soleil était blessé (1), ce qui annonçait une grande mortalité parmi le monde ; d'autres qu'il y aurait de terribles tourmentes sur mer, et encore bien des choses que chacun disait suivant son entendement. Pero Niño leur répondit ainsi : « Amis, ne vous épouvantez pas ; il n'y a point là de quoi avoir peur. Nous tous sommes chrétiens, nous croyons en Dieu, et nous l'adorons ; nous ne devons pas avoir foi en des pronostics. Ayez ferme confiance en Dieu qui fit toutes choses. Il sait ce qu'il fait. Qui de nous pourrait pénétrer ses jugements et discerner ses desseins ? Il ne nous a pas créés pour que nous jugions ses œuvres, mais pour que nous soyons humbles et obéissants à ses commandements. Faisons ce que nous avons à faire, et qu'il fasse de nous ce qu'il trouvera bon. Invoquons-le, demandons-lui sa protection, qu'il nous guide et nous garde, et il le fera parce que vraie est sa parole. Il a dit qu'il serait avec nous dans les tribulations et que, si nous l'appelons, il nous exaucera avec empressement. Si à présent il fait

---

(1) *Ferido.*

obscur, dans peu d'instants il fera clair. Mais je veux vous dire ce qui produit une éclipse : le soleil est plus élevé que la lune, et il arrive maintenant que la lune passe devant le soleil et empêche sa lumière d'arriver à nous; car la lune par elle-même est obscure et n'a d'autre clarté que celle qu'elle reçoit du soleil. Elle est composée d'un corps si subtil que, le soleil donnant sur elle, elle en reçoit la clarté qu'elle nous envoie et qui n'est pas à elle, mais au soleil. Le soleil conserve toujours sa lumière tout entière; il ne meurt, ni ne peut être blessé, ni être plus obscur à présent qu'auparavant. Ce n'est pas une merveille que deux hommes venant l'un de la Chine, l'autre de Prusse, et allant par le monde se rencontrent, et leur rencontre ne donne rien à présager; c'est un voyage, ce n'est pas un présage. Ainsi font en ce moment le soleil et la lune : marchant chacun de leur côté dans leur ciel, ils se sont rencontrés, et la lune a passé devant le soleil. La lune continuera sa course, le soleil sa marche réglée, et il apparaîtra de nouveau brillant. »

Ici l'auteur dit que la foi et la raison suffisent à l'homme pour qu'il puisse vivre dans ce monde et se sauver, mais qu'il use mal de l'une et de l'autre quand il cesse d'avoir foi en Dieu, et met sa confiance dans le vol des oiseaux, dans les éternuements, dans les divinations et dans les songes. Misérable homme! tu ne sais donc pas que les oiseaux n'ont point d'intelligence! Ce que Dieu cache à l'homme raisonnable, à celui qu'il a doté et comblé de facultés presque égales à celles des anges, comment le révélerait-il à un animal brute? Dieu a donné à la bête un certain instinct, un sens naturel pour qu'elle puisse chercher sa vie et se garder de nuisance; mais il ne lui a pas permis de savoir les choses à venir. Aussi la religion défend de pareilles superstitions, et la raison ne les souffre pas.

Ce que le capitaine dit plut beaucoup à tous ses gens. Ils perdirent la peur; le soleil brilla de nouveau et éclaira le monde, et Pero Niño ordonna de ramer et de continuer son voyage au nom de Dieu (1).

Pendant que le capitaine allait ainsi le long de la Seine, les chevaliers, gentilhommes, dames et damoiselles qui habitaient sur les bords de la rivière le venaient voir et lui faisaient grande fête. Les galères arrivèrent à Harfleur. Là était messire Charles de Savoisy, préparant ses galères pour partir avec le capitaine Pero Niño. Trois balleniers de France bien armés, que le capitaine avait retenus, vinrent s'y mettre à ses ordres, et tous ensemble partirent d'Harfleur et allèrent au cap de la Hève (2). Ils délibérèrent et s'accordèrent à entrer dans le canal de Flandre pour y chercher des vaisseaux anglais. Longeant les côtes, ils passèrent au cap de Caux [qui est] de Normandie et de Picardie et furent à Boulogne et à Sulamer (3), et au cap de Sangate (4). Là commençait le pays de Calais. Les galères entrèrent dans la Fosse-à-Cayeux (5), et furent jeter l'ancre devant la ville du Crotoy qui est en Picardie. C'est une

---

(1) Cette éclipse de soleil eut lieu le 17 juin, entre six et sept heures du matin, suivant le *Religieux de Saint-Denis*. Juvénal des Ursins la place au 16 juin : « Et furent assemblez les astronomiens, qui dirent que la chose estoit bien étrange et signe d'un grand mal à venir. »

(2) Ll. : *de la Heva*; mss. : *de la Oga*. — Sur la seconde campagne de Savoisy et Pero Niño, voyez les notes à la fin du volume.

(3) Nous supposons qu'il s'agit de Camiers, près d'Étaples, dont le nom est donné de six manières différentes dans les anciennes cartes de Picardie.

(4) *Saint Gatitier*.

(5) *La fosa de Cayo*. — M. René de Belleval, à qui l'on doit tant de

ville de France toute entourée par la mer. On ne peut y arriver par terre, sinon quand la mer est basse. Les galères y prirent des vivres. Tout ce port, par la mer basse, reste à sec; on n'y voit plus d'eau, et quelqu'un qui viendrait du côté de la terre, pendant les six heures que dure le reflux, pourrait bien croire que là il n'y eut jamais de mer. Sur un grand espace, le sable ne semble pas plus mouillé que s'il avait plu. Beaucoup de gens, de bêtes, de charrettes vont et viennent, alors, d'une terre à l'autre. Devant la ville est une fosse très-profonde où il y a de l'eau comme dans un étang ou une lagune.

C'est là que demeurent les navires qui ne peuvent s'en aller jusqu'à ce que la mer revienne. Cette terre ainsi découverte se prolonge pendant douze lieues à partir de la Fosse-à-Cayeux jusqu'à une ville qu'on appelle Abbe-

---

beaux travaux historiques sur le Ponthieu, veut bien nous communiquer la note suivante :

« On appelait *Fosse-à-Cayeux*, encore au siècle dernier, une anse à une demi-lieue de Cayeux-sur-Mer (canton de Saint-Valery, Somme), laquelle servait d'abri aux navires. On pense, dans le pays, que, la mer ayant amoncelé des bancs de galets et fermé l'entrée de cette anse, c'est ce que l'on appelle aujourd'hui le *hable d'Ault*, vaste étang d'*eau douce*, très-poissonneux ; ce *hable* n'est, en effet, qu'à une portée de fusil de la mer, et il en est séparé par des dunes de galets. — En 1753, les navires mouillaient encore dans la Fosse-à-Cayeux. « Cette fosse, » dit Piganiol de la Force (*Nouvelle description de la France*, t. II, p. 407), « a près d'un « quart de lieue de longueur et deux cent quarante pieds de largeur. » — En 1423, pendant un siége du Crotoy par les Anglais, plusieurs de leurs vaisseaux, montés par cinq cents hommes, stationnaient vers la Fosse-à-Cayeux, afin d'intercepter les secours par mer. (*Histoire d'Abbeville*, par LOUANDRE, t. I, p. 347, d'après la *Chronique* de Pierre de FÉNIN.)

On remarquera que les galères étaient allées jusque près de Calais, à Sangate, et qu'elles redescendirent dans leur croisière, pour entrer au Crotoy.

ville en Ponthieu (1), qui est dans les terres. Au bout de six heures, la mer revient; elle est haute comme une montagne, et elle recouvre tout cet espace. Alors peuvent entrer les galères, les nefs et même les caraques. Il advint une fois que la flotte d'Angleterre, qui venait pour faire la guerre, arriva dans ce port, et quand l'eau se retira, tous les gens d'armes descendirent à terre et se répandirent dans les villages de la côte pour piller; ils trouvèrent beaucoup de vin et l'apportèrent là où étaient leurs capitaines, et ils soupèrent et burent du vin, mais par trop. La nuit arriva; ils oublièrent en quel endroit ils étaient, et s'endormirent; la mer monta et les couvrit. Là moururent six cents hommes d'armes; ceux qui purent gagner leur vaisseaux retournèrent en Angleterre, vaincus sans bataille.

Il n'est pas sans faute celui qui s'égare par l'ivresse; il ne peut se disculper en disant : Je n'étais pas dans mon bon sens. De cela, il n'en est point comme de la folie, laquelle ne vient pas à l'homme sciemment; et non plus celui qui perd la mémoire par maladie et à qui Dieu la voulut ôter ne sera pas responsable de ses fautes. Ce n'est pas un péché de boire du vin, mais le mal qu'il fait faire est un péché, parce qu'avant de le boire on avait sa raison. Pour son plaisir, de sa propre main, on se prive de sens, connaissant et sachant quels effets produit le vin. On ne le boit pas parce que c'est du vin, mais à cause de sa saveur. Veux-tu que le vin ne te nuise pas ! Quand tu n'es pas encore troublé par lui, songe à celui qui en a trop pris, à l'état où le vin l'a réduit, combien et quels maux sont causés par l'ivresse. Il est assez évident que l'ivresse

---

(1) *Buyvilla en Ponciau.*

est mère de toute dispute, cassement de la tête, amoindrissement de l'intelligence, tempête de la langue, pestilence du corps, violement de la chasteté, perte du bon renom, corruption des vertus de l'âme, qu'elle est, enfin, racine de tous les péchés. Le vin fut inventé pour procurer vigueur au corps et non pour s'enivrer. Le saint Loth pris de vin pécha avec ses filles. Buvons-le mêlé d'eau pour qu'il ne nous induise pas en faute.

Le capitaine et messire Charles tinrent conseil; ils apprirent que sur les côtes de Cornouaille les Anglais se tenaient sur leurs gardes, à cause de ce que les galères avaient fait l'an passé dans ce pays, et ils décidèrent de gagner l'autre côte d'Angleterre, qu'on appelle *Devers-le-Nord* (1), parce que les populations de ces contrées étaient sans méfiance, et qu'on pourrait prendre quelques villages avant qu'elles fussent averties. Ils sortirent du port du Crotoy et entrèrent dans le canal de Flandre, où ils rencontrèrent un très-gros temps. Ils guindèrent les artimons et rentrèrent les avirons. Le vent était au sud-est (2); les galères l'avaient en poupe, et filant rapidement, elles passèrent entre Calais et Douvres, deux possessions de l'Angleterre. Sur les bancs de Flandre, elles eurent à supporter une violente tempête. Telle était la tourmente qui assaillait les galères par la proue (3), qu'elle lançait sur

(1) *Veralnorte.* — *Ad Aquilonares partes.* Dans les chroniques anglaises, on désigne ainsi les pays au nord de l'Humber; mais nous verrons que Gamez l'entend de toute la côte qui s'étend au nord du Pas-de-Calais.

(2) *Al suue.* C'est la manière de prononcer des marins français, qui disent *sué, surois,* pour sud-est, sud-ouest.

(3) Le vent, que tout à l'heure les galères avaient en poupe, soufflait toujours dans la même direction; mais les galères se tenaient debout au vent, comme le font, par gros temps, les bâtiments étroits.

24

le pont le sable du fond de la mer mêlé à l'eau. Il y a
là certains poissons qui volent sur l'eau; quelques-uns
passaient en volant au-dessus des galères, et d'autres
y tombaient (1). Cette mer est très-dangereuse, et ce
qu'on y appelle les *bancs de Flandre* a reçu ce nom
parce que le fond de la mer est là comme une suite de
fossés. La mer les fait et défait, les creusant tantôt d'un
côté, tantôt d'un autre. Quand on jette la sonde dans un
endroit, on y trouve quatre ou cinq brasses, et dans
d'autres [tout proche], cent ou davantage. A cause de
cela, bien des vaisseaux y échouent et souvent y périssent. Les galères passèrent devant la tour de la Mira (2),
qui est à l'entrée de la Flandre, et se dirigèrent sur la
côte *Devers-le-Nord*, espérant surprendre une ville que
l'on nomme Oriola (3). Quand elles eurent reconnu cette
ville, elles restèrent en mer jusqu'à ce que vint la nuit,

(1) Le premier livre des *Histoires prodigieuses,* composé par Boaistuau, contient (ch. XVIII) des détails fort merveilleux sur les poissons volants. Valmont de Bomare parle ainsi de l'*hirondelle de mer* ou *rondole,* l'animal amphibie dont il s'agit dans ce chapitre : « On lui a donné le nom d'hirondelle, parce qu'il ressemble à l'oiseau qui porte ce nom. Ce poisson est carré, rond et blanc sous le ventre ; son dos est entre noir et rouge. Les nageoires des ouïes sont si longues, qu'elles touchent presque à la queue ; il s'en sert pour voler. Il a encore au dos deux autres ailes, semblables aux précédentes ; sa queue est faite comme celle des hirondelles. Ce poisson vole hors de l'eau, pour n'être pas la proie de plus gros poissons ; ses nageoires, qui sont longues et larges, font du bruit en volant. » (*Dictionnaire d'histoire naturelle,* t. III, p. 15.)

(2) *La torre de la Mira.* — On verra plus bas qu'il s'agit d'une tour de vigie, près de l'Écluse.

(3) *Oreolem,* sur la carte catalane du XIVᵉ siècle. — Orwell, au confluent des rivières Orwell (ou Sipping), et Stour, dans le comté de Suffolk, entre Harwich et Langerston. (Voyez CAMDEN, *Britannia,* p. 334.)

pour que de terre on ne les aperçût point. La nuit venue, on tint conseil à bord de la galère du capitaine.

La ville avait un pont qui la rattachait à l'autre bord [du fleuve], et par lequel pouvaient arriver des secours; car il y avait de l'autre côté du pont un grand nombre de villes bien en état de la secourir (1). Le capitaine demanda dans le conseil la garde de ce pont, parce qu'il devait y avoir grand travail à le défendre; et aussi convenait-il qu'il en fût chargé, car dans cette défense gisait tout le succès de l'affaire et la prise de la ville. Quelques-uns dirent même que Pero Niño voulait se faire armer chevalier en ce jour et en cette place, parce qu'il voyait que ce serait une journée de grand travail et péril.

On décida aussi qu'au point du jour, tous descendraient à terre pour marcher sur la ville; et cette nuit, chacun s'occupa de se pourvoir de toutes les choses dont il aurait besoin pour le lendemain.

Pendant toute la nuit le vent souffla du sud; et à l'aube il était si violent que les galères se trouvèrent en grand danger, parce qu'il venait du large et qu'il n'y avait pas d'abri contre lui. Il ne cessa d'augmenter tellement que les galères furent forcées de s'éloigner de la terre et de regagner la haute mer. C'est ainsi que l'on fut empêché d'aborder à Oriola.

Les galères se mirent à orze (2) et cinglèrent tout le jour. Le vent était si furieux que les galères se virent au moment [de ne pouvoir lutter], et alors elles couraient la chance de ne prendre terre qu'en Prusse ou en Écosse; elles auraient alors eu pour le moins à faire quatre ou

---

(1) Notamment Harwich, Maningtree, Ipswich.
(2) Firent voile au plus près du vent, dans la direction du sud.

cinq cents lieues (*sic*). Cependant, au prix de grands efforts, car le vent les emportait, et avec la grâce de Dieu, elles parvinrent à gagner la tour de la Mira (1), et entrèrent dans le port de Flandre. A ce port, il y a une ville qu'on appelle l'Écluse. Le capitaine fut là très-bien reçu, et les gens du pays eurent grande joie de le voir, d'autant que dans ce moment couraient nouvelles que la flotte d'Angleterre voulait s'y montrer. De là le capitaine visita la ville de Bruges, qui en est à six lieues (2). Il y avait à Bruges beaucoup de marchands de Castille qui lui rendirent beaucoup d'honneurs et de services.

Le capitaine y acheta des draps, des armes, des joyaux, et revint à l'Écluse. Sur ces entrefaites arrivèrent quatre nefs de Portugal, et mescire Charles demanda au capitaine de l'aider à s'en emparer; ce qui se pouvait bonnement faire, parce que les Portugais étaient ennemis de la France et portaient secours aux Anglais. Mais les Portugais se recommandèrent au capitaine, implorant sa grâce pour qu'il les protégeât contre messire Charles. Et le capitaine demanda à messire Charles que pour l'amour de lui il les laissât aller, car alors il y avait trêve entre la Castille et le Portugal; et messire Charles les laissa cette fois partir, mais bien contre son désir.

(1) Le texte dit : *la torre de Lamua*. Llaguno a laissé le nom en blanc. Nous supposons qu'il s'agit, comme précédemment, d'une tour de vigie qui devait se trouver en avant du port de l'Écluse, à l'embouchure de la rivière.

(2) Bruges n'est qu'à trois lieues de l'Écluse.

CHAPITRE XLIX.

Comment les galères partirent de Flandre, et comment elles rencontrèrent Harry Pay, un grand corsaire anglais.

Le capitaine et messire Charles partirent de l'Écluse, et retournèrent dans le canal de Flandre. Ils passèrent devant Calais, une ville du domaine d'Angleterre, qui est dans le pays flamand. Calais est une ville située sur un terrain plat; et quand la mer croît, elle arrive jusqu'à la ville et même l'entoure complètement. A mer basse, on y entre sans se mouiller. Elle est toute environnée par la terre de France. On disait qu'il y avait alors trente ans que les Anglais l'avaient volée à la France, qui la possédait (1). Elle avait une très-forte enceinte, bien garnie de bonnes tours, avec un fossé plein d'eau que l'on passe sur un pont-levis. Le capitaine voulait aller jusqu'à la ville et y enlever quelques vaisseaux; [il l'eût fait] si ce n'avait été l'heure du reflux. On tirait sur lui de la ville avec de très-fortes bombardes qui portaient très-loin dans la mer. Cette nuit, les galères gagnèrent un port que l'on appelle *Nuleta* (2), en France. Là était une garnison

---

(1) Calais avait été conquise par Édouard III, en 1347; il y avait alors cinquante-neuf ans.

(2) Ll. : *Nuleta* (mss. : *Uqueta*) *en Francia*. Southey a vu, dans *Nuleta,* Nieulay. Il est impossible d'admettre cette supposition, Nieulay étant à la porte même de Calais, et faisant alors partie du domaine

d'hommes d'armes et d'archers, qui avaient pour capitaine un brave homme d'armes castillan nommé Ochoa Barva.

Le lendemain matin, les galères et les balleniers appareillèrent pour passer en Angleterre, et regardant au large, aperçurent une flotte de navires épars dans toutes les directions, car il faisait calme (1). Les galères et les balleniers reconnurent qu'elle était anglaise, et qu'il y avait là des hourques (2), de grosses nefs et des balleniers, tous armés en guerre. Le capitaine ordonna de hisser une bannière, comme c'est l'usage sur mer pour appeler au conseil; et il dit à messire Charles : « Les Anglais sont là, et la mer est calme; allons à eux. » Messire Charles répondit : « Monseigneur, il y a là beaucoup de navires, et parmi eux de gros vaisseaux; ils sont loin de terre, et si le vent s'élevait, ce qui ne peut tarder sur cette mer, nous nous trouverions avec eux en grand risque. » Le capitaine reprit : « A présent, la mer est calme, et il n'y a pas de vent; pendant que le calme dure et que nous en avons le temps, faisons ce que nous devons faire. Quand le vent viendra, alors comme alors (3). Bien vous savez quel mal

d'Angleterre. Nous proposerions bien de lire *Auletas* (prononcez *Abletas*), qui, pour Gamez, eût été la transcription assez naturelle d'Ambleteuse ; mais la suite du récit fait penser qu'il convient plutôt de chercher une localité au nord de Calais, puisque le combat, qui paraît avoir été livré peu après la sortie des galères, se donnait à la vue de Gravelines. Toutefois, avec la manière très-vague dont Gamez rend habituellement compte des intervalles de temps, de même que des distances, il n'y a pas à tirer de son récit, dans cette occasion, une induction rigoureuse. Entre Boulogne et Gravelines, les cartes n'inscrivent, près de la côte, aucun nom qui nous ait pu suggérer une autre hypothèse que celle d'Ambleteuse.

(1) *Una flota de mar en ronda, ca facie calma.*
(2) Gros navire de transport.
(3) *Faremos como estonces.*

vous avez reçu des Anglais, et combien de dommage ils causent chaque jour en Castille et en France. Si maintenant nous les laissons, jamais nous n'aurons telle occasion de les combattre. Et ce qu'il y aura de pis, si nous les laissons aller, c'est qu'ils verront que nous le faisons par frayeur, et dorénavant ils nous feront plus de mal encore, car ils iront avec moins de crainte. Si j'avais pu penser que nous dussions les laisser, jamais je ne fusse venu en France et n'eusse connu les Français. » Messire Charles dit, quand il vit la volonté du capitaine : « Faisons comme vous l'ordonnerez. »

Le capitaine donna les ordres à ses galères sur ce qu'elles avaient à faire; et animant son monde, il commanda de passer le vin sur la coursive (1); car, en de telles occasions, il est nécessaire et fait grand profit, parce que sur les galères on fait abstinence de vin, et quand on en boit, on en boit peu. Pris ainsi, le vin est bien profitable, et donne cœur et joie à qui le boit. C'est de ce vin-là que parle le prophète, quand il dit : « Le vin réjouit le cœur de l'homme, et le pain l'affermit. » Il ne le dit point pour ceux qui en boivent avec excès, et perdent le sens, et tombent en vileté et infamie. De ce dernier, le philosophe a dit : « Le vin est un démon séduisant, qui peu à peu, par sa saveur, subjugue l'homme. » Le capitaine commanda de faire armes sur couverte (2). Cependant, les Anglais ne restèrent pas oisifs. Ils hissèrent toutes leurs voiles, et mirent sur une ligne (3) leurs grands baleiniers; en arrière, deux grosses nefs et une coque al-

---

(1) Distribuer du vin aux rameurs.

(2) Nous avons déjà dit que cette expression revient à celle de « faire branle-bas de combat, » ou : « Tout le monde en armes sur le pont ! »

(3) *Una az.*

lemande, avec les petits balleniers au milieu; en troisième ligne, les bateaux renforcés par quelques balleniers à rames et à voiles; puis ils arborèrent en poupe leurs drapeaux (1).

Les balleniers sont longs et bas de bords. Ils laissaient apercevoir de belles troupes de gens d'armes, bien armés de lances, d'arcs et de flèches. Les galères et les balleniers du capitaine allèrent à eux et leur livrèrent un rude combat de flèches, dards, boulets et pierres. Le capitaine avait des vivetons garnis de goudron gras, avec lesquels il brûlait les voiles des Anglais. Bientôt il ordonna de se lancer à l'abordage; mais tous ne combattaient pas d'un même cœur. Alors il commanda de mettre le feu à une chaloupe pleine de goudron gras, et de l'envoyer au milieu des balleniers anglais pour les incendier; car ils étaient tous serrés les uns contre les autres. La galère du capitaine avançait, poussant devant elle cette chaloupe avec une antenne, et les Anglais la détournaient avec leurs lances. Pendant que le capitaine s'efforçait d'attacher le brûlot, et en même temps combattait rudement, le vent de la mer se leva par l'arrière des Anglais, dont les navires commençaient à pouvoir profiter de leurs voiles; mais tel était l'acharnement du combat, que sur la galère du capitaine on ne s'en apercevait pas, tandis que tous les autres le voyaient. Messire Charles abandonna la bataille, et laissa la proue de ses galères céder au

---

(1) Nous ne sommes point sûrs d'avoir bien saisi la pensée de notre auteur, qui décrit fort confusément cet ordre de combat. Voici le texte : *Ficieron una as á los balleneros mayores é pusieron á las espaldas dos naos grandes é una coca de Alemania; é los balleneros pequeños pusieron en medio. Esto facian con los bateles é aun avia algunos balleneros de remos é de vela.*

vent. On en avertit le capitaine, et on lui montra comment les grosses nefs anglaises qui étaient plus loin, ayant pris le vent, arrivaient sur lui, et qu'il ferait bien de quitter le combat et de manœuvrer pour se tirer de là. Le capitaine ne croyait pas ce qu'on lui disait; il pensait qu'on lui parlait ainsi pour ne pas combattre; et il dit : « Que celui qui a peur se mette à fuir; mais pour cette fois, ou ils nous emmèneront en Angleterre, ou nous les conduirons en France, et mourra qui Dieu voudra. » Les marins, voyant le péril si grand, et que toutes les autres galères ramaient à qui mieux mieux, firent dévier la galère sans que le capitaine le vît ni ne le sût. Quand il s'aperçut que la galère était hors de la portée des ennemis, il demanda pourquoi on avait fait cela, et comment on avait osé le faire. Les marins répondirent : « Seigneur, regardez comme toutes les galères vous ont abandonné, aussi bien les vôtres que celles de la France, et voyez comme les navires des Anglais ont bon vent, et comme ils viennent tous sur nous. » Le bon chevalier regarda, et dit : « Que la volonté de Dieu s'accomplisse; et puisqu'il en est ainsi, et que la chance est tournée, vous autres, faites ce que vous penserez qu'il est à faire maintenant. »

Tous les navires des Anglais arrivaient sur le capitaine, et ne s'occupaient d'aucune autre galère que de la sienne; ils ne pouvaient aller aux autres qui avaient pris le vent, et déjà les grosses nefs étaient bien près du capitaine, se préparant à l'attaquer. Je crois bien que ses autres galères, qui le voyaient en telle situation, devaient penser que le capitaine serait tué ou pris. Il était entre deux balleniers, combattant contre eux deux; et si les balleniers avaient osé, ils l'eussent retenu jusqu'à ce que fussent arrivés les autres navires plus forts. Pendant ce temps, les balleniers de France faisaient voile comme ils voulaient et où ils voulaient, car ils étaient bons marcheurs et très-fins voiliers ; et l'un d'eux qui tenait la tête, reconnaissant que la galère du capitaine courait de grands dangers, car elle était déjà entourée par les Anglais, et les deux balleniers se disposaient à lui barrer la route, eut recours à une brillante manœuvre. Il fit ralinguer sa voile (1), laissant le vent donner par l'avant de la vergue ; et il attendit les Anglais, si bien que le capitaine et les siens crurent qu'il avait cassé quelqu'un de ses agrès et qu'il ne pouvait plus avancer. Le capitaine ordonna d'aller à lui et de le secourir, car il était au milieu des navires anglais. Le ballenier fit alors un beau coup. Lorsqu'il vit que les Anglais se trouvaient sous le vent à lui (2), il orienta sa voile vent arrière, et passa entre eux très-rapidement, ne s'inquiétant pas plus d'eux tous qu'un léger coursier manœuvrant entre des chevaux grands et pesants. Et quoiqu'il fût de dimension ordinaire, il courut sur l'un des balleniers qui suivaient la galère du capitaine, le prit en travers près de la proue, brisa son beaupré, coupa son étai et le désempara entièrement. Je crois bien qu'il lui tua du monde dans cet abordage ; et il l'aurait aisément enlevé, n'eût été qu'il n'osa pas lui jeter les grappins, parce qu'il se trouvait au milieu des Anglais ; mais

(1) L'explication de ce terme marin est donnée assez bien par Gamez lui-même. Pour faire *ralinguer* ou *faseyer* les voiles, on brasse les vergues jusqu'à ce qu'elles soient à peu près dans la direction du vent, qui alors n'a plus de prise, et le navire ne marche plus.

(2) Mss. : *Fizo un fermoso loh ; quando vio que le cayen los navios de los Ingleses fuslone tomo el viento en popa.* Llaguno a laissé en blanc le mot *loh*, et a supprimé le reste de la phrase jusqu'à *tomo el viento*. Nous traduisons par aperçu les mots qu'il a supprimés.

il préféra se dégager lui-même, et il se mit en sûreté. Il exécuta cela de telle sorte, que pas un ballenier n'osa s'approcher isolément de lui, mais tous ensemble cherchèrent à l'arrêter, et il se tira du milieu d'eux en les écartant avec ses gaffes (1). Quant à la galère, elle eût été abordée par les balleniers anglais, si elle n'eût combattu tout en marchant, se défendant vigoureusement avec ses canons, et à coups de flèches et de dards.

Les galères étaient arrivées pendant ce temps près de la côte de France, et le vent se calma un peu. Alors le capitaine fut rallié par ses autres galères et ses balleniers; et quand il les eut réunis, il leur dit d'attendre là les Anglais et de les combattre. Mais ceux-ci n'osèrent pas venir à eux. Et le capitaine leur faisait faire des signes pour les provoquer à combattre. Je crois qu'ils ne vinrent point, parce qu'ils n'osèrent pas conduire leurs nefs et leurs hourques où étaient les galères, et aussi parce que le vent était faible sur la côte (2).

Ici l'auteur dit, se plaignant du vent et de la fortune : « O vent, ô fortune qui changes si légèrement, que ta marche est inconstante! En toi il n'y a ni stabilité, ni fermeté. Qui se confie en toi est bien vite précipité. Qu'est-ce que le vent, sinon la fortune (3)? qu'est-ce que la for-

---

(1) É aun el ballener salio bien esgarrochado de entre los otros.

(2) La flotte anglaise était, on l'a vu, composée de navires à voiles et à fort tirant d'eau. Elle ne voulait pas s'engager là où il y avait peu de fond et par le calme, deux circonstances qui donnaient tout avantage aux galères. Sur ce combat, voyez les notes à la fin du volume.

(3) Dans ce morceau que l'on a cité plusieurs fois, peut-être à tort, comme un bon spécimen du style de notre auteur, Gamez joue sur les deux acceptions que de son temps avait le mot fortune. Il l'avait déjà employé dans l'un des chapitres précédents comme équivalent de vent violent, et c'est dans ce sens que l'emploie aussi Froissart dans les pas-

tune, sinon la chance? *Fortuna dicitur à forte uná*, parce que le sort l'accorde à un [entre cent], et celui-là le doit à sa chance. Qui es-tu, vent si puissant? Tu occupes l'orient et l'occident, l'aquilon et le midi. Tu possèdes la terre et la mer; tu crées et tu détruis; tu enrichis et tu appauvris; tu fais des choses contre nature. Les grands arbres, nés sur les hautes montagnes, et le fer et les pierres pesantes, tu les fais courir sur l'eau; les hommes, enfants de la terre, tu les fais vivre sur les mers; celui qui est né en Prusse, tu le rends habitant de Chypre, et tu amènes l'Anglais en Éthiopie. Un homme demeure dans sa maison, et avec ce qu'il a gagné vit heureux et en repos. Pour le séduire, tu te montres son ami; tu le tires de son habitation avec tout son avoir; tu lui fais abandonner femme, et enfants, et patrie; et quand tu le tiens en pleine mer, tu le traites en ennemi. Tu soulèves les ondes aussi haut que les montagnes, et tu le mets au milieu d'elles. Maintenant tu l'emportes au ciel; après tu le rejettes dans les abîmes; tu lui fais palper (1) la mort mille fois dans une heure. Il se repent alors de t'avoir cru. Tu le mets en telle situation, qu'il renoncerait bien au gain pour garder seulement le capital, et même il n'estime plus rien tout ce qu'il porte avec lui; pour se sauver, il te donnerait tout, ne demandant que d'être déposé sain et sauf sur la terre. Tu le persécutes à tel point que tu le jettes dans le désespoir. Il dit alors qu'il préférerait

---

sages suivants : « La fortune était si grand' sur mer, que si le vent les y boutoit, ils seroient en péril d'être tous noyés... Par cette grand' fortune se dérompit la bataille sur mer... quand ce grand tourment et cette fortune eurent élevé et bouté en mer le dit Messire Louis... » (FROISSART, liv. I, part. 1, chap. CXCVI et suivants.)

(1) *Apalpar*.

mourir plûtôt que souffrir si long tourment; et il semble un moment que tu veux avoir pitié de lui. Tu étais au sud, tu tournes au nord, et tu lui montres bon visage; mais ensuite tu le fais courir en arrière, et son voyage est perdu. Si du moins tu le ramenais au pays d'où tu l'as tiré, ce serait supportable pour lui; mais tu le portes si loin, qu'il est vieux avant de rentrer dans sa patrie. Tu enrichis qui te plaît; tu appauvris qui tu veux; du misérable, tu fais un riche; du riche, un mendiant; d'autres fois tu augmentes la richesse du riche, et tu fais périr le pauvre. Tu noies les uns dans la mer, tu brises les autres contre les rochers. Celui qui échappe s'en va te reniant; il ne tient pas compte de ce qu'il a perdu, mais il fait état qu'il vient de naître en cet instant. Si tu conduis d'autres au port avec de grands profits, c'est avec ces filets que tu pêches ceux que tu veux prendre. Tu tires les trésors de la terre et les jettes aux flots; tu les enlèves aux hommes pour les donner aux poissons, qui ne savent ce que c'est; les choses précieuses, tu les lances dans des lieux où elles n'ont plus de valeur. O vent! ô fortune! qui est content de toi? Combien en as-tu tués? combien en as-tu ruinés? Il n'en est point à qui, pour un plaisir que tu lui as donné, tu n'aies fait supporter bien des douleurs. Combien sont frappés de ta lance! Combien tu fais de veuves! Combien tu fais d'orphelins! Combien de séparations tu causes! Combien d'amitiés tu brises! Combien de larmes, combien de soupirs viennent de toi! Combien d'amours, combien d'affections tu divises et tiens à distance! Quel est celui qui te rend grâce et qui se loue de toi? Que dirai-je de toi, vent, fortune? La terre qui nous nourrit, tu nous la gâtes, et tu nous brûles ses fleurs; tu nous enlèves ses fruits; tu nous amènes la grêle et les brouillards ; tu nous épouvantes avec les tonnerres, les éclairs et les comètes. Il est vrai que tu nous amènes les pluies ; mais tu commences par nous les faire désirer. Le soleil qui nous réchauffe, tu nous le refroidis avec les neiges et les gelées ; la lune et les étoiles qui nous réjouissent, tu nous les obscurcis. Tu balaies la terre comme la mer, et tu la fais trembler. O fortune ! ô vent ! tu déchires les toiles les mieux tissues ; tu brises et abats les plus grands mâts et les antennes ; tu submerges les grandes caraques, les coques et les hourques. Les vaisseaux (1) que les hommes puissants ont fabriqués, et que les hommes intelligents ont mis longtemps à construire à grands frais, tu les démolis en un instant, et tu les fais disparaître dans la mer. Que de braves gens tu as tués ou rendus misérables ! Apaise-toi, et cesse de nous tourmenter, vent, fortune ! Cesse de nous tourmenter, et reste satisfait. Laisse-nous vivre en assurance que tu ne dévasteras pas nos moissons, que tu ne tueras plus nos troupeaux, que tu ne détruiras plus nos fruits, et que tu n'emporteras plus tous nos plaisirs. Alors nous parcourrons les mers en paix, et nous ferons nos profits ; et nos amis prendront leur plaisir avec nous, et nous avec eux. »

(1) *Las obras*, les œuvres ; mais on voit, par le sens, qu'il s'agit de vaisseaux.

CHAPITRE L.

Comment la Raison répondit pour Vent et Fortune.

Ainsi, comme vous l'avez ouï, raisonnait l'auteur avec Vent et Fortune; mais Raison lui répondit pour Vent et Fortune, et dit : « O homme! qui te plains tant et qui élèves tant de griefs contre moi, puisque tu es homme et animal raisonnable, écoute et entends ce que je te dirai. Il est vrai que Dieu me créa, comme tu l'as avancé, pour gouverner le monde et amener les tempêtes; mais comprends d'abord et sache qu'il fit et disposa les quatre éléments, qui sont le feu, l'eau, l'air et la terre, afin qu'ils agissent et travaillassent dans le monde par leur vertu et sous l'influence des corps célestes, suivant la marche et la conjonction des signes et planètes. Je parlerai simplement, pour que tu me comprennes encore mieux. Le feu est chaud et sec, l'air chaud et humide, l'eau humide et froide, la terre froide et sèche. Chacun de ces éléments reçoit quelque chose de celui dont il est le plus voisin; mais chacun a sa place délimitée où gît sa substance (1), et ne dépasse pas le lieu que lui a, dès le commencement, assigné le puissant Créateur. Moi, je proviens de deux lieux et de deux lignages : de l'humidité de l'eau d'abord, et ensuite de la froideur de la terre; et cela pour que j'amène

---

(1) *Su lugar limitado en que está su substancia.*

les tempêtes sur mer et sur terre, que je tempère les éléments et mêle les uns aux autres. Le feu, qui est chaud et sec, si je ne le tempérais, brûlerait le monde. Si je n'agitais et faisais courir l'air, qui est chaud et humide, tout esprit vital périrait dans l'univers. L'eau, si je ne la remuais et ne la volatilisais point (1), ne pourrait engendrer et ne donnerait pas de pluie. La terre, qui est froide et sèche, si je ne la faisais ainsi arroser, si je ne l'augmentais des autres éléments, ne serait pas féconde, et tout fruit cesserait. Je suis né dans la mer et je suis son fils; c'est là que j'ai commencé à remplir mon office. Quand je veux en sortir, elle se courrouce. Là, j'ai grand pouvoir, suivant ma nature violente; forts, grands et effroyables sont mes mystères; de puissantes et effrayantes forces me sont données. J'ai un autre lieu où je suis formé, dans les cavernes, dans les antres et les concavités, dans les grands canaux par où coulent dans la terre les grandes eaux. Là je suis engendré, et quand la terre est grosse de moi, telle est ma force, que je la fais trembler, parce que je ne puis sortir d'elle. N'as-tu jamais lu l'endroit où l'Écriture dit : « Voilà, il tire les vents de ses trésors et prépare la pluie à la terre. » Je suis celui qui sort des trésors et des secrets du Très-Haut, et je produis la pluie du matin et du soir. Tu sais bien aussi comment Dieu créa l'homme et le mit sur la terre; comment il créa les oiseaux et les poissons; comment il donna l'eau pour demeure aux poissons; comment il ordonna aux oiseaux de voler dans l'air. Puisque l'homme a la terre pour séjour, sur la terre il peut trouver sa vie (2).

(1) *E la non elementase.*
(2) Ll. : *su vilo;* mss. : *su obtlo.*

Qui lui a permis de fabriquer des navires et faire des inventions contre nature (1) pour aller sur la mer, sans laquelle il pourrait bien vivre? Il faut que chaque élément fasse son office, et accomplisse le mystère pour lequel Dieu l'a formé. Si l'homme périt sur l'eau, la faute en est à lui. Aller sur la mer est pour l'homme chose contre nature; et puisqu'il recherche des choses contre nature, il est juste qu'il périsse cruellement. Sur ce que tu dis que je gâte la terre et lui enlève ses fruits, remarque que tous les climats ne sont pas d'une même espèce, que chacun a sa nature; pour cela [je suis chargé de transporter] la chaleur et la sécheresse, afin qu'elles tempèrent le froid et l'humidité. Dieu sait ce qu'il fait, et toi tu ne sais pas ce que tu penses. Sois content de ce que Dieu fait, et repose-toi en paix. »

Ainsi en arriva-t-il avec Vent et Fortune au capitaine, qui se plaignait beaucoup d'eux, parce qu'il eût pris toute cette flotte des Anglais, si le vent avait tardé d'une heure à s'élever. Le roi d'Angleterre l'avait armée; et il envoyait sur elle une de ses filles qui allait épouser le duc de Hollande, et avec elle étaient beaucoup de grands seigneurs, de grandes dames, de femmes et damoiselles, et de grandes richesses. Le capitaine avait donc bien de quoi se plaindre (2).

(1) *Fabricar argumentos contra natura.*
(2) Philippe, fille du roi Henri IV, fiancée au roi de Danemarck, s'embarqua, dans le courant du mois de septembre de l'année 1406, à Lynn, pour aller rejoindre son royal époux. L'histoire ne fait aucune mention de la rencontre qu'aurait eue, avec des galères ennemies, la flottille qui la transportait. — Voyez, à la fin du volume, la note sur la seconde croisière de Pero Niño.

CHAPITRE LI.

Comment les galères entrèrent au Crotoy (1) et y restèrent bien des jours, ne pouvant avoir temps favorable pour sortir du port.

Après cette aventure, les galères vinrent devant une ville de France qu'on appelle Gravelines (2). Il y avait là en garnison des Castillans aux gages du roi de France. De la terre, ils avaient vu le combat et ce qui s'était passé avec les Anglais. Ils vinrent faire révérence au capitaine, lui disant qu'ils auraient bien voulu s'être trouvés avec lui pour le seconder. Les galères et les balleniers partirent de là, et, longeant la côte de Picardie, entrèrent dans le port du Crotoy. Le capitaine et messire Charles y rafraîchirent leur monde, firent provision d'eau, de biscuit, et des autres choses dont ils avaient besoin, puis résolurent de passer en Angleterre. Mais le temps et la fortune voulurent qu'ils restèrent un mois dans ce port, sans jamais pouvoir le quitter. Toutes les fois qu'ils essayaient de gagner la mer, ils trouvaient le temps contraire et le vent qui entrait violemment par le milieu du port. Les gens des galères y consommèrent ce qui leur restait de ressources, car il y avait déjà deux années qu'ils avaient quitté la Castille ; mais ce pays eut grand profit de leur présence, parce que tant que le capitaine fut là, jamais ne parurent

(1) Mss. : *à Baudeconte* ; Ll. : *en Crotey*.
(2) *Grevelingas*.

les vaisseaux anglais qui avaient accoutumé de venir tous les ans faire le dégât.

Messire Charles étant épuisé d'argent et ne pouvant plus payer ses gens, tous s'en allaient, de façon qu'il lui fut impossible de partir avec le capitaine. Un jour que le vent se calma, celui-ci prit congé des chevaliers du pays et de messire Charles. Le bon chevalier était fort marri de ne le pouvoir suivre, et Pero Niño de ne le pouvoir aider dans un tel besoin (1). Il sortit du port avec les balleniers qui étaient venus de France avec lui, et passa devant la Fosse-à-Cayeux, faisant route vers la Normandie. Un matin, à l'aube, parurent sur le cap de Caux six balleniers bien armés, ayant bon vent dans leurs voiles. Ils sortaient d'Harfleur quand les galères les virent. Elles serrèrent la terre, croyant que c'étaient des bâtiments anglais, et espérant que, le vent se calmant, elles pourraient les atteindre. Le capitaine, malgré l'avis de ses marins, ordonna de s'approcher d'eux pour reconnaître quels gens c'étaient. Eux, apercevant les galères, amenèrent leurs voiles, hissèrent le pennon de France, et firent le salut, ce qui montra qu'ils étaient français. Le capitaine leur rendit le salut ; alors ils s'approchèrent, firent révérence au capitaine, et s'entretinrent avec lui. Tous étaient de ses amis ou connaissances. Ils lui dirent qu'ils allaient à l'aventure, cherchant des navires anglais, et que si leur compagnie lui plaisait, il n'avait qu'à montrer le chemin, tous le suivraient. Pero Niño eut grande joie de cette rencontre ; et il fut décidé entre eux de se porter sur la côte de Bretagne, pour voir si l'on y trouverait des Anglais. Un jour, à l'aube, parurent sur les côtes de Bre-

---

(1) Savoisy reparut à la cour dès le mois de septembre de l'année 1406.

tagne jusqu'à cent vingt voiles. Les galères coururent vers elles, croyant avoir affaire à des Anglais [et les atteindre aisément]; car la mer était calme, et ces navires avaient peu de vent dans les voiles. Mais il se trouva que c'étaient des Français qui allaient charger du sel dans un port de Bretagne, qu'on appelle le port de Batz (1). Le capitaine tint conseil avec les patrons, et avec Guillaume et Jacques Bouxières (2), qui étaient les maîtres des balleniers, leur proposant de passer en Angleterre; mais les Normands lui dirent : « Monseigneur, il y a, ici près, une île anglaise fort riche, qu'on nomme Jersey-la-Grande; et si vous pouvez avoir du monde en suffisance pour y descendre et combattre contre quatre ou cinq mille hommes qui l'habitent, ce vous serait grand honneur de les vaincre; et de plus, vous pourriez en tirer de bonnes rançons. » Ils dirent encore : « Vous avez aujourd'hui grand renom de bon chevalier et de bon guerrier. Ici près est la Bretagne. Abordez à la côte, et envoyez vos lettres aux seigneurs du pays qui sont dans les environs, et priez-les qu'ils vous viennent voir; tous arriveront à votre demande, et vous vous entretiendrez avec eux. En attendant, faites rester ici ces navires, qui allaient chercher du sel. » Sur cet avis, le capitaine pria les gens des navires de s'arrêter, pour choses qui importaient au service de leur seigneur le roi de France, et de l'accompagner à l'île de Jersey (3),

---

(1) Ll. : *La Bachia;* mss. : *La Bahia,* grandes salines près de Guérande.

(2) Ll. : *Buxieres;* mss. : *Libuxieres.*

(3) Mss. : *Jarrasuy.* Les chroniques de Jersey ne mentionnent, sous le règne de Henri IV, qu'une descente faite à Jersey, en 1404, par l'amiral de Bretagne, Jean de Penhoët. (Voyez *Cæsarea. The Island of Jersey,* London, 1840, in-12, p. 17.) — Le *Religieux de Saint-Denis*

où ils auraient leur part de l'honneur et aussi du profit qu'on y trouverait. Ils répondirent qu'ils feraient à sa demande et prière ce qu'ils n'auraient fait pour aucun chevalier de France qui le leur commandât. Alors arrivèrent sur la côte, là où avait mouillé le capitaine, des quantités de gens, parmi lesquels étaient de bons chevaliers, des hommes d'armes et des archers. Le capitaine leur dit : « Seigneurs chevaliers et gentilhommes, bien vous savez que je suis envoyé par mon seigneur, le roi de Castille, en aide à la couronne de France, et pour faire la guerre contre les Anglais ; et pareillement, comment l'an dernier j'ai passé en Angleterre ; et comment il a plu à Dieu de nous donner, à moi et aux miens, victoire sur les Anglais, en quelques lieux où nous sommes allés les combattre, et où ils furent défaits et eurent toujours du pire. J'ai couru toute la côte de Cornouaille et une partie de celle de *Devers-le-Nord*. A présent, je vois que ces gens-là sont tous en éveil et assemblés pour garder leur pays. Il faudrait avoir une grande flotte, et beaucoup de monde pour y faire une descente et y prendre pied. Les nefs que, vous le savez bien tous, le roi envoya de Castille par delà, ne me veulent pas aider ; et moi je n'ai que ces trois galères, et ces nobles hommes de Normandie, à qui il plaît de me seconder, et qui viennent en ma compagnie pour servir le roi de France. Chevaliers et gentilshommes qui êtes ici, réunissons-nous, vous et moi, je vous prie ; et nous passerons dans l'île de Jersey, et nous pourrons avoir avec les chevaliers et les gens qui sont dans cette île une bonne

---

(l. XXIV, ch. XII) parle de cette descente comme ayant eu lieu en 1403. De celle de Pero Niño, il n'a pas été conservé de souvenir ; c'est un chapitre à ajouter à l'histoire des îles normandes.

journée. » Il y avait là, parmi les Bretons, Hector de Pontbriant et le seigneur de Tournemine (1); et les Bretons répondirent : « Monseigneur capitaine, vous êtes le très-bien venu en ce pays ; car nous tous, chevaliers de cette contrée, nous désirions vous voir, ayant entendu rapporter de vous très-bonnes nouvelles, et comme quoi vous êtes un bon et hardi chevalier. Nous vous rendons bien des grâces pour avoir pris sur vous la charge d'une telle entreprise, pour laquelle nous vous donnerons aide et serons avec vous de très-bon gré ; et vous nous commanderez, et nous vous obéirons comme si vous étiez notre seigneur naturel, en cette affaire et en toute autre que vous voudrez commencer ; car nous pensons qu'avec votre

---

(1) *Ector de Prenprianes é el señor de Tornamira.* — Il serait difficile de déterminer lequel des membres de la maison de Tournemine répondit à l'invitation de Pero Niño ; à cette époque, il y avait dans cette maison des chevaliers qui firent beaucoup parler d'eux. (Voyez *Histoire généalogique de plusieurs illustres maisons de Bretagne,* par le frère Augustin du Paz.) Quoique Gamez ait écrit *Tornamira,* nous ne supposons pas qu'il s'agisse d'une personne appartenant à la maison de Tournemire, laquelle n'est point bretonne. Sur les Tournemire, on trouve des renseignements dans l'*Indicateur nobiliaire* de d'Hozier, et dans la *Notice sur les croisades* de M. le comte de Blancmesnil (p. 457). Hector de Pontbriant, sur lequel on peut consulter D. Morice (*Histoire de Bretagne,* t. II, *passim*), était, ainsi que nous l'avons déjà dit, allé avec Charles de Savoisy en Angleterre, « pour y faire armes : » *Ad certa facta armorum infrà regnum nostrum facienda,* dit la lettre de protection qui lui fut donnée par le roi Henri IV. Il est nommé, dans cette pièce, *Ector de Pontbirant, armiger,* et Savoisy, *Karolus Sauvisy, chivaler.* La lettre est datée du 17 avril (1400). Le 6 juillet de la même année, Lancastre, roi d'armes, recevait du roi l'ordre d'accompagner à son retour Savoisy et « les chevaliers ou écuyers » de sa suite. (Voyez ces deux intéressantes pièces à leurs dates, dans la collection de Rymer.) — Hector de Pontbriant était, en 1406, « écuyer d'escuyrie » du duc d'Orléans, et devait connaître Pero Niño.

courage et bonne chance, nous serons vainqueurs et gagnerons honneur et renom partout où nous serons avec vous. » Le capitaine répondit : « Seigneurs, le courage et la vaillance seront de votre côté; et moi, avec l'aide de Dieu et de notre dame sainte Marie, je ferai ce que je pourrai, et j'ai confiance en Dieu que la victoire et l'honneur seront pour nous. » Le capitaine ajouta : « J'aurais voulu passer en Angleterre, mais il est trop tard, parce que voici déjà l'hiver; et eussions-nous des vaisseaux armés en conséquence, il se pourrait que le temps nous manquât. Mais vous connaissez la grande île de Jersey, et savez qu'elle n'est qu'à sept lieues de mer d'ici; nous pouvons y être promptement, et combattre ensemble contre quatre ou cinq mille hommes en état de prendre les armes qui s'y trouvent, si vous êtes d'accord d'aller dans cette île. » Tous répondirent que ce serait bien, et furent incontinent se disposer. En deux jours, ils se mirent tous en mer bien préparés. Ils partirent à rames et à voiles. Le temps était bon, et ils arrivèrent à l'île; et les gens du pays, quand ils virent la flotte au port, se rassemblèrent en hâte et vinrent en grand nombre sur le rivage. Ce soir-là même, quarante ou cinquante hommes de peu de cervelle, sans ordre du capitaine, descendirent à terre pour y ramasser des coquillages, et commencèrent à escarmoucher avec les habitants de l'île; et en escarmouchant ainsi, ceux des navires s'enfuirent vers la mer, les Anglais derrière eux. Ils furent tout de suite secourus et recueillis par les navires. Cela donna aux Anglais grand orgueil et une confiance qui les mit à mal le jour suivant, comme vous le verrez plus avant. Dans la soirée, le capitaine fit réunir les chevaliers et les autres gens; et les malmenant tous de paroles, il leur dit que par le désordre qu'il y avait parmi eux, il leur arrivait souvent d'être vaincus et déconfits; qu'il les priait de se corriger à l'avenir, et que chacun d'eux devait pour soi et les siens mettre tel ordre à son affaire qu'il n'advînt ni mal ni dommage; sinon il serait forcé de faire un exemple et de prononcer des châtiments. Et aussitôt, il fit faire le cri que nul ne fût assez osé pour aller à terre ni descendre dans les canots sans son ordre, ni quitter la flotte sous peine de mort; de plus, que personne ne commençât un combat quelconque ou ne s'éloignât de la troupe, tant que ne sonneraient pas les trompettes et que ne marcherait pas la bannière du capitaine.

Près de la grande île de Jersey, il y en a une autre petite dans laquelle est un ermitage de Sainte-Marie (1), et le capitaine ordonna que tous les gens de la flotte s'amassassent pour la bataille et descendissent dans cette île. Quand la mer est haute, l'eau sépare cette petite île de la première, et l'on ne peut passer de l'une à l'autre qu'en barque; mais à la mer basse, ou passe à pied sec. C'est un lieu très-sûr pour mettre la planche à terre et en faire un réduit où peu de gens se défendent aisément contre beaucoup.

Le capitaine Pero Niño, les autres chevaliers et tout le reste des combattants y descendirent pendant la nuit, et

---

(1) L'île de Jersey n'offre que dans sa partie méridionale des points favorables à un débarquement. Mais dans la partie méridionale, on trouve un grand nombre d'écueils, dont plusieurs, voisins de la grande terre, pourraient répondre aux indications données par Gamez. L'un d'eux se nomme l'Ermitage; il touche presque l'îlot où est bâti le château de Sainte-Élisabeth, et se rattache par un bas-fond à la *Pointe-des-Pas*, qui n'est qu'à cinq ou six cents mètres de là. Nous y verrions le réduit choisi par Pero Niño, si plus loin il n'était pas dit qu'il se trouvait à deux lieues de la ville principale, c'est-à-dire Saint-Hélier, dont l'Ermitage n'est qu'à deux kilomètres au plus.

les chevaliers dirent à Pero Niño qu'il ordonnât comme il le voudrait la bataille et disposât tout comme il le jugerait nécessaire pour le lendemain, et que tous seraient sous sa règle et à son commandement. Et le capitaine dit : « Seigneurs, vous êtes ici de bons chevaliers, experts en armes. Vous avez été dans d'autres grands faits de guerre : ordonnez vous-mêmes selon que vous entendrez qu'il convient. » Mais ils insistèrent pour qu'il en prît la charge. Le capitaine dit que c'était bien grosse chose pour un seul homme, surtout étant à pied, mais qu'il le ferait de bonne volonté. Alors le capitaine leur expliqua ce qu'ils avaient à faire, et comment il fallait s'y prendre. Il désigna ceux qui resteraient dans les navires, et ordonna la manière dont seraient disposées les *batailles*, et la pavesade, et les arbalétriers, et les archers ; il dit aussi comment, s'ils remportaient la victoire, ils devraient avancer avec précaution, pour le cas où il y aurait des embuscades, et toutes les autres choses qui sont à prévoir en pareilles occasions.

Après que tout fût ainsi entendu, le capitaine commanda d'éloigner de la terre et de conduire en pleine mer toutes les galères et tous les navires, afin que les siens n'eussent pas l'idée qu'ils pourraient se sauver par la fuite, si quelque accident survenait. Il fit seulement tenir près de la terre trois barques à lui, dans lesquelles étaient de bons arbalétriers, avec l'ordre, si quelques hommes des vaisseaux français et castillans venaient s'enfuyant vers la mer, de tirer sur eux et de les tuer. Ensuite il dit d'employer le reste de la nuit à souper et à dormir un peu, de façon que deux heures avant le jour tout le monde fût armé et prêt pour la bataille, et il mit une garde pour surveiller le passage de la petite île à la grande, de crainte que les Anglais ne s'en emparassent quand la mer baisserait.

Le lendemain, au point du jour, tout le monde se trouva debout et prêt. La mer était basse. Les trompettes sonnèrent et l'on passa dans la grande île; Pero Niño rangea les hommes d'armes d'après ce qui avait été décidé ; il plaça chacun à l'endroit où il devait être, mit sa bannière au milieu d'eux tous et leur dit : « Tenez-vous dans l'ordre où je vous mets, tandis que je vais ranger le reste de mes gens. Donnez-moi tous les archers et les pillards (1), et je les conduirai à l'endroit où ils pourront le mieux combattre et être le plus à couvert ; et quand je les aurai placés comme ils doivent l'être, je reviendrai vers vous. Pendant ce temps, restez tranquilles, et que nul ne bouge du poste où je le laisse. » Les Bretons lui dirent qu'au nom de Dieu, il fît ce qu'il croirait le meilleur. Le capitaine rassembla tous ses archers et arbalétriers et ses hommes ; il fit deux pavesades, chacune de soixante pavois, divisées en deux parties, en guise d'ailes, et il mit derrière les archers et arbalétriers. Il leur donna une bannière à ses armes que portait un brave homme d'armes des siens ; il plaça avec eux les pillards et ceux qui étaient mal armés, et les encourageant, il leur dit : «A présent, mes amis, vous voyez que vous êtes au pays de vos ennemis. Regardez, les voilà disposés en bataille, bien armés et prêts à venir sur nous, de même que nous le sommes à marcher sur eux. Ils sont bien du monde, mais ils ne sont ni aussi

---

(1) *Pillaries.* — On trouve quelquefois désignés, dans nos vieilles chroniques, sous ce nom de *pillards*, qui leur convenait bien, les goujats, gens de service à la suite des armées. C'étaient des non-combattants, armés comme ils le pouvaient ; mais Pero Niño, dans cette hardie entreprise, ne pouvait épargner un seul homme.

forts, ni aussi braves que vous. Regardez la mer, vous l'avez derrière vous ; et comme il n'y a plus personne sur les vaisseaux, ne vous reposez pas sur eux. Voyez comme vous êtes entre deux ennemis : la mer et la terre. Combattez fortement, ne vous laissez pas vaincre, soyez tous fermes et d'un seul cœur ; vous ne pourriez vous échapper par la fuite, et vous péririez tous dans la mer. D'ailleurs, si vous vous rendiez prisonniers, vous savez comment les Anglais traitent les Castillans, et comme ils sont des ennemis sans pitié. Si vous êtes fermes et si vous vous battez bien, vous aurez de l'honneur et un grand butin. Regardez : que ce pays est riche et beau ! Tout ce que vous voyez sera pour vous ; il faut seulement se bien battre. Préparez-vous, et faites en gens de cœur. Faites bien attention ! que personne ne quitte la place où je l'ai mis ; ne bougez pas jusqu'à ce que les ennemis viennent à vous, et appelez tous saint Jacques, qui est notre patron d'Espagne et qui nous aidera. »

Le capitaine s'éloigna d'eux et les laissa trente ou quarante pas en avant, et s'en revint vers les gens d'armes. Les chevaliers formaient une *bataille* bien rangée dans l'ordre où les avait laissés le capitaine, leurs étendards (1) serrés contre la bannière du capitaine, et sous la bannière autant d'hommes qu'il en pouvait tenir. Il y avait là des Normands comme des Bretons, et il pouvait y avoir dans cette *bataille* (2) du capitaine jusqu'à mille hommes d'armes, Castillans, Bretons et Normands. Vous pouvez

---

(1). *Estandartes.*

(2) On voit bien distinctement ici le rôle de la *bataille* qui se tient au centre, en rangs serrés, et celui des arbalétriers, ainsi que des hommes armés à la légère, qui combattent sur les ailes ou en avant du front, en tirailleurs, derrière les porte-pavois. Voyez page 20.

vous imaginer quelle besogne c'était pour un seul chevalier que de ranger et diriger tant de gens. Il était armé de toutes pièces, excepté de la tête; et il n'y eut là ni un homme d'armes, ni un pion (1) qu'il n'ait touché de sa main [pour le ranger], leur adressant la parole à tous deux ou trois fois, et leur disant ce qu'ils avaient à faire.

Les Anglais avaient leurs gens en *batailles* bien ordonnées; ils pouvaient être trois mille hommes de pied, et jusqu'à deux cents à cheval. Ces derniers s'avançaient le long du rivage sous la conduite d'un chevalier d'Angleterre, espérant tourner les nôtres; mais le capitaine y pourvut en leur faisant faire face par quelque monde, et ils furent si bien reçus qu'il leur fallut se retirer. Les autres se mirent ensuite en mouvement, et quand il se furent approchés, Pero Niño fit sonner les trompettes; alors nos *batailles* s'avancèrent un peu, marchant au petit pas, puis il leur ordonna de s'arrêter. Dans ce moment, les Anglais se portèrent contre les nôtres de grande roideur, et attaquèrent vivement à pied et à cheval. Ils chargèrent tous ensemble, à l'exception d'une grosse *bataille* où il y avait bien mille hommes d'armes qui avaient mis pied à terre et venaient par derrière bien en rang. Ceux qui allaient devant étaient au contraire en grand

---

(1) *Cavallero nin peon*. Nous avons déjà dit (p. 119) que le *péon* était un fantassin de l'arrière-ban, fourni par les communes rurales. Ce nom, que nous a conservé le jeu d'échecs, était plus usité en Espagne qu'en France, où l'on disait ordinairement *palaud*, *bidau*. Piéton et fantassin en donneraient une fausse idée, les arbalétriers et d'autres gens de pied exercés au métier de la guerre n'étant point comptés parmi les *peones*. Gamez l'emploie dans cette occasion, par opposition à *cavallero*, pour désigner le ramassis de gens à peine armés dont Pero Niño avait cherché à tirer parti. Les *cavalleros*, comme les *peones*, étaient ici tous à pied.

désordre, et ils vinrent avec grand orgueil donner durement contre les pavesades. Les Castillans les accueillirent très-bien à coups de pierres, de dards, de lances, de traits, de flèches, tellement que, de cette première rencontre, il tomba du côté des Anglais beaucoup de blessés et de tués. Les Anglais s'opiniâtrèrent à enlever la position; mais les Castillans la défendaient avec fermeté et combattaient si vigoureusement qu'à chaque instant l'affaire était plus mauvaise pour les Anglais, tant qu'à la fin, bien malgré eux, ils montrèrent leurs épaules. Alors s'avancèrent les hommes d'armes anglais; et comme ceux des pavesades et les arbalétriers s'étaient déjà éparpillés à la poursuite des autres qui fuyaient, ces hommes d'armes passèrent par le milieu et arrivèrent jusqu'à la *bataille* du capitaine, et le capitaine fit marcher à eux. Là se donnèrent de très-beaux coups de lance dont furent atteints plusieurs des deux côtés et même quelques-uns abattus. Laissant les lances, on mit la main aux haches et aux épées, et une très-rude mêlée s'engagea (1). Là on eût pu voir aux uns sauter le bassinet détaché de la cuirasse, et les brassards et les cuissards se déboucler (2), aux autres les épées et les haches tomber des mains; ceux-ci en venir à s'empoigner corps à corps ou recourir à la dague; ceux-là

---

(1) *Volviose un torneo muy grande.*

(2) *Saltar las corazas de los bacinetes è desguarnecerse brazales è musequies.* L'armure de tête et la cuirasse étaient reliées par la bavière qui couvrait le menton et se vissait au plastron. Le harnois des bras, des cuisses et des jambes, se fixait souvent au moyen de courroies et de boucles. (Voyez l'excellent traité du *Costume militaire des Français en 1446*, par René du BELLEVAL, Paris, Aubry, 1836, 4°, p. 21, 27 et 30.) Nous avons traduit *musequi* par *cuissards*, comme 'a fait Southey. Le *Dictionnaire* de Salvà dit que *musequi* peut signifier une espèce de courroie; mais ici le sens paraît assez clair.

choir à terre, d'autres se relever, et le sang couler en abondance par maint lieu. Le combat était si acharné, et la mêlée telle, que celui qui s'en tirait le mieux avait néanmoins assez de besogne. Si braves ils étaient de part et d'autre, et tant d'acharnement ils y mettaient, que sans une bonne invention de Pero Niño, en peu d'heures ils se fussent tous entre-tués, ou que bien peu fussent restés vivants. Pero Niño regarda et vit un pennon blanc à la croix de Saint-Georges qui se tenait toujours dressé, quoique beaucoup d'étendards eussent été abattus; il appela le bon chevalier Hector de Pontbriant et quelques-uns de ses hommes d'armes, ceux qu'il put reconnaître, et les Normands qui toujours l'entouraient, et il leur dit : « Amis, tant que ce pennon sera debout, jamais ces Anglais ne se laisseront vaincre; mettons toute notre entente à nous en emparer. » Alors le capitaine et Hector de Pontbriant, avec environ cinquante hommes d'armes, sortirent de la mêlée, et tournant de grande vitesse en dehors des *batailles*, ils arrivèrent à l'endroit où se tenait le pennon. Il y eut à combattre bien fortement contre ceux qui étaient là, car il s'y trouvait de très-bons chevaliers ; mais de première encontre, les nôtres tuèrent leur capitaine. On l'appelait le Receveur (1); et je le vis gisant à mes pieds. Il était mourant, et on ne pouvait l'emporter, tant les combattants étaient pressés. Là périrent avec lui d'autres Anglais, et le pennon fut abattu. Quand les Anglais virent qu'il en allait si mal pour eux, ils se mirent à fuir chacun du côté où il put. Tout cela, il peut le certifier, celui qui

---

(1) C'était le receveur des taxes et le principal officier du roi Henri IV, qui, l'année précédente, avait fait séquestrer, dans les îles de Jersey, Guernesey, Serke et Auriguy, les revenus du duc d'Yorck, leur seigneur. (RYMER, ann. 1407, 22 mars.)

tenait la bannière du capitaine (1), et ceux qui portèrent les autres étendards, puisqu'ils ne pouvaient combattre et n'avaient qu'à regarder et rester fermes à leurs postes. Les Anglais couraient, jetant bassinets, harnais, jaques, pour mieux fuir; et les Castillans et les Français étaient si fatigués et tant d'eux blessés, qu'ils ne pouvaient les poursuivre.

L'endroit où se livra cette bataille était une grande plage de sable qui durait une demi-lieue; elle était jonchée de jaques, d'armes et de boucliers, qu'avaient jetés ceux qui se sauvaient (2). Alors les rameurs, les pillards et les arbalétriers couraient éparpillés par le pays, volant et brûlant sans crainte. Avant le combat, le capitaine avait ordonné que, dans le cas où l'on remporterait la victoire et déconfirait les Anglais, la *bataille* des hommes d'armes se reformât tout de suite, de crainte qu'il n'y eût une embuscade, ou qu'il ne se présentât d'autre monde qui trouvât les nôtres en désordre. Pero Niño eut plus de peine à cette fois qu'il n'en avait eu au commencement pour établir les rangs; cependant, il fit tant qu'à la fin tous les hommes d'armes se réunirent ensemble. Et le capitaine ordonna à Gutierre Diez de Gamez, son alferez, de rester en place avec la bannière au milieu de sa *bataille*, pendant que lui-même et quelques chevaliers iraient ramasser ceux des leurs qui allaient en mauvais

---

(1) Gamez lui-même.
(2) *Lleno de junques è de armas è tablanchas como los dexavan los que iban fuyendo.* — *Junques* doit être une faute du copiste, pour *jaques*, qui est bien distinctement écrit dans la phrase précédente; et *tablanchas*, que Llaguno a imprimé en italiques pour indiquer qu'il ne le comprenait pas, nous paraît signifier les grands boucliers de bois (*tables*) dont les fantassins se couvraient.

arroi, épandus par le pays. Et le capitaine s'en fut avec environ cinquante chevaliers montés sur des chevaux dont ils s'étaient emparés pendant le combat.

Le pays était très-couvert de grands bois, coupé de jardins et de haies d'arbres, et ils s'enfoncèrent par les vallées, et on ne les apercevait plus. La *bataille* des hommes d'armes resta en place jusqu'à ce que le capitaine revînt avec ses gens, ce qui dura bien deux heures. Le capitaine alors ordonna de faire rentrer tout le monde sur les galères, et les hommes d'armes demeurèrent là jusqu'à ce que tout le reste fût embarqué. Pero Niño avait laissé des hommes pour garder la petite île et apprêter à manger pour tous ceux qui s'en soucieraient. Il passa dans l'île avec ses hommes d'armes, et là soupèrent avec lui les chevaliers et beaucoup de gentilshommes, puis on prit soin des blessés. Après cela, le capitaine fit amener les prisonniers et les questionna sur le pays; quelles gens se trouvaient dans l'île et combien de forteresses? qui les gardait? si l'on savait où était la flotte d'Angleterre, et combien on disait qu'elle comptait de navires armés? Ceux des prisonniers qui étaient le mieux informés répondirent qu'il y avait dans l'île cinq châteaux-forts bien garnis et que gardaient des chevaliers d'Angleterre; que la population de l'île pouvait être de quatre à cinq mille hommes, et qu'il y avait un capitaine, lequel venait d'Angleterre; que le roi le leur avait envoyé pour qu'il les gouvernât; qu'il était venu avec eux à la bataille, et qu'ils ne savaient s'il y était mort; que les autres gens, bourgeois, laboureurs, pêcheurs, se tenaient dans une ville, la plus grande de l'île, fermée de palis et de bons fossés pleins d'eau, dans laquelle ils avaient leurs biens, leurs femmes et leurs enfants, et que là était retirée la plus grande partie de ceux qui avaient échappé au combat; mais que de tout temps ils avaient mis en loi et ordonnance que, si quelqu'un voulait s'emparer de leur cité, ils devaient mourir tous avant de le souffrir. Pero Niño connut ainsi toute la situation de l'île. On lui dit aussi que la flotte d'Angleterre était à Plymouth (1), et qu'il s'y trouvait deux cents voiles dans lesquelles il y avait des nefs castillanes, des hourques, des coques et des balleniers bien armés, qu'on les attendait d'un jour à l'autre, et qu'ils ne tardaient à venir qu'à cause du vent contraire.

Là-dessus le capitaine tint conseil avec les chevaliers, et tous furent avec lui d'avis que le lendemain il fallait, si on le pouvait, prendre cette ville et mettre le feu dans tout le pays. Le capitaine dit : « Seigneurs, grâce à Dieu, nous avons vaincu ces gens-là en bataille; dans le cas où ils reviendraient vers nous, aisément nous les battrons de rechef. Il me semble que le mieux serait de nous rendre maîtres de cette île et de la garder pour nous, plutôt que de brûler le pays. Envoyons dire aux habitants qu'ils viennent se soumettre et nous prêter hommage, sans quoi nous les détruirons eux et leur pays; alors nous verrons ce qu'ils entendront faire. »

Les Bretons répondirent : « Monseigneur, à moins que nous ne mettions le château en notre pouvoir, nous ne parviendrons pas à nous rendre maîtres dans le pays; mais si vous voulez bien l'ordonner, seigneur, nous brûlerons, pillerons, et nous nous tirerons d'ici. » Pero Niño reprit : « Allons vers la ville, et voyons s'ils veulent combattre; quand nous en serons là, s'ils ne sortent pas, nous tiendrons encore conseil. » Ils s'accordèrent à dire que

(1) *A Pramua.*

le capitaine avait bien parlé et que l'on ferait ce qu'il ordonnerait. Cette nuit Pero Niño commanda que le lendemain de bonne heure ils fussent tous prêts pour aller attaquer la ville; il mit des gardes au passage de la petite île, et tous dormirent et se reposèrent. A l'aube les trompettes sonnèrent; la bannière du capitaine se mit en marche, et tous avec elle. Ce jour-là le capitaine était en état de gouverner son monde mieux et avec moins de fatigue, parce qu'il avait avec lui de bons chevaliers, et plus de cent étaient montés sur des chevaux qu'il avait gagnés dans la bataille et pris dans le pays. Le capitaine fit pour la marche une avant-garde et une arrière-garde, car il y avait deux lieues jusqu'à la ville, et il jeta en avant des hommes armés à la légère pour mettre le feu. La campagne était couverte de maisons, de jardins, de moissons et de troupeaux; et tout le pays brûlait, que c'était chose fort piteuse à voir, car les habitants étaient chrétiens. On marchait ainsi quand vint aux nôtres un gentilhomme anglais en habit de héraut d'armes, demandant le capitaine d'Espagne, vu que ceux de l'île savaient tout ce qui se passait de notre côté, s'étant renseignés auprès d'un homme qu'ils avaient pris lors de la première escarmouche où les nôtres se trouvaient peu nombreux et s'étaient laissé battre. On l'amena au capitaine Pero Niño. Il mit les genoux en terre devant lui et dit : « *Mi ye rragotth geuogoth endachà* (1), » ce qui veut dire : « Dieu vous sauve et vous donne de bons jours. — Le peuple de ce pays se recommande à votre grâce et vous envoie demander

---

(1) Peut-être parviendrait-on à découvrir, dans ce baragouin, quelque chose comme : *Many years and good give you God and [to] each [of you.]* — Que Dieu donne longues et bonnes années à vous et à chacun de vous.

pour l'amour de Dieu que vous ayez pitié de lui, car vous devez être rassasiés. Vous êtes venus le chercher chez lui; vous l'avez vaincu en bataille; vous avez blessé, tué et pris grand nombre des siens; vous avez dévasté son pays : et maintenant il paraît que vous voulez achever de l'anéantir. Il vous demande au nom de Dieu et par pitié que vous ne le fassiez pas, car il est chrétien catholique, et n'étant en rien contraire à la foi de Jésus-Christ, il ne mérite pas que vous l'exterminiez. Aussi, pour l'amour de la reine de Castille qui est née du royaume d'Angleterre, qui est votre dame, et qui, vous le savez bien, n'aura pas en gré tout ce mal, prenez-le en miséricorde. »

Quand l'Anglais eut achevé son discours, le capitaine répliqua et dit : « Retournez vers ceux qui vous ont envoyé; dites-leur qu'ils me députent quatre ou cinq hommes des meilleurs d'entre eux avec lesquels je puisse parler. Je les garantis pour l'aller et le retour : ils ne recevront aucun mal. » L'Anglais partit, et cinq honorables hommes de la ville vinrent au capitaine et lui baisèrent la main, et il leur dit : « J'ai appris les plaintes que vous faites de moi. Vous savez bien, vous autres, que la flotte d'Angleterre, quand elle va faire la guerre en Espagne, vient d'abord ici et s'y fournit de vivres et d'hommes; donc, et vous et eux, vous êtes tous des ennemis de la Castille. De plus, ces îles sont de l'appartenance de la Bretagne; vous étiez autrefois aux Bretons, et par la mauvaiseté de ceux dont vous descendez, vous vous êtes rebellés, et vous vous êtes faits Anglais. Par ainsi, à vous il convient que vous me reconnaissiez pour seigneur et vous soumettiez à moi, au nom de mon seigneur le roi de Castille; sinon, je vous dis que tout sera mis à feu et à sang, vous et votre pays. »

Ils répondirent : « Bien il est vrai, seigneur, que ces

quatre fles ont appartenu à la Bretagne, et que nous sommes de nation bretonne; mais les Anglais ont d'ancienneté conquis ce pays, comme il arrive maintes fois, en bien des endroits, que les hommes sont assujétis à leurs ennemis et contraints de servir qui ne leur plaît pas, non par amour, mais par crainte, et plus de force que de gré. Nos pères nous ont laissés dans cette servitude. Nous ne pouvons nous délivrer des Anglais, si d'autres plus forts ne nous enlèvent à eux, car les forteresses de ce pays, ce sont des chevaliers d'Angleterre qui les tiennent toutes; et, seigneur, si vous pouvez avoir les châteaux, nous ferons à votre volonté. Autrement ce que nous ferions serait de peu de valeur : vous ne pourriez nous défendre, et vous nous laisseriez en grand péril auprès des Anglais. Ce que nous pouvons faire, demandez-le, et nous le ferons. »

Le capitaine répondit : « Quant aux châteaux, j'ai confiance en Dieu de les conquérir promptement; en attendant, rendez-moi cette ville que vous occupez. » Ils dirent : « Seigneur, nous allons y retourner et reviendrons avec une réponse. » Ils partirent; sur ce on arrivait près de la ville, environ à une demi-lieue. Le capitaine, en attendant qu'ils revinssent, fit arrêter sa troupe, commandant qu'elle ne dépassât pas la crête d'une hauteur où ceux de la ville pouvaient voir les nôtres ordonnés en bataille bien près d'eux.

Les Anglais revinrent au capitaine et lui dirent : « Seigneur, les gens de la ville se recommandent à votre merci et vous envoient dire que tout ce qu'ils possèdent est cette ville avec le château, et que toujours ils l'ont eue, et que jamais ni Français, ni Anglais n'y entrèrent, et qu'ils l'ont toujours eue ainsi qu'à présent par privilége, afin qu'eux et leurs biens fussent mieux gardés, et qu'ils ont pour loi de ne jamais la livrer ni à ennemis ni à amis, mais qu'avant de la laisser forcer ils meurent tous, parce que là ils ont leurs femmes, leurs enfants et leurs biens. Si vous leur demandez or et argent, étoffes et autres choses, ils vous en donneront ce qu'ils pourront réunir; mais ne leur faites plus mal et dommage. Qu'il vous plaise donc de ne pas venir à leur ville. Par aventure vous pourriez bien la prendre, mais soyez assuré qu'auparavant il en coûterait la vie à plus d'un que vous aimez, ce qui vous serait occasion de tuer hommes, femmes et enfants, tout ce que vous en trouveriez dans la ville, et cela ferait sur votre conscience une si grosse charge que jamais Dieu ne vous le pardonnerait. »

Alors Pero Niño tint son conseil, pour demander ce qu'il fallait faire, et on lui dit : « Seigneur, ces gens donnent de très-bonnes raisons et proposent des choses justes; il est raisonnable que vous leur concédiez et octroyiez ce qu'ils demandent. Maintenant vous n'avez pas le temps de vous arrêter ici pour plusieurs motifs (lesquels lui furent déduits). » Les autres en même temps mirent en avant des paroles qui revenaient à dire qu'ils voulaient bien se racheter par rançon; et des médiateurs proposèrent qu'ils auraient à donner au capitaine dix mille couronnes d'or, et que lui les laisserait en paix. Le capitaine, pour l'amour de Dieu, répondit qu'il lui plaisait de les prendre en pitié, et qu'ils donnassent donc ces dix mille couronnes d'or, afin qu'elles fussent partagées entre les gens d'armes. Beaucoup de raisons portèrent à conclure ce traité. Il y avait pour nos gens grand péril, car ils se trouvaient bien loin de leurs vaisseaux; et de plus les hommes ne doivent pas pousser toutes les affaires avec tant d'opiniâtreté, parce que la fin réserve aucunes fois dommage auquel on pourrait choir. Il y a de pareille chose un exemple dans l'histoire du bon roi don Alfonso, qui vainquit le roi Alboacen à la bataille de Benamarin, selon qu'il en est demeuré, pour l'enseignement de ceux qui vivent aujourd'hui, le témoignage de quelques personnes qui se trouvèrent à cette bataille, bien que la chronique des rois n'en parle pas.

On rapporte que le roi Alboacen avait si forte puissance de gens que le roi don Alfonso n'osait se hasarder à le combattre, et prit avec lui son ami le roi de Portugal ; et tous réunis ils étaient encore bien peu auprès de la grande multitude des Mores. Mais enfin, avec l'aide de Dieu, le roi don Alfonso livra la bataille, et Alboacen fut vaincu au Rio Salado, près de la roche du Cerf. On raconte que ce roi Alboacen, quand il vit que les siens pliaient, ordonna de faire marcher en arrière ses pennons et prit la route d'Algésiras. Quelques chevaliers chrétiens, Gonzalo Ruiz de la Vega et d'autres, allaient derrière lui, le poursuivant (1). Le roi Alboacen, malgré

---

(1) Garcilaso et Gonzalo Ruiz de la Vega étaient majordomes de D. Fadrique et de D. Fernando, fils naturels du roi. Ils portaient les pennons de ces princes à la bataille du Salado, et se tenaient devant le roi D Alonso Gonzalo Ruiz de la Vega passa le pont le premier, sans ordre, par impatience de combattre, et engagea la bataille dont le sort fut compromis par son imprudence. Le roi, qui avait auparavant laissé tuer deux écuyers coupables de la même faute, fit pourtant soutenir les pennons de ses fils, et bientôt s'engagea lui-même, au grand péril de son corps. Malgré cette faute et d'autres, la bataille fut gagnée, par suite d'un mouvement convergent qui avait été combiné savamment pour l'époque. Les rois mores furent poussés jusqu'à la rivière de Guadamecil, et Gonzalo Ruiz de la Vega tint, en effet, la tête des poursuivants. Le roi de Maroc s'embarqua le soir même à Gibraltar, et passa en Afrique, l'amiral d'Aragon, Pedro de Moncada, ayant refusé de le combattre dans le détroit. Gonzalo Ruiz fut armé chevalier par le roi, le lendemain de la bataille.

cela, ne pressait pas son allure; et il envoya un chevalier More au roi don Alfonso, en le chargeant de lui dire qu'il en avait assez fait, puisque Alboacen lui tournait les épaules avec toute son armée, et que puisque la fortune était de son côté, il sût la ménager, et ne la risquât point en le poursuivant : car Alboacen, s'il était battu, n'était pas défait (1). Et l'on dit que le roi don Alfonso trouva que le conseil était bon et envoya répondre qu'il le suivrait, à la condition qu'Alboacen ne s'arrêterait pas dans le pays, mais qu'il s'embarquerait et s'en irait. Et ainsi fit-il; il s'embarqua à Algésiras et retourna en Benamarin.

Mais Jules César ne fut pas de cette opinion. Quand il prit la fuite devant le grand Pompée, il dit : « Ni Pompée ne sut vaincre, ni Jules ne put être vaincu. » Et il le dit parce que Pompée ne l'avait pas poursuivi jusqu'à l'avoir pris ou tué; car celui qui se sauve peut revenir, comme Jules le fit ensuite quand il livra une autre bataille à Pompée. Cette fois, Pompée se mit à fuir, et alors Jules le poursuivit jusqu'à la mort.

Mais toutes ces choses se font suivant ce que le temps accorde à l'affaire; et Pero Niño fit comme le voulaient temps et pouvoir. Il dit de plus aux gens de la ville : « Vous me donnerez chaque année pendant dix ans, à compter d'aujourd'hui, douze lances, douze haches, douze arcs avec leurs flèches, et douze trompes. » Ce qui leur coûta beaucoup à accorder; mais il fallait bien qu'ils le fissent. Ils lui remirent incontinent une partie des couronnes de leur rançon; pour les autres qu'il restait à payer, ils livrèrent quatre hommes comme cautions, en

---

(1) *Aunque yba conquistado non yba vencido.*

otage, les plus riches du pays; et Pero Niño les emmena avec lui. Tout cela terminé, les trompettes sonnèrent ; et le capitaine fit retirer sa bannière et sa troupe en bon ordre. Tous retournèrent au port où étaient les vaisseaux ; et il commanda de se mettre en mer sur le champ.

Pendant que cela se passait, les gens des navires [que l'on avait arrêtés quand ils allaient charger] du sel, avaient amené au bord de la mer des troupeaux, chevaux, juments, vaches, et un grand butin fait dans les maisons ; ils chargèrent le tout sur leurs navires. Pero Niño leur donna congé, et ils continuèrent leur voyage. Le capitaine Pero Niño pria les chevaliers bretons et normands de venir tous avec lui au port de Brest, où il y a une bonne ville de Bretagne. Ce jour, quand on s'embarqua pour quitter l'île, les chevaux étaient à bon marché : on donnait un cheval pour cinq à six blancs de France, qui font dix maravédis. Tous vinrent à Brest, comme le capitaine l'avait demandé. Ils y furent bien reçus, et l'on fit grandes réjouissances de leur arrivée, parce qu'ils avaient remporté la victoire dans la bataille. Le capitaine les festoya tout le temps qu'ils restèrent. Des marchands de Bretagne vinrent le trouver, et il leur donna les otages de l'île ; et ils remirent à Pero Niño ce qui restait à payer des dix mille couronnes qui faisaient le prix du rachat. Le capitaine répartit très-bien cet argent entre les Bretons, les Normands et ses hommes d'armes, à chacun selon son état. Ensuite on se sépara, et chacun s'en fut à ses voyages.

CHAPITRE LII.

Comment le capitaine revint en Espagne, avec ses galères et son monde (1).

Pero Niño expédia un messager à Paris pour y prendre congé du roi et des ducs, parce que son seigneur le roi lui avait envoyé dire qu'il eût à revenir en Castille. Les galères partirent de Brest et vinrent à Saint-Malo-en-l'Ile. Elles passèrent ensuite par le raz de Saint-Malo. On était déjà au commencement de l'hiver, au mois d'octobre. Ce jour-là soufflait le vent d'amont, qui est le vent du nord (2), et très-violent dans cette saison-là. On hissa les artimons et l'on rentra les rames; on allait vent en poupe, et les galères profitaient du jusant pour sortir avec la marée. Comme on naviguait ainsi, l'heure du flux étant arrivée, la mer commença à revenir, et les galères étaient encore au milieu du raz. Le courant de la marée montante était vif et prenait les galères par la proue; le vent était très-fort en poupe et luttait avec le courant sur la proue; les galères ne pouvaient avancer. Retourner en arrière, le vent qui était violent ne le permettait pas; et le courant, non moins fort, empêchait de faire route. Toutes les

---

(1) Le titre de ce chapitre et celui du suivant manquent dans les manuscrits. Ils ont été ajoutés par Llaguno.

(2) *Venlaba aquel dia vent-a-mute ques viento del norte.*

voiles étaient dehors, les poges filées (1), et les vagues très-hautes battaient les proues, en sorte que les galères étaient en grande détresse et péril. Dans le raz, l'eau ne fait que des tourbillons, et c'est pour cela que la mer y est si dangereuse. Les galères furent six heures dans ce péril, jusqu'à ce que vînt le reflux. Le vent fraîchit de plus en plus; il déchira la voile du capitaine et brisa l'antenne. Le courant portait la galère en côte; et si les timons de caisse se fussent déplacés en ce moment, la galère eût été perdue (2). Mais il y avait au timon des hommes solides et experts, et qui les gouvernaient par grande vigueur. Quand on se vit en telle passe, on borda en toute hâte les avirons. Déjà le courant changeait avec la marée baissante; on hissa la voile de bâtard sur l'artimon, et vent en poupe, on prit de l'erre (3). Et de même que la galère du capitaine fut en danger dans ce raz, ainsi le furent toutes les autres, et quelques-unes davantage. Les galères sortirent de là, et furent à l'île de Batz (4). Longeant ainsi la côte de Bretagne, tantôt avec bonace, tantôt avec gros temps, elles arrivèrent à un abri près de la terre, et y passèrent la nuit.

(1) Les *poges*, écoutes, cordages qui retiennent le point inférieur de la voile sur l'arrière, étaient filées pour que la voile pût prendre tout le vent. — La position des galères était très-mauvaise, ainsi que le montre ce dicton des gens de mer : « Défie-toi de la marée qui porte au vent. »

(2) *La corriente fixo yr la galea al través è si los timones de caxa se trocaran en aquel estante fundiera se la galera.*

(3) *Ficieron un avante.* « Avoir, prendre, donner de l'erre. Ce mot, quand il est question de la marche d'un navire, signifie vitesse, élan. » (BONNEFOUX, *Dictionnaire de marine*, article *Air, erre*.)

(4) Près de Roscoff. On ne comprendrait pas trop la marche de Pero Niño, qui va de Brest à Saint-Malo, de Saint-Malo à Roscoff, et revient ensuite au mont Saint-Michel, si l'on n'admet pas qu'il faisait croisière sur les côtes de Bretagne, en attendant le retour de son messager.

La mer du Ponant n'est pas comme celle du Levant, qui n'a ni flux, ni reflux, ni grands courants, si l'on en excepte un que l'on appelle le courant de Faro (1), qui est très-dangereux, et où périssent beaucoup de bâtiments. Quand le vent est opposé au courant, le vaisseau qui se trouve entre eux deux touche de bien près la mort. Dans la mer du Levant, il y a beaucoup de bas-fonds; mais si la galère veut mouiller pour la nuit, qu'elle trouve seulement une roche qui la garantisse du vent, elle sera là sans crainte de la mer. Les vents n'y sont pas non plus aussi violents (2) que sur l'autre; il y a des calmes qui durent plusieurs heures et même plusieurs jours. La mer du Ponant est très-méchante, surtout pour les galères. Tant sur les côtes de France que sur celles d'Angleterre, elle n'offre ni cales, ni bons refuges, parce que, s'il arrive que la galère ait mouillé contre terre en un lieu où elle soit abritée de la mer et du vent, bientôt vient le reflux; et si l'on n'y prend garde, on se trouve à sec. Il faut alors que l'on se hâte de lever l'ancre et de chercher à temps un meilleur refuge, ou que l'on gagne la haute mer, qui est périlleuse pour les galères, parce que jamais le calme n'y dure. Pour les galères, si cela se pouvait, il faudrait qu'il n'y eût jamais de vent. Et il en advint ainsi à celles du capitaine, qui avaient eu grande tourmente à souffrir tout le jour et partie de la nuit. Elles furent chercher sur la côte de Bretagne, auprès du mont Saint-Michel, un refuge où les gens de l'équipage, qui étaient très-fatigués, purent se reposer. A minuit, elles jetèrent l'ancre; et quand vint le point du jour, les

---

(1) Au détroit de Messine.
(2) *Afortunados.*

roches parurent hors de l'eau tout autour des galères. Les marins sondèrent, et trouvèrent qu'ils étaient presque à sec sur fond de roches, ce qui est très-dangereux. Là, il fallut toute la science des marins, car le vent venait du large et donnait en travers des galères; et comme la mer baissait (1), il n'y avait pas d'espérance qu'elle les tirât de là. Le capitaine ordonna à ses gens de sauter tous à la mer, d'alléger les galères et de les emmener à force d'épaules. Et il plut à Dieu qu'ils réussissent à les vider; ils les poussèrent à la pleine mer, et les firent sortir de ce mauvais endroit où elles étaient déjà engravées. Puis le monde remonta sur les galères; on prit les rames, on passa le raz de Blanchart, et l'on se dirigea sur le cap de Saint-Mathieu (2). Sur le cap se croisent les deux mers, celle d'Espagne et celle du Ponant (3). Là les vagues étaient très-hautes et la tourmente si grande, que les flots déferlaient jusqu'au milieu des galères. On envoya tout le monde sous le pont, et l'on ferma les écoutilles. Alors, dans la peur qu'ils avaient de mourir, les hommes faisaient vœux et promesses, les uns à Sainte-Marie de Guadalupe, les autres à Saint-Jacques de Galice, les autres à Sainte-Marie de Finistère, les autres à frère Pero Gonçalez de Tuy, les autres à Saint-Vincent du Cap. Il plut à Dieu de les entendre. Le cap fut doublé; et de l'autre

---

(1) Le texte dit : *la mar hera creciente;* mais c'est une erreur manifeste. Il faut lire : *menguante.*

(2) *El cabo de Samaigo.* — Probablement le raz de Blanchart est désigné ici, par erreur, au lieu de celui du Four, car il n'est pas croyable que Pero Niño ait remonté du mont Saint-Michel au cap de la Hague, pour revenir passer ensuite devant Brest, en se rendant à La Rochelle.

(3) Le golfe de Gascogne et la Manche. Cette indication est décisive pour déterminer la transcription à faire de *Samaigo.*

côté, on trouva la mer douce et le vent moins violent; et côtoyant les îles de Bretagne, on fit route vers La Rochelle.

Je vous ai déjà dit et conté plus haut par quelles raisons l'île d'Angleterre fut appelée Bretagne. A présent, je vous veux raconter pourquoi est nommée Bretagne, tout comme l'autre, cette province de ce côté-ci de la mer, selon que je l'ai trouvé dans la chronique des rois d'Angleterre. Ce nom d'Angleterre veut dire dans une autre langue : *terre de merveilles*, cela pour plusieurs choses extraordinaires qu'il y eut dans ce pays, et dont il y a encore quelques-unes aujourd'hui. Lorsque ses habitants étaient sauvages, il y en avait qui étaient couverts de poils sur tout leur corps, comme des animaux, et ils n'avaient pas d'autres vêtements; et ils vivaient dans les montagnes sauvages et dans les forêts obscures, eux, leurs femmes et leurs enfants. Et si on allait pour les prendre, ils se défendaient très-âprement. Il y avait aussi dans cette contrée des serpents, de terribles dragons, et beaucoup d'animaux féroces. Et encore aujourd'hui il y a en Angleterre des oiseaux qu'on appelle *vacares*, qui proviennent des arbres; et on dit qu'ils naissent de la manière que voici : on dit que ces arbres poussent dans les rochers, près de la mer, et qu'ils ont de grandes fleurs rouges; et lorsque la fleur est passée, il reste un grand cocon qui se développe peu à peu; et à mesure qu'il croît, il se penche en dessous; et l'on prétend que lorsqu'il est ainsi penché, on y voit déjà figurés des pieds et un corps; et quand le temps est venu qu'il est mûr, de même que les autres fruits il tombe de l'arbre où il était suspendu par le bec; et alors, en se détachant de l'arbre, il jette un cri, à la façon d'un corbeau; et celui qui a la chance de tomber dans l'eau se met aussitôt à nager et vit, et les autres qui tombent sur terre et ne peuvent arriver à la mer se dessèchent et meurent (1).

J'avais souvent entendu raconter cela, et j'en doutais; je me demandais comment il se pouvait faire qu'une nature pût entièrement se changer en une autre. Cela me paraissait impossible, parce qu'il est écrit dans la Genèse que Dieu dit, quand il lui plut de créer toutes choses : Que chaque arbre donne du fruit selon son bois; et ainsi aux oiseaux et aux poissons, et aux plantes, et aux animaux, que chacun eût à reproduire son espèce. Il n'ordonna pas qu'un arbre portât les fruits d'un autre arbre, et encore moins qu'un arbre auquel il ne donna qu'une âme végétative pût donner des fruits ayant âmes végétatives et sensitives. Je rencontrai un Anglais, un homme très-entendu, et je le questionnai très-instamment sur ce fait. Il me répondit que c'était la vérité, et qu'il y avait

(1) « Cardan (au liv. IX, ch. XXXIX, *De la variété des choses*) descript la singularité de tels oyseaux. Munster, en sa *Cosmographie*, parlant de l'Escosse, dit qu'on y trouve des arbres qui portent du fruict qui s'entortille dedans les feuilles, et que ce fruict, quand il vient en sa saison à tomber en l'eau qui est au pied de l'arbre, se change en un oyseau vif, qu'ils appellent un oye d'arbre. Il y a aussi de tels arbres en l'isle de Pomonia, qui n'est pas loin de l'Escosse du costé du septentrion. Et de ce même arbre, Saxo le Grammairien et Æneas Sylvius font mention, dont il appert que l'histoire n'est pas inventée ne forgée de ce temps. » (*Histoires prodigieuses*, p. 490.) — Cardan parle en effet de ces oiseaux (*De rerum varietate*, Lugd., 1580, cap. XXXVI, p. 277), mais ne semble pas y croire. Quant à Munster (*Cosmographie universelle*, liv. II, p. 52), il s'appuie surtout sur Æneas Sylvius, et celui-ci raconte qu'étant en Écosse, et s'étant informé de ces étranges oiseaux près du roi Jacques, il apprit de lui que l'arbre tant renommé se trouvait aux îles Orcades, tant les merveilles s'enfuient toujours plus loin, ajoute-t-il. — Voyez, à la fin du volume, ce que, sur le même sujet, raconte Jean d'Outremeuse.

de ces oiseaux; mais il m'expliqua comment la chose pouvait être. Il me dit que sur la côte de Cornouaille, il y avait en certains endroits de petits arbres, qui par leurs feuilles et leur aspect ressemblaient à des cognassiers, qui naissaient et croissaient dans les rochers au bord de la mer, et dans des lieux où rarement l'homme pouvait arriver jusqu'à eux; et que, dans le temps où les oiseaux font leurs nids et déposent leurs œufs, quelquefois il en venait là qui étaient blancs et de la grandeur des grives (1), qui avaient le bec et les pattes rouges; et qu'on les voyait s'arrêter sur ces arbres et non sur d'autres; et qu'ils y faisaient des petits nids et y déposaient des œufs très-menus; et qu'après cela ils s'en allaient, et qu'on ne les revoyait plus. Et l'on comprenait par là qu'ils étaient de la nature de l'arbre, puisque les petits venaient ensuite à bien sans autre nourriture que celle de l'arbre, et ne naissaient ni ne grandissaient que sur cette espèce d'arbres seulement. Ensuite, lorsqu'ils tombent à la mer, ils se nourrissent et vivent comme cela a été dit. Les pêcheurs les tuent quand ils nagent dans l'eau, et les mangent; mais ils disent qu'ils sentent un peu le bois.

On raconte encore qu'il y a dans ce pays une sorte de poisson, lequel on appelle le poisson-roi, et qu'on ne trouve nulle part ailleurs que là. On assure qu'il a tout à fait l'apparence d'un homme et qu'il en a la taille, et qu'il est couvert d'écailles très-fortes, toutes faites en façon d'un harnais d'homme d'armes, plates (2) et bassinet,

---

(1) *Que heran canos, como tordos prietos.*

(2) *Platas*; c'est la même chose que *fojas*, feuilles d'armure en acier, bien expressément prises ici, comme ordinairement chez nos chroniqueurs, pour désigner les pièces de la cuirasse.

harnais de bras et de jambes, et de pieds et de mains, autant de pièces et de même façon qu'il en faut à un homme d'armes bien armé. Quelques personnes de ces pays tiennent même l'opinion que de là sont venues les armures. On dit qu'on ne trouve ce poisson que très-rarement, et que si par accident on le tue, il arrive que pendant trois ans, sur la côte où il est mort, on ne peut prendre aucun poisson, ni grand, ni petit, et que, même dans toutes les autres mers, le poisson devient rare pendant tout ce temps. Et cet Anglais me dit qu'en allant avec des pêcheurs sur cette côte, il avait vu qu'ils prirent un de ces poissons, mais qui n'était pas plus grand que le plus grand doigt de la main, et qui avait d'ailleurs toutes les parties que j'ai mentionnées ci-dessus, et qu'ils le jetèrent tout de suite à la mer pour qu'il ne mourût pas. Et pour ces choses que j'ai contées, et encore d'autres merveilles qui ont été ou sont encore dans ce pays, il est appelé *terre des merveilles* : *Angliaterra*. Après que Brut l'eut conquis, comme il voulut lui donner son nom, il l'appela Bretagne (1). Et ensuite, longtemps après, il arriva qu'il y eut en Bretagne, qui est Angleterre, plu-

---

(1) Dans le récit qui va suivre, Gamez a confondu toutes les époques et mêlé ensemble les données les plus disparates de la légende et de l'histoire à demi-légendaire. Il semble que d'abord il ait voulu parler du passage de Conan Mériadec dans la Bretagne, avec l'empereur Maxime, vers la fin du IVe siècle. Sur ce passage, auquel la légende attribue le peuplement de la Petite et le dépeuplement de la Grande-Bretagne, voyez les historiens bretons (D. MORICE, p. 6, et GEOFFROY DE MONMOUTH, l. V, ch. IX à XV). Le *Millor Perto* de Gamez est, sans doute, le *Mériadec* de la légende. Mais l'occasion de la première émigration bretonne sur le continent ne fut point, selon Geoffroy, la famine qui survint en Angleterre. Cette famine donna lieu à la deuxième émigration, sous Cadwalladr. (GEOFFROY, l. XII, ch. XV.)

sieurs années où l'on manqua de pluie, les unes après les autres, tant que la terre devint stérile et ne produisait plus de fruits. Cela occasionna une mortalité telle, que les habitants furent contraints de quitter tout le pays, et d'en chercher un autre pour y vivre. Il y avait dans ce temps un roi qu'on nommait Millor Perio. Il prit avec lui les grands personnages et autres gens, et vint par mer dans la contrée qu'on appelle à présent la Petite-Bretagne. Il y a dans cette contrée de grandes montagnes, et il n'y habitait alors que bien peu de monde, seulement auprès des ports. Le roi la peupla toute avec les habitants de son royaume, qui étaient beaucoup, tant qu'ils remplirent et les montagnes, et les bords de la mer. Et il appela cette terre Bretagne la petite, parce qu'elle avait été peuplée par Bretagne la grande. Sous ce roi Millor Perio, il advint qu'il sortit de la mer un serpent très-féroce, et grand, et fort épouvantable. Son corps avait la forme de celui d'un poisson, et il avait la bouche et le bec comme un aigle, et les jambes et griffes comme un lion, et des ailes comme un oiseau; et on le nommait *Elva marina* (1). Et il avait une caverne sur terre près de la mer; et il entrait dans la mer, et, quand il le voulait, sous l'eau, et d'autres

(1) Plus loin, on lit là *selva* ou la *belva*. L'histoire que Gamez s'est plu à développer, d'après nous ne savons quel auteur, est tirée de Geoffroy de Monmouth (l. III, ch. xv), et l'on reconnaît, dans la *elva marina* de Gamez, la *belua* de Geoffroy. Voici le passage de Geoffroy; il se rapporte au roi breton Morvid, bien antérieur à Conan Mériadec : *Advenerat ex partibus Hybernici maris inauditæ feritatis belua, quæ incolas maritimos sine intermissione devorabat. Cumque fama ejus aures attigisset: accessit ipse ad illam, et solus cum sola congressus est. At cum omnia tela sua in illam in vanum consumpsisset, acceleravit monstrum illud et apertis faucibus ipsum velut pisciculum devoravit.*

fois au-dessus; puis il venait sur terre et tuait bestiaux et hommes, tant qu'il en pouvait rencontrer, et les emportait dans son antre. Et tout autour de la caverne, il y avait déjà de grands amas d'ossements provenant des hommes et des bestiaux qu'il avait mangés, si bien que le pays était dévasté aussi loin que ses pas le portaient. Bien des hommes s'armaient et se réunissaient pour aller le tuer; mais s'il voyait qu'il y eût trop de gens pour qu'il osât combattre, il s'en allait d'un vol-à-pied (2) vers la mer, et si rapide qu'on ne pouvait l'atteindre à cheval. Le roi rassembla ses chevaliers et leur dit : « Ce serpent a été mis au monde pour nous détruire. Nous vînmes ici, chassés par la mort et la famine; et nous avons trouvé cette contrée, et nous l'avons peuplée, exilés que nous étions de notre pays, et dans l'espérance d'y vivre. Ce ne sont pas des peuples qui nous font la guerre; un seul animal suffit pour nous exterminer. J'en vois plusieurs aller contre lui, croyant le tuer; et c'est lui qui les tue. Quand on va en force, il ne veut pas attendre, car il serait tué; mais il trouve moyen de se défaire de tous en détail. Puisqu'il attend les gens quand ils sont peu nombreux, il vaut mieux ne prendre que peu de monde, mais choisir des gens qui n'aient pas peur et le combattent vaillamment. Bien vous savez que le roi doit combattre pour son peuple, et s'exposer à la mort pour le défendre et protéger; et si je ne le défendais pas contre un animal, bien moins le défendrais-je et protégerais-je contre une grande nation. Je veux aller avec vous l'attaquer. » Les cheva-

---

(2) *A volapté*. L'expression est pittoresque et suffisamment intelligible : on nous pardonnera de l'avoir conservée; c'est bien le vol lourd, mais rapide, de la bête ailée qui ne quitte pas le sol.

liers répondirent : « Seigneur, il est vrai que le roi doit d'obligation s'exposer pour son peuple, et cela jusqu'à mourir; car son peuple, c'est son héritage; et s'il ne faisait pas ainsi, il ne devrait pas être roi. Mais cela s'entend contre les nations ennemies, et non contre une bête venimeuse, qui peut tuer par le regard ou l'haleine. Vous avez assez de bons chevaliers à qui vous pouvez confier cette affaire, et qui s'en acquitteront pour l'amour de vous; et dans le cas où ils mourraient, ils ne feraient pas autant défaut que votre personne. Seigneur, si vous mouriez, pensez à ce que deviendraient sans vous tant de gens, qui avec vous ont quitté leur pays! » Mais il répondit : « Amis, ne savez-vous pas qu'un roi sans royaume n'est plus un roi? Quant à moi, si je mourais dans cette entreprise, il ne manquerait pas de rois en Bretagne. Ne croyez pas que je me regarde comme vivant : je meurs chaque jour lorsque je vois mourir les miens et ne les puis secourir. » Le roi choisit douze chevaliers, de ceux en qui il se fiait le plus, et de ceux qu'il pensa être les meilleurs pour une si grande affaire; et lui et eux, bien armés, s'en furent à la grotte. L'*Elva marina* était dedans; et comme elle les sentit aux environs, elle commença à mener grand bruit dans la caverne. Les chevaliers, quand ils l'entendirent, eurent grande crainte; et le roi le vit, et il leur dit : « Allons! chevaliers, allons! ce n'est pas le moment de montrer de la peur, et qui a peur n'aurait pas dû venir ici. » Le roi s'avança avec une épée à deux mains et jeta un cri; aussitôt l'*Elva* sortit, et dès qu'elle le vit, sauta sur lui et lui prit la tête entre les dents. Le roi lui donna de l'épée dans le ventre et la lui enfonça jusqu'au cœur; et tous deux tombèrent morts, le roi et l'*Elva*.

Quoique les chevaliers fussent venus de leur mieux

à l'aide de leur seigneur, ils ne purent le secourir à temps pour l'arracher à la mort, et ils firent roi son fils. Et ensuite, après un certain temps, il plut abondamment en Angleterre, et les pluies durèrent tant, que le pays redevint très-fertile et abondant en fruits, et qu'il en disparut toute maladie. Et comme naturellement toutes choses ont le désir et l'amour de retourner à l'endroit d'où elles viennent et au lieu de leur naissance, ce désir est plus grand encore chez l'homme qui a de la raison. Le roi revint donc en Angleterre avec la plus grande partie de son peuple (1). Et ici l'auteur dit que les desseins de l'homme ne sont pas assurés, et n'aboutissent pas toujours au terme qu'il avait fixé. C'est pour cela que le prophète dit : « L'homme propose, et Dieu dispose. » Ainsi, Brut, quand il conquit l'Angleterre, s'était proposé de tuer tous les habitants de ce pays, disant que c'étaient gens qu'on ne pouvait gouverner par la raison, et qu'ils ne cesseraient de se révolter contre lui; et c'est pourquoi il ordonna de tuer tous ceux qu'on pourrait avoir. Mais parmi ce peuple d'Angleterre il y avait un homme qu'on appelait le Saxon, qui était de grand sens et grande force, et craint et honoré par tous les autres. Il avait beaucoup de fils et une famille nombreuse; et lorsque Brut s'empara de l'Angleterre et que le chevalier troyen, seigneur de

---

(1) Geoffroy (liv. VI, ch. IV) rapporte que les Bretons de l'Angleterre, lorsqu'ils furent abandonnés par les Romains, envoyèrent dans la Petite-Bretagne demander des secours contre les Pictes qui les pressaient. Audreu (*Aldroënus*), quatrième roi après Conan Mériadec, leur accorda deux mille hommes, et leur donna pour roi son frère Constantin. Les Saxons ne s'étaient pas encore montrés dans la Grande-Bretagne. Ils n'y arrivèrent, avec Hengist, que sous Vortigern, successeur de Constant, fils de Constantin.

Galice, tua dans un combat le roi d'Angleterre, il ne voulut pas accepter les conventions qui furent faites, mais il se retira dans les montagnes avec beaucoup de monde. Il bâtit des forteresses dans lesquelles il se défendit toujours avec ses gens, et à cause de ce grand Saxon, on appela tous ceux-ci Saxons (1). Brut eut contre lui beaucoup de combats, et lui tua beaucoup de monde ; mais jamais il ne put le réduire, ni lui, ni les autres rois qui lui succédèrent.

Il y eut toujours des batailles entre eux. Il vint un temps où les Bretons se convertirent et embrassèrent la foi du Christ, à cause des prédications des envoyés et disciples du pape Grégoire, et où tous devinrent chrétiens ; mais les Saxons persistèrent toujours dans leurs mauvaises croyances. Quand l'Angleterre devint déserte par suite de cette famine et mortalité dont j'ai parlé ci-dessus, les Saxons habitaient cette partie de l'Angleterre qu'on nomme Devers-le-Nord (2). Ils passèrent alors en Norwège, qui est la partie la plus septentrionale de l'Allemagne (3), avec un roi de leur nation, et vécurent là longtemps, jusqu'à l'époque où nous vous avons dit que l'Angleterre revint à la force et vertu où elle avait été d'abord. Ces Saxons multiplièrent beaucoup dans ce pays de Norwège. On dit que dans cette contrée les hommes ne meurent jamais par accident, de maladies, blessures ou rencontres quelconques, comme dans les autres pays,

---

(1) Il est superflu de faire observer dans quelle confusion tombe ici Gamez. Nous ne savons quel auteur lui a suggéré cette légende sur l'origine des Saxons, dont il avait déjà mentionné le nom à la fin de l'histoire de Brut.

(2) *Veralnorte.*

(3) *En la mas alta tierra de Alemania.*

mais seulement de vieillesse, par loi de nature. Et ces Saxons étaient un peuple riche, subtil, ingénieux à chercher sa vie; et quand les Bretons revinrent en Angleterre, ils les y avaient déjà devancés. L'auteur dit que naturellement toutes choses désirent retourner à l'endroit d'où elles viennent, et le *Maître des sentences* (1) rapporte que, si une pierre précieuse a perdu sa vertu, cela est parce qu'elle se trouve loin du lieu où elle est née, et que, si on la rapportait dans ce lieu, elle recouvrerait ses propriétés, au moins en grande partie. Ainsi firent la plupart de ces gens, tant Bretons que Saxons et Anglais; encore qu'ils fussent portés en bons pays et d'aventure meilleurs que le leur, jamais leur esprit ne fut content jusqu'à ce qu'ils retournassent là où ils étaient nés et avaient été élevés. Et comme les Saxons vinrent en Angleterre avant les Bretons, ils y devinrent puissants et prirent beaucoup de forteresses et plus de villes qu'ils n'en avaient eu. Le roi de Bretagne eut des guerres avec le roi des Saxons, et une fois il le vainquit, le mit en fuite, l'assiégea dans une ville, et il le serrait avec son armée. Il y eut entre eux une convention par laquelle le roi des Saxons se devait mettre à la merci du roi d'Angleterre. Alors le roi des Saxons se fit précéder par une de ses filles, la plus belle femme qu'il y eut dans toute l'Angleterre, qui s'en vint saluer le roi, fort bien parée de vêtements de mode singulière, de soie, d'or et de pierres précieuses, suivant la coutume de son peuple. Et elle s'agenouilla devant le roi, et lui baisa la main, et lui dit : « *Crex mi rray ramax crot*

---

(1) Nous supposons que Gamez veut désigner ici saint Isidore de Séville, qui, de son temps, était encore *le docteur des Espagnes*. (Voyez la *Historia crítica de la literatura española*, par D. José AMADOR DE LOS RIOS, t. I, ch. VIII.)

chadech belcar. » Et aucun de ceux qui étaient là ne comprit ces paroles, excepté le roi qui se prit à rire, et elles lui plurent tellement qu'elles trouvèrent place dans son cœur. Et voyant comme cette fille était belle, il fut aussitôt amoureux d'elle et la prit avec lui, et délivra le roi, son père, et relâcha tous les prisonniers, leur permettant de retourner chez eux et de reprendre leurs biens et de vivre en paix (1). Le roi aimait tant cette femme, que pendant longtemps il ne voulut entendre aucun Breton qui se plaignît des Saxons, et au contraire, il leur faisait de grands présents et il leur accordait de grands honneurs. Le roi resta ainsi trois ans avec son amie dans une ville, sans jamais se séparer d'elle. Les Saxons virent bien que cela ne pouvait longtemps durer, et comme gens prudents ils comprirent que, si le commencement était œuvre de faiblesse, la fin ne pouvait être œuvre de constance, et que cette prospérité s'évanouirait bientôt. Voulant en profiter, ils réparèrent leurs forteresses et les munirent de toutes choses pour la saison du besoin. Outre cela, en même temps, ils se mirent au fait de la situation du royaume, et quand ils le jugèrent à propos, commencèrent la guerre contre les Bretons. Et comme ceux-ci se croyaient en sécurité, avant qu'ils fussent sur leurs gardes ils leur firent beaucoup de prisonniers, et leur enlevèrent beaucoup de pays, et personne n'osait rien dire au roi de ce qui se passait. Or, un jour que le roi était avec son amie sur une tour très-haute, il vit autour d'une ville beaucoup de gens d'armes qui

---

(1) On retrouve ici l'histoire de Vortigern et de la belle Rowena, fille d'Hengist le Saxon. (Voyez GEOFFROY DE MONMOUTH, liv. VI, ch. XII et suiv.; NENNIUS, *Historia Britonum,* ch. XXXVI et suiv.; SHARON TURNER, *History of the Anglo-Saxons,* liv. III, ch. I.)

combattaient les uns contre les autres ; alors il demanda à un Breton, qu'il aperçut du haut de la tour, ce que c'était que cela, et le Breton lui répondit : « Seigneur, ce sont les Saxons qui pillent votre terre depuis longtemps, et vos gens n'osent ni aller contre eux, ni vous rien dire d'eux. C'est à la male heure que sont arrivées vos amours, et dans un triste jour nous avons fait connaissance avec cette femme que vous gardez près de vous et par laquelle nous sommes sur le point d'être tous perdus. Et si vous ne voulez rien faire de mieux, et si sous votre règne doit se perdre ce que vos nobles ancêtres ont gagné, puissions-nous être bientôt sans vous ! » Le roi vit le dommage et le mal, et comprit que ce qu'avait dit ce vilain, d'autres le devaient penser. Il rassembla son armée, marcha contre les Saxons, leur livra de nombreuses batailles. Mais, encore qu'il les vainquît quelquefois, il ne put triompher d'eux entièrement, et ils se maintinrent encore longtemps et même contre d'autres rois qui succédèrent à celui-là. Qui désirerait en savoir davantage sur ce sujet lise les chroniques des rois d'Angleterre, et là il le trouvera amplement décrit.

Ici je quitte la Bretagne pour passer en Espagne.

CHAPITRE LIII[1].

Après être sorti du canal de Flandre, le capitaine Pero Niño vint à La Rochelle avec ses galères, qu'il fournit de

---

(1) Le titre de ce chapitre manque dans le manuscrit.

toutes les choses qu'elles avaient perdues en mer, et au temps des tourmentes. Le capitaine se munit d'eau et de vivres, et ordonna de faire route vers l'Espagne. Quand les galères quittèrent La Rochelle, il ventait de l'ouest, et quand elles furent en pleine mer, le vent tourna au sud-ouest avec une grande violence, tellement qu'il les poussait de force sur la côte de la Valencine, qui est entre Bordeaux et Bayonne, une côte très-dangereuse où il n'y a ni port, ni anses, aucun abri d'aucune sorte, mais seulement de grosses roches et des bas-fonds jusque fort avant dans la mer, et où périssent les navires qui vont là. Mais il plut à Dieu que le vent du sud-ouest se calmât. Les galères, qui avaient été dispersées par la tourmente, vinrent rallier la galère du capitaine, et se dirigèrent sur le fanal, car il était nuit. Dans cette même mauvaise passe se trouvaient messire Robin de Braquemont, un grand chevalier français, et l'évêque de Saint-Flour, qui venaient cette fois comme ambassadeurs de France en Castille (1), et

---

(1) Gérard, évêque de Saint-Flour. Outre cette ambassade en Espagne, il en fit une, l'an 1411, pour l'affaire de la succession à la couronne d'Aragon.

Robert, dit Robinet, de Bracquemont, chevalier, conseiller et chambellan du roi Charles VI; créé amiral de France en 1417, il perdit cette charge l'année suivante, et se retira en Castille, où il mourut. Pour le rôle considérable qu'il joua en France, on peut consulter l'article du P. Anselme (*Hist. génèal.*, t. VII). Nous y ajouterons seulement, d'après Rymer, que Robinet de Bracquemont fut l'un des deux chambellans du roi qui signèrent au bas du traité du 14 juin 1404, conclu avec Owen Glendower. Il avait fait, en 1386, la campagne de Portugal, sous le duc de Bourbon, et ses relations avec la Castille datent de là ou de l'année 1387 (le P. MÉNÉTRIER, *De la Chevalerie*, p. 496). En 1393, il retourna en Castille, chargé d'une mission d'honneur. Il y fut dépêché de nouveau, en 1403, pour y demander un secours de quatre galères et cinq cents arbalétriers. (Le P. ANSELME.) Nous l'y voyons revenir

étaient montés chacun sur une nef. A minuit ils arrivèrent près de la galère du capitaine, lui demandant en grâce de ne pas s'éloigner d'eux de toute la nuit, parce qu'ils étaient en grande frayeur de périr sur la côte de la Valencine, à cause du vent qui les y poussait, craignant, s'il augmentait, de se voir en grand péril. Le capitaine resta toute la nuit à veiller sur eux, et à l'aube le vent tomba. Le capitaine fit alors hisser une bannière, et tous les navires se rallièrent autour de sa galère. On pouvait être alors au milieu de la mer d'Espagne, et messire Robin et l'évêque passèrent sur la galère du capitaine et mangèrent avec lui, pendant que leurs nefs avaient amené les voiles. Ils

---

en 1406. Il accompagna l'infant D. Fernando dans sa première campagne contre les Mores de Grenade, et le P. Anselme dit que lui et Gérard signèrent, le 7 décembre 1407, au retour de cette campagne, le traité pour la négociation duquel ils avaient été envoyés. En 1414, il assista au couronnement de l'Infant comme roi d'Aragon, et suivant la chronique du roi D. Juan II, ce fut à lui que Jean de Béthencourt, son cousin, dut le privilége accordé par le roi de Castille pour la conquête des îles Canaries. Robert de Bracquemont avait contracté deux alliances en Espagne : la première avec Inès de Mendoza, fille de Pero Gonzalez de Mendoza et d'Aldonza de Ayala ; la seconde avec Leonor de Toledo, fille de Fernand Alvarez de Toledo et de Leonor d'Ayala. Sa première et sa seconde femme étaient cousines germaines. Par elles il se trouvait allié aux plus grandes maisons de la Castille, et au plus proche degré de parenté avec les personnages qui occupaient alors les avenues du pouvoir. De plus, pour Pero Niño, il se recommandait à son attention comme cousin germain, par alliance, de sa première femme, doña Costanza de Guevara. Le nom de Bracquemont s'est continué en Castille par les d'Avilas, le maréchal Alvaro Gonzalez d'Avila ayant épousé Jeanne de Bracquemont, fille de Robert, et Pedro d'Avila son autre fille Marie. De là sont venus les *Bracamontes*, comtes de Peñaranda et marquis de Fuentelsol. Dans le district de Medina, province de Valladolid, est le village de *Rubi de Bracamonte*, tout proche de Fuentelsol dont Jeanne apporta en dot la seigneurie. Robert est enterré à Avila dans la chapelle du couvent de Saint-François.

n'avaient pas encore fini de manger, que s'éleva du ponant un vent très-fort, et il se mit à soulever la mer d'une façon qui ne promettait rien de bon. Le capitaine vit que c'était une tourmente, et ne laissa pas les ambassadeurs retourner à bord de leurs nefs, mais fit donner aux nefs l'ordre de continuer leur route. Tout ce jour le vent souffla grand frais, venant par la proue, et les galères, à force de rames, atterrirent sur la côte d'Espagne. A l'entrée de la nuit, elles mouillèrent par soixante brasses de fond, et passèrent toute la nuit à empenneler des ancres et à rafraîchir les câbles, car le grand vent les faisait chasser (1). Quant vint le jour et que la marée monta, les galères entrèrent au Passage, qui est un port de Castille, abrité de tous les vents. Pendant tout ce temps les deux nefs ne se montraient pas, aussi loin que l'on interrogeât la mer. Enfin, le troisième jour, on les aperçut. Alors le capitaine ordonna de faire route vers Santander. Là vinrent les nefs très-fatiguées des mauvais temps qu'elles avaient essuyés, et Pero Niño et les ambassadeurs descendirent à Santander. Il y fut très-bien reçu et y trouva un messager du roi avec une lettre par laquelle le roi lui ordonnait de venir incontinent auprès de lui, car aussitôt que le capitaine avait été sur la côte d'Espagne, le roi l'avait su (2).

(1) « On empennelle une ancre lorsque, à la croisée de cette ancre, on fixe une petite longueur d'un grelin servant de câble à une autre ancre, ordinairement moins forte, que l'on mouille plus au loin ; de sorte que si le navire, en faisant effort sur le câble de la première, la faisait chasser, elle serait retenue par le grelin de la seconde lorsqu'il serait raidi en vertu de ce même effort. — Rafraîchir un câble, une amarre c'est en filer quelque peu, pour faire effectuer l'effort ou le frottement sur un nouveau point. » (BONNEFOUX, *Dictionnaire de marine*.)

(2) Mss. : *ca luego que el fué en la costa d'España lo supo el rey*; Ll. : *lo aviso el rey*.

Pero Niño congédia les gens qui avaient fait campagne avec lui, et s'en fut à Valladolid où il avait sa maison. Et quoiqu'il revînt de la guerre, il fit faire une livrée de façon nouvelle et bien marquée (1), et la donna à tous ceux qui se trouvaient dans sa maison, grands ou petits. Ensuite il se rendit à Madrid où était le roi, et parut à la cour armé, lui et ses gentilhommes, comme un homme qui depuis longtemps allait continuellement en guerre pour le service du roi, son seigneur. Il fut très-bien accueilli par le roi et par toute la cour; et le roi, le voulant honorer et récompenser pour les services qu'il lui avait rendus, lui dit : « Pero Niño, je veux que vous soyez sur-le-champ fait chevalier. » Pero Niño répondit : « Seigneur, j'aurais déjà pu être fait chevalier en d'autres lieux et places où je me suis trouvé, et où d'autres gentilshommes se firent armer chevaliers selon l'usage des contrées que j'ai parcourues ; mais, seigneur, mon désir fut toujours de recevoir cet ordre de chevalerie de votre main et dans votre maison, parce que je suis votre créature, et dans votre maison j'ai été nourri. Et si ce n'était parce que maintenant je suis revêtu de mes armes, j'aurais voulu ne pas être fait chevalier avant que vous, seigneur, vous alliez avec votre armée à une de ces conquêtes que votre noble cœur désire; mais qu'il en soit fait comme Votre Grâce l'ordonne. » Alors le roi fit appeler tous les grands de sa cour, fit une très-noble fête, et là il arma chevalier le capitaine ; mais il lui dit : « Pero Niño, ma volonté est de vous

---

(1) *Estraña librea é muy divisada.* — C'était un usage des rois et des princes de faire des présents de robes, manteaux, habits, aux gens attachés à leur service ; les habillements qu'on livrait ainsi s'appelaient *livrées*. Quelquefois l'acceptation de ce présent était un engagement de servir pendant un an celui qui le faisait.

élever à un beaucoup plus grand état et de vous confier une entreprise qui sera pour vous honorable et bonne. »

CHAPITRE LIV.

Comment mourut le roi don Enrique, et comment la reine doña Catalina et l'infant don Fernando furent tuteurs du roi don Juan.

Sur ses entrefaites arrivèrent les ambassadeurs de France, messire Robin et l'évêque de Saint-Flour. Le roi don Enrique cherchait une occasion et un moyen de faire Pero Niño un grand du royaume (1). Dans ce temps la guerre éclata contre les Mores à cause du château d'Ayamonte qu'ils avaient pris. Le roi partit de Madrid et s'en fut à Tolède, où il se mit à tout ordonner pour le fait de la guerre. Là il fut attaqué d'une maladie de laquelle il mourut. Peu de jours après fut proclamé roi son fils, le roi don Juan. Bientôt il s'éleva dans le royaume des divisions, ainsi qu'il arrive dans tous les temps quand les rois sont petits d'âge. Les grands du royaume se réunirent et vinrent à la cour avec beaucoup de gens qu'ils avaient ligués avec eux pour s'emparer du roi; et ils voulaient mettre le royaume sous le gouvernement de tuteurs. Mais alors était en Castille l'infant don Fernando, loyal et noble, et bon catholique, lequel rompit toutes les menées.

1407.

(1) *Fazer grande honbre à Pero Niño.* — Dès ce temps il y avait des priviléges de grandesse, entre autres celui de confirmer les chartes en signant en rond autour de la signature du roi.

L'infant lui-même et la reine doña Catalina, mère du roi don Juan, restèrent seuls tuteurs du royaume, et maintinrent l'État en paix et justice et grand repos tant qu'ils vécurent (1).

Dès que le bon accord fut établi ainsi entre eux, ils résolurent de continuer contre les Mores la guerre commencée. Ils décidèrent aussi d'envoyer comme ambassadeurs en France Pero Niño et l'évêque de Léon.

L'infant don Fernando, oncle du roi, lorsqu'il se vit tuteur, ne pensa qu'à reprendre contre les Mores la guerre au point où l'avait laissée le roi don Enrique, son frère. Alors Pero Niño demanda en grâce à la reine et à l'infant qu'ils ne l'envoyassent pas pour cette fois en France, quoiqu'il y eût été volontiers, et que cela lui eût convenu à cause de l'affaire qu'il y avait arrangée ; mais il refusa ce voyage parce qu'il ne lui était pas séant d'aller en ambassade en temps de guerre, car il pensait que dans cette guerre il pourrait rendre à Dieu et au roi plus de services que dans l'ambassade. Les tuteurs eurent pour agréables les raisons de Pero Niño et lui accordèrent sa demande. Et lui, quoiqu'il revînt à peine de la mer, mit sur pied soixante hommes d'armes, tous bien montés et armés, chacun ayant

---

(1) Le roi D. Enrique III mourut le 25 décembre 1406, laissant un seul fils, D. Juan, né le 6 mars 1405. Il avait désigné pour exercer la régence l'infant D. Fernando, son frère, et la reine, sa femme. L'infant D. Fernando fut sollicité par quelques grands de prendre la couronne ; mais il repoussa ces suggestions, et fit proclamer roi son neveu, ce qui commença de lui mériter le surnom d'Honnête. La garde du jeune roi était, par le testament de son père, confiée à Diego Lopez de Zuñiga, justicia mayor, et Juan de Velasco, camarero mayor. La reine refusa de s'en dessaisir, et composa pour douze mille florins d'or. Elle partagea le gouvernement avec l'infant, qui, en raison de la guerre contre les Mores, prit pour lui l'administration de certaines provinces.

deux chevaux et des jaques à sa livrée, comme alors s'en était nouvellement introduit l'usage; et il n'y en avait aucun qui n'eût des panaches. Alors il envoya une lettre à Madame l'amirale de France.

CHAPITRE LV.

De la guerre que l'infant don Fernando fit aux Mores, et à laquelle prit part Pero Niño.

L'infant don Fernando leva une armée et s'en fut dans le royaume de Grenade. Il entra par Moron et assiégea Zahara, la prit de force et s'empara de la tour d'Alhaquin, de Pruna et d'Ayamonte, qui avait été perdu et avait causé cette guerre. Il prit aussi Cañete, las Cuevas et Pego. A toutes ces affaires se trouva Pero Niño, et il se servit de ses mains comme celui qui fit le mieux. L'infant, quand il se fut emparé de Zahara, marcha sur Setenil (1). Pendant que l'armée faisait ses journées, le connétable don Ruy Lopez se sépara d'elle avec deux mille cavaliers et fut reconnaître Ronda, et se plaça devant la ville. Il y avait là des rochers près d'une mosquée et un petit pont, et devant la ville il y a un endroit qu'on appelle le Petit-Marché; il

(1) Moron, à huit lieues sud-est de Séville. — Zahara, à quatre lieues sud-est de Moron. — Torre Albaquin, à une lieue et demie au nord-est de Zahara. — Pruna, Ayamonte, Cañete, las Cuevas, Pego, sont au nord de Torre Alhaquin, et leurs châteaux forment une ceinture devant Setenil, qui est située sur le Guadalete, à l'entrée de la Sierra de Ronda.

était plein de Mores à pied et à cheval, qui de là jetaient beaucoup de flèches, et ceux qui étaient à cheval arrivaient et envoyaient leurs lances aux gens du connétable, puis repartaient. Là il y eut une vive escarmouche. Le connétable ne laissait pas tout son monde y prendre part. Quant à Pero Niño qui se trouvait là monté sur un bon cheval et bien armé, il sortit du milieu de la troupe et en fut bientôt assez éloigné avec Ruy Diaz de Mendoza le Chauve (1). Celui ci dit à Pero Niño : « Je connais le pays, et je vous montrerai un très-bon passage par où vous pourrez aller aux Mores. » Ruy Diaz lui disait cela pour voir ce qu'il ferait, et Pero Niño était, de son côté, désireux de tâter son compagnon dont il y avait bruit de vaillant chevalier et bon gentilhomme (2). Pero Niño poussait en avant dans cette intention, quand le connétable vint à lui et fit tant qu'il le retint à cette fois ; mais avant qu'il eût regagné la troupe, l'escarmouche recommença plus serrée, et Pero Niño y retourna avec trois ou quatre de ses hommes, car il n'y en avait pas davantage des siens qui eussent vu ce qui se passait. Comme les Mores étaient sur une hauteur dans un lieu escarpé, entre les

---

(1) Il a été déjà fait mention (page 115) d'un Ruy Diaz de Mendoza el Calvo, fils de Diego Furtado, commandeur d'Estepa, et cousin-germain de Juan Furtado, grand-majordome du roi. Mais il s'agit ici plus probablement de Ruy Diaz el Calvo, de Séville, qui était de la maison de Luna, et ne portait le nom de Mendoza que par substitution. Celui-là aussi était un bon chevalier. En 1429, il fit subir un rude échec au célèbre Iñigo Lopez de Mendoza, marquis de Santillañe, alors capitaine de la frontière contre les rois d'Aragon et de Navarre, pendant les guerres civiles.

(2) Le manuscrit ajoute : *de dos o tres rocines*, ce qui nous paraît une interpolation. Ruy Diaz, même celui de Séville, était un personnage, et ne comptait point par deux ou trois ses chevaux de bataille.

rochers et la mosquée, là se trouvèrent en grande presse le chevalier et son cheval qui n'était pas armé. On leur lança une telle quantité de pierres, que le cheval fit une demi-volte, de quoi Pero Niño eut grand déplaisir et grande honte, car jamais puissance d'ennemis ne l'avait fait reculer, ni montrer les épaules. Et le cheval qui était brave et loyal revint à la charge, sentant la volonté de son cavalier, et se jeta au milieu des Mores, de telle sorte qu'ils furent enfoncés et se mirent à fuir vers la ville. Et le sache qui voudra le savoir, entre Pero Niño et les chrétiens qui étaient de sa suite, il y avait plus de cent Mores; et lui s'en allait frappant et tuant, et comme le lieu était étroit, aucun coup n'était perdu. Quand il eut brisé sa lance contre eux, il mit la main à son épée, et frappa des coups signalés tant et si bien, que celui qu'il atteignait, armé ou désarmé c'était tout un, celui-là n'avait plus jamais à jouer de la lance. Il arriva ainsi jusqu'au pont qui est près de la ville; alors sortit un chevalier armé et à pied, qui approcha très-hardiment jusqu'au point de mettre la main sur les rênes du cheval. Pero Niño lui donna un tel coup sur le sommet de la tête, qu'il lui trancha le bassinet sur le crâne, et le More tomba raide par terre. Mais du coup Pero Niño faillit perdre son épée. Il eut en cette heure à passer par des périls et travaux si grands qu'aucun chevalier du monde n'a jamais pu en affronter davantage dans un même espace de temps, car les Mores l'avaient saisi par les jambes, essayant de le tirer à bas de son cheval, et lui enlevèrent le fourreau de son épée et sa dague; mais avec l'aide de Dieu il se débarrassa d'eux tous en belle façon; et qui voulut bien regarder put voir ceux qui étaient en haut de la porte quitter la muraille et s'enfuir vers le château. Se frayant ainsi le chemin, Pero Niño sentit que son cheval faiblissait sous lui ; et il regarda et vit qu'il perdait beaucoup de sang, qu'il ne pouvait plus le porter, et que les éperons ne servaient plus guère à rien. Alors il retourna du côté de ses gens la tête du cheval qui était à bout, et continua de frapper pour se sortir du milieu des Mores qui mettaient les mains sur lui. Le cheval était de bonne race ; quoique la force lui manquât à cause des grands coups et blessures qu'il avait reçus, le courage ne lui fit pas défaut, et il tira son maître de cet endroit. Avant que le cheval tombât, un page en donna un autre à Pero Niño, et un instant après le brave cheval roulait à terre, mort, les boyaux hors du ventre et répandus en mainte place. Pero Niño de rechef se mit à combattre les Mores, et bientôt son second cheval fut couvert de tant de blessures, qu'à grand'peine il put le ramener jusqu'à ses gens ; et le chevalier n'avait pas été plus épargné que le cheval ; seulement les coups tombaient sur de bonnes armes, pas si bonnes pourtant qu'elles ne fussent brisées et faussées en plus d'un endroit. Son épée était comme une scie, ébréchée par larges places, la poignée tordue à force d'avoir frappé de grands coups, et toute baignée de sang. Plus tard, Pero Niño envoya cette épée en France par un page, avec d'autres présents, à Madame l'amirale (1).

(1) L'infant D. Fernando partit de Séville le 14 septembre 1407. Le 2 octobre il enleva la place de Zahara, après un siège de sept jours. Torre Alhaquin, Ayamonte et Pego furent occupées sans combat. Pruna était, depuis le 4 juin, tombée entre les mains du maître de Saint-Jacques. La reconnaissance sur Ronda fut faite le 4 octobre, par un détachement sous les ordres du connétable, et les circonstances que rapporte Gamez fixèrent l'attention assez pour que la *Chronique* de D. Juan II mentionne le cheval de Pero Niño tué dans cette affaire.

Le connétable partit de là et rejoignit l'armée. L'infant don Fernando mit son camp devant Setenil qu'il entoura de tous les côtés. Chaque jour il la battait avec les bombardes qui lançaient des boulets de pierre en quantité, et il voulait lui donner l'assaut. Il fit faire un mantelet de fort bois couvert de cuir, et commanda à Pero Niño de se poster avec son monde près des fossés, et de veiller sur le mantelet, pour empêcher que les Mores ne le brûlassent. Pero Niño prit cette charge, et lui et ses gens eurent pour la remplir à courir grands dangers et supporter grandes fatigues tant que l'infant demeura là, car les Mores sortaient de la ville à l'improviste, la nuit comme le jour, tellement que ceux qui gardaient le mantelet ne pouvaient, pour le défendre, ni manger, ni dormir. Il y eut en ces occasions beaucoup de morts et de blessés. Pero Niño (1) fit derrière ce mantelet plusieurs fameux coups d'arbalète, car il était bon arbalétrier.

Un jour l'infant commanda à Pero Niño, à Garcia de Valdes, et à d'autres chevaliers, de se glisser au-dessous des roches, de pousser autour de la ville une reconnaissance aussi loin qu'ils pourraient aller, d'examiner le fossé et le pied des remparts, pour voir s'il était possible de faire une attaque. Ils partirent bien armés, couverts de grands pavois, et firent le tour entier de la ville, recevant

---

L'Infant mit le siége devant Setenil le 5 octobre; il prit Cañete et las Cuevas pendant la durée de ce siége.

(1) L'artillerie du siége se composait de trois grandes bombardes, deux petites, seize canons. Le mantelet était destiné à couvrir les arbalétriers qui défendaient les batteries de siége. Suivant la *Chronique* de D. Juan II, le connétable en eut spécialement la garde qu'il put confier d'habitude à Pero Niño. Il y fut très-maltraité, par sa faute, dans une sortie des assiégés, le 17 octobre.

force pierres et flèches ; puis ils revinrent auprès de l'infant et lui dirent que toute la ville était assise sur le roc vif qui avait, en certaines places, une lance de hauteur, dans d'autres six brasses, et que pour arriver au pied de la roche il y avait à gravir une côte bien raide. Et ces chevaliers et d'autres qui étaient de leur opinion dirent qu'on ne pouvait assaillir la ville.

Pendant que ces chevaliers faisaient ainsi leur reconnaissance, il arriva que la barrette que portait sur sa tête le bon chevalier éprouvé, Garcia de Valdes, vint à tomber et roula jusqu'au fond du fossé. Garcia sembla n'y faire aucune attention : il se couvrit avec son pavois et continua à marcher avec les autres, examinant tout jusqu'à la fin, et s'en revint avec eux. Mais ensuite, après un assez long temps, il retourna seul, descendit dans le fossé, ramassa sa barrette, ce qui lui valut bien des coups de flèches et de pierres, et il sortit de là à la façon des bons chevaliers.

Ensuite, l'infant ordonna de construire une bastille de bois, haute et forte, bien garnie de cuir et montée sur des roues ; et il commanda au connétable de la faire avancer devant la porte de la ville, parce que c'était là le point le moins fort, quoiqu'il fût défendu par une grande tour qui était au-dessus de cette porte. L'entrée était barricadée et protégée par un bon fossé que l'infant ordonna de combler avec des fascines et des sacs de terre (1). Si

---

(1) « La bastille était couverte de cuir de bœufs, et aussi haute que la tour élevée auprès de la porte de la ville ; sa plate-forme dominait la tour. » (*Chronique* de D. Juan II.) Elle fut achevée le 23 octobre, et approchée de la muraille le 24 ; mais un de ses rouleaux s'étant brisé, on ne put la mettre en place, et cet accident irréparable détermina la levée du siège, le lendemain 25 octobre.

l'on eût écouté quelques chevaliers, la ville aurait pu être prise, quoique ce fût une grosse affaire; mais une grande partie des chevaliers de Castille mirent leur étude à faire échouer le projet (1), parce qu'ils étaient mal satisfaits de l'infant, et ils ne lui portaient pas encore crainte et révérence autant qu'ils le firent depuis. Un jour que Pero Niño était au mantelet, sans rien dire à aucun des siens, il sortit armé d'une cotte, avec une barrette, des brassards, une épée, et à son bras un bouclier, et il s'en fut droit en face du boulevard (2), tout contre le fossé, examinant l'enceinte bien tranquillement et pas à pas, jusqu'à ce qu'il fût parvenu jusque vis-à-vis la porte de la ville. Là il recueillit sur son bouclier une poignée de viretons, et s'en revint au mantelet. Sachez que durant le trajet il fut bien servi par les Mores qui étaient à la barrière de la ville; et il était à peine revenu derrière le mantelet lorsqu'il y tomba une nuée de flèches et de pierres, et cela dura bien longtemps. Comme le mantelet était couvert de cuirs, le bruit était tel qu'on ne pouvait s'entendre, et il semblait que le monde croulât dans une tempête.

L'infant apprit ce qui se passait et que beaucoup de ses gens désertaient pendant la nuit; il leva le camp très-mécontent et bien contre son gré et s'éloigna de Setenil (3). Quand il se mit en marche, la plus grande partie du jour

(1) Mss.: *ficieronlo maña*; Ll.: *ficieronlo mañera guerra*.

(2) *El espolòn*; c'est proprement *la digue, la levée*. Mais comme Setenil est bâtie sur une hauteur qui domine le Guadalete, nous supposons qu'il s'agit ici ou du rempart, ou du parapet du chemin couvert, s'il y en avait.

(3) Dès le 19 octobre, à une alerte que donna la garnison, l'infant s'était aperçu qu'une bonne partie de ses capitaines l'avait quitté sans congé. Quand, au retour, l'armée passa par Carmona, les habitants de la ville fermèrent les portes et crièrent aux arrivants : « A Setenil, à

était déjà passée ; il s'en fut coucher à Olvera, et à l'arrière-garde restèrent le connétable, le maître de Saint-Jacques, le comte don Martin Vasquez de Acuña, Pero Niño et d'autres chevaliers (1). Cette levée du camp se fit avec si peu de précautions, qu'on brûla une des tentes de l'infant en mettant le feu à des cabanes, et le départ fut si tardif qu'on arriva de nuit à Olvera. L'infant avait ordonné qu'avec l'équipage de siége partissent Pero Gonçalez de Baeza et Gonçalo Rodriguez de Ledesma, et qu'avec un certain nombre de gens de pied et de cheval, ils les conduisissent à Zahara (2). Ils avaient à passer par

Setenil ! » L'Infant dut se présenter en personne, pour faire ouvrir les portes et accueillir ses compagnons.

(1) Olvera n'est qu'à une lieue et demie de Setenil, de l'autre côté du Guadalete. — Martin Vasquez d'Acuña, comte de Valencia, Portugais ; il avait, pendant la campagne de 1396, embrassé avec ses deux frères le parti du roi de Castille, qui lui donna de grands établissements. Pero Niño devint son beau-frère, trois ans plus tard, comme nous le verrons. — D. Lorenzo Suarez de Figueroa, maître de Saint-Jacques, mort en 1409, rude chevalier. Il avait le défaut de se laisser diriger par les astrologues, au dire de l'historien Ferrant Perez de Guzman.

(2) L'équipage du siége dans la campagne de Setenil était composé de la manière suivante :

La grande bombarde, équipage et conducteurs	200 h^{mes}	Le goudron gras et le matériel des mineurs	100 h^{mes}
La bombarde de Gijon.	150 —	Les boulets de pierre .	150 —
La bombarde de l'Écharpe.	150 —	Les fourgons remplis de traits	60 —
Les deux bombardes de bronze.	200 —	Les pavois.	150 —
		Les échelles	15 —
Seize canons	50 —	Neuf forges.	80 —
Le grand engin. . . .	200 —	Le fer.	50 —
Dix mantelets.	150 —	Le charbon.	30 —
La poudre.	80 —	Les outils (pics, meules à aiguiser, etc.) les	

Ronda-la-Neuve, entre Montecorto et Ronda-la-Vieille. Presque au sortir du camp, la grande bombarde, qu'il fallait vingt paires de bœufs pour traîner, fut versée sur le chemin, et aussi une autre bombarde plus petite que pouvait conduire une paire de bœufs. Dans sa chute, la grande bombarde fut toute démantibulée, et il s'en perdit plusieurs pièces dont les Mores parvinrent à s'emparer. L'infant, averti de ce qui venait d'arriver, donna l'ordre à quelques chevaliers de retourner en arrière, afin de porter secours de ce côté. Ils y allèrent; mais en route quelques-uns de ceux qui s'étaient joints à eux les lâchèrent. Quant à eux, ils tinrent bon comme de braves chevaliers, et envoyèrent demander de l'aide à l'infant, en lui faisant connaître le grand péril où ils se trouvaient. Sur quoi l'infant adressa sa requête à quelques chevaliers qui étaient auprès de lui, et même à quelques-uns de sa maison, mais chacun trouva des excuses. Quand l'infant vit l'affaire en tel péril, il lui fallut envoyer prévenir le connétable, qui était à peine descendu de cheval depuis une demi-heure et qui dînait, et il le fit prier de vouloir bien, pour l'amour de Dieu, pour son service et pour Noblesse, aller secourir ces chevaliers. Cela parut chose bien difficile au connétable, au comte Martin Vasquez, à Pero Niño et aux autres chevaliers qui étaient là; non à cause du danger qu'y courraient leurs personnes, mais parce que les chevaliers et les autres gens arrivaient bien fatigués, et que les chevaux n'avaient pas encore mangé l'avoine et

treuils, chevilles, poutres, etc. . . . . . Dix chars pour les ferrements.	200 h^{mes}	Bûcherons, charpentiers, tailleurs de pierre, charrons, corroyeurs, cordiers, bouviers. .	60 h^{mes}

(*Chronique* du roi D. Juan II, ann. 1407.)

n'étaient pas même débridés. Mais le bon connétable, qui toujours fut désireux de se montrer en telles actions, et qui en fit quelques-unes de notables, laissait bien voir à ceux qui l'observaient que son cœur lui disait d'accepter; et ni le comte Martin Vasquez, ni Pero Niño, ni aucun des chevaliers qui se trouvaient là, n'étaient gens à y mettre obstacle. Aussitôt chacun d'eux donna ordre à ce que les chevaux fussent reposés et pansés; il ne se passa pas trois heures que les trompettes sonnèrent à cheval, si bien que, lorsque le soleil parut, le connétable et ceux qui étaient là avec lui arrivaient devant Setenil. Ils trouvèrent hors de la ville des chevaliers mores et des fantassins, qu'ils y firent rentrer bien vite par force. Et le connétable, qui parlait arabe, appela le cadi, lequel était alcaïde (1) de la ville. Celui-ci se montra au connétable et lui demanda ce qu'il venait chercher à Setenil. « Quand le bon roi don Alfonso est venu ici, dit-il, j'étais déjà alcaïde, car j'ai plus de quatre-vingts ans. Le roi regardait Setenil et l'examinait. Alors le rocher lui dit : Va-t-en ! Et il s'en alla. Si tu viens rechercher un peu de fer, je l'ai pris pour ferrer mes chevaux. Si tu viens pour secourir ces chrétiens, [il est bien vrai] qu'ils sont en grand travail. » Le connétable lui répondit qu'il était venu pour certaine besogne que lui avait commandée l'infant, et il le renvoya au nom de Dieu (2). Alors ils s'avancèrent un peu et trouvèrent renversée la grande bombarde, qu'il n'y avait pas moyen de relever. Aussitôt ils se mirent à raccommoder le char et les autres choses qui pouvaient servir. Il y avait peut-être une heure qu'ils étaient ainsi occupés, quand du côté d'Olvera pa-

---

(1) Capitaine.
(2) *Y que se fuese à Dios.*

rurent environ deux cents hommes d'armes et quatre ou cinq cents fantassins; et quand ceux-ci arrivèrent près du connétable, il reconnut que c'étaient Diego Hernandez de Quiñones et Carlos de Arellano (1), lesquels dirent qu'ils étaient venus par ordre de l'infant prêter main-forte. Discutant entre eux sur la charge que chacun devrait prendre dans cette affaire, il y eut alors de braves paroles échangées, comme cela ne pouvait manquer entre bons chevaliers. Enfin ces deux chevaliers ramenèrent la petite bombarde que purent enlever trente hommes à pied. Ces hommes donnèrent leurs écus à d'autres, et lièrent la bombarde sur des branches d'arbres et des barres qu'ils avaient coupées; et la portant à bras, ils reprirent le chemin par où ils étaient venus. Le connétable, avec ceux qui l'avaient accompagné, restèrent là pour remonter et charger la grande bombarde, ce qui leur prit plus de quatre heures. Ils avaient grand'peine à lui faire faire bien peu de chemin, parce que le terrain était fort raboteux, et la bombarde retomba trois ou quatre fois. Chaque fois elle entraînait les bœufs avec elle, et pour la remettre sur pied, il fallait plus d'une heure. Pendant tout ce trajet, le bon chevalier Pero Niño, quoique armé de toutes pièces, chemina constamment à pied, dirigeant et mettant la main à la besogne, ainsi que le voulait l'occasion, et jamais il

---

(1) Diego Fernandez de Quiñones, merino mayor des Asturies, adelantado de Leon; il mourut en 1444, à l'âge de soixante-quinze ans, laissant dix enfants et trente petits-enfants, n'ayant pas éprouvé pendant sa longue vie un seul revers. Un article lui a été consacré dans les *Generaciones y semblanzas*, à cause de cette existence exempte de toute mauvaise chance. — Carlos d'Arellano, seigneur de los Cameros, alferez mayor de l'Infant D. Fernando, était l'un des grands de Castille qui tenaient le premier rang à la cour depuis le règne de D. Juan Ier.

ne remonta sur son cheval, encore bien que plusieurs fois on répandit la nouvelle de l'arrivée de beaucoup de Mores à pied et à cheval. Il ne voulut se remettre en selle qu'arrivé à la hauteur d'Audita, là où trois chemins se rencontrent, l'un qui va à Ronda-la-Neuve, l'autre à Ronda-la-Vieille, et le troisième à Montecorto. Le reste des équipages montait alors une côte, et était en sûreté, car il était bien à trois lieues en avant. Là s'arrêtèrent le bon chevalier Pero Niño et le comte Martin Vasquez avec cent hommes d'armes, jusqu'à ce qu'ils pensèrent que les équipages avaient dû arriver depuis plus de trois heures à Zahara, ce qui les mena bien avant dans la nuit. Ceux qui avaient accompli tout ce travail avec le bon connétable n'étaient que quatre cents hommes d'armes, et de piétaille pas un seul homme. Les éclaireurs avaient plusieurs fois aperçu jusqu'à deux mille cavaliers mores et huit ou dix mille hommes de pied. Ici l'auteur dit à ce sujet que crainte et amour sont deux contraires, et que celui qui craint n'aime point, parce que l'amour chasse la crainte. Celui qui aime vraiment est tellement enflammé par l'amour, qu'il le communique à ceux qui l'entourent ; et le bien aimant, par l'espoir d'obtenir ce qu'il désire tant, trouve légers et plaisants tous les travaux. Ainsi en arriva-t-il au bon connétable, qui toujours aima l'honneur et travailla pour lui, et l'acquit, et jamais ne le laissa perdre dans tous les lieux où il entendit qu'il pouvait le gagner. Il enseignait par l'exemple ceux qu'il aimait bien, et de même enseignèrent par leur exemple lui et les chevaliers qui avec grand courage et peu de monde retournèrent dans les lieux d'où tous les autres s'étaient retirés craignant la bataille. Et ils firent rentrer dans leur forteresse les Mores qu'ils rencontrèrent là, et sauvèrent l'honneur de la Castille en ne laissant pas l'équipage de siége aux mains des ennemis, et ils travaillèrent ce jour-là du lever jusqu'au coucher du soleil, entourés de beaucoup d'ennemis, en leur montrant qu'ils étaient de ceux qui aiment l'honneur. Ainsi partit l'infant du royaume de Grenade, et après avoir mis ordre à tout ce qui concernait la guerre, il vint à Guadalajara, où étaient le roi et la reine. Là il se passa entre les régents, la reine et l'infant, beaucoup de choses qu'il serait long de raconter (1).

CHAPITRE LVI [2].

Le roi et les tuteurs quittèrent Guadalajara et vinrent à Valladolid; là ils s'accordèrent sur les affaires du royaume. Pour rendre la concorde durable, et pour qu'il ne s'élevât plus de discussions entre eux, ils partagèrent le gouvernement de l'état : la reine demeura gouvernante de la Castille jusqu'aux montagnes, et l'infant de tout le reste, depuis les montagnes jusqu'à l'Andalousie (3). L'infant, de là en avant, s'efforça de se rendre puissant, tint un état de roi, et n'accorda des faveurs qu'à ses serviteurs et aux

(1) L'infant était de retour à Séville vers la fin d'octobre. Il en partit le 14 novembre, et tint, en janvier 1408, les cortès à Guadalajara.

(2) Le titre de ce chapitre manque dans le manuscrit.

(3) Le partage des provinces avait été fait, dès l'année 1407, par diocèses. L'infant avait eu pour sa part, outre les diocèses situés au sud des montagnes de Guadarrama, quelques-uns de ceux de la Galice, et celui de Palencia.

gens de sa maison, et non aux autres. Et autant d'offices, gouvernements et dignités venaient à vaquer, autant en donnait-il à des hommes de sa maison (1). Il ne laissait dans le royaume autorité à personne qui ne fût pas pour lui. Quand le roi don Enrique mourut, il avait désigné pour exécuteurs testamentaires le connétable don Ruy Lopez et son confesseur frère Juan Enriquez, et ordonné que Diego Lopez de Astúñiga et Juan de Velasco eussent la garde de son fils et l'administration de sa maison jusqu'à ce que le roi fût en âge de régner (2). Mais l'infant don Fernando s'y prit de telle sorte que les personnes désignées par le roi ne purent remplir leurs fonctions. Il fit valoir beaucoup de raisons, afin de démontrer qu'il convenait d'agir autrement pour l'honneur et le profit du roi et du royaume, en cela comme en autres choses, et donna à la reine-mère le gouvernement de la maison du roi. Dans ce temps, Pero Niño était avec le roi et la reine, et il lui fut confié une des trois capitaineries de la garde du roi ; et on lui donna cent lances qui revenaient à sa compagnie, la garde du roi se composant de trois cents lances. Pour cette raison, il

(1) Cette accusation ne manque pas de fondement. On trouva excessif, par exemple, que l'infant ait fait, en 1408, donner à son fils D. Sancho, alors âgé de huit ans, la grande-maîtrise d'Alcantara et celle de Saint-Jacques, l'année suivante, à son autre fils D. Enrique, encore enfant.

(1) Diego Lopez de Zuñiga, justicia mayor et alguazil mayor de la maison du roi ; il avait joué un très-grand rôle pendant la minorité du roi D. Enrique III, dont il devint le favori. En 1410, il fit à ses frais, en volontaire, la campagne d'Antequera, pour gagner l'indulgence qu'avait accordée le Pape. Il mourut en 1417. — Juan de Velasco, camarero mayor du roi, s'était fait armer chevalier par l'infant devant Setenil, circonstance bien curieuse dans la vie d'un homme qui, depuis vingt ans, occupait une place des plus considérables dans l'État. Lui et Diego Lopez quittèrent la cour en 1408, à cause des inquiétudes que l'infant leur donnait pour leur sûreté.

ne lui fut pas possible d'aller en France. Il envoya quelqu'un auprès de madame l'amirale pour se dégager d'avec elle, ne pouvant y aller lui-même. Et c'était bien raison, afin qu'une si grande dame ne continuât pas à rester dans la confiance qu'il reviendrait, comme elle l'avait fait jusque-là, suivant les accords que je vous ai contés plus haut.

Ici finit la seconde partie (1).

(1) Cette indication manque dans notre manuscrit, et nous l'empruntons au texte de Llaguno, ainsi que la suivante, laquelle est évidemment due à Llaguno lui-même. Toutes les deux sont du reste conformes à la division que Gamez annonce à la fin de son introduction. Notre manuscrit laisse ici un blanc, comme s'il existait une lacune à la fin du deuxième livre, mais nous croyons qu'il n'y manque rien.

ICI COMMENCE LE TROISIÈME LIVRE.

CHAPITRE PREMIER[1].

. . . .
. . . . [et à cet infant don Juan de Portugal, le roi don Juan] de Castille donna en mariage sa sœur l'infante doña Costança. Le roi don Enrique avait eu cette doña Costança d'une grande dame de la maison royale d'Aragon, à laquelle il avait promis de l'épouser, si sa femme, la reine doña Juana, venait à mourir avant elle. Et le roi

[1] Il ne semble pas que la lacune qui, dans notre manuscrit, de même que dans celui de Llaguno, tronque le troisième livre, comprenne plus que le commencement du premier chapitre. Nous essaierons de la combler à l'aide de l'opuscule intitulé : *Relacion del rey D. Pedro y de su descendencia* (Bibl. imp., mss., fonds espagnol, n° 101), qui fut composé sous Isabelle-la-Catholique, par l'historiographe Gracia Dei, et augmenté, sous Philippe II, par un ou deux anonymes. Gracia Dei et ses continuateurs citent plusieurs fois Gamez, et d'ordinaire presque textuellement. Le passage suivant est tiré de l'article consacré (f° 35) par l'un des anonymes à l'arrière-petit-fils de Pierre-le-Cruel, don Alonso de Castilla, qui avait épousé Juana de Zuñiga, petite-fille, par sa mère Leonor Niño, de Pedro Niño et de Beatriz de Portugal.

« Il est à savoir que le roi don Pedro de Portugal laissa quatre fils : don Fernando, qui était l'aîné et succéda à la couronne; don Juan, qui

don Juan maria l'autre infant, don Dionis, à une autre de ses sœurs, doña Juana, fille de doña Juana de Cifuentès. Le roi apañagea l'infant don Juan et lui donna Alba de Tormes et Valencia de don Juan. Quand mourut le roi don Fernando de Portugal, l'infant don Juan était déjà en Castille, et on le proclama roi en Portugal, et on l'envoya chercher, parce que la couronne lui appartenait après le roi son frère. L'infant fit savoir au roi qu'il voulait partir pour le Portugal, et le roi le fit arrêter, voulant lui-même devenir le roi de ce pays; aussitôt le roi don Juan de Castille épousa la reine doña Béatriz, fille du roi don Fernando de Portugal et d'une femme mariée que ce roi

était le puîné; don Dionis, qui était le troisième, et un autre don Juan, qui était bâtard et maître de l'ordre d'Avis. Après la mort du roi don Pedro, son fils aîné, ledit roi don Fernando lui succéda. Il épousa par amour doña Leonor Tellez de Meneses, femme de Juan Lorenzo Vasquez de Acuña, celui-ci étant encore vivant. A cause de cela il exila de Portugal Juan Lorenzo Vasquez, qui s'en vint en Castille, et ledit Juan Lorenzo portait sur sa toque des cornes d'or, comme Gutierre Diaz de Guemez le raconte en son histoire. Doña Leonor Tellez avait une sœur qui s'appelait doña Maria Tellez de Meneses, et qui était veuve. L'infant don Juan, frère puîné du roi, épousa en premières noces, par amour, cette doña Maria; ce mariage déplut beaucoup à doña Leonor Tellez, qui se faisait appeler reine, car elle eût voulu que l'infant don Juan épousât doña Beatriz, sa fille, et fille du roi don Fernando. A cause de cela, elle conçut une grande haine contre l'infant don Juan, et, pour venir à ses fins, elle donna à entendre à l'infant don Juan, faussement, que doña Maria, sa femme, commettait envers lui trahison. Il en résulta que l'infant mit à mort ladite doña Maria Tellez, laquelle mourut bien innocente du péché qui lui était imputé. D'autre part, doña Leonor Tellez se plaignit vivement du meurtre de sa sœur auprès du roi don Fernando, son mari, lequel contraignit l'infant don Juan de sortir de Portugal et de venir en Castille. Auparavant son frère, l'infant don Dionis, était venu en Castille parce qu'il n'avait pas voulu baiser la main de doña Leonor Tellez. »

avait enlevée à un de ses vassaux qu'on appelait Juan Lorenço de Acuña ; et à propos de ce mariage, advinrent diverses choses qui ne furent pas grandement à l'honneur de la Castille (1).

CHAPITRE II.

Comment l'infant don Juan de Portugal eut deux filles de l'infante, sa femme, et comment et avec qui elles furent mariées.

L'infant don Juan de Portugal eut deux filles de sa femme, l'infante doña Costança. L'aînée fut appelée doña Maria et la seconde doña Béatriz. L'infant don Juan mourut. On maria la fille aînée au comte don Martin Vasquez de Acuña, parce que c'était une chose convenue avec lui dans les conventions qu'il fit quand il passa de Portugal en Castille. On la maria par force, contre la volonté de sa mère et par ordre du roi. L'infant don Fernando prit l'autre fille, l'éleva dans sa maison et la fiança à l'infant don Enrique, son fils, lequel fut depuis maître de Saint-Jacques, elle étant de l'âge de onze ans, et lui n'ayant pas encore trois ans accomplis (2), car elle était le plus beau

(1) Voir les notes à la fin du volume.

(2) Il y avait entre eux une bien plus grande différence d'âge. D'après Gamez lui-même, doña Beatriz, qui mourut à la fin de l'année 1446, ayant alors environ soixante ans, devait être née vers 1386. L'annotateur de *Gracia Dei* la fait naître avant 1383 et dit qu'elle avait déjà dix-huit ou vingt ans quand l'infant don Fernando la fiança à son fils don Enrique. Au moment où Gamez la met en scène, elle ne pouvait avoir moins de vingt-trois ans.

parti qu'il y eût alors en Castille et aussi en Portugal, et elle devait avoir des héritages de deux côtés et dans les deux pays. L'infant don Fernando fit partager les biens qui provenaient de l'infant don Juan; il donna à la comtesse doña Maria Valencia avec son domaine, et à doña Béatriz Alba et ce qui en dépendait.

Dans ce temps, le roi don Martin d'Aragon, qu'il sût ou ne sût pas comment doña Béatriz avait été fiancée à don Enrique, l'envoya demander à l'infant don Fernando pour l'épouser lui-même. L'infant était très-aimé du roi don Martin et espérait qu'il le ferait un jour héritier du royaume d'Aragon. Il consentit donc à ce mariage; mais pendant qu'on s'occupait à en établir les conditions, le roi épousa une damoiselle de sa maison qui se nommait doña Margarida (1). On eut bientôt la nouvelle que le roi était marié, de quoi doña Béatriz de Portugal fut fort joyeuse, parce qu'on lui avait déjà parlé de mariage en faveur d'un chevalier duquel la dame se tenait pour satisfaite, selon qu'on le verra par la suite de cette histoire. De ce moment elle eut pour volonté de ne se marier qu'avec quelqu'un qui lui plairait, puisqu'on la promenait ainsi de fiancé en fiancé.

Pero Niño était dans ce temps grandement réputé comme bon chevalier, tant en armes qu'en joûtes et tournois, généreux, entreprenant, très-brillant dans ses équipages, distingué au palais et très-courtois, ce qui le faisait aimer de tout le monde. On parlait bien de lui partout où il était connu. Jamais on ne put reprocher à ce che-

---

(1) Le roi don Martin de Aragon épousa, le 16 septembre 1409, doña Margarida de Prades, fille de don Pedro de Prades et de doña Juana de Cabrera. Il mourut le 30 mai 1410, sans laisser d'enfants, et le débat s'ouvrit pour la succession à la couronne d'Aragon.

valier que, dans les palais ou dans les maisons où il allait, par sa faute il se fût élevé propos aigres ni disputes. La bonne renommée de ses actions faisait tant auprès des autres, qu'elle les portait à désirer d'avoir à faire à lui. Mais lui était toujours mesuré et courtois en son langage, observant soigneusement quelle était la personne qui le provoquait à parler ; il disait qu'il fallait laisser les propos piquants aux femmes, dont c'est le vice et la coutume, et que les hommes faisaient mieux d'en venir aux mains, ce qui était leur vertu et honneur. D'en venir aux mains avec lui, jamais personne ne s'en soucia.

CHAPITRE III.

Comment et à quel propos Péro Niño commença à être amoureux de la dame doña Beatrix.

L'infant don Fernando faisait dans ce temps de grandes fêtes et rejouissances à Valladolid, car la reine de Navarre, sa tante (1), y était alors venue, et avec elle d'honorables chevaliers et de grands seigneurs, et beaucoup de belles dames et damoiselles. Il s'y trouvait aussi plusieurs chevaliers ambassadeurs de France et d'Angleterre, et également des Mores, ambassadeurs de Grenade. Et la reine, mère du roi, faisait faire souvent des joûtes et jeux de cannes, et des tournois à pied et à cheval, en sorte que,

---

(1) Doña Leonor, fille du roi don Enrique II et femme de Charles III, roi de Navarre.

presque tous les jours les chevaliers avaient à mener les mains, et Pero Niño était toujours là. Ordinairement, quand il joûtait, il amenait avec lui quatre ou cinq chevaliers de sa maison armés pour la circonstance; d'autres fois, il allait seul et joûtait avec de très-fortes lances, et chaque jour avait plus d'une rencontre dans lesquelles il renversait bien des chevaliers et de ceux qui avaient fait vider la selle à d'autres.

Un jour, il arriva qu'on joûtait dans une rue qui se nomme la *Cascagera*, où la plupart du temps on se revoyait, et Pero Niño joûta ce jour-là. Parmi les chevaliers qu'il rua par terre en était un des plus vaillants et des plus considérables de la maison de l'infant. Ce chevalier était tel, que son rang m'oblige à ne le pas nommer. Dans cette rue, il y avait une belle et honorable demeure où logeait (1) pour lors la dame doña Béatriz, fille de l'infant don Juan; avec elle était doña Margarida, sa cousine, fille du comte don Enrique Manuel (2). Et il faut savoir que..... en raison de quoi il lui avait été plusieurs fois parlé de la

(1) La cour de Castille était, à cette époque, constamment en mouvement, et les personnes qui la suivaient étaient logées dans chaque ville par les *aposentadores* ou fourriers royaux.

(2) Don Enrique Manuel, fils naturel du célèbre don Juan Manuel, s'établit en Portugal auprès de sa sœur, la reine Constance. Il y fut fait comte de Ciutra. Son petit-fils, du même nom que lui, prit, en 1383, parti pour le roi don Juan 1er, lorsqu'il alla réclamer la couronne au nom de sa femme, doña Beatriz. Cela le ramena en Castille, où le roi lui donna Montealegre et Meneses, avec le titre de comte. C'est de ce don Enrique Manuel, d'ordinaire confondu avec son aïeul, qu'il est ici question. (Voyez PELLICER, *Informe para la casa de Sarmiento*. Salazar Mendoza (*Casa de Lara*, t. I, p. 451), n'admet point, malgré Pellicer, qu'il y ait eu plusieurs Enrique, mais le rapprochement des dates semble démontrer le contraire.) L'infant don Fernando avait en lui une grande confiance, et lorsqu'il alla prendre possession de la couronne

prendre pour femme ; et elle était telle, et par la beauté et par le lignage, que cela eût été, en effet, très-convenable, mais sa volonté n'allait pas de ce côté. Le jour où Pero Niño culbuta ce grand personnage, chevalier de la maison de l'infant, il arriva, comme d'ordinaire en pareil cas, que les uns eurent grande peine et les autres plaisir de sa chute. Et alors la dame doña Béatriz était à regarder ce qui se faisait à la joûte, et avec elle sa cousine doña Margarida, et d'autres dames et damoiselles ; et doña Margarida se mit à dire : « Que le chevalier tombe, cela n'est merveille lorsque son cheval tombe ; la faute n'est pas au chevalier, mais au cheval. » Doña Béatriz répondit : « Cousine, vous ne jugez pas bien, et vous ne dites pas ce que vous avez dans votre pensée. Vous vous êtes bien aperçue, je crois, que ce chevalier est tombé parce qu'il a plié sous le poids des coups, et il a tiré les rênes si fort que cheval et cavalier

d'Aragon, il le nomma du conseil chargé d'exercer sa part de la régence.

Don Enrique Manuel eut de sa femme Beatriz de Souza trois fils et deux filles. L'une de ces filles est Margarida, dont ne parlent ni Argote de Molina, ni Alonzo Lopez de Haro, à l'article des Manuel. En voici peut-être la raison : Haro, à l'article des Luna, dit que le connétable don Alvaro de Luna eut de Margarida Manuel, « femme noble et de grande qualité, » deux enfants, dont l'un, don Pedro de Luna, hérita en partie de l'immense fortune de son père. Pellicer (*Casa de Sarmiento*), qui la nomme Margarida Manuel de Villena, affirme expressément qu'elle était fille du comte de Montealegre et de Beatriz de Sousa ; il en fait également la mère de don Pedro de Luna, comte de Ledesma. Salazar Mendoza, dans sa défense du connétable (*Cronica del grand cardenal d'España*), confesse l'illégitimité de la liaison qu'il y eut entre don Alvaro et doña Margarida ; mais il ajoute que, lorsque naquit don Pedro de Luna, don Alvaro était veuf et Margarida veuve (de Diego Garcia de Toledo). Nous donnons l'excuse pour ce qu'elle vaut.

ont dû rouler à terre. » Et la plupart des dames et damoiselles qui étaient là furent de l'avis de la dame doña Béatriz. A cette conversation assistaient encore d'autres personnes, et parmi elles se trouvait un damoiseau de Pero Niño, à qui appartenait la maison où demeurait doña Béatriz; et il conta le tout à son seigneur, et la manière dont les dames avaient jugé. Dans le temps dont je vous parle, Pero Niño avait déjà dégagé sa parole auprès de Madame l'amirale de France, la grande dame dont je vous ai ci-dessus parlé, et qu'il aima quand il fut en France; il avait envoyé prendre congé d'elle, à cause de la guerre des Mores, et suivant les conventions qui avaient été arrêtées entre eux, et alors était passé le terme où elle devait l'attendre et lui la rejoindre, à son pouvoir, dans le délai qu'il avait fixé.

Et ici l'auteur dit que les choses qui doivent arriver, il faut qu'elles soient et qu'elles aient un commencement, et que tels furent l'occasion et le principe du mariage de ces deux personnages, mariage pour lequel ils eurent à traverser bien des épreuves et de dures. Et pendant que le damoiseau racontait à Pero Niño les paroles qu'avait dites doña Béatriz, sur l'heure même le chevalier mit fermement dans son cœur qu'il aimerait cette damoiselle, à toute bonne fin de son honneur, et nonobstant qu'il sût qu'elle était fiancée, car il comprenait que le mariage était trop inégal à cause de l'âge. Et dans le même temps, Pero Niño apprit comment il en allait de doña Béatriz, et que ce troc que lui voulait faire faire l'infant l'avait disposée à ne point accepter de mari, sinon quelqu'un qui lui plût. Et de même que Pero Niño s'était hasardé à d'autres grandes affaires, il se hasarda encore à celle-là. Il trouva quelqu'un par qui faire dire à doña Béatriz qu'elle était la dame du monde qu'il aimerait le plus servir pour son honneur et qu'il pensait s'y vouer jusqu'à la mort, parce qu'elle était plus généreuse qu'aucune des reines de toute l'Espagne, qu'il n'y avait damoiselle ni mieux famée, ni de plus haut lignage, et il la requit d'agréer qu'il s'appelât son chevalier et se montrât tel en tous lieux où il le faudrait. Et quand elle ouït cette ambassade, elle en fut fort émerveillée et toute troublée en son cœur, et changea de couleur et ne répondit pour lors chose aucune au messager. Mais Pero Niño ne cessait de ranger de son côté et de gagner le bon vouloir des personnes dont il savait qu'elle prenait conseil et qui étaient de sa maison et autour d'elle. Il leur rendait beaucoup d'honneurs et leur faisait des présents, mais sans leur rien donner à entendre de son motif. Bientôt, de tous les gens qu'il y avait dans la maison de cette dame, il n'y en eut point qui ne parlât de Pero Niño et de ses hauts faits; la vérité est qu'il y donnait assez de matière. La plupart d'entre eux ne savaient pas tout, quoiqu'ils en devinassent quelque chose, et ils s'entretenaient tant de lui dans toute la maison, que doña Béatriz en fut tout émerveillée; et un jour, à ce sujet, elle appela deux de ses damoiselles en qui elle avait grande confiance, et leur dit : « Apprenez-moi, amies, qui donc a glissé dans cette maison Pero Niño, un homme à qui je n'ai jamais parlé, que je ne connais que par ouï-dire? Je vois qu'ici vous parlez toutes de lui et vantez ses actions et sa courtoisie plus que vous ne le faites d'aucun autre chevalier de Castille. » Et une d'elles répondit : « S'il n'était pas ce qu'il est, nous ne ferions point de lui tant de louanges; mais c'est aujourd'hui, sans conteste, la fleur de tous les chevaliers en noblesse et en chevalerie, et en lui sont toutes bonnes vertus, autant que dans le meilleur chevalier du monde il y en puisse avoir. » Et l'autre dit : « Madame, c'est grande vérité, et même il y a en lui plus de bien qu'on ne le saurait dire, et bien heurée sera la femme qui aura un tel mari et seigneur, parce que toute sa vie elle sera joyeuse et vivra en plaisir. » Et ces damoiselles savaient déjà la bonne façon de dire, parce que, de la part de Pero Niño, elles avaient été soufflées par ce damoiseau qui les entretenait tous les jours. Et doña Béatriz répondit : « Ah! mes amies, comme vous vous trompez! Je sais bien que c'est aujourd'hui un des plus fameux chevaliers du monde, mais on m'assure que pour lui sont diffamées de grandes dames, et je ne voudrais pas que je fusse mise au nombre de celles-là, ni être aucune d'elles; bien vous savez que c'est la chose dont je me suis toujours le plus gardée, et je vous ordonne que sur ce chapitre vous ne me fassiez jamais plus entendre une parole. » Telle fut, ce jour-là, sa réponse; et elle fut portée par le damoiseau à Pero Niño. Mais lui, qui n'oubliait jamais ce qu'il avait arrêté dans son cœur, se mit bien en peine pour trouver moyen de lui tout dire, de lui à elle. Un jour qu'elle sortait de son logis pour chevaucher, il s'arrangea de façon à se mettre sur son chemin et à se faire prier par ceux qui étaient là de tenir les rênes du cheval; et il le fit, car c'était l'occasion qu'il cherchait, et la fortune la lui envoyait à cette heure. Et marchant de la sorte à côté d'elle, il eut loisir de lui découvrir toutes ses pensées, lui remémorant comment il les lui avait déjà fait apprendre, et la priant d'être bien assurée que son désir était de l'aimer droitement et loyalement, à l'honneur de tous deux. Elle répondit que l'on devait toujours douter des paroles des hommes, mais qu'elle prendrait l'avis de personnes qui avaient l'obligation de la conseiller loyalement, et qu'elle répondrait.

Pero Niño ne cessait de chercher tous les meilleurs expédients pour mener à chef cette affaire. Et la dame doña Béatriz avait un frère, fils naturel de son père, l'infant don Juan, que l'on appelait don Fernando (1), bon chevalier et très-ami de Pero Niño dans les temps passés. Pendant le délai que prit la dame doña Béatriz pour répondre à Pero Niño, celui-ci s'ouvrit à don Fernando, son frère, et lui dit toutes ses pensées et le point où en étaient les choses. Quand don Fernando sut cela, il montra qu'il en avait grand plaisir et promit à Pero Niño de l'aider, comprenant que ce serait à l'honneur de sa sœur, après tous les projets de mariage que l'on avait faits pour elle, et les menées qu'il y avait dans la maison du seigneur infant. Incontinent, don Fernando s'en fut vers sa sœur, de la part de Pero Niño, et ils s'entretinrent des choses passées, présentes et à venir; et sur ces dernières ils s'arrêtèrent le plus, car elles se devaient accomplir sans le congé du seigneur infant, lequel était pour ce moment [comme] roi, car il était régent du royaume pendant le petit âge du roi, son neveu.

[Il revint] auprès de Pero Niño et lui rapporta tout ce qui s'était dit, comment il avait remontré à doña Béatriz les travaux et peines qui pourraient en naître et les périls qui s'en suivraient, [ajoutant que] s'il voulait s'y jeter à toute outrance, elle était pour sa part décidée, suivant l'avis de son frère et d'autres personnes qui la conseillaient loyalement, eu égard à sa chevalerie; car Pero Niño était tel, qu'il amènerait bien toute l'affaire à sauveté, et il n'y avait

---

(1) Don Fernando, seigneur de Bragance. Il avait épousé, en Portugal, l'an 1407, Leonor Vasquez Coutinbo. Après la mort de son fils, D. Duarte, en 1442, Bragance fit retour à la couronne.

pas dans tout le royaume un chevalier à qui appartînt de se charger d'une entreprise pareille, sinon lui.

De tout cela Pero Niño eut grand plaisir quand il ouït cette réponse, car avec une grande sagesse il s'était déjà regardé dans le miroir de la haute prudence (1), et il y avait vu qu'il était obligé à toutes ces choses et à beaucoup d'autres qui pouvaient lui advenir. Le mariage fut alors concerté par le frère de doña Béatriz et par d'autres personnes d'autorité, et les fiançailles furent faites par un prêtre, en présence de ces personnes discrètes et honorables, de toute foi et créance; et arrhes, dots et obligations en villes et vassaux, comme il convenait à une telle dame, lui furent assignées, par devant gens qui aimaient son honneur et qui étaient tenus à chercher l'avantage des deux parties, à les servir et à garder le secret jusqu'au jour où il devait être déclaré, bien que plusieurs d'entre eux eussent déjà grand souci des persécutions qui pouvaient s'en suivre. Cependant, comme ils voyaient la chose arrangée par les parties principales, ils pensaient que tout finirait en bien, et que telle était la volonté de Dieu, comme de fait on le verra plus loin.

Et depuis ce temps, Pero Niño fut beaucoup plus joyeux qu'il ne l'était auparavant, et se tint en plus alertes dispositions et sur un plus grand pied, comme quelqu'un qui pensait à mener à chef cette affaire. Et désormais il ne prit plus guère soin de la tenir secrète (2) : aux uns il

---

(1) *De la grand prudencia.* En se reportant à la définition de prudence que notre auteur a donnée dans le prohême, on verra que le miroir auquel Pero Niño se regarda ne pouvait lui donner des conseils de circonspection, mais bien de prudhomie, « afin de parvenir à la haute vertu de prouesse. »

(2) Voyez les notes à la fin du volume.

en parlait, et aux autres qui le questionnaient il ne la niait pas, de sorte qu'il sut qu'on en avait dit quelques mots à l'infant, et avant que la chose allât plus loin, il voulut la lui faire savoir lui-même. Or, comme le seigneur infant avait désir de faire la guerre, et surtout aux Mores, il lui faisait plus d'accueil qu'à nul autre chevalier de son rang ou au-dessus, et Pero Niño le vint trouver et lui dit : « Seigneur, j'ai été élevé par le roi don Enrique votre frère, et, comme Votre Grâce le sait, je lui ai fait de bons services et par terre et par mer ; et lorsqu'il se proposait de me donner récompense et haut état, selon qu'il me l'avait promis, Dieu le retira de ce monde. Il est vrai que, comme Votre Grâce était là, je pensai qu'elle voudrait rémunérer et récompenser les services que j'ai faits à Sa Grâce le roi votre frère, et aussi entends-je bien vous servir le mieux que puisse faire un chevalier qui sert roi ou seigneur, ce à quoi, grâce à Dieu, je suis bien préparé. A présent, seigneur, il convient que je prenne femme, et l'on me propose les plus grands partis du royaume ; mais comme j'ai l'intention de vous servir mieux que tous les rois du monde et que je veux être tout à vous, j'aurais inclination à me marier dans votre maison. »

L'infant lui répondit : « Tout ce que vous avez dit est vérité, et vous devez être assuré qu'en toutes les choses où je pourrai vous aider je vous donnerai assistance comme à l'homme que je tiens le plus près de moi, et qui est serviteur de ma maison. Qu'il vous plaise donc de me dire de qui il s'agit et sur qui votre inclination se porte. » Alors Pero Niño répliqua qu'il avait quelque embarras à le dire lui-même, mais qu'il répondrait par le confesseur de l'infant, et l'infant dit que cela était bien. Dès le lendemain, Pero Niño fut trouver le confesseur, et lui rapporta les paroles qu'il y avait eu entre lui et l'infant. Il lui révéla que la damoiselle était doña Béatriz, fille de l'infant don Juan. Cela parut un peu trouble (1) au confesseur, parce qu'il savait que l'infant s'occupait pour la dame d'autres mariages hors du royaume de Castille, et même qu'il n'avait pas tout à fait rompu le projet de mariage avec son fils. Toutefois, il assura qu'il ferait la commission et rapporterait la réponse; et il ne se passa pas deux ou trois jours que Pero Niño eut la réponse par le confesseur. Cette réponse fut que l'infant lui ordonnait et le priait de ne point parler davantage de ce projet, parce qu'il avait déjà négocié et arrangé un mariage autre part, où il lui importait beaucoup qu'il se fît, et il n'était plus possible de le rompre, mais qu'il l'engageait à jeter les yeux dans tout le royaume sur ce qui serait d'ailleurs le plus à son gré, et qu'il le seconderait comme il l'avait promis, en quoi lui serait fait grand plaisir. Pero Niño répondit au confesseur d'être bien assuré que, si ce mariage ne se faisait pas, de toute sa vie il n'épouserait personne autre, que l'infant le tînt pour certain; que si Sa Grâce lui accordait sa demande, elle le rendrait le plus heureux chevalier du monde et s'en apercevrait bien à ses services, mais que, si elle la lui refusait, il aimait mieux qu'on lui coupât la tête. Le confesseur répondit que pour lui faire plaisir il reporterait leur conversation, quoique sur ce sujet l'infant lui eût parlé d'une manière fort sévère (2). Depuis ce mo-

---

(1) *Un poco escuro.*
(2) *El confesor dixo que por le facer placer que se lo diria en caso que le fablava en ello muy áspero.* — Peut-être faut-il, au lieu

ment, Pero Niño se tint pour bien déchargé, en raison de ce qu'il avait fait savoir à l'infant. Pour dire vrai, il aperçut tout de suite les travaux qui allaient lui survenir, et d'ores en avant il se garda mieux qu'il ne l'avait fait jusque-là. Il allait toujours à cheval, car il était l'homme le mieux monté du royaume (1), et il tenait toujours autour de lui vingt à trente chevaliers et écuyers, bien équipés et pourvus de bons chevaux. Les robes de martre alors ne se montraient plus souvent; la cotte de maille était le vêtement ordinaire.

Ici l'auteur parle et traite du courage et de la constance, et il dit comment ce chevalier entrait déjà dans la bataille avec très-grande vaillance et entendement, ne redoutant ni les coups présents ni les coups à venir, et mettant de côté toute crainte, afin d'obtenir le triomphe et l'honneur dans cette grande entreprise, [bravant des dangers] lesquels en son cœur semblaient petits en comparaison des épreuves par où il savait qu'il devrait passer. Voyez si ce n'était pas grand courage et grande hardiesse que de dire et faire savoir sans aucune frayeur toute son intention à un si puissant prince, et attendre la réponse, qui fut ce que vous avez ouï! Et après l'avoir reçue de l'infant, il resta près d'une demi-année à la cour et dans les environs, et se jeta plusieurs fois en d'assez grands risques pour voir son épouse (2). Mais les choses que Dieu veut garder de tout accident sont bien gardées; ainsi ar-

---

de *fablava,* lire *fallava,* et traduire : Il reporterait ses paroles, quoiqu'il trouvât l'infant bien aigrement disposé à ce sujet.

(1) *El mejor honbre encavalgado del reyno.*

(2) Ce nom d'époux et d'épouse était alors donné en Espagne après les fiançailles, quoiqu'elles ne fussent pas toujours un engagement bien solide.

riva-t-il pour cette fois, car doña Béatriz était si véritablement devouée à l'honneur de son seigneur et époux qu'aucune autre femme au monde ne le pourrait être plus, comme il apparut plus tard. Tout cela vint à la connaissance de l'infant et de ceux qui l'entouraient, lesquels n'aimaient pas Pero Niño, parce qu'ils lui portaient envie, et ils le contrariaient dans cette affaire, ainsi que dans toute autre chose, autant qu'ils le pouvaient; cependant ils ne s'en tenaient pas pour bien certains. Ces seigneurs étaient : don Sancho de Rojas, évêque de Palencia, qui fut depuis archevêque de Tolède; Alfonso Anriquez, amiral; le comte don Enrique Manuel et Perafan de Rivera, adelantado de la frontière, qui étaient alors les principaux du conseil de l'infant (1). Don Ruy Lopez de Avalos, connétable de Castille, était là; mais quoiqu'il eût grand désir d'aider Pero Niño, il n'y trouvait pas grand jour, et au contraire tous le tenaient pour suspect, croyant qu'il avait participé au conseil pour le mariage. Et ils ne se trompaient pas de beaucoup; en effet, s'il ne s'était pas mêlé de l'affaire lorsqu'elle commençait, il y avait depuis aidé autant qu'il avait pu. Ces seigneurs firent tant auprès de l'infant, que celui-ci finit par vouloir connaître toute la vérité.

(1) Sancho de Rojas avait fait avec l'infant la campagne de Setenil, comme auditeur de la chancellerie, et il marqua par son audace guerrière pendant le siège d'Antequera, l'an 1410. Il fut fait archevêque de Tolède en 1415 et mourut en 1422, étant resté jusqu'en 1420 l'un des principaux ministres, et toujours tout dévoué à la maison de l'infant don Fernando. — Alonso Enriquez, fils de don Fadrique, maître de Saint-Jacques, et par conséquent cousin-germain du roi don Juan Ier, avait rendu de grands services pendant la campagne de 1407 et battu la flotte des Mores dans le détroit de Gibraltar. Il mourut en 1426, à l'âge de soixante-quinze ans. — Perafan de Ribera, notaire mayeur d'Andalousie, fut désigné par l'infant don Fernando pour gouverner ses

CHAPITRE IV.

Comment, avec un grand courage, Pero Niño s'aventura à dire à l'infant, dans sa chambre, tout ce qui s'était passé.

Un soir, Pero Niño se trouvait au palais avec le roi et la reine. Le roi y était venu de Magaz (1), où il demeurait alors d'habitude, et Pero Niño avec lui, parce qu'il était l'un des principaux de ses gardes. Comme ses affaires allaient chaque jour l'étreignant davantage, il lui fallait venir voir son épouse et, en chevalier, soutenir l'entreprise où son honneur était si fort en jeu. Donc, lorsqu'il fut arrivé au palais, l'infant le fit appeler dans sa chambre, où il y avait l'évêque de Palencia et le connétable, pour apprendre de sa bouche la vérité sur les choses dont on parlait tant. L'infant lui dit qu'il devait se rappeler comment il en avait déjà été question entre eux, et que, par son confesseur, il lui avait fait faire prière et commandement de ne plus sonner mot de ce mariage et d'y renoncer, mais qu'à présent on l'avait averti qu'il prétendait avoir épousé doña Béatriz, et que sur ce point il voulait savoir de lui-même ce qui en était.

Pero Niño répondit : « Seigneur, Votre Grâce sait bien

provinces, lorsque l'infant alla prendre la couronne d'Aragon. Il mourut en 1425, âgé de quatre-vingt-cinq ans. — Pero Niño avait, on le voit, affaire à forte partie, et son protecteur, le connétable d'Avalos, était alors peu en crédit.

(1) Magaz, sur la Pisuorga, à une lieue au sud de Palencia et sept lieues au nord de Valladolid.

que lorsque votre confesseur me dit de ne plus parler de cette affaire et de m'en départir, je répliquai que ce n'était pas une chose que je pusse laisser en aucune façon; que je pensais être dans mon droit, et que ce mariage devait convenir à Votre Grâce par plusieurs raisons : la première, parce que, si Dieu avait disposé les choses pour que nos deux cœurs fussent d'accord, c'était un cas où personne ne devait s'interposer pour y mettre obstacle; la seconde, que je me croyais chevalier de taille à mériter doña Béatriz, vous ayant servi de ma personne en maintes occasions signalées, étant aujourd'hui prêt à vous servir encore aussi bien que chevalier qui soit au monde, et que je vous demandais en grâce, vous suppliant autant que je pouvais le faire, de consentir à me l'accorder, ce par quoi vous me rendriez le plus heureux chevalier du monde, qu'autrement je préférerais la mort. »

Sur cela, il y eut beaucoup de paroles dites, qu'il serait long de conter, et Pero Niño repartit aussitôt pour Magaz. Beaucoup de ceux qui étaient dans le palais crurent que Pero Niño serait arrêté sur l'heure même. Il ne le fut pas; et il avait parlé si sagement et avait mis avant tant de bonnes raisons en sa faveur, et les avait dites avec tant de courage, et l'infant était si noble et si porté à la justice, qu'il ne le fit pas arrêter; n'eussent été les mauvais conseillers, il eût certainement accordé son consentement.

Il ne se passa guère de temps que l'infant et l'infante envoyèrent appeler doña Béatriz, et l'évêque présent, ils lui demandèrent s'il était vrai que Pero Niño fût son époux, comme il le disait. Elle avait eu d'abord grand'peur que Pero Niño ne fût arrêté, sachant qu'il était en ce moment dans le palais de l'infant; mais elle avait ensuite appris d'un damoiseau qu'il était reparti. Elle répondit que telle était la vérité. Et ils lui demandèrent comment elle avait pu oser pareille chose contre la volonté de l'infant, lorsqu'il était question de son mariage avec leur fils. Ils lui dirent qu'elle avait commis une laide action. Elle exposa pour se défendre beaucoup de raisons qui l'avaient mue à ce faire. L'une d'elles était celle-ci : elle dit à l'infant qu'avant d'être régent en Castille, du vivant du roi son frère, il l'avait fiancée à son fils, et devait bien s'en souvenir, mais qu'ensuite, après qu'il avait obtenu le gouvernement du royaume, il s'était occupé pour elle d'autres mariages au dehors, les uns honorables, les autres qui l'étaient moins; qu'alors elle avait mis dans son cœur de ne se marier qu'avec quelqu'un qu'elle aimerait. Elle ajouta que plusieurs de ses parents et d'autres qui s'intéressaient à son honneur lui avaient présenté ce chevalier, qu'elle s'était fiancée à lui et s'en tenait pour très-contente. Elle dit qu'elle demandait en grâce à l'infant de le trouver bon; que ce serait pour elle une grande faveur; qu'elle avait fait ce qu'elle devait faire, et qu'elle était assurée d'avoir choisi un chevalier tel et si bon que l'infant pouvait se promettre d'en être bien servi.

L'infant lui répondit qu'elle eût à ne plus parler de consentement, et qu'elle s'était de nécessité apprêté bien grands chagrins. Elle répliqua qu'elle était préparée à supporter tous les travaux et les peines qui pourraient lui advenir pour cette raison; et aussitôt il lui fut ordonné par l'infant de ne point retourner à son logis, mais de demeurer avec l'infante, sa cousine.

Le lendemain, l'infant envoya l'évêque de Ségovie (1) et

---

(1) Don Juan Vasquez de Cepeda, connu, du lieu de sa naissance, sous le nom de don Juan de Tordesillas.

Pero de Monsalve, trésorier du roi, auprès de la reine qui était avec le roi à Magaz, pour lui porter de grandes plaintes de Pero Niño, disant qu'il s'était fiancé à doña Béatriz quand elle était déjà fiancée au fils de l'infant. Sur quoi ils alléguèrent beaucoup de raisons concluant à ce que Pero Niño devait être arrêté, et que la reine devait le livrer pour être mis en prison. La reine savait tout depuis longtemps et favorisait Péro Niño; mais elle n'avait pas assez de puissance ni de hardiesse pour faire tout ce qu'elle eût voulu. Elle fit incontinent comparaître le chevalier par-devant les ambassadeurs. Là il déclara que, de vérité, il s'était fiancé à doña Béatriz, et il donna les motifs pour lesquels il l'avait fait. Il dit ensuite : « L'infant n'est pas mon seigneur; s'il me porte mauvaise volonté, et si, dans sa maison, il y en a quelques-uns à qui ce que j'ai fait soit déplaisant, qui prétendent que j'ai encouru reproche et veuillent entreprendre cette demande, je les combattrai devant le roi mon seigneur, devant la reine et l'infant, et sous les yeux de doña Béatriz, mon épouse. Qu'ils choisissent deux d'entre eux, ceux que l'infant voudra ou qu'ils choisiront eux-mêmes, et je leur rendrai raison selon ce que dispose la loi des chevaliers en pareil cas, tenant le champ d'un soleil à l'autre. Je les vaincrai un à un; quand j'aurai dépêché l'un, en quelque état que je sois, je combattrai l'autre sans délai, et je les tuerai, ou les ferai sortir du champ, ou les obligerai à confesser que je n'ai commis aucune faute en me fiançant à mon épouse doña Béatriz, et qu'elle non plus n'est à reprendre en rien. » La condition qu'il y mit fut que, passé le terme fixé et après la bataille à laquelle il s'offrait, le roi lui ferait, en présence de tous, remise de son épouse, libre et quitte de toute retenue. De plus, en fin de discours, il ajouta qu'il s'offrait à donner aux chevaliers qui accepteraient le défi deux mille doublons à chacun pour leurs chevaux (1).

Les ambassadeurs le quittèrent, emportant ce défi avec le consentement de la reine, et s'en furent retrouver l'infant; mais ils ne tardèrent pas à revenir, et le lendemain ils rapportèrent pour réponse ceci : qu'on ne lui ferait point un tel plaisir, mais qu'on mettrait ordre à l'affaire d'une manière plus ennuyeuse pour lui. Et aussitôt ils traitèrent avec la reine de son arrestation, disant qu'autrement l'infant viendrait en personne. La reine était toujours dans la crainte de se voir enlever la garde du roi son fils; elle appela donc Pero Niño et lui dit qu'elle savait bien comme il avait été serviteur du roi don Enrique et du roi son fils; qu'elle connaissait toutes les fatigues qu'il avait endurées et endurait chaque jour pour garder et défendre le roi, mais que l'infant pourrait venir à Magaz et l'y faire arrêter; de quoi, dit-elle, elle aurait grand chagrin, ne le pouvant empêcher, et que, pour cette raison, elle le priait de se retirer à l'alcazar de Palenzuela (2), dont Pero Niño était alors capitaine pour le roi, et que pendant ce temps elle ferait tout ce qu'elle pourrait en sa faveur.

Pero Niño ayant entendu ce que disait la reine, et voyant qu'elle ne pouvait faire davantage, partit de là et se rendit à Palenzuela, où il resta quelques jours. L'infant, le jour même où Pero Niño partit de Magaz,

---

(1) Le doublon castillan valait sous don Juan II environ douze francs de notre monnaie. Il n'est pas admissible que Pero Niño ait fait une offre aussi magnifique, et malgré la concordance des manuscrits, nous proposons de lire deux cents doublons, ce qui était déjà un beau prix pour un cheval.

(2) Palenzuela, sur l'Arlanza, à six lieues nord-est de Palencia.

avait envoyé auprès de lui à Villamediana (1), où il demeurait, Diego Fernandez de Badillo, pour s'informer du parti qu'il prenait. Pero Niño lui fit tout rapporter par Diego Fernandez et se hâta de gagner Palenzuela. L'infant avait disposé du monde pour se saisir de lui, et il s'en trouva dans certains endroits par lesquels Pero Niño passa; mais ces gens n'osèrent pas l'attaquer, et il put arriver à Palenzuela. Il y était depuis trois jours, quand la reine lui expédia Rodrigo de Perea, adelantado de Caçorla (2) et Garci Furtado, un arbalétrier-massier du roi, pour lui dire et commander qu'il s'en fût de là, l'engageant à se retirer à Bayonne en Gascogne, car elle ne le pouvait protéger. Par ce chevalier Rodrigo de Perea, serviteur de la maison du roi et homme de crédit, et par Garcia Furtado, arbalétrier, aussi serviteur et officier de la maison du roi, la reine lui faisait tenir une lettre, car la loi veut qu'aucun gentilhomme ne puisse sortir du royaume sans encourir accusation, à moins que ce ne soit par commandement du roi, ou bien pour quelque juste motif de se dénaturaliser (3);

(1) Villamediana, entre Palencia et Palenzuela, à égale distance de chacune de ces deux villes.

(2) Rodrigo de Perea fut l'un des témoins qu'appela le roi don Enrique III pour faire son testament, la veille de sa mort. Il fut tué l'an 1438, dans une incursion qu'il fit sur les terres de Grenade. — La charge d'adelantado de Cazorla était à la nomination des archevêques de Tolède, et Rodrigo de Perea, qui fut nommé par l'archevêque don Sancho de Rojas, ne la remplissait pas encore en 1409.

(3) *O por justo impidimiento.* Nous avons supposé qu'il s'agit ici de ce droit de se dénaturaliser ou renoncer à l'allégeance de leur seigneur naturel, dont les gentilshommes espagnols usaient avec plus ou moins de formalités lorsque leurs intérêts étaient mis gravement en souffrance, « *impedidos,* » empêchés. Mais le passage tout entier est obscur. Notre manuscrit le donne sans indiquer les lacunes, au nombre de deux, que

à cause de cela, il était nécessaire que Pero Niño reçût un pareil commandement ; d'autre façon, il ne fût point parti.

Ici, on laisse de parler de lui et de son voyage à Bayonne, durant lequel il eut à supporter bien des fatigues et dangers, pour conter de son épouse, la dame doña Béatriz.

CHAPITRE V.

Comment la dame doña Beatriz fut enfermée au château de Urueña.

Doña Béatriz avait été retenue, comme vous l'avez vu, dans la chambre de l'infant, qui cherchait à la prendre, tantôt par la crainte et d'autres fois par la douceur, lui disant de renoncer à Pero Niño, et qu'on lui trouverait sans tarder de meilleurs partis en Castille. Mais contre menaces et prières elle resta toujours très-ferme et constante, répondant qu'elle n'aurait jamais d'autre mari que Pero Niño, et que, plutôt que de l'abandonner, elle subirait la mort, s'il le fallait. De là, l'infant l'envoya à Urueña (1) et avec elle des dames et damoiselles, pour lui faire compagnie et service d'honneur ; là elle était honorablement traitée, mais étroitement gardée, tellement que pas un homme ne pouvait être admis à lui parler, de peur que

Llaguno y a marquées, la première précisément avant ces mots qui nous embarrassent, et la seconde avant : « d'autre façon il ne fût point parti. »

(1) Près de Tordehumos, dans la province de Valladolid.

Pero Niño ne l'enlevât. Pendant un an et demi qu'elle fut là, Pero Niño y vint pourtant et réussit à la voir. Les trois ou quatre fois qu'il y vint, il aurait pu l'emmener ; mais il ne la voulut ni enlever ni avoir, sinon en tout honneur, comme il y parvint depuis.

Tandis que Pero Niño était à Bayonne, quelques chevaliers ses amis parlèrent à l'infant, et la reine s'entremit dans cela, ainsi que d'autres qui s'adressèrent à la conscience de l'infant, lui remontrant beaucoup de raisons : comment un pareil chevalier n'était pas à perdre ; qu'on chercherait en bien des endroits sans en trouver beaucoup d'aussi bons que Pero Niño ; et aussi que dans d'autres royaumes il serait le bien venu, s'il y voulait rester, et que l'infant avait grandement besoin de lui, à cause de la guerre qu'alors il avait contre les Mores. Et pour toutes ces raisons et d'autres qui à ce le mouvaient, l'infant consentit à lui pardonner ; il lui donna permission de revenir au royaume de Castille, le rendit à son épouse, lui accorda d'autres grâces et dédommagements, et à la fin il trouva le moyen de se l'attacher. Si l'infant eût vécu davantage, Pero Niño eût fait grand chemin auprès de lui. Et quand Pero Niño revint en Castille, la reine lui accorda plusieurs grâces, le rétablit dans son rang et lui rendit la garde du roi, comme il l'avait eue auparavant. Pero Niño célébra ses noces dans une de ses villes qu'on appelait Cigales. De là en avant, jusqu'à la majorité du roi, il continua de suivre la cour, où il se passa bien des événements après que l'infant don Fernando fut mort, étant roi d'Aragon ; et dans toutes ces affaires Pero Niño se comporta aussi bien qu'il l'avait toujours fait (1).

(1) L'Infant don Fernando avait employé l'été et l'automne de l'année

CHAPITRE VI.

Comment, par ordre du roi, Pero Niño fut à Placencia et fit déguerpir l'évêque don Gonzalo, qui était en possession, et installa don Gutierre, de laquelle entreprise n'avait voulu se charger aucun chevalier (1).

1415.
Une des grandes choses qui se passèrent alors dans le royaume, fut qu'un fils de Diego Lopez de Estúñiga, que l'on appelait l'évêque don Gonzalo, avait la possession de l'évêché de Placencia, et était maître de la ville, de l'église et de quelques forteresses de ce pays. Et don Gutierre, qui fut plus tard élu archevêque de Tolède, avait été pourvu de cet évêché à la supplication du roi ; force

1410 à faire contre les Mores de Grenade la célèbre campagne à laquelle il dut l'un de ses glorieux surnoms : don Fernando *el de Antequera*. Pero Niño ne prit point de part à cette campagne, qui s'était terminée le 5 octobre, après que la ville d'Antequera eut été emportée, le 16 septembre, et que le château se fut rendu, le 24. La rentrée de Pero Niño en Castille et son mariage avec Béatriz de Portugal ne peuvent donc être mis qu'à la date de novembre 1410 au plus tôt, l'infant n'étant revenu à Séville que le 14 octobre.

(1) Llaguno assigne pour date à cet événement l'année 1412. Nous le portons à l'année 1415, parce que l'évêché de Placencia ne devint pas vacant avant le 20 juillet 1414, date de la mort de don Vicente Arias de Balboa, qui en 1412 était en grand crédit et vénération, ainsi que le prouve l'appel que cette année lui adressa, en même temps qu'à d'autres prélats, l'infant don Fernando, pour avoir une opinion de conscience sur son droit à réclamer la couronne d'Aragon. Don Gonzalo de Zuñiga prit possession de l'évêché le 28 janvier 1416, et l'administra jusqu'à ce qu'il passât, en 1423, à l'évêché de Jaen, où il a laissé de lui glorieuse et sainte mémoire. De 1416 à 1421, l'histoire de son adminis-

était donc au roi, puisque don Gutierre avait été nommé sur sa prière, de le mettre en possession de l'évêché et de le défendre. L'évêque don Gonzalo résistait avec l'appui de ses frères et de quelques autres [contre ceux que] le roi avait envoyés. Sur cela le roi tint conseil et requit plusieurs des chevaliers de Castille de se rendre à Placencia et d'installer don Gutierre; mais jamais aucun d'eux ne voulut accepter cette commission. Le roi la donna à Pero Niño, et lui, pour le service du roi, l'entreprit. Il s'en fut avec assez peu de monde, dégagea ceux qui [étaient venus avant lui et] se trouvaient en grand péril, fit partir l'évêque don Gonzalo, et mit en possession de l'église et

---

tration est connue (voir *Hist. de Plasensia*, par Fray Alonso FERNANDEZ, et le *Teatro ecclesiastico* de Gil Gonzalez DAVILA); on n'y trouve rien qui ait trait à la compétition que raconte notre auteur, et qui ne peut trouver place que pendant la vacance du siége. Nulle part ailleurs, à notre connaissance, il n'en est fait mention; mais elle ne saurait être inventée.

Don Gutierre Gomez de Toledo, qui joua un grand rôle dans l'État à partir de l'année 1418 jusqu'à sa mort, en 1444, fut promu en 1425, non à l'évêché de Placencia, mais à celui de Palencia, puis à l'archevêché de Séville, puis à celui de Tolède. Son parent, Ferrant Perez de Guzman, trace ainsi son portrait : « Homme de grand cœur, très-hardi et entreprenant, il avait la démarche, la parole et les allures d'un chevalier plus que d'un prélat. Ses intentions étaient bonnes ; mais avec ses formes âpres et dures, il gâtait tout. »

Don Gonzalo de Zuñiga n'était pas moins *chevalier* que don Gutierre, avec qui Gamez nous le montre aux prises. Il a illustré le siége de Jaen par les exploits qu'il accomplit contre les Mores de Grenade. Le célèbre *romance* : *Dia era de San Anton*, a été fait sur la rencontre qu'il eut avec eux le 17 janvier 1425, rencontre dans laquelle il resta prisonnier. Il retomba une seconde fois entre leurs mains et mourut martyr, décapité, le 23 juin 1456, sous les murs de l'Alhambra.

Avant d'entrer dans les ordres, il avait été marié, et l'un de ses fils s'établit à Séville. Il était le cinquième fils de Diego Lopez de Zuñiga, justicia mayor des rois don Enrique III et don Juan II.

de l'évêché l'évêque don Gutierre. Cela fut exécuté hardiment et chevaleureusement, selon que le temps le comportait, moitié par force et en partie de bonne grâce. Bien est-il qu'il en revint à Pero Niño une grande inimitié et telle que les plus puissants du royaume se tournèrent contre lui; mais pour inimitiés ou autres choses dont il fût travaillé, jamais il ne laissa de faire ce qui importait au service du roi et à son honneur. Le roi avait envoyé d'abord à Placencia un de ses corrégidors que l'on appelait Pero Gonzalès de Castillo, et Fernan Rodriguez de Monroy, avec ses pouvoirs suffisants (1); ceux de Placencia leur livraient combat presque tous les jours, leur tuaient du monde, et les tenaient renfermés dans les tours des églises et dans les maisons où ils logeaient. Ils les tenaient ainsi en état de persécution et même en danger de mort. Pero Niño se souvenant qu'il avait été élevé chez le père du roi, et pesant combien il y allait du service du roi don Juan, car c'était la première fois qu'au début de son règne on essayait de remuer, considérant les grands périls où l'on tomberait si quelques-uns se permettaient de telles choses contre le commandement du roi [s'offrit bravement à y mettre ordre]. Il en naquit, parce que Juan Hurtado de Mendoça avait

---

(1) L'office de corregidor avait été institué en 1396, pour donner un chef aux alcades, et les *corregidores de Corte* étaient envoyés pour faire les missions qui requéraient l'intervention directe de l'autorité royale. — Fernan Rodriguez de Monroy, seigneur de Belvis, appartenait à l'une des principales familles de Placencia. Il s'était distingué au siège d'Antequera et devait se retrouver, cinq ans plus tard, avec Pero Niño, dans la fâcheuse affaire du château de Montalvan. Son arrière-petit-fils épousa la petite-fille de Pero Niño, Beatriz de Zuñiga, fille de Diego Lopez de Zuñiga et de Leonor Niño. De lui descendent les comtes de la Deleytosa.

marié une de ses filles à un fils de Pedro de Estúñiga, que Juan Hurtado cherchait à faire à Pero Niño le plus de mal possible (1).

Ici, l'histoire cesse de parler de ce sujet et retourne à conter comment l'infant don Fernando, étant roi d'Aragon, envoya dire à Pero Niño qu'il allât près de lui.

CHAPITRE VII.

Comment Pero Niño, après qu'il eut reçu son pardon et étant marié avec la dame doña Beatriz, fut en Aragon pour voir le roi don Fernando.

L'infant don Fernando, après avoir pris la ville d'Antequera, partit de là grandement accru dans son honneur. Des ambassadeurs vinrent d'Aragon pour lui faire savoir que le roi don Martin était mort sans laisser aucun héritier, et que quelques-uns se faisaient appeler roi; ils lui dirent que ce royaume lui revenait de droit, et en conséquence l'infant prit le titre de roi; c'était la vérité, qu'à lui autant ou plus qu'à aucun des autres appartenait ce royaume. Ceux qui d'autre part prétendaient, chacun

---

(1) Juan Furtado de Mendoza, alferez mayor du roi don Juan I, désigné par le testament du roi pour exercer la tutelle de son fils, mayordomo mayor des rois don Enrique III et don Juan II, avait été, avec Diego Lopez de Zuñiga, justicia mayor, Juan de Velasco, camarero mayor, Ruy Lopez Davaloz, connétable, et don Pedro de Frias, cardinal d'Espagne, le maître des affaires sous don Enrique III. Il le redevint un instant sous le roi don Juan II, après la mort de la reine-mère. Nous ne savons point quelle est celle de ses filles qui épousa un fils de don Pedro de Zuñiga, fils aîné de Diego Lopez.

pour soi, être le roi d'Aragon, étaient : l'un le roi Louis, fils du roi Louis qui se nommait roi de Jérusalem, de Naples et de Sicile, petit-fils du duc d'Anjou; l'autre le comte d'Urgel; et l'autre don Fadrique, comte de Luna(1). Alors l'infant s'en fut à Cuença, d'où il surveilla ce qui se passait dans son royaume, ce qui lui donnait fort à faire, et il avait grand besoin dans ce temps-là de tenir bien disposés les chevaliers de Castille. Et peu après que le roi eut été proclamé, et comme il était à Valence, Pero Niño le vint trouver avec l'infante doña Maria, qui allait épouser un fils de don Fernando, don Alfonso, et le roi le reçut

(1) L'Infant don Fernando apprit, pendant qu'il était occupé au siége d'Antequera, la mort de son oncle, le roi don Martin, lequel, après une courte maladie, expira le 31 mai 1410, veille du jour désigné pour la légitimation de son petit-fils, le comte de Luna. L'infant accomplit loyalement ses devoirs envers la Castille. Quoique pour lui les instants fussent précieux, il ne quitta pas le siége d'Antequera jusqu'à ce qu'il se fût emparé de cette place, alors très-importante.

La succession du roi don Martin fut disputée par six prétendants : l'infant don Fernando, fils de doña Leonor d'Aragon, sœur du roi; le duc de Gandia, arrière-petit-fils du roi don Jaime II; le comte d'Urgel, arrière-petit-fils et mari d'une petite-fille du roi don Alfonso III; don Louis, duc de Calabre, petit-fils, par sa mère doña Violante, du roi don Juan Ier; et le comte de Luna, don Fadrique, fils naturel de feu don Martin de Sicile, fils du roi.

Par un compromis resté célèbre sous le nom de *compromis de Caspe*, les États déférèrent à neuf personnes le soin et le droit de décider entre les prétendants, et le 29 juin 1412, l'infant don Fernando fut proclamé roi d'Aragon. Ses qualités personnelles et sa puissance durent agir sur les juges plus que les droits qu'il pouvait faire valoir. Il eut encore à lutter longtemps contre le comte d'Urgel, qu'il réduisit seulement à la fin de l'année 1413. Pendant toute cette recherche de la couronne, et durant sa lutte avec le comte d'Urgel, don Fernando avait bien besoin des Castillans, comme le dit Gamez, et cela explique qu'il ait pardonné aisément à Pero Niño. (Voyez l'excellent mémoire de don Florencio JANER, sur le *compromis de Caspe*, Madrid, 1856, in-8°.)

très-bien (1). Et quand il dut repartir pour retourner en Castille, le roi lui donna Valverde et Talavan (2), en lui disant d'accepter ces deux villes, qu'il ne les lui donnait pas en dédommagement d'Alba et d'autres biens dont il devait compte à sa cousine, car ce ne serait pas une suffisante satisfaction, mais qu'il les lui donnait parce qu'il était bon chevalier. Il lui dit encore que, lorsqu'il aurait apaisé toutes les affaires en Aragon, il viendrait en Castille, ou le ferait appeler, et qu'alors il le contenterait, car il avait en volonté de lui faire beaucoup de faveurs. Et Pero Niño revint en Castille, et peu après mourut le roi d'Aragon, don Fernando (3), et avec lui l'espérance qu'il avait donnée. Comme dit le prophète : « Ne vous confiez ni dans les princes, ni dans les fils des hommes dans lesquels il n'y a point de salut, car leur âme s'envolera, et ils retourneront à la terre, et en un jour périront tous leurs desseins

---

(1) Doña Maria, fille du roi don Enrique III, était fiancée depuis longtemps à don Alonso, fils aîné de l'infant don Fernando, et son premier successeur sur le trône d'Aragon. Ce mariage fut célébré à Valence le 10 juin 1415.

(2) Valverde de la Vera de Placencia et Talavan sont deux bourgs de l'Estramadoure, situés : Valverde, près de la rivière de Tietar, dans le district de Placencia ; Talavan, sur la rive méridionale du Tage, dans le district de Càceres. — En Espagne, on distingue les *ciudades*, cités, des *villas*, villes. Le titre de *ciudad* n'est donné qu'à peu de villes, et le nom de *villa* s'applique à de très-petits bourgs de même qu'à des villes très-grandes ; par exemple, Madrid, *villa y corte*.

L'Infant don Fernando s'était adjugé Alba de Tormes, qu'il donna plus tard à son fils puîné, l'infant don Juan. En 1430, lorsque les biens des infants furent confisqués, Gutierre Gomez de Toledo reçut Alba pour sa part des dépouilles, et il en gratifia son neveu, Fernand Alvarez, en faveur de qui fut érigé, l'an 1439, le comté, depuis duché d'Albe.

(3) Le roi don Fernando, qui avait conservé, au moins nominalement, la régence en Castille, était en route pour ce royaume, lorsque la mort le surprit à Igualada, le 2 avril 1416.

et leurs pensées. » Ainsi en arriva-t-il à Pero Niño avec ce roi qui l'aimait et lui avait promis de faire beaucoup pour son honneur, et la même chose lui était arrivée avec le roi don Enrique dont il était le serviteur, auquel il avait rendu de signalés services, et qui avait eu volonté de le faire très-grand.

On raconte dans l'histoire d'Alexandre que, lorsqu'il allait par le monde conquérant les royaumes, il lui fut dit : « Seigneur, derrière ces montagnes vivent des peuples très-sages et qui ne communiquent pas avec les autres nations, si ce n'est de rares fois, quand par extraordinaire quelques-uns d'entre eux, bien peu, descendent par ici, et alors on entend qu'ils parlent avec beaucoup de sagesse. Nous croyons qu'ils sont fort riches, qu'ils ont beaucoup de biens, de grands trésors ; et il n'y a pour arriver à leur pays qu'une seule entrée au sommet de cette montagne. »

Alexandre fit mettre en marche son armée et s'en vint à l'entrée du passage, et trouva que personne ne le gardait. Quand il eut franchi la montagne, il vit plus loin un vaste pays, de grandes plaines, beaucoup de villages, mais peu de champs de blé, ni de vergers, rien que des jardinets bien petits ; et il remarqua que tous les gens, hommes, femmes et enfants, s'en allaient par les champs pour y ramasser des herbes qu'ils mangeaient. Et les gens d'Alexandre entraient dans les villages et les maisons, et venaient dire à Alexandre qu'ils n'y trouvaient rien que l'on pût manger, ni même aucune autre chose. Alexandre fit appeler devant lui les habitants, qui vinrent en grand nombre, et il les interrogea sur plusieurs sujets ; sur tous, ils lui répondirent très-sagement et bien, à le rendre très-satisfait d'eux, et il leur dit : « Vous autres, avez-vous un roi ? » Et ils répliquèrent : « Nous n'avons pas besoin de roi, puisque personne ici ne cherche à faire de tort à autrui, et qu'au contraire chacun se plaît à être juste. » Alexandre reprit : « Je vous demande trois choses : la première, que vous me reconnaissiez pour seigneur ; la seconde, que vous me payiez tribut ; la troisième, que vous me demandiez quelque bonne loi ou coutume sous laquelle vous vivrez, car je parcours le monde pour faire justice des mauvais rois et des juges iniques. » Ils répondirent : « Seigneur, nous avons Dieu pour roi ; nous le servons, le révérons et lui rendons hommage. S'il t'a donné son pouvoir, et si tu veux tenir sa place sur la terre et y faire observer la justice, ainsi que lui, tu le peux bien faire, et nous y consentons volontiers. Quant à ce que tu dis que nous te donnions un tribut, tout notre trésor est la sagesse ; nous n'avons pas autre chose ; si tu le veux avoir, demande-le à Dieu, qui te le peut donner. Pour nous, nous n'avons aucun autre bien : nous ne semons, ni ne labourons. Quand nous nous levons, le matin, nous louons notre créateur ; ensuite nous allons par les champs chercher notre nourriture de la journée. Nous n'avons pas souci de ce que nous mangerons le lendemain, et retirés dans nos demeures, nous attendons le jour suivant. Quant à ce que tu dis que nous te demandions quelque bonne loi ou coutume sous laquelle nous vivions, nous te demandons, seigneur, de nous débarrasser d'une très-mauvaise coutume qu'il y a dans ce pays, et de la changer en une meilleure ; si tu fais cela, il n'y aura jamais eu sur la terre un roi aussi grand que toi. » Et Alexandre répondit : « Apprenez-moi quelle est cette coutume. » Et ils dirent : « Seigneur, dans ce pays, nous finissons tous par mourir ; fais que nous ne mourions plus, et donne-nous la vie. » Alexandre dit : « Celui qui ne peut ajouter un jour à son existence, comment pourrait-il vous donner une vie éternelle? » Et eux repartirent : « Puisqu'il en est ainsi, pourquoi travailles-tu à asservir le monde? » Alors Alexandre tourna bride et s'en fut son chemin (1).

Il en est ainsi dans ce monde des hommes puissants, et même des autres : tous se promettent une longue vie et se proposent une quantité de choses qu'ils feront ; la mort vient comme le larron, qui trouve un homme endormi et l'emporte au moment où il se croyait le plus assuré, et tous ceux qui avaient mis leur espérance en lui sont déçus, et lui aussi. C'est pour cela que le prophète dit : *Omnis homo mendax*. Il dit encore : « Rejette sur Dieu tous tes soucis, et il y pourvoira ; car il est le recours certain de ceux qui, avec grande foi, l'appellent, espèrent en lui et lui font des demandes justes. » Et ainsi en arriva-t-il au bon chevalier Pero Niño avec ce prince, lequel lui avait promis qu'il récompenserait tous les travaux qu'il avait eus sous le roi son frère, et encore ceux qu'il lui avait fait supporter, ce qui était bien davantage (2).

---

(1) Antonio de Guevara, dans son *Livre d'or de Marc-Aurèle*, ou *Horloge des princes* (chap. XXII et suivants), raconte à peu près la même chose ; il appelle les habitants des pays où Alexandre pénétra les *Garamantes*, et dit avoir tiré son récit de Lucius Boscus, *De Antiquitatibus Græcorum*, lib. III. Nous n'avons pu découvrir le livre que cite Guevara.

(2) *É que aun por el que el hera mucho mas*. Llaguno a supprimé ce membre de phrase, qui n'est pas très-intelligible.

CHAPITRE VIII.

De ce qui arriva en Castille après la mort du roi don Fernando (1).

Quand mourut le roi don Fernando, la crainte mourut, et la justice devint malade dans la plus grande partie de l'Espagne. On proclama roi d'Aragon le roi don Alfonso, son fils. Aussitôt arrivèrent à la cour du roi de Castille quelques chevaliers avec nombre de gens d'armes, et ils chassèrent du palais du roi Inès de Torres, une damoiselle qui était très-aimée de la reine, et Juan Alvarez de Osorio, un bon chevalier. Les infants, fils du roi don Fernando, revinrent en Castille, dans leurs héritages. Peu après mourut Diego Lopez de Estúñiga, et ensuite la reine doña Catalina (2).

(1) Ce titre manque dans les manuscrits et a été ajouté par Llaguno.
(2) La reine s'était laissé d'abord gouverner par Leonor Lopez, fille de Martin Lopez de Cordova, qu'elle avait amenée d'Angleterre. Leonor Lopez plaça près de la reine Inès de Torres, qui la supplanta. En 1411, les seigneurs du conseil chassèrent Leonor Lopez. En 1416, après la mort de don Fernando, la reine fut proclamée seule régente. Alors Inès de Torres disposa de tout avec Juan Alvarez de Osorio, qui passait pour avoir ses faveurs, et à qui la reine avait remis la garde du roi. Tous deux furent, cette même année, renvoyés de la cour, malgré la reine, par les seigneurs du conseil, qui les firent enlever de vive force. Pour Pero Niño, ce dut être un échec. Diego Lopez d'Estúñiga, Juan de Velasco et l'archevêque Sancho de Rojas contraignirent la reine-mère à leur remettre la garde du roi après l'expulsion d'Osorio. Diego Lope mourut en novembre 1417, et la reine le 1er juillet 1418.

Trois des fils du roi don Fernando revinrent en Castille après la mort

mars 1419. Le roi don Juan était déjà dans sa quatorzième année. On lui remit le gouvernement de son royaume, et ceux du conseil se réunirent et le conduisirent à Tordesillas. Là mourut Juan de Velasco (1). Les infants don Juan et don Enrique étaient mal ensemble. Il y avait une autre fille du roi don Enrique, laquelle s'appelait l'infante doña Catalina, et qui était fort belle ; chacun des infants voulait l'épouser. Elle aurait épousé de préférence l'infant don Juan ; mais cela ne pouvait déjà plus se faire, car il était fiancé avec la reine de Navarre (2). Pour cette raison, il commença à s'élever inimitié et malveillance entre eux. Chacun d'eux était très-puissant et faisait de son côté des ligues avec les chevaliers du royaume. Du parti de l'infant don Juan étaient : don Sancho de Rojas, archevêque de Tolède ; le comte de Benavente (3) ; Juan Hurtado de Mendoça, majordome du roi (qui était un brave chevalier, et qui avait la charge de la personne du roi et de toute sa maison, comme je l'ai dit plus haut) (4) ; Diego Gomez

de leur père : ce furent l'infant don Juan, duc de Peñafiel, depuis roi de Navarre, et enfin d'Aragon ; l'infant don Enrique, maître de l'ordre de Saint-Jacques ; et l'infant don Pedro. Ces trois princes, bientôt divisés, ne tardèrent pas à faire éclater les troubles sanglants qui durèrent autant que la vie du roi don Juan II.

(1) Don Juan de Velasco mourut en 1418, trois mois après la reine, ce qui laissait le pouvoir aux seules mains de don Sancho de Rojas, jusqu'à la majorité du roi.

(2) Blanche, fille de Charles, roi de Navarre et de Leonor de Castille. Le roi de Navarre ne mourut que le 7 septembre 1425 ; l'infant don Juan épousa Blanche le 12 juillet 1420.

(3) Juan Alfonso Pimentel.

(4) Gamez ne l'a pas dit. Juan Furtado était l'un des cinq membres du conseil qui avait été formé pendant la durée des cortès, à la majorité du roi. Par le fait de sa charge, il logeait au palais, et en définitive tout le pouvoir lui revenait.

de Sandoval, adelantado de Castille (1), et beaucoup d'autres chevaliers, leurs adhérents. — L'infant don Enrique était maître de Saint-Jacques ; il avait avec lui don Ruy Lopez de Avalos, connétable de Castille, Pedro Manrique (2), Garci Fernandez Manrique (3), Pero Niño et beaucoup d'autres chevaliers. L'infant don Juan était déjà fiancé à la reine de Navarre, et il était allé en Navarre pour se marier ; et avec lui était parti l'adelantado de Castille (4). Juan Hurtado de Mendoça, comme je l'ai dit ci-dessus, était un bon chevalier et avait la charge de la personne du roi ; mais avec sa grande puissance et par les mauvais conseils des juifs (5), il faisait dans le gouvernement du royaume certaines choses qui n'étaient pas bien faites, et l'on présumait qu'il en ferait de pires encore. Il ne laissait aucun chevalier prendre autorité dans la maison du roi : il fallait que tout passât par ses mains. Pendant que le roi était à Madrid, il manœuvra et chercha des moyens pour que le connétable don Ruy Lopez et Pero Manrique fussent renvoyés de la cour, parce qu'ils ne voulaient pas s'accorder avec lui et consentir à des choses qui étaient contre la justice, le service du roi

(1) Depuis comte de Castro. Il devait toute sa fortune à don Fernando, qu'il servit vaillamment pendant sa lutte contre le comte d'Urgel. Fidèle jusqu'au bout à l'infant don Juan, il souffrit pour lui deux fois l'exil, une fois la prison, et finit par mourir en Aragon, à l'âge de soixante-dix ans.

(2) Adelantado de Leon. L'adelantamiento de Castille était comme héréditaire dans sa famille, et l'infant don Fernando le lui avait enlevé sans motifs à la mort de Gomez Manrique, son oncle, en 1411, pour le donner à Diego Gomez de Sandoval, cause profonde d'inimitiés.

(3) Seigneur d'Aguilar et depuis comte de Castañeda. Il était majordome de l'infant don Enrique.

(4) Au mois de mai 1420.

(5) On l'accusait de se laisser gouverner par Abraham Bienveniste,

et l'intérêt du royaume, et parce que ceux-ci disaient qu'il était bien que le roi se mariât, car il était en âge de le faire. Juan Hurtado, l'infant don Juan et l'archevêque ne voulaient pas que le roi se mariât, et n'y donnaient pas leur consentement, parce qu'ils comprenaient que l'autorité qu'ils exerçaient près du roi et sur les affaires du royaume [en serait diminuée]. Et l'infant don Enrique commençait à se donner garde du roi, voyant que ses adversaires étaient tous pourvus d'offices près de lui (1).

CHAPITRE IX.

Comment Pero Niño arrêta Juan Hurtado de Mendoça dans la maison du roi.

1420. Pendant que l'infant don Juan était allé en Navarre pour s'y marier, l'infant don Enrique réunit en conseil le connétable, Pero Manrique, Garci Fernandez Manrique et quelques autres de sa maison, et il leur dit que, puisque Juan Hurtado faisait de telles choses, il ne pouvait être plus longtemps supporté. — Dans ce temps Pero Niño avait été cité à la cour par Rodrigo de Perea, au sujet des droits de ventes et échanges à Valladolid, lesquels appartenaient à Pero Niño. Il y avait trois jours qu'il y

(1) Le roi était déjà *desposado*, non *casado*. L'infante doña Maria, fille du roi don Fernando d'Aragon, lui avait été remise le 20 octobre 1419, après la célébration de leurs fiançailles. Elle suivait dès lors la cour et habitait le même palais que don Juan II; mais le mariage ne se fit que le 4 août 1420, lorsque l'infant don Enrique se fut emparé du roi, comme on va le voir.

était, quand un samedi, au milieu de la nuit, l'infant don Enrique, Garci Fernandez Manrique et l'évêque de Ségovie (1), qui se trouvaient réunis avec l'infant dans son logis, le firent appeler, et ils lui dirent, tous étant du secret : « Pero Niño, vous êtes un des chevaliers sujets de Castille par naissance et obligation, serviteur de notre seigneur le roi, créature et nourriture (2) du roi don Enrique son père, l'un de ceux qui aiment le service du roi et le bien du royaume. Vous savez bien comme notre seigneur le roi est à présent au pouvoir de Juan Hurtado. Nous voyons aujourd'hui conseiller et faire dans le royaume beaucoup de choses qui sont grandement contraires au service du roi et au détriment de ses États. Une de ces choses vous est déjà connue. Vous savez que les procureurs du royaume sont réunis ici, et comment tous ont donné leurs pouvoirs et mandat à Juan Sanchez de Valladolid (3), et comment par l'avis d'eux, de nous et de beaucoup de grands du royaume, qui s'y accordent, Juan Sanchez a demandé au roi de prendre avec lui sa femme légitime, car il est temps qu'il la prenne, et tarder c'est perdre des enfants, chose bien dommageable au royaume, lui remontrant toutes les raisons pour le faire, puisque le voilà d'âge ; et comment le roi, trouvant la demande raisonnable et juste, a répondu qu'il le vou-

(1) Don Juan de Tordesillas. Il avait ses entrées au palais, et avec Sancho de Hervas, qui exerçait pour le connétable la charge de gardien de la garde-robe du roi, il tenait l'infant don Enrique au courant de tout ce qui s'y passait.

(2) *Fechura é crianza*.

(3) Fils de Ferrian Sanchez, notaire mayeur et chancelier des rois don Alonso XI et don Pedro. — Le roi, lorsqu'on le pressait d'accomplir son mariage, n'avait pas encore quatorze ans, ce qui servait de prétexte assez spécieux à ceux qui voulaient l'en détourner.

lait bien. Vous savez qu'à présent Juan Hurtado et ceux de son parti conseillent au roi de laisser l'infante doña Maria avec qui il est fiancé, et de prendre pour femme l'autre infante, sa sœur, qui est la plus jeune (1), afin que le mariage soit retardé et qu'ils conservent plus longtemps le gouvernement, comprenant qu'ils perdraient leur pouvoir (2), et ne pourraient dorénavant faire les choses qu'ils font maintenant dans le royaume. » Après cela ils lui dirent que, si pareilles choses et d'autres encore bien mauvaises se prolongeaient, ce serait une offense à Dieu et le commencement de la perte du royaume, et qu'ils entendaient y remédier et tout dire au roi, mais qu'il le fallait faire sans scandale; qu'il savait bien comment Juan Hurtado de Mendoça avait l'oreille du roi et était toujours près de lui dans sa maison ; qu'avec la grande puissance dont il disposait, il était capable de monter un coup où il y aurait sang versé et mort d'hommes; qu'afin de pouvoir parler librement au roi, lui dire toute la vérité et lui remontrer ce qui lui convenait le mieux, ils avaient décidé qu'on arrêterait Juan Hurtado et Mendoça (3), son neveu, lequel par ordre du

---

(1) Doña Leonor, qui épousa le roi de Portugal et mourut en 1445, presque en même temps que sa sœur, la reine de Castille.

(2) *La privanza.* Ceci explique bien, et d'une manière caractéristique, les trois acceptions du mot *privado*, « familier, favori, ministre. » Plus tard, Alvaro de Luna, qui fut les trois choses à la fois, pour assurer son pouvoir, tenait le roi don Juan II en chartre privée, tellement que, au dire de Ferrant Perez de Guzman, le roi ne voyait jamais la reine sans sa permission ; et lorsqu'il obligea don Juan à se remarier, le faible roi dit : « Je me marierai, puisque le connétable le veut ; mais il met en Castille qui l'en chassera. » Ce qui ne tarda guère à se vérifier.

(3) Juan Furtado de Mendoza, seigneur d'Almazan, guarda mayor du roi.

roi, se tenait dans le même appartement, et qu'ils le priaient en conséquence de vouloir, pour le service du roi, se charger de cette besogne. Pero Niño répondit que, puisque l'infant et les seigneurs présents l'avaient ainsi décidé, et puisqu'il s'agissait du service du roi et du profit du royaume, il lui plaisait bien de le faire et d'être avec eux dans cette exécution, mais qu'ils lui jurassent d'abord que le service du roi le voulait ainsi.

Alors il accepta l'entreprise ; et tout étant concerté, Pero Niño entra dans le palais avec quinze à vingt écuyers qui l'accompagnaient d'ordinaire. Il y entra non par la porte commune à tous, mais par une autre porte dont Juan Furtado se servait. Juan Furtado couchait en bas dans le palais. Pero Niño fût là où il dormait, et entra dans sa chambre, et l'arrêta avec beaucoup d'égards et le plus de courtoisie possible, selon ce que l'instant comportait, en sorte que, bien qu'il se trouvât là beaucoup de gens de garde, il n'y eut point de sang répandu, sinon d'un page qui sauta par une fenêtre, sans qu'il lui eût rien été fait pour cela. Pedro de Velasco (1) entra dans la chambre de Mendoça, et l'arrêta également. Quant à l'infant et aux chevaliers qui étaient avec lui, ils montèrent chez le roi, qui couchait dans le haut du palais ; ils furent à sa chambre, le saluèrent et lui dirent que ce qu'ils faisaient était pour son service, et pour le profit et l'honneur du royaume, lui faisant voir les mauvais conseils que lui donnaient ceux qui l'entouraient et les dommages qui lui en advenaient, lui exposant ce qu'ils vou-

14 juillet 1420

---

(1) Pero Fernandez, fils de Juan de Velasco, avait succédé à son père dans la charge de camarero mayor. Il abandonna plus tard le parti de don Enrique et eut pour sa part, dans les dépouilles de l'infant, la ville de Haro, qui fut érigée en comté.

laient faire dans son intérêt, tant en souvenir du roi son père à qui ils avaient été, que pour lui dont ils étaient les sujets et les serviteurs. Le roi, qu'il en fût fâché ou content, répondit que tout ce qu'ils faisaient était bien fait, et qu'ils arrangeassent tout comme ils le jugeraient le mieux pour son service. Après que Pero Niño eut arrêté Juan Furtado, il mit à sa prison tel ordre qu'il crut nécessaire, puis il monta chez le roi et lui raconta tout ce qui s'était passé, comment il avait été appelé et requis par les seigneurs, et qu'il n'avait agi que pour son service. Le roi répondit que c'était bien et que les choses devaient rester ainsi (1).

(1) Cet attentat donna le signal des guerres civiles qui se continuèrent presque sans interruption jusqu'au règne d'Isabelle-la-Catholique. Gamez, en s'efforçant, par amour pour son maître, d'en dissimuler le caractère criminel, trahit lui-même ses scrupules. On voit aisément ce qui entraîna Pero Niño. Jusque-là sa carrière n'avait guère été qu'une série de désappointements. Ses protecteurs lui avaient été enlevés successivement alors qu'il se promettait les plus beaux résultats de la faveur dont il commençait à jouir auprès d'eux. Son mariage avec Beatriz de Portugal ne l'avait point fait avancer ni en rang, ni en richesse. Il comptait bien parmi les seigneurs, et, comme tel, il avait pris siège aux cortès de Madrid, en 1419; mais il n'était pourvu d'aucune charge dans le gouvernement ni à la cour, et son importance ne dépassait guère la province de Valladolid. Tourmenté par le besoin de se pousser, en butte à l'inimitié du tout puissant Juan Furtado, il s'était jeté dans le parti de l'Infant don Enrique, avec les autres disgraciés, Pero Manrique et don Ruy Lopez d'Avalos. L'infant se trouvait alors aux abois. Profitant de l'absence de son frère, don Juan, il avait tenté deux choses exorbitantes : il avait voulu se faire donner en propre les biens de l'ordre de Saint-Jacques, dont il était grand-maître, et contraindre le roi à lui accorder la main de sa sœur, doña Catalina, en lui assignant pour dot le marquisat de Villena, que la couronne venait de racheter. Pour cette dernière négociation, il s'était adressé à Fernand Alonso de Robles, contador mayor, créature de la feue reine, fort en crédit auprès du roi, et surtout très-ami d'Alvaro de Luna, qui

Quand Juan Sanchez de Valladolid exposa, en son nom et en celui des procureurs du royaume, les raisons ci-dessus dites, et demanda au roi qu'il se mariât, il encourait de grands risques, suivant la méchanceté du temps. On avait décidé de le faire arrêter, et il l'eût été, s'il fût demeuré davantage. Auprès de lui se tenait Pero Niño, l'encourageant à la vue de tous, déclarant que ce qu'il proposait était grandement dans l'intérêt du roi et du royaume, et qu'il parlait en bon chevalier. Le roi ayant examiné toutes les raisons que l'infant et les seigneurs lui donnèrent, et ce que lui avait dit Juan Sanchez de Valladolid, quand il lui demandait de se marier, comprit que cette requête était juste et raisonnable, et il y donna son consentement.

possédait déjà entièrement le cœur de don Juan II. Robles n'ayant pas voulu se prêter à ces exigences, don Enrique résolut de se rendre maître du pouvoir par la violence et passa vite à l'exécution, parce que son frère, don Juan, ne devait être absent de la cour que six semaines, dont quatre étaient écoulées.

Le conciliabule, sur lequel Gamez donne seul des détails, se tint pendant la nuit du samedi 13 au dimanche 14 juillet. L'infant avait annoncé son départ pour l'Aragon. Le dimanche, au point du jour, après avoir entendu la messe, il se présenta au palais en équipage de route et se fit ouvrir la porte, sous prétexte d'aller prendre congé du roi. Il avait avec lui le connétable, Pero Manrique, adelantado de Léon, Garci Fernandez Manrique et l'évêque de Ségovie. Sancho de Hervas lui ouvrit la chambre du roi. Don Enrique y entra quand il sut que Pero Niño avait exécuté son coup chez Juan Furtado, qui fut arrêté dans son lit, couché aux côtés de sa femme, doña Maria de Luna, cousine d'Alvaro. L'infant réveilla et arrêta lui-même le roi. Aux pieds du lit de don Juan II était couché son page bien-aimé, Alvaro de Luna, qui surpris, lui aussi, n'essaya de rien empêcher, pensant dès lors à tout réparer. Le roi se montra résigné et même content dès qu'on lui eut promis de ne point séparer de lui Alvaro, et il approuva toutes les dispositions, toutes les répartitions d'offices que, sans sortir de sa chambre, l'infant et ses amis lui signifièrent, comme arrêtées dans son intérêt.

CHAPITRE X.

De la part que Pero Niño prit dans les révolutions causées par les infants d'Aragon (1).

Le roi prit à femme son épouse l'infante doña Maria, fille du roi don Fernando d'Aragon, et peu après que ce mariage fut fait, il partit pour Avila. Le jour qu'il partit, il retira l'Alcazar de Ségovie à Juan Hurtado qui l'avait, et le donna à Pero Niño (2).

L'infant don Juan, pendant ce temps-là, était allé en Navarre, comme je l'ai déjà dit, pour épouser la reine, la princesse doña Blanca, fille du roi Carlos de Navarre; et quand il sut comment les choses s'étaient passées, cela le chagrina beaucoup (3). Il revint en Castille, réunit à Olmedo

(1) Ce titre et ceux des chapitres suivants, jusqu'a la fin du livre, ont été ajoutés par Llaguno.

(2) Le roi et la cour furent d'abord emmenés à Ségovie. En partant de Tordesillas, on força Juan Furtado d'expédier à l'alcayde de l'Alcazar de Ségovie l'ordre de remettre ce château à Pero Niño; l'alcayde déclara qu'il le remettrait à Juan Furtado seul. Alors on relâcha celui-ci, en prenant pour otages sa femme et ses fils; mais Juan Furtado ne fut pas plutôt en liberté que, au lieu d'aller faire rendre l'Alcazar de Ségovie, il rejoignit l'infant don Juan. Cela détermina l'infant don Enrique à conduire le roi à Avila. Le mariage du roi fut célébré à Avila, le 4 août.

(3) L'infant don Juan, averti par Robles, qui s'était échappé, avait appris les événements de Tordesillas le 28 juillet, jour où, pour ne pas dépasser le terme de son congé, il partait de Pampelune, après y avoir épousé, le 12 du même mois, l'héritière de la couronne de Navarre. Il arriva en hâte à Peñafiel, puis se rendit à Olmedo et y rassembla ses partisans; mais il ne tenta rien pour délivrer le roi.

ceux de son parti, et rassembla un grand nombre de gens d'armes. Dans ce temps, le roi avait un damoiseau qu'il aimait grandement et à qui il confiait tout ce qu'il pensait (1); et quelques-uns des seigneurs dirent qu'il serait bon de l'éloigner du roi, remontrant que c'était une dure chose de travailler pour le bien du roi et de l'État, tandis que ce damoiseau pourrait se mettre en travers, et le roi, jeune comme il l'était, le croire légèrement, d'où aisément il résulterait pour eux des inconvénients.

Ici l'auteur dit qu'un seul qui contrarie empêche plus que ne servent plusieurs qui aident (2). Le connétable représenta aux autres qu'il valait mieux garder le page; qu'il n'était pas convenable de violenter la volonté du roi ni de faire cela, car pour toutes les choses qu'ils avaient exécutées le roi montrait qu'il les trouvait bonnes et en était content, mais que ce serait à redouter de lui retirer ce page pour qui il avait tant de goût; que d'ailleurs leurs actes rendaient témoignage d'eux-mêmes, et que puisqu'ils travaillaient pour la justice et la vérité, ils ne devaient pas prendre souci des propos (3).

Le roi partit d'Avila et fut à Talavera, qui était un lieu plus agréable pour lui et pour la reine pendant l'hiver. Et ce page dont je vous ai parlé avait en ce temps la confiance

---

(1) Don Alvaro de Luna. Il avait été amené à la cour et placé près du roi comme page (damoiseau, *doncel*), en 1408. En 1420, à l'âge de trente ans, il était encore simple *damoiseau*. Sa naissance illégitime et basse avait arrêté son essor ; mais son jour arrivait.

(2) *Mas estorva un estorvador que non ayudan muchos ayudadores.*

(3) Ceci s'était passé à Tordesillas, quand on avait distribué les charges, après l'enlèvement du roi. Pour satisfaire don Juan II, on avait donné à Alvaro de Luna une place au conseil, avec dix mille maravédis de gages. On ne soupçonnait pas alors tout son empire sur l'esprit du roi, que l'on croyait gouverné par Juan Furtado et Fernand

du roi, plus qu'aucun autre homme, et il trouva que les affaires allaient mal et que l'on faisait plusieurs choses qui n'étaient pas très-bonnes pour le service du roi. Et chacun des partis, l'infant don Juan et les siens comme l'infant don Enrique et sa faction, avait cette opinion, lorsque les autres possédaient le pouvoir, qu'ils ne gouvernaient pas comme ils le devaient. Et de son côté, Alvaro de Luna pensait que, s'il pouvait séparer le roi des autres et l'avoir tout à son aise, le service du roi s'en trouverait mieux; il croyait de plus que tout ce qui passait par les mains des autres passerait par les siennes, comme cela, en effet, arriva plus tard; car il parvint au plus grand état que, d'après les écrits et de mémoire d'homme, personne ait jamais atteint en Espagne; et jamais il ne se vit en Castille un homme qui, sans être roi, ait exercé autant de pouvoir que celui-là. Quand l'occasion fut belle, il s'entendit avec ceux de la faction de l'infant don Juan et ceux qu'il devina favorables à son dessein. Le plan arrêté, un jour le roi dit qu'il voulait aller à la chasse; il monta à cheval et s'en fut au château de Montalvan (1).

Le roi partit de Talavera, disant qu'il allait chasser, et piqua droit à Montalvan. Avec lui étaient son damoi-

Alonso de Robles, tandis que le crédit de ceux-ci tenait à leur entente avec Alvaro.

(1) Le roi s'enfuit de Talavera le 29 novembre, accompagné de huit personnes. Alvaro seul avait tout conçu, tout préparé, tout conduit dans le plus grand secret. L'infant don Juan ne fut averti que plus tard.

Montalvan est situé à six lieues de Talavera et à la même distance de Tolède, sur le Torcon, l'un des affluents méridionaux du Tage. Le château appartenait à la reine-mère d'Aragon. Il était gardé par six hommes, et il s'y trouvait pour toutes provisions de bouche huit pains, une fanègue de farine, une fanègue et demie d'orge et deux jarres de vin.

seau, Alvaro de Luna, le comte de Benavente, le comte don Fadrique, qui depuis fut duc d'Arjona (1), lequel était dans le secret, et qui les rejoignit en route, puis quelques autres; et ils passèrent le fleuve du Tage. Le roi entra dans le château de Montalvan, et il y était depuis quelques jours (2), quand arrivèrent l'infant don Enrique, l'adelantado Pero Manrique, l'archevêque de Santiago, le connétable, Pero Niño et Garci Fernandez Manrique. Ils s'approchèrent du château. Pero Niño vint jusqu'au pied de la muraille, et salua le roi et ceux qui étaient avec lui. Alors le comte de Benavente parla et lui dit : « Pero Niño, vous paraît-il que ce soit une belle chose de tenir ici le roi assiégé comme vous le faites, vous autres, et de vous réunir tous contre son service? » Et Pero Niño répondit : « Vous ne dites pas la vérité : moi, avec ceux dont vous parlez, nous nous sommes réunis pour le service du roi et sommes ses serviteurs autant que vous tous qui êtes là, et je vous le ferai connaître. » Alors Pero Niño s'adressa au roi et lui dit : « Seigneur, y a-t-il quelque chose en quoi je vous puisse servir et obéir? Ordonnez, je suis prêt comme votre sujet,

(1) Le comte de Benavente était alors don Rodrigo Alonso Pimentel. Don Fadrique, comte de Trastamara, petit-fils de l'infortuné don Fadrique, maître de Saint-Jacques, était resté en apparence neutre entre les infants et avait rejoint le roi à Talavera avec trois cents lances. Les plaintes qu'il porta contre l'infant don Enrique fournirent à Alvaro de Luna l'occasion attendue. La fuite du roi fut concertée entre Alvaro, don Fadrique et le comte de Benavente.

(2) Le roi n'avait eu que le temps de requérir les paysans des environs et de faire entrer dans le château quelques provisions. Dès le 30 novembre, il fut bloqué par le connétable. L'infant don Enrique n'arriva que le 1er décembre avec la reine et continua le blocus jusqu'au 10. — L'archevêque de Santiago était don Lope de Mendoza. Traditionnellement, quand l'archevêque de Tolède entrait dans une faction, l'archevêque de Santiago entrait dans le parti opposé.

créature et nourriture du roi votre père. » Puis mettant la main à son épée et se tournant vers ceux du dehors, il ajouta : « Seigneur, je fais mon devoir ; si votre service requiert autre chose, ordonnez-le, je suis prêt ; et de cela je rends témoins don Alvaro de Luna, le duc don Fadrique et le comte de Benavente. »

L'évêque de Ségovie et les procureurs des villes furent alors parler au roi dans le château où il était, et l'on arrangea pour le présent, dans l'intérêt du service du roi, que l'infant se retirerait avec ceux qui étaient là sous ses ordres, et que ceux de l'autre parti ne viendraient pas avant d'être appelés par Sa Grâce, mais que lorsque les procureurs auraient tout concerté, les uns et les autres viendraient en ce lieu, pour régler ce qui conviendrait au service du roi. Et alors le roi sortit de Montalvan, et l'infant s'en alla à Ocaña avec ceux qui tenaient son parti (1).

(1) Le roi, dès son arrivée à Montalvan, avait fait avertir l'infant don Juan à Olmedo, et les procureurs des villes à Talavera. Le connétable envoyait chaque matin et chaque soir un pain, une poule et un flacon de vin au roi, qui en faisait part à ses compagnons. Le 2 décembre, les assiégés n'avaient plus de vivres ; ils tuèrent le cheval du roi et le mangèrent. Le 4 décembre, ils entrèrent en pourparlers. Le 5, les procureurs arrivèrent au camp de don Enrique, et l'infant don Juan se mit de son côté en marche. Le roi, faisant approcher au pied de la muraille les procureurs des villes, leur déclara que tout, depuis l'attentat de Tordesillas, s'était fait contre son gré. L'infant don Enrique reconnut bientôt que sa partie était perdue et que, s'il attendait l'arrivée de son frère, il courrait gros risques de sa personne. Dès le 10 décembre, il laissa entrer des vivres au château, et le 14, il partit pour Ocaña, près de Tolède, principale résidence des grands-maîtres de Saint-Jacques. L'infant don Juan fut du même coup écarté par Alvaro de Luna, qui persuada au roi de ne pas le recevoir, et s'arrangea de manière à ce qu'il n'y eût plus d'infants à la cour. Le roi retourna à Talavera le 24 décembre.

Quelque temps après il arriva qu'un garçon de la chapelle du roi porta une lettre que le roi paraissait avoir signée de son nom, et par laquelle il faisait commandement à son cousin, l'infant don Enrique, s'il avait à cœur son service, de venir avec puissance de gens le trouver là où il était, parce qu'ainsi son service le requérait. Pour cette raison, l'infant et ceux qui étaient de son côté s'avancèrent en force jusqu'à l'Espinar, et le roi vint à Arevalo. Alors se rassemblèrent beaucoup de gens de l'un et l'autre parti ; Pero Niño marchait en avant dans les plaines, avec deux cents hommes d'armes. Là, il y eut beaucoup de pourparlers ; et la reine d'Aragon, mère des infants, s'entremit, et l'on s'accorda à peu près comme on l'avait fait à Montalvan, et de ce traité il n'y eut pas plus de fruits que du précédent. Durant le plus grand débat et la chaleur des armes, le roi demanda l'Alcazar de Ségovie à Pero Niño, qui le lui remit incontinent. De cela, l'infant et ceux qui étaient en sa compagnie furent désobligés. Ils en firent des reproches au chevalier ; mais lui leur répondit que Dieu le préservât de retenir un château contre la volonté de son seigneur le roi, de qui il l'avait reçu ; que de sa personne il suivrait le parti qu'ils suivaient, pensant que c'était le bien du roi, et les aiderait et les servirait s'ils en avaient besoin ; mais que pour le château il le rendrait. L'infant partit de l'Espinar, et se retira à Ocaña ; chacun des autres s'en retourna dans sa maison, et Pero Niño s'en fut à Montanches (1).

(1) Ici Gamez fait, dans l'intérêt de son maître, subir à l'histoire de trop grands retranchements. L'infant don Enrique ne prit point les armes par suite d'une méprise ; il savait bien ce qu'il faisait. Pendant qu'il tenait le roi en son pouvoir, il avait épousé sa sœur, l'infante doña Catalina, en obtenant pour sa dot le marquisat de Villena, et en même

1422.

A peu de temps de là, le roi traita avec l'infant, qui vint à la cour et fut arrêté, comme cela est plus amplement raconté dans la chronique des rois et des affaires de ce temps. Quant à ceux qui étaient avec l'infant, queltemps il avait fait donner à son majordome, Garci Fernandez Manrique, la terre de Castañeda. Rendu à la liberté, le roi révoqua ces grâces. L'infant s'était mis de vive force en possession du marquisat. Garci Fernandez bâtonna l'officier qui venait le débouter de sa possession. Le roi se portait dans les Asturies contre Garci Fernandez, quand il apprit que l'infant don Enrique était parti d'Ocaña et venait de l'autre côté des monts. Il lui expédia par Alonso de Cartagena, doyen du chapitre de Santiago, l'ordre de s'arrêter. Le 20 juin, l'infant reçut près de Guadalajara le doyen, entendit son message et lui dit qu'il lui ferait réponse à Guadarrama. De Guadarrama il envoya au roi trois ambassadeurs, pour lui dire qu'il voulait aller lui exposer ses griefs, et que pour sa sûreté il irait en armes. Malgré une nouvelle défense d'avancer, il passa le défilé et vint se loger à l'Espinar, qui est au pied des montagnes, à douze lieues d'Arevalo, où le roi se trouvait avec l'infant don Juan. La reine d'Aragon et les procureurs des villes s'entremirent, afin de prévenir une rencontre. Les négociations durèrent plus de deux mois; enfin la désertion, qui s'était mise dans le camp de don Enrique, les fit réussir. On convint que les deux armées seraient licenciées simultanément. Quand il passa la revue de son monde, le 25 septembre, don Enrique n'avait plus que 2,000 lances. Il en restait au roi 3,300 et 2,300 à l'infant don Juan. Don Enrique donna congé à ses partisans, retenant avec lui seulement le connétable, Pero Manrique et Garci Fernandez, qui étaient de sa maison. Il n'avait rien obtenu sur aucun des points pour lesquels il s'était mis en armes et en état bien patent de rébellion. — La conduite de Pero Niño, quant à ce qui concerne l'Alcazar de Ségovie, était correcte : il tenait le château du roi lui-même et devait le remettre, à la première sommation, entre les mains de celui que le roi désignerait pour le recevoir. On verra plus loin que, pour le château de Montanches, il ne le rendit qu'au roi en personne, parce qu'il le tenait directement de l'infant don Enrique. De même l'alcayde de l'Alcazar de Ségovie, investi par Juan Furtado, n'avait voulu rendre le château qu'à Juan Furtado lui-même ou au roi, qui, en effet, l'avait reçu en personne avant de le donner à Pero Niño.

ques-uns se raccommodèrent avec le roi, et d'autres se rendirent en Aragon (1).

Pero Niño se tint à Montanches plus d'un an. Ni pour promesses, ni pour autres choses qui lui furent mises avant, jamais il ne voulut abandonner son parti. Enfin, le roi lui demanda le château, et s'en approcha pour se le faire rendre plus promptement. Il parut à Pero Niño que ce ne serait une chose ni bonne ni convenable de conserver cette forteresse contre la volonté de son seigneur, et il la lui fit rendre, quoiqu'il ne l'eût pas reçue de lui et qu'il l'eût acceptée de l'infant en gage de fortes sommes. Pero Niño sortit du château, pendit une arbalète à son cou, et, à pied, avec deux ou trois arbalétriers qui le suivirent, il gagna la frontière d'Aragon, non sans beaucoup de fatigues et de périls pour sa personne. Il s'en fut là où était [le connétable don Ruy Lopez d'Avalos], et il y resta quelque temps (2).

1423.

(1) L'infant don Enrique fut arrêté, le 14 juin 1422, à Madrid, où il avait été mandé par devant le roi. On lui donna lecture de quatorze lettres écrites par le connétable, à sa connaissance et à celle des Manrique. De ces lettres il résultait qu'il avait voulu préparer une prise d'armes en y associant le roi de Grenade. Elles avaient été fabriquées toutes par un faussaire, comme cela fut prouvé depuis au procès du connétable. L'Infant et Garci Fernandez Manrique, qui avait voulu l'accompagner à Madrid, furent conduits au château de Mora, où ils restèrent longtemps prisonniers. L'infante doña Catalina et le connétable parvinrent à gagner Valence, où ils se mirent sous la protection de la bourgeoisie de cette ville. Pero Manrique se réfugia à Saragosse, où, pour obtenir la même protection, il dut acquérir le droit de bourgeoisie en achetant une maison.

(2) Après l'arrestation de l'Infant don Enrique, le roi fit sommer toutes les places qui appartenaient en propre à l'infant ou qui dépendaient de lui comme maître de l'ordre de Saint-Jacques. Celles du Maeztrazgo se rendirent à la première, seconde ou troisième somma-

1424.   Depuis, le roi d'Aragon (1) revint de Naples, et Pero Niño alla le voir à Tortosa, et en fut grandement accueilli ; de là, il l'accompagna à Valence. Sur le chemin ils rencontrèrent le connétable et l'adelantado Pero Manrique. Ceux-ci eurent conférence avec le roi, et alors le roi d'Aragon commença de chercher à obtenir que l'infant, son frère, fut relâché. Cela ne put se faire par accommodement, et il leva une armée et la réunit à Taraçona.

1425.   Son frère, le roi de Navarre, vint l'y trouver de la part du roi de Castille, et tous deux partirent pour Haraciel (2). Là, le roi de Navarre et celui d'Aragon conférèrent. L'infant fut mis en liberté ; mais le roi d'Aragon ne laissa point pour cela de continuer son chemin, et avec son armée il arriva par la Navarre près

tion, moyennant que les alcaydes reçurent promesse d'être conservés. La chronique du roi don Juan II flétrit implicitement leur conduite, en disant : « Celui qui a écrit cette histoire n'a pas su les noms des alcaydes qui par capitulation rendirent les forteresses. » Alburquerque et Medellin, qui étaient à l'infant, résistèrent, ainsi que Montanches, et ne se rendirent qu'au roi en personne, vers la fin de l'année 1423. De là le roi marcha sur Montanches. Voici la version de la chronique de don Juan II : « Pero Niño, qui était dans le château de Montanches, dès qu'il sut que le roi venait sur lui, envoya auprès du connétable (Alvaro de Luna) un sien fils que l'on appelait Gutierre Niño, par lequel il fit dire qu'il voulait livrer le château. Il lui fut répondu de le remettre à un écuyer dudit connétable, que l'on appelait Juan Fernandez de la Verguilla, entre les mains de qui Pero Niño en fit la livraison, puis il s'en fut à Valence. » A la situation de notre chevalier l'on ne sait, après avoir étudié tous les codes du temps, rien appliquer de plus clair que cet article d'une loi des *Siete Partidas* : « Tenir château de seigneur suivant l'ancien *fuero* d'Espagne est une chose où gît bien grand danger. » (Segunda partida, tit. XVIII, loi 6.) — Montanches est en Estramadoure, à six lieues au nord de Mérida, entre Alburquerque et Médellin.

(1) Don Alonso V, le Magnifique.
(2) Araciel, dans la province de Soria, sur la frontière d'Aragon.

de Logroño, et plaça son camp dans le lieu dit le Bosquet-du-Roi (1). En cet endroit Pero Niño dit au roi d'Aragon que, s'il voulait entrer en Castille et que le roi don Juan vînt contre lui, d'aucune façon, pour sa part, il ne marcherait contre le roi son seigneur; mais quant à ce qui était de l'aider pour que son frère et les autres chevaliers fussent mis en liberté, cela il le ferait jusqu'à la mort. Le roi lui répondit qu'il parlait bien. De là, Pero Niño rentra en Castille, et vint habiter, au pays de Burgos, des terres qui lui appartenaient, appelées Berzosa et Fuente-Burueva (2). Et il ne se passa guère de temps que l'on convint de relâcher l'infant à un jour déterminé, et de l'envoyer au roi d'Aragon pour résider dans son royaume, ce qui avait été déjà concerté lors du départ de Pero Niño (3). Le roi d'Aragon retourna à Saragosse, et Pero Niño resta pendant quelques jours dans ses terres avec beaucoup de danger, car il n'était pas venu avec la permission du roi de Castille, et n'était pas réconcilié avec lui. Mais le connétable, don Alvaro de Luna, et quelques chevaliers qui l'entouraient travaillèrent à faire son accommodement avec le roi, considérant les services qu'il lui avait faits et pouvait lui faire encore. Le roi voulut bien le recevoir. Il ordonna de lui faire payer tout ce qui lui était

---

(1) *El Soto del Rey*.

(2) A deux lieues au nord de Briviesca.

(3) L'infant fut remis, le 10 octobre 1425, entre les mains des commissaires du roi d'Aragon, et le réglement de ses réclamations fut renvoyé au conseil du roi. Pero Maurique rentra en Castille. Le connétable, dont tous les biens avaient été confisqués à la suite de son procès, en 1423, ne quitta pas Valence, où il mourut le 6 janvier 1428. Ses dépouilles avaient enrichi le comte de Trastamare, qui devint duc d'Arjona, l'infant don Juan, les Enriquez, les Sandoval, les Zuñiga, les Pimentel et don Alvaro de Luna, qui fut fait connétable à sa place.

dû et de le traiter de là en avant comme les autres seigneurs de son royaume. Et Pero Niño servit le roi comme il avait coutume, bien et loyalement, ainsi que vous le verrez en plusieurs circonstances importantes. L'infant don Enrique rentra en Castille, et vint à Valladolid faire révérence au roi qui s'y trouvait alors, et avec lui vint son frère le roi de Navarre (1).

CHAPITRE XI.

Des grandes fêtes qui se donnèrent à Valladolid, où Pero Niño fut l'un des douze chevaliers du roi, son seigneur, et de la guerre que firent au roi de Castille les rois de Navarre et d'Aragon.

La cour se trouvant alors à Valladolid, il s'y donna de grandes fêtes dans lesquelles il y eut beaucoup de joûtes, tournois et jeux de cannes, à quoi tout le monde prit grand plaisir (2). Mais on a dit et on dit encore que là s'engendrèrent quantités de haines et inimitiés, comme il y parut par l'effet peu de jours après. L'infant don

(1) L'infant don Enrique, uni à son frère de Navarre, obligea le roi don Juan de le recevoir à Valladolid, où il vint en 1427, malgré toutes les défenses du roi, et se mit à la tête d'une ligue contre Alvaro de Luna. Le connétable fut exilé de la cour pour dix-huit mois.

(2) Ces fêtes furent données pendant l'été de l'année 1428, à l'occasion du passage de l'infante doña Leonor d'Aragon, qui allait épouser don Duarte, fils aîné du roi de Portugal. Ses frères, le roi de Navarre et l'infant don Enrique, s'étaient déjà brouillés de nouveau, et à la faveur de leur division Alvaro de Luna était revenu à la cour, plus maître que jamais du roi et des affaires.

Enrique donna la première fête très-noble ; le roi de Navarre donna la seconde, et le roi de Castille la troisième, plus noble et somptueuse que toutes les autres. Des grandes affaires qui se préparèrent alors, je parlerai plus loin ; pour le moment je m'en tais. Le roi de Castille avait avec lui douze chevaliers très-bien parés, pour représenter les douze apôtres ; il entra en lice de sa personne, et fit à ce jeu de belles choses, ainsi que ses compagnons, contre plus de cent chevaliers (1). Et ils y prirent tant de peine, qu'ils donnèrent assez de besogne à tous, et fournirent autant de carrières qu'il leur en fut demandé. Comme on ne doit point cacher la vérité, puisqu'on la couche par écrit et qu'elle reste en mémoire (2), [je dirai que] Pero Niño fut un des douze chevaliers qui avaient été choisis [pour être avec le roi], en souvenir des douze apôtres, et il portait le nom de l'apôtre saint Paül. Il rompit plus de lances, et fit plus de rencontres qu'aucun autre, et si quelque prouesse signalée fut faite ce jour, ce fut lui qui la fit, quoique à cette époque il eût environ cinquante ans, et que depuis longtemps il n'eût plus voulu s'exercer à ce jeu.

Les fêtes terminées, l'infant partit de là pour Ocaña, le roi de Navarre pour son royaume, et le roi de Castille lui envoya des ambassadeurs avec des lettres, pour lui dire qu'il ne revînt point en Castille et n'y rentrât sous aucun

---

(1) Le roi rompit quatre lances contre Ruy Diaz de Mendoza. Au tournois de don Enrique, Gutierre de Sandoval avait été tué. La dernière fête fut donnée par le connétable.

(2) *E porque la verdad non se deve negar, pues se escrive é queda en memoria.* On pourrait voir dans cette phrase incomplète et obscure un reproche adressé aux chroniqueurs, qui ont tous omis d'inscrire Pero Niño parmi les douze apôtres du roi.

prétexte. Quand le roi de Navarre sut cela, il se joignit à son frère, le roi d'Aragon (1); tous deux réunirent une armée, entrèrent en Castille et arrivèrent jusqu'à la plaine de Baraona (2), disant qu'ils voulaient voir le roi leur cousin. Sur ces faits, il est à croire et je pense qu'on trouvera plus de détails dans les chroniques de Castille. Le roi de Castille envoya contre eux son connétable, don Alvaro de Luna, Pero Manrique, Pedro de Velasco et l'amiral don Fadrique (3), avec quelque peu de gens d'armes, non tant qu'il en eût fallu pour combattre avec les rois. C'était le jour de la fête de saint Jean, et ce jour-là même arriva Pero Niño avec une partie de son monde, et après avoir fait de grandes journées pour se trouver là; et il rencontra le connétable avec les autres seigneurs, qui se mettaient en devoir de défendre le passage. Les rois s'éloignèrent de ce lieu, continuèrent leur marche jusqu'à la ville de Hita et assirent leur camp à Santa-Maria de

(1) Il s'était formé secrètement entre le roi d'Aragon et le roi de Navarre une alliance qui pouvait menacer le trône de don Juan II. Alvaro de Luna mit tout à découvert en faisant proposer un traité de paix perpétuelle entre les trois couronnes. Le roi de Navarre signa; le roi d'Aragon refusa de signer, et la guerre qui s'ensuivit força chacun de se déclarer. L'Infant don Enrique, après avoir feint de tenir pour le roi de Castille, alla rejoindre ses frères; mais il fut abandonné par ses anciens partisans. Don Juan II avait fait signer, le 30 mai, à tous ses vassaux une déclaration ainsi conçue : « Je jure de vous servir bien et loyalement, sans cautèle, simulation, fraude ou tromperie, contre les rois d'Aragon et de Navarre, et tous autres qui leur ont donné ou donneront faveur. » Pero Niño est cité dans la chronique de don Juan II parmi ceux qui répondirent des premiers à l'appel du roi.

(2) *El campo de Baraona*, près d'Atienza. Les *Altos de Baraona* ont donné leur nom à une partie de la chaîne de montagnes qui sépare le bassin du Duero de celui du Tage. Les rois s'étaient avancés plus loin, jusqu'à Cogolludo, dans la province de Guadalajara.

(3) Don Fadrique, fils de don Alonso Enriquez.

Sopetran (1). Quant au bon connétable, à don Fadrique l'amiral, à Pedro de Velasco, à Pero Manrique, à Pero Niño et aux autres chevaliers, ils arrivèrent avec leurs gens près d'Espinosa, à une lieue de l'endroit où étaient les rois ; et le connétable, vu le monde qu'il avait, se porta en un lieu raisonnablement choisi, assez fort pour y livrer combat (2). Le lendemain, les rois s'avancèrent, assirent leur camp à une petite distance du connétable, et aussitôt montrèrent qu'ils cherchaient la bataille. Elle commença par des hommes qui vinrent du côté où se trouvaient Pedro de Velasco, l'amiral et Pero Niño. Et comme Pero Niño allait regardant et mettant son monde en ordre, et qu'il était à cheval près des batailles du connétable, il advint que cinq ou six cavaliers du parti des rois qui allaient escarmouchant étaient en train de tuer un homme des communes de Castille, lequel allait aussi escarmouchant tout près du corps d'armée. Pero Niño leur cria de le laisser ; mais ils ne l'écoutèrent pas. Pero Niño demanda une lance, trouva quelqu'un qui lui en donna une, courut sur eux, frappa et renversa le premier qu'il rencontra, et força

---

(1) Le connétable était à Jadraque, sur la rivière d'Hénarès, et les rois, en se portant à Hita et à Sopetran, le coupaient de Guadalajara et Tolède. — Hita est à cinq lieues au nord de Guadalajara, Sopetran à une lieue plus loin.

(2) Suivant la *Chronique de don Juan II,* les rois avaient 2,500 hommes d'armes et 1,000 hommes de pied ; don Enrique leur amena 100 hommes d'armes et 120 ginetes (chevau-légers). Ils allèrent attaquer le connétable, qui avait 2,700 hommes d'armes et 400 fantassins. La partie était assez égale. Cette bataille se livra le 1er juillet et fut arrêtée presque aussitôt que commencée, le cardinal de Foix, légat du pape, s'étant interposé. Le lendemain, Marie de Castille, reine d'Aragon, vint se jeter entre les deux armées, se fit établir une tente à égale distance du connétable et de son mari, et obtint que les rois reprendraient le chemin de l'Aragon.

les autres à être plus courtois, de telle sorte que l'homme des communes eut la vie sauve et que les cavaliers se retirèrent. Pour cette fois, la nuit empêcha qu'il y eût quelque chose de plus. Le lendemain, madame la reine d'Aragon arriva et parlementa de telle façon, comme la chronique le racontera plus amplement, que les rois prirent le chemin de l'Aragon, et le connétable, avec les siens, rejoignit le roi son seigneur qui était resté au Bourg-d'Osma (1).

CHAPITRE XII.

De ce qui arriva quand le connétable don Alvaro de Luna ramena son armée auprès du roi de Castille, et comment l'infant don Enrique alla s'enfermer dans Alburquerque.

Il arriva, le jour où les rois partirent, qu'environ à une lieue et demie d'Atiença, il y eut une alerte causée par la nouvelle que les rois revenaient. L'avant-garde du connétable et une autre bataille qui marchait après elle se mirent en désordre, de sorte que plus de quatre cents cavaliers se jetèrent au travers de la bataille du connétable et défilèrent devant sa bannière, en tournant le dos. Le connétable resta comme un bon chevalier, ferme sous sa bannière, quoiqu'il se vît plus petitement accompagné qu'il ne l'était de coutume. Pero Niño se trouvait là, sa bannière à côté de celle du connétable, une partie de

(1) *El Burgo de Osma*, dans la province de Soria, près d'Osma, non loin du Duero.

son monde auprès de lui; et le connétable trouvant en lui, ce jour-là, bien fidèle compagnie, lui dit à haute voix, de manière que tous l'entendirent : « Allons, bon chevalier! je mourrai ici avec vous. » Et Pero Niño lui répondit : « Seigneur, vous ne mourrez pas; au contraire, vous serez vainqueur avec l'aide de Dieu, et par moi vous serez très-révéremment servi et accompagné aussi bien que chevalier le fut jamais par personne en une rencontre. » Une autre fois, le connétable, pendant qu'il allait gouvernant sa troupe, trouva près de lui Pero Niño, et à haute voix l'appela comte d'Alba, en sorte que tous l'entendirent. Ce jour-là, il n'y eut rien d'autre; car la contenance du connétable et de Pero Niño en particulier donna bien à penser qu'ils étaient prêts à faire face à tout ce qui pourrait venir sur eux. Et si vous voulez savoir le nombre des gens qu'il y avait des deux côtés, les rois avaient jusqu'à trois mille ou trois mille cinq cents hommes d'armes, avec l'infant don Enrique qui s'était joint à eux à Santa-Maria de Sopetran, et jusqu'à quatre mille hommes de pied, tous bien armés; et du côté de la Castille il y avait environ deux mille hommes d'armes et mille hommes de pied.

Les rois, comme je l'ai dit plus haut, retournèrent en Aragon après que cette aventure fut arrivée, le jour où le connétable partit d'Espinosa. L'infant don Enrique se sépara d'eux et s'en fut à Ocaña; de là, il fit munir toutes les forteresses de l'ordre (1), celles du comté (2) et de toutes

---

(1) De Saint-Jacques.

(2) D'Alburquerque. L'infant don Enrique possédait les biens de la maison d'Alburquerque et une partie de ceux de la maison de Lara, ce qui lui donnait des points d'appui dans plusieurs provinces; mais ses plus fortes places de refuge étaient en Estramadoure. Ses biens furent séquestrés aussitôt après sa visite à ses frères, quoiqu'il se défendît de l'avoir faite à mauvaise intention.

ses autres villes. Le comte de Benavente alla contre lui avec quelque peu de monde. L'infant partit pour Segura (1), le comte à son dos jusque près de cette ville, puis il passa à la vue du comte et gagna Alburquerque; le comte de Benavente le suivit jusqu'à Llerena, continuant [à l'observer] comme cela lui était ordonné.

Ici l'auteur cesse de parler de l'infant, qui s'est emfermé dans Alburquerque, pour raconter ce que fit le roi de Castille après que les rois furent rentrés en Aragon.

CHAPITRE XIII.

De la guerre que le roi de Castille fit aux rois de Navarre et d'Aragon, et comment Pero Niño assaillit la ville de Cetina.

Le roi de Castille rassembla son monde dans le Bourgd'Osma, et envoya dire au roi d'Aragon et au roi de Navarre qu'ils savaient bien comment ils avaient fait une marche de tant de journées dans son royaume sans sa permission et contre sa volonté, que lui, à son tour, leur notifiait sa volonté de faire la même marche en Aragon, et

---

(1) Les manuscrits disent *Segovia;* mais c'est une erreur des copistes. L'infant tint quelque temps à Ocaña contre le comte de Benavente, qui n'était pas en force pour l'attaquer. Il prit ensuite la route du royaume de Murcie, s'arrêta d'abord à Velez, puis à Segura, et brusquement il tourna sur sa droite, surprenant le comte, qui fut culbuté. Il traversa l'Andalousie et alla s'enfermer avec l'infante dans Truxillo, où son frère don Pedro vint le rejoindre. Débusqué de Truxillo par le connétable, il se jeta dans son château d'Alburquerque à la fin de l'année 1429.

qu'ils eussent à l'attendre. Mais ils ne l'attendirent pas. Le roi poussa jusqu'à Ariza (1) et prit la ville, mais ne put s'emparer du château, car il est très-fort. Pendant qu'il était là, le connétable chevaucha un jour pour aller chercher les rois qui étaient occupés à protéger leurs fourrageurs, et s'avança jusqu'à deux bonnes lieues, tout contre Cetina. Il avait avec lui beaucoup de bons chevaliers et gentilshommes. Pero Niño commandait une aile, Per Alvarez Osorio (2) l'autre; devant eux ils avaient une bonne troupe d'hommes d'armes et des ginètes (3) en arrière. Le connétable marchait bien en ordre avec sa bataille et ses ailes; mais comme le terrain était très-coupé, Pero Niño [fut séparé des autres et] prit de l'avance, tellement qu'il arriva sous la ville de Cetina une grande heure avant que les autres ne parussent. La ville se défendit bien avec des traits, des pierres et autres armes. Dès qu'arriva Pero Niño avec son monde, sa bannière fut approchée des murs de la ville, et l'assaut donné, et la ville emportée avant que ne fussent

(1) Il ne poussa guère avant en Aragon, car Ariza est exactement sur la frontière, dans la province de Calatayud. Cetina est à deux lieues en aval d'Ariza, sur le Jalon. Le connétable entra aussi à Monreal, qui est à côté de Cetina. L'armée de Castille comprenait 10,000 hommes d'armes et 6,000 fantassins.

(2) Il y avait alors deux Osorio qui portaient les noms et prénoms de Pero Alvarez. Tous deux descendaient de ce chevalier que le roi don Pedro fit massacrer à Villarambla (voy. p. 77). Celui dont il s'agit ici était son petit-fils, fils de Rodrigo Alvarez, montero mayor du roi don Juan I. On l'appelait Per Alvarez le Vieux ou *el de Astorga*. Il avait fait, sous le roi don Enrique III, une ambassade auprès du roi de France.

(3) Nous avons déjà dit que les ginètes étaient des cavaliers plus légèrement armés que les hommes d'armes. Ils portaient la cuirasse, le bassinet rond et une targe. Ils devaient avoir deux chevaux, et leur entretien était fixé à la même somme que celui de l'homme d'armes.

venus le connétable ni les autres. La bannière s'avança ensuite jusqu'à une maison très-forte et bien munie, qui ne se pouvait prendre sans artillerie, ni sans y mettre le temps. Et pendant que l'on pilla la ville, la bannière resta devant cette maison, empêchant la sortie. Tandis que cela se faisait, le connétable se tenait en dehors de la ville, sa bataille en belle ordonnance. On resta là jusqu'à la nuit, et au départ, le connétable commanda de mettre le feu dans toute la ville. Ensuite il s'en alla où était son seigneur le roi, et arriva au milieu de la nuit; et peu de jours après le roi retourna dans son royaume.

CHAPITRE XIV.

Comment Pero Niño aida le roi son seigneur à gagner les châteaux de l'infant don Enrique.

1430. L'année suivante, le roi fut au Bourg-d'Osma, où il réunit une plus forte armée que l'année précédente, et avec cette armée et beaucoup d'artillerie, prit le chemin de Taraçona où étaient les rois. Le roi d'Aragon envoya ses ambassadeurs au roi de Castille, comme il était au camp d'Almajano (1), et l'on traita de telle sorte qu'une trêve fut conclue pour cinq ans. Après que ces traités furent signés, le roi partit de là et se rendit à Valladolid et envoya le connétable, Pero Niño et d'autres chevaliers, contre l'infant don Enrique, qui était à Alburquerque. Pero

(1) A trois lieues à l'est de Soria.

Niño marcha sur Montanches, et moitié par pratiques, moitié par force, il gagna le château et le remit au roi son seigneur, en quoi il lui rendit un service signalé, selon le temps. Après cela Pero Niño revint trouver le connétable et fut avec lui à Alburquerque et à Zagala (1), et l'aida dans toutes les choses qui furent faites alors, agissant là comme il avait toujours agi ; ensuite, quand le roi vint devant Alburquerque, Pero Niño l'accompagna et prit part à tous les actes qui alors s'accomplirent de ces côtés (2).

CHAPITRE XV.

Comment le roi don Juan entra sur les terres des Mores avec une puissante armée et, la veille de la bataille, fit comte don Pero Niño.

Peu de temps après, dans l'année qui suivit, le roi fut à la guerre contre les Mores. Il alla d'abord à Tolède, puis à Cordoue. Là, il réunit son armée. Pendant

1431.

---

(1) A quatre lieues nord-est d'Alburquerque.
(2) La trêve de cinq années fut conclue au camp d'Almajano, dans le commencement de mai 1430. Le connétable avait employé les derniers mois de l'année 1429 à faire une campagne contre les infants, sans pouvoir les réduire. Le roi, à cette époque, vint en personne devant Montanches, qui lui fut rendu. Mais il échoua devant Alburquerque, où il se présenta le 2 janvier de l'année 1430. Il renonça pour cette fois à l'entreprise, et c'est en 1432 seulement que l'infant don Enrique sortit du royaume, abandonnant ses forteresses. Gamez glisse là-dessus, désignant très-vaguement sous le nom d'actes (*autos*) les outrages que le roi eut à subir, et qu'il dénonça solennellement par une lettre où il racontait comment don Enrique l'avait accueilli à coups de flèches. C'est à la suite de son expédition infructueuse sur Alburquerque que le roi,

qu'elle s'y rassemblait, son connétable fit une entrée fameuse dans le royaume de Grenade (1), et quand il fut de retour, le roi partit de Cordoue avec son armée, et entra sur les terres des Mores par Alcalà-la-Réal (2). Le

confisqua les biens des infants et les distribua entre des seigneurs dont plusieurs avaient été leurs soutiens pendant les premiers troubles. Les deux Manrique et Pedro de Velasco acceptèrent sans scrupule une part dans les biens de don Enrique. Pero Niño ne figure point sur la liste des participants. Il n'était point parvenu à gagner la faveur du connétable, quoi qu'en dise Gamez, ainsi que le prouve l'extrait suivant de la *Chronique de don Juan II*:

« Le roi donna le gouvernement du château de Montanches à Fernan Lopez de Saldaña, son camérier et chancelier, qui l'avait accompagné. Pero Niño se plaignit vivement, disant qu'il avait beaucoup travaillé dans cette guerre, dépensé du sien, fait tout ce que le connétable lui avait ordonné, et que, dans l'affaire de Montanches en particulier, il s'était donné beaucoup de peine, et que le connétable lui avait promis le gouvernement du château, s'il le faisait remettre au roi. Sur quoi le connétable pria Fernan Lopez de laisser le gouvernement à Pero Niño, et Fernán Lopez y consentit. Mais quelques jours après, le connétable trouva le moyen de le faire donner à un de ses serviteurs nommé Alvarado. »

La convention d'Almajano avait établi que, pendant la trêve, les infants don Enrique et don Pedro pourraient se tenir en armes dans les châteaux qu'ils conservaient encore, mais ne devaient point faire de sorties.

(1) Cette incursion eut lieu au mois de mai. Le connétable avait avec lui 3,000 chevaux. Il poussa jusqu'à deux lieues de Grenade, à Tajara, d'où il envoya défier le roi Mahomad-le-Gaucher, puis revint à Antequera par Loja, sans avoir rencontré nulle part l'ennemi en force.

(2) Le roi partit de Cordoue le 15 juin. Il était le 22 à Cabeza de los Ginetes, d'où il partit le 26, et alla coucher entre Puerto-Lope et Pinos-Puente, en plein pays moresque. Le 27, il occupa presque sans résistance Pinos-Puente, célèbre dans les chevaleresques légendes de la frontière andalouse; puis, tournant la sierra d'Elvira, il alla prendre position sur son versant méridional, à Malacena, d'où il commandait la route de Jaen par Colomera, et celle d'Alcala par Pinos-

jour de son départ, il vint à la Cabeza de los Ginetes, sur la rivière de Bollullos ; le lendemain, il s'arrêta à une demi-lieue du pont de Pinos. Ce même jour fut abattue la tour du pont, et eurent lieu d'autres escarmouches. Le lendemain, on leva le camp, et l'armée se mit en mouvement ; mais elle ne put franchir la rivière de Pinos, à cause du mauvais passage qu'elle présentait, et le roi partit de là et alla asseoir son camp entre la montagne d'Elvira et le chemin de Colomera, près d'un village, et il pouvait être à environ une lieue de la ville de Grenade. Il y eut ce-jour là de belles escarmouches, car les gardes de la reine et ceux du camp (1) s'étaient établis bien près de la ville. L'office que Pero Niño remplissait dans cette armée était un des plus honorables et des plus difficiles qu'on puisse avoir dans toutes les armées des rois, un de ceux qui sont le plus de confiance et qui donnent le plus de peine, car il avait charge des coureurs (2), des fourrageurs et de tous ceux qui sortaient du camp ; il avait

---

Puente. C'est là, en face de Grenade, qu'il établit son armée dans l'ordre suivant : 1,000 chevau-légers de la maison du connétable en éclaireurs ; — le connétable à l'avant-garde, avec 1,500 lances ; — le corps de bataille du roi et deux ailes. Pero Niño faisait dès lors partie de la maison du connétable, où il y eut jusqu'à quatorze comtes recevant solde réglée.

(1) Nous ne savons ce que pouvaient être ces gardes de la reine, et nous supposons qu'il y a ici une faute des copistes. Probablement Gamez veut parler du corps de *ginetes*, qui, sous les ordres de l'adelantado de la frontière, Diego de Ribera, et du grand commandeur de Castille, Juan Ramirez de Guzman, était chargé d'éclairer la marche et de garder l'armée. Pero Niño devait en faire partie, et peut-être y avait-il à remplir un rôle très-actif, comme le dit Gamez ; mais il est certain qu'il ne le commandait pas.

(2) *El cargo de hordenar las guardas de los campos;* les gardes de la campagne, les éclaireurs.

aussi la garde du camp et celle de la personne même du roi, le jour comme la nuit. Outre cela, il s'armait et faisait le service de la guerre comme chacun des autres chevaliers, et s'il arrivait que quelque chevalier négligeât de venir à son tour faire le guet, il le faisait pour lui.

Le lendemain, le roi leva son camp et vint l'asseoir tout près de la ville de Grenade, en tel lieu qu'il y avait bien peu à marcher, ceux de l'armée vers la ville, et ceux de la ville vers l'armée, pour se rencontrer et se joindre. Le roi de Grenade avait contre la porte de la ville son camp dressé, avec tentes où chaque nuit étaient logés plus de cent mille hommes quand ils venaient monter leurs gardes; et ceux de cheval et ceux de pied y étaient tous rangés en très-bonne ordonnance de bataille.

Un dimanche..... (1) jour du mois de juin de l'année de la naissance de notre Rédempteur Jésus-Christ mil quatre cent trente et un, après dîner, il arriva que les gens des deux côtés se prirent l'un à l'autre, et que les escarmouches s'engagèrent de telle façon que l'on ne put éviter de combattre. Pero Niño, dans ce temps, était déjà comte; le roi l'avait fait comte la veille du jour où il pensait avoir la bataille (2). Et l'armée se mit en mouve-

---

(1) Ce dimanche était le 1er juillet 1431.

(2) Pero Niño, qui dès lors seulement est mentionné par les chroniqueurs avec le titre de don, fut fait comte de Buelna, probablement le 27 juin, quand le roi prit son ordre de bataille à Malabena. — Buelna est un des districts des Asturies. Il comprend une partie de la vallée de la Besaya, l'un des affluents du Rio de Suanes, qui se jette à la mer entre Santander et Santillane, et il est encadré dans les domaines de la maison de la Vega. On se rappelle que, lorsqu'il alla prendre à Santander le commandement de ses galères, Pero Niño se présenta aux gentilshommes des environs comme l'un des seigneurs naturels de cette contrée.

ment dans l'ordre fixé par le roi. Le connétable marchait à l'avant-garde avec sa bataille en bonne ordonnance et ses ailes bien disposées, et d'autres bons chevaliers avec les autres batailles, la seconde, la troisième et la quatrième bien rangées aussi ; ensuite, en cinquième ligne, venait le roi avec sa grosse bataille, et tout était une bien belle chose à voir. Pendant un assez long temps, les batailles restèrent en place, celles des Mores comme celles des chrétiens, sans combattre ; et il sembla bien que cela fut par la volonté de Notre-Seigneur Dieu [afin] que ce jour-là tout le monde prît part au combat, les gens, les chevaliers et les comtes.

Comme le comte don Pero Niño était à l'aile droite, celle qui faisait face à la ville, il fut obligé et eut volonté, et même il lui fut commandé de commencer le premier. Lui et ceux qui étaient avec lui l'eurent en très-grand gré, comme par le fait il y parut bien. Il y avait là, par où ils devaient avancer, un défilé très-étroit qu'on appelait la Rambla de Alteanar, et l'on ne pouvait le passer que chevalier par chevalier, à la file les uns des autres. De l'autre côté il y avait, défendant le passage, plus de trente mille Mores à pied et à cheval. Le comte Pero Niño passa le premier, ensuite sa bannière et les étendards des seigneurs qui marchaient avec lui : celui de l'évêque d'Osma, frère du connétable ; celui de don Juan el Niño, fils du comte don Pero Niño ; celui de don Juan de Tovar ; celui d'Alfonso Tellez Giron ; celui de Rodrigo de Avellaneda (1), qui étaient tous là avec le

---

(1.) Juan de Cerezuela, évêque d'Osma, frère utérin d'Alvaro de Luna ; Juan de Tovar, seigneur de Berlanza et Astudillo, guarda mayor du roi ; Alfonso Tellez Giron (tige des ducs d'Osuña), seigneur de Belmonte, fils du comte de Valencia, don Martin Vasquez d'Acuña, et de

comte. Et avec lui étaient encore bien d'autres chevaliers à qui il n'avait pas été ordonné de l'accompagner, et qui l'avaient rejoint par le désir qu'ils en avaient. Juan de Tovar fut armé ce jour-là chevalier de la main du comte don Pero Niño, ainsi que plusieurs autres. Tout ce monde qui se trouvait avec le comte pouvait se monter à quatre cents hommes d'armes; quant à gens de pied, il n'y en avait point, si ce n'est huit ou dix arbalétriers à cheval, que le comte emmenait toujours avec lui; et ce jour-là, ils firent tous bon service à Dieu et au roi, et bien fort à leur honneur, car ils enfoncèrent les ennemis de la foi, et s'en allèrent au milieu d'eux, frappant et tuant, et tournèrent toute l'armée des Mores, et rejetèrent sur leur gauche plus de quatre-vingt mille Mores en désordre.

Les Mores, voyant que le comte et ses gens les avaient tournés, prirent la fuite; et les nôtres les poursuivirent, frappant et tuant, et arrivèrent à leur camp, qui était près de la porte de la ville. Quand le bon comte y fut parvenu, ainsi que les seigneurs et les étendards, il y avait avec lui très-peu de monde, parce que, dans le défilé dont j'ai parlé, beaucoup de chevaux avaient été perdus et étaient restés aux mains des Mores [qui se tenaient près] du figuier (1),

---

sa première femme, Teresa Tellez Giron; Rodrigo de Avellaneda, capitaine des gens de don Luis de la Cerda, comte de Medina-Celi. — La *Chronique* du roi don Juan II ne cite que l'évêque d'Osma, Giron et Avellaneda, comme ayant enlevé le camp des Mores devant Grenade; mais la *Chronique* du connétable dit expressément que le comte don Pero Niño était avec l'évêque. C'était la maison du connétable qui donnait, et naturellement l'évêque d'Osma commandait.

(1) Le figuier que mentionne Gamez a donné son nom à la bataille. Le gros de l'armée des Mores combattit de ce côté. Le camp dont Pero Niño s'empara était plus près de la ville, entre des vignes et des plantations d'oliviers.

et leurs cavaliers se trouvèrent coupés du reste de la troupe, de sorte qu'il n'arriva guère aux tentes des Mores, avec le comte, que cent cinquante hommes d'armes. Et de là on n'apercevait personne de l'armée des chrétiens, mais des Mores en très-grand nombre. Lorsque le comte se vit en si petite compagnie, et si près de la ville, et si loin des chrétiens, il fut forcé de s'arrêter; et il fit ce que proprement le métier des armes requérait, comme un homme qui l'avait bien des fois pratiqué, remportant chaque fois la victoire, s'entendant à cette besogne mieux qu'aucun de tous ceux qui se trouvaient dans l'armée. Il prit les tentes et les distribua toutes, en ne gardant pour lui que celle du roi de Grenade; jusqu'au coucher du soleil, il resta là. De lui à la bataille du connétable, celle des chrétiens qui était la plus rapprochée, il y avait mille pas; mais de lui à celle des Mores, il n'y en avait que bien peu, et les flèches allaient des uns aux autres, tant on était à petite distance de la ville.

Au retour, il marcha le dernier; de même qu'au commencement de la bataille il avait été bien en avant de tous les autres, au retour il était à l'arrière-garde bien plus loin qu'aucun autre. Et il marcha toujours ainsi derrière les siens, bien à une trentaine de pas, de façon que les flèches des Mores lui arrivaient. Il parvint ainsi au camp, tenant en respect les Mores qui ne pouvaient pas avancer. Voyez si dans cette journée ce bon comte eut à supporter grand travail !

Après que l'affaire fut terminée, le roi rentra dans son camp et y resta, tentes dressées, pendant huit jours. Et pendant que le roi était là, il vint à lui un chevalier More que l'on appelait Benalmao (1). Il était très-proche parent

---

(1) Yousef Aben Alahmar, ou Abenalmao. Dès le commencement de

du roi de Grenade. Avec lui vinrent d'autres chevaliers Mores ; ils baisèrent la main du roi et dirent qu'ils voulaient être siens et faire à sa volonté. Le roi les reçut bien et donna à Benalmao le titre de roi, lui commandant de s'appeler roi de Grenade. Le connétable fut ensuite avec lui plusieurs fois jusqu'auprès de l'Alcazar du Genil (1), où étaient réunis beaucoup de Mores, et leur envoya dire qu'ils le reconnussent pour roi, sinon qu'ils auraient à le recevoir par force, bien qu'ils ne le voulussent point ; mais quoique là-dessus il y eût des pourparlers, à la fin ils ne s'accordèrent pas à le recevoir pour le moment. Pendant que se faisaient ces parlements, le comte don Pero Niño poussa un jour, malgré les Mores, jusqu'au pont du Genil (2).

la campagne, le roi avait été prévenu par un renégat, Pedro Venegas (de la maison de Luque), qu'il pourrait tirer parti d'Abenalmao pour diviser les Mores. Après la victoire signalée qu'ils avaient remportée sous les murs de Grenade les chrétiens auraient pu prétendre à de grands résultats ; mais la division se mit dans leurs conseils, et le connétable a été accusé de s'être laissé gagner par le roi Mahomad-le-Gaucher, qui lui aurait envoyé de grosses sommes cachées dans un panier de figues. (Voy. LAFUENTE ALCANTARA, *Hist. de Grenade*, t. III, p. 215 et suiv.)

(1) Nous supposons qu'il s'agit du palais appelé *Dar-el-Oued* (palais de la rivière), dont les vestiges se voient aujourd'hui, dit Lafuente Alcàntara, dans la *Maison des Poules*, sur le chemin de Cenes.

(2) Le pont du Genil est à quelques pas de la vieille enceinte de Grenade, en face du château de Bibataubin.

CHAPITRE XVI.

De ce qui advint dans le royaume de Grenade après qu'en fut parti le roi don Juan.

Le roi leva le camp qu'il avait mis devant Grenade et s'en revint à Cordoue (1). Il plaça pour garder les frontières, à Jaen le maître de Calatrava (2), et à Ecija l'adelantado Diego de Rivera. Avec eux il laissa Benalmao, qui noua des intelligences avec les Mores de Grenade; et quelques chevaliers mores de l'Albaycin l'introduisirent dans la ville par leur quartier et lui livrèrent l'Alhambra pendant que le roi Gaucher était allé à Malaga (3). Bientôt il apprit comment le roi Gaucher voulait se mettre en marche pour venir contre lui. Alors il envoya des messagers au maître et à l'adelantado pour leur dire qu'ils savaient bien comment il était vassal de leur seigneur le

(1) Il partit le 10 juillet, et le 20 du même mois il était rentré à Cordoue.
(2) Don Luis Gonzalez de Guzman.
(3) L'Albaycin est un quartier de Grenade. Il est situé au nord du Duero et fait face à l'Alhambra. Yousef Aben Almao, qui s'était posé en compétiteur de son cousin Mohammed el Hayzari, le Gaucher, fut soutenu par les commandants castillans de la frontière, et grâce à eux, fit des progrès dans le royaume. Le 1er janvier 1432, il entra dans Grenade et s'y fit reconnaître pour roi. Son premier acte fut d'écrire au roi don Juan: « Votre vassal, Yusef Ben Almao, roi de Grenade, baise vos mains. » Il mourut dans le courant de la même année 1432, et Mohammed el Hayzari reprit le pouvoir, ce qui acheva de faire perdre les résultats de la brillante campagne du roi don Juan.

roi de Castille et par lui avait été fait roi; qu'ils vinssent donc l'aider; qu'il leur donnerait sûrs moyens d'entrer à l'Alhambra et d'être maîtres à Grenade. On dit encore qu'il envoya de ses deniers pour faire la solde, et que plusieurs la reçurent. Quand il vit qu'ils tardaient, il les fit requérir, s'ils ne voulaient pas prêter aide à lui-même, de venir prendre l'Alhambra et la ville pour leur seigneur le roi, disant qu'il les leur remettrait. Et sans doute à cause de nos péchés les chevaliers ne se résolurent point à y aller. Pendant ce temps, les propres Mores qui étaient avec Benalmao dans l'Alhambra le tuèrent et livrèrent l'Alhambra au roi Gaucher. Je crois que nos péchés sont si grands et que nous avons tant courroucé Dieu contre nous, qu'il ne lui plut pas que de notre temps les chrétiens eussent cette joie et ce bonheur de voir s'accomplir un triomphe si longuement désiré par tous les nobles rois et princes, et par toutes autres gens qui ont passé dans ce monde, depuis les nobles Goths jusqu'à nos jours. Il faut néanmoins admettre que ces seigneurs chrétiens eurent quelque motif raisonnable pour ne pas aller à Grenade, car en vérité, ils étaient bons chevaliers.

CHAPITRE XVII.

Des enfants qu'eut le comte don Pero Niño.

Ici on cessa de traiter de toutes les choses que vous avez ouïes, et le livre parle des enfants que le comte don Pero Niño eut de la comtesse doña Béatriz, sa femme, lesquels furent : les fils, don Juan et don Enrique; les filles, doña Costança, doña Inès, doña Maria et doña Leonor. Tous furent de très-belles créatures, agréables de visage et de corps, pleines de bonne grâce et de bonnes manières, les hommes comme il convient aux hommes, et les femmes comme il sied aux femmes, montrant bien de quel lignage ils venaient.

Quand la damoiselle doña Costança eut l'âge de quinze ans, telle était sa beauté et sa grâce, qu'elle était très-désirée et recherchée de plusieurs partis faits pour elle, tant dans ce royaume qu'au dehors. La reine doña Maria, femme du roi don Juan, la demanda au comte don Pero Niño, son père, qui la lui refusa plusieurs fois, quoique la reine fût une très-noble dame. A la fin, comme les seigneurs doivent complaire aux rois, il la lui donna, mais à de grandes conditions, auxquelles s'accorda la reine, et le roi également. Mais tel fut le sort de cette damoiselle, que peu de temps après être entrée dans la maison de la reine, elle mourut, alors qu'il se traitait pour elle d'un des plus grands mariages en Castille. Elle fit répandre bien des larmes et causa beaucoup de deuil. Le noble chevalier, son père, qui avait eu nombreux plaisirs dans ce monde et gagné grande gloire par ses hauts faits, et traversé les grands périls, commençait à recueillir douleurs et chagrins, qui sont les faveurs et présents que fait le monde à ceux qui mettent leur confiance en lui. A la mort de cette damoiselle, il fit grandes lamentations, mena grand deuil et montra grande affliction, plus que dans la suite à la mort de don Juan, son fils, comme vous le verrez ci-après. Ici l'auteur dit que le comte était un homme de grand entendement et très-exemplaire (1). Il fit cela pour donner à

---

(1) *Muy fazañero*. Du temps de Gamez encore, le mot *fazaña*, qui

comprendre que le chevalier doit être pitoyable pour le faible, et ferme contre le fort. Parce que c'était une jeune fille, elle devait être honorée ; et aussi avait-il eu toujours pour coutume d'honorer les dames et damoiselles de haut état, et les autres de les défendre et les assister de son bien.

Don Juan, fils du comte don Pero Niño et de la comtesse doña Béatriz, fut un jeune homme très-vaillant. Il ne vécut pas vingt-quatre ans accomplis. Il fut fort bien élevé. Dès son enfance, il montra qu'il serait un homme de haute affaire. Son père l'avait confié à des hommes pour l'endoctriner et enseigner ; jamais il ne se laissa soumettre par aucun d'eux, ni ne se voulut humilier, sinon devant qui lui disait paroles douces ; mais il était de telle nature, que toujours il arrivait de lui-même à ce qui était le meilleur. Toujours il voulait être le maître ; il le montrait dans ses actions et dans ses allures. Tout petit, il commença à prendre des armes et à s'en servir, et à monter des chevaux. Quelques-uns de ceux qui l'ont élevé ont dit qu'à six ans il fit courir un grand cheval, et lui tira du sang avec les éperons ; et de là en avant, montant chaque jour des chevaux, il devint très-habile à les manier. A quatorze ans, il se rencontra

---

aujourd'hui ne s'entend guère que d'un exploit militaire, s'appliquait à toute action signalée d'où pouvait se tirer un exemple, un précédent qui s'imposait. Par la *fazaña* s'établissait quelquefois une règle ou *coutume* qui prenait, à côté du *fuero*, place dans la loi. Anciennement, on donnait le même nom aux jugements bien rendus qui formaient la jurisprudence. La plus grande gloire était d'avoir ainsi, par une *fazaña*, introduit quelque usage autorisé, et Gamez n'a nulle part essayé de porter l'éloge de son seigneur plus loin qu'en cet endroit où il le qualifie de *fazañero*, homme ayant toujours la pensée de donner l'exemple.

en armes contre des adversaires ; il rompait de fortes lances à cheval. A vingt ans, il fut un si bon jouteur, que parmi les autres jeunes gens de trente ans et au-dessus, il ne s'en trouvait pas de meilleurs à la voltige (1); il était très-bon cavalier et très-adroit. Il avait le bras très-fort et lançait de lourdes cannes. Dans toutes les occasions dont j'ai parlé, où il se trouva avec le roi et avec son père, il fit par ses mains autant qu'aurait pu faire l'homme le plus vigoureux dans la force de l'âge. Et comme en de telles occasions il arrive quelquefois entre hommes d'avoir des piques et désagréments, qui obligent de faire quelque petite chose avec les armes, toujours il voulut avoir le dessus, et il en sortait à son honneur. A l'âge de vingt et un ans, c'était le plus beau garçon et le plus fort qu'il y eut en Castille. De teint il était blanc et coloré, blond de poil. Il avait de grands membres, bien faits et robustes. En même temps qu'il était grand, il était très-bien proportionné, le corps droit, les bras gros, les épaules larges, la taille bien prise, les jambes belles et bien faites. Tel il était qu'à me le rappeler et à ramener dans ma mémoire ses beaux traits, je ressens trop de douleur pour être en état d'achever ce que je voulais écrire de lui, de ses grâces intérieures et extérieures.

Ainsi que je vous ai raconté ci-dessus comment, lorsque le roi don Juan entra en Aragon faisant la guerre en ce pays, le connétable fut à la ville de Cétina avec les autres chevaliers qui l'accompagnaient, et comment le comte Pero Niño arriva d'abord et força l'entrée de la

---

(1) *A la jeneta.* — Monter à la *genette* voulait dire monter sur un cheval harnaché d'une manière légère et propre à la voltige.

ville, je veux vous dire que don Juan Niño de Portugal se trouva parmi les premiers qui passèrent avec sa bannière et celle de son père, le comte don Pero Niño; et là il combattit si vaillamment que tous les yeux étaient sur lui, et il soutint tout le poids de l'affaire jusqu'à ce que le dernier homme se fût retiré. Depuis, en tous les endroits où le roi se porta contre ses ennemis, il se distingua tant et fit si bien de son corps, que tout le monde était émerveillé, vu son âge. Plus tard, quand le roi fut dans la plaine de Grenade, et livra la bataille que vous avez entendu conter, don Juan marchait avec son père et les autres chevaliers de sa compagnie; dans toutes ces rencontres il combattit avec tant de vigueur et frappait des coups si admirés que, n'était-ce pour adjuger l'honneur à celui qui toujours le remporta et prit peine à le gagner, et par l'entraînement de qui tout cela s'accomplissait, je pourrais bien dire que dans toute cette compagnie ne se trouva aucun chevalier vaillant ni hardi comme don Juan de Portugal el Niño, car il entra au milieu des tentes [des Mores], frappant et tuant, avant aucun autre.

CHAPITRE XVIII.

Du combat que don Juan de Portugal el Niño eut à soutenir contre un adelantado, son voisin.

1436. Le comte don Pero Niño avait auprès de sa ville de Cigales un voisin qui était Dia Gomez Sarmiento, adelantado de Galice, seigneur de Mucientes, à une demi-lieue de Cigales. Il y a une espèce de chevaliers qui aimeraient à travailler les terres de leurs voisins, laisser reposer les leurs, et se montrer plus grands seigneurs qu'ils ne le sont en effet, et ainsi était cet adelantado (1). Il contrariait Pero Niño pour certaines choses qui toutefois étaient légères à supporter, bien qu'elles fussent un commencement d'inimitié. Pero Niño le modérait par de si bonnes façons, qu'il n'eut avec lui ni dispute ni combat, car ce fut une chose qu'il chercha toujours à éviter ; il disait que les inimitiés dans un royaume tournent au détriment du service du roi et au grand dommage du pays, et que les bons chevaliers doivent faire voir ce qu'ils sont aux ennemis du roi seulement, à moins d'être par force obligés de prendre fait et cause pour des choses telles, qu'elles touchent à leur honneur ou à celui des leurs. Cet adelantado, quand il mourut, ne laissa pas d'héritier ; il n'avait qu'un fils non légitime, et que le roi légitima afin qu'il pût jouir des biens de son père (2). Le roi lui

---

(1) Mucientes avait été acheté en 1410 par Garci Fernandez Sarmiento, adelantado de Galice et alferez mayor du roi, qui mourut en 1425. Diego Gomez, fils de Garci Fernandez, mourut en Aragon, l'an 1435. Gamez a tort de parler de lui comme d'un homme qui se donnait pour plus qu'il n'était ; il n'y avait guère alors en Castille de seigneurs plus grands que les Sarmiento. Mais ce qui devait diminuer sa valeur aux yeux de Pero Niño et de son fidèle écuyer, c'est que peut-être il n'était pas très-guerrier, car nous voyons, dans les années 1430 et 1431, son neveu et son frère conduire ses vassaux à sa place contre les Mores de Grenade.

(2) En effet, les généalogistes se taisent sur la mère de Diego Perez Sarmiento, qui fut adelantado de Galice après son père, Diego Gomez. Pellicer, dont le mémoire est extrait des archives de la famille, dit que le roi prit sous sa protection Diego Perez, fit sa paix avec son cousin Pedro Ruiz Sarmiento, chef de la branche aînée, et le maria à Teresa de Zuñiga. Teresa (d'autres la nomment Beatriz) était fille de Diego

donna l'adelantamiento. Ce pouvait être un homme de vingt-cinq ans, et pour obtenir cette charge, il eût auprès du roi l'appui d'autres grands seigneurs. Cet adelantado épousa une fille de Diego de Astúñiga, petite-fille de Diego Lopez. Il prit avec Pero Niño la manière de son père, et encore plus outrageusement : il foulait sa terre et lui enlevait ses vassaux. Comme il était encore jeune, le comte Pero Niño supporta bien des injures jusqu'à ce que don Juan eût à se mêler de l'affaire. Don Juan était déjà un homme fait, vigoureux et courageux. L'adelantado faisait et disait certaines choses; et quoiqu'elles ne fussent pas de grande conséquence, don Juan ne les pouvait souffrir. Pourtant son père le retenait et empêchait, autant qu'il le pouvait, qu'on en vînt à mettre les armes à la main. Quelques chevaliers, voyant les torts qu'avait l'adelantado, lui avaient parlé, et, lui reprochant sa manière de faire, lui avaient dit qu'à leur avis il battait une mauvaise voie; mais il leur répondait une chose et en avait une autre dans la volonté, et l'exécutait quand il le pouvait.

Un jour, don Pero Niño était dans sa ville de Cigales, seulement avec les gens qui composaient sa maison ordinaire ; et comme les meules de moulins qu'on tire de Cigales étaient transportées de coutume en toute sécurité par tous les pays environnants, il arriva que des carriers, conduisant une de ces meules sur un char avec trois paires de mules, passèrent devant Mucientes par le

---

Lopez de Zuñiga, *le jeune*, second fils de Diego Lopez, *le vieux*, justicia mayor, dont il a été plusieurs fois question. Les Zuñiga, on se le rappelle, étaient les ennemis de Pero Niño. Ils avaient deux autres alliances avec les Sarmiento. — Diego Perez Sarmiento devint comte de Santa-Marta.

chemin royal, et par un endroit où toujours ils avaient passé. L'adelantado les vit et dépêcha de ses hommes, qui prirent la meule, la charrette et les mules. Le comte, quand il l'apprit, envoya lui demander pourquoi il faisait cela, et en même temps le prier de relâcher les carriers, et de les laisser poursuivre leur chemin; l'adelantado ne le voulut point, disant que ces hommes avaient encouru envers lui une grosse amende. Alors don Juan lui expédia deux trompettes et un tabellion, pour lui dire d'observer ce qu'un voisin doit à l'autre et que, si amende était encourue, il s'obligeait à la lui faire payer, mais qu'il savait bien comment ce qu'il faisait était contre tout droit, et que, eût-il droit, il ne pouvait faire lui-même des représailles sans permission et ordre du roi. Cette déclaration signée et remise, les trompettes et le tabellion élevèrent contre l'adelantado protestation que, si mort d'homme ou quelque malheur s'ensuivait, le roi aurait à s'en prendre à lui et non à don Juan. L'adelantado ne voulut pas répondre, et ses gens se mirent à se moquer de ce que disaient les trompettes.

Pendant ce temps, don Juan s'était armé avec son monde, et le comte le retenait, attendant de voir si les choses pourraient s'arranger. Ils en étaient là, quand on vint dire au comte que les gens de l'adelantado étaient entrés sur le territoire de Cigales et attaquaient son neveu, Alfonso Niño (1). Quand le comte entendit cela, il laissa partir son

(1) Suivant Alonso Lopez de Haro, il était fils de ce Fernando Niño, que nous avons vu commander une galère dans les expéditions de notre chevalier. La charge de merino mayor ne lui fut donnée qu'en 1447; mais il exerçait alors celle de merino de la ville de Valladolid. Nous avons traduit merino par *baillí*. Le merino (mayorinus) remplissait en effet un office de judicature; il avait pour supérieur le

fils, parce que, comme dit le proverbe : « à chose certaine et obligée, il n'est pas besoin de conseil. » Les hommes de l'adelantado se retirèrent vers leur territoire quand ils virent ceux du comte si près d'eux, que les traits de leurs arbalètes pouvaient les atteindre. Alfonso Niño demanda en grâce à don Juan de s'arrêter un peu, tandis qu'il irait parler aux gens de l'adelantado et voir s'ils voulaient rendre ce qu'ils avaient pris, et don Juan y consentit. Le bailli fut à eux monté sur un cheval, avec des doublons d'or dans la main, et dit : « Y a-t-il ici quelques gentilshommes qui prennent fait aujourd'hui pour l'honneur de leur seigneur l'adelantado (1), ou lui-même veut-il parler à moi ? » Ils répondirent qu'il s'en trouvait en nombre suffisant ; et c'était la vérité qu'il y en avait plus que du côté de don Juan, car l'adelantado avait là toute sa maison rassemblée, parce qu'il devait partir le jour suivant pour aller voir le roi. Le bailli leur dit alors : « Vous voyez le tort qu'aujourd'hui l'adelantado fait à ces vassaux du comte, mon seigneur. Si, comme il le prétend, ils lui doivent une amende pour avoir passé sur ses terres, ils sont tout disposés à la payer, ainsi que cela fut offert plusieurs fois par le maître de la meule. Dites à votre seigneur et conseillez-lui de les laisser aller leur chemin ; sinon, voyez où iront les choses. » Quelques-uns approuvèrent les paroles d'Alfonso Niño ; mais l'intention de l'adelantado n'était pas de rendre ce qu'il avait pris, ne supposant pas que don Juan pousserait l'affaire au point où il le fit. Il ne fut point

---

merino mayor ou l'adelantado, suivant les provinces. L'adelantado était le gardien de la paix publique, chargé du redressement de tous les torts et de la police dans sa province.; il recevait les appels des jugements des alcades, et on appelait de lui au roi.

(1) *Que se duelan oy de la honra de su señor el adelantado.*

donné de bonne réponse, et le bailli s'en retourna vers don Juan (1).

Les gens de pied de l'adelantado étaient tous rassemblés en une troupe, et ses cavaliers derrière, un peu de côté. Don Juan donna des éperons à son cheval, et tenant une forte lance en arrêt, il chargea et rencontra un chevalier, bon homme d'armes, qui était couvert du harnais de l'adelantado. Il l'enleva de la selle et le jeta à terre. Le chevalier fut pris aussitôt. Don Juan croyait bien que c'était l'adelantado, car ce chevalier se distinguait entre les autres et avait une aussi belle taille que son seigneur; mais il apprit que ce n'était pas lui. Et incontinent, il courut sur un autre chevalier qu'il renversa pareillement, et alla ainsi cherchant l'adelantado, très-irrité de ne le pouvoir reconnaître, et il garda toujours en main sa lance, car elle était si forte qu'elle ne se rompit pas. Quand il vit qu'il ne pouvait rencontrer l'adelantado parmi les cavaliers, il quitta sa lance, mit l'épée à la main, et se jeta au milieu des gens de pied, frappant et tuant parmi eux. Il les traversa et revint sur eux, et ainsi jusqu'à trois fois. Et à chaque fois il se retournait contre les gens de cheval qui combattaient avec ses hommes; mais aucun d'eux ne l'attendait, tous lui laissaient le champ libre partout où il allait. Et pendant qu'il combattait ainsi les gens de pied, son cheval fut blessé de plusieurs coups de lance et d'épée, si bien que ses boyaux pendaient, et qu'enfin il tomba mort. Un écuyer

---

(1) Ce curieux tableau de mœurs judiciaires offre le trait piquant d'un simple merino de district faisant des sommations à un adelantado. Mais Diego Perez Sarmiento, adelantado de Galice, n'avait aucune juridiction à Mucientes, dans la province de Valladolid, et Pero Niño, quoique seigneur de Cigales, qui était le chef-lieu du *partido* où se trouve Mucientes, se mettait à l'abri de la loi derrière son neveu, le magistrat.

lui amena un autre cheval, et il le monta et retourna dans la mêlée. La rage du combat était si grande, qu'il y avait déjà beaucoup de morts et de blessés de part et d'autre; et je ne crois pas qu'un combat entre voisins ait jamais été aussi acharné, ni qu'on s'y soit jamais si bien battu des deux côtés. A la fin pourtant, les gens de l'adelantado se mirent à fuir, ceux qui le purent, et ils abandonnèrent la place. Alors quelques-uns demandèrent en grâce à don Juan de ne les pas poursuivre, car il en avait assez fait, et comme parmi les fuyards il y avait des laboureurs, il était bien qu'il eût pitié d'eux. Don Juan était un homme miséricordieux, et il y consentit, et les laissa aller. Cependant, parmi les gens de don Juan, il y avait un brave homme d'armes blessé; c'était un serviteur du comte que l'on appelait Fernando de Carrion. Si don Juan avait su que celui-là devait mourir de sa blessure, comme il en mourut plus tard, certes il aurait fait la poursuite, et n'eût pas laissé en vie un seul de ceux qu'il aurait pu atteindre.

CHAPITRE XIX.

De ce que fit le comte don Pero Niño quand le roi don Juan, qui avait été arrêté à Tordesillas, fut remis en liberté (1).

1444.

Après ces événements, huit ou neuf ans se passèrent sans que ledit comte se remît à travailler du métier des armes. Il redoutait les grandes mésaventures qui arrivent

(1) Entre les années 1432 et 1444, il s'était accompli en Castille bien des événements. Il est surprenant que Pero Niño, encore dans la force de l'âge et faisant partie de la maison du connétable, n'y ait point par-

dans ce métier, mais dont il ne lui était jamais advenu aucune, par la grâce de Dieu Notre-Seigneur, [et la protection de la vierge sainte Marie] qui toujours fut son avocat. Et en l'année mil quatre cent quarante-quatre de la naissance de Notre-Seigneur Jésus-Christ, le royaume de Castille étant en union et concorde, le roi don Juan notre sire fut détenu, nommément dans la ville de Tordesillas, par quelques grands de son royaume et de son sang, et par le conseil d'autres ; non de telle sorte cependant qu'il ne pût sortir à cheval une ou deux fois par jour, s'il le voulait. Mais il était surveillé tellement par des gens à cheval que, l'eût-il souhaité, d'aucune façon il n'aurait pu s'évader. Cela dura grand espace de temps ; on ne peut pas dire que ce temps

ticipé. Les troubles qu'avait apaisés don Alvaro de Luna lorsqu'il avait fait, en 1432, sortir du royaume l'infant don Enrique, recommencèrent en 1439. Un nouveau personnage se montrait alors sur la scène, le Prince (des Asturies) — depuis le règne de don Juan I, on nommait ainsi l'héritier du trône — qui devait régner si pitoyablement sous le nom de don Enrique l'Impuissant. Il était fiancé à Blanche, fille du roi de Navarre ; il l'épousa en 1440 et alla fortifier la ligue qui, dès l'année précédente, avait fait prononcer l'exil du connétable. Le 28 juin 1441, les confédérés surprirent Medina del Campo, où se tenait le roi. Ils crurent avoir réussi à renverser définitivement le connétable en faisant décider que, pendant six années, il se tiendrait éloigné de la cour et ne pourrait y faire séjourner aucun de ses amis ni écrire au roi don Juan. Cela n'empêcha point don Alvaro de reprendre bientôt la direction. Le Prince, qui, dans la vigueur inattendue de son père, sentait la main du connétable, hasarda un grand coup avant de laisser reparaître son puissant adversaire. Dans l'automne de l'année 1443, comme il accompagnait le roi, qui se rendait à Madrigal, il fit arrêter tous les officiers du palais qui avaient quelque tendance vers le connétable, et désormais le roi fut gardé à vue.

Soit repentir, soit désappointement de ce que le fruit de cet excès était recueilli par d'autres que par lui, le Prince ne tarda guère à re-

comptât par années, mais dans une chose pareille on doit bien appeler un long temps six ou sept mois. Sur quoi, le roi voyant sa personne royale dans l'état où elle était tenue, entra en consultation avec quelques grands et autres gens de son royaume, de ceux dont il savait et entendait que cela leur était fâcheux, et entre autres, il en consulta avec ledit comte de Buelna. Lui, pressé par la fidélité qu'il devait à son roi et seigneur, s'offrit de sa personne avec toute sa maison et tous les siens, disposé à mourir pour sa dite délivrance. Toutefois, sa maison était [bien réduite], tant à cause de la mort de ses fils, que parce qu'il avait fait à plusieurs de ses serviteurs, dont il voulait reconnaître les services, abandon de grandes sommes de maravédis inscrites sur les livres du roi, soit à titre de maravédis de rente perpétuelle ou

---

connaître sa faute. Il n'était point facile de la réparer : le roi de Navarre et l'infant don Enrique veillaient. Le Prince lui-même ne pouvait parler au roi sans témoins. Pour faire cesser cette captivité dont il était l'auteur, le Prince avait besoin de pouvoirs signés par le roi, et il ne réussit à se les procurer, après avoir tout concerté avec le connétable d'une part et son père de l'autre au moyen de l'évêque d'Avila, don Lopez de Barrientos, qu'en recourant à des moyens de conspirateur. Le roi feignit d'être malade; le Prince, faisant semblant de lui tâter le pouls, lui passa sous la couverture de son lit les papiers qu'il avait à signer. Pour déjouer les soupçons qui s'étaient éveillés, emporter les papiers, puis gagner du temps et tout mettre en état convenable, il fallut encore employer bien des ruses et de la dissimulation. Enfin on se déclara, et on arma de part et d'autre. Le prince et le roi de Navarre étaient en présence quand don Juan s'échappa de Portillo, où le roi de Navarre l'avait enfermé, et rejoignit le camp de son fils. Aussitôt l'armée du roi de Navarre se dispersa. Quinze jours après, le roi faisait en personne, contre les places du roi de Navarre, la campagne que raconte notre chroniqueur, pendant que le Prince et le connétable se dirigeaient vers le midi, pour réduire l'infant don Enrique. Peñafiel fut emportée d'assaut le 10 août 1444.

viagère, soit à titre de lances entretenues, et qu'il avait aussi, par la grâce de Dieu, payé toutes ses dettes.

Le roi son seigneur vint à Valladolid ; il n'y resta pas plus de deux jours et passa par Cabezon, pour aller se joindre à son fils, le Prince, qui était près de Pampliega (1). Le Prince était d'un côté de l'eau et le roi de Navarre de l'autre, avec force gens empressés à combattre, et ils avaient commencé, mais la nuit les arrêta. Lorsque le seigneur roi passa par Cabezon, le susdit comte partit de sa ville de Cigales et fut lui faire révérence ; le roi l'accueillit bien et lui ordonna de se trouver avec lui le lendemain à Dueñas. Le comte prit congé du seigneur roi et revint à Cigales ; le lendemain, il en partit, et à l'heure de tierce, quand le roi se levait, il se présenta devant Sa Grâce, à Dueñas, avec autant de gens de pied et de cheval qu'il avait pu en rassembler. Aussitôt après son arrivée, le roi entendit la messe et partit. Il avait eu nouvelles du seigneur prince son fils, qui avait mis son camp près de Palencia ; et comme le seigneur roi s'avançait de ce côté, venaient à sa rencontre le seigneur prince son fils, et

---

(1) Le Prince, après avoir rassemblé son monde à Avila, en partit le 1ᵉʳ juillet pour Burgos. Le roi de Navarre quitta aussitôt Tordesillas, envoyant sous bonne garde à Portillo le roi, qui cependant trompa la surveillance du comte de Castro, son geôlier, et gagna Valladolid. Le Prince, descendant la vallée de l'Arlanzon, sur la rive gauche de cette rivière, prit position à Pampliega, qui est à cinq lieues de Burgos, sur la route de Valladolid. Sur l'autre rive du fleuve était le roi de Navarre, en force à peu près égale. Une escarmouche où il eut du pire l'engagea à quitter cette position pour se retirer sur Palencia, et le Prince porta son camp à Dueñas, qui est à trois lieues au sud de Palencia, sur la Pisuerga. Pour rejoindre son fils à Dueñas, le roi don Juan, remontant la vallée de la Pisuerga, passa par Cabezon de los Campos, qui est à deux lieues de Cigales, où résidait le comte don Pero Niño.

beaucoup de seigneurs et autres gens qui étaient avec lui, et ils le rencontrèrent à Calabazanos (1). Le roi fut mettre son camp près de Palencia, avec bien peu de monde ; quant aux choses qui se passèrent là, d'abord entre les deux armées et ensuite en d'autres lieux, on les trouvera plus amplement dans la chronique (2). Le roi de Navarre avait traversé la terre de Campos, en partant de Monçon avec tous ceux qui suivaient son parti, et qui s'en furent tous chez eux, comme le seigneur roi le leur avait ordonné quand ils étaient auprès de Monçon (3). Et quand le seigneur roi sut que le roi de Navarre s'était dirigé sur Medina del Campo, il revint aussitôt à Valladolid, et de là par Simancas à Medina del Campo; mais il apprit que le roi de Navarre ne s'était arrêté ni à Medina, ni à Olmedo ; et quand le roi arriva à Medina et le Prince à Olmedo, ils y furent reçus comme seigneurs. Le roi notre seigneur continua son chemin sur Cuellar ; mais il ne l'assaillit point et ne s'y arrêta pas ; seulement il y laissa du monde et alla droit à Peñafiel (4).

(1) A égale distance, entre Palencia et Dueñas. Le camp du prince était alors à Magaz.

(2) La chronique n'a pas grand'chose à raconter de plus que Gamez. Le roi de Navarre n'attendit point de se voir assiégé dans Palencia. Il congédia ses partisans et rentra de sa personne en Navarre, après avoir muni les places qui tenaient pour lui. De ces places, Medina del Campo et Olmedo se prononcèrent sans retard pour le roi de Castille; Cuellar fut attaquée et prise par le comte de Ribadeo, Peñafiel par le roi lui-même.

(3) La ville de Mouzon, dont il est ici parlé, est située sur la rivière de Carrion, à trois lieues au nord de Palencia. La *tierra de Campos* que traversa le roi de Navarre, en allant faire la tournée de ses places avant de se retirer, comprend les plaines entre les rivières de Carrion et d'Esla.

(4) Peñafiel, dans la province de Valladolid, sur le Duraton, affluent de la rive gauche du Duero. C'était la place principale de don Juan

Il resta devant cette ville pendant dix ou douze jours, tandis qu'on faisait des engins pour la combattre, et elle fut attaquée et prise en peu de temps, quoique ce soit une très-forte place, et on y entra de force par plusieurs points. Et à ce comte de Buelna, il fut ordonné par le seigneur roi qu'en ce jour il fît son assaut par la porte au-dessus de la rivière, et que fussent avec lui Pero Alvarez de Osorio, don Alvaro et don Diego, fils du comte don Pedro de Estúñiga, et lui avec eux. Le seigneur roi leur envoya dire par Fernan Ponce de Léon (1) qu'il ordonnait à ce comte de combattre sur ce point, et eux avec lui, et lui avec eux, et qu'il leur commandait et les priait autant qu'il le pouvait de se conduire d'après les mesures que ledit comte prendrait pour mener cette affaire (2). Lesdits seigneurs répondirent qu'ils le feraient volontiers et d'aussi bon gré que si c'était leur père même qui fût là. Au point du jour, la ville fut assaillie tout à l'entour (3); et

---

Manuel, celle qui lui avait le plus permis de tenir tête au roi don Alfonso XI. Elle avait été apportée au roi don Enrique II par sa femme, doña Juana de Villena, fille de don Juan Manuel. L'infant don Fernando l'avait eue ensuite en partage, avec le titre de duc de Peñafiel; il l'avait donnée à son fils, le roi de Navarre. En 1429, le roi don Juan II l'avait déjà prise et en partie démantelée. Cette année, il vint se loger devant elle, le 18 juillet.

(1) Commandeur de Moron, l'un des fils du comte de Medellin, lequel eut pour petits-fils ces deux célèbres chevaliers : « le grand marquis de Cadix » et don Manuel Ponce de Léon, « el valiente. »

(2) Pero Alvarez Osorio, fils du comte de Trastamare, et les fils du Grand-Justicier, don Pedro de Zuñiga, comte de Ledesma, étaient de trop grands personnages pour être mis aux ordres de don Pero Niño; aussi Gamez répète-t-il deux fois : « eux avec lui, et lui avec eux; » et voulant bien établir qu'ils étaient sous sa direction, il leur fait un mérite de l'avoir acceptée.

(3) Peñafiel fut assaillie de six côtés à la fois; le combat dura trois heures.

quoique le point par où le comte et lesdits seigneurs attaquaient fût le plus fort qu'il y eût dans toute la ville, en très-peu de temps le fossé fut passé, la barrière renversée et le feu mis à la porte, aussitôt qu'à aucune des autres portes de la ville. Ici l'auteur dit que tous ceux qui ce jour-là s'étaient joints au seigneur roi et au Prince son fils se comportèrent si bien que pas un chevalier de ceux qu'il y eut au monde dans les temps passés et qui s'y trouvent de présent n'aurait pu mieux faire. Les susdits, comte de Buelna, don Pero Alvarez de Osorio, don Alvaro et don Diego s'y montrèrent si bien, qu'ils remplirent tout ce qu'on attendait d'eux; et le seigneur roi le vit de ses yeux, car il était présent (1).

Le lendemain, ou deux jours après, le seigneur Prince partit pour Roa (2) et eut des pourparlers avec ceux de la ville. Le seigneur roi vint s'établir de ce côté de Roa, à une grande lieue près, et au bout de deux jours, ceux de la ville livrèrent une porte au Prince, et combattirent très-bien les Navarrais qui étaient chez eux, de façon que le Prince prit la ville, et quelques jours après la forteresse convint de se rendre à jour fixe. Et elle se rendit comme on le trouvera écrit ailleurs, ainsi que cela a été dit. Le seigneur roi avait donné audit comte la permission de retourner à sa maison; mais le comte répondit qu'il ne partirait pas tant que la forteresse ne se serait pas rendue, car on n'était alors pas encore sûr qu'elle le ferait. Et le soir qu'elle se rendit, après soleil couché, le comte alla baiser les mains de son roi et seigneur, et lui demanda par grâce de compter pour bon service le peu de

---

(1) Le siége de Peñafiel avait duré trente jours. La ville fut mise à sac, et le château se rendit sans combat.

(2) Sur le Duero, à quatre lieues de Peñafiel.

peine qu'il avait pris pour l'aider pendant ce temps, qui avait été fort court, car il n'avait pas duré en tout un mois et demi. Le seigneur roi lui donna congé et lui répondit paroles très-gracieuses.

Ici l'auteur dit que s'il plaisait audit comte, il ne ferait que sage de ne pas davantage tenter Dieu dans ce métier des armes auquel il s'est livré si longtemps, car il a aujourd'hui soixante et dix ans, et il a commencé à s'y adonner dès l'âge de quinze ans, au premier siége de Gijon, avec le roi son seigneur, et il s'est trouvé jusqu'à aujourd'hui dans de bien nombreuses affaires par mer et par terre, dans lesquelles il eut toujours la victoire et le succès (1), et ne fit point de fautes. Encore que pour son âge il soit plus robuste qu'aucun autre chevalier que l'on sache à ce jour, je le prie et lui conseille de se tenir pour content de ce qu'il a fait, et il doit bien l'être, et de ne plus travailler du même métier, car souvent une très-petite occasion fait perdre beaucoup de bonnes choses longuement acquises, lesquelles je crois qu'il ne pourra perdre, si ce n'est par la mort; et [quand la mort viendra] elle le touchera aussi honorablement que jamais elle a touché chevalier (2).

Après cela, au bout de deux ans et demi, trépassa madame la comtesse, femme dudit seigneur comte, et elle lui recommanda son âme et toutes ses obligations.

1448.

---

(1) *Victoria è vencimiento.*

(2) Ce passage donne la date de la dernière rédaction du *Victorial*, d'abord arrêté à l'année 1432, ainsi que l'indique le sommaire placé à la fin du prohème. Pero Niño, qui était environ du même âge que le roi don Enrique III, et qui avait quinze ans lorsqu'il porta pour la première fois les armes, au siége de Gijon, en 1394, devait compter soixante-dix ans l'an 1448 ou 1449.

Avant les trente jours, il fit faire honorablement ses obsèques et exécuta son testament. Et cette noble comtesse doña Béatriz de Portugal — que Dieu veuille avoir son âme — mourut à l'âge de soixante ans environ; et le jour qu'elle trépassa, il ne resta pas dans toute l'Espagne une autre fidalga telle ni mieux de sa personne qu'elle ne l'était. Son comte et bon ami demeura bien triste et bien affligé de cette mort, et il le sera toute sa vie, qui passe maintenant soixante et dix ans. Et ici l'auteur dit : « Oh ! quel misérable comte ! oh ! quelle misérable comtesse ! qui perdirent leurs enfants, et surtout don Juan el Niño de Portugal, dont on pouvait dire que, dans la nation espagnole, il n'existait pas meilleur que lui ! » Et cette noble comtesse doña Béatriz mourut le dixième jour du mois de novembre, l'an de la naissance de Notre Sauveur Jésus-Christ mil quatre cent quarante-six.

Après l'année 1449, à laquelle s'arrête le récit de Gutierre Diaz de Gamez, nous ne pouvons plus suivre l'existence de don Pedro Niño qu'au moyen de documents de famille. Son dernier testament nous le montre détaché de toute pensée d'orgueil et d'ambition pour son nom, presque d'intérêt pour ceux qui vont lui survivre; c'est une traduction par-devant notaire de la douloureuse exclamation de Gamez : « O misérable comte, qui a perdu ses fils ! » Quel contraste avec celui qu'il avait dicté dix-huit années auparavant !

Dans celui-ci, daté de Trigueros, le 14 décembre 1435, don Pedro Niño, fraîchement élevé à la dignité de comte, fondateur de la fortune de sa maison, qui touche à la grandeur, entouré d'une belle famille, ayant à ses côtés deux fils dont l'aîné est fiancé à la fille d'un des plus hauts personnages du royaume, jette sur son passé un regard plus que complaisant et rêve d'un grand avenir pour son nom. Il ordonne que son corps soit déposé au chœur de l'église de l'Apôtre-Saint-Jacques, à Cigales, où il fait préparer deux cénotaphes pour lui et pour la comtesse sa femme. Il y sera mis revêtu de toutes ses armes, un chaperon de pourpre sur la tête, son épée sur sa poitrine; et sur la tombe on gravera ces mots:

Don Pedro Niño, comte de Buelna,
qui par la miséricorde de Dieu
et avec l'aide de la Vierge sainte Marie, sa mère,
fut toujours vainqueur et jamais vaincu,
par terre et par mer,
selon que son histoire le conte plus longuement;
et la comtesse doña Béatriz, sa femme,
fille d'infants, petite-fille de rois
dans ses deux lignes, et par elle-même
elle peut être comptée
entre les très-bonnes (1).

Il s'occupe ensuite du *Livre de son histoire* qu'écrit Gutierre Diaz de Gamez, et il pourvoit à sa parfaite conservation, bien vainement, nous le savons. Enfin, après avoir distribué assez parcimonieusement entre son second fils et ses filles quelques terres ou droits qui doivent d'ailleurs faire éventuellement retour au majorat, « afin que la maison reste entière, » il fonde en faveur de son fils aîné, don Juan Niño de Portugal, un majorat qui comprend la presque totalité de ses biens.

Tel est le premier testament de don Pedro Niño, dicté à l'âge de cinquante-sept ans. Tous les généalogistes le citent à cause de la fondation du majorat. Llaguno Amirola en donne (page 224) des extraits et l'analyse. Il donne à la suite l'analyse du second testament, daté de Cigales le 29 décembre 1453, et d'un codicile du 6 janvier 1454, qui semble bien indiquer, à quelques jours près, la fin de cette longue existence. Le comte de Buelna est âgé de soixante et quinze ans; il sait ce que valent et la prospérité et la gloire. Ce n'est plus revêtu de ses armes, mais en habit de capucin, qu'il veut être descendu dans la tombe, à côté de la comtesse Béatriz. Au lieu de mille maravédis seulement qu'il avait légués à l'église de Saint-Jacques, à Cigales, il lui donne

---

(1) Gil Gonzáles Davila (*Teatro ecclesiastico*) rapporte ainsi l'épitaphe qui, dit-il, se lit à Valladolid, sur la sépulture de Pero Niño :

« Ci-gît le comte don Pedro Niño, comte de Buelna et seigneur de Cigales, et la comtesse doña Sancha (?), sa femme, fille d'infants et petite-fille de rois, et l'une des bonnes entre les bonnes femmes. »

encore, « pour que le saint apôtre soit son avocat, » la chapelle entière qui sert à lui dire la messe, avec le calice, la table d'autel, la patène, la croix, l'image, les burettes, le livre, le ciel, la nappe d'autel, les coffres, les habillements et les ornements. Il était alors remarié à doña Juana de Zuñiga, mariage qui peut n'être pas sans relation avec celui de sa fille doña Leonor, comme nous le verrons plus loin. Doña Juana de Zuñiga tire de lui tout ce qu'elle peut. Il s'était obligé à lui donner en arrhes 300,000 maravédis, et il charge ses héritiers de les payer. Il y ajoute par son codicile 20,000 maravédis en dédommagement de l'argenterie qu'il lui destinait, mais qu'il a vendue ou mise en gage pour subvenir aux frais de ses maladies et aux dépenses de sa maison. Il semble qu'alors il fût quelque peu déchu ; son codicile parle de dettes à payer. Quant à ses filles, quoique les deux aînées fussent mariées grandement, il ne paraît pas se soucier de ce que deviendront ses biens entre leurs mains. Il ne tient plus au majorat qu'il a fondé, et dans lequel était englobé le majorat institué par le roi don Juan 1er, en faveur de son père, avec reversibilité à la couronne ; il ne prend pas même la peine de rien stipuler ni à cet égard, ni au sujet du partage. L'une de ses filles était abbesse ; il la réintègre dans tous ses droits de succession, et il lègue à ses enfants un procès en se débarrassant de tout soin sur la loi : « que le majorat de sa ville de Cigales et des autres lieux et choses qu'il possède, qui ont été constituées en majorat d'ancienneté ou récemment, soit recueilli par l'une quelconque de ses filles, suivant ce que les lois d'Espagne détermineront ! »

Ce testament et ce codicile, dictés à sept jours de date, comme aux approches de la mort (non plus à Trigueros, mais à Cigales, et vraisemblablement dans sa propre maison) renferment des aveux et ordonnent des restitutions. Dans l'intervalle de ces deux actes, le comte a fait examiner par des hommes de loi ses droits sur plusieurs choses que la commune de Cigales ou des particuliers réclamaient, entre autres les carrières des pierres meulières que nous avons vu devenir l'occasion d'une bataille entre son fils et l'adelantado Diego Sarmiento ; les hommes de loi ont mis ces usurpations sur sa conscience, et il s'exécute quant à l'avenir, priant quant au passé la commune et les spoliés de lui pardonner, « par révérence de la passion de Dieu notre Seigneur, et pour que Dieu leur pardonne lorsque besoin sera ! »

Don Pedro Niño ne méritait pas tout à fait les éloges que Gamez a prodigués à ses bonnes mœurs, et qui nous ont entraînés quand nous avons dit par inadvertance (page 129) qu'il ne laissa point d'enfants naturels. Son dernier testament nous révèle l'existence d'un fils appelé comme lui don Pedro, à qui, « pour la charge qu'il a de lui, et afin que Dieu en fasse un brave homme, » il assigne une rente de 30,000 maravédis. Il donne à Tristan, fils naturel de don Juan Niño, une rente de 5,000 maravédis, outre celle de 13,000 que lui avait laissée la comtesse Béatriz, son aïeule, et par le codicile, 10,000 maravédis à sa mère qui vivait encore. Pour ce Tristan, il sort un peu de l'indifférence au sceau de laquelle sont marquées ses dernières dispositions. Il le recommande assez vivement et au Prince héritier de la couronne, qui l'a desservi, « par suite de méchants et faux rapports, » et au roi, qui lui avait accordé la charge de merino mayor de Valladolid, mais avait permis ensuite qu'elle fût donnée à son cousin Alfonso Niño.

Cet article nous montre dans quelle triste situation finissait don Pedro Niño, brouillé avec ses collatéraux et réduit à d'impuissantes supplications en faveur de son petit-fils.

Nous pouvons, à l'aide de ses testaments et des actes de partage qui suivirent, établir à peu près quels étaient ses biens. Il possédait dans la province de Burgos, Villagomez, Montuenga et Fresnoso, Berzosa et Fuente-Burueva ; dans la province de Palencia, la Torre-de-Mormojon, Calavar, Quintanilla et d'autres lieux du val de Trigueros ; dans la province de Valladolid, Cigales et Villa-Baquerin ; dans la province d'Estramadoure, Valverde, Talavan, et Arroyo del Puerro ; dans les Asturies de Santander, la vallée de Buelna ; et dans les Asturies de Santillane, Carrejo, Santa-Lucia, Santivañez, ainsi que le péage d'un pont sur la Saja. Ces dernières propriétés, situées dans la vallée de Cabezon, donnaient 5,000 maravédis de rente. Il avait de plus une maison à Valladolid, 5,000 maravédis d'une pension inscrite sur les livres du roi, le fief de plusieurs lances entretenues, trois cents vassaux que le roi lui avait donnés en gages, et il percevait, sous forme de droits divers sur les ventes, justice, etc., 60,000 maravédis dans la ville de Valladolid, 15,000 à Cigales, 8,000 dans le comté de Buelna (voyez Llaguno, pages 224 et suiv.; Salazar Mendoza, Casa de Lara, tome I, page 518 ; Haro, *Nobiliario*) (1).

Nous avons vu qu'il s'était marié trois fois. De sa première femme, doña Costanza de Guevara, qui vécut avec lui quatre ou cinq ans, et

---

(1) Malgré cette énumération de ses seigneuries, l'on ne doit pas voir dans le comte de Buelna un personnage bien puissant, relativement. Ferrant Perez de Guzman traite d'assez petit compagnon Juan Gonzales

qui était morte avant l'année 1405 où il vint en France guerroyer contre les Anglais, il n'eut, au témoignage de Gamez, qu'un seul fils, don Pedro, mort à l'âge de vingt-sept ans. Un document généalogique dû à Ferrrant Perez de Guzman (voyez Llaguno, p. 223) nomme ce fils Gutierre, et la *Chronique* du roi don Juan II, revue et rédigée en partie par le même auteur, fait mention de *Gutierre, fils de Pero Niño*, à l'année 1423, lors de la reddition du château de Montanches. Llaguno s'est demandé si Pedro et Gutierre faisaient deux personnes. Il est possible que Ferrant Perez de Guzman se soit trompé sur le nom du fils de Pedro Niño et de Constance de Guevara : il est possible aussi que, dans la *Chronique* de don Juan II, il se soit trompé sur la relation de parenté entre don Pedro Niño et Gutierre. Gamez n'aurait vraisemblablement pas omis de dire que notre chevalier avait son fils près de lui dans la terrible épreuve où alors il se trouva. Gutierre Niño pouvait être un neveu de don Pedro, car à la même époque il y avait un Gutierre Niño, alcaïde de Brihuega que les généalogistes font venir de Tolède où existait une branche de la famille.

De la comtesse Béatriz de Portugal le comte de Buelna eut deux fils et quatre filles : Juan, Enrique, Costanza, Maria, Leonor et Ines.

Don Juan Niño de Portugal fut fiancé à Ines Manrique, fille de Pedro Manrique, adelantado de León, et de Leonor de Castille. Cela ressort du traité de mariage entre Pedro Velez de Guevara et Isabelle, autre fille de Pero Manrique, acte passé le 13 février 1434. Le mariage ne s'effectua point, et Ines Manrique épousa Juan Furtado de Mendoza. De don Juan Niño, mort vers 1436, il ne resta que Tristan, dont les deux fils sont mentionnés par les généalogistes.

Don Enrique mourut jeune, après 1435, et n'est connu que par ce qu'en dit Gamez, non plus que Constance, dame du palais de la reine.

Ines Niño Laso devint abbesse du couvent de Sainte-Claire, à Valladolid. Il ne paraît pas qu'elle se soit prévalue des droits que son père lui avait donnés dans sa succession.

Maria Niño de Portugal avait épousé, avant l'année 1454, le maréchal Garci Gonzales de Herrera, seigneur de Pedraza. Elle partagea

---

de Avellaneda, qui avait deux mille vassaux et entretenait une maison de cent hommes d'armes. Avant même que le roi D. Enrique II eût prodigué les concessions de terres, les grandes maisons castillanes étaient parvenues à un effrayant degré de richesse. Lorsque, l'an 1360, Diego Perez Sarmiento s'enfuit en Aragon, le roi D. Pedro eut à faire raser quatre-vingts châteaux appartenant à ce redoutable sujet.

en 1458, avec sa sœur Leonor, les biens de son père, et fut avantagée d'un tiers dans ce partage que Pedro Niño avait laissé à déterminer par la loi. Elle hérita de Cigales, principale demeure du comte de Buelna. Sa fille unique épousa le connétable don Bernardino Fernandez de Velasco.

Leonor Niño fut mariée du vivant de son père à Diego Lopez de Zuñiga, comte de Nieva, fils du maréchal Iñigo Arista. « La cause de ce mariage, dit l'annotateur de Gracia Dei, fut que le comte don Pedro Niño et le maréchal Iñigo Arista gouvernaient alors la ville de Valladolid, et pour établir la paix entre eux, ils marièrent leurs enfants. » Nous avions en vue cette remarque lorsque nous avons rattaché le troisième mariage de Pedro Niño à celui de sa fille Leonor. On aime à chercher quelque motif recommandable pour expliquer la tardive et stérile union qui fit occuper par Juana de Zuñiga la place de cette touchante comtesse Béatriz.

Leonor Niño a sa sépulture auprès de son mari, dans l'église de Santa-Maria de la Fuente, à Valverde de la Vera de Plasencia, où on lit ces épitaphes :

« Ci gît le très-noble et magnifique seigneur don Diego Lopez de Çuñiga, comte de Nieva, seigneur de cette ville de Valverde, petit-fils du roi don Carlos de Navarre, par légitime mariage, et de Diego Lopez de Çuñiga, justicia mayor de Castille, fils de Yñigo Arista de Çuñiga et de l'infante doña Juana de Navarre, sa femme. » — « Ci gît la très-noble dame, de louable mémoire, doña Leonor Niño, dame de cette ville de Valverde, fille des magnifiques seigneurs don Pedro Niño, comte de Buelna, et de la comtesse doña Béatriz, sa femme, arrière-petite-fille des rois don Enrique de Castille et don Pedro de Portugal, tout par légitime mariage. Elle mourut le 20e jour de janvier, l'an 1469. »

Par ces deux filles le nom de Niño fut porté dans plusieurs des grandes maisons de l'Espagne, mais le titre de comte de Buelna ne fut relevé par personne. Le majorat auquel don Pedro Niño l'avait rattaché fut considéré comme détruit. La vallée de Buelna, restée indivise entre les deux sœurs, fut en 1462 vendue à don Juan Manrique, deuxième comte de Castañeda. Cela donna lieu à de longs procès, mais les comtes de Castañeda finirent par les éteindre et restèrent en possession (Casa de Lara, t. I, p. 518; Haro, *Nobiliario*, t. II, p. 528).

Trois branches cadettes de la maison de Niño subsistèrent longtemps, l'une à Valladolid, l'autre à Tolède, la troisième à Brihuega. De qui venait la première? Haro, qui d'abord avait bien légèrement mis en question son origine, lui a ensuite consacré un long article rédigé, dit-il, sur preuves authentiques, après réclamation des intéressés. Il l'a fait descendre de Fernando Niño, frère de Pedro Niño, dit-il, celui-là même que Gamez, probablement mieux informé, dit avoir été seulement cousin du comte de Buelna, et que nous avons vu commander une de ses galères dans les campagnes de la Méditerranée, puis dans celles de l'Océan. Llaguno nomme Alonso celui des frères du comte qui forma la branche de Valladolid, et il le qualifie abbé de Santillane. Quoi qu'il en soit, et renonçant à éclaircir les questions relatives à Fernando, il est certain que les Niños de Valladolid provenaient d'un frère de notre chevalier, car on retrouve chez eux, à la troisième génération, le nom de Laso de la Vega, emprunté, suivant l'usage castillan d'alors, à l'une des lignes maternelles, par conséquent à celle de Ines Laso de la Vega, femme de Juan Niño et mère du comte don Pedro.

C'est à cette branche qu'appartient Alonso, merino de Valladolid, qui figure dans le chapitre XVIII du troisième livre de cette histoire, et que don Pedro Niño trouva plus tard sur son chemin, pour enlever à Tristan la charge de merino mayor. La *Chronique* de don Juan II raconte l'affaire sous la date de l'année 1446 (chap. V). Le prince des Asturies avait mis Alonso en possession; Pedro Niño supplia le roi de lui rendre cette charge, et il fut accordé que l'on compromettrait la décision entre les mains de deux docteurs. Alonso fut maintenu, en raison des services courageux qu'il avait rendus. La charge de merino mayor de Valladolid lui fut assurée par privilége du 22 février 1447 ; elle devint héréditaire dans sa maison, qui produisit plusieurs personnages distingués (entre autres D. Pedro Niño, capitaine général de la mer, l'un des navigateurs lancés sur les traces de Christophe Colomb), et s'éteignit à la fin du XVIIe siècle dans celle des marquis de la Vega. Don Alonso avait réclamé le comté de Buelna et, d'après Haro, il aurait épousé en secondes noces une fille de Pero Niño, ce qui semble imaginaire.

Pour la branche de Tolède, il n'y a point de contestation ; elle provient de Rodrigo, frère du comte de Buelna. Il en est sorti des hommes illustres : à la cinquième génération, don Fernando Niño, patriarche des Indes et président du conseil de Castille; à la sixième, don Fernando Niño de Guevara, cardinal-archevêque de Séville, inquisiteur général et président de la chancellerie de Grenade ; sans parler d'autres. Le titre de comte d'Añover lui appartint ; il fut porté dans la maison de la Vega par Aldonza Niño de Guevara, sœur du premier comte et du cardinal. Un rameau sorti de cette branche alla au XVIᵉ siècle se transplanter en Portugal (1). La troisième branche, celle de Brihuega, paraît se rattacher à la seconde par Gutierre Niño, *de Tolède*, alcayde de Brihuega, dont la maison, dit Alonso Lopez de Haro, existait encore au XVIIᵉ siècle et portait le nom de *Maison du Chevalier*. Lorsque Haro dressait sa généalogie, cette branche s'éteignait dans une fille héritière du majorat, en 1617. (Voyez Alonso Lopez de Haro, *Nobiliario*, tome I, p. 209 ; Salazar Mendoza, Casa de Lara, tome I, p. 579, 613 ; tome II, p. 48 ; et *Pruebas* de la Casa de Lara, p. 120, 268 ; Davila, *Teatro ecclesiastico*, tome I, p. 604.)

NOTES.

Note 1ʳᵉ.

Page 10. — Nous réunissons ici les opinions de quelques auteurs sur l'origine des mots *miles* et *chevalier*.

SIETE PARTIDAS. — *Segunda partida*, titre XXI. *Des chevaliers*.

Loi I. — *Pour quelle raison la chevalerie et les chevaliers reçurent ce nom.*

« Les anciens appelèrent chevalerie la compagnie de mille hommes, qui furent chargés de défendre le pays. Et pour cela ils lui mirent nom en latin *militia*, qui veut autant dire comme compagnie d'hommes sûrs et forts, choisis pour supporter fatigues et peines, travaillant et souffrant pour l'avantage de la communauté. Et aussi vint ce nom du nombre de mille, car anciennement, sur mille hommes, on en choisissait un pour le faire chevalier. En Espagne, nous disons chevalerie, non point parce que les chevaliers vont chevauchant sur chevaux, mais bien parce que, tout ainsi que ceux qui vont à cheval sont montés plus honorablement que sur toute autre bête, de même ceux qui sont choisis pour être chevaliers sont plus honorés que tous les autres défenseurs. D'où, comme le nom de la

---

(1) Ambrosio de Salazar (*Libro de escudos y armas,* mss. bibl., imp., fonds espagnol, nº 193) fait descendre ces Niños de Tolède d'un fils du roi D. Alonso VII (el rey D. Alonso llamado Par de Emperador) et leur attribue pour armes, en champ d'azur, sept fleurs de lis d'or : 3, 3, 1 ; mais il se trompe quant aux émaux de leur écusson.

Garci Alonso de Torres, dans son *Blason de armas* (bibl. imp., ms. nº 347), donne aux Niños de Valladolid cinq fleurs de lis d'azur : 2, 1, 2, en champ d'or.

chevalerie fut pris de compagnie d'hommes choisis pour défendre, ainsi le nom de chevalier fut pris de la chevalerie. »

La loi II : *Comment doivent être choisis les chevaliers*, complète l'idée émise précédemment en établissant que « mille est le nombre le plus honorable qui puisse être. »

L'auteur de *l'Ordre de chevalerie*, qui se rencontre plus d'une fois avec les écrivains espagnols, dit de même : « Au commencement, quand au monde fut venu mesprisement de justice par deffaulte de charité, il convint que justice retournást par cremeur en l'honneur en quoi estre soulait. Et pour ce tout le peuple divisé fut par miliers. Et de chascun milier fut eslu ung homme, plus saige et plus fort et de plus noble courage et mieux enseigné que tous les autres. »

Honoré Bonhors, dans l'*Arbre des batailles*, adopte un autre sens : « Si esleut (Romulus) mille hommes à cheval pour garder son païs et les appela chevaliers, et pour ce nombre de mille les appela il en latin *milites*. »

On peut encore consulter les *Mémoires sur l'ancienne chevalerie*, t. I, partie II, note 4. Sainte-Palaye y énumère les diverses opinions émises à ce sujet, et nous ferons remarquer que les étymologistes du moyen âge, entre lesquels Honoré Bonhors se serait le plus rapproché de la vérité, sont jusqu'à un certain point justifiés par la savante histoire romaine de M. Mommsen. « Dix maisons forment une *gens* ou famille ; dix *gentes* ou cent maisons forment une *curie* ; dix *curies*, ou cent *gentes*, ou mille maisons constituent la cité. Chaque maison fournit un *fantassin* (d'où *mil-es*, le *millième*, le *milicien*) ; de même, chaque *gens* fournit un *cavalier* (*equ-es*) et un conseiller pour le sénat. (Mommsen, » *Hist. rom.* traduite par M. Alexandre, tom I, page 95.)

Note 2.

Page 52. — Gervaise de Tilbury (page 10 de l'édition de M. Liebrecht, Hanovre, 1856, in-8) parle de la sépulture de César. Voici le passage :

« *De situ Romæ*.

« *Templum quod erat Neronis vestiarium, nunc dicitur Sanctus Andreas, juxta quod est Julia petra, hoc est petra tumularis, in qua cinis Julii Cæsaris reconditus est, cujus memoria tabulis æreis et deauratis literis latinis depicta fuit solemniter super epistilium lapidis Numidici. Olla lapidibus pretiosis ornata cinerem continet et hanc scripturam metricam choriambicam :*

Cæsar tantus eras, quantus et orbis.
Sed nunc in modico clauderis antro.

A ce sujet, M. Liebrecht fait (p. 87) l'observation suivante :

« Ces deux vers devaient se lire sur l'obélisque du Vatican à l'époque où ont été composés les *Mirabilia urbis Romæ*, auxquels Gervaise a emprunté toute sa description de Rome. »

Nous devons à M. Liebrecht l'indication précieuse pour nous d'un passage de Jean d'Outremeuse, qui rattache Virgile à l'histoire de la sépulture de César, et ailleurs le même compilateur de traditions nous montre, comme Gamez, l'enchanteur exécutant en une nuit des travaux prodigieux (p. 231, 259). Nous citons ce que Jean d'Outremeuse raconte de l'obélisque, sans trop dire d'où il était venu :

« Item, les Romains furent de la mort Julius molt corochiés et le plorarent trois jours. A tant vient Virgile et les sénateurs qui dissent que chu seroit piteit se les vermiens maugnoient la chair de si noble chevalier et teis que Julius Cesaire, qui à son temps avoit esteit le melhour espée del monde, et avoit tant conquis que oncques nul ne conquist tant de luy. Adont, par le conselhe Virgile ilhs ardirent le corps en poudre, et le poudre de luy mirent en une poméal, laquelle poméal asseirent sus une colompne de xx piés de hault, et les aultres disent de c et xx piés de hault, que Julius avoit fait faire à son temps, tout enmy Rome, et poisées sus son ymaige que une tonoire avoit abatu la lettre capitale de son nom, dont Virgile avoit dit aux sénateurs que ilh ne viveroit mie longement. » (*Le myreur des Hist.*, vol. I, p. 243).

M. Domenico Comparetti, qui publie dans la *Nuova antologia* un savant travail sur Virgile, — *Virgilio nella tradizione letteroria fino a Dante*. — *Virgilio nella tradizione popolare del medio evo*, — a bien voulu nous indiquer une allusion faite par Rabelais à la pomme d'or dont parle Gamez. (*Pantagruel*, livre II, chapitre XXXIII.)

NOTE 3.

Page 32. — Le roi don Sancho el Bravo rapporte la légende du Palmier dans ses *Castigos y documentos* (ch. XXXII). Mais ce n'est point de là que Gamez l'a tirée. Il l'a sans doute prise dans le *Livre de la nativité de la bienheureuse Marie et de l'enfance du Sauveur*, et la mention du désert de Sur et de Syn, qui n'a pu lui être fournie par ses connaissances géographiques, et qui ne se trouve dans aucune des versions venues jusqu'à nous, nous fait penser qu'il a connu un manuscrit se rapprochant plus que les autres de la rédaction primitive. Ce texte a échappé aux recherches de Thylo et de Tischendorf, qui ont publié les premiers le livre de l'*Enfance*.

Thylo (*Codex apocryphus*, vol. II, Leipsig 1832, in-8), le donne d'après un manuscrit de la bibliothèque imp. (n° 5,559 A), et M. l'abbé Migne en a inséré la traduction dans son *Dictionnaire des livres apocryphes* (tome I). Tischendorf (*Evangelia apocrypha*, Leipsig, 1853, in-8) le donne d'après un manuscrit du Vatican. Nous avons dû à l'obligeance de M. Amador de los Rios un extrait du mss. F. 152 de la *Bibl. nacional* de Madrid, qui paraît être du XII° siècle. Ces trois textes se ressemblent, et leurs variantes pourraient presque être mises sur le compte des copistes. Ils offrent évidemment la version la plus accréditée. Nous ne la reproduisons point ici, puisque l'on peut aisément recourir aux publications que nous venons de citer. Mais nous donnerons le texte du mss. 5,560 de notre bibliothèque impériale, parce qu'il est resté inédit, qu'il diffère assez notablement des trois autres, et qu'il sert à montrer quelle distance il peut se faire entre les copies d'un même original.

(Folios 25 et 26.) « *Factum est autem in die tercia profectionis sue in utribus aqua defficeret, et beata Maria plurimo calore esset fatigata. Dixit :* « *Quiescam paululum sub umbra hujus palme.* » *Vidit eam plenam pomis que dactili vocantur. Et dixit Joseph :* « *Si fieri posset, de fructibus hujus palme vellem comedere.* » *Et ait ad eam Joseph :* « *Miror hoc dicere te cum videas quante altitudinis sit ista palma, et tu de fructibus ejus desideras comedere. Ego magis cogito de aque penuria, quia non habemus unde nos et nostra animalia refocillare possumus* (1). » *Tunc infans Ihs residens in gremio matris sue dixit :* « *Arbor, flecte ramos tuos et de fructibus tuis refice matrem meam et nos.* » *Confestim ad hanc vocem palma inclinavit cacumen suum usque ad terram ante ulnas sancte Marie virginis, et collegerunt ex ea omnes fructus qui in societate erant, quibus refecti sunt habundanter. Palma enim inclinata remansit quoutz ad imperium ejus resurgeret a quo fuerat inclinata. Tunc Ihs ad eam dixit :* « *Erige tuos ramos. Confortare, et ibi sis arbor consors mearum qui sunt in paradiso patris mei. Angelus accipiat ramum de cacumine tuo, et plantet ipsum in pa-*

---

(1) Cette remontrance assez rude, que Gamez a délicatement supprimée, est un trait commun aux quatre versions.

radiso meo. Fons autem aque veniat et exeat a radicibus tuis liquidissimus ad satietatem nostram. « Et palma erecta est. Et ramus ab angelo portatus est, aspicientibus ipsis. Fons aque salientis a radicibus palme cepit exire. Videntesque factum gavisi sunt gaudio magno valde, et satiati sunt ipsi et omnia jumenta sua. Et gratias dederunt Deo qui talem puerum dedit illis. »

Note 4.

Page 76. — L'ordre des faits qu'il est nécessaire d'avoir présents à l'esprit pour l'intelligence des chapitres consacrés à raconter, d'après les mémoires de Pedro Fernandez Niño, la lutte entre les enfants du roi D. Alonso XI, est le suivant :

1350. — *27 mars.* Le roi don Alonso meurt devant Gibraltar. — *28 mars.* Don Pedro est proclamé roi. D. Juan Alfonso d'Alburquerque ramène l'armée à Séville. Don Enrique et don Fadrique se jettent dans Algesiras ; ils en sont chassés par Alburquerque. — *Juillet.* Font leur soumission. Don Enrique épouse à l'insu du roi Doña Juana de Villena, fille de don Juan Manuel ; il se sauve de Séville et gagne les Asturies. Alburquerque fait emprisonner doña Leonor de Guzman. Il reste maître de l'État et gouverne sous le nom du roi.

1351. — Doña Leonor de Guzman est mise à mort par l'ordre de la reine-mère. Ses fils sont maintenus dans l'obéissance par Alburquerque. La faction des Laras tente de se reformer ; Alburquerque fait arrêter son chef à Burgos. Il envoie en France deux ambassadeurs pour y négocier le mariage du roi don Pedro avec Blanche de Bourbon.

1352. — Au printemps, Alburquerque conduit le roi dans les Asturies contre son frère D. Enrique, pour étouffer un commencement de rébellion. Pendant cette expédition, le roi voit doña Maria de Padilla et s'éprend d'elle. Suivant les uns, Maria de Padilla était dans la maison d'Alburquerque, et le roi s'en empara du consentement de son ministre. Suivant les autres, il la vit dans la maison de Diego Fernandez de Quiñones, son parent, lorsqu'il traversa Léon en revenant des Asturies. Il est certain que Doña Maria fut livrée au roi par son propre oncle, Juan Fernandez de Hinestrosa, qui dès lors ruina le crédit d'Alburquerque et fut investi des plus hautes charges. — *10 juillet*. Le traité de mariage de Blanche de Bourbon est signé.

1353. — Alburquerque assiège et prend dans le château d'Aguilar don Alonso Coronel, chef de la faction des Laras. Don Alonso est décapité, ses biens confisqués et adjugés à doña Maria de Padilla, qui venait de donner un fils au roi. Peu après, les parents de Maria de Padilla font éloigner Alburquerque, sous prétexte d'une ambassade en Portugal. Les frères du roi étaient en armes. — *Mai*. Blanche de Bourbon arrive à Valladolid. Le roi reste à Torrijos, donnant des fêtes à Maria de Padilla. Alburquerque revient de Portugal ; il emmène de force le roi et le conduit à Valladolid. Réconciliation du roi et de ses frères. Alburquerque achève de tomber en disgrâce. — *3 juin*. Le roi épouse à Valladolid Blanche de Bourbon. — *5 juin*. Il l'abandonne et va retrouver Maria de Padilla, qu'il mène avec lui à Tolède. — *13 juin*. Alburquerque se met en route pour Tolède, peu accompagné, promettant à la reine Blanche et à la reine-mère qu'il ramènera le roi. — *17 juin*. Arrivé à dix lieues de Tolède, il reçoit de la part du roi l'invitation de hâter sa marche ; mais, apprenant par les gens de la suite du messager que le roi est résolu à le faire mourir, il retourne précipitamment à Valladolid, prend congé des reines et va se jeter en Estramadoure dans ses terres, où il se fortifie. Don Pedro revient passer deux jours auprès de Blanche de Bourbon, et la quitte pour ne plus la revoir. Alburquerque traite avec le roi et livre son fils en otage ; mais bientôt il se retire en Portugal pour sa sûreté. Le roi se présente devant Medellin, qui lui est rendue. Il somme le château d'Alburquerque, qui lui résiste. Il envoie demander l'extradition de son ancien ministre au roi de Portugal, qui ajourne la réponse. Il laisse à Badajoz, pour diriger les opérations contre Alburquerque, ses frères don Enrique et don Fadrique, et Juan Garcia de Villagera, frère de Maria de Padilla.

1354. — Don Enrique et don Fadrique traitent avec Alburquerque. — *Juillet*. Ils prennent les armes contre le roi. Formation de la ligue qui demande le renvoi de Maria Padilla, et le retour du roi auprès de Blanche de Bourbon. — *14 août*. Le roi envoie à Tolède Blanche de Bourbon, sous la garde d'Hinestrosa. Le peuple de Tolède la met en liberté. — *28 septembre*. Les confédérés entrent à Medina del Campo ; Alburquerque y meurt empoisonné. Ils entrent peu après à Toro. — *Novembre*. Le roi vient se remettre à Toro entre leurs mains, et il y est gardé à vue. — *Décembre*. Le roi s'échappe de Toro, que bientôt il assiège.

1355. — *6 mai*. Don Enrique et don Fadrique font sur Tolède une tentative qui ne réussit qu'à moitié. — *8 mai*. Le roi entre à Tolède ; le *12 mai*, il envoie Blanche de Bourbon à Siguenza où elle est emprisonnée. Don Enrique se jette alors dans les Asturies. Don Fadrique et ses autres frères s'enferment dans Toro avec la reine-mère, et le roi vient les y assiéger.

1356. — *5 janvier*. Don Fadrique se rend à la merci du roi, qui entre le 6 à Toro, et y assouvit sa vengeance sous les yeux de sa mère et de la reine-mère d'Aragon, sa tante. Il épargne cependant ses frères. Don Enrique passe en Aragon. La reine-mère est renvoyée en Portugal où elle meurt empoisonnée, le 18 janvier de l'année suivante. — *8 novembre*. Don Enrique conclut avec le roi d'Aragon un traité qui le met sous sa protection.

1357. — Le roi de Castille déclare la guerre au roi d'Aragon. Il entre en campagne avec don Fadrique et don Tello ses frères. — *9 mars*. Il prend Tarazona. — *18 mai*. Il conclut une trêve d'une année.

1358. — Don Fadrique, chargé de la garde de la frontière du côté du royaume de Valence, reprend aux Aragonais le château de Jumilla. Il est appelé à Séville. — *29 mai*. Le roi le fait massacrer sous ses yeux. Le roi court aussitôt en Biscaye pour s'emparer de son frère don Tello, qui s'échappe et va rejoindre don Enrique. Le roi fait tuer devant lui l'infant don Juan d'Aragon. Don Enrique entre en Castille, mais n'y peut faire aucun progrès. Le roi s'embarque à Séville, paraît sur les côtes de Valence, revient ensuite sur la frontière de l'Aragon, refoule don Enrique, et s'empare de plusieurs places.

1359. — Le roi fait tuer la reine Léonor d'Aragon, sa tante, et Juana de Lara, femme de don Tello, son frère. Il donne à Juan Fernandez de Hinestrosa la garde de la frontière d'Aragon et va s'embarquer à Séville. — *Avril*. Sa flotte paraît devant Barcelone, Iviza, Alicante, et rentre au mois de mai, sans avoir obtenu aucun résultat. — *Septembre*. Hinestrosa, mal soutenu par ses lieutenants, est battu et tué au val d'Arrabiana. Le roi fait mettre à mort don Juan et don Pedro, ses frères. Il poursuit tous ceux qu'il croit pouvoir accuser de la défaite d'Hinestrosa, et fait grossir ainsi la troupe des réfugiés réunis autour de don Enrique.

1360. — *Mars.* Don Enrique entre en Castille avec ses frères don Tello et don Sancho. Il pénètre par Najera, Miranda et Pancorbo jusqu'à la tour de Cameno. Le roi se porte à sa rencontre, lui fait éprouver à Najera un échec qui le rejette en Aragon. Le roi d'Aragon entre alors en négociation avec le roi de Castille.

1361. — *Janvier.* Le roi part de Séville, entre en Aragon et s'y empare de plusieurs places ; mais le roi de Grenade, suscité par le roi d'Aragon, fait une diversion qui oblige don Pedro à traiter. — *Mai.* Paix avec l'Aragon. Don Enrique se retire en France avec son frère don Sancho. — *Juillet.* Don Pedro fait mettre à mort Blanche de Bourbon. Le roi porte ses armes dans le royaume de Grenade. Mort de Maria de Padilla.

1362. — Le roi de Grenade est renversé du trône, et vient implorer la merci de don Pedro, qui le tue de sa propre main. Don Pedro déclare devant les cortès qu'il a épousé Maria de Padilla, et il fait reconnaître ses enfants comme héritiers de la couronne. Il s'allie au roi de Navarre, et recommence la guerre contre le roi d'Aragon. — *Juin.* Siége de Calatayud, qui se rend le 9 août.

1363. — *Janvier.* Traité d'alliance entre le roi de Castille et le roi d'Angleterre. — *Mars.* Traité entre le roi d'Aragon et don Enrique, qui rentre à son service. Le roi de Castille entre en campagne par la frontière d'Aragon, et pénètre jusqu'au fond du royaume de Valence, après avoir pris toutes les places qui se trouvaient sur sa route.

1364. — Le roi prend Alicante et assiège Valence, que le roi d'Aragon et don Enrique ravitaillent sous ses yeux. — *Juin.* Sa flotte est jetée à la côte par la tempête. Il rentre à Séville. — *Août.* Il repasse en Aragon, s'empare de toutes les places qui lui avaient été enlevées, et va mettre le siège devant Orihuela. — *10 décembre.* Il refuse la bataille et laisse entrer un convoi dans Orihuela. Gamez note spécialement cette journée curieuse dont nous donnerons plus loin le récit d'après les mémoires du roi d'Aragon.

1365. — *7 juin.* Le roi s'empare d'Orihuela, puis retourne à Séville, abandonnant ses garnisons que le roi d'Aragon pressait de tous côtés.

1366. — Don Enrique traite par l'entremise de du Guesclin avec les grandes compagnies. Il conclut avec le roi d'Aragon un traité qui le constitue prétendant au trône de Castille. — *Mars.* Il entre à Calahorra, où il est proclamé roi, et marche sur Burgos. — Le *28 mars*, don Pedro quitte Burgos précipitamment et s'enfuit à Séville. Don Enrique est couronné à Burgos. Il entre à Tolède, puis à Séville. Don Pedro se réfugie en Portugal ; il y est mal accueilli. De là il passe en Galice, s'y arrête quelque temps et enfin gagne Bayonne. Don Fernando de Castro maintient en Galice son autorité. — *23 septembre.* Traité entre don Pedro et le prince de Galles. — Don Enrique se rend en Galice et renferme don Fernando de Castro dans la ville de Lugo, où il l'assiège. Don Fernando capitule, sous la condition de se rendre s'il n'est pas secouru par don Pedro avant le jour de Pâques.

1367. — *Janvier.* Don Pedro et le prince de Galles passent les Pyrénées. — *6 avril.* Bataille de Najera. Don Enrique, entièrement défait, prend la fuite, traverse l'Aragon et passe en France. — Don Pedro se fait reconnaître dans tout le royaume, sans rencontrer aucune résistance ; mais ses cruautés amènent bientôt des révoltes, et les révoltés rappellent don Enrique en Castille dès que le prince de Galles en est sorti. — *28 septembre.* Don Enrique arrive à Calahorra. Il est reçu à Burgos. Cordoue se déclare pour lui. Don Pedro reste à Séville et concentre dans Carmona toutes ses ressources pour la défense.

1368. — *Janvier.* Don Enrique assiège et prend Léon. — Il entre à Madrid. — *13 avril.* Il met le siège devant Tolède. — *Mai.* Don Pedro s'allie au roi de Grenade. Il fait, de concert avec lui, une entreprise sur Cordoue, et il est repoussé.

1369. — *Mars.* Don Pedro part de Séville et marche au secours de Tolède avec ses auxiliaires grenadins. En route il apprend que don Enrique vient à sa rencontre, que du Guesclin est arrivé à son camp avec des renforts, et que le maître de Saint-Jacques, sorti de Cordoue, a fait sa jonction avec eux à Orgaz. Il se replie sur Montiel. — *14 mars.* Don Pedro, battu devant Montiel, se réfugie dans le château. — *23 mars.*

Il est tué par son frère. — Don Fernando de Castro, fait prisonnier à Montiel, est mis sous bonne garde. — Don Enrique entre à Séville, puis à Tolède. — *Mai*. Négocie avec Martin Lopez de Cordova, pour la reddition de Carmona. Le roi de Portugal élève des prétentions au trône de Castille, et entre en Galice. Il est reçu à la Corogne. — *Juin*. Don Enrique assiège Zamora. — *Juillet*. Don Enrique entre en Galice avec du Guesclin. Le roi de Portugal se rembarque à la Corogne. — Don Enrique entre en Portugal, y prend Braga et Bragance. Don Fernando de Castro échappe à ses gardiens et lève son drapeau en Galice.

1370. — *Mars*. Don Enrique assiège Ciudad Rodrigo. Envoie en Galice, contre don Fernando de Castro, Pero Manrique et Pedro Ruiz Sarmiento. — *Juin*. Le roi de Portugal fait alliance avec le roi d'Aragon, et don Enrique continue la guerre par mer et par terre. — *18 octobre*. Don Tello, frère du roi, qui avait donné lieu à des soupçons sur sa fidélité, meurt subitement.

1371. — *26 février*. Zamora est prise par le roi. — *21 mars*. Don Enrique assiège Carmona. Il y entre par composition le 15 mai. Il fait mettre à mort, le 12 juin, Martin Lopez de Cordova, malgré la capitulation. — Don Fernando de Castro, battu à Puerto de Bueyes, est rejeté en Portugal. — *Août*. Traité de paix avec le Portugal. La Corogne, Ciudad Rodrigo et Valencia d'Alcantara sont remises au roi don Enrique en vertu de ce traité, qui ne s'exécute qu'en partie.

1372. — Renouvellement de la guerre contre le Portugal.

1373. — *12 mars*. Don Enrique signe devant Lisbonne, avec le roi de Portugal, le traité de paix, dont un des articles stipule l'expulsion de don Fernando de Castro. Don Fernando s'exile en Angleterre, et la pacification de la Castille est achevée.

Note 5.

Page 77. — Suivant le roi don Pedro d'Aragon, ce ne fut pas deux, mais quatre fois, que don Pedro de Castille refusa la bataille. Devant Taragona, au mois de mai 1357, il ne voulut pas attendre son ennemi, « pensant que Dieu lui devait nuire, parce qu'il faisait une guerre injuste. » Au mois de mai 1361, il envoya au roi d'Aragon, qui lui offrait la bataille, le légat du Pape, pour qu'il entamât des négociations. En 1364, il déclara qu'il ne voulait pas combattre le roi d'Aragon, qui venait de s'emparer de Valence, parce qu'il était arrivé à la façon d'un almogavar, c'est-à-dire d'un éclaireur qui fait ses coups par surprise. Enfin, la quatrième journée que le roi de Castille refusa fut le 10 décembre 1364. Le roi d'Aragon raconte dans la chronique que nous analysons ici qu'il se trouva tout à coup en face de son adversaire dans le *campo de la Matanza*; il s'attendait à une attaque, mais don Pedro de Castille ne bougea pas. Des hommes dignes de foi rapportèrent à l'illustre chroniqueur que le roi de Castille, ayant réuni ses principaux chevaliers, le maître de Saint-Jacques, qui était frère de Maria de Padilla, et osait parler plus librement que les autres, engagea vivement son maître à combattre. — « Quand ledit maître, ajoute don Pedro d'Aragon, eut achevé sa réponse, ledit roi de Castille se tourna vers les autres maîtres, barons et chevaliers qu'il avait réunis, et voulut savoir d'eux quel était leur sentiment; tous approuvèrent et confirmèrent absolument tout ce que ledit maître de Santiago avait dit. Alors ledit roi de Castille, ayant entendu ladite réponse dudit maître et des autres qu'il avait fait assembler, cria à haute voix, et dit : « Y a-t-il ici quelque garçon qui ait un pain? » A ces paroles, un garçon accourut et lui apporta un pain; et ledit roi de Castille prit ledit pain et prononça les paroles que voici ou autres à l'avenant :

« Il me semble que vous êtes tous d'avis que j'offre la bataille au roi d'Aragon. Et moi je vous dis en vérité que, si j'avais avec moi ceux qu'a ledit roi d'Aragon avec lui, et s'il étaient mes vassaux ou mes sujets, sans aucune crainte je combattrais contre vous autres tous, et contre toute la Castille, et même contre toute l'Espagne. Mais pour que vous sachiez le cas que je fais de vous, voyez ce pain que je tiens dans mes mains; je pense qu'il suffirait à rassasier tout ce qu'il y a de fidèles en Castille. »

« Là-dessus ledit roi de Castille reprit le chemin d'Elche avec toutes ses compagnies de gens de pied et de cheval, qu'il fit loger dans ledit lieu. Quand il y fut revenu, quelques chevaliers lui dirent « que jamais la Castille n'avait reçu aussi grand déshonneur que ce jour-là, » à cause de la manière dont ils s'en étaient retournés. « Donc, dit le roi, que conseillez-vous ? » Et ils lui dirent : « Seigneur, nous vous conseillons que de toutes manières, demain matin vous alliez combattre le roi d'Aragon. — Ah! quel bon conseil! » répondit ledit roi. Et prenant un morceau de pain dans sa main, car il soupait alors, il redit : « Avec ce morceau de

pain, je rassasierais tout ce qu'il y a de fidèles en Castille. »
(*Cronica del rey don Pedro del Punyalet*, Barcelone, 1850, 8º,
page 373.)

NOTE 6.

Page 130. — Pour Costanza de Guevara, Pero Niño était un bien
petit parti. Nous ne savons d'où vinrent les obstacles, du côté des
Guevara ou de Juan de Velasco, « personnage hautain, opiniâtre,
d'humeur sombre et dure » (V. *Generaciones y senblanzas*); mais
il y en eut, ainsi qu'en témoigne une chanson conservée dans le
Cancionero de Baena, où on l'attribue à Alfonso Alvarez de Villasandino. Elle peut avoir été composée par ce poète qui tenait bou-
tique de chansons; mais elle a certainement été écrite pour Pedro
Niño qui, d'autres fois encore, eut recours au même versificateur.
Nous la donnons comme pièce justificative, avec un essai de traduction.

Cancionero de Baena. — Nº 9.

« Alfonso Alvarez a fait cette chanson pour l'amour et à la louange
de Constance Velez de Guyvara.

Quando yo vos vi donsella,	Je vous vis jeune fille à peine,
De vos mucho me pagué :	Et vous m'avez charmé dès lors ;
Ya dueña, vos loaré.	Veuve, votre beauté sereine
	S'augmente de nouveaux trésors.
Yo vos vy, gentil señora,	Je vous vis toute jeune d'âge,
Niña de pequeña hedat;	Presque un enfant, en vérité ;
E segunt vos veo agora	Maintenant, sur votre visage
Floresçio vestra beldat.	Fleurit toute votre beauté.
Sy mi coraçon adora	Et si mon pauvre cœur s'engage
Vestra lynda magestat,	Sous votre douce majesté,
Mis ojos vieron por qué.	C'est que mes yeux ont fait ma chaîne.
Esforçose la fortuna	Hélas ! l'inconstante fortune
En obras de grant crueldat,	Vint nous livrer un grand combat,
Tanto, qu' el sol è la luna	Tel que le soleil et la lune
Perdieron su claridat.	Pour nous ont perdu leur éclat.
Yo por uno è vos por una,	C'est une affliction commune
Cada uno en su egualdat	Qui dans ce moment nous abat ;
Padesçemos, bien lo sé.	Nous éprouvons la même peine.
Por ende, señora mya,	Mais, dame, à votre beau visage
Vestro buen gesto alegrat	Rendez le calme et la gaité ;

Con placer ó loçania,	L'amour vrai résiste à l'orage
Pues el mundo es vanidat;	Que forme la méchanceté.
Que yo ya non ossarya	Ne craignez pas que mon langage
Descubrir la poridat	Trahisse avec légèreté
De un ssecreto que yo asé.	Un secret que je sais, ma reine.
Vestro muy gentil asseo,	Ah ! je me soumets avec joie,
Garnido en toda bondat,	Dame, à votre charme vainqueur !
Me conquista, pues que veo	Et quoiqu'auprès de vous je voie
Cerca la contraryedat :	Un grand obstacle à mon bonheur,
Por lo qual, señora, creo	Point ne saurais quitter ma voie.
Que daquesta enfermedat	Cette constance de mon cœur
Tarde o nunca asanaré.	Prouve qu'éternelle est ma peine.
Médico nin çurugiano	Pour guérir si douce souffrance,
Non an tanta abtoridat,	Ni médecin, ni chirurgien
Que me pudiessen dar ssano	Ne montrent assez de science,
De perfeta sanidat ;	Et sans vous ils ne peuvent rien.
Sy vestro brio loçano	Quoi qu'ordonne votre puissance,
De mi non ha piedat,	Je veux garder mon cher lien,
Por vestro leal morré.	Et joie en ressens surhumaine.
De Dios vos fué otorgada	Le ciel vous a, dame sans paire,
La muy lynda castidat,	Donné la pure chasteté ;
La qual sienpre fue fallada.	Il mit en vous, dâme très-chère,
En vos con grant onestat :	Tous les trésors d'honnêteté.
Fijadalgo bien cryada,	Toutes les vertus qu'on révère
Fermossa syn fealdat,	Sont jointes à votre beauté.
Vestro asso ssiempre é asseré.	Toujours serez ma souveraine.
Los que vestro nombre quieren	Si quelque indiscret m'interpelle
Saber, sepan por verdat,	Touchant le nom par vous porté,
Que la costa que fycieren	Pour savoir comme on vous appelle,
Por saber çertenidat	Je lui dirai qu'en vérité
Perderan, sy non sopieren	Il faut que d'abord il épelle
Las letras de una cibdat	Le nom de certaine cité (1) ;
La qual non les nombraré.	Mais le laisserai dans sa peine.
Aunque pierda tiempo en vano,	Tout mon temps, je le perds, madame,
Dueña, vos me perdonat,	Je le sais ; mais pardonnez-moi :
Que çierto de llano en llano	C'est un amour exempt de blâme
Vos amo por lealtat :	Qui dans mon cœur commande en roi.
Aunque ssaé que non gano	Jusqu'à ce que je rende l'âme,
Sy non seguir voluntad,	Je prétends conserver ma foi
En esta fé moryré.	Et vous servir, beauté sereine.

(1) La ville peut être Velez, aussi bien que Constance : *Velez el rubio, Velez el blanco, Velez-Malaga.*

Pues que el mundo es opyniones,	Puisqu'on voit le monde sans cesse
Amigos, adevinat	Débattre des difficultés,
Qual es la que tantos dones	Devinez qui, dès sa jeunesse,
Heredo en su mocedat?	Eut tant de hautes qualités.
Que yo ya en fin de rrasones,	Cherchez le nom de ma maîtresse ;
Non pensando malestad,	Sur ce sujet-là je me tais
Syenpre la obedeçeré.	Et m'incline devant ma reine.
Esto ofresco en aguynando,	Ceci je l'offre comme étrenne,
Señora, esta navidat	En cette fête de Noël,
A vos, por quien ledo ando	A vous, ma belle suzeraine,
Syn error ó torpedat.	Qui me changez la terre en ciel.
Al non quiero nin demando	Je suis heureux qu'à vous parvienne
Synon vestra amistat,	Le vœu d'un amour éternel,
Con tanto me gosaré.	Car toujours bénirai ma chaîne.

NOTE 8.

Pages 151 et 194. — L'aiguade des grottes d'Alcocevar n'est point marquée sur nos cartes, non plus que celle du *Vergelet*, dont Gamez parle plus loin (p. 198). D'après les indications que fournit le récit de notre auteur, il convient de les chercher entre le cap Falcon et le cap Fégalo (voyez la *carte des attérages d'Oran*, par l'amiral Bérard), de préférence dans le voisinage du cap Sigale, point de la côte le plus rapproché des îles Habibas, où l'on verra que Pero Niño fit station.

La carte catalane du XIVe siècle que M. Buchon a publiée inscrit entre le cap Falcon et le cap Fégalo, sans marquer les points précis auxquels ils se rapportent, deux noms seulement, *Arcozara* et *Aqua oiva*, qui probablement, n'étant pas des noms de villes, signalaient aux navigateurs des aiguades, sorte de renseignement spécialement intéressant pour eux. Si l'on tient compte du changement de l'*l* en *r* qui est perpétuel chez les Espagnols dans la transcription des noms arabes, on sera bien disposé à voir dans l'*Arcozava* de la carte catalane l'*Alcocevar* de Gamez. Mais ce qui détermine avec exactitude la position d'Alcocevar est cette circonstance que, entre le cap Falcon et le cap Fégalo, il n'existe au bord de la mer qu'une seule grotte. M. le capitaine de Champlouis a bien voulu examiner dans notre intérêt les questions que soulève le récit de Gamez et y appliquer, avec les connaissances géographiques dont il a fait preuve dans l'exécution de la belle carte de l'Afrique sous la domination romaine, les moyens d'information qu'il a pu se procurer sur les lieux; il a reconnu distinctement Alcocevar dans la *Ghar Debad*, située au pied du Djebel Touila (le Mezaïta de la carte de Bérard). Ghar Debaâ signifie la *caverne de la hyène*. Ce nom peut avoir, en raison de quelque incident récent, remplacé celui d'Alcocevar, aujourd'hui tout à fait inconnu dans le pays, si toutefois Alcocevar n'en est pas une corruption ou bien un nom générique. « Les grottes, écrit M. de Champlouis, sont marquées sur la carte du capitaine Karth dressée en 1848. Elles sont vastes, et il en sort en abondance de l'eau douce. Autour d'elles le terrain est abrupt. On peut y reconnaître et le point d'où les Mores lançaient des pierres sur les galères qui venaient faire de l'eau, et le plateau, situé à 376 mètres au-dessus de la mer, d'où l'on surveillait ceux qui tentaient d'aborder la côte en cet endroit. »

Nous pouvons donc fixer la position d'Alcocevar à 11 kilomètres sud-ouest du cap Fégalo, au fond d'une petite crique ouverte du côté de l'ouest, et qui forme un assez pauvre abri, mais dont le rivage accore permet d'accoster l'aiguade comme un quai. Le Mezaïta, qui s'élève au-dessus du mouillage, le fait trouver aisément, car c'est le principal point de reconnaissance sur cette côte; mais il faut de la hardiesse pour aller mettre là son navire.

La dénomination tout espagnole de la seconde aiguade s'était conservée jusqu'au dernier siècle. Nous trouvons le *Vergelet* désigné dans l'itinéraire de la province d'Oran que dressa en 1770 le maréchal de camp don Eugenio de Alvarado (bibl. imp., mss. fonds espagnol, n° 34). On y lit: « Côte à l'ouest d'Oran: — *Mazarquibir, las Aguadas, Cabo Falco, el Gaufar, el Bergelete, la Barranca, Azaro, cabo Figal.* » Dans cet itinéraire les distances sont données d'une manière si évidemment fausse, que nous ne les rapporterons pas ici, et nous retenons seulement l'ordre dans lequel les noms sont inscrits. Il nous détourne de chercher le Vergelet trop près du cap Fégalo, où l'on pourrait sans cela être tenté de le reconnaître dans l'une des deux anses bonnes pour abriter de petits bâtiments, et dont la plus orientale, celle qui reçoit l'Oued Qouabis, peut servir d'aiguade. M. de Champlouis fait observer que la configuration du sol à l'embouchure de l'Oued Qouabis, répond assez bien à la description du Vergelet donnée par Gamez: « lieu très-périlleux où peuvent se tenir cachés beaucoup de gens, parce que le pays est couvert d'arbres et tout coupé de ravins. » On peut appliquer également la même description au Merza Madaghr, petit port situé à six kilomètres au nord-est de Ghar Debaâ, qui est abrité tant bien que mal du vent d'ouest, et qui reçoit l'Oued Madaghr au sortir d'un vallon tourmenté. Nous croirions plus naturel encore de chercher le

Vergelet au nord du cap Sigale, à l'embouchure de l'Oued Mazlouf, qui forme une petite baie sur une côte abordable (voyez Bérard, *Description des côtes de l'Algérie*, Paris, 1837, 8º). C'est aussi de ce côté que, suivant le capitaine de Champlouis, devrait se trouver l'*Aqua oiva* ou *Aquaviva* de la carte catalane, dans le village d'Aceviva, à cinq milles et demi au nord, 60º est du cap Sigale.

Entre les trois positions de l'Oued Qouabis, Marza Madaghr et l'Oued Mazlouf, le lecteur choisira. Quelle que soit celle où Pero Niño aborda, son opération montre chez lui beaucoup de résolution.

NOTE 8.

Page 206. — Les relations d'intime alliance entre les couronnes de France et de Castille dataient des règnes de Philippe de Valois et don Alonso le onzième. Philippe en avait eu l'initiative, et don Alonso, sollicité en même temps par le roi de France et le roi d'Angleterre, s'était décidé pour l'alliance française (1). D'après la *Chronique* de don Alonso, le traité d'alliance aurait été conclu l'an 1335. La chronique cite comme négociateurs les mêmes personnages qui en 1345 furent chargés de rédiger une nouvelle convention, « non pour rien retrancher, mais pour ajouter aux traités antérieurs ». Il peut y avoir quelque inexactitude chez le chroniqueur quant à l'année et quant aux noms des premiers négociateurs; mais les secours que, suivant lui, le roi de Castille fournit au roi de France en 1338 et 1339 prouveraient que l'alliance avait été scellée précédemment. Sa clause principale est reproduite textuellement dans le traité du 1er juillet 1345 qui nous a été conservé. (*Corps universel diplomatique*, par du Mont, Amsterdam, 1726, fº, t. I, partie II, p. 231.) Elle porte que les rois de France et de Castille se prêteront mutuellement secours contre tout homme né ou à naître : « Si l'un des deux contractants est requis par l'autre de l'aider de gens d'armes par terre ou par mer, il l'accordera, aux frais du requérant, s'il n'a lui-même pas de guerre ou n'en a qu'une médiocre qui lui permette de secourir son allié. » (Article 6.)

Don Juan Alfonso d'Alburquerque suivait la pensée de son maître, lorsqu'il cherchait à serrer le nœud de cette alliance, en

---

(1) Les pièces de négociation avec l'Angleterre, laquelle dura de l'an 1338 jusqu'à la fin de l'année 1348, et fut bien près d'aboutir, ont été publiées par Rymer.

mariant don Pedro à Blanche de Bourbon, sœur de la reine de France. Les crimes de don Pedro et les malheurs qu'ils attirèrent sur ce prince jetèrent un moment la Castille dans l'alliance de l'Angleterre ; mais avec la maison de Transtamare, qui devait la couronne aux bons offices du roi de France non moins qu'aux auxiliaires recrutés chez nous dans les grandes compagnies, et qui se trouvait pressée entre l'Aragon et le Portugal, tous deux ennemis déclarés ou secrets, les anciennes relations se reprirent avec plus d'intimité et d'activité que jamais. Don Enrique II n'avait pas encore assuré la couronne sur sa tête, qu'il signa, le 20 novembre 1368, dans son camp, devant Tolède, un traité par lequel il s'engageait à fournir à la France un nombre de galères double de celui que la France armerait. Plus tard, ce nombre fut fixé à dix.

Jusqu'à Ferdinand le Catholique, il resta de tradition dans la maison de Transtamare qu'il fallait s'attacher à l'alliance française comme à une ancre sûre, et exécuter avec empressement ses stipulations. Don Enrique II et don Juan Ier en font l'objet d'une recommandation spéciale dans leur testament. Nous avons dû à la flotte castillane le gain de la bataille de La Rochelle, qui eut pour nous les plus grandes conséquences. Lorsqu'il signa, en 1372, devant Lisbonne, la paix avec le roi de Portugal, don Enrique II fit mettre dans le traité que le roi de Portugal ajouterait cinq galères aux dix que chaque année la Castille nous envoyait. Les grands services que Ferrant Sanchez de Tovar, amiral de Castille, rendit à l'amiral Jean de Vienne, pendant son expédition sur les côtes d'Angleterre, en 1377, sont mentionnés dans toutes nos histoires. Don Enrique II paya largement sa dette envers nous. Don Juan Ier ne fut pas moins fidèle à la France. En 1380 il doubla le nombre des galères que les traités l'obligeaient à fournir et supporta seul les frais de cette augmentation. Plus tard le duc de Lancastre s'efforça inutilement de le détacher de nous. Don Juan fit sa paix avec le prince anglais, mais réserva tous les devoirs et tous les sentiments que lui imposait l'alliance avec la France, éprouvée de son côté par le secours qui lui avait été apporté en 1386, après ses revers. Il ne saurait être exact, comme le dit Froissart, que l'on ait eu motif de concevoir quelque inquiétude à son sujet, ni que l'ambassade faite par Jean de Vienne en 1387 ait éprouvé la moindre difficulté. La preuve du contraire se trouve dans le simple rapprochement de deux dates : les pouvoirs du roi de France furent donnés à l'amiral Jean de Vienne le 11 décembre 1387, et le 13 février 1388 le roi don Juan avait signé le traité que l'amiral lui demandait. Entre ces deux dates on ne saurait trouver place à la fois pour un long voyage et pour des retards apportés par mauvaise volonté dans l'œuvre de la négociation.

Le mariage de la fille du duc de Lancastre avec don Enrique III ne changea donc rien aux dispositions de la cour de Castille à notre égard, du vivant du roi don Juan Ier. Dès l'avènement du roi D. Enrique III, Richard II fit auprès de lui des tentatives pressantes; mais elles restèrent infructueuses, et don Enrique confirma au contraire les traités conclus avec ses prédécesseurs par Charles V et Charles VI (1). Quand, au renouvellement des hostilités avec l'Angleterre, le traité d'alliance fut de nouveau invoqué par nous, il semble que l'on ait craint l'action de la reine doña Catalina sur l'esprit du roi. Le récit de Gamez montre que cette crainte n'était point fondée. Il doit, ce nous semble, prévaloir sur ceux de nos chroniqueurs, que cependant nous sommes tenus de rapporter.

Le Religieux de Saint-Denis, parlant de l'ambassade envoyée à don Enrique III, dit que le roi Charles VI, irrité des descentes des Anglais sur les côtes de France, avait décidé qu'on assiégerait Calais, et avait chargé messire Charles de Savoisy, dont il est question plus loin dans le récit de Gamez, d'aller demander des secours en Espagne. Le roi de Castille lui fit bon accueil, mais remit à l'année suivante les secours demandés. On pensa qu'à cause de son mariage avec une Anglaise, il voulait rompre la vieille alliance de la France et de la Castille. Ce fut l'impression que rapporta Savoisy; quand le roi de Castille l'apprit, il fit annoncer à la cour de France l'arrivée de sa flotte. Savoisy, se trouvant alors dans une fausse position, demanda à se justifier et jeta son gant, que personne ne releva (V. la *Chronique du Religieux de Saint-Denis*, t. III, p. 161).

Juvénal des Ursins raconte les choses autrement: « Combien qu'on voulût dire qu'il y eut tresves avec les Anglois, toutesfois sur la mer faisoient maux innombrables. Messire Charles de Savoisy, dont aucunement est fait mention, avoit grand désir de se faire valoir, et envoya en Espagne pour sçavoir s'il pourroit finer des navires, en intention de faire armes contre les Anglois. Et sur ce en escripvit au roi d'Espagne, et n'eust pas response telle qu'il eust bien voulu, dont il fut bien desplaisant. Et aucunement déclara sa volonté de faire guerre aux Anglois, dont le roi fut mal content, et fit sçavoir en Espagne qu'on ne lui baillast point de navires. Et

---

(1) Voyez RYMER, 27 mai 1391; 17 janvier 1394; 17 août 1396. Le traité de 1394 est signé par Robert de Braquemont.

disoient aucuns près du roi que Savoisy faisait mal de vouloir exécuter son entreprise avec les tresves. Et quand Savoisy sceut les paroles, il dit publiquement qu'il faisait comme bon et loyal François. Et si il y avoit gentilhomme qui voulut dire le contraire il estoit prest de s'en défendre, et en jeta son gage, lequel personne ne receut. » (JUVÉNAL DES URSINS, coll. Michaud, p. 427.)

Entre ces récits divergents se place avec plus de vraisemblance celui de notre auteur, lequel a son intérêt pour l'histoire, car les dernières années du règne de don Enrique III sont peu connues, et l'ambassade faite en 1405 n'a pas, que nous sachions, laissé de traces dans les archives.

NOTE 9.

Page 263. — L'histoire d'Eléonore de Guienne a été singulièrement altérée dans ce chapitre. Comment une princesse de mœurs peu sévères s'est-elle aussi complètement transformée ? C'est là une de ces métamorphoses que les légendes ont opérées plus d'une fois. Nous ne connaissons cependant aucun livre français qui attribue un pareil rôle à l'héritière du duché d'Aquitaine ; mais une partie des aventures que Gamez lui prête ont été mises sur le compte d'une princesse de Hongrie dans le *Roman de la Manekine*, de Philippe de Reims (publié par M. F. MICHEL, 1840, in-4º). Un roi de Hongrie avait épousé une belle princesse qu'il aimait tendrement et qui mourut après lui avoir donné une fille nommée Joie. Elle seule semble digne de succéder à sa mère, à laquelle le roi a juré de n'épouser qu'une femme qui lui ressemblât. Les grands demandent ce mariage ; le clergé le permet, et le roi, enflammé d'amour, se rend chez sa fille :

En sa cambre es-le vous venu.
Com son pere l'a recheu
La damoiselle boinement ;
Et li rois par la main le prent.

Sour une keute-pointe bele
S'assiet, et lès lui la pucelle ;
Avec aus n'a qui noise faire.

Le roi de Hongrie apprend à Joie qu'il est résolu de l'épouser.

Li damoizlele ot et entant
Çou que ses peres va contant ;
Mais en Dieu a mise s'entente.
Se ne li plaist ni atalente

Çou dont ses pere li parole ;
Ains li dist : Peres, tel parole,
S'il vous plaist, poés bien laissier ;
Car ce ne me porroit plaisier

Nus que ce me sanlast droiture
Que nus hom peüst s'engerroure
Espouser selonc nostre loy ;
Et tout cil sont plain de derroy
Qui contre Dieu consel vous donnent

Et de tel chose vous semonnent.
Por riens ne m'y accorderoie,
La mort avant en souffreroie :
Ne sui mie tenue à faire
Ce qu'à m'ame seroit contraire.

Le roi persistant dans son dessein, Joie se rend dans la cuisine du palais, prend un couteau et se coupe le poing gauche qui tombe dans un fleuve au-dessus duquel est située la cuisine. Son père furieux la condamne à être brûlée vive. Un mannequin est mis à sa place, tandis qu'on l'embarque sur un vaisseau qui aborde en Écosse. Joie rencontre le roi de ce pays qui l'épouse. Ici, à cette donnée s'en mêle une autre qui a obtenu un long succès au moyen âge, qu'on retrouve dans le *Chevalier au Cygne*, dans *Dolopathos*, l'histoire de *Dusolina* des *Reali di Francia*, les aventures de *Dionigia* dans le *Pecorone*, le conte d'Ondine dans Musœus, et dont on aperçoit quelques traces à la fin du conte de *la Belle au bois dormant*. La mère du roi d'Écosse écrit à son fils que Joie a mis au monde un monstre. Le roi ordonne d'attendre son retour. A sa lettre sa mère en substitue une autre par laquelle il est enjoint au sénéchal de brûler Joie. Cette fois encore la princesse est sauvée par un mannequin et de nouveau embarquée. Le roi revient, découvre la vérité, fait enfermer sa mère et se met en quête de sa femme. Au bout de sept ans, il la retrouve à Rome. A Rome est aussi le vieux roi de Hongrie, tourmenté par sa conscience : en pleine église il s'accuse tout haut de ce qu'il a fait. Sa fille qui est présente et qui voit ses remords se fait reconnaître ; on retrouve dans une fontaine son poing qui jadis a été avalé par un esturgeon, et grâce à la bénédiction du Pape, ce poing va se rattacher au bras gauche de Joie. Le *Roman de la Manekine* a fourni le sujet d'un *miracle de Nostre Dame* qui a été imprimé dans le *théâtre français au moyen âge,* publié par MM. Monmerqué et Fr. Michel.

Tout le début du conte de *Peau-d'Ane* offre aussi une grande analogie avec le commencement de la *Manekine*.

On aura remarqué, dans la légende de la princesse de Guienne, ce trait caractéristique de l'époque, l'assentiment donné par les conseillers du prince à la punition de la fille vertueuse, mais désobéissante. Tout en faisant ressortir l'héroïsme de la victime, notre auteur ne proteste point contre le traitement qui lui est infligé ; il laisse au ciel le redressement de ce tort. Le théâtre espagnol a tiré de la notion de l'autorité souveraine ainsi conçue (bien en dehors des réalités de l'histoire, en Espagne aussi bien que chez nous) quelques-uns de ses plus grands effets. Bornons-nous à citer la pièce de Lope de Vega, intitulée : *La Estrella de Sevilla*. Nous retrouvons exactement la même donnée, mais plus frappante encore parce qu'elle est ramenée au centre de la famille et de la simple autorité paternelle, dans un *romance* que reproduisent avec de légères variantes les *romanceros* catalans, castillans et portugais (1). Gamez doit l'avoir connu et semble en avoir beaucoup profité pour sa réduction. Ici toute la famille, la mère, les frères et les sœurs, assistent plus ou moins passivement, suivant les romances, au long châtiment de la fille que son père a fait renfermer dans une tour et y laisse périr de soif. L'intervention des anges vient seule à la fin donner une moralité à cette tragédie.

Note 10.

Page 269. — Charles de Savoisy, seigneur de Seignelay, était fils de ce Philippe de Savoisy, que le roi Charles V avait désigné pour faire partie du conseil de tutelle en cas de régence pendant la minorité de son successeur. Elevé près de Charles VI, conseiller, premier chambellan et chevalier d'honneur du roi, il abusa quelquefois de sa faveur. La querelle qu'il eut avec l'Université de Paris est trop connue pour qu'il soit nécessaire de la raconter ici. C'est après cette affaire dont parlent toutes les histoires de France que, suivant Juvénal des Ursins, Charles de Savoisy fit auprès du roi de Castille, pour en obtenir des galères et aller courir sur les Anglais, la démarche dont nous avons parlé dans une des notes précédentes.

Les Chroniques de Saint-Denis, d'accord avec Gamez, nous expliquent comment nos deux chevaliers avaient entendu parler l'un de l'autre avant de lier ensemble leur partie. Voici ce qu'elles disent de Savoisy :

« La maison d'icelui chevalier fut abattue, et fut ledit chevalier banny hors du royaume de France et excommunié, et s'en alla devers le pape lequel le absolut, et [il] arma quatre galées et s'en alla par mer faire guerre aux Sarrazins, et là gaigna moult d'avoir, puys retourna et fut faite sa paix et refist son hôtel à Paris tel

---

(1) *Milà y Fontanals, Observaciones sobre la poesía popular*, p. 122. — *Jahrbuch fur romantsche literatur*, t. III, p. 284. — *Romanceiro de Almeida-Garrett*, t. II, p. 107.

comme il était paravant, mais ne fut pas achevé. » Paradin prétend que Savoisy employa les richesses et les esclaves mores gagnés dans cette expédition à construire le magnifique château de Seignelay, près d'Auxerre.

Gamez fournit sur les campagnes de Savoisy, pendant les années 1405 et 1406, plus de détails que nos chroniqueurs. Nous aurons à examiner la valeur de ses renseignements. En septembre 1406, Savoisy était de retour à Paris, et dans toute la faveur du duc d'Orléans. Il accompagna, cette année, le duc d'Orléans en Guienne, et prit part au combat malheureux que l'amiral Clignet de Brébant livra devant Bordeaux. En 1407, il obtint la charge de grand échanson, qu'il conserva jusqu'en 1413. En 1412, il combattit au siége de Bourges du côté des Bourguignons, et le Religieux de Saint-Denis dit qu'en 1413, lorsque le duc de Guienne eut fait arrêter plusieurs des partisans du duc de Bourgogne, Savoisy, alors l'un des favoris de Jean-sans-Peur, prit la fuite, aimant mieux vivre libre en pays étranger que de risquer la prison. C'est, croyons-nous, la dernière mention qui soit faite de lui dans l'histoire. Il mourut avant le 3 août 1420, suivant le père Anselme. En 1410, il avait épousé Yolande de Rodemack.

Note 11.

Page 284. — C'est le 15 avril de l'année 1404, comme nous l'apprend John Capgrave (1), que Guillaume du Châtel prit terre à Blackpole, village situé à environ quatre kilomètres au sud-ouest de Dartmouth, et y périt. Les circonstances fâcheuses qui amenèrent sa défaite et les incidents chevaleresques de la lutte sont exposés, d'après les renseignements de nos chroniqueurs (le Religieux de Saint-Denis, Juvénal des Ursins, Monstrelet) et d'autres documents, par les historiens bretons (voyez dom Morice et dom Lobineau). L'erreur qui leur a fait désigner Yarmouth au lieu de Dartmouth a été redressée depuis longtemps. Mais ils en ont commis, d'après Juvénal et le Religieux, une autre qui n'a point été remarquée encore, en parlant des suites du combat, dont ils n'ont point fait connaître le caractère particulier, ainsi que le fait Walsingham, qui

---

(1) *The chronicle of England by John Capgrave*, publiée pour la première fois par le Rév. Fr. Ch. Hingeston. London, 1858, p. 285. — Capgrave, né en 1303, mourut en 1464.

était contemporain de l'événement et le raconte d'une manière saisissante.

Ce combat fut livré victorieusement par un ramassis de paysans et de citadins à de vaillants chevaliers, que le désordre de leur opération fit succomber. Walsingham insiste sur ce trait d'une manière cruelle; Capgrave le fait ressortir en deux mots; Holingshed n'a garde de le passer, et Camden, lorsqu'il cite les titres de Dartmouth à la reconnaissance des Anglais, a bien soin de montrer le champion du combat des Sept, le vainqueur de la bataille du Raz, le ravageur des côtes de l'Angleterre *à rusticis et mulierculis interceptus, atque cum suis interfectus.* Une lettre de John Hauley, gentilhomme de Dartmouth (1), ne permet pas de mettre en doute que le tableau tracé par Walsingham, et reproduit par les autres écrivains anglais, soit aussi vrai que vivant.

Cependant Walsingham est tombé dans des erreurs et des confusions qui étonnent de sa part, et qui ont induit en faute les historiens venus après lui. En marge de sa relation l'on trouve cette note surprenante : *Insulanorum de Dartmouth gesta.* Dartmouth est en terre ferme, et il n'y a point d'île dans son voisinage. Voici l'explication : en même temps que Guillaume du Châtel descendait près de Dartmouth, une expédition, partie des côtes de Normandie, sous la conduite de Jean Martel, abordait près de l'île de Portland et y éprouvait le même sort que celle des Bretons. Les deux expéditions, confondues en une seule par Walsingham, n'ont point été distinguées par les historiens anglais, ses successeurs, en sorte que l'on ne peut s'en rapporter à ce qu'ils disent du nombre des tués et des prisonniers, qu'ils élèvent, les premiers à quatre cents, les seconds à deux cents, dans la seule affaire de Dartmouth, mais en mentionnant parmi les prisonniers bretons le seigneur de Bacqueville, qui était avec les Normands. Capgrave s'accorde avec Walsingham pour dire qu'à Dartmouth furent faits prisonniers trois seigneurs (*Lordis, Domini*) et vingt chevaliers. (Une variante des manuscrits porte : X knytes ccc.) Walsingham n'a pas été non plus bien informé sur ce qui se passa au sujet des prisonniers. Le roi intervint, dans des buts tout différents, à Portland et à Dartmouth : là pour apaiser des querelles sur le partage, ici pour s'assurer de personnages importants, ainsi que cela ressort des pièces authentiques.

La première pièce relative à ces faits est une lettre datée de

---

(1) *Royal and historical letters during the reign of Henri the fourth,* publiées sous la direction du *master of rolls.*, vol. I, p. 270.

Westminster le 12 mai 1404, adressée par le roi Henri IV à William Worth, vicomte de Dorset, Thomas Daccombe, William Payne, Thomas Cole de Weymouth et Jonh Penne de Portland. Le roi y dit que des dissensions se sont élevées à l'occasion des prisonniers faits sur quelques *Normands* qui ont été battus, lorsqu'ils ont naguère tenté d'envahir le royaume d'Angleterre, en débarquant près de l'île de Portland, et que pour les apaiser il accepte de se porter médiateur entre ceux qui ont mis eux-mêmes la main sur des prisonniers et ceux qui, ayant pris part au combat, réclament une part du butin. Il décide, sous toutes réserves de droit, et en protestant contre la prétention de créer un précédent obligatoire, que les capteurs abandonneront, ainsi que la majorité d'entre eux l'ont offert, le dixième du prix des rançons, lequel dixième sera distribué entre les combattants moins favorisés par le sort, suivant le mérite de chacun.

Rymer a donné cette lettre du roi Henri IV, ainsi que quatre autres se rapportant aux prisonniers faits à Dartmouth. Tanneguy et Henry du Chastel y sont nominativement désignés, et on peut y suivre le sort du premier, depuis le 15 avril 1404 qu'il fut pris, jusqu'au 1er juin 1406 qu'il recouvra sa liberté. Par là est mis à néant tout ce que nos chroniqueurs, et d'après eux les historiens bretons, ont raconté des exploits accomplis par Tanneguy pour venger la mort de son frère. C'est l'erreur que nous voulions signaler et démontrer.

La lettre de John Hauley, adressée au roi, outre qu'elle nous donne le point précis de la côte d'Angleterre où débarquèrent nos braves Bretons, complète ces détails en nous apprenant qu'à la déconfiture de Blackpole Antony Johan et Stephen Modberie mirent la main sur Tanneguy du Châtel et le lui vendirent, sauf le droit du roi, c'est-à-dire la moitié du prisonnier. Une lettre du roi, expédiée de Nottingham, le 23 mai, au vicomte de Devon, lui enjoint de faire dans tous les ports défense expresse de laisser partir sans congé spécial aucun des prisonniers de Dartmouth. Le 25 mai, le roi ordonne au vicomte de Devon, à son sergent d'armes John Drax et au maire de Dartmouth, de lui amener « Bertranum de Guytin, chivaler, Johannem Gaudyn, chivaler, Oliverum Arell, chivaler, Tange de Chastell, Henricum de Chastell, et quemdam Wullonsem, armigerum », pour avoir colloque avec eux et apprendre d'eux, autant qu'il le pourra, les secrets et l'ordonnance de ses ennemis et malveillants ès parties de France ou de Bretagne. Le courroux du roi contre ceux qui enfreignirent ce commandement nous est révélé par les excuses de John Hauley, acheteur des deux prisonniers Olivier Arell et Tanneguy du Châtel. Il est vraisemblable que Tanneguy passa des mains de John Hauley à celles de John Cornwall, beau-frère du roi, qui acheta, tant pour son compte que pour celui du roi, plusieurs des prisonniers bretons. Le roi fit, le 10 janvier 1405, don à la reine de la moitié qui lui revenait sur tous ces prisonniers, et le 1er juin 1406 nous retrouvons Tanneguy en la possession de Jean de Lancastre, fils du roi, lorsqu'enfin il lui est permis de se délivrer par rançon. Dans cette dernière pièce, son nom est bien écrit avec la véritable orthographe, et non plus suivant la transcription anglaise, *Tange*, ce qui lève tous les doutes sur l'identité du personnage. Nous la joignons ici à la relation de Walsingham et à la lettre de John Hauley.

Thomæ Walsingham, *Historia brevis Angliæ.*

Anno Domini m. cccc iiij... Per idem tempus dominus de Castel, Britannicus, fatis se trahentibus, cum multitudine Gallorum et Britonum apud Dortmouth, cum intollerabili fastu terram scandit, putans fortunam secuturam sicut priùs apud Plymmouth : sed secùs accidit quam sperabat. Nam ab his quos maximè habebat contemptui, scilicet ruralibus, est peremptus. Et qui post ipsum terram scanderunt, mox oppressi à rusticis, capti sunt protinùs, vel occisi. Fœminæ quoque fraudari non debent hujus facti præconio, quæ fundarum missilibus hostes diris straverunt ictibus. Unde contigit plures à fœminis, plures à rusticis sterni vel captivari. A rusticis occidebantur multi quia nescierunt eorum linguam, quamvis grandes pro suâ redemptione summas obtulissent : sed rurales rudes, alia pro aliis interpretantes, putabant eos comminari, quando pro vitâ sollicitè supplicabant. Capti sunt eo die tres domini et milites nominati viginti, pessundeditque Deus eo die arrogantiam superborum, et esse fecit victoriam rusticorum. Prosecuti sunt igitur captivos suos rustici ad regis usque præsentiam, postulantes aliquod commodum prædæ suæ. Cum quibus rex ipse libenter convenit et eorum crumenis suffarcinatis fulvo metallo abire permisit ad propria, retinens captivos penes se graviori censu in posterum redimendos.

(**Royal and historical letters.** — A. D. 1404.)

Très excellent, très puissant et très redouté seigneur, humblement jeo me recommande à vostre très haut et roïal magestie, comme vostre povre liege. Plèse à vostre haut et roïal magestie savoir que jeo ai rescue votre très honourable et très gracious lettre à moi directe le samady prochein devant la fessaunce d'icestes, lequel lettre fait mention que jeo devoie estre personalement devant vostre très excellent et très redouté présence, le lundy prochein après la feste de seint Mergarete prochein venant, en quiconque lieu que vous, très gracious et très noble seigneur, soiez en Engletere. Que plèse à vostre très excellent, très puissant, et très redouté seigneurie de moi tenir pur excusé que jeo ne veign moy mesmez devant vostre très haut et très gracious présence à présent : qar, très excellent, très puissant et très redouté seigneur, si plésir soit à vostre très haut et roïal magestie savoir que jeo ay plus qu'un mois devant la venu de vostre très honorable et très gracious lettre, et unqore je fleu, que jeo ne puisse chevachier, ne bien aller. Et, si plésir soit à vostre très excellent, très puissant et très redouté seigneurie, un Thomas Hille de Dertemouth ad fait subgestioun sur moy que je devoie envoier un Richard Leyne et autre à Salthassche, pur prendre un Oliver Arelle, Breton, prisoner ; et très excellent et très redouté seigneur, salve la révérence de vostre très haut et roiale magestie, jeo ne savoie unqores rien de celle fait, ne me fleu al concent en bon foy de Jhesu crist, tanque le dit Richard Leyne venoit à moy, et moy offrait à vendre la moité du dit prisoner, en disant à moy qu'il avoit abatu le dit prisoner en le sconfiture à Blakpolle, et laissast le dit prisoner en la garde du dit Thomas Hille, et ency jeo ay acheté la moité du dit prisoner dudit Richard, lequel prisoner, très excellent, très puissant et très redouté seigneur, jeo envoie envers vostre très haut et très gracious présence. Et, très excellent, très puissant et très redouté seigneur, si plésir soit à vostre très haut et roial magestie savoir que touchant le moité du dit prisoner, jeo me mette tout en vostre très noble et très gracious ordenance ; et, très excellent, très puissant et très redouté seigneur, si plésir soit à vostre très haut et très roialle magestie savoir que jeo avoie et ai acheté de Antony Johan le moité de Tange Castelle, frere au seigneur de Castelle, prisoner, lequel Tange est en vostre très excellent, très puissant et très redouté commandement, que plèse à vostre très excellent, très puissant et très redouté seigneurie de ordeigner pur moy et pur null autre ceo que vostre très gracious volounté est que appartiendra à le moité du dit prisoner. Qar le dit Antony Johan fuist à le prendre à le jurons de Blakepolle et fuist en botin ovesque un Stephen Modborie. Et, très excellent, très puissant et très redouté seigneur, le Tout-Puissant Dieux vous ottroie bon vie et longe a vostre plésir, et vous encrése en joye et en honours devant tout autres seigneurs en monde vivant!

Escript à Dertemouthe, le xiiij jour de juillet.

Vostre povere liege, si plaisir soit à vostre haut seigneurie,

JOHAN HAULEY de Dertemouthe.

(**Rymer**, *Fœdera*. — A. D. 1406.)

Rex, per literas suas patentes usque festum Nativitatis beatæ Mariæ proximo futurum duraturas, suscepit in salvum et securum conductum suum ac in protectionem, tuitionem ac defensionem suas speciales Tanguy Chastell de Britannia armigerum, prisonarium carissimi filii regis, Johannis de Lancastre, ac Alanum Quatrebiewe et Herveum Posselyn servientis ipsius Tanguy, in regno regis Angliæ existentes, versus partes Britanniæ tam per terram quam per mare se divertendo et transeundo; nec non præfatos Alanum et Herveum in dictum regnum regis cum redemptione ejusdem Tanguy penes præfatum filium regis deferendâ et ei solvendâ redeundo, ibidem ex hâc causâ morando et ad partes suas prædictus redeundo, ac res, equos et hernesia sua quæcumque.

Dum tamen iidem Tanguy, Alanus et Herveus aliqua regi, seu dicto regno suo prejudicialia non deferant nec quicquam quod in regis aut ligeorum suorum dampnum vel præjudicium cadere valeat infra idem regnum regis faciant nec facere vel attemptare præsumant quovis modo.

In cujus, etc.

Teste rege apud Westmonasterum, primo die junii.

Per ipsum Regem.

Note 12. — *Page 309.* — *Première expédition de Pero Niño et de Charles de Savoisy sur les côtes d'Angleterre.*

Le Religieux de Saint-Denis et Juvénal des Ursins ont consacré tous deux plusieurs pages à cette première expédition que fit Savoisy en compagnie de Pero Niño. Assez généralement d'accord entre eux, ils ne le sont pas toujours avec notre auteur, qui entre dans des détails bien plus étendus, et dont la relation nous paraît propre à rectifier quelquefois la leur, en la ramenant à la modeste sincérité des faits. Nous allons noter les concordances et les différences de ces trois relations.

Gamez seul nous apprend que Charles de Savoisy et Pero Niño avaient lié compagnie dès leur rencontre à La Rochelle. Que Savoisy se soit mis sous les ordres de Pero Niño, les chroniqueurs français ne le laissent pas soupçonner; et peut-être bien Gamez s'est-il exagéré la valeur positive de quelques actes de courtoisie, tout naturels envers un capitaine pourvu d'une commission par le roi de Castille. Juvénal ne nomme point Pero Niño, le Religieux non plus. Ils disent simplement que Savoisy se joignit à des vaisseaux d'Espagne qu'il trouva sur les côtes de Bretagne où il était arrivé, suivant le Religieux, le 23 août, au port *d'Hirbrac*, après avoir traversé « le périlleux détroit de Saint-Mathieu », par conséquent en venant du golfe de Gascogne. C'est à partir de ce moment que nous allons comparer les trois versions, mais en faisant observer que, Gamez ne pouvant pas avoir inventé tout ce qu'il rapporte de la navigation faite de conserve par les deux compagnons jusqu'à leur réunion à l'Abrevack après une tempête (page 278), il y a ici du côté de nos chroniqueurs une omission dont la critique doit tenir compte pour juger de la bonté de leurs informations.

La traversée de l'Abrevack à la côte de Cornouaille dura un jour, d'après le Religieux. Les galères arrivèrent le soir et mouillèrent l'ancre pour n'être pas vues, circonstance inadmissible dont ne parle point Gamez. Le lendemain elles capturèrent des barques de pêcheurs qu'elles coulèrent; celles qui leur échappèrent donnèrent l'éveil dans le pays, et les dangers de la première descente en furent augmentés. Gamez dit au contraire que l'on tira de ces pêcheurs des renseignements utiles. Suivant le Religieux, dix-neuf barques furent coulées. En général Gamez passe sous silence, quand il le peut, les faits de cruauté; il ne mentionne pas cette noyade

Sur la descente à *Chita*, que le Religieux et Juvénal appellent *Tache*, il est moins complet qu'eux. Nos chroniqueurs nous apprennent que l'on trouva dans le port quatre petits navires et vingt-six nefs dont la plupart furent brûlées, et d'autres chargées de butin envoyées à Harfleur. Deux des nefs, dit le Religieux, avaient des châteaux de poupe et de proue. Gamez parle avec modération des faits de guerre que l'on accomplit en cet endroit et ne déguise pas le mal qu'on y commit.

De *Tache* le Religieux et Juvénal font passer nos ravageurs immédiatement à Portland. Ils se taisent sur l'altercation de Pero Niño et de Savoisy en vue de Darmouth, bien qu'évidemment ce ne soit pas une invention de Gamez, qui rappelle si nettement à ce propos le désastre de Guillaume du Châtel, et en tire un si bon parti dans l'intérêt de son héros. De même il ne saurait avoir inventé la tentative de forcer l'entrée de Plymouth (page 295), dont les deux autres ne parlent pas. La descente à Portland, que le Religieux fixe à un vendredi et à la place même où l'année précédente avait abordé Jean Martel, est présentée par nos chroniqueurs comme un fait de guerre très-considérable. Les Anglais, disent-ils, mirent en ligne douze cents archers, sans compter les *communes* de l'île. Quatre à cinq cents Anglais furent tués ou pris. On brûla cinq villages; mais une abbaye qui se trouvait dans l'île fut respectée. Le butin fut embarqué sur les galères. Ici Gamez et nos chroniqueurs se complètent l'un l'autre; ils cessent aussitôt après de concorder.

Gamez nous montre les galères visitant tous les ports de la côte, et s'enfonçant enfin dans la baie de Pool, où les contestations renaissent entre les deux capitaines. Cet épisode de la descente à Pool, raconté tout à l'avantage de Pero Niño, est entièrement supprimé par Juvénal et par le Religieux, à moins qu'on ne le retrouve hors de sa place et avec des altérations de noms dans ce que Juvénal rapporte d'un combat à Southampton, et le Religieux de la même affaire en la mettant à *Annot*. Ce qu'ils disent de la descente opérée là, « soit à la nage, soit sur de petites barques, » se rapporte assez à la manière dont Pero Niño procéda pour prendre terre à Pool (page 301).

Le Religieux, toujours plus précis que Juvénal, fixe au lendemain de la bataille de Portland l'arrivée devant l'île de Wight. Là, disent-ils tous deux, on eut à combattre quatre cents Anglais qui se livrèrent à des bravades, mais les soutinrent mal, perdirent vingt-deux des leurs et laissèrent tout brûler dans l'île. Cette version, contredite formellement par celle de Gamez, est par elle-même peu vraisemblable, car l'île de Wight devait fournir plus de gens de guerre qu'il ne s'en montra d'après nos chroniqueurs. Les échecs que plusieurs expéditions françaises éprouvèrent à cette époque, et la mention explicite qui est faite du désir de vengeance exprimé par Savoisy à la suite de l'insuccès récent du comte de la Marche, expliquent peut-être l'amplification de Juvénal et du Religieux. Lorsque Gamez n'a pas fait une victoire d'un engagement où se trouva son maître, on peut le croire.

L'histoire de la caraque génoise est racontée à peu près de la même façon par Gamez et par le Religieux. Celui-ci distingue deux actions qui se seraient enfin passées, la première à Southampton, l'autre à *Annot*, port inconnu. Juvénal n'en connaît qu'une, à Southampton, où Gamez n'a rien vu s'accomplir. L'affaire d'Annot, dans le Religieux, offre les mêmes traits que celle de Southampton dans Juvénal, et peut être celle que Gamez place à Pool.

Ceux qui voudront comparer plus minutieusement le récit de Gamez avec les relations du Religieux de Saint-Denis et de Juvénal des Ursins trouveront, nous en sommes persuadés, que le témoignage de Gamez doit l'emporter dans presque tous les cas. Il porte le cachet de la sincérité, même lorsque le patriotisme exclusif du Castillan et la complaisance dévouée de l'écuyer peuvent altérer quelque peu la vérité dans l'exposition des faits.

Note 13.

Page 315. — Notre conscience nous fait un devoir de dire que Martin Ruiz de Avendaño, si maltraité par Gamez, mourut en bon chevalier au siége d'Antequera, l'an 1410. Il était, par sa mère, petit-fils du célèbre amiral Ferrant Sanchez de Tovar, et il avait succédé à son père dans la charge de *ballestero mayor* (maître des arbalétriers du roi).

Note 14.

Pages 319, 356, 363. — L'amiral Renaud de Trie appartenait à une illustre maison qui avait déjà fourni avant lui plusieurs grands officiers à la couronne de France. Il était en 1386 chambellan du duc d'Anjou, et le fut plus tard du roi Charles VI. Il entra au grand conseil l'an 1393. Capitaine du château de Saint-Malo, il exerça, pendant une partie des années 1394 et 1395, la charge de maître des arbalétriers, à la place de Guichard Dauphin, et fut pourvu de celle d'amiral en 1397, après la mort de Jean de Vienne, ainsi que de la capitainerie du château de Rouen. A l'époque où nous le montre Gamez, il s'était démis de la garde du château de Saint-Malo, et venait (le 1er avril 1405) de céder, moyennant 15,000 écus d'or, la charge d'amiral à Clignet de Bréban. On le cite parmi les seigneurs qui parurent le 3 mai 1389 au tournoi donné pour la chevalerie du jeune roi de Sicile, et en 1391 il était auprès du roi Charles VI, pendant son entrevue solennelle avec le duc de Lancastre. En 1396, il fit partie de la suite d'Isabelle, fille de Charles VI, mariée à Richard II, roi d'Angleterre. Dans le même document qui nous fournit ce détail (DOUËT D'ARCQ, *Choix de pièces inédites*, t. I, p. 132), Jeanne de Bellengues, sa femme, est nommée comme ayant accompagné la duchesse de Bourgogne. Il dicta son testament, le 12 avril 1406, « étant détenu au lit de plusieurs maux incurables », et du récit de Gamez on peut induire qu'il mourut dans ce même mois d'avril. Le Religieux de Saint-Denis, en mentionnant sa mort, l'appelle *vir insignis*. Jean, son frère, chambellan du roi, chambellan et maréchal du duc d'Orléans, était un fameux tournoyeur. Son autre frère, Jacques, dont il s'était de son vivant particulièrement occupé, et qui fut son exécuteur testamentaire, recueillit la plus grande partie de ses biens, entre autres le château de Sérifontaine.

Nous avons quelques motifs pour essayer de restituer au bon amiral une pièce de vers, qui nous fait pénétrer, peut-être autant que le récit de Gamez, dans sa vie privée. Elle se trouve dans le *Livre des cent ballades*. C'est la première des douze réponses qui sont faites à l'enquête de quatre « bons compagnons esliz, qu'Amour a en ses las mis », sur ce point scabreux :

> Qui plus grant
> Joye donne et plus entière,
> Loyauté ou faux-semblant
> En amant.

Renaud de Trie répond tout d'abord :

Je vous mercie doucement
Entre vous quatre compaignons,
Quant il vous plaist aucunement
Oïr de mes oppinions

Sur les débas que beaux et bons
Mist en termes le bon Hustin (1)
Qui tant ama ; mais en la fin
Le vy pour Amours si destrois

(1) Le promoteur de l'enquête, si ce n'est point l'auteur du poème, question controversée

Que visages pâles et frois
Portait par tristesse musarde :
Pour ce vous di qu'à ceste fois
Je me tendray à la Guignarde.

Car il me semble vraiement
Que moult y a bonnes raisons ;
Car, s'un amoureux voit souvent
Bellos dames de grans renoms,
Et il employe ses saisons
A les servir tart et matin,
Tendant toujours à bonne fin,
Il en sera trop plus courtois,
Et plus prisiée, c'est bien drois,
Sera sa manière gaillarde :

Pour ce vous di qu'à ceste fois
Je me tendray à la Guignarde.

Mais quant on est en son jouvent,
Je ne di pas qu'il ne soit bons
D'amer de joyeux sentement
En lieu seul ; mais li guerredons
Ne veuil pas qu'il soit si felons
Comme fu cil de Quehedin (1)
Qui en mouru ; de tel butin
Quitte ma part en tous endrois
A qui la vuelt, et je m'en vois
Tout droit à la Joyeuse Garde (2) :
Pour ce vous di qu'à ceste fois
Je me tendray à la Guignarde.

La seconde réponse est donnée par Jean de Chambrillac et conclut de même :

Je, qui sui de toutes férus,
Fay bien à toutes assavoir
Qu'ainsi que me sui pourvéus
Longtemps me pense à pourvéoir ;
. . . .
Je ne crains point que mal m'en viengne.

Le duc d'Orléans (alors duc de Touraine, suivant un manuscrit), reprend avec douceur ces défenseurs de Faux-Semblant :

. . . .
Et pour ce de bon cuer vous pry,
Chambrillac, Regnault, humblement,
Que ne soustenez point cecy
Qu'avez soustenu çà devant,
Car grant mal de cela despent ;
L'on en est tenu convoiteux
Et hay en beaucoup de lieux.
Ce n'est pas gracieux maintien ;
Ne le faites plus : c'est lais jeux,
Car il n'en puet venir nul bien.

que nous n'aborderons pas, laissant le soin de la débattre à M. le marquis de Saint-Hilaire, par les soins de qui le *Livre des cent ballades* est mis actuellement sous presse.

(1) Allusion à un personnage et des aventures du *Roman de Lancelot*.
(2) Idem.

Puis Guillaume de Tignonville fait parler le dieu d'amour, qui porte sa sentence, excommunie « la gent désordonnée », et promet faveur aux « loyaux ». Cette ballade a été imprimée plusieurs fois; nous n'en rapporterons que les derniers vers :

> « Se par foleur Chambrillac et Regnault
> De Trie sont contre vous allez,
> Ce fait vieillesce qui pieçà les assault
> Et qui d'Amours les a si rebutez
> Que par tous lieux veulent avoir amie ;
> Pour ce leur donne la Guignarde jolie,
> Aussi vuelt elle à chacun secourir,
> Je n'en scay point qui mieux leur soit habile ;
> Mais aux autres ferai mes biens sentir. »
> Ivry s'y tient; aussi fait Tignonville.

Le bon amiral était trop chevalier pour ne pas nous pardonner de mettre à son compte tout ceci, qui vient un peu à la décharge de Jeanne de Bellengues, trop tôt consolée de la mort d'un premier époux.

M. Paulin Pâris (*Les Manuscrits français de la bibliothèque du Roi*, t. VI, p. 363), attribue la première ballade à Renaud de Trie, seigneur de Maisières, chambellan du roi de Navarre, qui vivait en 1483, et en qui s'éteignit, avant 1408, la branche aînée de sa maison. Celui-ci était l'arrière-petit-fils de Renaud, maréchal de France au commencement du XIVᵉ siècle. Un autre Renaud, seigneur du Plessis et de Moncy, qui est cité aux années 1355 et 1378, pouvait vivre encore à l'époque où furent écrites les *cent ballades*, vers 1390. Son fils, également nommé Renaud, dit Patrouillard, fut tué l'an 1405, dans l'expédition que conduisirent au pays de Galles Jean de Hengest, grand-maître des arbalétriers, et le maréchal de Rieux. Enfin un autre Renaud, de la branche de Fontenay, qui avait épousé Marie de Hengest, cité à partir de l'année 1390, vécut jusqu'à l'an 1413 (voyez le père Anselme, *Généalogie de la maison de Trie*). Ainsi, l'on serait en droit de choisir entre cinq personnages du même nom; mais le plus considérable entre eux tous fut, de beaucoup, l'amiral, qui précisément à cette époque était le plus mêlé, nous l'avons vu, aux fêtes et grandes cérémonies de la cour du jeune roi. Il mourut très-vieux, en 1406; et en se rappelant combien le harnais faisait de bonne heure sentir le poids des années, on trouvera que le vers : *Ce fuit vieillesse qui pieçà les assaut*, devait déjà en 1390 s'appliquer aussi bien à lui qu'à Chambrillac, dont on suit les traces jusques en 1415. Si l'on considère la situation des personnages auxquels Renaud de Trie s'associe dans l'enquête provoquée par *les quatre compagnons* (le duc d'Orléans, le duc de Berry, le comte d'Eu, Bouciquaut, Jean de Crésecques, Chambrillac, François d'Aubrecicourt, Jean d'Ivry, Guy de la Trémouille, Jean de Mailly, etc.), on se persuadera volontiers, croyons-nous, que l'amiral pût être, de préférence à ses homonymes, appelé dans cette illustre compagnie.

Jeanne de Bellengues ne mourut pas du chagrin que dut lui causer l'infidélité de Pero Niño. Elle épousa en secondes noces Jean Malet, sire de Graville, grand fauconnier, panetier, et maître des arbalétriers.

NOTE 15.

Page 321. — Lorsque nous voyons (p. 353) Jean de One paraître à la joûte monté « sur un fort cheval bahagnon très grand » (page 353), nous nous persuadons que par *bahagnon* Gamez a voulu désigner non une espèce, mais une race de chevaux, probablement venant d'Allemagne. Cela nous paraît d'autant plus vraisemblable qu'Eustache Deschamps, toujours si exact dans ses détails, et qui a tant célébré de joûtes à l'époque même où Pero Niño faisait parler de lui à Paris, dit expressément qu'il y a seulement trois espèces de chevaux bons pour joûter, et ne cite pas le bahagnon :

> Trois manières truis de chevaulx qui sont
> Pour la jouste : les uns, nommés destriers,
> Hauls et puissans, qui très grant force ont;
> Et les moyens sont appelez coursiers.
> Ceulx vont plus tost pour guerre et sont légiers;
> Et les derrains sont roncins; et plus bas
> Chevaulx communs qui trop font de débas ;
> Aux labours vont, c'est du gendre villain ;
> Quand jeunes sont tout ruent en ung tas.
> Pour ce ne doit nulz homs amer poulain.

D'après cette définition, le cheval bahagnon que montait Jean de One ne devait-il pas être un destrier plutôt qu'un roncin ?

Note 16.

Page 326. — Nous ne connaissons pas la convention faite en 1405 pour régler la question des gages des galères envoyées au service du roi de France; mais nous avons, pour nous en donner une idée, l'acte du même genre passé, le 3 février 1388, entre les rois Charles VI de France et don Juan Ier de Castille, acte dont l'instrument original existe aux archives de l'Empire (J. 916. 9), où il nous a été communiqué, ainsi que sa copie, avec la complaisance la plus éclairée. Dans le premier traité d'alliance conclu en 1335, il était stipulé, d'après la *Chronique* du roi don Alonso XI, que les frais des armements seraient à la charge de celle des parties qui aurait réclamé aide et secours. Le traité de 1388, fait dans des circonstances toutes spéciales, est plus large : il met à la charge commune des deux royaumes les frais d'un armement extraordinaire de dix galères; mais il rentre dans les conditions habituelles de l'alliance pour les six galères castillanes qui étaient alors déjà en service. Il est dit que pour celles-ci le roi de France paiera leurs gages à chaque mois écoulé, et à raison du coût de leur armement lorsqu'elles partirent de Castille. Les galères, en partant, n'étaient approvisionnées que pour trois mois; le roi de France devait, passé les trois mois, leur fournir les vivres, les viretons, le suif et les rames, en quantité déterminée, au dire des amiraux et capitaines.

Sur ce modèle durent être rédigées les conventions de l'année 1405, car le traité de 1388 se rapporte uniquement aux secours par mer que l'on demandait alors à la Castille, et tous ses détails font sentir qu'il a été négocié par un homme du métier, l'amiral Jean de Vienne. Écrit en castillan, il n'a point la forme solennelle d'un traité général d'alliance, et l'on n'y lit rien à quoi puissent s'appliquer les « fortes paroles » prononcées par Pero Niño dans le conseil des princes. Mais ces graves engagements et les peines auxquelles Pero Niño fait allusion se retrouvent tout au long dans le traité d'alliance que Robin de Bracquemont, l'évêque de Saint-Flour, Guillaume de Montrevel, maître Pierre Trousel et maître Jean Hue signèrent, le 24 avril 1408, à la fin de leur longue ambassade. Les rédacteurs devaient les avoir empruntées à quelque instrument précédent, car elles sont toutes de style et reparaissent dans un acte postérieur dont nous allons parler. Le traité d'alliance de 1408 se réfère à ceux qu'avaient antérieurement conclus les rois de Castille Henri II, Jean Ier et Henri III. Voici, pour ce qui concerne le roi de Castille, la formule de l'obligation solennelle. Nous la dépouillons des répétitions qui l'allongent inutilement pour notre objet :

« *Que omnia predicta et singula Nos predictus Rex Johannes, sana et provisa deliberatione consilii super hoc habita, pro nostro primogenito nascituro et primo Regnorum nostrorum herede, Regnis, terris, dominiis et subditis nostris promittimus et juramus in animam nostram, super ymaginem et memoriam Domini nostri Jhesu Christi crucifici, evangeliaque sua sancta per Nos corporaliter tactam et tacta, promittimusque verbo Regio bona fide fidemque et homagium eidem prefato karissimo fratri nostro Karolo Francorum Regi, primogenito nato aut nascituro seu primo Regni sui herede prestando, tenere facere et de puncto ad punctum, fraude et malo ingenio cessantibus quibuscumque, adimplere et inviolabiliter observare, et hoc sub ypotheca et obligatione omnium bonorum nostrorum, heredum et successorum nostrorum presentium et futurorum, nec non et sub pena perjurii quem Rex potest incurrere tali casu, insuper sub pena centum millium marcharum auri, in quibus obligationibus et penis Nos dictus Rex Castelle et Legionis omnia bona nostra heredum et successorum nostrorum dicto fratri nostro karissimo Regi Francie ejusque primogenito... applicandis, tamque pro condempnato, confessato, et in ipsas penas, si contra predicta Nos aut primogenitu... fecerimus aut fecerit, confitemur Nos... incurrisse et tam de jure quam de facto adjudicamus totaliter incidisse. Et Nos ipsos, primogenitum... Regna... nostra.... pro premissis firmiter adimplendis subponimus et subposimus cohercioni et compulsioni camere sedis apostolice; volumusque et consentimus quod, ad majorem firmitatem predictorum omnium et singulorum, litteras apostolicas sub ipsis forciores et meliores dicta sapientia, substantia non mutata, Nos et dictus primogenitus... dicto fratri meo... facere et concedere teneamur... quotiem pro dictum Regem Francie... Nos aut primogenitus... fuerimus et fuerit requisiti* (1). »

(1) Bibl. imp., mss. latins, n° 6024, fol. 34 à 44. — Le même volume contient plusieurs instructions et lettres de créances ou de recommandations données aux ambassadeurs qui furent fréquemment envoyés en Espagne pendant le premier quart du XVe siècle. L'une de ces instructions (1423) est pour Guillaume Bataille, le frère d'armes de Pero Niño (page 338). Celles du 27 juin 1428 prescrivent de demander une copie

Le document dans lequel cette formule se peut lire a un intérêt tout particulier pour nous, car c'est un traité conclu à Madrid le 31 janvier 1435, en renouvellement et confirmation des précédents, lesquels y sont ou simplement rappelés ou textuellement insérés, comme celui de 1408. Les plénipotentiaires pour le traité de 1435 étaient : du côté de la France, l'archevêque de Toulouse, Jean de Bonnay, sénéchal de Toulouse, et Hervé de Fresnoy, secrétaire; du côté de la Castille, le connétable don Alvaro de Luna, l'archevêque de Tolède et le comte de Benavente. Ils le signèrent le 29 janvier, appelant comme témoins *don Pedro Niño*, comte de Buelna, Ruy Diaz de Mendoza, majordome, Peralvarez de Osorio, guarda mayor, et Pedro Manuel. Le roi le ratifia le 31 janvier, ordonna de le publier, et commanda aux conseillers suivants de le sceller de leurs sceaux : Alvaro de Luna; Juan, archevêque de Séville, élu de Tolède; Pedro de Castilla, évêque d'Osma, oncle du roi; Rodrigo Alonso Pimentel, comte de Benavente; Pedro Manrique, adelantado de Léon; Pero Niño, comte de Buelna; Peralvarez Osorio, guarda mayor; Pedro Manuel, oncle du roi; Ruy Diaz de Mendoza, mayordomo; Fernan Lopez de Saldaña, racionario mayor. — Pero Niño était alors à son apogée.

Note 17.

Page 328. — Au mois de janvier 1406 (vieux style 1405), étant présents au conseil les rois de Sicile et de Navarre, les ducs de Berry, d'Orléans, de Bourgogne, de Bourbon, messire Robinet de Braquemont, etc., il fut expédié, en faveur des marchands et gens du royaume de Castille qui venaient à Harfleur pour y trafiquer, des lettres royales portant confirmation pour dix ans des priviléges à eux accordés l'an 1364, et déjà renouvelés pour dix ans le 4 mars 1397. Le préambule de la confirmation est ainsi conçu :

« Nous, pour contemplation de notre très cher et très amé frère le

du traité de 1408, que l'on n'avait plus sous la main et que l'on voulait renouveler.

Dans les archives du ministère des affaires étrangères, qui nous ont été ouvertes et où nous avons été dirigés avec beaucoup d'obligeance, nous n'avons rencontré rien qui jetât pour nous un jour nouveau sur notre sujet.

Roy de Castelle, et aussi à la supplication et requeste de notre bien amé PIERRE NIGNE, escuyer du dit royaume de Castelle, auquel Nous avons voulu et voulons en ce et autres choses complaire et faire plaisir pour considération des bons et agréables services qu'il Nous a faicts à l'encontre de nos ennemis par la mer et aultrement en plusieurs et maintes manières, faict chacun jour et espérons qu'il fera au temps avenir ; et pour certaines autres causes et considération à ce nous mouvans, avons par grande et meure délibération, de nostre pleine puissance, authorité roïale et grâce spéciale, par la teneur de ces présentes, octroié et octroions, etc. »

Cette confirmation est insérée *in extenso* dans le privilége qu'à son tour obtint en mars 1423, pour les mêmes marchands, don Sancho Esguera de Angulo, « escuier du Roy de Castelle et garde de son corps » (mss. fonds Brienne, tome 322, f° 194 et suivants.) — Nous devons la communication de cette pièce à la bienveillance de M. Margry, conservateur adjoint des archives de la marine, qui pour plusieurs autres parties de notre travail nous a fait profiter de ses longues et fructueuses recherches sur les relations maritimes de la France au moyen âge.

NOTE 18.

Pages 366, 373, 379 et 385. — Le récit que Gamez fait de la seconde expédition de Savoisy et de Pero Niño diffère de celui de nos chroniqueurs, qui eux-mêmes ne sont pas absolument d'accord entre eux. Ni Juvénal, ni le Religieux de Saint-Denis ne font mention de la tentative sur Orwel et de la relâche au port de l'Ecluse. Le Religieux seul parle de l'apparition de nos croiseurs devant Calais, où Savoisy, dit-il, brûla deux navires marchands.

Le désaccord se marque surtout dans la relation du combat avec la flotte anglaise. Qu'était cette flotte ? Juvénal dit qu'elle se composait de cinq nefs « bien équipées, pourveues et amparées, et entre lesquelles il y en avait une bien grande. » Le Religieux raconte qu'elle avait été battue par deux chefs nommés Capitaine et Bataille, préposés à la garde du vaisseau du maître des arbalétriers dans le port d'Harfleur, et que, regagnant les côtes d'Angleterre, elle fut rencontrée lorsqu'il n'y avait plus ensemble que cinq vaisseaux, dont l'un était une galère servant d'escorte et deux autres des navires marchands. Ce serait une singulière composition pour courir sur les côtes de France et y guerroyer, comme le Religieux prétend que cette flotte venait de le faire. Chose plus invraisemblable encore dans la donnée d'un armement de cette nature, il dit que l'un des navires marchands « portait une riche cargaison de fourrures et avait à bord un évêque anglais avec une suite nombreuse de prêtres. » Juvénal et le Religieux rapportent ensuite de la même manière le combat qui se livra, suivant eux, aux bouches de la Tamise et se termina par la défaite complète des Anglais, avec une perte de cinq cents morts et trois cents prisonniers!

Gamez, on l'a vu, ne compte pas ce combat pour une victoire, et l'on est assez porté à lui accorder créance lorsqu'il rappetisse les succès de son maître, tout en magnifiant ses exploits. Il doit être plus exact que nos chroniqueurs, qui mettent à tort une galère dans la flotte anglaise, où il n'en entrait pas à cette époque, ainsi que le fait remarquer Southey à ce propos même, pour expliquer la supériorité de ses compatriotes dans les combats d'alors. Il doit aussi avoir fixé les véritables parages où se livra l'engagement, car il ne saurait avoir inventé que la garnison de Gravelines suivait de l'œil toute l'affaire. Nous supposons donc qu'ici encore, des trois relations, la sienne est la plus vraie.

Mais qu'était donc cette flotte, et a-t-il absolument rêvé que la reine de Danemarck s'y trouvait? Comment s'y trouvait l'évêque, de qui le Religieux n'a probablement point parlé sans quelque raison? La reine de Danemarck s'embarqua dans le courant de septembre à Lynn. William Loveney, chevalier, était député à la conduire et trésorier du voyage. Plusieurs seigneurs l'accompagnaient, parmi lesquels sont nommés lord Richard, frère du duc d'Yorck, et Henri Bowet, évêque de Bath. L'histoire ne dit point qu'en route elle ait été attaquée, et l'on ne comprend guère comment, partie de Lynn, elle aurait été rencontrée à la hauteur du Pas-de-Calais, ayant dérivé de plus de quarante lieues en aval de sa route. Mais enfin nous avons là l'évêque dont parle le Religieux et la royale fiancée dont parle Gamez.

Si réellement la flotte qui la portait fut celle que Savoisy et Pero Niño eurent à combattre, nous connaissons sa composition et son armement. Elle comprenait dix nefs et quatre balleniers. Chaque nef, suivant les comptes de la Tour de Londres, était armée de deux canons, et il lui avait été livré : quarante livres de poudre, quarante boulets de pierre, quarante tampons, quatre touches, un maillet, deux boîtes (tire-pans), quarante pavois, vingt-quatre arcs et quarante paquets de flèches. Henri Pay n'y était point, comme Gamez se l'est figuré. (Voyez *Rymer*, année 1406, 22 juin, 21 et 22 juillet, 3 septembre.)

Note 19.

Page 413. — M. Liebrecht a réuni, dans une note savante de son *Gervaise de Tilbury*, de nombreux renseignements sur les *vacares* de notre auteur, qui sont, dit-il, les *barnaches* (*anas bernicla*, en anglais *barnacles*). Comme Gamez, Gervaise de Tilbury semble protester contre la fable qu'il rapporte avec une précision plaisante. (*Gervasius von Tilbury* herausgegeben von Felix Liebrecht. Hanovre, 1856, pages 52 et 163). Jean d'Outremeuse a la foi plus robuste. Nous donnerons sa version. Outre le contraste qu'elle offre avec le bon sens de Gamez, elle a pour la légende de Virgile enchanteur un intérêt qui nous la recommande.

« Item l'an V[e] et LXI, en mois d'avrilh, fist Virgile I disneir à ches de Napple tous femmes et hommes près de II[c] milhes, en son jardin qui ne tenait que I journal de terre, et y seirent bien aise et plantiveusement à taubles tous. Promiers ons aportat à tauble pain, vin et seil qui tout subitement furent mis al tauble ; incontinent les mès l'uns après l'autre aporteit, et les devant trains si reportent si honestement et si hastiement que, il n'y aroist tant seulement que c hommes séant à tauble, nient plus n'estoient encombreis del siervir ou del deservir. Et si servit plus de XVIII mès, dedans compteis les entremeis ; mains queiles ilhs furent je ne le scaroy dire, mains bien scay que tiès mès y oit qui vient d'Indre, et de Pusie, et de Libie, d'Etyoppe, de Nubie, de Babylone, et d'Ybernie, et d'Aquilone. — Car d'Ybernie vinrent annettes qui là croissent souz les arbres qui les portent enssi cum fruis, qui sont solonc les riviers qui les gardes ; car quant ilh sont meurs ilh chiént ; se ilhs chiént à terre, ilh purissent et s'ilh chiént en l'aighe, ilh prendent vie, et se noient tantoist. Et est viande que on mangnoit maintenant le vendredi et en Quaramme, sicom fruis d'arbre. Virgile se les donnat rosties et stechinées de basmes qui vient d'Egypte.....

« Dieu fait mult de merveilles à monde, ons ne s'en doit point mervelhier ; car ons voit les Sicropes qui n'ont que une œlh, qui ne voient nient mains que cheaux qui out II oeux ; et tout aussi com nos tenons les Pigmeaux pour nains portant qu'ilh sont si petis, tot enssi nos tinent ilh por géans. Entre les Etyopiens, les plus noires sont les plus beales à eaux. En Ybernie sont oiseaux ens arbres nasquans comme fruis; quant ilh sont meurs ilh chient en l'aighe et se commencent à volleir; la chair de ches oyseals ons mangnoit en Quaremme. Et de chu n'ont nulle admiration cheaux qui là fréquentent. »

(*Le Mireur des Ystors* de Jean d'Outremeuse, livre Ier, pages 264-284.)

Note 20.

Page 448. — Pour éclaircir ce que Gamez dit au sujet des deux infants de Portugal, don Dionis et don Juan, fils de don Pedro le Justicier et d'Inez de Castro, il est nécessaire d'ajouter quelques détails à ceux que nous a fournis la *Relacion del rey don Pedro*. On a vu dans la note que nous avons empruntée à cet ouvrage que l'infant don Juan, après avoir tué sa femme Maria Tellez, s'était réfugié en Castille. Il y avait été précédé par son frère, don Dionis, qui avait refusé de rendre hommage à la nouvelle reine, sa belle-sœur. — En mai 1383, le roi de Castille, don Juan Ier, épousa Béatriz, fille du roi D. Fernando et de cette Leonor Tellez de Meneses, qui avait été enlevée à son mari, don Lorenzo Vasquez. D. Juan Ier avait espéré que ce mariage lui donnerait des droits sur le Portugal. A la mort de son beau-père (22 octobre 1383), il essaya de les faire valoir, et son premier acte fut de jeter en prison les infants don Dionis et don Juan, qui, le dernier surtout, pouvaient lui disputer la couronne. On sait qu'un autre don Juan, grand-maître d'Avis et fils naturel de Pedro le Justicier, fut alors nommé régent, puis se fit proclamer roi de Portugal, et affermit son pouvoir par le gain de la bataille d'Aljubarotta. — C'est la perte de cette bataille et le mariage de don Juan Ier, roi de Castille, avec Béatriz, dont la naissance pouvait sembler entachée d'illégitimité, que Gamez qualifie de choses peu honorables pour son pays. Les infants de Portugal ne sortirent de prison qu'à la paix de 1388.

On vit reparaître l'infant don Juan pendant les troubles de la minorité d'Enrique III, mais dans une position secondaire. Jamais, du reste, il n'avait paru prendre bien au sérieux ses prétentions pourtant bien fondées à la couronne de Portugal. Don Dionis y prétendit aussi, avec moins de titres et moins sérieusement encore. En 1396, Martin Vasquez de Acuña, rallié au service du roi de Castille, imagina, mais sans succès, d'opposer cet infant au maître d'Avis, qui avait, comme on l'a rappelé tout à l'heure, réussi à succéder au roi don Fernando. Depuis cette époque il n'est plus parlé de don Dionis. Il avait épousé doña Juana, fille d'Elvira Iñiguez de la Vega et du roi don Enrique II, et veuve du comte don Pedro de Villena. Il laissa en Castille une longue postérité. Son frère don Juan, marié en secondes noces à doña Costança, fille du même roi Enrique II et d'une Aragonaise appelée, croit-on, doña Juana de Cifuentes, eut de cette union trois filles : Maria, qui épousa D. Martin Vasquez d'Acuña, homme d'une très-grande naissance, mais veuf et déjà âgé ; Juana, mariée à Lope Vasquez d'Acuña, frère de Martin ; et Béatriz, dont Pero Niño réussit à obtenir la main. De sa première femme, Maria Tellez, qu'il avait tuée dans un accès de jalousie, don Juan avait eu un fils, don Fernando, seigneur d'Eza, qui fit souche en Portugal.

Note 21.

Page 457. — Alfonso Alvarez de Villasandino composa au nom de Pero Niño des chansons pour Béatriz de Portugal, comme pour Constance de Guevara. Le *Cancionero de Baena* nous en a conservé trois. La première, lue sans le commentaire qu'en donne Gamez, offre un contre-sens qui ferait douter de sa destination. Comment Pero Niño, craignant de se laisser deviner, va-t-il s'adresser à un versificateur public? Tout s'explique lorsque l'on sait qu'à un certain moment il cherchait au contraire à faire éclater son secret. Il n'y réussit que trop bien. Gamez s'efforce (page 469) de montrer intacte la réputation de doña Béatriz; mais on voit par la chronique d'Alvaro de Luna (année 1409) que l'on parla d'elle assez légèrement.

Nous donnons, comme pièces justificatives, deux des chansons de Villasandino.

Cancionero de Baena. — N° 10.

« Alfonso Alvarez fit cette chanson, à la prière du comte don Pedro Niño, pour l'amour et à la louange de doña Béatriz, sa femme :

La que siempre obedeçi	Celle qui toujours fut ma reine,
È obedesco todavya,	Qui l'est encore en ce moment,
Mal pecado ! solo un dia	Malheureux ! un jour seulement
Non se le membra de mi.	N'a montré pitié de ma peine ;
Perdy	Et vaine
Meu tempo en servir	Est cette constance à servir

A la que me fas bevir	Celle qui m'a tant fait souffrir
Cuydoso desque la vy.	Depuis que je porte sa chaîne.
Heu la vy por meu mal,	Hélas ! je la vis pour mon mal,
Poys me trage conquistado	Puisque je suis dans sa puissance,
E de mi non ha cuydado	Et jamais son indifférence
Ningunt tiempo, nin me val.	Ne s'émut de mon sort fatal.
Leal	Loyal
Le fuy sepre, è non ssé	Je fus toujours, et ne devine
Cal he a rrason por qué	Quelle raison la détermine
Me da morte desygüal.	A faire mourir son vassal.
E poys que non ha mangela	Puisque dans sa froideur cruelle
De miña cuytada morte,	Elle se rit de mon amour,
Sy ossasse en toda corte	Si je l'osais, toute la cour
Dyria miña querela :	Entendrait ma plainte fidèle.
Mays dela,	Mais d'elle
He pavor, que ha poder	J'ai peur, car tel est son pouvoir
Tal, que non ossò dyser	Que je crains de faire savoir
Sy es doña nin donsella.	Si j'aime dame ou damoiselle.

Nº 32.

« On dit qu'Alfonso Alvarez fit cette chanson à la prière du comte don Pedro Niño, quand l'infant don Fernando fit arrêter sa femme doña Béatriz, après que le comte se fut fiancé avec elle dans le palais, et la fit ensuite enfermer dans le château d'Orueña, tandis que ledit comte s'enfuit à Bayonne. (L'épigraphe n'a aucun rapport avec la chanson qui la suit, mais concorde avec la pièce nº 33, qui est également attribuée à Villasandino, écrivant pour le comte Pero Niño.)

Loado seias, Amor,	Amour, à toi gloire, honneur !
Por quantas coytas padesco,	Sois béni pour la souffrance
Poys non velo à quien ofresco	Que je ressens dans l'absence
Todo tenpo este meu cor.	De la reine de mon cœur.
Eu vy tenpo que bivia	Il fut un temps de ma vie,
En lindéa è syn pessar,	Un temps que je dois bénir ;
Adorando noyto è dia	J'adorais, l'âme ravie,
Lo que non poso olvidar ;	L'objet de mon souvenir.
Fortuna fuy trastornar	Ce temps je l'ai vu finir
A carrera de aventura,	Par une cruelle épreuve.
Que non es nin fue segura,	Il faut que toujours se meuve
Nin sera en un tenor.	Le sort, si changeant d'humeur.

Non me quexo de ty agora,
Amor, sy padezco mal,
Pues me distes por señora
Noble vista angelical
A quien fuy è soy leal
È seré syn dudamento,
Maguer que sufro tormento
Longe syn faser error.

Amor, scas ensalçado
Pues me mandaste servir
Buen parescer acabado
En fablar è en reyr :
Bien me puedo enfengir
Que amé gentyl figura ;
Mes si ella de mi mon cura
Muerto so yo, pecador.

Amor, sempre oy dezir
Que calquier que te serviese
Devie muy ledo bevir
Por quanta coyta en qui se vese.
Canto ssy por esto fuese
Yo me pongo en teu poder,
Que sy meresco enporder
Tu selas meu judgador.

Ne pense pas que je blâme
Ton pouvoir victorieux,
Amour. De toi j'ai pour dame
Reçu l'être gracieux
Qui semble né dans les cieux.
Je suis son fidèle esclave ;
Les plus grands maux, je les brave
Pour rester son serviteur.

Amour, à toi ma louange !
Que je dois bénir tes coups !
Tu m'as fait servir cet ange
Au parler, aux yeux si doux ;
Je dois faire des jaloux,
Aimant dame sans pareille.
Mais que le cœur la conseille
Et tempère sa rigueur.

J'ai toujours entendu dire,
Amour, que sous tes drapeaux,
Quel grand que soit le martyre,
L'amant doit bénir ses maux.
Je suis parmi tes vassaux,
Je me fie à ta justice ;
Et, s'il faut que je pâtisse,
Juges-en, puissant seigneur.

TABLE DES MATIÈRES.

	Pages.
PRÉFACE des traducteurs	V
TITRE raisonné du livre	1
INVOCATION	2
PROHÊME	8

LIVRE PREMIER.

CHAPITRE PREMIER. — Du lignage de ce chevalier, et quelle fut en Castille l'origine de son nom... 65

CHAP. II. — Comment surgit en Castille la division entre les fils du roi D. Alfonso.. 67

CHAP. III. — Comment D. Juan Alfonso se mit en état de rébellion dans Alburquerque, et comment le roi D. Pedro envoya ses frères contre lui............ 70

CHAP. IV. — Comment les frères du roi s'unirent à D. Juan Alfonso, et vinrent à Toro, où était le roi; et comment ils s'emparèrent de lui.................. 72

CHAP. V. — Comment le roi D. Pedro entra dans le royaume d'Aragon............ 76

CHAP. VI. — Comment le roi D. Pedro sortit du royaume......................... 79

CHAP. VII. — Comment le roi D. Enrique tua le roi D. Pedro..................... 82

CHAP. VIII. — Comment le roi D. Enrique donna des terres aux étrangers qui l'avaient aidé à s'emparer du royaume.................................... 85

CHAP. IX. — Des choses que fit le roi D. Enrique après qu'il fut roi............. 86

CHAP. X. — Du lignage de Pero Niño.. 91

CHAP. XI. — Comment, par ordre du roi, Pero Niño fut confié à un gouverneur..... 95

CHAP. XII. — Comment on doit se garder de croire aux trompeurs................ 103

CHAP. XIII. — Comment on doit se garder de la compagnie des méchants......... 104

CHAP. XIV. — Comment le roi fut devant Gijon, là où ce damoiseau fit ses premières armes.. 108

CHAP. XV. — Comment Pero Niño demanda au roi des armes pour combattre...... 110

CHAP. XVI. Comment Pero Niño tua le grand sanglier dans le Guadalquivir........ 111

CHAP. XVII. — Comment Pero Niño coupa le câble qui était en travers dans le fleuve, et tira ainsi le roi d'un grand danger.. 112

CHAP. XVIII. — Comment le roi D. Enrique vint de nouveau devant Gijon......... 114

CHAP. XIX. — Comment, à la première bataille, Pero Niño eut son cheval tué et lui fut blessé.. 115

CHAP. XX. — Comment s'alluma la guerre avec le Portugal...................... 116

CHAP. XXI. — Comment Pero Niño envoya défier les chevaliers du roi de Portugal. 118

CHAP. XXII. — Comment, devant Pontevedra, Pero Niño combattit à pied et entra jusque sur le pont; comment il tua Gomes Domao............................ 119

CHAP. XXIII. — Comment ce chevalier fut le plus fort jouteur qu'il y eût en son temps... 125

CHAP. XXIV. Des proportions du corps et vertus extérieures de ce chevalier..... 126

	Pages.
CHAP. XXV. — Comment il se rencontrait en ce chevalier beaucoup de bonnes manières et vertus intérieures..	128
CHAP. XXVI. — Comment Pero Niño épousa doña Costanza de Guevara...........	129
CHAP. XXVII. — Combien il y a de degrés dans l'amour......................	131
CHAP. XXVIII. — Comment le roi de Portugal assiégea la ville d'Alcantara..........	140
CHAP. XXIX. — Comment le connétable entra en Portugal.....................	142

LIVRE II.

CHAPITRE PREMIER. — Comment le roi envoya Pero Niño contre les corsaires qui couraient la mer du Levant..	144
CHAP. II. — Comment les galères prirent terre en Barbarie, et de la première bataille...	151
CHAP. III. — Comment le capitaine combattit les galères des corsaires............	153
CHAP. IV. — Comment Pero Niño partit de Toulon, et de la grande tempête qui assaillit la galère..	161
CHAP. V. — Comment Pero Niño rencontra Nicolas Ximenez de Cadix, grand corsaire..	165
CHAP. VI. — Comment le capitaine apprit que le roi de Tunis armait des galères, et comment il se mit à leur recherche..	168
CHAP. VII. — Comment, en allant au port de Tunis, les galères prirent une galère moresque..	169
CHAP. VIII. — Comment les galères entrèrent dans le port de Tunis, et comment Pero Niño sauta sur la grande galère des Mores.................................	170
CHAP. IX. — Comment, après la bataille, Pero Niño fit mettre le feu aux galères des Mores..	174
CHAP. X. — Comment Tunis est une très-noble cité, et comment le capitaine rentra à Carthagène..	177
CHAP. XI. — Comment le capitaine Pero Niño passa pour la seconde fois en Barbarie.	180
CHAP. XII. — Comment les gens des galères descendirent à terre, et des miracles que Dieu fit là pour les chrétiens...	185
CHAP. XIII. — Comment les chrétiens pillèrent la Smala de Muley Aben Hadji....	187
CHAP. XIV. — Comment les galères allèrent faire de l'eau à la grotte d'Alcocevar..	192
CHAP. XV. — Comment le roi donna un grand tournoi...........................	205
CHAP. XVI. — Comment le roi envoya Pero Niño avec trois galères en aide au roi de France..	206
CHAP. XVII. — Comment Pero Niño partit de Santander pour passer en France....	208
CHAP. XVIII. — Comment les Anglais sont différents de toutes les autres nations chrétiennes, et de Brut, et de son lignage....................................	211
CHAP. XIX. — Comment Nestor, fils du roi Ménélas, enleva par révolte le royaume de Grèce à son père...	215
CHAP. XX. — Comment le roi Nestor envoya dire à sa sœur Dorothée qu'elle lui remît les pays que son père lui avait donnés.................................	216
CHAP. XXI. — Comment Brut s'en fut par la mer, cherchant les aventures.......	220
CHAP. XXII. — Comment Brut aborda en Galice et emmena le seigneur de ce pays, et puis passa en Angleterre...	235
CHAP. XXIII. — Comment Dorothée fut une des sibylles qui annoncèrent la venue de Jésus-Christ...	244
CHAP. XXIV. — Comment la reine Dorothée vainquit les Africains................	247
CHAP. XXV. — Comment Brut reçut en grand triomphe la reine Dorothée........	253
CHAP. XXVI. — Comment autrefois commença la guerre entre la France et l'Angleterre, au sujet du duché de Guienne..	258

		Pages.
Chap. XXVII.	— Comment les Anglais tuèrent leur roi Richard.	263
Chap. XXVIII.	— Comment les Anglais déshonorèrent et tuèrent leur bon roi Richard.	265
Chap. XXIX.	— Comment Pero Niño remonta la Gironde jusqu'à Bordeaux.	266
Chap. XXX.	— Comment les galères furent à Saint-Malo.	271
Chap. XXXI.	— Comment Pero Niño et messire Charles partirent de Saint-Malo, et de la très-grande tourmente qu'ils essuyèrent.	274
Chap. XXXII.	— Comment les galères entrèrent dans le pays de Cornouaille, et prirent un endroit appelé Chita.	281
Chap. XXXIII.	— Comment se rétablit l'accord entre Pero Niño et messire Charles.	287
Chap. XXXIV.	— De ce qui arriva à un chevalier anglais, et comment il montra grande force en étant endurant.	288
Chap. XXXV.	— Comment la discorde est vice très-mauvais.	291
Chap. XXXVI.	Comment les gens du capitaine saccagèrent l'île de Portland.	296
Chap. XXXVII.	— Comment les gens de Pero Niño brûlèrent la ville de Pool.	299
Chap. XXXVIII.	— Comment Owen, prince de Galles, ne voulait pas obéir au comte de Derby, que les Anglais avaient fait roi.	307
Chap. XXXIX.	— Comment les galères entrèrent dans le port d'Antone.	310
Chap. XL.	— Comment les galères revinrent en France.	313
Chap. XLI.	— Comment les galères abordèrent à Harfleur.	314
Chap. XLII.	— Comment Pero Niño fut voir l'amiral de France et Madame l'amirale.	319
Chap. XLIII.	— Comment Pero Niño fut à Paris, et dans le conseil du roi demanda ses gages par de fortes paroles.	326
Chap. XLIV.	— Comment le roi Édouard d'Angleterre eut cinq fils, très-vaillants comme leur père, et le roi de France en eut cinq aussi.	329
Chap. XLV.	— Comment fut pris le roi de France, et comment son fils, le roi Charles, commença à être très-fort.	340
Chap. XLVI.	— Comment Pero Niño jouta avec les Français.	348
Chap. XLVII.	— Comment Pero Niño s'en fut voir Madame de Sérifontaine.	355
Chap. XLVIII.	— Comment Pero Niño remonta dans ses galères.	368
Chap. XLIX.	— Comment les galères rencontrèrent Harry Pay, un grand corsaire anglais, et du débat avec Vent et Fortune.	373
Chap. L.	— Comment la Raison répondit pour Vent et Fortune.	383
Chap. LI.	— Comment les galères entrèrent au Crotoy et passèrent à l'île de Jersey.	386
Chap. LII.	— Comment le capitaine revint en Espagne ; des choses merveilleuses qui se voient en Angleterre, et comment fut peuplée la petite Bretagne.	400
Chap. LIII.	— Comment le capitaine fut reçu par le roi.	424
Chap. LIV.	— Comment mourut le roi D. Enrique.	429
Chap. LV.	— De la guerre que l'infant D. Fernando fit aux Mores.	431
Chap. LVI.	— Comment gouvernait l'infant D. Fernando.	443

LIVRE III.

Chapitre premier.	— Comment l'infant D. Juan de Portugal vint en Castille.	456
Chap. II.	— Comment l'infant D. Juan eut deux filles, et avec qui elles furent mariées.	448
Chap. III.	— A quel propos Pero Niño commença à être amoureux de la dame doña Beatris.	450
Chap. IV.	— Comment Pero Niño dit à l'infant ce qui s'était passé.	462
Chap. V.	— Comment la dame doña Beatriz fut enfermée au château de Urueña.	468

	Pages.
CHAP. VI. — Comment Pero Niño, par ordre du roi, fut à Placencia, et fit déguerpir l'évêque D. Gonzalo, et installa D. Gutierre............................	470
CHAP. VII. — Comment Pero Niño, étant marié avec la dame doña Beatriz, fut en Aragon pour voir le roi D. Fernando..................................	473
CHAP. VIII. — De ce qui arriva en Castille après la mort du roi D. Fernando......	479
CHAP. IX. — Comment Pero Niño arrêta Juan Hurtado de Mendoça dans la maison du roi...	482
CHAP. X. — Des révolutions causées par les infants d'Aragon................	488
CHAP. XI. — Des grandes fêtes qui se donnèrent à Valladolid, et de la guerre que firent au roi de Castille les rois de Navarre et d'Aragon..................	498
CHAP. XII. — Comment l'infant D. Enrique alla s'enfermer dans Alburquerque....	502
CHAP. XIII. — Comment Pero Niño assaillit la ville de Celina...................	504
CHAP. XIV. — Comment Pero Niño aida le roi son seigneur à gagner les châteaux de l'infant D. Enrique..	506
CHAP. XV. — Comment le roi D. Juan entra sur les terres des Mores, et fit comte D. Pero Niño..	507
CHAP. XVI. — De ce qui advint dans le royaume de Grenade après qu'on fut parti le roi D. Juan...	515
CHAP. XVII. — Des enfants qu'eut le comte D. Pero Niño......................	516
CHAP. XVIII. — Du combat que D. Juan de Portugal el Niño eut à soutenir contre un adelantado, son voisin...	520
CHAP. XIX. — De ce que fit le comte D. Pero Niño au siége de Peñafiel, et comment mourut la comtesse doña Beatriz.......................................	526
APPENDICE. Les dernières années du comte D. Pedro Niño, et notice sur sa famille...	534
NOTES..	541
Table des matières...	585
Errata..	589

ERRATA.

Page 2, ligne 1 ; page 63, ligne dernière, et page 407, ligne 2 de la note 1 : prohême — Nous avons adopté pour ce mot hors d'usage l'orthographe la plus fréquente chez nos vieux écrivains. Si elle choque, on peut la corriger d'après les règles étymologiques, et lire : proême.

Page 6, ligne 8 .. s'empoigner, *lisez* s'appliquer.

Page 17, ligne 9 : tant qu'il s'écoula, *lisez* tant qu'à la fin il s'écoula.

Page 37, lignes 8 et 9 : un aigle, *lisez* une aigle.

Page 89, ligne 18 : en raisen, *lisez* en raison.

Page 96, ligne 2 : comme elles appartiennent, *lisez* comme il appartient.

Page 99, lignes 23 et 24 : je vous dirai de ne pas croire ni d'accepter, *lisez* je vous dirai de ne point croire ni accepter.

Page 103, ligne 3 : bonasse, *lisez* bonace.

Page 108, note 2, ligne 1 : 1378, *lisez* 1379 ; et ligne 4 : 1377, 1378, *lisez* 1378, 1379.

Page 117, ligne 9 : l'Alseda. — Ce nom est ainsi écrit par l'auteur ; probablement il faut lire la Aliseda (ville d'Estramadoure, située sur le Salor, dans le district de Càceres).

Page 122, ligne 15 : édentée, *lisez* dentelée.

Page 127, ligne 25 : réunissent, *lisez* réunissent.

Page 132, ligne 11 : mots notables, *lisez* motets notables.

Page 177, ligne 2 : entra, *lisez* rentra.

Page 182, ligne 11 : honte, *lisez* vergogne.

Page 183, ligne 8 : et que tout soit terminé, *lisez* afin que tout soit terminé.

Page 183, ligne 24 : de point de conseil, *lisez* de nul conseil.

Page 236, ligne 15 : Briaunes, Brutonnes, *lisez* Briaunès, Brutonès.

Page 254, ligne 19 : les harnachements, *lisez* les harnais.

Page 268, ligne 23 : il s'était levé une forte brise, *lisez* il s'était élevé une forte brise.

Page 273, ligne 9 : la tour de Lamua. C'est probablement une faute de copiste, et l'on doit lire la *Mira*. (Voyez pages 370, 372.)

Page 286, ligne 11 : pour n'être pas écoutés, *lisez* pour ce que ne sont pas écoutés.

Page 298, ligne 11 : de braves gens, *lisez* des gens experts et braves.

Page 303, ligne 27 : gagné, *lisez* gagnés.

Page 314, ligne 9 : une bouche de rivière, *lisez* la bouche d'une rivière.

Page 316, ligne 1 : avec les heureuses fortunes, *lisez* repassant les heureuses fortunes.

Page 320, note 2, ligne 1 : *una posada llana è simple*, lisez *una posada llana è fuerte*.

Page 351, note 1, ligne 1 : *casaotes*, lisez *cosaotes*.

Page 357, ligne 10 : biau-frère, *lisez* biau frère ; ligne 16 : beau-frère, *lisez* beau frère.

Page 379, ligne 17 : où étaient, *lisez* là où étaient.

Page 381, ligne 14 : si tu conduis d'autres, *lisez* si tu en conduis d'autres.

Page 383, ligne 13 : agissent, *lisez* agissent.

Page 386, ligne 20 : consofûmèrent, *lisez* consumèrent.

Page 403, ligne 14 : envoyé, *lisez* envoyés.

Page 412, ligne 9 : réussissent, *lisez* réussissent.

Page 423, ligne 23 : sécurité, *lisez* sûreté.

Page 429, note, ligne dernière : en rond autour, *lisez* à côté de.

Page 439, ligne 3 : fut versée, *lisez* versa.

Page 451, ligne 11 : joûta ce jour-là, *lisez* joûta là en ce jour.

Page 451, ligne 12 : en était, *lisez* l'un était.

Page 463, ligne 30 : ne fût arrêté, *lisez* fût arrêté.

Page 469, ligne 1 : ne l'enlevât, *lisez* l'enlevât.

Page 474, ligne 5 : Cuença, *lisez* Cuenca.

Page 499, note 1, ligne 2 : tournois, *lisez* tournoi.

Page 519, ligne 4, rétablissez ainsi la ponctuation : Il ne s'en trouvait pas de meilleur. A la voltige, il était très-bon cavalier, etc.

Page 530, lignes 4 et 5, rétablissez ainsi la ponctuation : quant aux choses qui se passèrent là d'abord entre les deux armées, et ensuite, etc.

Page 530, note 3, ligne 1 : Mouzon, *lisez* Monzon.

Page 537, ligne 25 : Arroyo del Puerro, *lisez* Arroyo del Puerco.

Page 543, ligne 27 : letteroria, *lisez* letteraria.

Page 550, note 5, ligne 3 : Taragona, *lisez* Tarazona.

Page 556, note 1, ligne 1 : les pièces de négociation, *lisez* les pièces de la négociation.

Page 576, ligne 25 : *primogenitu*, lisez *primogenitus* ; ligne 33 : *quotiem*, lisez *quotiens*.

NOTA. Nous avons, pour les noms propres, suivi dans ses variantes notre auteur, qui écrit indifféremment Pedro et Pero, Alfonso et Alonso (Diego et Dia, Rodrigo et Ruy, devant un prénom patronymique), Furtado et Hurtado, Enriquez et Anriquez, Estuñiga et Astuñiga (on disait déjà Zuñiga), Davalos et de Avalos, etc. Quant au nom du personnage qu'il appelle *Arripay*, il se rencontre dans les pièces anglaises du temps écrit des deux manières que nous avons employées, Henri (Harry) Pay et Paye.

L'erratum de la page 320 nous fournit l'occasion de revenir sur les motifs qui nous ont déterminés à ne point traduire de la même manière que M. Mérimée l'expression *una posada llana è fuerte*. On ne saurait présenter trop de raisons pour se justifier quand on s'écarte d'un tel maître. Dans les textes espagnols du XVᵉ siècle, *casa llana* est employé par opposition à *casa fuerte*, et signifie une habitation non défendable. Ici la réunion des deux épithètes interdit de donner à *llana* ce sens. Nous avons cru que Gamez nous indiquait lui-même clairement l'interprétation que nous devions adopter, lorsqu'il dit de Calais, ville alors bien fortifiée, mais assise en lieu plain : *Calès es una villa llana*.

Orléans, imp. de G. JACOB, cloître Saint-Étienne, 4.